Rechtspopulismus und Homosexualität

Politik der Geschlechterverhältnisse

Herausgegeben von Ina Kerner, Cornelia Klinger, Eva Kreisky, Gundula Ludwig, Andrea Maihofer und Birgit Sauer

Band 65

Patrick Wielowiejski ist wissenschaftlicher Mitarbeiter am Institut für Europäische Ethnologie der Humboldt-Universität zu Berlin sowie Koordinator der DFG-Forschungsgruppe »Recht – Geschlecht – Kollektivität«.

Patrick Wielowiejski

Rechtspopulismus und Homosexualität

Eine Ethnografie der Feindschaft

Campus Verlag
Frankfurt/New York

Zugl.: Dissertation, Humboldt-Universität zu Berlin, Philosophische Fakultät, 2023
Datum der Disputation: 11.07.2023

Namen der Gutachter*innen: Prof. Dr. Beate Binder, Prof. Dr. Sabine Hark,
Prof. Dr. Manuela Bojadžijev
Name des Dekans: Prof. Dr. Geert Keil

Die Promotion wurde gefördert von der Heinrich-Böll-Stiftung.

Die Veröffentlichung wurde gefördert aus dem Open-Access-Publikationsfonds der Humboldt-Universität zu Berlin.

HUMBOLDT-UNIVERSITÄT ZU BERLIN

MIX
Papier | Fördert gute Waldnutzung
FSC® C089473

Das Werk einschließlich aller seiner Teile ist urheberrechtlich geschützt. Der Text dieser Publikation wird unter der Lizenz »Creative Commons Namensnennung 4.0 International« (CC BY 4.0) veröffentlicht.
Den vollständigen Lizenztext finden Sie unter: https://creativecommons.org/licenses/by/4.0/deed.de

Verwertung, die den Rahmen der CC BY 4.0 Lizenz überschreitet, ist ohne Zustimmung des Autors unzulässig.
Die in diesem Werk enthaltenen Bilder und sonstiges Drittmaterial unterliegen ebenfalls der genannten Creative Commons Lizenz, sofern sich aus der Quellenangabe/Abbildungslegende nichts anderes ergibt. Sofern das betreffende Material nicht unter der genannten Creative Commons Lizenz steht und die betreffende Handlung nicht nach gesetzlichen Vorschriften erlaubt ist, ist für die oben aufgeführten Weiterverwendungen des Materials die Einwilligung des jeweiligen Rechteinhabers einzuholen.

ISBN 978-3-593-51960-9 Print
ISBN 978-3-593-45913-4 E-Book (PDF)
DOI 10.12907/978-3-593-45913-4

Erschienen bei Campus Verlag GmbH, Frankfurt am Main
Copyright © 2024, Patrick Wielowiejski.
Umschlaggestaltung: Campus Verlag GmbH, Frankfurt am Main
Satz: le-tex xerif
Gesetzt aus der Alegreya
Druck und Bindung: Beltz Grafische Betriebe GmbH, Bad Langensalza
Beltz Grafische Betriebe ist ein klimaneutrales Unternehmen (ID 15985–2104-1001).
Printed in Germany

www.campus.de

Für Tina, Jörg, Roman und Manu

Inhalt

Danksagung 9

Einleitung 13

Teil I: Forschung in »feindlichen« Feldern

Begegnungen 37

1. Anthropologie des Politischen in der populistischen Konjunktur ... 43

2. Eine Ethnografie der Feindschaft 59

3. Homopolitik in der Alternative für Deutschland 101

Teil II: Homosexuelle im politischen Imaginären der äußersten Rechten

Klarstellungen 131

4. »Wir sind keine Nazis!« – Ambivalente Abgrenzungen nach rechts . 133

5. »Toleranz und Respekt, nicht aber staatliche Förderung« – Normalität und die ethischen Prinzipien der Homosexuellen in der AfD 171

6. »Die einzige echte Schutzmacht für Schwule und Lesben« – Antimuslimischer Rassismus als Homofreundlichkeit 211

Zwischenfazit 249

Teil III: Das rechtspopulistische schwule Subjekt

Wendungen 257

7. »Eine erinnerungspolitische Wende um 180 Grad« – Geschichte als Legitimationsressource rechter schwuler Subjektivität 259

8. »Es gibt da eine Partei, die kümmert sich nicht um Gender-Sternchen« – Schwuler Antigenderismus, schwule Queerfeindlichkeit 299

9. »Schmuddelkinder« – Schwulsein als populistische Provokation ... 325

Coda: Verbrüdert, verstrickt 355

Fazit 357

Literatur 367

Abbildungen 395

Anhang: Liste der erhobenen Daten 397

Danksagung

Dieses Buch ist nicht zuletzt das Ergebnis der exzellenten Betreuung, kollegialen Zusammenarbeit, treuen Unterstützung und großzügigen Finanzierung durch andere Menschen und Organisationen. Ihnen allen gebührt an dieser Stelle Dank.

Zunächst aber danke ich allen, die die Offenheit besaßen, an meiner Forschung teilzunehmen. Vieles mag zwischen uns stehen – das beschreibt und reflektiert diese Arbeit nicht nur ausführlich, sondern sie hebt die Antagonismen, die sich in unserer Begegnung verkörperten, auch besonders hervor. Trotzdem – oder gerade deswegen – habe ich großen Respekt vor der Entscheidung, sich als Politiker_in von einem politischen Gegner ethnografisch begleiten und interviewen zu lassen, dessen Forschungsergebnisse der eigenen Kontrolle entzogen sind. Danke für dieses Vertrauen.

Ganz besonders danke ich den Betreuer_innen meiner Doktorarbeit: Beate Binder und Sabine_ Hark. Beate Binder hat die Arbeit von der allerersten Idee an begleitet. Von ihr habe ich gelernt, was Ethnografie ist: nicht bloß eine Forschungsmethode unter anderen, sondern ein in besonderer Weise verstehender, offener Zugang zur Welt, eine Haltung zu den Forschungsteilnehmenden und zum Datenmaterial und nicht zuletzt ein wissenschaftliches Genre, das die Grenzen zum literarischen Schreiben nicht immer streng ziehen muss. Sabine_ Hark hat mir insbesondere ermöglicht, an dem von ihr geleiteten Colloquium am Zentrum für Interdisziplinäre Frauen- und Geschlechterforschung der Technischen Universität Berlin teilzunehmen. Auf diese Weise konnte ich an einem feministischen intellektuellen Raum partizipieren, in dem ich nicht nur zentrale Argumente dieser Arbeit schärfen, sondern auch einen wertschätzenden, solidarisch-kritischen Umgang mit den Ideen anderer einüben konnte, der auch stets meiner Arbeit entgegengebracht wurde. Beate Binder und Sabine_ Hark haben nicht nur in unterschiedlichen Stadien der Arbeit wertvolles Feedback geliefert – sie haben mich auch geprägt und gefördert, waren intellektuelle Inspiration, stets kritisch herausfordernd wie solidarisch ermutigend. Ich bin aufrichtig stolz darauf, in der Tradition eines queeren und feministischen Wissenschaftsverständnisses zu stehen, das sie maßgeblich beeinflusst haben. Danke!

Finanziell und ideell wurde meine Promotion zwischen Oktober 2016 und März 2020 von der Heinrich-Böll-Stiftung gefördert. Das sechsmonatige Research Track Scholarship der Humboldt Graduate School ermöglichte es mir davor außerdem, das Promotionsvorhaben vorzubereiten und das Exposé zu schreiben.

Besonderer Dank gilt den verschiedenen wissenschaftlichen Kolloquien und Netzwerken, in deren Rahmen ich Teile dieser Arbeit präsentieren und Thesen zur Diskussion stellen durfte. Viele Personen lasen und kommentierten meine Arbeit während meiner Zeit im Colloquium. Für die teilweise langjährige Begleitung danke ich Lisa Bor, Folke Brodersen, Sophia Ermert, Hannah Fitsch, Inka Greusing, Anna Kasten, Xenia Kokoula, Mike Laufenberg, Leoni Linek, Maria Mayer, Hanna Meißner, Jakob Mirwald, Inga Nüthen, Aline Oloff, Myriam Rabold, Sabrina Saase, Sebastian Scheele, Francis Seeck, Svenja Spyra, Ray Trautwein, Pat Treusch, Juliette Wedl und Lorenz Weinberg. Das von meiner Betreuerin Beate Binder geleitete Labor GenderQueer in der ethnografischen Forschung bot die Möglichkeit, gemeinsam über die Schnittstelle von Kulturanthropologie und Gender Studies nachzudenken. Mein besonderer Dank gilt Masha Beketova, Lena Møller Christensen, Friederike Faust, Imad Gebrayel, Patrick Henze-Lindhorst, Eugen Januschke, Ulrike Klöppel, Tillie Kluthe, Esto Mader, Alik Mazukatow, Ksenia Meshkova, Sebastian Pampuch, Svenja Reinke-Borsdorf, Francis Seeck, Todd Sekuler, Vanya Solovey und Katrin Wagner. Darüber hinaus danke ich dem gesamten Institut für Europäische Ethnologie der Humboldt-Universität zu Berlin für das kollegiale Umfeld und das Interesse an meiner Forschung auch über den engeren Kreis des Gender-Labors hinaus. Wichtig war für mich auch der Austausch in dem interdisziplinären Netzwerk (In)Konjunkturen denken, das sich der Konjunkturanalyse in der Tradition der britischen Cultural Studies widmet. In einer früheren Phase meiner Promotion nahm ich außerdem an dem kulturanthropologischen Kolloquium teil, das von Anika Keinz und Werner Schiffauer von der Europa-Universität Viadrina Frankfurt (Oder) geleitet wurde. Ihnen und allen Teilnehmenden sei ebenso herzlich gedankt.

Von unschätzbarem Wert war für mich der regelmäßige Austausch mit meinen Kolleg_innen und Freund_innen Aida Baghernejad, Christine Gerbich, Johanna Montanari, Gerhard Schönhofer und Margareta von Oswald. Das gegenseitige Lesen und Kommentieren von ersten Entwürfen bis hin zu fertigen Kapiteln sowie die festen Termine mit ihnen haben mich beflügelt und diszipliniert. Dank ihnen habe ich zu meinem eigenen ethnografischen Schreibstil gefunden. Für das gemeinsame Interpretieren von Material und das Ausloten der Reibungen zwischen Kulturanthropologie und Soziologie danke ich Leoni Linek, Francis Seeck und Julia Teschlade. Für Feedback zu Ideen, Kapiteln und anderen Textpassagen oder gemeinsames Interpretieren von Interviews danke ich außerdem Jens Adam, Sebastian Bischoff, Jana Cattien, Theresa Clasen, Gabriele Dietze, Alexander Harder, Irene Hilden, Benjamin Opratko, Agnieszka Pasieka, Almut Sülzle und Stefan Wellgraf. Michael Leemann danke ich für die langjährige, treue Freundschaft, das gemeinsame Durchstehen des Doktorarbeitsirrsinns, viele lange Abende und Nächte und die intellektuelle, politische und emotionale Seelenverwandtschaft. Für die gleichermaßen fachliche wie freundschaftliche Verbundenheit danke ich Omar Kasmani, Mike Laufenberg, Paul Mepschen und Fabio Heupel Santos. Meiner Lektorin Petra Schäfter danke ich für ihren genauen Blick auf meinen Text, die ebenso sympathische wie produktive Zusammenarbeit und die Ermutigung auf den letzten Metern. Catharina Heppner vom Campus Verlag sei für die freundliche, hilfsbereite und professionelle Begleitung der Publikation gedankt.

Meine Eltern Kerstin Wellner-Wielowiejski und Jerzy Wielowiejski haben ebenso wie meine Oma Gisela Wellner nie an der Sinnhaftigkeit und am Erfolg dieser Arbeit gezweifelt und mich stets voll und ganz bei allen meinen Ambitionen unterstützt und gefördert. Ihr habt mich gelehrt, Fragen an die Welt zu stellen, meinem Gefühl zu vertrauen, meine Ziele zu verfolgen, beharrlich zu bleiben und bei alldem nicht abzuheben. Danke für eure Liebe!

Vier Menschen, die in dieser langen Liste noch fehlen, sind der Grund dafür, dass ich über die Jahre hinweg die Ausdauer aufbringen konnte, diese Arbeit bis zum Schluss durchzuziehen: Tina Böhmer, Jörg Holetschek, Roman Wielowiejski und Manuel Del Aguila. Euch sei dieses Buch gewidmet.

Einleitung

> Der Hauptfeind, der strategische Gegner ist nicht zuletzt der Faschismus [...]. Und nicht nur der historische Faschismus, der Faschismus Hitlers und Mussolinis – der fähig war, den Wunsch der Massen so wirksam zu mobilisieren und in seinen Dienst zu stellen –, sondern auch der Faschismus in uns allen, in unseren Köpfen und in unserem alltäglichen Verhalten, der Faschismus, der uns die Macht lieben läßt, der uns genau das begehren läßt, was uns beherrscht und ausbeutet.
> – Michel Foucault (1978): Der »Anti-Ödipus« – eine Einführung in eine neue Lebenskunst, S. 227 f.

> I would insist, however, that an appeal to understanding the coherence of a discursive tradition is neither to justify that tradition, nor to argue for some irreducible essentialism or cultural relativism. It is, instead, to take a necessary step toward explaining the force that a discourse commands.
> – Saba Mahmood (2012): Politics of Piety. The Islamic Revival and the Feminist Subject, S. 17

Ein gutes Jahr nach Gründung der Alternative für Deutschland (AfD) im Februar 2013 machte eine Vereinigung von sich reden, die die meisten Beobachter_innen – mich eingeschlossen – nicht in einer äußerst rechten Partei erwartet hätten: die Bundesinteressengemeinschaft Homosexuelle in der AfD. Denn im Nationalismus gelten Homosexuelle üblicherweise als Problem. Sie scheinen die Reproduktion der Nation innerhalb der heterosexuellen Kernfamilie zu bedrohen und werden mit Krankheit und Dekadenz in Verbindung gebracht. Rechte, nationalistische Parteien haben Homosexuelle bisher nicht gerade umworben, sondern stets attackiert. Auch die AfD steht grundsätzlich in dieser Tradition, wenn sie beispielsweise im September 2016 im Landtag von Sachsen-Anhalt einen Antrag mit dem Titel einbringt: »›Aktionsprogramm für die Akzeptanz von Lesben, Schwulen, Bisexuellen, Transgendern, Transsexuellen und intergeschlechtlichen Menschen (LSBTTI)‹ sofort beenden – Familien mit Kindern fördern statt sexueller Minderheiten!« (ST 7/381)[1]. Schwule und Lesben in der AfD – das scheint nach wie vor erklärungsbedürftig.

Tatsächlich trat die AfD gleichzeitig als eine Partei auf, die behauptete, sich *für* die Interessen von Homosexuellen einzusetzen – im Einklang mit vielen anderen äußerst rechten und neonationalistischen Parteien und Bewegungen in den liberalen westlichen Demokratien. So beispielsweise während einer Debatte im nordrhein-westfälischen Landtag über die Rehabilitierung und Entschädigung homosexueller Männer, die in der Bundesrepublik nach Paragraf 175 Strafgesetzbuch (StGB) verurteilt worden waren. Sven Tritschler, der zu diesem Zeitpunkt im Oktober 2017 Bundesvorsitzender der Jugendorganisation der AfD war und sich als schwul identifiziert, sprach sich im Namen der AfD für die Rehabilitierung aus und ergänzte:

> »Wenn das erledigt ist, können Sie sich ja jetzt um das Leben der Homosexuellen kümmern, die nicht schon tot sind, und die gerne noch ein bisschen weiterleben möchten. Diese Menschen setzen Sie mit Ihrer völlig fehlgeleiteten Migrations- und Integrationspolitik nämlich Gefahren aus, die eine Verurteilung nach § 175 StGB geradezu harmlos erscheinen lassen. / (Beifall von der AfD) / Ihre Symbolpolitik hilft dem schwulen Paar nämlich nicht, das abends von einer Horde Flüchtlinge zu Brei geschlagen wird, weil es sich nicht der Idealvorstellung ihres Mullahs anpassen möchte. Und Ihre Symbolpolitik hilft auch nicht dem homosexuellen Schüler, der von seinen zugereisten Mitschülern gemobbt wird.« (NW 17/10: 71)

In dieser Rhetorik steckte, so schien es, des Rätsels Lösung: Wir hatten es nicht mit einer völlig neuen, progressiven Homopolitik von rechts zu tun, sondern vielmehr mit einer Instrumentalisierung von Homosexuellen und ihren Belangen im Dienste eines antimuslimischen Rassismus. Die Homosexuellen in der AfD – ein Feigenblatt.

Doch aus einer kulturanthropologischen[2] Perspektive erschien mir diese Erklärung unbefriedigend. Wie, fragte ich mich, wurde *innerhalb* der AfD, das heißt abseits der politischen Bühne, über Homosexualität gesprochen?

---

1 Zitiert wird im Fließtext mit der von staatlichen Stellen üblicherweise verwendeten Abkürzung für das jeweilige Bundesland bzw. des Bundestags, gefolgt von der Nummer der zitierten Drucksache bzw. des Plenarprotokolls und ggf. der Seitenzahl, z.B. ST 7/381 für die Drucksache 7/381 aus dem Landtag von Sachsen-Anhalt (Antrag der Fraktion der AfD vom 22.09.2016).

2 Diese Arbeit verortet sich innerhalb eines »Vielnamenfachs«, der Nachfolgedisziplinen der Volkskunde: Europäische Ethnologie, Kulturanthropologie, Empirische Kulturwissenschaft. Weil große Teile der Arbeit im Austausch mit der englischsprachigen *sociocultural anthropology* entstanden sind, tendiere ich zwar zur Bezeichnung Kulturanthropologie, ich verwende die Bezeichnungen jedoch letztlich synonym.

Wie verhielt sich dieser Diskurs zum national eingefärbten Selbstbild der AfD? Entstand hier tatsächlich etwas Neues oder handelte es sich lediglich um alten rassistischen Wein in neuen homofreundlichen Schläuchen? Und wie begründeten die Akteur_innen selbst ihr politisches Engagement? War es Ausdruck eines »falschen Bewusstseins«? Litten sie unter Selbsthass? Was dachten sie über ihre öffentliche Wahrnehmung? Diese Fragen sind wichtig, denn es reicht nicht aus, eine äußerst rechte Formation wie die AfD, die das demokratische Prinzip der fundamentalen Gleichheit aller Menschen negiert, von außen zu betrachten und zu kritisieren. Mit der eingangs zitierten Saba Mahmood gesprochen gilt es vielmehr, die Kraft ihres Diskurses zu erklären – »the force that a discourse commands« –, ohne diesen zu rechtfertigen.

Welche Rolle spielt Homosexualität im politischen Imaginären der äußersten Rechten? – so lässt sich die leitende Frage dieses Buchs auf den Punkt bringen. Um sie beantworten zu können, kontaktierte ich Mitte 2016 Mitglieder der Bundesinteressengemeinschaft Homosexuelle in der AfD. Ich startete meine ethnografische Feldforschung im Januar 2017. Die relativ kleine Gruppe – zwischen fünf und zehn schwule Männer, die sich später in Alternative Homosexuelle oder AHO umbenennen sollten –, wurde zum Ausgangs- und wichtigsten Bezugspunkt meiner Ethnografie. Bis Januar 2019, also über einen Zeitraum von zwei Jahren, folgte ich ihnen bei ihren Aktivitäten sowohl als Gruppe innerhalb der AfD als auch jedem Einzelnen, in unterschiedlichen Intensitäten, in seinem jeweiligen lokalen Parteiengagement. Meine Forschung führte mich auf Kongresse und Demonstrationen, Sommerfeste und Neujahrsempfänge, zu Wahlkampfständen in Innenstädten und zu Vorträgen in Stadthallen und Gaststätten, aber auch auf informelle Spaziergänge und Kneipenbesuche. Insgesamt forschte ich in acht verschiedenen Bundesländern. Darüber hinaus führte ich insgesamt 22 Interviews und wertete Dokumente wie Parlamentsdebatten, Wahlprogramme der AfD und Pressetexte aus.

Als *Ethnografie der Feindschaft* stellt dieses Buch auch die Frage, was in einer ethnografischen Begegnung mit Menschen passiert, deren politisches Programm die forschende Person für gefährlich hält. Menschen, deren Überzeugungen sie mindestens als naiv, häufiger aber sogar als bedrohlich empfindet, und deren Aussagen, Unterhaltungen, Slogans, Witze, Affekte – ja, deren Gegenwart sie nur schwer erträgt. Die Logik von Freund und Feind, die ich aus meinem ethnografischen Material herausarbeite, manifestierte sich nicht nur in den politischen Narrativen und Praktiken meiner

Gesprächspartner_innen, sondern sie lag auch den Interaktionen zwischen ihnen und mir zugrunde. Denn auf einer mir zunächst nicht bewussten Ebene hatte ich das zutiefst vergeschlechtlichte politische Imaginäre meines Feldes, das die Welt in Freund und Feind einteilt, verinnerlicht. Ich hatte begonnen, die Beziehung zwischen mir und dem Feld durch die Augen dieses Feldes zu betrachten – und insofern eine verstörende Gemeinsamkeit mit dem Feld entwickelt. Die Logik der Feindschaft ist verlockend, möglicherweise in bestimmten Situationen unverzichtbar, doch der Wille zum Feind ist auch ein Teil jenes Faschismus, der, wie Michel Foucault schreibt, »in uns allen« droht. »One of the dangers posed by fascism is to imagine oneself immune to its seductions«, schreibt der Kulturanthropologe Douglas Holmes (2016:1).

Was bedeutet es also, einen Feind zu haben? Wie erscheint die Welt, wenn die Anderen, mit denen ich sie teile, *entweder* Freunde *oder* Feinde sind? Wer sind diese Freunde, wer diese Feinde? Wie begegne ich den Anderen, wenn ich sie mit diesen Augen sehe? Kann ich meine Feinde erforschen? Sie nicht nur erklären, sondern verstehen? Was passiert, wenn sie nicht bloß in der Vorstellung existieren, als Konstrukte des Imaginären, sondern verkörpert in Form von konkreten Personen vor mir stehen? Müssen wir die Logik von Freund und Feind kategorisch zurückweisen – oder gibt es Momente, in denen auch Demokrat_innen nicht anders können, als einen Feind zu identifizieren, etwa im Angesicht der antidemokratischen, rassistischen äußersten Rechten?

In diesem doppelten Sinne ist dieses Buch eine Ethnografie der Feindschaft: Zum einen analysiere ich das politische Imaginäre der äußersten Rechten als eine Figuration, die aus Freund-Feind-Relationen besteht. Das heißt, ich versuche nachzuvollziehen, was es bedeutet, auf der Landkarte der politischen Welt Freunde und Feinde einzuzeichnen, Grenzen zu markieren, die mal mehr, mal weniger durchlässig sind, gewissermaßen Fronten zwischen Kriegsparteien zu ziehen, mit anderen Worten: die Existenz von Feinden zur Voraussetzung des Politischen zu machen. Ausgehend von den Aushandlungen um die Position von Homosexuellen innerhalb dieser politischen Landkarte versuche ich, das politische Imaginäre der äußersten Rechten insgesamt zu erschließen. Zum anderen reflektiere ich kritisch meine Erfahrung der Begegnung mit einem Feld, das ich selbst als Feind zu sehen gelernt hatte – und ich versuche, diese Logik der Feindschaft zu dekonstruieren. Dieses Spannungsverhältnis zwischen Affirmation und Dekonstruktion lese ich auch im einleitenden Zitat von Foucault, der im

»Faschismus, der uns die Macht lieben läßt«, den »Hauptfeind« ausmacht. Wie mir scheint, ist diese Formulierung paradox: Denn bediene ich nicht gerade einen Diskurs der Macht, wenn ich vom »Feind« spreche?

An dieser Stelle noch ein Wort zur Terminologie und zur Schreibweise. Ich spreche in dieser Ethnografie nicht nur deswegen von »Homosexuellen«, »Lesben« und »Schwulen«, weil meine Gesprächspartner_innen sich als solche begreifen. Ich halte es darüber hinaus gerade in einer ethnografischen Arbeit für wichtig, die Realität von Homosexualität als »Existenzweise« (Maihofer 1995) ernst zu nehmen. Denn es ist keineswegs so, wie etwa die Historikerin Anna Hájková schreibt, dass »die Binarität von Homo- und Heterosexualität [...] in der Realität nicht existiert« (Hájková 2018: 42). Die Binarität von Homo- und Heterosexualität ist zwar ebenso wie die Binarität von Geschlecht ein diskursives Konstrukt und insofern eine Imagination der »Realität«. Doch das Imaginäre selbst – und dies ist eine zentrale Prämisse dieser Arbeit – hat eine Realität, denn es wird in und durch Praktiken gelebt (Maihofer 1995: 51). Wenn ich von Homosexualität spreche, geht es mir gerade darum, die gelebte Realität solcher Binaritäten greifen zu können, nicht weil ich sie affirmieren möchte, sondern weil sie von Bedeutung ist. Zugleich versuche ich die Brüche und Ambivalenzen in dieser symbolischen Ordnung sichtbar zu halten, indem ich bei vergeschlechtlichten Personenbezeichnungen grundsätzlich den Gender-Gap verwende – auch wenn ich über Lebenswelten schreibe, in denen Existenzweisen jenseits binärer Oppositionen strukturell ausgeschlossen sind. Manche Autor_innen entscheiden sich aus diesem Grund dafür, das Binnen-I oder den Schrägstrich zu verwenden, wenn sie über äußerst rechte Akteur_innen schreiben (zum Beispiel Lang/Peters 2018b: 14). Meiner Meinung nach affirmieren das Binnen-I und der Schrägstrich jedoch die – letztlich auch in äußerst rechten Feldern phantasmatische – Binarität von Geschlecht. Eine Ausnahme mache ich bei den Wörtern *Feind* und *Freund* (im Sinne des dualistischen Gegenparts zum Feind), die ich grundsätzlich nur im Maskulinum verwende. Damit will ich markieren, dass es sich bei der Freund-Feind-Unterscheidung um eine phallogozentrische Theorie des Politischen handelt – von »Feind_innen« zu sprechen, würde der Logik der Feindschaft selbst widersprechen.

Homosexualität in der populistischen äußersten Rechten: Thema und Fragestellung

Dass es Homosexuelle und insbesondere schwule Männer gibt, die politisch rechts orientiert sind, ist weder neu noch überraschend. »On the whole, gay men are no less socially ambitious, and, more often than we like to think, no less reactionary and racist than heterosexuals«, schrieb Leo Bersani lakonisch in seinem Essay »Is the Rectum a Grave?« (Bersani 1987: 205).[3] Schon in der frühen homosexuellen Emanzipationsbewegung zu Beginn des 20. Jahrhunderts gab es Auseinandersetzungen zwischen jenen, die, wie Magnus Hirschfeld, Homosexuelle für ein »drittes Geschlecht« oder, wie Karl Heinrich Ulrichs, männliche Homosexuelle für Menschen mit weiblichen Seelen in männlichen Körpern hielten, und jenen, die in männlicher Homosexualität eine überlegene Form der Männlichkeit sahen. Diese »Maskulinisten« strebten in den Worten der Kulturwissenschaftlerin Claudia Bruns eine »Kulturrevolution [an], um das als ›feministisch‹ und später auch als ›semitisch‹ diagnostizierte Zeitalter zu beenden, die männlichen Werte und Tugenden der ›germanischen Rasse‹ zu stärken und eine neue männlich dominierte Welt durch die Renaissance antiker (erotischer) ›Männerfreundschaften‹ und ›Männerbünde‹ zu restituieren« (Bruns 2017: 32). In dieser Tradition sahen sich auch der homosexuelle SA-Führer Ernst Röhm (Marhoefer 2015: 153) und nach ihm der Neonazi Michael Kühnen, dessen Thesen über die Vereinbarkeit von »Nationalsozialismus und Homosexualität« (Kühnen 1986) die westdeutsche Neonazi-Szene der 1980er Jahre spalteten.

Dennoch waren es die politisch links und später vor allem liberal orientierten Lesben- und Schwulenbewegungen, die seit den 1970er Jahren ausgehend von Westeuropa und Nordamerika die gesellschaftliche Anerkennung und Aufwertung schwuler und lesbischer Subjektivitäten erkämpften. Den frühen Aktivist_innen ging es noch um eine radikale Transformation der Gesellschaft, die über eine »Befreiung« der Sexualität *aller* Menschen zu erreichen sei. Im Laufe der Zeit wurden sie jedoch zunehmend von Liberalen dominiert, die nicht auf das subversive Potenzial der Sexualität, sondern auf Integration einer identitär definierten »sexuellen Minderheit« in die gesellschaftlichen Institutionen setzten: Öffnung der Ehe, Adoptionsrecht

---

3 Für einen historischen Überblick über prominente »Bad Gays« vgl. Lemmey/Miller 2023.

und, vor allem in den USA, Zulassung zum Militärdienst. Die Historikerin und Geschlechterforscherin Lisa Duggan beschreibt den Höhepunkt dieser Entwicklung als eine Sexualpolitik, die mit dem Neoliberalismus übereinstimmt, und spricht von »Homonormativität«:

»a politics that does not contest dominant heteronormative assumptions and institutions but upholds and sustains them while promising the possibility of a demobilized gay constituency and a privatized, depoliticized gay culture anchored in domesticity and consumption.« (Duggan 2002: 179)

Vor diesem Hintergrund ist die zunehmende Sichtbarkeit insbesondere *weißer*[4] schwuler cis Männer in gesellschaftlichen Elitepositionen zu verstehen, die ab den späten 1990er Jahren einsetzte. Der Soziologe Andreas Heilmann analysiert diese Entwicklung als Modernisierung und partielle Öffnung hegemonialer Männlichkeit angesichts einer Legitimitätskrise des Patriarchats (Heilmann 2011: 47 ff.). Das symbolische Kapital dieser schwulen Eliten steige in dem Moment, in dem konservativere Lebensformen ihren hegemonialen Status einbüßten und, wie wir mit einem Wort von Nancy Fraser (2017) sagen könnten, progressiv-neoliberale Werteordnungen dominant würden. Zugleich sei diese Inklusion *weißer*, elitärer schwuler Männlichkeit insofern keine radikale Veränderung, als sie auf dem »kategorialen Ausschluss von Weiblichkeit und sexueller Zügellosigkeit« (Heilmann 2011: 317) basiere: Nur unter der Bedingung, dass sie Männlichkeit und sexuelle Kontrolliertheit bewiesen, könnten schwule Männer Positionen hegemonialer Männlichkeit einnehmen (ebd.: 309).

Aus poststrukturalistischer und postkolonialer Perspektive stellt sich jedoch auch die Frage nach dem *Anderen* dieser schwulen europäischen Modernität, denn liberale Subjektivität konstituiert sich stets vis-à-vis einem ausgeschlossenen, illiberalen und vormodernen, nicht-europäischen Anderen, gegen den der moderne Fortschritt zu verteidigen sei (Hall 1991; Butler 2008). Welche neuen Ausschlüsse werden also durch den partiellen Einschluss schwuler Männlichkeit ins liberale Imaginäre produziert? Die Geschlechterforscherin Jasbir Puar hat den Begriff »Homonationalismus« geprägt (Puar 2007), um eine Situation zu beschreiben, in der die Ausweitung von liberalen, individuellen Rechten für Homosexuelle zum Ausweis von Mo-

---

4 Um zu markieren, dass es sich bei »Rasse« um ein gesellschaftliches Verhältnis und um politische Positionierungen handelt, das heißt weder um »Hautfarben« noch um essentialistisch verstandene Identitäten, schreibe ich *weiß* kursiv und Schwarz mit einem Großbuchstaben beginnend. Diese Praxis übernehme ich von Eggers u.a. 2006: 13.

dernität par excellence und zum Aushängeschild eines imperialen, exkludierenden Westens geworden sei. In dieser Situation sei es insbesondere die Figur des homophoben muslimischen Mannes aus dem Nahen Osten, an der sich zeige, dass der vermeintlich benevolente westliche Liberalismus auch eine mörderische Seite habe, und zwar sowohl im imperialen Projekt des »Krieges gegen den Terror« als auch durch die protektionistische Abschottung der »Festung Europa« und die zunehmend repressive Haltung gegenüber muslimischen Gemeinschaften innerhalb des Westens. Im Anschluss an Puar schreibt Gabriele Dietze von einem »sexuellen Exzeptionalismus« des Westens, der postuliere, dass queere Menschen nur hier gut und sicher leben könnten. Dietze sieht darin eine Externalisierung und Verdrängung von nach wie vor auch im Westen bestehenden Ungleichheiten und (Hetero-)Sexismen: »ein Verhältnis, in dem Fremdausschluss und Eigenwahrnehmung korrespondieren und sich ständig mit- und gegeneinander verschieben« (Dietze 2019: 39).

In dieser »historical conjuncture« (Hall u.a. 1978: vii) war es der niederländische Politiker Pim Fortuyn, der als erster kompromisslos offen schwuler Rechtspopulist auftrat (É. Fassin 2010: 517; van der Veer 2006) und so jene Politik radikalisierte, bei der der Einschluss sexueller Minderheiten ins nationale Imaginäre mit dem Ausschluss der rassifizierten Anderen einhergeht. Fortuyn war ein rhetorisch gewandter Publizist, ein provokanter Dandy, der weder aus seiner Homosexualität noch aus seinem antimuslimischen Rassismus einen Hehl machte. Der Autor mehrerer Bücher, darunter *Tegen de islamisering van onze cultuur* (»Gegen die Islamisierung unserer Kultur«), begründete um die Jahrtausendwende durch seine diskursiven Tabubrüche eine neue Spielart des rechten Populismus in Europa, der die Emanzipation von Homosexuellen in sein Programm aufnahm (É. Fassin 2010: 518). »Ich habe keine Lust, die Emanzipation von Frauen und Schwulen noch einmal zu wiederholen«, lautet einer von Fortuyns bekanntesten Aussprüchen (zit. nach Poorthuis/Wansink 2002: o.S.; Übersetzung P.W.). Er stand damit am Anfang einer politischen Entwicklung in Westeuropa, in deren Verlauf Parteien und Bewegungen des *rechten* Spektrums begannen, die Verteidigung *liberaler* Werte gegenüber einem als vormodern und unzivilisiert imaginierten Islam in Stellung zu bringen (Brubaker 2017a: 1193; Oudenampsen 2021: 101). Diese Entwicklung gewinnt umso mehr an Bedeutung, als zu diesem Zeitpunkt rechtspopulistische, neonationalistische Parteien und Bewegungen weltweit erstarken: Der französische Rassemblement National (Möser 2020; Duina/Carson 2020: 11 f.), der Vlaams Belang in Belgien (Akkerman

2015: 47; Mannschaft 2021), die Schwedendemokraten (Duina/Carson 2020: 12 ff.) und nicht zuletzt die Alternative für Deutschland (Wielowiejski 2018a; 2018b; 2020; 2024) haben Fortuyns Motiv übernommen. Auch jenseits des Atlantiks ist es salonfähig geworden, wie sich im ersten Wahlkampf von Donald Trump um die US-Präsidentschaft zeigte: Trump inszenierte sich dabei nicht nur als homofreundlich, sondern er wurde auch von der Gruppe Gays for Trump unterstützt (Moreau 2018). Der Germanist Adrian Daub spricht in dieser Hinsicht gar von einer »rechtspopulistischen Internationale« (Daub 2020: 17).

Doch wie verhält sich dieses (behauptete) neue Eintreten für die (behaupteten) Interessen von Homosexuellen zum Konservatismus rechtspopulistischer Parteien, gerade in den Bereichen der Geschlechter- und Sexualpolitik? Wie gehen diese Parteien mit ihren scheinbar widersprüchlichen Positionen in diesem Feld um? Wie diskutieren und begründen sie ihre »Homopolitik«? Sind die Schwulen (und wenigen Lesben), die in solchen Parteien aktiv werden, Wiedergänger_innen der historischen rechten Homosexuellen? Auf welche Arten und Weisen werden sie in rechtspopulistische Formationen integriert – und welche neuen Ausschlüsse werden dadurch produziert?

Diese Fragen sind auch deshalb wichtig, weil sich anhand der Vorstellungen von Homosexualität und des Umgangs mit ihr allgemeiner danach fragen lässt, wie äußerst rechte Politiker_innen ihre Position in der Welt und ihr Verhältnis zu anderen bestimmen. Es geht hier weder (nur) um politische Praktiken noch (nur) um sexuelle und geschlechtliche Identitäten und Subjektivitäten, sondern um soziale Relationen und Refigurationen – die Art und Weise, in der Sexualität das Soziale herstellt und vice versa. Deswegen stellt dieses Buch das *politische Imaginäre* der gegenwärtigen populistischen Rechten in den Mittelpunkt, das heißt das kollektiv geteilte Bild, das sich die äußerste Rechte von sich selbst und ihrem Verhältnis zu anderen in der Welt macht. Wie ich in Kapitel 1.1 ausführen werde, ist damit nicht eine »bloße« oder gar »falsche« Vorstellung gegenüber einer vermeintlich »wahren« Realität gemeint. Vielmehr zielt dieses Buch darauf, die Wirkkraft des Imaginären offenzulegen, das heißt zu zeigen, wie es sich in politischer Praxis manifestiert.

Im Folgenden sind zunächst ein paar Ausführungen dazu angebracht, wieso und inwiefern ich *(Rechts-)Populismus* in diesem Buch als analytische Kategorie einsetze und warum ich im Unterschied dazu von der *äußersten Rechten* als politischer Formation spreche. Eine kurze Beschreibung der AfD, in deren Kontext der Großteil meiner Forschung stattfand, leitet über zum Forschungsstand über Geschlecht und Sexualität in der äußersten Rechten. Die Einleitung endet mit einer ausführlicheren Darstellung der These und der argumentativen Struktur, die in den Teilen II (Kapitel 4–6) und III (Kapitel 7–9) entfaltet werden.

Von Populist_innen, Neonationalist_innen und anderen Rechten: Das Feld

Je nachdem, ob wir von »neoreaktionären Politiken« (Hark/Oloff 2018), von »völkisch-autoritärem Populismus« (Häusler 2018) oder »konservativem Nationalpopulismus« (Kopke/Lorenz 2017), von »Neonationalismus« (Gingrich/Banks 2006) oder »autoritärem Nationalradikalismus« (Heitmeyer 2018), von »Faschismus« (D. Holmes 2016; 2019; Strick 2021) oder schlicht von »Rechtsaußen« (Mudde 2020) reden, lenken wir den Blick auf manche Aspekte des Feldes und führen ihn von anderen weg. Im deutschen Sprachraum ist *Rechtspopulismus* wohl der am weitesten verbreitete alltagssprachliche Begriff, um die Konjunktur nationalistischer Politiken ab dem ausgehenden 20. Jahrhundert und ihre parlamentarisch orientierten Akteur_innen zu bezeichnen. In der wissenschaftlichen Debatte ist jedoch umstritten, was überhaupt unter Populismus zu verstehen ist und ob dieser schillernde Begriff dazu taugt, ein spezifisches Objekt zu benennen – etwa eine »Parteienfamilie« (Decker/Lewandowsky 2012) –, oder ob es nicht angebrachter ist, von der extremen Rechten zu sprechen. Der Begriff Rechtspopulismus, so das Argument der Kritiker_innen, sei nicht nur moralisierend (Jörke/Selk 2020: 10), sondern auch verharmlosend (Biskamp 2019: 466; Salzborn 2018: 320; Wilde/Meyer 2018: 12) und führe zu neuer analytischer Unschärfe (Minkenberg 2018). In diesen zumeist politikwissenschaftlichen Auseinandersetzungen wird auf beiden Seiten der Debatte davon ausgegangen, dass mit Rechtspopulismus ein mehr oder weniger klar umgrenztes Objekt bezeichnet werde: eine Partei oder eine Bewegung, der man – zu Recht oder zu Unrecht – das Label *rechtspopulistisch* (und eben nicht *rechtsextrem*) anhefte. Die im englischsprachigen Raum übliche Bezeichnung »populist radical right« (Mudde 2007; Spierings u.a. 2015) umgeht dieses Problem insofern, als sie impliziert, es handle sich primär um *rechte* Bewegungen, die *auch* populistisch seien – und nicht primär um einen Populismus, der auch rechts sei.⁵

Eingedenk dieser Problematik nutzte ich während der Zeit meiner Forschung die Begriffe je nach Kontext unterschiedlich und gewissermaßen als Arbeitstitel, insbesondere auch deswegen, weil ich im Sinne einer »Grounded Theory« (Corbin/Strauss 2015; Breuer 2009) dem Feld gegenüber möglichst offen bleiben wollte. Im Feld selbst sprach ich häufig – auch in strategischer Absicht, um mein Gegenüber nicht zu verprellen – von »Konservatismus« oder »der Rechten« (auch wenn sich mit diesen Begriffen längst nicht alle in der AfD identifizieren). Die Analyse des Materials und der daraus resultierende Fokus auf Relationen der Feindschaft und die Arbeit an dichotomen Gegenüberstellungen von »uns« und »den Anderen« im Feld legte es jedoch am Ende nahe, tatsächlich von einer Ethnografie rechtspopulistischer Praktiken zu sprechen und in eine Auseinandersetzung mit der entsprechenden Literatur zu treten. Denn wie sich zeigte, ist (Rechts-)Populismus insbesondere dann ein analytisch gewinnbringendes Konzept, wenn mit ihm nicht ein bestimmtes politisches Feld bezeichnet wird, sondern vielmehr eine diskursive Logik und eine Praxis, die in den verschiedensten politischen Feldern operieren kann: Homosexualität wird von der AfD im Sinne einer rechtspopulistischen diskursiven und performativen Logik mobilisiert. Der Populismus trennt die soziale Welt in einen Antagonismus zwischen »dem Volk« und einem oder mehreren *Anderen*, wobei diese Anderen als jene konstruiert werden, die verhindern, dass das Volk zu seinem wahren Ausdruck finden kann – seien es »die Eliten«, die das Volk beherrschen (bei der AfD vor allem »die Altparteien«, vgl. Kim 2017), oder (spezifisch im rechten Populismus) »die Migrant_innen«, die die ethnische Homogenität des Volkes gefährden. Ich beziehe mich auf einen nicht-essentialistischen diskursiv-performativen Begriff von Populismus (Ostiguy u.a. 2021), der sich meines Erachtens sehr gut mit einem kulturanthropologischen Verständnis sozialer Praktiken kombinieren lässt. Dies führe ich in Kapitel 1.2 aus.

Das Feld selbst jedoch, da stimme ich den Kritiker_innen des Populismusbegriffs zu, sollte stattdessen mit einem Begriff bezeichnet werden, der auf die ideologischen Inhalte abhebt. Cas Mudde (2020) folgend, spreche ich deswegen von der *äußersten Rechten* oder *Rechtsaußen*, wenn ich das

---

5 Aus ähnlichen Gründen bevorzugen es manche Vertreter_innen der Rechtsextremismusforschung, von der »extremen Rechten« statt von »Rechtsextremismus« zu sprechen (Schedler 2019: 29).

Feld bezeichne (im Englischen entspricht dies der Bezeichnung *far right*), und von *Rechtspopulismus*, wenn ich über die politischen Praktiken spreche, mittels derer dieser Ausschnitt der äußersten Rechten die soziale Welt diskursiv konstruiert. *Rechtsaußen* ist meiner Meinung nach vage genug, um nicht fälschlicherweise mit einer bestimmten Gruppe von Parteien oder Bewegungen assoziiert zu werden, und gleichzeitig über eine topologische Metapher – die *äußerste* Rechte – ideologisch hinreichend bestimmt. Mudde folgt der Rechts-links-Unterscheidung von Norberto Bobbio (1994): Die Rechte beurteile Ungleichheit als natürlich und positiv und verteidige sie, die Linke hingegen beurteile Ungleichheit als künstlich – das heißt menschengemacht – und negativ und strebe ihre Überwindung an (Mudde 2020: 19 f.). Innerhalb der äußersten Rechten unterscheidet Mudde zwischen der *radikalen* Rechten und der *extremen* Rechten. Erstere befürworte die Kernelemente der Demokratie (Volkssouveränität, Mehrheitsprinzip), sei aber gegen die *liberale* Demokratie (Minderheitenrechte, Rechtsstaatlichkeit, Gewaltenteilung) oder stehe ihr zumindest skeptisch gegenüber. Die extreme Rechte hingegen lehne auch die Demokratie selbst ab. Laut Mudde kann die – reformistisch orientierte – radikale Rechte populistisch sein, eben weil sie »auf die Macht des Volkes« vertraut (ebd.: 20), die – revolutionär orientierte – extreme Rechte kann es dagegen nicht. Inwiefern ein dermaßen trennscharfes Kriterium in Bezug auf die AfD empirisch haltbar ist, sei dahingestellt. Entscheidend ist für mich jedoch nicht definitorische Präzision, sondern gerade die Vagheit, die das Wort *rechtsaußen* vermittelt. Durch sie wird es möglich, eine emergente politische Formation (Adam/Vonderau 2014a) zu greifen, die ungeahnte Verknüpfungen herstellt und nicht durch klare Grenzen, sondern durch fließende Übergänge zu anderen politischen Formationen gekennzeichnet ist und die von einem geteilten politischen Imaginären zusammengehalten wird.

Die AfD ist insofern ein besonders geeignetes Untersuchungsobjekt, denn sie ist inzwischen fraglos eine populistische Rechtspartei, vereint aber innerhalb dieser populistisch-rechten Orientierung unterschiedliche Strömungen, die sich teilweise heftig widersprechen (Biskamp 2021: 33 ff.). Aktive Mitglieder der AfD, von Kommunalpolitiker_innen bis zu Landtagsabgeordneten, stehen im Zentrum dieser Ethnografie; mein Erkenntnisinteresse richtet sich jedoch weniger auf eine Partei und ihre Strukturen als vielmehr auf das politische Imaginäre, das nicht nur die Mitglieder der AfD verbindet, sondern die äußerste Rechte insgesamt. Im Jahr 2013 im Zuge der Finanzkrise und der anschließenden Krise der Eurozone gegründet, waren mit der von der AfD postulierten »Alternative« ursprünglich vor allem die Auflösung der Eurozone und die Wiedereinführung der D-Mark gemeint. Richtig etablieren konnte sie sich aber erst in (beziehungsweise *dank*) der nächsten Krise, der Krise des europäischen Migrationsregimes ab 2015.[6] Zwischen Oktober 2018 und Mai 2022, als sie den Wiedereinzug in den Landtag von Schleswig-Holstein verpasste, war die AfD in allen 16 deutschen Landesparlamenten und im Bundestag vertreten.

Bei ihrer Gründung wurde die AfD stark von neoliberalen Wirtschaftsprofessor_innen dominiert; seither hat sich die Partei von ihrem engen Fokus auf den Euro und die EU entfernt und sich auf eine radikale Anti-Einwanderungs- und Anti-Islam-Agenda verlagert. Nach wie vor existiert jedoch eine »nationalneoliberale Strömung« (Friedrich 2019: 105) in der AfD. Daneben ist zumeist von einem (national-)konservativen (ebd.: 98; Decker 2020: o.S.; Häusler 2018: 10) sowie von einem »nationalistisch-rechtsextrem[en]« (Decker 2020: o.S.) oder »völkisch-nationalistischen« (Häusler 2018: 10) Flügel die Rede. Die letztgenannte Gruppierung war unter dem Namen Der Flügel um den Thüringer Fraktionsvorsitzenden Björn Höcke organisiert, bis sie sich im Frühjahr 2020 offiziell auflöste, weil eine Beobachtung durch den Verfassungsschutz drohte. Sie gilt im Gegensatz zu den anderen beiden Strömungen in der AfD weniger als »parlamentsorientiert«, sondern vielmehr als »bewegungsorientiert« (Schroeder u.a. 2018). Das heißt, der ehemalige Flügel, dessen Netzwerke nach wie vor existieren, unterhält enge Verbindungen zu rechten Vorfeldorganisationen und sozialen Bewegungen wie PEGIDA und der Identitären Bewegung, als deren Sprachrohr er sich begreift. Hier zeigen sich also ganz besonders die fließenden Übergänge zu anderen Akteur_innen *rechtsaußen*. Da sich viele meiner Gesprächspartner_innen zum Flügel zählten und mitunter rege Kontakte zu verschiedenen radikal bis extrem rechten Gruppen pflegten, schlagen sich diese Verbindungen auch in meinem Material nieder.

Das Feld entwickelt sich sehr dynamisch, weswegen an dieser Stelle ausdrücklich darauf hingewiesen sei, dass meine Beobachtungen einen ganz bestimmten Moment erfassen, insbesondere die Zeit zwischen 2017 und 2021. Ich gehe zwar davon aus, dass meine Analysen nicht nur historisch von Bedeutung sind, sondern weiterhin Bestand haben. Aber insbesondere

---

6 »Man kann diese Krise ein Geschenk für uns nennen«, sagte Alexander Gauland, damals Fraktionsvorsitzender der AfD im Brandenburger Landtag, dem Nachrichtenmagazin *Der Spiegel* (Amann u.a. 2015: 24).

mit der Bezeichnung der AfD als »extrem rechter« Partei bin ich in meiner Analyse deutlich zurückhaltender, als ich es aus heutiger Perspektive wäre.

Geschlecht und Sexualität in der äußersten Rechten: Der Forschungsbereich

Neben EU-Skepsis und der Anti-Einwanderungs- beziehungsweise Anti-Islam-Haltung dominierte ein drittes Thema die Agenda der Partei von Anfang an, nämlich die Geschlechter-, Sexual- und Familienpolitik. Tatsächlich werden rechtspopulistische Parteien mitunter als »Männerparteien« (Geden 2004; Mudde 2007: 90) charakterisiert, und die AfD ist keine Ausnahme: Der Männeranteil in der Mitgliedschaft von gut 81 Prozent ist der höchste unter allen im Bundestag vertretenen Parteien.[7] Die AfD lehnt Gleichstellungsmaßnahmen wie Gender Mainstreaming und die Ausweitung der Rechte von nicht-heterosexuellen sowie trans, inter und nichtbinären Personen ab, allen voran die Öffnung der Ehe für gleichgeschlechtliche Paare und die Einführung eines Selbstbestimmungsgesetzes. Sie setzt sich für eine heteronormative, binäre Geschlechterordnung sowie für eine natalistische und nativistische Bevölkerungspolitik ein, agitiert gegen das Recht auf Abtreibung und polemisiert unter dem Schlagwort »Frühsexualisierung« gegen Maßnahmen zur Förderung der Akzeptanz von sexueller und geschlechtlicher Vielfalt, etwa im Bildungsbereich. Die AfD lehnt die Vorstellung ab, dass Heteronormativität und Zweigeschlechtlichkeit konstruiert und damit veränderbar sind, und stellt mit ihrer Anti-Gender-Politik eine wichtige Akteurin im Bereich des organisierten Antifeminismus in Deutschland dar (Lang/Peters 2018b: 27; Wielowiejski 2018a).

Wenn der Glaube an zu bewahrende, natürlich gegebene Ungleichheiten im Kern der verschiedenen rechten Ideologien steht, dann ist naheliegend, dass Geschlecht immer schon zu den zentralen Themen der Rechten gehör-

---

7 Vgl. https://de.statista.com/statistik/daten/studie/192247/umfrage/frauenanteil-in-den-politischen-parteien/, Abruf am 24.04.2024. Darin unterscheiden sich rechtspopulistische Parteien jedoch generell nur geringfügig von Parteien der (rechten) Mitte, die ähnlich hohe Männeranteile in der Mitgliedschaft aufweisen (CSU und FDP liegen bei je knapp 80%). Auch im Hinblick auf weitere Dimensionen jenseits der Mitgliedschaft ist es demnach sinnvoller, von einer graduellen statt von einer distinktiven Unterscheidung zu sprechen (Höhne 2023: 124 f.).

te. Denn hierarchische Zweigeschlechtlichkeit und Heteronormativität sind Grundlage eines biopolitischen Projekts, das auf die Reproduktion einer homogenen, rassistisch begründeten »Volksgemeinschaft« abzielt und damit auch auf den Ausschluss, die Unterdrückung oder die Vernichtung ihrer konstitutiven Anderen. Dass Geschlecht jedoch zum »Kernelement rechtspopulistischer Mobilisierung« avanciert, ist eine Entwicklung der letzten 15 bis 20 Jahre (Sauer 2017: 10). Gabriele Dietze und Julia Roth machen in der gegenwärtigen populistischen Rechten eine regelrechte »obsession with gender and sexuality« aus (Dietze/Roth 2020: 7). Es kann als Ausdruck dieser zunehmenden gesellschaftspolitischen Virulenz rechter Geschlechter- und Sexualpolitiken verstanden werden, dass sich inzwischen ein globales Forschungsfeld dazu herausbildet. Im Vordergrund stehen dabei im Moment politikwissenschaftliche Zugänge, die sich unter anderem mit dem Wahlverhalten von Männern und Frauen (Harteveld u.a. 2015; Spierings/Zaslove 2015a), inzwischen auch mit dem Wahlverhalten von »LGBTIQ*-Personen« (Spierings 2021; Hunklinger/Ajanović 2022) auseinandersetzen,[8] die Rolle von Frauen als Akteurinnen in rechtspopulistischen Parteien untersuchen (Meret 2015; Köttig u.a. 2017; Dietze 2020; Worth 2021) sowie Diskurse und Ideologien im Hinblick auf die Dimensionen Geschlecht und Sexualität befragen (Mudde 2007: 92 ff.; de Lange/Mügge 2015; Mayer u.a. 2016). Dabei muss betont werden, dass sich diese politikwissenschaftliche Literatur zwar auf den Populismusbegriff bezieht, zugleich aber feststellt, dass Populismus *keinen konzeptuellen Bezug* zu Geschlecht aufweise. Die (formelle) populistische Trennung zwischen »dem Volk« und »den Anderen« sei nicht bereits als solche vergeschlechtlicht, sondern immer erst über ihren konkreten ideologischen Inhalt (Mudde/Rovira Kaltwasser 2015: 17 ff.). Zugleich ist gegenwärtig offen-

---

8 In der Studie von Hunklinger und Ajanović (2022) ist von »LGBTIQ* people« die Rede, wobei nicht klar ist, inwiefern das Sample tatsächlich trans und intergeschlechtliche Menschen umfasst. Die Daten von Spierings (2021) lassen Aussagen zu über Menschen, die in gleichgeschlechtlichen Partnerschaften leben. Ich selbst verwende in dieser Arbeit an manchen Stellen die Abkürzung LGBT oder LGBTIQ, um auf Subjektpositionen zu verweisen, die von der Heteronorm und der Norm der Zweigeschlechtlichkeit abweichen. Sowohl die verschiedenen Varianten dieser Abkürzung als auch das Wort »queer« als Oberbegriff bringen jedoch gewisse Probleme mit sich, die vor allem damit zusammenhängen, dass sie interne Differenzen und Hierarchien zwischen unterschiedlichen Subjektpositionen auf diesem Spektrum verwischen. Häufig werden durch den Gebrauch des LGBT-Akronyms und seiner Derivate insbesondere inter, trans und nichtbinäre Personen vereinnahmt, ohne dass sie tatsächlich »mitgemeint« wären. Vor dem Hintergrund dieser Problematik versuche ich diese Abkürzungen möglichst präzise einzusetzen.

bar, dass Geschlechter- und Sexualpolitiken weltweit polarisieren (Altman/ Symons 2016) und sich insofern für populistische Interventionen anbieten. Zum anderen gibt es gerade im deutschsprachigen Raum eine geschlechterreflektierte Rechtsextremismusforschung, die insbesondere auf lebensweltliche Aspekte abhebt und häufig zivilgesellschaftlich engagiert auftritt.[9] Mitunter ist diese Literatur pädagogisch und sozialarbeiterisch orientiert (z.B. Hechler/Stuve 2015; Wielowiejski/Rahn 2015). Standen anfangs auch hier Fragen nach der Rolle und Funktion von Frauen im Mittelpunkt, wurden zunehmend allgemeiner Geschlechterverhältnisse in der extremen Rechten thematisiert (Birsl 2011; Rommelspacher 2011). Damit geriet auch Männlichkeit als Explanandum in extrem rechten Lebenswelten in den Fokus der Aufmerksamkeit, zum Beispiel in Forschungen über Väterrechtler (Neuwirth 2014; Winter 2018) und andere Maskul(in)isten (Kemper 2011; 2012). Vorreiter auf diesem Gebiet war Klaus Theweleit, dessen psychoanalytische Studie über die »Männerphantasien« in der Freikorps-Literatur nach dem Ersten Weltkrieg (Theweleit 2019 [1977/78]) nach wie vor als Standardwerk gilt.

Worin besteht nun der äußerst rechte geschlechter- und sexualpolitische Diskurs? Im Kern laufen die verschiedenen geschlechter- und sexualpolitischen Forderungen der äußersten Rechten alle in einer rassistischen Sorge um die demografischen Verhältnisse zusammen (Mayer u.a. 2016: 98) und müssen insofern in ihrer intersektionalen Verflechtung – insbesondere mit »Rasse« und Klasse – betrachtet werden: Rechte Ideologie stellt der Geburtenrate der »autochthonen« europäischen Bevölkerungen eine höhere Geburtenrate der (nicht-*weißen* muslimischen) »Zugewanderten« gegenüber, um dann zu problematisieren, dass sich langfristig dadurch die Mehrheitsverhältnisse zwischen diesen Bevölkerungsgruppen in den europäischen Gesellschaften umkehren würden. Zwei Bedrohungsszenarien und zwei korrespondierende Feindbilder, die auf der Ebene von Geschlecht und Sexualität angesiedelt sind, rahmen diesen Diskurs. Einerseits sei die Homogenität der Nation von »unten« bedroht, und zwar durch Migrant_innen:

---

9 Zu nennen wären hier etwa der Verein Dissens – Institut für Bildung und Forschung (https://www.dissens.de), das Forschungsnetzwerk Frauen und Rechtsextremismus (http://frauen-und-rechtsextremismus.de), die Forschungsgruppe Ideologien und Politiken der Ungleichheit (http://www.fipu.at) sowie die Fachstelle Gender, gruppenbezogene Menschenfeindlichkeit und Rechtsextremismus der Amadeu Antonio Stiftung (https://www.amadeu-antonio-stiftung.de/projekte/fachstelle-gender-und-rechtsextremismus). Alle Webseiten zuletzt abgerufen am 24.04.2024.

Dabei erscheinen zum einen nicht-*weiße* männliche Migranten als potenzielle Gewalttäter gegenüber *weißen* Frauen (Dietze 2016a; 2016b; Farris 2017) und zum anderen wird die Fertilität der Anderen zu einer Gefahr für die Nation erklärt – was insbesondere gebärende Frauen zu »Gefährderinnen« macht (Mayer u.a. 2016: 94). Auf dieser Ebene finden auch homo- und femonationalistische Diskurse statt, die eine Überlegenheit des Westens gegenüber einem unzivilisierten muslimischen »Orient« postulieren.

Von »oben« sind es dagegen die Eliten – häufig imaginiert als ungebundene, kosmopolitische, individualistische, »politisch korrekte« und vor allem kinderlose Feministinnen und Lesben –, die die demografische Struktur der Nation gefährdeten. Denn nicht nur seien sie es, die die Grenzen für Migrant_innen öffnen wollten (dieses Feindbild wurde seit 2015 vor allem von Angela Merkel verkörpert). Der vermeintliche Einfluss von Feminismus und Gender Studies auf Staatsebene sorge auch dafür, dass *weiße* europäische Frauen immer weniger Kinder bekämen und sich regelrecht dazu gezwungen sähen, für ihre Karriere auf Kinder zu verzichten. Demgegenüber verspricht die äußerste Rechte zugleich eine Resouveränisierung von Männlichkeit; die Politikwissenschaftlerin Birgit Sauer spricht auch von rechtspopulistischer Geschlechterpolitik als männlicher Identitätspolitik (Sauer 2018). Darüber hinaus sieht die äußerste Rechte durch die Anerkennung von nicht-heteronormativen, trans, inter und nichtbinären Lebensformen – gefördert und durchgesetzt von ebenjenen feministischen Eliten – das Leitbild der traditionellen heterosexuellen Kernfamilie bedroht, das sie als Garant einer hohen Geburtenrate betrachtet. Stellenweise spiegelt sich in dieser Elitenkritik auch ein Antisemitismus, der hinter dem (unterstellten) Projekt offener Grenzen eine Verschwörung von Juden_Jüdinnen mit dem Ziel des »Austauschs« der angestammten Bevölkerungen phantasiert.

Dieser Antifeminismus (Henninger/Birsl 2020) artikuliert sich gegenwärtig vor allem als ein »Antigenderismus«[10] (Hark/Villa 2015a): Dieser Diskurs unterstellt einer totalitären »Gender-Ideologie« – das heißt vor allem den Gender Studies und der Gleichstellungspolitik des Gender Mainstreaming –, die essentiellen Unterschiede zwischen Männern und Frauen auflösen zu wollen, um einen »neuen Menschen« zu schaffen, geschlechtslos

---

10 Ich schreibe »Antigenderismus« als ein Wort ohne Bindestrich, um zu verdeutlichen, dass es sich bei »Genderismus« um einen Kampfbegriff und ein phantasmatisches Objekt handelt, das vom Antigenderismus überhaupt erst diskursiv erschaffen wird (Henninger u.a. 2021: 11 f.).

und manipulierbar. Da sowohl die parlamentarisch orientierte populistische Rechte als auch die außerparlamentarische extreme/neonazistische Rechte in diesem Thema gegenwärtig ein hohes Mobilisierungspotenzial sehen und ideologisch stark miteinander übereinstimmen, stehen auch die Studien über sie häufig quer zu den verschiedenen Disziplinen und oben skizzierten Forschungsrichtungen (Fodor 2022; Graff u.a. 2019; Graff/Korolczuk 2022a; Grzebalska u.a. 2017; Hark/Oloff 2018; Henninger u.a. 2021; Kováts 2017; 2018; 2021; Kuhar/Paternotte 2017; Lang/Peters 2018a; Nash/Browne 2020; Sauer 2019; Scheele 2016; Strube u.a. 2021; Wielowiejski 2018b). Darüber hinaus schafft das Thema auch Anschlussmöglichkeiten zu bürgerlichen Konservativen: Die Angriffe auf »Gender« begannen im deutschsprachigen Raum im Jahr 2006 mit einem Artikel von Volker Zastrow in der *Frankfurter Allgemeinen Sonntagszeitung* (Hark/Villa 2015c: 26; Lang 2017: 62), der den Titel »Politische Geschlechtsumwandlung« trug (Zastrow 2006). Weiterhin zählen fundamentalistisch-religiöse (Paternotte/Kuhar 2017; Strube u.a. 2021) sowie Akteur_innen aus der Wissenschaft (Näser-Lather 2020) zum antigenderistischen Feld. Der Signifikant »Gender« ist zum »symbolischen Kitt« zwischen unterschiedlichen illiberalen Strömungen geworden (Grzebalska u.a. 2017).

Neben der (politikwissenschaftlichen) Rechtspopulismusforschung und der geschlechterreflektierten Rechtsextremismus-/Neonazismusforschung finden sich nur wenige andere Ansätze. Es mangelt momentan insbesondere an kulturwissenschaftlichen Arbeiten, die, wie etwa Simon Strick in seinem Buch zu »rechten Gefühlen« (Strick 2021), die vergeschlechtlichten kulturellen Logiken und affektiven Strukturen der äußersten Rechten in den Blick nehmen (z.B. Leser/Spissinger 2020; wegweisend Ahmed 2016). Auch deswegen richte ich aus einer kulturanthropologischen Perspektive den Blick darauf, wie Geschlecht und Sexualität das politische Imaginäre äußerst rechter Formationen strukturieren. Denn wie Beate Binder schreibt, gilt es, »Geschlecht und Sexualität als zentrale Herrschafts- und Subjektivierungsinstrumente in ihrer Wirkung auf politische Prozesse« zu untersuchen (Binder 2014: 367). Das heißt, dass wir jenseits des im engeren Sinne geschlechter- und sexualpolitischen Diskurses der äußersten Rechten auch jene Dimensionen des Politischen in den Blick nehmen müssen, die *nicht* diskursiver Art sind. Denn Affekte und das Imaginäre sind maßgeblich an der Aufrechterhaltung von Herrschaft und »Dominanzkultur« (Rommelspacher 1995) beteiligt.

Aufbau des Buchs

Das Buch gliedert sich in drei Teile, die jeweils drei Kapitel enthalten. Der erste Teil, der vor allem für Leser*innen aus der Wissenschaft von Interesse sein dürfte, rahmt die Arbeit konzeptuell-methodologisch und handelt von »Forschung in ›feindlichen‹ Feldern«. In Kapitel 1 widme ich mich dem ersten dieser drei »F«: der Forschung. Hier situiere ich die Arbeit an der Schnittstelle einer politischen Anthropologie des Imaginären, der (Rechts-)Populismusforschung und einer gender- und queeranalytischen Anthropologie. Außerdem führe ich die in dieser Einleitung bereits begonnene Erörterung des Populismusbegriffs weiter und begründe, warum wir insgesamt etwas über den Aufschwung der äußersten Rechten lernen, wenn wir ihn durch eine gender- und queeranalytische Brille betrachten.

Kapitel 2 bespricht das zweite »F« und damit das Leitmotiv des Buchs: Feindschaft. Hier erläutere ich den Doppelcharakter sowie das Dilemma einer *Ethnografie der Feindschaft*: Einerseits handelt es sich hierbei um eine kritische Ethnografie, die die Hervorbringung von Freund-Feind-Unterscheidungen in diesen Feldern als demokratiefeindlich einschätzt. Andererseits läuft eine solchermaßen engagierte Ethnografie Gefahr, den Gegenstand der Forschung selbst als Feind (das heißt als persönlichen ebenso wie als Feind der Demokratie) zu konstruieren und dadurch die Freund-Feind-Logik des Feldes fortzuschreiben. Das Buch reflektiert diesen Umstand, erhebt aber nicht den Anspruch, einen Ausweg aus dieser Situation weisen zu können. Mit dem methodologischen Konzept des »strategischen Agonismus« schlägt es jedoch eine Möglichkeit des Umgangs damit vor.

Kapitel 3 wendet sich dem dritten »F«, dem Feld und der Feldkonstruktion, zu. Hier zeichne ich nach, durch welche Bewegungen ich die Homopolitik in der Alternative für Deutschland zum Gegenstand meiner Arbeit gemacht habe und wie ich methodisch vorgegangen bin. Dieses Kapitel enthält eine Beschreibung der zwei zentralen diskursiven Stränge innerhalb der Homopolitik der AfD und eine kurze Geschichte der Alternativen Homosexuellen (AHO), die im Mittelpunkt meiner Ethnografie stehen.

Die Teile II und III enthalten die ethnografische Analyse und wenden sich an ein wissenschaftliches ebenso wie an ein allgemeines Publikum. Hier entwickle ich Stück für Stück das Argument des Buchs: Homosexuelle werden von der AfD nicht als Feinde imaginiert, sondern unter der Bedingung toleriert, dass sie die heteronormativen gesellschaftlichen Strukturen nicht grundsätzlich infrage stellen. Sie unternehmen den Versuch, einerseits als Feinde »des Islam« und andererseits als Feinde »der Linken« zu Freunden der äußersten Rechten zu werden. In Teil II gehe ich zunächst der Behauptung nach, die AfD sei nicht homofeindlich. Wenn ich im Feld mein Forschungsanliegen erläuterte, bekam ich regelmäßig die Beteuerung zu hören: »Wir sind nicht homophob!« Auch wenn sich, wie gesagt, diese Aussage aus guten Gründen bestreiten lässt, beschloss ich, ihr im Kontext der AfD genauer nachzugehen: Was meinen Mitglieder und Politiker_innen einer Partei, die beispielsweise die Öffnung der Ehe für gleichgeschlechtliche Paare ablehnt, wenn sie sagen, sie seien gar nicht homophob?

In Teil II des Buchs nimmt das politische Imaginäre der äußersten Rechten Form an, und zwar im Verhältnis, das die drei Figuren »Nazis«/»Rechtsextreme« – »Homosexuelle« – »Muslime«/»der Islam« zueinander und zur AfD einnehmen. In Kapitel 4 geht es darum, wie sich meine Gesprächspartner_innen von »Nazis« beziehungsweise »Rechtsextremen« abgrenzen, wodurch sie selbst gleichzeitig als nicht-homophob und nicht-rechtsextrem erscheinen. In Kapitel 5 gehe ich auf das Verhältnis der AfD zu Homosexuellen ein, wie es in der Rede von »Toleranz« zum Ausdruck kommt. Hier analysiere ich nicht nur die Logik von Normalität und Abweichung, wie sie sich in offiziellen Dokumenten der AfD findet, sondern insbesondere auch die Arten und Weisen, in denen meine Gesprächspartner_innen die ethischen Prinzipien der AfD zu verkörpern trachten, um zu guten, tolerierbaren Homosexuellen zu werden. In Kapitel 6 beschreibe ich den Topos des »homophoben Muslims« als ein Element des ethnosexistischen Alltagsverstands der äußersten Rechten: Nicht nur bietet dieser Topos der AfD die Möglichkeit, als »homofreundlich« in Erscheinung zu treten, sondern er ist auch umgekehrt für die Lesben und Schwulen in der AfD das primäre Argument für ihre Parteimitgliedschaft. In einem Zwischenfazit am Ende des zweiten Teils fasse ich zusammen, welche Figuren und Relationen sich im gegenwärtigen politischen Imaginären der AfD ausmachen lassen und welche Position Homosexuelle darin einnehmen.

An dieser Stelle setzt Teil III des Buchs an. Meine Gesprächspartner_innen aus der AfD betrachten sich nicht nur als Feinde »des Islam«, sondern auch als Feinde eines Mainstreams, den sie als Hegemonie von Linken und Grünen imaginieren. »AfD-Feindlichkeit« wird in ihren Narrativen zu einer Form der Diskriminierung, die heutzutage viel virulenter sei als Homofeindlichkeit. Nun besteht ein zentrales Problem für die Schwulen und Lesben in der AfD darin, dass Homosexuelle oft als selbstverständlicher Teil der Linken aufgefasst werden. Ihre politischen Anliegen erscheinen im hegemonialen politischen Imaginären als deckungsgleich mit den Anliegen von Linken, Grünen und Liberalen. Der mediale Diskurs über die AfD und Homosexualität zeigt, dass es nach wie vor für Verwunderung sorgt, wenn Homosexuelle rechts sind. Wer schwul oder lesbisch und gleichzeitig Mitglied der AfD ist, muss unter Selbsthass leiden, unter falschem Bewusstsein – so will es jedenfalls die gängige Erklärung.

In ihrem Buch *Hegemonie und radikale Demokratie* von 1985 riefen Ernesto Laclau und Chantal Mouffe die Linke dazu auf, die Forderungen der neuen sozialen Bewegungen aufzugreifen, sie als eigene Forderungen zu verstehen und zu integrieren, um gesellschaftlich hegemonial zu werden, mit anderen Worten: »Äquivalenzketten« zwischen den verschiedenen sozialen Bewegungen zu knüpfen (Laclau/Mouffe 2000 [1985]: passim). Das heißt, die Arbeiter_innenbewegung sollte sich von ihrem ökonomischen Reduktionismus lösen und die Forderungen der neuen sozialen Bewegungen nicht mehr als untergeordnet betrachten. Stattdessen gelte es, die partikularen Forderungen der neuen sozialen Bewegungen als den eigenen Forderungen äquivalent zu betrachten, und zwar insofern, als sie sich gegen einen gemeinsamen Gegner richteten. Heute lässt sich etwas vereinfachend davon sprechen, dass die Linke erfolgreich damit war: In der Tat besteht eine Äquivalenzkette zwischen den Anliegen von Schwulen und Lesben und den Anliegen der Linken – und zwar nicht nur im Imaginären der AfD. Wer lesbisch oder schwul ist, gilt gleichsam naturgemäß als links.

Im dritten Teil des Buchs zeige ich, mit welchen Mitteln die Alternativen Homosexuellen daran arbeiten, diese Äquivalenzkette aufzubrechen und eine neue Äquivalenzkette zwischen Homosexuellen und Rechten aufzubauen. In den drei Kapiteln dieses Teils gehe ich den diskursiven Praktiken nach, mit denen sich meine – in diesem Fall ausschließlich männlichen – Gesprächspartner ins politische Imaginäre der AfD einschreiben wollen, indem sie sich analog zur AfD insgesamt als Feinde der Linken positionieren. Es geht darum, auf welches Fundament sie ihre Subjektposition als »rechte Schwule« gründen wollen, um als solche kulturell intelligibel zu werden. Dazu gehören erstens die Bezugnahme auf Geschichte als Legitimationsressource (Kapitel 7), zweitens eine schwule Queerfeindlichkeit und ein schwuler Antigenderismus (Kapitel 8) und drittens ein bewusst provokatives Auftreten, wodurch das stilistische Repertoire des Rechtspopulismus bedient werden soll (Kapitel 9). Während ich also in Teil II zeige, dass Homosexuelle von der AfD nicht als Feinde konstruiert werden, wende ich mich in Teil III den Versuchen der AHO zu, sich ins äußerst rechte

»Wir« einzuschreiben, indem sie sich gegenüber den Feinden der Rechten ebenfalls als Antagonisten positionieren.

Die einzelnen Kapitel dieses Buchs betrachten das Feld aus je unterschiedlichen Perspektiven. Es handelt sich um verschiedene Dimensionen des Politischen, die weniger als erschöpfende Typologie angelegt sind denn als thematische Schwerpunkte, die sich im Feld als besonders relevant erwiesen haben. So geht es unter anderem um Humor, Ästhetik, Ethik, den Alltagsverstand, Geschichte und Erinnerung. Die meisten Kapitel bedienen sich je eines bestimmten theoretischen Rahmens, den ich im Sinne eines empirisch-kulturwissenschaftlichen Theorie-Empirie-Nexus in die Analyse webe. Die große theoretische und ethische Klammer dieses Buchs aber ist die Frage nach Feindschaft. Als ich begann, in Bezug auf meine Arbeit über diesen Begriff nachzudenken, hatte ich keine Ahnung davon, wie aktuell die Rede vom Feind werden würde – sei es im (mehr oder weniger) übertragenen Sinne während der COVID-19-Pandemie oder wortwörtlich im Angriffskrieg Russlands gegen die Ukraine. Dieser Krieg und die Beschäftigung mit ukrainischen Stimmen haben mir gezeigt, dass es angesichts eines realen Gegenübers, das auf Vernichtung aus ist und dabei offensichtlich vor nichts zurückschreckt, keine Alternative zur Sprache der Feindschaft zu geben scheint (es sei denn, die eigene Vernichtung hinzunehmen). Die Welt Carl Schmitts, schrieb Achille Mbembe schon vor einigen Jahren in *Politik der Feindschaft*, ist »nun die unsere« (Mbembe 2017: 93). Umso weniger will dieses Buch abschließend oder erschöpfend bewerten, wie wir mit Freund-Feind-Logiken umgehen sollten. Es will vielmehr zeigen, welche Konsequenzen es hat und welche Probleme sich ergeben, wenn man in das Denken in Freund und Feind eintritt, das die äußerste Rechte popularisieren will. Im Fazit konturiere ich deswegen eine mögliche queere Alternative, die das Politische weder nur von der Feindschaft noch nur von der Freundschaft her denkt und stattdessen die binäre Opposition von Freund *oder* Feind zurückweist. Ob wir jedoch ganz darauf verzichten können und wollen und ob es »im Augenblick der Gefahr« (Benjamin 1991a: 695) vielleicht doch lebbare Alternativen gibt, bleibt dem Urteil meiner Leser_innen selbst überlassen.

Teil I:
Forschung in »feindlichen« Feldern

Begegnungen

Kurz vor zwölf. Handy lautlos. Noch ein letzter Blick in den Spiegel. In wenigen Minuten soll der öffentliche Teil der Tagung der Homosexuellen in der AfD beginnen, für die ich in einen verschneiten Vier-Sterne-Landgasthof in die Fränkische Schweiz gefahren bin. Andreas, den ich im Juni 2015 schon für meine Masterarbeit interviewt hatte und mit dem ich seitdem in Kontakt geblieben bin, hat mich eingeladen. Außer mit ihm hatte ich in meinem Leben bisher noch keinen persönlichen Kontakt zu »Rechten«, geschweige denn zu politisch aktiven.[1]

Während ich vor der Tür des Tagungsraums warte, vertreibe ich mir die Zeit, öffne die Tagesschau-App. 28. Januar 2017: Donald Trump verbietet per Dekret die Einreise in die USA für Menschen aus mehreren mehrheitlich muslimischen Ländern; Silvio Berlusconi soll in einem Prozess, in dem ihm Sexpartys mit minderjährigen Sexarbeiterinnen zur Last gelegt wurden, Zeuginnen mit Millionensummen bestochen haben; Debatten über Fälle von sexueller Nötigung, Mobbing und Demütigung in der Staufer-Kaserne der Bundeswehr im schwäbischen Pfullendorf. Die Zusammenhänge zwischen Maskulinismus, Nationalismus, Rassismus, Macht und Gewalt springen mich geradezu an. Gleich lerne ich die Politiker kennen, deren Partei in meinen Augen genau diese Zusammenhänge repräsentiert und die in den nächsten zwei Jahren zu den wichtigsten Gesprächspartnern meiner ethnografischen Forschung werden.

Erst gegen halb eins öffnet sich die Tür. Ein paar Männer unterschiedlichen Alters kommen mir neugierig entgegen. Einer von ihnen geht mit breitem Grinsen geradewegs auf mich zu. Er stellt sich mir als Hendrik vor und beginnt gleich darüber zu scherzen, dass wir schon mal eine Gemeinsamkeit hätten: die hohe Stirn. Ich bin

---

[1] Meine Analyse entfaltet sich an vielen Stellen anhand ethnografischer Vignetten wie dieser. Sie stellen verdichtete Beschreibungen meiner Beobachtungen dar, die ich in Feldnotizen festhielt, und heben sich durch Kursivschreibung vom Rest des Textes ab. Alle Namen sind Pseudonyme; zur Begründung der hier erfolgten Verfremdung von Personen, Orten und Situationen s. Kapitel 3.3.

etwas unsicher, ob das ein eigenwilliger Flirtversuch ist, lache aber freundlich. Nachdem sich die sechs AfDler und ich miteinander bekannt gemacht haben, setzt sich die Gruppe nun langsam in Bewegung zum gemeinsamen Mittagessen.

Die Stimmung ist gelöst. In dem rustikal eingerichteten, aber modernen Tagungshotel hängen überall von Kindern gemalte Bilder, Familienfotos, alte Schwarz-Weiß-Fotografien der Umgebung. In der holzvertäfelten Lobby ein großes Bild des Hauses von Anfang des letzten Jahrhunderts. Hendrik zeigt darauf und sagt augenzwinkernd zu mir: »Da war die Welt noch in Ordnung, da gab's noch keine Burkas.« Ich presse ein Lächeln heraus. Dann gehen wir ins Restaurant. Während ich neben Andreas stehe, der mich zu dem Treffen eingeladen hat, bemerke ich, dass Hendrik grinsend und leise, mit einem Blick zu mir, zu Fabian sagt: »Der Andreas hat auf jeden Fall nicht gelogen.« Das muss wohl ein positiver Kommentar über mich gewesen sein. Ich sage schnell irgendwas zu Andreas, damit nicht auffällt, dass ich die Anspielung nicht nur höre, sondern auch verstehe.

Am Tisch stimmen alle darin überein, dass der Tagungsort ziemlich toll sei. Hendrik, der sich neben mich gesetzt hat, freut sich, »zwischen zwei hübschen Jungs« zu sitzen. An mich gewendet, sagt er: »Andreas hat uns ja schon ein bisschen von dir erzählt, unter anderem, dass du kein AfD-Sympathisant bist. Wie bist du denn orientiert?«

Ich zögere. »Sexuell?«

Der Witz, mit dem ich mir etwas Luft zum Nachdenken verschaffe, kommt an.

»Nein, nein«, sagt Hendrik, »das wissen wir ja, ich meinte politisch.«

Das Wort »links« vermeidend sage ich: »Ich bin auf jeden Fall nicht rechts. Aber ich interessiere mich sowieso aus wissenschaftlichen Gründen für euch.«

Andreas scherzt: »Wir sind seine Laborratten!« Das Wort wird über die nächsten zwei Jahre zum Running Gag.

»Was genau erforschst du denn?«, fragt Hendrik.

»Ich promoviere in Kulturanthropologie und interessiere mich dafür, wie in rechten Parteien in Westeuropa über die Rechte von Homosexuellen gesprochen wird.«

Hendrik greift gleich ein: »Ich würde ja bei der AfD nicht unbedingt von einer rechten Partei sprechen. Eigentlich sind wir schon eher Mitte-rechts. Rechts klingt immer sofort nach rechtsradikal und das sind wir ja nicht. Zwischen uns und der NPD ist nochmal Platz für eine weitere Partei.«

»Ich habe den Begriff ›rechts‹ jetzt verwendet, weil Andreas das auch macht«, verteidige ich mich, »aber mir ist klar, dass das mit der Benennung schwierig ist. Wie stehst du denn zu dem Begriff ›Rechtspopulismus‹?«

Fabian steigt nun auch in die Diskussion ein; es werden Pro und Contra dieser Begriffe abgewogen. »Auf der einen Seite«, sagt er, »stimmt es ja. Populismus kommt von *der vox populi und das wollen wir auch sein: die Stimme des Volkes. Aber auf der anderen Seite ist Populismus sehr negativ besetzt und wird immer nur abwertend verwendet.«*

Das üppige Mittagessen erschwert es mir so langsam, mich zu konzentrieren. Doch es geht weiter: Was ich von Steinmeier als Bundespräsidenten hielte, wie ich zu »illegalen Migranten« stünde, und überhaupt, dieses Zitat von Martin Schulz: Das, was die Flüchtlinge mitbrächten, sei wertvoller als Gold.

»Ach ja? Vergewaltigungen, Terror sind wertvoller als Gold?« Hendrik erzählt, dass er neulich bei einem lokalen Radiosender eingeladen war und der Moderator einigermaßen wohlwollend gewesen sei: »Der hat mich gefragt – nein, Moment, ich frage mal dich: Würdest du bei uns grundsätzlich Afghanen reinlassen?«

Ich bejahe.

»Schweden?«

»Ja.«

»Spanier?«

»Ja.«

»Illegale Migranten?«

Ich zögere. »Ich würde sie nicht illegale Migranten nennen, deswegen kann ich die Frage nicht beantworten.«

»Leute, die illegal ins Land kommen, würdest du die reinlassen?«

Ich zögere erneut, sage dann aber: »Ja.«

Hendrik stutzt etwas, weil er anscheinend nun seinen Punkt nicht mehr anbringen kann. »Also, ich wollte eigentlich darauf hinaus, dass ich dem Moderator nur bei dem letzten Punkt mit ›Nein‹ geantwortet habe. Das belegt ja, dass ich kein Rassist bin. Es geht mir darum, dass in Deutschland die Gesetze eingehalten werden!« *Hendriks anfängliche Neugier mir gegenüber scheint ein wenig in Skepsis umzuschlagen:* »Ich habe einen guten Eindruck von dir, eigentlich täusche ich mich da selten.«

Diese kurze Episode – mein Feldeinstieg, über den ich wieder und wieder nachdachte – enthält bereits im Kern einige der zentralen Themen dieses Buchs. Nähe und Distanz, Intimität und Grenzziehung zwischen mir und meinen Gesprächspartnern wechseln sich auf irritierende Weise ab und erschweren dadurch klare Kategorisierungen. Die Nervosität vor meinem ersten Treffen mit *Rechten* – das heißt, in meiner Imagination, mit den politischen Anderen – wurde jäh konterkariert durch Hendriks spontane, spielerische Bemerkung einer physischen »Gemeinsamkeit«. Einen Moment später wurde ich Komplize seines antimuslimischen Scherzes, rückblickend wohl deswegen, weil ich um meinen Feldzugang besorgt war. Zudem kam ich im

Feld auch deswegen gut an, weil die Mitglieder der Homosexuellen in der AfD mich offenbar als »Frischfleisch« betrachteten, wodurch die Stabilität vermeintlich eindeutiger politischer und sexueller Identitäten und die Grenzen zwischen ihnen infrage gestellt wurden; auch an dieser Dynamik beteiligte ich mich. Deutlich wird dabei, dass ich die politischen Differenzen zugunsten sexueller Gemeinsamkeiten herunterzuspielen versuchte. Doch der Versuch misslang, denn schon nach kurzer Zeit wurde ich in eine Diskussion verwickelt, in der ich aufgefordert wurde, mich klar zu positionieren. An dieser Stelle blieb ich aufrichtig. In der kurzzeitigen Vereindeutigung politischer Positionen wurde jedoch eine weitere Grenze subvertiert: die zwischen Forscher und Beforschten. Dies zeigt sich auch daran, dass Andreas sich und die Gruppe selbstironisch und selbstermächtigend als meine »Laborratten« bezeichnete. Hendriks skeptische Bemerkung am Ende erschien beinah wie eine Drohung und erinnerte mich daran, dass ich es mir mit meinen neu gewonnen Gesprächspartnern auch verscherzen konnte. Er scheint gesagt zu haben: *Wir* behalten *dich* – in jeder Hinsicht – im Auge.

In der Vignette deutet sich bereits das politische Imaginäre meines Feldes an, das durch die Logik der Unterscheidung von Freund und Feind strukturiert ist. Es zeigt sich hier nicht nur an den bekannten Feindbildern – Muslim_innen und (Flucht-)Migrant_innen erscheinen als Bedrohungen –, sondern auch in der Vehemenz, mit der meine Gesprächspartner wissen wollten, auf welcher Seite *ich* stehe. Den Feind identifizieren zu können, ist, wie wir sehen werden, für mein Feld eine zentrale Voraussetzung politischer Tätigkeit. Doch auch ich ging mit einem Feindbild ins Feld, das sich im Laufe meiner Forschung verfestigte, nämlich dass es sich bei der AfD, bei Rechten, um die politischen Anderen der Demokratie handelt, die es zu bekämpfen gilt. Je mehr ich spürte, dass damit die politische Theorie meines Feldes, die Logik der Feindschaft auf mich abfärbte, desto mehr spürte ich auch, dass ich mich meinem Feld ein Stück weit angenähert hatte.

Der nun folgende erste Teil des Buchs expliziert mein Verständnis einer politischen Anthropologie des Imaginären (1.1), diskutiert den Populismusbegriff und das Konzept der Äquivalenzketten ausführlicher (1.2) und erörtert, was es bedeutet, aus einer gender- und queeranalytischen Perspektive auf die äußerste Rechte zu blicken (1.3). Er erläutert den Begriff der Feindschaft und seine Theoretisierung durch den »Kronjuristen des Dritten Reiches«, Carl Schmitt (2.1), thematisiert, was es heißt, »Feinde« zum Gegenstand der Ethnografie zu machen (2.2), und erläutert mein konkretes eigenes methodologisches Vorgehen, das ich als strategischen Agonismus bezeichne (2.3). Außerdem führt Teil I in die wichtigsten diskursiven Stränge ein, um die es in diesem Buch gehen wird (3.1), liefert Details zur Methode im engeren Sinne (3.2) und stellt die Alternativen Homosexuellen vor (3.3).

1. Anthropologie des Politischen in der populistischen Konjunktur

> How are we to understand this conjuncture?
> What is anthropology's contribution to analyzing and,
> perhaps, acting in this moment of danger?
> – *Nancy Postero und Eli Elinoff (2019):*
> *Introduction: a return to politics, S. 5*

Dace Dzenovska und Nicholas De Genova schreiben von einem »desire for the political«, das sie in gegenwärtigen gesellschaftlichen Formationen ausmachen. Dieses Begehren lasse sich als Reaktion darauf verstehen, dass die neoliberalen Entwicklungen der letzten Jahrzehnte die Politik zunehmend eingeengt und zurückgedrängt hätten (Dzenovska/De Genova 2018: 3). Teil dieser Formationen sei die anthropologische Forschung selbst, was sich nicht nur darin zeige, dass »das Politische« ein bevorzugter Forschungsgegenstand anthropologischer Forschung sei. Das Begehren nach dem Politischen manifestiere sich auch in dem kritischen Impuls, der diese Forschungen antreibe (ebd.: 12). Beispielhaft ließe sich auf eine Sonderausgabe der Zeitschrift *Anthropological Theory* mit dem Titel »Politics in the time of ›post politics‹: Rethinking anthropology's conception of the political for the 21st century« verweisen:

»This special issue seeks to bring anthropology back to the question of politics. This is both an intellectual concern and a concern rooted in the urgencies of this moment of history, which is marked by the uncertain end of neoliberalism, the rise of new democratic movements, a resurgent authoritarianism, and the exigencies of the changing planet. The questions of politics and the organization of the political are directly at the heart of these times.« (Postero/Elinoff 2019: 4)

Mit einem Begriff aus den britischen Cultural Studies lassen sich diese beispielhaft zitierten Interventionen in die Anthropologie des Politischen als *konjunkturanalytisch* bezeichnen: Das heißt, sie fragen nach dem aktuellen historischen Augenblick – verstanden als spezifische Verzahnung multipler soziopolitischer und ökonomischer Elemente. Ihre Antworten fallen ähnlich aus: Was den gegenwärtigen historischen Moment ausmache, sei ein Wiederaufleben des Politischen. Zeitdiagnostisch spricht einiges dafür, von einem »populistischen Moment« (Brubaker 2017a; Mouffe 2016; 2018) zu sprechen, um, wie Floris Biskamp schreibt,

> »das gleichzeitige Erstarken von Tea Party und Occupy, von Donald Trump und Bernie Sanders, von Nigel Farage, Boris Johnson und Jeremy Corbyn, von Front National/Rassemblement National und La France insoumise, von AfD, PiS, Fidesz, Vox, Lega etc. und Syriza und Podemos und Movimento 5 Stelle als ein verbundenes Phänomen zu erfassen.« (Biskamp 2019: 466)

Inhaltlich sind diese verschiedenen politischen Projekte gewiss sehr heterogen, eines haben sie jedoch gemeinsam: »ihre erklärte Anti-Establishment-Haltung und die Vorstellung, dass ›das Volk‹ oder ›die einfachen Leute‹ von ›den Eliten‹ vernachlässigt wurden und nun politisch Geltung erhalten sollen« (ebd.). Dass dieser Moment ein populistischer ist, muss jedoch nicht unbedingt bedeuten, dass die neoliberale Konjunktur abgelöst wird. Éric Fassin (2017) und Wendy Brown (2018) halten die gegenwärtigen Entwicklungen nicht für ein Ende der neoliberalen Konjunktur, sondern für deren Fortsetzung: Brown spricht von »neoliberalism's Frankenstein« (ebd.). Jamie Peck und Nik Theodore kommen zu dem Schluss, es handle sich um eine »conjuncture of late neoliberal authoritarianism« (Peck/Theodore 2019: 263), also gewissermaßen eine Phase des Interregnum. In jedem Fall, darin stimmen die unterschiedlichen Autor_innen überein, ist der Aufstieg der populistischen Rechten ein zentrales Moment in der gegenwärtigen Konjunktur.

Ich teile diese Diagnose sowie das Plädoyer für eine Kulturanthropologie, die diesen Umstand ernst nimmt. Denn wir haben es mit sehr unterschiedlichen Vorstellungen davon zu tun, was genau dieses wiederbelebte Politische ist oder was es sein sollte: Wir können sowohl den Wunsch nach Trennung, Isolation und Protektionismus beobachten als auch Versuche, Solidarität über Differenzen hinweg zu begründen – in beiden Fällen im Namen eines neuen Gemeinsamen. In diesem Sinne erweist sich mein Untersuchungsobjekt – die sich verschiebenden Sexualpolitiken der im Aufschwung begriffenen äußersten Rechten – als ein Fenster zum Verständnis der gegenwärtigen Konjunktur. Meine Arbeit rückt die politischen Antagonismen der Gegenwart ethnografisch in ihren Mittelpunkt und reiht sich damit ein in ein Forschungsfeld, das ich als *konjunkturanalytische Anthropologie des Politischen* bezeichne.

Im Besonderen verfolge ich in diesem Buch einen Ansatz, der anhand der Narrative und Praktiken äußerst rechter Akteur_innen rekonstruiert, wie diese sich die politische Welt vorstellen. Wie begreifen sie sich selbst und ihr Verhältnis zu anderen? Welche Position nehmen Homosexuelle in diesem – dynamischen, umkämpften – Imaginären ein? Meiner Arbeit liegt einerseits ein konflikthaftes Verständnis des Politischen zugrunde, das der Herstellung und Aufrechterhaltung von Antagonismen eine hohe Bedeutung beimisst. Insofern verstehe ich mich selbst auch nicht als neutralen Beobachter, der sein Objekt kühl-distanziert auseinandernimmt, sondern ich bin selbst Teil der antagonisierenden Auseinandersetzungen, die im Mittelpunkt dieses Buchs stehen (Binder 2014). Meine Anwesenheit im Feld aktualisiert den Konflikt und ist von daher selbst politisch. Die Analyse zielt auf die Arbeit im und am Imaginären ab, die nötig ist, um die Differenzen zwischen »uns« und »denen« aufrechtzuerhalten – und zwar sowohl jene Differenzen, die mein Feld konstruiert (etwa »wir Deutschen« vs. »der Islam«), als auch jene, an denen ich – als jemand, der sich als linker Schwuler identifiziert – teilhabe. Andererseits mobilisiere ich ein antirationalistisches Verständnis des Politischen, das die Rolle von Imagination und Affekt anerkennt und diese nicht als per se gefährlich oder mystifizierend zurückweist, wie dies liberale Theorien des Politischen tun (Trautmann 2019: 562).

1.1 Das Politische und das Imaginäre in der Anthropologie

Die imaginäre Dimension des Politischen wird in diesem Buch nicht als »bloße Einbildung« verstanden, die die »harte Wirklichkeit« von Politik verzerrt. Es geht mir nicht darum, hinter der behaupteten Homofreundlichkeit des Feldes eine »eigentliche« Homofeindlichkeit zu entlarven. Ein solcher Gestus der moralischen Überlegenheit vermag ohnehin nichts an der Struktur dieses Feldes zu ändern; wie Simon Strick schreibt, haben wir es mit einem »reflexiven Faschismus« zu tun, der nicht aufhören wird, faschistisch zu sein, nur weil er als solcher benannt wird: »Die automatisierte Geste der Überführung muss also *entlernt* werden: sie funktioniert nicht« (Strick 2021: 43; Hervorh. i.O.). Was sehr wohl funktioniert, ist jedoch, das imaginäre Selbstbild der Menschen (»Wir sind nicht homophob!«) als ethnografisches Objekt ernst zu nehmen. So schreibt Karl Braun: »Da ethnologisch-kulturwissenschaftliche Forschung immer Handlungsweisen von Menschen untersucht, nicht Kulturen, kann es keine Vorstellungen und Handlungen *der Anderen* geben, so absurd-abgedreht, widernatürlich oder menschrechtsverletzend [sic] sie *uns* auch erscheinen mögen, die [...] als *falsch* zu betrachten wären: Denn sie können verstanden werden« (Braun 2006: 37; Hervorh. i.O.). Die analytische Kategorie des Imaginären kann dabei helfen, die Wirkmacht von politischen Erzählungen auf die Subjekte zu erklären: Imaginationen begründen Politik. In diesem Sinne transzendiert die Rede vom Imaginären die Dichotomie von »wahr« und »falsch« (Doll/Kohns 2014: 8). Narrative, Bilder und Affekte sind eine notwendige Form, in der sich politische Inhalte manifestieren. Das Beharren auf dem imaginären Moment von Politik – und damit auf der Suspendierung der Frage nach der »Wahrheit« – impliziert jedoch nicht Relativismus. Es gibt legitime Gründe dafür, der AfD Homofeindlichkeit zu attestieren. Mein Beitrag soll es jedoch sein, der Rolle des Narrativen, des Ästhetischen, des Affektiven in der Entstehung solcher Bewertungen nachzuspüren.

Jüngere kulturtheoretische Debatten gehen davon aus, dass das politische Imaginäre soziale Ordnung konstituiert und stabilisiert, indem es ihr einen kollektiv geteilten Rahmen gibt. Gleichzeitig kann es die soziale Ordnung jedoch auch problematisieren und transformieren: Die Verhältnisse werden durch das Imaginäre gestützt, aber sie sind auch nur deswegen veränderbar, weil Gesellschaft immer auch anders imaginiert werden kann (Trautmann 2017: 11; 2019: 553). Die Verwendung des Begriffs des Imaginären stellt auch einen Bezug zur Psychoanalyse Jacques Lacans her: Durch das (soziale) Imaginäre erhält das Gemeinwesen ein Bild von sich selbst, das ihm Einheit und Ganzheit suggeriert. Doch dieses Bild ist nicht bloß »Abbild« und Repräsentation einer vorgängigen Gemeinschaft; im Gegenteil konstituiert sich die Gemeinschaft erst durch die Bilder, die sie sich von sich selbst macht. Als Totalität existiert die Gemeinschaft nur im Imaginären. Lacan beschreibt den Prozess der Subjektivierung während des »Spiegelstadiums« (Lacan 1991), jener Phase, in der das Kleinkind beginnt, sich im Spiegel zu erkennen. Noch ein vollkommen abhängiges Wesen mit begrenzten motorischen Fähigkeiten, sieht sich das Kind im Spiegel bereits als eine abgeschlossene Ganzheit, als die es sich noch gar nicht wahrnimmt: Ein vom Rest der Welt getrenntes »Ich« existiert für den Säugling noch nicht. In einer »jubilatorische[n] Aufnahme seines Spiegelbildes« (ebd.: 64) drückt sich die Identifikation des Kindes mit seinem Spiegelbild aus: ein virtuelles Idealbild, das mit der aktualen Realität des Kindes nicht übereinstimmt. Das imaginäre Bild von Einheit und Ganzheit begleitet das Individuum von nun an als ein »*Ideal-Ich*« (ebd.; Hervorh. i.O.), dem es sich beständig anzunähern versucht, das es jedoch nie erreichen kann. Das äußere Spiegelbild ist also nicht einfach Repräsentation eines bereits gegebenen Subjekts. Es ist vielmehr umgekehrt: *Das »Abbild« produziert rückwirkend das »Urbild«*, das es scheinbar nur spiegelt.

Mit diesem Bezug auf Lacans Spiegelstadium und damit auf das projektive Moment der Subjektivierung wird noch einmal deutlicher, wieso der Unterschied zwischen Imagination und Realität nicht als Dichotomie aufgefasst werden darf: Das Imaginäre ist wirkmächtig, es hat eine poietische, das heißt gestalterisch-hervorbringende Seite (Chakkalakal 2021: 144). Insofern reicht es nicht, einen Satz wie »Wir sind nicht homophob!« als Lüge oder Verblendung zurückzuweisen, sondern er muss in seiner realen Wirkung auf die Sprechenden ernst genommen werden – auch dies ist die Kraft des Diskurses, von der Mahmood (2012: 17) spricht. Die immer und immer wiederholte Behauptung, die ein Selbstbild entwirft, hat – ebenso wie das Fremdbild, das sich in der Gegenbehauptung artikuliert – vergemeinschaftende Folgen. Dem politischen Imaginären wird daher auch eine gründende Funktion innerhalb des Sozialen zugesprochen (Doll/Kohns 2014: 8; Trautmann 2017: 13). Es wirke »schöpferisch« (Koschorke u.a. 2007: 57) auf das Soziale. »Nicht die Falschheit, sondern die *Wirkkraft* des Scheins zu deuten, wird zur Aufgabe eines macht- und herrschaftskritischen Denkens im Ausgang einer Theorie des politischen Imaginären« (Trautmann 2017: 16). Das Imaginäre wird in diesen Theorien also nicht als Verzerrung der Wirklichkeit aufgefasst, sondern als eine Kraft, die die gesellschaftlichen Institutionen einerseits begründet, andererseits aber auch ihre Transformation ermöglicht.

Die Rede von der »Wirkkraft« des Imaginären legt – zumindest potenziell – eine materialistische, praxistheoretische Auffassung des Imaginären nahe. Felix Trautmann fasst das Imaginäre in seinem sozialphilosophischen Ansatz nicht bloß mentalistisch als innerliche »Vorstellung in unseren Köpfen« (ebd.: 10), sondern sowohl als Beweggrund wie auch als Effekt äußerlicher *Praktiken*. Dieser materialistische Ansatz bezieht sich auf die Subjektivierungs- und Ideologietheorie Louis Althussers. Er weicht in dieser Hinsicht von den meisten anderen Ansätzen ab, denen das soziale Imaginäre etwa als Schatz an Mythen und Legenden eines Gemeinwesens (Koschorke u.a. 2007: 62; Diehl 2019: 41), mitunter auch als ein »kollektives Unbewußtes« (Lüdemann 2004: 67) gilt. Trautmann versteht das Imaginäre einer Gesellschaft dagegen gerade nicht als »die Summe individueller Imaginationen. Es ist keine Kollektivimagination, sondern umfasst diejenigen Vorstellungen, die sich jeweils in gesellschaftlicher Praxis manifestieren« (Trautmann 2017: 10 f.).

Diese Perspektive auf das Imaginäre als etwas, das sich in und durch soziale Praktiken vollzieht – und insofern eine eigene materielle Realität hat –, findet sich in der Europäischen Ethnologie vor allem in Ansätzen der ethnografischen und figurationalen Kulturanalyse (Ege 2013; Ege/Wietschorke 2014; Chakkalakal 2014; 2018; 2021). Der Begriff der *Figuration* wird hier aus Norbert Elias' Prozesssoziologie entlehnt und beschreibt ein Gefüge von aufeinander bezogenen Menschen. Elias denkt Gesellschaft als »Interdependenzgeflecht« von immer bereits wechselseitig abhängigen und in Beziehungen befindlichen Individuen. Die Figuration ist damit eine Analyseeinheit, die versucht, den Dualismus von Gesellschaft und Individuum zu überwinden. Für die Kulturanalyse bietet sich der Begriff deswegen an, weil er es ermöglicht, »die relationale Dynamik von kulturellen Phänomenen im Sinne eines (Beziehungs-)Geflechts« (ebd.: 135) zu fassen. Die figurationale Kulturanalyse macht überdies darauf aufmerksam, dass Figurationen insofern imaginär sind, als sie nicht einfach in Form objektiver Gegebenheiten in der Welt vorhanden sind, sondern durch Akte des Imaginierens und Narrativierens performativ ko-konstruiert werden (was auch für wissenschaftliche Beschreibungen von Figurationen gilt) (ebd.: 143 ff.). Moritz Ege hat diesen Umstand insbesondere durch seine ethnografische Kulturanalyse von kulturellen *Figuren* verdeutlicht, prominent am Beispiel des »Prolls« (Ege 2013). Die Figuration wird bei Ege zum relationalen Gefüge verschiedener Figuren (ebd.: 36), wodurch sich der Fokus von der realistischen Beschreibung sozialer Verflechtungen (auf die Elias abhebt) sehr deutlich auf imaginäre Prozesse verschiebt. Auch hier muss betont werden, dass mit »imaginär« nicht die »bloße« Vorstellung jenseits der Wirklichkeit gemeint ist. Bei Ege nehmen Figuren eine vermittelnde Position zwischen der Praxis realer sozialer »Typen« und der Repräsentations- oder diskursiven Seite von »Stereotypen« ein (ebd.: 39). Seine Analyse zeigt, dass kulturelle Figuren wie der »Proll« zwei sich wechselseitig beeinflussende Seiten haben: Einerseits entstehen Figuren diskursiv und werden relational aufeinander bezogen, indem sie erzählt und repräsentiert werden. Andererseits werden sie aber auch geformt, indem sich reale Akteur_innen praktisch auf sie beziehen, sie verkörpern, bewohnen, sich mit ihnen identifizieren, sich von ihnen abgrenzen und so weiter (ebd.: 63). Diesen doppelten Prozess bezeichnet Ege als »Figurierung« (ebd.).

Den verschiedenen Ansätzen ist gemein, dass sie den Dualismus von »harter« Realität und »bloßer« Vorstellung problematisieren, indem sie dem Imaginären eine eigene Wirkkraft beimessen. Europäisch-ethnologische

Ansätze tragen insofern zur Konzeptualisierung des Imaginären bei, als sie sein materielles, praktisches Moment durch empirische Studien untermauern. Das Ziel meiner Analyse ist es, die Figurierung des politischen Imaginären der äußersten Rechten zu beschreiben. Wie oben bereits angemerkt, geht es mir insbesondere um den relationalen Charakter solcher Figurierungsprozesse. Das heißt, mehr als die unterschiedlichen Figuren selbst interessiert mich, wie sie zueinander in Beziehung gesetzt werden. Ich argumentiere, dass dies im Sinne einer rechtspopulistischen diskursiven und performativen Logik geschieht, weswegen ich im Folgenden meinen Populismusbegriff präzisiere.

1.2 Populismus und die Arbeit an Äquivalenzketten

Populismus ist ein Krisenphänomen innerhalb der Demokratie. Als Anti-Status-quo-Diskurs (Panizza 2005: 3) reagiert der Populismus auf eine Situation, in der gesellschaftlicher Wandel zu schnell geht oder zu starke Verwerfungen erzeugt. Laut Frank Decker (2018: 357) zählen ökonomische Verteilungskrisen, kulturelle Sinnkrisen und politische Repräsentationskrisen beziehungsweise deren Zusammenwirken dazu. Populismus gedeihe demnach auf dem Boden von Orientierungsverlust, Statusangst, Zukunftsunsicherheit und politischen Entfremdungsgefühlen (ebd.). Nach Margaret Canovan (1999) sowie Dirk Jörke und Veith Selk (2020: 96) ist Populismus ein genuin demokratisches Phänomen in dem Sinne, dass er nur in demokratischen Gesellschaften existiert (was allerdings nicht bedeutet, dass eine konkrete populistische Formation nicht auch antidemokratisch orientiert sein kann). Populismus entstehe dann, wenn eine relevante Menge an Menschen den Eindruck gewinnt, dass die Kluft zwischen den Versprechen der Demokratie und den realen Verhältnissen zu groß ist. Er ist folglich ein Produkt demokratischer Prozesse – »a shadow cast by democracy itself« (Canovan 1999: 3) – und untrennbar mit der »real existierenden« Demokratie verbunden: »In so far as populism exploits this gap between promise and performance in democracy, there is no end to it« (ebd.: 12). Karin Priester hat Populismus aus diesem Grund als ein zyklisch wiederkehrendes Phänomen bezeichnet (Priester 2012: 230).

Doch was genau ist gemeint, wenn ich von (Rechts-)Populismus spreche? Und inwiefern eignet sich dieser Begriff als analytische Kategorie für eine kulturanthropologische Untersuchung? Ihn fruchtbar zu machen, ist tatsächlich insofern ein schwieriges Unterfangen, als Populismus ein notorisch umstrittener Begriff ist. Er dient nicht nur in journalistischen Diskursen häufig der Abwertung und Delegitimierung der politischen Gegner_innen, ist also moralisch aufgeladen. Dass der Begriff von den unterschiedlichsten Akteur_innen aus den unterschiedlichsten Motiven verwendet wird, irritiert so manche Wissenschaftler_innen, die sich konzeptuelle und analytische Klarheit wünschen und diesen schwammigen Begriff deswegen lieber aus akademischen Diskussionen verbannt sähen (z.B. Minkenberg 2018). Andere wiederum nehmen gerade seine Allgegenwärtigkeit und seinen Boom in den letzten Jahren und Jahrzehnten zum Anlass dafür, ihn analytisch zu mobilisieren. Für meine Zwecke ist an dieser Stelle wichtig festzuhalten, dass die Ansätze der Populismusforschung, auf die ich mich im Folgenden beziehe, eines gemeinsam haben: Sie lehnen eine moralisierende Kritik am Populismus ab und bewerten ihn nicht als grundsätzlich richtig oder falsch.[1] Diesen Konzeptualisierungen zufolge ist Populismus nicht mit Demagogie, Autoritarismus oder Opportunismus gleichzusetzen. Die Frage, ob dem Populismus generell, also unabhängig davon, ob er von rechts oder links ausgeht, eine demokratisierende Kraft eignet, ist nicht Gegenstand dieser Arbeit. Vielmehr liegt hier der Fokus auf *rechts*populistischen Praktiken, die, wie ich zeigen werde, auf einer essentialisierenden und eliminatorischen Freund-Feind-Logik basieren und insofern in der Tat antidemokratisch sind. Mit anderen Worten: Was die politischen Praktiken meiner Gesprächspartner_innen antidemokratisch macht, ist nicht ihr populistischer Charakter, sondern es sind ihre extrem rechten Elemente. Doch zunächst zur Frage, was Populismus ist und inwiefern ich ihn als analytische Kategorie einsetze.

Innerhalb der hauptsächlich politikwissenschaftlich orientierten Populismusforschung gibt es eine Vielzahl an Richtungen, von denen mir drei besonders relevant erscheinen: den ideellen Ansatz (engl. *ideational approach*), den soziokulturell-stilistischen Ansatz und den diskurslogischen Ansatz nach Laclau.[2] Die beiden Letztgenannten – und vor allem ihre jüngste Kombination zu einem »performativ-diskursiven« Ansatz (Ostiguy u.a. 2021) – sind meines Erachtens für eine kulturanthropologische

---

[1] Vgl. dagegen z.B. J.-W. Müller (2016), dessen einflussreiche Definition Populismus als grundsätzlich antipluralistisch und damit als anti-(liberal-)demokratisch betrachtet.

[2] Die verschiedenen Schulen der Populismusforschung werden nicht immer einheitlich kategorisiert. Diese konkrete Einteilung stammt von mir.

Untersuchung besonders geeignet und werden deswegen im Folgenden ausführlicher besprochen.

Die insbesondere in Europa am häufigsten zitierte Definition des Populismus stammt jedoch aus dem Kontext des ideellen Ansatzes, der am prominentesten von Cas Mudde (2004; 2007) vertreten wird. Dieser Definition zufolge ist Populismus

»a thin-centred ideology that considers society to be ultimately separated into two homogenous and antagonistic groups, ›the pure people‹ versus ›the corrupt elite‹, and that holds that politics should be an expression of the *volonté générale* (general will) of the people.« (Mudde/Rovira Kaltwasser 2015: 18)

In der Tat gilt die Aufteilung der Gesellschaft entlang dichotomer, antagonistischer Kategorien über die verschiedenen Schulen hinweg mindestens seit den 1960er Jahren als Charakteristikum des Populismus: auf der einen Seite »das (moralisch überlegene) Volk« und auf der anderen Seite ein – oder mehrere – *Andere(r)*, wobei diese Anderen als jene konstruiert werden, die verhindern, dass das Volk zu seinem wahren Ausdruck finden kann (etwa »die Eliten«). Spezifisch für die ideelle Definition des Populismus ist jedoch die Annahme, es handle sich um eine *thin-centred ideology* bzw. »(dünne) Ideologie« (Mudde 2020: 46). Damit ist gemeint, dass der Populismus selbst keine umfassende Welterklärung oder Orientierung biete, sondern immer gemeinsam in Verbindung mit anderen, »dichteren« Ideologien (wie Nationalismus/Nativismus, Liberalismus oder Sozialismus) auftreten müsse.[3] Der Unterschied zwischen Links- und Rechtspopulismus läge dann nicht im Populismus selbst, sondern ergäbe sich aus den anderen Ideologien, mit denen sich der Populismus jeweils verbindet.

Der soziokulturell-stilistische Ansatz (z.B. Moffitt 2016; Diehl 2017) wiederum fokussiert rhetorische, ästhetische, körperliche und theatralische Aspekte des Populismus und untersucht, wie die Spaltung zwischen »dem Volk« und den *Anderen* durch einen bestimmten politischen Stil performativ erzeugt wird. Dies geschieht etwa, indem gezielt soziale und politische Tabus gebrochen werden, bewusst Dialekt und »politisch inkorrekte« oder als obszön geltende Sprache verwendet oder betont informelle Kleidung getragen wird – was Pierre Ostiguy »flaunting of ›the low‹« nennt (Ostiguy 2017: 73).

---

3 Dies ist insofern verwirrend, als Mudde und Rovira Kaltwasser den Begriff der *thin-centred ideology* von Michael Freeden (1998) entlehnen, der damit ursprünglich den Nationalismus beschrieb.

Der diskurslogische Ansatz schließlich, der an die einflussreichen Arbeiten von Ernesto Laclau (2002; 2005a; 2017) anschließt, verzichtet ebenfalls auf eine ideologische Bestimmung des Populismus. Er stellt nicht auf seine Inhalte, sondern auf formale Gesichtspunkte ab und betrachtet Populismus daher als eine diskursive Logik, als eine Art und Weise, durch die die Einheit kollektiver politischer Identitäten konstruiert wird (Laclau 2005a: 73). Laclaus formalistischer Ansatz weicht damit ganz entscheidend von empiristischen und historischen Ansätzen ab, die den Populismusbegriff zu definieren suchen, um einen klaren Referenten – ein begrenzbares Phänomen – beschreiben zu können. Für Laclau ist Populismus dagegen eine Logik, die über die verschiedensten politischen Bewegungen hinweg angetroffen werden kann: »Populism is, quite simply, a way of constructing the political« (ebd.: xi). Was aber heißt das genau?

Laclau geht es im Kern darum zu verstehen, wie die Formierung kollektiver politischer Identitäten vonstatten geht (ebd.: ix). Weil die Gruppe demnach das Explanandum ist, setzt er sie nicht als grundlegende soziale Einheit voraus, sondern geht stattdessen von kleineren Einheiten der Analyse aus, die er als »Forderungen« (*demands*) bezeichnet (ebd.: 72 ff.). Die Einheit der Gruppe ist das Resultat einer Artikulation[4] verschiedener unerfüllter Forderungen. Laclau erläutert das an einem Beispiel (ebd.: 73): In den armen Außenbezirken einer Industriestadt des globalen Südens herrscht Unzufriedenheit über die schlechten Wohnbedingungen und eine lokale Initiative verlangt von den Behörden eine Lösung. Wenn die Forderung erfüllt wird, ist die Sache damit erledigt; wenn nicht, dann kann es sein, dass die Menschen mit anderen, ebenfalls unerfüllten Forderungen ihrer Nachbar_innen in Austausch treten (seien es Probleme mit der Infrastruktur, der Gesundheitsversorgung, dem Nahverkehr und so weiter). Wenn es den Behörden nicht gelingt, die einzelnen Probleme *differentiell* – also voneinander getrennt – zu lösen, dann können die verschiedenen unerfüllten Forderungen in ein *Äquivalenzverhältnis* zueinander eintreten. Obwohl es sich um *differente* Forderungen handelt, die sich nicht ähneln

---

4 Im Englischen bedeutet *to articulate* einerseits »ausdrücken, aussprechen«, ähnlich dem deutschen *artikulieren*. Andererseits bedeutet es aber auch »angliedern« oder »ein Gelenk bilden«, wie bei einem Sattelschlepper, der auf Englisch *articulated lorry* genannt wird. Das Wort geht zurück auf lat. *articulare* »gliedern, deutlich aussprechen«, von *articulus* »kleines Gelenk, (Finger)Glied, Abschnitt«. Der durch die britischen Cultural Studies geprägte Begriff der Artikulation spielt eine wichtige Rolle in der Populismustheorie nach Laclau. Er ist hier zu verstehen als Angliederung, Kopplung. Die doppelte Bedeutung lässt sich im Deutschen jedoch nur schwer einfangen.

müssen, sondern sogar in einem Spannungsverhältnis zueinander stehen können, sind sie dann im Hinblick auf einen Punkt *äquivalent*: Denn sie befinden sich alle auf derselben Seite der Grenze zu einem gemeinsamen Außen (in diesem Fall: den Behörden). Lokale Bewegungen und Initiativen gehen dann zum Populismus über, wenn sich die Äquivalenzkette mehr und mehr ausweitet und immer weitere, heterogene Forderungen einschließt, um schließlich eine populare Identität auszubilden. Damit sind die strukturellen Dimensionen benannt, die nach Laclau den Populismus ausmachen: die Vereinigung unterschiedlicher Forderungen zu einer Äquivalenzkette; die Entstehung einer inneren Grenze, die die Gesellschaft in zwei Lager teilt (die popularen Klassen vs. die Machthaber_innen); und schließlich die Konsolidierung der Äquivalenzkette durch die Konstruktion einer popularen Identität (ebd.: 77). Der letzte Schritt ist dann erreicht, wenn es einer partikularen Forderung innerhalb der Äquivalenzkette gelingt, zur Repräsentantin der gesamten Äquivalenzkette zu werden, das heißt in Laclaus Sinne: hegemonial zu werden. Je breiter und heterogener die Elemente der Äquivalenzkette sind, desto leerer muss der Signifikant sein, der für die Kette als Ganze stehen kann, eben weil er geeignet sein muss, so viele heterogene Elemente zu bezeichnen. »Im Endeffekt«, schreibt Laclau, »als reductio ad absurdum, kann es ein bloßer Name sein – häufig der eines Führers« (Laclau 2017: 235). Im Anschluss an Laclau legt Laura Grattan dar, dass populistische Interventionen auf der Ebene des Imaginären stattfinden (Grattan 2021: 138). Daraus folgt, dass antagonistische Figuren für den Populismus essentiell sind. Dazu gehören vor allem die »einfachen Leute« und »die Eliten« (Dümling/Springer 2020). Dies erklärt auch den Stellenwert bestimmter Figuren im (rechtspopulistischen) Imaginären meiner Gesprächspartner_innen, wie etwa »Nazis« oder »der Islam«.

Ontologisch haben die Praktiken der Artikulation für Laclau also Vorrang vor den kollektiven Identitäten: Populistisch ist eine politische Gruppierung nicht aufgrund eines bestimmten ideologischen Inhalts, sondern aufgrund einer bestimmten Logik der Artikulation dieses Inhalts (Laclau 2005b: 33). Die auf Laclaus diskurslogischem Ansatz basierende Richtung der Populismusforschung und ihre Weiterentwicklungen teilen insbesondere diesen Aspekt. Populismus ist ihnen zufolge kein Label für konkrete Politiker_innen, Parteien oder Bewegungen, sondern eine Art und Weise der Identitätskonstruktion und Identifikation (Panizza 2005: 8; Ostiguy 2017: 73). Der Unterschied zwischen linkem und rechtem Populismus besteht dann nicht primär in gegensätzlichen Policy-Entwürfen, sondern in der

Frage, welches antagonistische Außen konstruiert wird und welcher Natur die jeweiligen hegemonialen Signifikanten sind: Während »das Volk« im Linkspopulismus, insbesondere in seinen lateinamerikanischen Varianten, als fluider, offener und tendenziell leerer Signifikant begriffen wird, wird »das Volk« im Rechtspopulismus zu einem transzendentalen Signifikanten, dessen Bedeutung als positiv gegeben imaginiert wird (etwa indem der Nation ein mythischer Ursprung als Abstammungsgemeinschaft zugeschrieben wird) (Panizza/Stavrakakis 2021: 28).

Weil sie einen nicht-essentialistischen Begriff von Populismus entwickeln, der auf politische Praktiken abstellt, sind die letztgenannten Ansätze meiner Ansicht nach für eine kulturanthropologische Perspektive auf Populismus besonders nützlich. Ich folge in dieser Arbeit der von Pierre Ostiguy, Francisco Panizza und Benjamin Moffitt (2021) vorgeschlagenen »performativ-diskursiven« Auffassung von Populismus, die den soziokulturell-stilistischen und den diskurslogischen Ansatz produktiv zusammenführt. Ostiguy u.a. legen den Fokus darauf, wie ein konkretes Repertoire populistischer Praktiken – das oben beschriebene »flaunting of ›the low‹« (Ostiguy 2017: 73), die performative Inszenierung als Teil der »einfachen Leute« – dazu beiträgt, jene Äquivalenzketten zu kreieren, die den populären Identitäten »des Volkes« zugrunde liegen.[5] Damit wird Laclaus formalistischer Ansatz um eine wichtige empirische Ebene ergänzt. Zugleich wird Populismus diesem Verständnis zufolge als ein relationales Phänomen begriffen, das nicht nur durch das antagonistische Verhältnis zwischen »dem Volk« und »den Machthaber_innen« bestimmt wird, sondern auch durch jene Momente der Identifikation mit »dem Volk« und seinen Führungsfiguren. Ostiguy schreibt von einem »*two-way phenomenon*, centrally defined by the claims articulated and the connection established between the leader and supporters« (Ostiguy 2017: 73; Hervorh. i.O.).

Aus einer kulturanthropologischen Perspektive ist die Betonung der performativen und relationalen Aspekte des Populismus zu begrüßen; sie müssen jedoch radikaler gedacht werden. Meines Wissens liegen bisher kaum kulturanthropologische Arbeiten vor, die einen Versuch dazu unternehmen. Eine Ausnahme ist Paul Mepschens Dissertation *Everyday autochthony: Difference, discontent and the politics of home in Amsterdam* (Mepschen 2016). In dieser Studie untersucht Mepschen detailliert, durch welche Praktiken der Grenz-

---

5 Zum Verständnis von Populismus als diskursivem und stilistischem *Repertoire* vgl. Brubaker 2017b.

ziehung in konkreten lokalen Kontexten »das Volk« konstruiert wird (ebd.: 63). Zugleich gelingt es ihm zu zeigen – und das ist die Stärke eines ethnografischen Ansatzes –, dass populistische Artikulationen stets partiell und widersprüchlich verlaufen (ebd.: 66). Populismus existiert demgemäß nie oder selten in Reinform, und es ist gerade an ethnografischen Studien, aufzuzeigen, wo der Populismus selbst an seine Grenzen stößt.[6]

Die vorliegende Studie fügt diesem kulturanthropologischen Bestehen auf Komplexität noch eine weitere Ebene hinzu: Die Teilnehmenden an meiner Forschung waren nicht einfache Unterstützer_innen, sondern aktive Mitglieder mit Ambitionen auf Ämter und Posten, Funktionsträger_innen, Abgeordnete aus den hinteren Reihen. Sie waren jedoch auch keine Führungsfiguren oder besonders profilierte Parteistrateg_innen, was die Frage aufwirft, zu welcher Seite innerhalb des oben erwähnten »two-way phenomenon« sie zu zählen wären. Die politikwissenschaftliche Trennung in eine Angebots- und eine Nachfrageseite von Politik greift hier meines Erachtens zu kurz. Ein radikalerer relationaler Ansatz, wie ich ihn vorschlage, problematisiert die Zweiteilung in Führungsfiguren einerseits und Unterstützer_innen andererseits zugunsten von mehreren Abstufungen, denn eine Partei ist ein komplexes hierarchisches Gebilde. Die hauptsächlich ehrenamtlichen Politiker_innen[7] in meiner Studie bedienen sich, wie ich zeigen werde, rechtspopulistischer Praktiken, doch sie erreichen damit kein großes Publikum. Ihr »Alltagspopulismus« versucht vielmehr teilzuhaben an den größeren politischen Strategien und Diskursen ihrer Partei – was mal besser, mal schlechter gelingt. Im Unterschied zu Moffitt (2016) betrachte ich damit auch nicht nur die theatralischen, nach außen orientierten Aspekte des populistischen Stils; vielmehr spiegelt ein Großteil meines Materials die alltäglichen, unspektakulären Elemente dieses Stils wider. Meine Arbeit kombiniert somit einen formalistischen Zugang, der antagonisierende Logiken von »uns« und »denen« in den Blick nimmt, mit einem performativen, auf Praktiken fokussierten Zugang: Worin besteht das diskursive Identifikationsangebot der AfD für Homosexuelle beziehungsweise

---

6 Mit Paula Diehl (2011) lässt sich Populismus daher auch als graduelles Phänomen bezeichnen.
7 Während sich klar zwischen Mitgliedern und Nicht-Mitgliedern einer Partei unterscheiden lässt, ist der Begriff »Politiker_in« weniger eindeutig definiert. Ich beziehe mich damit auf Personen, die eine Partei nicht lediglich passiv unterstützen, sondern sich durch aktives politisches Engagement auszeichnen, sei es bezahlt oder unbezahlt, mit oder ohne Amt oder Mandat, als Parteimitglied oder nicht.

Schwule? Wie wird dieses Angebot performativ erzeugt? Welche Relationen zwischen »dem Volk« und seinen Anderen werden entworfen?

1.3 Gender_Queer Studies in der populistischen Konjunktur

Wie ich im vorangegangenen Unterkapitel dargelegt habe, ist das Ziehen von Grenzen zwischen »uns« und »denen« eine der zentralen Operationen populistischer Politik, egal ob sie exkludierend oder emanzipatorisch angelegt ist. Indem Äquivalenzketten zwischen unterschiedlichen sozialen Forderungen geknüpft werden, konsolidiert sich ein »Wir«; dabei erhebt eine der partikularen Differenzen – ein möglichst leerer Signifikant – den Anspruch, die Äquivalenzkette in Gänze repräsentieren zu können (»das Volk«, »die 99 Prozent«). Dieses populare »Wir« wird einem Anderen gegenübergestellt (»die Eliten«, »das eine Prozent«), von dem behauptet wird, es verhindere, dass das »Wir« zu seinem wahren Ausdruck finden könne. Das »Wir« tritt in einen Stellungskrieg mit »dem Anderen« ein, um diesem seine hegemoniale Position streitig zu machen und seinerseits hegemonial zu werden. Laclau zufolge ist Populismus nicht per se gut oder schlecht, sondern vielmehr der Inbegriff des Politischen.

Welche Äquivalenzketten knüpft die populistische Rechte, welche Grenzen zieht sie? Der Politikwissenschaftler Seongcheol Kim (2017) zeichnet nach, dass der Diskurs der AfD in dieser Hinsicht nicht einheitlich ist. Die Unterscheidung zwischen »dem Volk« und »den Altparteien« habe über die Jahre eine inhaltliche Veränderung erfahren: Anfangs, im Diskurs des Parteigründers Bernd Lucke und seiner Unterstützer_innen, sei die Äquivalenzkette hinter dem Signifikanten »das Volk« noch tendenziell offen gewesen (ebd.: 5). Mit der zunehmenden Stärkung des völkisch-nationalistischen Flügels habe sich diese Äquivalenzkette jedoch zunehmend entlang ethnisch-kultureller Linien geschlossen, sodass der Artikulation weiterer Äquivalenzen von vornherein Grenzen gesetzt seien (ebd.: 7). Zugleich macht Kim jedoch auch partielle Öffnungen in der Äquivalenzkette aus, was er als widersprüchlich bewertet: Insbesondere Russlanddeutsche und »LGBT people« würden im Diskurs mancher Landesverbände der AfD in die Äquivalenzkette aufgenommen (ebd.: 8).

Kim kontrastiert insbesondere den Diskurs des Thüringer Fraktionsvorsitzenden Björn Höcke mit jenem des liberaleren Landesverbandes Berlin. Die meisten meiner schwulen Gesprächspartner aus der AHO waren jedoch glühende Anhänger von Höcke, und Höcke war ihnen durchaus zugeneigt. Wie passt das zusammen? Ich halte es für wichtig, dass wir sehr genau hinschauen, welche »LGBT-Personen« in die Äquivalenzkette aufgenommen werden und welche nicht. Meine These ist, dass die partiellen Öffnungen in der Äquivalenzkette der AfD nicht so widersprüchlich sind, wie sie auf den ersten Blick scheinen. Das konstatiert auch Kim selbst, wenn er in Bezug auf Russlanddeutsche schreibt, sie würden in Abgrenzung zu Geflüchteten als zum »deutschen Volk« zugehörig konstruiert (ebd.). Ich behaupte, dass schwule Männer in dem Moment in die Äquivalenzkette aufgenommen werden können, in dem ihre geschlechtliche und sexuelle Identität als *stabil und eindeutig* erscheint. Der Schutz von »Identität« ist zu einem zentralen Ideologem der heutigen äußersten Rechten geworden. Ein Beispiel: Nach der Wahl zum EU-Parlament im Mai 2019 konstituierte sich am 12. Juni eine neue rechtspopulistische, EU-skeptische bis EU-feindliche Fraktion, die hauptsächlich aus Mitgliedern der italienischen Lega, des französischen Rassemblement National und der AfD bestand. Ihr Name: Identität und Demokratie (vgl. Huet 2019). Tags drauf verkündete Jörg Meuthen, Bundessprecher der AfD und stellvertretender Vorsitzender der neuen Fraktion, dass es deren Ziel sei, die EU zu beschränken und zu reformieren. Man sei gekommen, »um Stachel im Fleisch der Eurokraten zu sein«. Und weiter: »Die wollen hier einen europäischen Superstaat errichten. Die Vereinigten Staaten von Europa. Ein identitätsloses Nichts.«[8]

Bereits der Name dieser Fraktion im EU-Parlament lässt den Stellenwert erkennen, den »Identität« im neurechten Diskurs einnimmt. Dabei handelt es sich nur um eines von zahlreichen möglichen Beispielen, wie auch die extrem rechte Identitäre Bewegung zeigt. Meuthen gibt uns einen Hinweis darauf, was das Konzept der Identität attraktiv macht, wenn er darauf verweist, dass ein »europäischer Superstaat« ein »identitätsloses Nichts« wäre. Grenzenlosigkeit: das Andere von Identität. Identität, so wird uns zu verstehen gegeben, ist dort, wo die Nationen sind: Gemeint ist das de Gaulle'sche »Europa der Vaterländer«, das die Rechten einem »identitätslosen« Europa ohne Grenzen entgegensetzen wollen. Neben geopolitischen, ethnisch-nationalen identitären Grenzen geht es der äußersten Rechten auch um andere Grenzen, vor allem um geschlechtliche: Die Binarität und patriarchale Hierarchisierung von Mann und Frau wollen »Identitäre« ebenso verteidigen wie die Grenzen Europas und der Nationalstaaten.

---

8 Vgl. https://www.instagram.com/p/Bypso3pIayN/, Abruf am 24.04.2024.

In den Teilen II und III dieser Arbeit zeige ich im Detail, wie die Integration von Homosexuellen in die rechte Äquivalenzkette vonstatten geht, welche Ambivalenzen sie mit sich bringt, auf welchen Bedingungen sie basiert und wo sie ihrerseits an Grenzen stößt. Meine Analyse trägt damit zu konjunkturanalytischen Ansätzen innerhalb der Queer Studies bei (Trott in Färber u.a. 2019), die sich um die Frage drehen, wie queere Subjektivitäten normative Ordnungen nicht nur unterwandern, sondern auch an ihrer Aufrechterhaltung teilhaben beziehungsweise von ihnen kooptiert werden (z.B. Bersani 1987; Castro Varela u.a. 2011; Çetin u.a. 2016; Cohen 1997; Duggan 2003; Edelman 2004; Eng u.a. 2005; Haritaworn u.a. 2014; Puar 2007; Rao 2015; Spade 2015; Yılmaz-Günay 2014). Darüber hinaus stellen neuere Diskussionen in den Queer Studies jedoch gerade diesen Dualismus von *Unterwandern* und *Aufrechterhalten*, von *Unterdrückung* und *Widerstand* infrage. Das Verhältnis von Queer zu Normativität gerät in Bewegung. In der Gründungszeit der Queer Studies galten *Normativität* und *Identität* als die primären Ziele der Kritik. In jüngerer Zeit wird gerade die »normative Anti-Normativität« (Biruk 2020) der Queer Studies kritisch beleuchtet (Wiegman/Wilson 2015), insbesondere auf der Grundlage qualitativer empirischer Sozialforschung. Denn wie sich zeigt, sind die gelebten Realitäten niemals frei von Normativität, mehr noch: Auch queere Lebensformen beziehen sich positiv auf unterschiedliche Formen von Normativität. Häufig befinden sie sich in einem komplizierten Aushandlungsverhältnis mit sich selbst und normativen Ordnungen wie Familie (Nelson 2017) oder Religion (van Klinken 2019). Eine queere Position muss demnach nicht gleichbedeutend sein mit zweifelsfreiem Widerstand gegen die Norm (oder Identität). Gerade diese Komplexität, die Aporien zwischen Normativität und Antinormativität, zwischen Identitätskritik und Identitätspolitik scheinen das Queere in der Gegenwart auszumachen. Meine Feldforschung deutet demgegenüber darauf hin, dass *anti-queer* in diesem Moment jene Perspektive ist, die neue Eindeutigkeiten herzustellen sucht: das Konforme hier, das Transgressive dort. Es ist Teil äußerst rechter Freund-Feind-Unterscheidungen, »linke feministische Eliten« umstandslos mit einem Angriff auf Normativität und Identität zu verbinden. Aus diesem Grund geht es in meiner Arbeit auch nicht darum, schwule Männlichkeit als solche zu problematisieren. Vielmehr gilt es anzuerkennen, dass die Trennung zwischen »konservativer« Homosexualität und »progressiver« Queerness Teil derselben Grenzlogiken ist, die in äußerst rechten Feldern am Werk sind.

2. Eine Ethnografie der Feindschaft

> Jede wirkliche Demokratie beruht darauf, daß nicht nur Gleiches gleich, sondern, mit unvermeidlicher Konsequenz, das Nichtgleiche nicht gleich behandelt wird. Zur Demokratie gehört also notwendig erstens Homogenität und zweitens – nötigenfalls – die Ausscheidung oder Vernichtung des Heterogenen.
> – *Carl Schmitt (2017a [1923]): Die geistesgeschichtliche Lage des heutigen Parlamentarismus, S. 13 f.*

> Ich glaube, dass es eine kulturelle Identität gibt [...]. Zu der man sich aber auch bekennen kann. Das ist eigentlich eine sehr moderne Staatsbürgerschaftsidee. Nur dann muss dieses Bekenntnis auch aus unserer Sicht sehr glaubhaft sein, und wenn es eben nicht erfolgt, muss eben dann auch die Entfernung aus dieser Gemeinschaft stattfinden. Das ist der rechte Ansatz.
> – *Torben im Interview vom 18.03.2019*

Ich verstehe dieses Buch in zweifacher Hinsicht als *Ethnografie der Feindschaft*. Zum einen verwende ich Feindschaft als analytische Kategorie, um das politische Imaginäre der AfD zu beschreiben. Feindschaft ist eine spezifische Form der Relationierung, des In-Beziehung-Setzens von Kollektiven und Figuren. Sie ist eine Art und Weise, auf sich selbst, die anderen und die Welt zu blicken – eine spezifische Vorstellung des Politischen. Meine Arbeit begegnet diesem Imaginären von einem kritischen Standpunkt aus, weil ich in ihm – entgegen Schmitt – die epistemologische Grundlage *antidemokratischer* Bestrebungen sehe. Denn, um es mit den Worten von Sabine_ Hark zu sagen, »Demokratie ist nicht zu haben ohne Zugewandtheit, ohne die Bereitschaft, die Präsenz der anderen zu vergegenwärtigen, ihr Leid wahrzunehmen, sie mitzudenken, gar an ihrer Stelle zu denken, wie Arendt mit Kant sagt, und ihr – enteignetes, entbehrlich gemachtes und von Gewalt bedrängtes – Sein zu einem Anliegen der geteilten Sorge zu machen« (Hark 2021: 112). Dagegen ist Feindschaft, wie ich in diesem Kapitel noch ausführen werde, die Überzeugung, dass bestimmte Andere aus dem Raum des Gemeinsamen ausgeschlossen werden müssen, um das Eigene zu erhalten.

Zum anderen wende ich in diesem Buch diesen kritischen Blick auf mich selbst an. Eine engagierte Ethnografie äußerst rechter Felder ist mit dem Risiko verbunden, dass sie den Gegenstand der Forschung selbst als Feind konstruiert und dadurch die Freund-Feind-Unterscheidung des Feldes reproduziert. Davon zeugen methodologische Diskussionen über »›distasteful‹ social movements« (Esseveld/Eyerman 1992), »the repugnant other« (Harding 1991), »the ›unlikeable‹ other« (Pasieka 2019) oder schlichtweg »the enemy« (Blee 2003), auch wenn die häufig eingesetzten distanzierenden Anführungsstriche ein gewisses Unbehagen transportieren. Reflexivität, insbesondere bezüglich der eigenen politischen Position im Verhältnis zum Forschungsfeld, ist dementsprechend ein unverzichtbares Element einer jeden Ethnografie der äußersten Rechten: *Distasteful, repugnant, unlikeable* sind Urteile einer situierten Beobachter_in. Meine Ethnografie der Feindschaft handelt deswegen auch von meinen eigenen Erfahrungen bei der Begegnung mit einem Feld, das ich im Laufe meiner Feldforschung zunehmend bewusst als politischen Feind betrachtete – und versucht, davon ausgehend die zutiefst vergeschlechtlichte Logik der Feindschaft zu dekonstruieren.

Um diesen Ausführungen einen Rahmen zu geben, führe ich in diesem Kapitel die Kategorie der Feindschaft ein und bespreche deren prominentesten Theoretiker, Carl Schmitt (2.1). Weil die Frage, wie in »feindlichen« Feldern ethnografisch zu forschen sei, ausführlich diskutiert wurde und wird, widmet sich dieses Kapitel zudem der Methodologie.[1] Dabei rekapituliere ich zunächst den Forschungsstand (2.2), wobei ich die Position vertrete, dass eine Ethnografie der äußersten Rechten als engagierte Ethnografie praktiziert werden muss. Das heißt, um forschungsethisch vertretbar zu sein, muss eine solche Ethnografie darauf abzielen, die äußerste Rechte aufzuhalten. Ihre primäre Solidarität sollte dementsprechend nicht den Beforschten gelten – wie dies in der Ethnografie sonst üblich ist –, sondern jenen, die von rechter Gewalt betroffen oder bedroht sind. Doch wenn ich dafür plädiere, einen politischen Antagonismus in der Forschungsbeziehung zu kultivieren, widerspricht das nicht epistemologischen Grundbedingungen der Ethnografie, wie Vertrauen, Dialog und Empathie? Lässt sich darüber hinaus überhaupt ein politischer Antagonismus denken, der ohne die Freund-Feind-Unterscheidung auskommt? Diese Aporien kann ich zwar nicht endgültig auflösen. Mein methodologischer Vorschlag des *strategischen*

---

[1] Die angewendeten Methoden im engeren Sinne stelle ich in Kapitel 3.2 vor.

Agonismus (2.3) ist jedoch ein Versuch, sie ernst zu nehmen und mit ihnen umzugehen.

2.1 Carl Schmitt und das Denken in Freund und Feind

Wer über Feindschaft schreibt, kommt nicht umhin, sich mit jenem Juristen und politischen Philosophen zu beschäftigen, dessen Werk die Unterscheidung von Freund und Feind als Inbegriff des Politischen beschreibt: Carl Schmitt (1888–1985). Schon von Zeitgenoss_innen als »Kronjurist« des »Dritten Reichs« betitelt (Kervégan 2019: 3), ist der überzeugte Nationalsozialist und Antisemit Schmitt ein gleichermaßen verstörender wie bemerkenswerter Denker.[2] Bis heute dient seine Theorie des Politischen auch zahlreichen linken und kritischen Stimmen als Inspirationsquelle. Im Zentrum dieser Theorie steht die These, dass die dualistische Unterscheidung von Freund und Feind den Kern des Politischen ausmacht. Das Politische steht für Schmitt neben anderen »relativ selbständigen Sachgebieten menschlichen Denkens und Handelns« (Schmitt 2015a [1932]: 25), bei denen andere Unterscheidungen im Mittelpunkt stehen, wie dem Moralischen (gut/böse), dem Ästhetischen (schön/hässlich) oder dem Ökonomischen (nützlich/schädlich). Der Feind sei dabei nicht metaphorisch zu verstehen als Diskussionsgegner oder Konkurrent. Vielmehr sei er in einem existenziellen Sinne jemand, mit dem Konflikte möglich seien, im Extremfall sogar Krieg und physische Vernichtung, denn Feindschaft bedeute die »seinsmäßige Negierung eines anderen Seins« (ebd.: 31). Der Feind brauche daher auch nicht moralisch böse zu sein, ebenso wenig wie ästhetisch hässlich oder ökonomisch schädlich; es ist möglich, mit ihm befreundet zu sein, ihn attraktiv zu finden, Geschäfte mit ihm zu machen. Der Feind sei schlicht und ergreifend »in einem besonders intensiven Sinne existenziell etwas anderes und Fremdes« (ebd.: 26). Schmitts Theorie liegt damit eine scharfe Trennung zwischen der öffentlichen und der privaten Sphäre zugrunde: Feind im Sinne Schmitts ist der öffentliche Feind (griech. *polemios*, lat. *hostis*), nicht der private Feind (griech. *echthros*, lat. *inimicus*); es

---

2 Für Jacques Derrida, auf dessen dekonstruktive Lektüre Schmitts ich mich beziehe, sind die Thesen Schmitts »von unbestreitbarer Originalität noch dort, wo sie ebenso erbittert konservativ in ihrem politischen Gehalt wie ihrer philosophischen Logik nach reaktiv und traditionalistisch erscheinen« (Derrida 2000: 123).

geht um eine *Gruppe* von Menschen, die einer anderen Gruppe gegenübersteht. Dementsprechend gälten dem Feind auch keine »private[n] Gefühle« (ebd.: 27): »Den Feind im politischen Sinne braucht man nicht persönlich zu hassen« (ebd.: 28). Darüber hinaus sei der Feind auch kein krimineller Verbrecher, dem Strafe gebühre: Insbesondere im Rahmen des »gehegten« (ebd.: 11) Krieges des Völkerrechts habe der »gerechte« Feind einen dem Freunde gleichwertigen Status sowie Rechte, die respektiert werden (sollen). Anders als eine verkürzte Lesart Schmitts es nahelegen könnte, erklärt seine Theorie Krieg oder Feindschaft nicht für wünschenswert. Für Schmitt ist die Feindschaft zwischen Gruppen von Menschen lediglich eine stets bestehende »reale Möglichkeit« (ebd.: 31). Die Leugnung dieser Tatsache, so Schmitt, »dient entweder bestehenden oder führt zu neuen Freund- und Feindgruppierungen und vermag der Konsequenz des Politischen nicht zu entrinnen« (ebd.: 72). Die Auswirkungen des Krieges zu begrenzen, anstatt ihn zu ächten, ist demnach das normative Ziel Schmitts (vgl. auch Münkler 1982).

Wichtiger noch als die theoretische Frage danach, *was* Freund und Feind sind, ist für Schmitt die praktische Frage nach dem *Wer*, nach der Identifikation von Freund und Feind: »Politisches Denken und politischer Instinkt bewähren sich [...] theoretisch und praktisch an der Fähigkeit, Freund und Feind zu unterscheiden« (Schmitt 2015a [1932]: 62). Immer wieder betont er die »*konkrete* Gegensätzlichkeit«, die »an eine *konkrete* Situation gebunden« sei, ohne die politische Begriffe letztlich zu »leeren und gespenstischen Abstraktionen« (ebd.: 29; Hervorh. P.W.) würden. Im Rahmen dieses Begriffs des Politischen ist es also zentral, einen tatsächlichen, personifizierten Feind zu benennen, und je ausgeprägter ein Feindschaftsverhältnis ist, desto politischer ist es auch. (Umgekehrt müssen wir dann davon sprechen, dass für Schmitt ein Verhältnis umso unpolitischer ist, je weniger Relevanz ihm im Sinne der Freund-Feind-Unterscheidung beigemessen wird.)

In seiner *Theorie des Partisanen* von 1963 nimmt sich Schmitt der Aufgabe an, verschiedene Arten der Feindschaft zu differenzieren. Im Zentrum dieser Theorie steht die Unterscheidung zwischen regulärem und irregulärem Kampf: auf der einen Seite klare Regeln, gehegter Krieg, eindeutige Unterscheidung »von Krieg und Frieden, von Kombattanten und Nicht-Kombattanten, und von Feind und Verbrecher [sic]« (Schmitt 2017b [1963]: 16) und auf der anderen Seite Rechtlosigkeit, entfesselter Krieg, Auflösung klarer Unterscheidungen, Terror. Der Partisan als irregulärer Kämpfer, weder Soldat noch Zivilist, verkörpert in dieser Theorie den Übergang von der »konventionellen« Feindschaft des klassischen Kriegsrechts hin zur »wirklichen« Feindschaft (ebd.: 17), die sich im äußersten Fall bis zur »absoluten« Feindschaft (ebd.: 55) steigern könne. Schmitt zeichnet eine historische Entwicklung nach, in deren Verlauf sich die Form der Regularität des Krieges geändert habe: Hatte sich in Europa nach dem Westfälischen Frieden eine besonders konventionalisierte und gehegte Form der sogenannten »Kabinettskriege« entwickelt, die einem »Spiel« ähnelte (ebd.: 90) und an der die Bevölkerung wenig(er) beteiligt war, trat mit den Kriegen der Französischen Revolution, den anschließenden Napoleonischen Kriegen sowie den Befreiungskriegen eine moderne Kriegsführung unter besonderer Einbeziehung der Bevölkerungen auf den Plan. Schmitt zieht insbesondere das Beispiel des spanischen Guerilla-Kriegs gegen Napoleon heran, um zu verdeutlichen, dass hier ein Typus von Partisan entstand, der »den Kampf auf seinem engeren Heimatboden riskierte, während sein König und dessen Familie noch nicht genau wußten, wer der wirkliche Feind war« (ebd.: 14). Der Partisan – irregulär kämpfend, politisch engagiert (ebd.: 21), beweglich (ebd.: 23), »tellurisch«, also mit der Erde verbunden und diese verteidigend (ebd.: 26) – sei zum Helden geworden, »der einen wirklichen Feind wirklich bekämpfte« (ebd.: 91). Doch selbst diese wirkliche Feindschaft sei letztlich immer noch »relative« (ebd.: 63) Feindschaft, weil der Partisan aus einer grundsätzlich defensiven Haltung heraus kämpfe (ebd.: 93). Schmitt vertritt die Position, dass es nicht darum gehe, den Krieg zu ächten, sondern vielmehr darum, die stets bestehende Möglichkeit wirklicher Feindschaft anzuerkennen, damit der Krieg gehegt werden könne: »Erst die Ableugnung der wirklichen Feindschaft macht die Bahn frei für das Vernichtungswerk einer absoluten Feindschaft« (ebd.: 96).

In dieser absoluten Feindschaft, die »die Gegenseite als Ganzes für verbrecherisch und unmenschlich erklär[t], für einen totalen Unwert« (ebd.: 95), kollabiert die strenge Trennung von Öffentlichem und Privatem. Der absolute Feind, der im 20. Jahrhundert die Bühne der Geschichte betritt, ist nicht mehr nur der politische, öffentliche Feind, wie Schmitt ihn so präzise vom privaten, verhassten Feind unterschieden hatte. Der absolute Feind ist das Böse selbst, geht über das Politische hinaus, ist der »letzte[...] Feind der Menschheit überhaupt« (ebd.: 94). Diese Position ist für Schmitt jedoch bezeichnenderweise keine Konsequenz aus der Erfahrung des Holocaust, in dem sich der Judenhass als eine solche absolute Feindschaft manifestierte – in der Tat taucht der Holocaust in seiner Theorie des Partisanen nirgends auf. Schmitt bezieht sich vielmehr auf die revolutionären Kriege Lenins,

Stalins und Maos. Es ist der marxistisch-leninistische »Klassenfeind«, der »Weltrevolutionär«, in dem Schmitt die Verabsolutierung der Feindschaft ausmacht. Der Partisan – wörtlich der »Parteigänger« – war, so Schmitt, bei Lenin »zum Träger einer absoluten Feindschaft« (ebd.: 94) geworden. Ein »raumlose[r], global-universale[r], absolute[r] Weltfeind« stand nun dem »territorial-begrenzbaren, wirklichen Feind« (ebd.: 62) gegenüber: »konkrete[...] tellurische[...] Wirklichkeit« auf der einen Seite, »etwas Abstrakt-Intellektuelles« auf der anderen (ebd.: 65). Es entbehrt nicht einer gewissen Ironie, dass Schmitt damit die Begriffe eines anti-universalistischen, anti-intellektuellen Antisemitismus verwendet, zugleich aber Juden_Jüdinnen mit keinem Wort erwähnt. Doch der prototypische »absolute Feind« ist zweifellos »der Jude«. Vor dem Hintergrund seiner Biografie erscheint Schmitt selbst, trotz gegenteiliger Bekundungen, als Anhänger der absoluten Feindschaft.

Doch einen Schritt zurück: Was hat es mit der Notwendigkeit auf sich, den Feind zu identifizieren? Wieso beharrt Schmitt so sehr auf dieser *Konkretisierung*? Einen Hinweis gibt sein kurzer Text »Weisheit der Zelle«, den er nach dem Zweiten Weltkrieg im Nürnberger Kriegsverbrechergefängnis schrieb, wo er einige Wochen inhaftiert war. Darin konfrontiert Schmitt sich selbst emphatisch mit der Frage: »Wer ist denn mein Feind?« und dann, zuspitzend, »Wer kann denn überhaupt mein Feind sein?« (Schmitt 2015b [1950]: 89). Er bemerkt, dass es dabei zentral um eine doppelte Anerkennung gehe: Feind könne nur jemand sein, von dem ich »anerkennen muß, daß er mich als Feind anerkennt« (ebd.). Und dann weiter:

»Wen kann ich überhaupt als meinen Feind anerkennen? Offenbar nur den, der mich in Frage stellen kann. Indem ich ihn als Feind anerkenne, erkenne ich an, daß er mich in Frage stellen kann. Und wer kann mich wirklich in Frage stellen? Nur ich mich selbst. Oder mein Bruder. Das ist es. Der Andere ist mein Bruder. Der Andere erweist sich als mein Bruder, und der Bruder erweist sich als mein Feind.« (ebd.)

Schließlich zitiert Schmitt den Dichter Theodor Däubler: »*Der Feind ist unsre eigne Frage als Gestalt*« (ebd.: 90; Hervorh. i.O.). Diese Stelle, so Jacques Derrida in seiner dekonstruktiven Lektüre Schmitts in *Politik der Freundschaft*, »bekräftigt alles [...] und widerspricht zugleich allem, was Schmitt je vom Feind gesagt hatte« (Derrida 2000: 225). Sich selbst der eigene Feind zu sein – damit ist einerseits die zwingende Notwendigkeit erfüllt, den Feind zu identifizieren, aber andererseits sind damit Schmitts fein säuberliche Trennungen von innen und außen, privat und öffentlich, Freund und Feind vollends kollabiert. In der brüderlichen Verbundenheit zweier Feinde steckt zudem das vergeschlechtlichte Moment der Freund-Feind-Unterscheidung, an der sich Derrida abarbeitet. Abarbeitet insofern, als er Schmitts Konzept des Politischen nicht einfach als falsch zurückweist, sondern im Kern affirmiert und die Konsequenzen dessen durchdenkt: Ja, das Politische, »*dieses* Politische« (ebd.: 219; Hervorh. i.O.), ist eine Sphäre der Männer – Brüder, Freunde, Feinde. Derrida bemerkt, dass die Figur der Frau in dieser Theorie, dem Partisanen gleich, »in den Untergrund verbannt wird und niemals aus dieser erzwungenen Geheimhaltung heraustritt« (ebd.: 216), was ihn zu folgender Überlegung veranlasst:

> »Was, wenn die Frau der absolute Partisan wäre? Der andere absolute Feind dieser Theorie des absoluten Feindes, das Gespenst der Feindschaft, das die verschworenen Brüder bannen müßten? Oder das andere, die andere des absoluten Feindes, die absolute Feindin, die man in einem regulären Krieg nicht einmal als Feind anerkennen dürfte? Diejenige, die zu einem besonders furchtbaren Feind darum wird, weil dieser Feind, weil diese Feindin die Grenzen zwischen der Feindschaft und dem Haß, aber auch zwischen der Feindschaft und ihrem Gegenteil, zwischen den Gesetzen des Krieges und der gesetzlosen Gewalt, zwischen der Politik und ihrem jeweils anderen etc. verwischt, sie wie ein Parasit durchkreuzt?« (ebd.: 216 f.)

Es bleiben, so Derrida, zwei Möglichkeiten, die eine Entscheidung fordern und doch unentscheidbar bleiben: »*Entweder* zuzugeben, daß das Politische tatsächlich der Phallogozentrismus in Aktion ist« (ebd.: 218; Hervorh. i.O.), was darauf hinausliefe, dem Politischen abzuschwören, um Antworten jenseits des Politischen zu finden – sich damit aber auch der Macht zu berauben, die die Teilnahme an diesem Politischen verspricht. »*Oder aber* den ›alten Namen‹ beizubehalten, die Logik und die Topik des Begriffs anders zu analysieren, andere Formen des Kampfes auf den Weg zu bringen, andere ›Partisanenoperationen‹ einzuführen etc.« (ebd.: 219; Hervorh. i.O.). Dies würde bedeuten, weiterhin in das Politische einzugreifen, damit aber an der politischen Logik der Verbrüderung festzuhalten. Derrida hält beide Optionen für gleichermaßen problematisch wie unverzichtbar und plädiert dafür, auf demokratischere Formen der Verbrüderung zu setzen und zugleich an einer »Denaturalisierung« (ebd.) der Figur des Bruders zu arbeiten.

Dieser Gedanke ist auch die methodologische Aporie, die meiner Arbeit zugrunde liegt. Meine Beschäftigung mit Schmitt resultiert aus meiner Feldforschung: Mit dem Denken Schmitts lässt sich das Denken meines Feldes fassen, wie sich beispielhaft an dem Epigraph dieses Kapitels zeigt. Die kategorische Grenzziehung zwischen Freund und Feind, die Notwendigkeit der

Identifikation des wirklichen Feindes ist die politische Rationalität, auf der äußerst rechte Diskurse und Praktiken beruhen. Doch wenn ich als Ethnograf niemals bloß neutraler, sondern situierter Beobachter bin, dann muss ich die Frage stellen, wo *ich* im politischen Imaginären des Feldes auftauche und ob ich nicht bereits in der Anlage der Studie selbst die Logik von Freund und Feind affirmiere. Diese Problematik führe ich im Folgenden aus.

2.2 »Feinde« als Gegenstand der Ethnografie?

> I was fascinated by them, loved them. I mean, doing fieldwork is really difficult. I understand that people just want to finish their PhD and get done. But I don't understand how they do it if they don't love something about their field. It has to do with being fully engaged in your subject. And I can't imagine that happens only as an intellectual. It certainly is intellectual, but where is the energy coming from for all our intellectual feats?
> – Esther Newton in Mohr (2016): *Just an Anthropologist? An Interview with Esther Newton*, o.S.

Wie ethnografisch forschen in einem Feld, dessen politisches Imaginäres nicht nur grundsätzlich Feindschaftsbeziehungen vorsieht, sondern darüber hinaus den_die Ethnograf_in als Repräsentant_in der feindlichen Gruppe betrachtet? Ein Feld zudem, das in den Augen der forschenden Person gefährlich ist, dessen politischen Ziele sie bekämpfen will, ja, das ihr selbst als »feindlich« erscheint? Was bedeutet es, das eigene Forschungsfeld im Gegensatz zu Esther Newton gerade nicht zu lieben? Oder hat Newton doch recht und alle Ethnograf_innen lieben *irgendetwas* an ihrem Feld? Kann man die Forschung in »feindlichen« Feldern lieben? Hätte sich der_die Ethnograf_in in diesem Fall bereits mit dem politischen Imaginären des Feldes identifiziert – und wenn ja, (wie) käme er_sie da wieder heraus? Was würde es demgegenüber bedeuten, den politischen Antagonismus zwischen Ethnograf_in und äußerst rechten Gesprächspartner_innen überwinden zu wollen? Ist das möglich, wünschenswert? Was wären die Folgen? Und schließlich: Muss es eindeutige Antworten auf diese Fragen geben oder handelt es sich um falsche Dilemmata?

Zu irgendeinem Zeitpunkt sehen sich wohl die meisten Ethnograf_innen der äußersten Rechten vor diese Fragen gestellt. Denn in der Kulturanthropologie ist es üblich, sich mithilfe ethnografischer Methoden einem Feld zu nähern, das den_die Forscher_in nicht bloß intellektuell, sondern aus unterschiedlichen Gründen auch persönlich interessiert. Ethnografisches Arbeiten bedeutet, sich eine Lebenswelt, ein Milieu »aus der Nähe« anzuschauen, Menschen und ihre Motive, Hoffnungen und Sorgen sowie ihre alltäglichen Praktiken kennenzulernen. Es heißt, die Diskurse, die von diesen Menschen produziert werden und von denen diese Menschen wiederum selbst produziert werden, von innen heraus, in ihrem praktischen Vollzug, in ihrer Entstehung und Wirkung zu untersuchen. Im Gegensatz zu distanzierteren Methoden wie etwa solchen, die sich auf öffentlich zugängliches Textmaterial beschränken, steckt der epistemologische Mehrwert der Ethnografie darin, dass im Feld Beziehungen geknüpft werden, die ein auf Empathie basierendes Verstehen ermöglichen. Vor allem in der Tradition der engagierten Forschung gehen Forscher_innen deshalb meist in ein Feld, dem sie eine gewisse Sympathie entgegenbringen: Häufig sind es die Marginalisierten, Minoritären, Subalternen, denen Kulturanthropolog_innen »eine Stimme geben« wollen.

Eine ethnografische Forschung mit Menschen, deren Ziele, Ideologien, Motivationen, Diskurse und Praktiken der_die Forscher_in ablehnt oder gar für gefährlich hält, ist vor diesem Hintergrund methodologisch und forschungsethisch problematisch. Die Soziologin Kathleen M. Blee, die in den 1980er Jahren mit einem Oral-History-Ansatz zu Frauen im Ku-Klux-Klan forschte, stellt denn auch fest, dass ein Großteil der Forschung über die politische Rechte »externalistisch« sei: Es werde kaum aus den Bewegungen heraus geforscht und empirische Studien begnügten sich zumeist mit öffentlich zugänglichem (Text-)Material. Doch öffentliches Image und interne Dynamiken seien nicht dasselbe. Es könne nur von innen heraus erforscht werden, wie die Rechte Ideologien entwickle, Mitglieder rekrutiere sowie Strategien und Taktiken entwerfe (Blee 2007: 119 ff.). Darüber hinaus könne die Rolle von Emotionen und affektiven Bindungen an die Bewegung für die_den Forschende_n nur durch immersive Feldforschung erfahrbar werden (ebd.: 123; vgl. beispielhaft Cammelli 2017; Virchow 2007).

Wer sich entscheide, mit ethnografischen Methoden in diesen Feldern zu arbeiten, sei jedoch vor spezifische Probleme gestellt: Der Feldzugang sei schwierig und/oder gefährlich. Die Forschenden, die persönlich meist linken Bewegungen nahestünden, verfügten meist nicht über Kontakte in rechte Netzwerke. Vertrauen und gegenseitiges Verständnis seien schwierig herzustellen, wenn der_die Forschende sich überhaupt darauf einlassen möchte: »Few scholars want to invest the considerable time or to establish the rapport necessary for close-up studies of those they regard as inexplicable and repugnant, in addition to dangerous and difficult« (Blee 2007: 121 f.). Marc Abélès und Lynda Dematteo gehen so weit zu behaupten, dass das Forschungsobjekt »political otherness« den Gegenstandsbereich der Disziplin insgesamt verschieben könnte, nämlich weil es bestimmten ihrer ethischen (und epistemologischen) Grundsätze wie Empathie, Dialog oder Kollaboration in der Darstellung der Ergebnisse widerspreche (Abélès/Dematteo 2015: 14). In der Tat: »Dass Forscher*in und Feld zusammenarbeiten (müssen), ist in den Ethnologien und der empirisch arbeitenden Kulturwissenschaft unumstritten« (Hauer u.a. 2021: 3).

In der qualitativen Sozialforschung ist es zwar nichts Neues, Milieus in den Blick zu nehmen, die nicht die Werte der Forschenden teilen. Doch hier geht es nicht bloß darum, dass die Beforschten *andere* Werte als die Forschenden haben. Sie haben vielmehr Werte, die die Forschenden nicht etwa aufgrund von Vorurteilen oder Ignoranz, sondern aus guten Gründen ablehnen: Es handelt sich um politische Felder, mit denen weder Konsens noch Kompromiss möglich sind, weil sie die Demokratie selbst infrage stellen und gefährden. Wenn also die Perspektiven von Rechten »ernst genommen« (Pasieka 2017) werden, läuft der_die Anthropolog_in Gefahr, deren rassistischem, nationalistischem Gedankengut eine Bühne zu bieten, sie gar durch die Analyse als »verständliche« Perspektive zu adeln oder schlicht ihren bewussten Manipulationen auf den Leim zu gehen (vgl. Forschungsnetzwerk Frauen und Rechtsextremismus 2019).[3] Diese Gefahren gilt es kritisch zu reflektieren.

Dennoch ist eine Prämisse meiner Arbeit, dass es (methodologisch) *möglich* und (ethisch-politisch) *wichtig* ist, mit ethnografischen Mitteln Wissen

---

[3] In der anthropologischen Debatte um den sogenannten »ontological turn« spielt der Topos des Ernstnehmens eine zentrale Rolle, wie zum Beispiel bei Eduardo Viveiros de Castro: »[W]hat happens when native thought is taken seriously? What happens when the anthropologist's objective ceases to be that of explaining, interpreting, contextualizing, or rationalizing native thought, but instead begins to deploy it, drawing out its consequences, and verifying the effects that it can produce on our own thinking?« (Viveiros de Castro 2013: 489). In der Anthropologie der äußersten Rechten muss *dieses* Ernstnehmen zurückgewiesen werden, denn es würde heißen, selbst zur Faschist_in zu werden. Umso wichtiger ist es, die *Gefahren* dieses »going native« *ernst zu nehmen* (vgl. Cammelli 2021).

über die äußerste Rechte zu generieren – dies bezeugt eine wachsende Anzahl von Forschungen. Zugleich haben sich manche forschende Zugänge im Bereich der Anthropologie der äußersten Rechten als *unmöglich* oder *problematisch* erwiesen. Deswegen diskutiere ich im Folgenden die in meinen Augen zentralen Schwierigkeiten und Streitpunkte und erläutere meinen eigenen Ansatz des *strategischen Agonismus*. Ich vertrete die Position, dass eine ethnografische Forschung in diesen Feldern besondere Bedingungen erfüllen muss, um gleichzeitig methodologisch durchführbar und forschungsethisch vertretbar zu sein. Dazu zähle ich, dass sie sich als engagierte Forschung verstehen sollte, und zwar in dem Sinne, dass ihr übergeordnetes politisches Ziel darin bestehen sollte, den Einfluss dieser Felder einzudämmen. Als engagiert lässt sich diese Forschung insofern verstehen, als ihre primäre Solidarität den von äußerst rechter Gewalt Betroffenen gilt, also jenen, die von der äußersten Rechten zu Feinden gemacht werden. Diese Position versteht sich nicht von selbst und sie wird nicht von allen Ethnograf_innen äußerst rechter Felder geteilt. Ich werde deswegen im Folgenden unterschiedliche Herangehensweisen besprechen, bevor ich meine eigene ausformuliere.

Engagierte Forschung in »feindlichen« Feldern?

Die Geschichte der Europäischen Ethnologie oder Kulturanthropologie (sowohl im deutschsprachigen wie im englischsprachigen Raum) ist eng verbunden mit dem Anliegen, Gesellschaft nicht bloß zu analysieren, sondern mit dem produzierten Wissen auch in diese hineinzuwirken (Binder u.a. 2013; Low/Merry 2010). Dass ein in dieser Allgemeinheit formuliertes »Hineinwirken« auch im Dienste von Macht- und Herrschaftsinteressen erfolgen kann, führt die Geschichte der deutschen Volkskunde eindrücklich vor Augen. Hatte die Volkskunde bereits vor 1933 im Sinne eines »›Bewahrens und Rettens‹ volkstümlicher Tradition« (Kaschuba 2012: 72) gesellschaftspolitisch gewirkt, wurde sie danach regelrecht zur »Dekorateur[in] der nazistischen Schaufenster« (ebd.: 76): Sie lieferte das Propagandamaterial für die nationalsozialistische »Blut-und-Boden«-Ideologie, insbesondere durch ihre folkloristische Vermittlungsarbeit etwa in Ausstellungen, Büchern und Zeitschriftenartikeln.

Wenn von »engagierter« Forschung die Rede ist, muss es also um mehr gehen als den bloßen Anspruch, »gesellschaftspolitisch relevante« Ergebnisse zu produzieren; mit anderen Worten: Es geht um eine Haltung. Doch diese Haltung lässt sich nicht so einfach auf den Punkt bringen. Beate Binder und Sabine Hess sprechen beispielsweise von »Forschungsagenden [...], die demokratische Entwicklungen befördern und zu emanzipativem Wissen und *Empowerment* beitragen wollen« (Binder/Hess 2013: 27; Hervprh. i.O.), und führen aus: »Im Kern besteht Einigkeit darüber, dass es um kollaborative Formen der Wissensproduktion geht, in denen wissenschaftliches Wissen im Austausch mit sozialen Problemen in Bewegung gebracht wird: zum einen in dem Sinn, dass Wissen, Thesen und Befunde in Hinblick auf diese Problemlagen genauer formuliert werden können, zum anderen im Sinn des Einspeisens von Wissen in soziale Kämpfe, mit dem Ziel, diese voranzutreiben« (ebd.: 35). Deutlich wird hier die enge Verbindung engagierter Forschung zu sozialen Bewegungen: Engagement heißt kollaborative oder partizipative »Forschung mit«, die den Bewegungen nützlich sein soll, nicht bloß »Forschung über«, die im Zweifel vor allem den Forschenden selbst nützt. Tatsächlich lässt sich für die deutschsprachige Volkskunde feststellen, dass die sozialen Bewegungen der 68er maßgeblichen Einfluss auf die Entstehung engagierter Forschung hatten. Auf einer volkskundlichen Tagung im Jahr 1970 in Falkenstein im Taunus wurde von den radikaleren Teilen des Faches die marxistisch inspirierte »Falkensteiner Formel« geprägt, die als Ziel der Volkskunde formulierte, »an der Lösung soziokultureller Probleme mitzuwirken« (Brückner 1971: 303; zit. nach Kaschuba 2012: 93). Volkskundler_innen, die vielfach sowohl wissenschaftlich als auch politisch aktiv waren, beschäftigten sich dann ab den 1970er Jahren verstärkt mit Arbeiter_innenkultur und Frauenforschung (Binder/Hess 2013: 33). Seitdem wurde die Idee einer engagierten Kulturanthropologie weiter ausdifferenziert. Setha M. Low und Sally Engle Merry entwerfen eine Typologie der Formen, die anthropologisches Engagement in Bezug auf soziale Bewegungen einnehmen kann (Low/Merry 2010: S207 ff.): Die Rede ist von »sharing and support«, »teaching and public education«, »social critique«, »collaboration«, »advocacy« und »activism«. Auf einige dieser Punkte werde ich noch zurückkommen.

Haltung statt Neutralität also, oder genauer: ein Bekenntnis der_des Forschenden zu den Anliegen von sozialen Bewegungen. Doch gilt dies für alle soziale Bewegungen oder nur für bestimmte (Graeber 2016: 7)? Wenn Letzteres, für welche und warum? Wie stellen Forschende sicher, tatsächlich im Sinne der jeweiligen Bewegung zu forschen? Und gibt es »das Anliegen« einer sozialen Bewegung überhaupt? Darüber gibt es in den Kulturanthropologie ausführliche Debatten (Binder/Hess 2013: 36; Low/Merry 2010), aber für meine Arbeit ist vor allem von Bedeutung, dass Engagement für soziale Gerechtigkeit und Emanzipation nicht notwendigerweise heißen muss, ausschließlich in beziehungsweise mit den sozialen Bewegungen zu forschen, denen die eigenen Sympathien gelten. In ihrem einflussreichen Essay »Up the Anthropologist« argumentierte Laura Nader (1972) eindrücklich, dass die »Empörung« über den Zustand der Welt, das heißt über die ungleiche Verteilung von Macht und Ressourcen, gerade dazu motivieren sollte, die »Zentren« der Macht zu beforschen: die Eliten, die Wohlhabenden, die Institutionen. Mit Foucault (1983) ließe sich einwenden, dass »Macht« bei subalternen Bevölkerungsgruppen nicht weniger anwesend ist als bei herrschenden; aber umso deutlicher wird auch, dass das Zusammenwirken von Macht und Widerstand, von sozialer Ungleichheit und Emanzipation prinzipiell in jedem Feld relevant werden kann. Es geht um die Perspektive, die der_die Forschende auf das Feld einnimmt.

Eine solche Perspektive – den Blick auf Machtverhältnisse und Ungleichheitsstrukturen – diskutieren Low und Merry unter dem Stichwort »social critique«, auch wenn sie hier vor allem solche Studien zitieren, die die Effekte von Macht- und Ungleichheitsverhältnissen auf die *negativ* davon Betroffenen untersuchen. Ein Beispiel für eine engagierte Forschung, die die *Profiteur_innen* ungleicher Machtverhältnisse ins Zentrum der Analyse rückt, ist Didier Fassins Ethnografie urbaner Polizeipraktiken, die er in Polizeirevieren in den Banlieus von Paris durchführte (D. Fassin 2013). Er begleitete Polizist_innen bei der Arbeit und beobachtete Praktiken der Kontrolle, die letztlich weniger dazu dienten, die »öffentliche Ordnung« als vielmehr die bestehende soziale Ordnung aufrechtzuerhalten, und regelmäßig mit Erniedrigungen von Jugendlichen einhergingen, die ethnischen Minderheiten angehörten. Seine Kritik an den »enabling conditions of this violence« (ebd.: 137) zielt dabei nicht oder jedenfalls nicht primär auf die Akteur_innen in der Polizei. Stattdessen geht es darum, nach den gesellschaftlichen Bedingungen zu fragen, die diese Ungleichheitsverhältnisse ermöglichen. Ein einschlägiges Beispiel aus dem Bereich der Forschung in äußerst rechten Feldern ist Kathleen Blees bereits erwähnte Studie über Frauen im Ku-Klux-Klan, die sie Mitte der 1980er Jahre unternahm. Blee beschreibt sich als feministische, engagierte Wissenschaftlerin, die mit ihrer Forschung auch auf die politischen Erfolge der Rechten in der Reagan-Ära reagieren wollte (Blee 2003: 14). Sie spricht von einer ethischen Pflicht, ihr Insiderwissen weiterzureichen – sei es an Communitys, die von rassistischer Gewalt betroffen sind, oder an *weiße* Menschen, um sie davon abzuhalten, dem Ku-Klux-Klan beizutreten (ebd.: 20). Mit Low und Merry ließe sich diese Form des Engagements unter dem Punkt »teaching and public education« fassen.

Wer genau sind die Forschungsteilnehmenden?

Doch es gibt durchaus Anthropolog_innen und Ethnograf_innen der äußersten Rechten, die sich sehr wohl für die Belange ihrer Forschungsteilnehmenden engagieren. Rosana Pinheiro-Machado und Lucia Scalco forschten in einer Favela bei Porto Alegre zu Wähler_innen des rechtsextremen brasilianischen Präsidenten Jair Bolsonaro und verwehren sich gegen simplifizierende Dichotomien zwischen (abstoßenden) Faschist_innen und (der Empathie würdigen) Unterdrückten. Denn ihre Forschungsteilnehmenden seien beides zugleich; ein verstörender Befund, der ernst genommen werden müsse. Pinheiro-Machado und Scalco beklagen sich darüber, dass ihre Forschung von Kolleg_innen als »giving voice to monsters« und »humanising fascists« (Pinheiro-Machado/Scalco 2021: 329) geschmäht werde, und plädieren für eine Anthropologie, die dazu imstande sei, mehr Nuancen in die öffentliche Debatte zu tragen: »While we cannot ignore the fact that voting for Bolsonaro culminated in him winning the presidency, and subsequent crimes against humanity, it helps little to blame the poor for their choices. At the end of the day, police violence, and the lack of decent housing, potable water, transportation, education and health system remain« (ebd.: 334). Nitzan Shoshan, der zu rechtsextremen Jugendlichen im Berliner Osten forschte, beschreibt dieses Spannungsverhältnis als unauflösbar, weil ethnografische Repräsentation grundsätzlich Wert auf Komplexität und Multidimensionalität legen müsse, in diesen Feldern genau dadurch aber Gefahr laufe, apologetisch zu werden (Shoshan 2016: XIII). Auch Hilary Pilkington, die den Aktivismus insbesondere junger Mitglieder der English Defence League (EDL) untersuchte, erkennt in den politischen Praktiken ihrer Gesprächspartner_innen legitime Anliegen, weil es sich um strukturell benachteiligte arme Personen und Arbeiter_innen handele (Pilkington 2016: 220). Ursprünglich hielt sie ihren soziologischen ethnografischen Zugang selbst für auf »Verstehen« gerichtet und unpolitisch, gelangte aber im Verlauf ihrer Studie zu der Erkenntnis, dass gerade dieses Verstehen-Wollen politisch sei: »Transgressing the *cordon sanitaire* erected around movements like the EDL in order to mark out the moral high ground from which the political grievances of others can be safely ignored, dismissed or condemned is to take a political stance« (ebd.: 230; Hervorh. i.O.). Das Potenzial der Ethnografie in solchen Feldern sei es, die »Menschlichkeit« der Beforschten aufzuzeigen, wodurch sich überschneidende Unterdrückungsverhältnisse und die Möglichkeit für übergreifende Solidaritäten deutlich würden (ebd.: 223).

Doch wenn bei Pinheiro-Machado und Scalco sowie bei Pilkington von der »Menschlichkeit« der Forschungsteilnehmenden die Rede ist, dann scheint es so, als sei Menschlichkeit ausschließlich bei unterdrückten Gruppen zu finden. Ein Großteil der kulturanthropologischen Forschung über die äußerste Rechte findet in Feldern statt, die von Armut und ökonomischer Prekarisierung betroffen sind, weil sich die Forschenden davon Einsichten dazu erhoffen, warum rechtspopulistische, neonationalistische Parteien *gewählt* oder *unterstützt* werden (vgl. neben den bereits Genannten u.a. Balthazar 2017; 2021; Evans 2017; Gingrich 2006; Kalb 2009; Kalb/Halmai 2011; Szombati 2018). Zum einen wird damit ungewollt das Bild einer rechtspopulistisch wählenden (in Europa und Nordamerika zumeist: *weißen*) Arbeiter_innenklasse reifiziert, die gleichsam ihre im Grunde legitimen Anliegen unglücklicherweise in rassistischen Formen artikuliert. Selbst manche der Stimmen, die dieses Bild kritisch hinterfragen, verweisen lediglich auf das Desiderat, die Unterstützer_innenbasis rechter Parteien *im Kleinbürgertum* in den Blick zu nehmen (Gusterson 2017; Warneken 2019). Zum anderen läuft diese »verständnisvolle« Forschung Gefahr, die Narrative und Sinnzuschreibungen der Beforschten unkritisch zu reproduzieren. Dies zeigt sich schon am Titelbild, das Pilkington für ihre Monografie gewählt hat: Abgebildet sind EDL-Aktivist_innen, die während einer Demonstration in Birmingham auf eine Statue geklettert waren und mit englischen Nationalfahnen posierten; darüber prangt in den rot-weißen Nationalfarben Englands der Titel der Studie »Loud and Proud«. Pilkington analysiert dieses Setting, das sie während ihrer Forschung fotografierte, als eine raumgreifende visuelle Performance, in der sich die Entschlossenheit und Präsenz der EDL ausdrücken sollen (Pilkington 2016: 195). Als Titelbild spielt es dieser Inszenierung der EDL jedoch in die Hände: Wer zu dem Buch greift, könnte auch ein wertschätzendes Porträt dieser rassistischen Bewegung erwarten.

Pilkington kommt überhaupt nur deswegen an den Punkt, ihre Forschung als politisiert zu begreifen, weil sie bei ihren aus einem Arbeiter_innenmilieu stammenden Gesprächspartner_innen legitime Anliegen erkennt (Pilkington 2016: 220). Aber was passiert, wenn die Gesprächspartner_innen mit der Ethnograf_in klassenmäßig, habituell und vom Bildungsgrad her auf Augenhöhe oder ihr_ihm gar überlegen sind? Wenn es sich nicht um »radikalisierte« arme *weiße* Jugendliche handelt, für deren politische Beweggründe wir möglicherweise Empathie aufbringen können? Was, wenn ihre »Menschlichkeit« nicht gleichbedeutend damit ist, dass *auch sie* – die »abstoßenden Faschist_innen« – auf irgendeiner Ebene zu den Unterdrückten gehören? Wenn es sich um Menschen (!) handelt, die über politischen Einfluss und ausreichend kulturelles, soziales und ökonomisches Kapital verfügen, um eine Rolle im gesellschaftlichen Kampf um Hegemonie zu spielen? Das heißt, wenn wir als Anthropolog_innen, politikwissenschaftlich gesprochen, nicht nur die Nachfrageseite dieser Politiken in den Blick nehmen, sondern die Angebotsseite?

Ich möchte darauf zwei Antworten geben: Erstens beinhaltet die »Menschlichkeit« unserer Gesprächspartner_innen auch ihre gefährliche Seite. So schreibt Maddalena Gretel Cammelli, die zur neofaschistischen Bewegung CasaPound in Italien forschte: »Understanding fascist activists and their involvement and in some way humanising their desire and needs does not imply overlooking or downplaying the seriousness of this movement's violence« (Cammelli 2021: o.S.). Dass ein undifferenziertes Beharren auf der »Menschlichkeit« rechter Forschungsteilnehmender ethisch und politisch problematisch sein kann, zeigt sich zum Beispiel an Lene Fausts Monografie *Neofaschismus in Italien* (Faust 2021). Faust porträtiert darin sehr detailliert drei Generationen des italienischen Nachkriegsfaschismus, die hauptsächlich zum gut situierten Bürgertum und insofern gerade nicht zu den ökonomisch Deprivilegierten gehören. Faust schreibt explizit, sie wolle den nationalsozialistischen und faschistischen Täter_innen des Zweiten Weltkriegs »ihre Menschlichkeit zurückgeben« (ebd.: 16). Wie ich in einer Rezension von Fausts Buch ausführlicher kritisiere, läuft ihre psychoanalytisch eingefärbte Kernthese darauf hinaus,

»dass der gesamte Nachkriegsfaschismus auf einer unbearbeiteten Trauer über die eigenen Toten basiere, die in immer wiederkehrenden, kreisförmigen Gedenkritualen erneuert, aber ohne offizielle Anerkennung letztlich nicht durchgearbeitet werden könne. Die Wut auf die Niederlage im Zweiten Weltkrieg und die anschließende Marginalisierung im antifaschistischen Nachkriegsitalien nähre eine gewaltaffine Subkultur, die sich nur durch ihre Opposition zur Mehrheitsgesellschaft legitimieren könne. Es sei somit an der Mehrheitsgesellschaft selbst, die faschistischen Toten und ihr Gedenken zu integrieren, um zu erreichen, was aktuell unmöglich scheine: ›Befriedung‹ und ›Versöhnung‹ (S. 332).« (Wielowiejski 2021: o.S.).

Das Fazit, das Faust zieht, ist hochproblematisch, denn es impliziert die Normalisierung des Faschismus, verniedlicht ihn als »Subkultur« und unterschätzt seine politischen Ziele. Aus demokratischer Perspektive ist eine Versöhnung mit dem Faschismus gerade nicht wünschenswert, die Marginalisierung der neofaschistischen Subkultur im gegenwärtigen Italien vielmehr eine gute Sache.

Sowohl Faust als auch Pilkington kommen zu dem Ergebnis, dass die ideologische Dimension des Politischen gegenüber der »kulturellen« oder der psychologischen Dimension weniger bedeutsam sei (Pilkington 2016: 34; Faust 2021: passim). Diese weniger offensichtlichen Dimensionen hervorzuheben, ist durchaus wichtig – auch mir geht es in diesem Buch um Dimensionen, die nicht primär ideologisch sind, wie zum Beispiel die affektive oder die ethische Dimension. Aber wir dürfen die ideologische Dimension deswegen nicht aus den Augen verlieren. Ich beharre auf der Notwendigkeit, die äußerste Rechte als das zu betrachten, was sie ist: ein politisches Projekt, das letzten Endes auf den Ausschluss und die Vernichtung von bestimmten Gruppen von Menschen zielt.

Kurz gesagt: Es macht methodologisch und forschungsethisch einen Unterschied, ob wir es in der Forschung mit gewaltbereiten, selbsterklärten Faschist_innen, mit ideologisch gefestigten Neonazis, mit der Führungsriege einer äußerst rechten Partei – oder mit ihren »gewöhnlichen« Wähler_innen zu tun haben, die möglicherweise prekarisiert und arm sind (wobei auch diese nicht auf ihren vermeintlichen Status als Opfer des Neoliberalismus reduziert werden sollten). Wie sehr unsere Forschungsteilnehmenden rechten Ideologien anhängen und warum, was das für ihre alltägliche Praxis bedeutet, ob sie gewaltbereit sind oder nicht und welchen politischen Einfluss sie ausüben können und wollen – das alles sind Fragen, die sehr unterschiedlich beantwortet werden können. Aus diesem Grund müssen wir methodologisch differenzieren, mit wem wir es in unseren Ethnografien eigentlich zu tun haben.

In meiner eigenen Forschung standen aktive Parteimitglieder der AfD im Vordergrund, die sehr unterschiedliche Lebenserfahrungen mitbrachten. Das Spektrum reichte von wohlhabenden Akademiker_innen bis zu prekär beschäftigten Kleinbürger_innen,[4] von eindeutig völkisch-rechtsextrem und antiliberal positionierten Personen bis hin zu mit liberalen Werten

---

[4] Gleich zwei meiner Gesprächspartner_innen formulierten unabhängig voneinander, dass man bei Treffen der AfD »den Vorstandsvorsitzenden« oder »den mit der 15.000-Euro-Rolex« neben

argumentierenden Islamfeinden, die nichts gegen die Einwanderung von Muslim_innen haben, sofern diese ihrer Religion »abschwören«, und vom einfachen Mitglied bis zu Landtagsabgeordneten der AfD. Fast alle AHO-Mitglieder gehörten zum völkisch-rechtsextremen Flügel um Björn Höcke, wobei ich auch mit einem Gründungsmitglied der Bundesinteressengemeinschaft Homosexuelle in der AfD sprach, das die Partei bereits nach dem Ausscheiden des Parteigründers und ersten Parteisprechers Bernd Lucke verlassen hatte, der der »nationalneoliberale[n] Strömung« (Friedrich 2019: 105) angehört hatte (s. Kapitel 3.3). Was die meisten von ihnen vereinte, war jedoch das politische Imaginäre, das ich in diesem Buch beschreibe – die politische Logik von Freundschaft und Feindschaft. Um meinen methodologischen Ansatz verständlich zu machen, ist folgende Klarstellung wichtig: Alle meine Gesprächspartner_innen waren zu einem Grad ideologisch gefestigt und politisch aktiv, der es verbietet, ihnen Naivität zu unterstellen. Ich betrachte meine Gesprächspartner_innen nicht als unterdrückt oder ausgebeutet (auch wenn sie das auf manchen Ebenen sein mögen), sondern aus der Perspektive gesellschaftlicher Kämpfe um Hegemonie als handelnde Akteur_innen, die ihre eigene Rolle im Politischen bewusst reflektieren können und insofern auch dafür verantwortlich sind. Aus dieser Perspektive wird etwas sichtbar, was »verständnisvolle« Ethnografien leicht aus dem Blick verlieren: ihr Wille zur Macht.

Meine Solidarität gilt jenen, die meine Gesprächspartner_innen zu Feinden erklärt haben, das heißt im Kontext dieses Buchs insbesondere Muslim_innen beziehungsweise Migrant_innen und als solchen wahrgenommenen Personen, intersektional denkenden Feminist_innen und Linken, die sich gegen die AfD engagieren, sowie Queers jeglicher Couleur: trans, nichtbinäre und inter Personen, Regenbogenfamilien, Tunten, Butches und andere Lebensweisen, die sich außerhalb hetero- und homonormativer Ansprüche bewegen. Im Sinne dieser Menschen und ihrer Bewegungen ist dies eine engagierte Ethnografie.

»'nem Typen ohne Zähne« sitzen sehe, was sich – etwas weniger drastisch – auch in meinem Sample spiegelt.

Reflexivität in der ethnografischen Forschung mit äußerst Rechten

> Eines aber wird man begriffen haben – daß es eine Sprache von Eingeweihten bleibt, in der sie miteinander sprechen und sich untereinander verständigen, indem sie, Gefährten, Kumpane, Komplizen, übereinander lachen.
> – Jacques Derrida (2000): *Politik der Freundschaft*, S. 159

Gerade Anthropolog_innen sollten darauf achten, ihre politischen Gegner_innen nicht als »die Anderen« zu exotisieren. Wie Agnieszka Pasieka (2019: 4) kritisiert, ist beispielsweise Arlie Russell Hochschilds Buch *Fremd in ihrem Land* (Hochschild 2017) von kolonialen ethnologischen Tropen geprägt, die suggerieren, dass die von ihr untersuchten Anhänger_innen der US-amerikanischen Tea-Party-Bewegung die *ganz Anderen* seien, die einer »anderen Welt« (ebd.: 12) angehörten: Vom wohlhabenden, »progressiven« Berkeley reist sie ins arme, »konservative« Louisiana, weil sie *dort* das »Herz der amerikanischen Rechten« vermutet. Nicht nur setzt sie voraus, dass die US-amerikanische Gesellschaft klar in Rechts und Links gespalten sei (womit sie einem populistischen Narrativ aufsitzt), sondern sie reproduziert diese Annahme auch in der räumlichen Anlage ihrer Studie. »Wir«, die Progressiven, hier – »sie«, die Konservativen, dort: »Als ich fernab von den Requisiten meiner Welt von den Ihren [sic] umgeben war, wurde mir klar, dass die Tea Party weniger eine offizielle politische Gruppierung ist als vielmehr eine Kultur, eine Sichtweise und Einstellung zu Land und Leuten« (ebd.: 40).

Lila Abu-Lughod hat in ihrem Essay »Writing Against Culture« darauf hingewiesen, dass die Trennung von Eigenem und Anderem (meist: »der Westen« und »der Rest«) zu den zentralen, machtvollen Instrumenten der Anthropologie gehört und dass »Kultur« als Marker dieser Differenz fungiert: »[C]ulture is important to anthropology because the anthropological distinction between self and other rests on it. Culture is the essential tool for making other« (Abu-Lughod 1991: 143). In dem Moment, so warnt Susan Harding, in dem wir »Fundamentalist_innen« auf den konzeptuellen und politischen Raum der »Anderen« verweisen – nämlich »die Ränder« –, stärken wir nur die Vorstellung von einem vermeintlich nicht-rassistischen, demokratischen »Zentrum« (Harding 1991) – oder, wie bei Hochschild, von einer »Spaltung«. Zu zeigen, dass »die Rechten« eben nicht zu den Rändern gehören, nicht »die Anderen« sind, sollte deswegen auch das Ziel einer Ethnografie politischer Gegner_innen sein.

Dies hat Konsequenzen nicht nur dafür, wie wir unsere Forschungsteilnehmenden repräsentieren, sondern auch dafür, wie wir selbst als Forschende im Text sichtbar werden. Es gilt, unsere eigenen Positionen und Beweggründe zu hinterfragen, unsere eigenen Verstrickungen in rechte Epistemologien ebenso wie den Einfluss, den das Feld auf uns ausübt. Eine mehrjährige ethnografische Teilnahme im Feld geht nicht spurlos an dem_der Forscher_in vorbei. Diesen Aspekt scheinen insbesondere jene Ethnograf_innen zu reflektieren, die im Hinblick auf Statushierarchien auf Augenhöhe mit ihren Forschungsteilnehmenden oder ihnen unterlegen sind. Sehr eindrücklich schildert etwa Meera Sehgal, dass ihre Beobachtungen bei Hindunationalistischen Trainingslagern für Frauen ideologisch auf sie abfärbten:

> »I had unwittingly internalized elements of the Hindu nationalist worldview that required considerable time and energy to neutralize once I had left the field. At these camps, physical training for women is justified as a way to empower women by helping them defend themselves against male violence. I had come to believe that the ›self-defense‹ techniques being taught at the paramilitary camps were empowering for women. I was indignant about the seeming organizational inability of Indian feminist groups to reach women and girls to teach them self-defense. I felt that the Hindu nationalist movement genuinely filled the vacuum in a highly contested political arena by providing services sorely needed by urban middle-class Indian women. It took many hours of postcamp discussions in my parents' home with my feminist secular historian husband to shake off the Samiti's camp indoctrination. [...] By the end of this process I began to see how deep the movement's hook had lodged within me.« (Sehgal 2009: 343 f.)

In meiner eigenen Forschung waren es weniger die expliziten ideologischen Positionen meiner Gesprächspartner_innen, die ich übernahm. Es war vielmehr die besondere Form der Beziehung zwischen ihnen und mir, die ich in Auseinandersetzung mit Kolleg_innen und Betreuer_innen zu hinterfragen begann. Wie aus meinen Feldnotizen hervorging, hatte ich, ohne es zu bemerken, einerseits die Rolle des politischen Feindes übernommen und andererseits waren mir meine Gesprächspartner_innen zu politischen Feinden ganz im Sinne Schmitts geworden.

Während einer Halbjahrestagung der AHO sitze ich mit Andreas und Fabian in einer Straßenbahn auf dem Weg in die Innenstadt von Duisburg. Hinter uns sitzen zwei Jugendliche, deren Sprachgebrauch aus viel Slang, Jugendsprache und Code-Switching ins Arabische besteht. Andreas und Fabian rollen mit den Augen.

»*Da musst du jetzt genau hinhören, das ist die Zukunft unseres Landes*«, *flüstert Fabian mir zu.*

Andreas, der weiß, dass ich Linguistik studiert habe, fragt mich beim Aussteigen mit einem Augenzwinkern: »*Und, was hast du aus linguistischer Perspektive dazu zu sagen?*«

»*Na ja*«, *sage ich betont gleichgültig,* »*das ist halt Sprachwandel. Die Linguistik interessiert sich ja nicht für normative Fragen.*«

»*Das war ja wieder klar, dass du so was sagen musstest!*«, *regt Andreas sich auf. Fabian ist ernsthaft schockiert über die Jugendlichen:* »*Die müssten doch wenigstens in der Schule richtiges Deutsch lernen?*«

»*Ach, Quatsch*«, *sagt Andreas,* »*unsere Bildungspolitik ist doch in den Händen von so Leuten wie Patrick. Deswegen bin ich ja in der AfD, aber das versteht der ja nicht. Weil diese Bildungspolitik nicht normativ ist. Aber diese Leute brauchen Normen! Die verstehen ja nichts anderes. Diese ganzen Südländer brauchen Autoritäten, auf die sie hören können, und die muss man ihnen dann bieten.*«

Andreas war über die zwei Jahre meiner Feldforschung zu meinem wichtigsten Gesprächspartner geworden. Über ihn hatte ich Kontakt zur Bundesinteressengemeinschaft Homosexuelle in der AfD – später Alternative Homosexuelle – aufgenommen, er lud mich auf ihre Tagungen ein, im März 2018 begleitete ich ihn zwei Wochen lang bei seiner Arbeit als Landtagsabgeordneter. Er hatte mir von Anfang an nicht nur Einblick in seine Arbeit gegeben, sondern auch starke Sympathien entgegengebracht. Er wollte aus meiner Anwesenheit nicht nur politischen Nutzen ziehen, sondern schien genuin an mir als Mensch interessiert zu sein. Seine Provokationen widersprachen dem nicht, sie bestätigten im Gegenteil, dass er zwischen mir als Person und meinen politischen Ansichten trennte. Über weite Teile meiner Feldforschung überforderte mich diese Offenheit; mir fiel diese Trennung nicht so leicht, und am liebsten hätte ich mich die ganze Zeit über politisch und menschlich neutral und distanziert gegeben. Nach einer ersten Phase des Kennenlernens im Feld, in der ich das meiste, was ich hörte, einfach zur Kenntnis nahm und abnickte, begann auch ich in die Konfrontation zu gehen oder Gesagtes infrage zu stellen. Zunächst eher in allgemeiner Form, ohne auf mich selbst Bezug zu nehmen: »Aus einer linken Perspektive« könnte man ja jetzt dagegen einwenden, dass ...«. Mal wollte ich meine Gesprächspartner_innen dadurch dazu bringen, ihre Positionen näher zu erklären, um so mehr Informationen zu erhalten – und mal hielt ich es einfach nicht aus, beispielsweise rassistische Bemerkungen unwidersprochen stehenzulassen.

Mit der Zeit ging ich dazu über, meine Haltung ganz offen zu kommunizieren, und begann eine diebische Freude zu empfinden, wenn mir eine besonders treffende Provokation einfiel.

Als ich im Januar 2019 das letzte Mal zu einer Tagung der AHO fuhr, hatte ich ein Geschenk für Andreas im Gepäck – ein Buch, von dem ich wusste, dass es ihm als Geste gefallen würde, auch wenn er es inhaltlich ablehnen würde. Ich war über François Julliens *Es gibt keine kulturelle Identität* (2017) gestolpert, dessen Titel allein rechten Überzeugungen bereits derart widerspricht, dass ich es für das perfekte Abschiedsgeschenk hielt. Ich schrieb eine Widmung hinein: »Danke für zwei Jahre Provokation, die ich hiermit gerne zurückgebe. Alles Gute / Dein Patrick« (s. Abbildung 1). Als ich es ihm überreichte, sagte Andreas, ohne das Buch überhaupt aufzuschlagen: »Ach, also auch eine kleine Provokation, das ist ja schön!« Offensichtlich hatten wir uns verstanden.

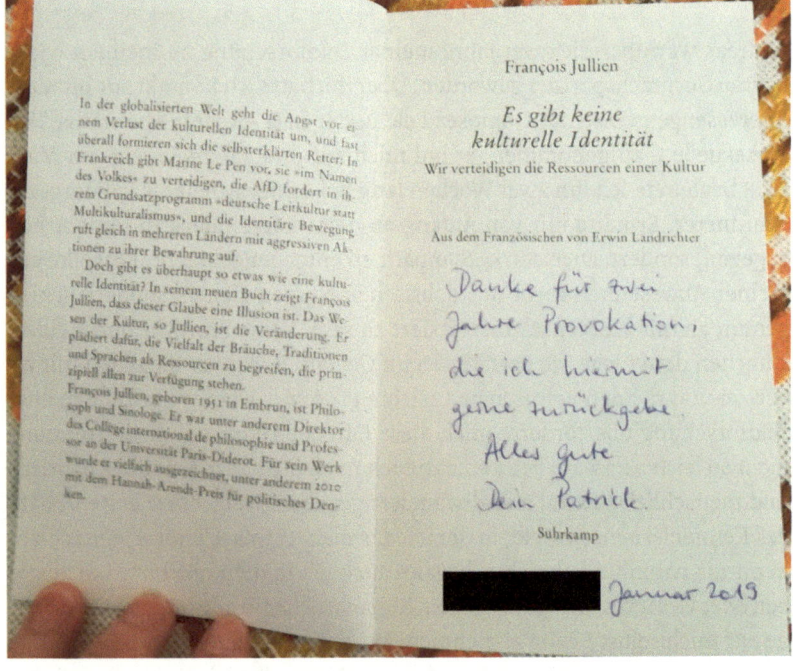

Abb. 1: Widmung im Buch *Es gibt keine kulturelle Identität* von François Jullien
Quelle: eigene Darstellung

An der Beziehung zwischen Andreas und mir, die in diesem Buch noch ausführlicher zur Sprache kommen wird, lässt sich ablesen, was es bedeutet, einen »wirklichen Feind« im Sinne Schmitts zu haben: Wir identifizierten einander als Verkörperung des jeweiligen Feindes, als »Linker« respektive als »Rechter«. Andreas ließ keine Situation aus, um mich wissen zu lassen, dass ich auf der falschen Seite stand (und dass es nur zwei Seiten gab: Wenn ich etwa Angela Merkel kritisierte, hielt er die Kritik für vorgeschoben). Aber als Menschen mochten und respektierten wir uns. Außerdem empfanden wir einander als nützlich, denn wir verfolgten mit dieser Beziehung beide das Ziel, den Feind besser kennenzulernen und zu verstehen. Wir trennten, mit anderen Worten, zwischen öffentlich und privat. Es war dies keine absolute Feindschaft – wir hatten nicht den Willen, einander um jeden Preis zu vernichten; es handelte sich stattdessen um eine Inszenierung des »nach anerkannten Regeln verlaufende[n], gehegte[n] Krieg[s]«: »nicht viel mehr als ein Duell zwischen satisfaktionsfähigen Kavalieren« (Schmitt 2017b [1963]: 56). Verbrüderung. Mir widerstrebte diese Art der Beziehung zunächst, aber ich ließ mich von ihr vereinnahmen, bis ich – jedenfalls auf dieser Ebene – zu einem Spiegelbild von Andreas geworden war. In meinen Feldnotizen lese ich, dass diese Beziehung am Ende meiner Feldforschung zu ihrer endgültigen Form gefunden hatte, mich nichts mehr davon abhielt, der AHO als wirklichem Feind zu begegnen. Nachdem ich ihm das Buch geschenkt und wir Abschiedsworte ausgetauscht hatten, sagte Andreas zu mir, jetzt, wo meine Forschung beendet sei, könnten wir ja etwas unbefangener im Gespräch bleiben. Ich entgegnete – und das meinte ich ohne jegliche Ironie: »Nein, mit Rechten redet man nicht. Man stigmatisiert sie öffentlich und isoliert sie sozial.« Wir lachten – ein Lachen, das, wie mir die Lektüre von Derrida schmerzhaft vor Augen führte, uns als »Gefährten, Kumpane, Komplizen« auswies.

Das Dilemma, das ich zu schildern versucht habe, lässt sich so auf den Punkt bringen: Je besser die Ethnografie »feindlicher« Felder gelingt, desto mehr verstrickt sie sich in deren politische Logik. Aber daraus folgt eben nicht, dass es die bessere Alternative wäre, Rechte schlichtweg als »böse Rassist_innen« darzustellen, als die politischen Anderen. Es heißt vielmehr, das eigene Involviertsein in äußerst rechte Denkmuster zu reflektieren, als immer bereits bestehende Möglichkeit, die in einer länger andauernden ethnografischen Begegnung mit Rechten zur Gefahr wird. Denn auch wir Ethnograf_innen sind »Menschen«, die sich, mit Foucault gesprochen, in die Macht verlieben können: Der Faschismus droht in uns allen. An Derrida anknüpfend scheint mir, dass wir gewisse Verbrüderungen eingehen müssen, wenn wir ethnografisch in äußerst rechten Feldern forschen wollen, uns aber immer wieder kritisch damit auseinandersetzen sollten.

2.3 Strategischer Agonismus – oder: Wie in »feindlichen« Feldern forschen?

Im dritten und letzten Teil von Kapitel 2 möchte ich genauer darauf eingehen, was die bisherigen Reflexionen für die Dynamik zwischen Forscher_in und Forschungsteilnehmenden *während der Feldforschung* bedeuten. Denn das Spannungsverhältnis zwischen Teilnahme und Abgrenzung muss während der Feldforschung beständig neu ausgelotet werden. Häufig müssen Ethnograf_innen spontan Entscheidungen fällen, die sich im Nachhinein als falsch herausstellen; bei anderen Fragen handelt es sich eher um Grundsatzentscheidungen. In diesem Unterkapitel schildere ich zunächst, welche Möglichkeiten der Teilnahme in »feindlichen« Feldern in der Literatur diskutiert werden, bevor ich einen eigenen methodologischen Zugang vorschlage, den ich *strategischen Agonismus* nenne. Dieser Ansatz ist ein Ergebnis meines eigenen Lernprozesses während der Feldforschung.

Positionierung zwischen *agree to disagree* und *becoming fascist*

Unsere ethnografischen Gesprächspartner_innen verfolgen eigene Ziele, wenn sie unsere Anwesenheit im Feld zulassen. Der Feldzugang hängt mithin davon ab, ob es ihnen lohnenswert erscheint, über einen gewissen Zeitraum von einer_m Ethnograf_in begleitet zu werden. Immerhin wird diese_r Ethnograf_in nicht nur selbst in die internen Logiken des Feldes eingeweiht, sondern sie_er wird dieses Wissen auch noch publizieren. Der Nutzen, den das Feld aus der Forschung ziehen kann, muss also in den Augen der *Gatekeeper* das damit verbundene Risiko übersteigen, weswegen sie in aller Regel Versuche starten, die_den Ethnograf_in für ihre Zwecke zu instrumentalisieren – mal in direkter, mal in subtiler Weise. Für den_die Ethnograf_in ist es wiederum keine leichte Aufgabe zu entscheiden, an welchen Stellen ein gewisses Maß an Kollaboration forschungsethisch vertretbar ist und ob er_sie im Zweifelsfall lieber die eigenen forschungsethischen Grenzen überschreitet oder aber auf den Feldzugang verzichtet.

Laut Andre Gingrich ist es in der Forschung mit politisch Andersdenkenden notwendig, dass die Forschenden ihre Meinungsverschiedenheiten mit den Forschungsteilnehmenden offenlegen. Seine Feldforschung bei Stammtischen im Burgenland, die der Freiheitlichen Partei Österreichs (FPÖ) nahestehen, habe gezeigt, dass solche Meinungsverschiedenheiten kein großes Problem für die Forschung darstellten, und er empfiehlt daher »to agree to disagree« (Gingrich 2006: 209). Zusammen mit Marcus Banks entwickelte Gingrich einen methodologischen Zugang, auf den sich Anthropolog_innen der äußersten Rechten in der Folge häufig bezogen haben: »empathy not sympathy«.

»As a rule of thumb, ›empathy not sympathy‹ is the appropriate formula for such fieldwork among people one does not like. Sympathy is impossible because the basic orientation of neo-nationalism, despite its claim to be defending (national) culture, is towards cultural exclusion and assimilation, an orientation that contradicts anthropology's basic premise of socio-cultural diversity. Empathy, however, is indispensable for any seriously methodological focus on actors' experiences and perspectives.« (Banks/Gingrich 2006: 11)

Das englische Wort *sympathy* lässt sich nicht einfach mit »Sympathie« übersetzen; es bedeutet im hier besprochenen Kontext eher Zustimmung und Gleichgesinntheit. Banks und Gingrich sprechen sich also dafür aus, dass sich eine Sensibilität für die emische Perspektive von Akteur_innen entwickeln lässt, ohne dabei apologetisch zu werden. Sie vermuten, dass die anthropologische Zurückhaltung in Bezug auf Forschung mit politischen Gegner_innen mit Angst vor Kontamination zu tun hat, mit »moral hygiene« (ebd.: 7). Dass diese Angst aber auch nicht ganz ungerechtfertigt ist, hat das vorangegangene Unterkapitel gezeigt. Nitzan Shoshan, der bei rechtsextremen Jugendlichen in Plattenbausiedlungen im Berliner Osten geforscht hat (Shoshan 2016), hält die Unterscheidung zwischen »empathy« und »sympathy« für den (vergeblichen) Versuch einer Trennung von rationaler, intellektueller Analyse und emotionaler, affektiver Bindung. In der ethnografischen Praxis würden die Grenzen zwischen beidem jedoch verschwimmen (Shoshan 2015: 161) – was sich auch in meiner eigenen Auseinandersetzung mit der Logik der Feindschaft bestätigt hat.

Darüber hinaus macht es, wie ebenfalls in Kapitel 2.2 ausgeführt, methodologisch einen entscheidenden Unterschied, wer genau die Forschungsteilnehmenden sind – Gingrichs Forschungserfahrung am Stammtisch lässt sich nicht ohne Weiteres auf andere äußerst rechte Felder übertragen. So schildert etwa Michi Knecht, die in den frühen 1990er Jahren in der »Lebensschutzbewegung« forschte, einen »Druck, Stellung zu beziehen«, der sich häufig bereits in den ersten Interaktionen eingestellt habe (Knecht 1996: 233). Während, wie es scheint, Gingrichs Gesprächspartner (sic) gerne mit ihm über ihre Sicht auf die Welt plauderten, wurde Knecht zwar nicht ausschließlich, aber doch häufiger mit Skepsis begegnet. Politische Polarisierung war eine Grundannahme im Feld, die die Rollen zwischen Knecht und ihren Gesprächspartner_innen schon vor jeder persönlichen Begegnung strukturierte. Knecht beschreibt in der Folge ein »widersprüchliche[s] Hin und Her zwischen Dialog und Konfrontation« im Forschungsprozess (ebd.). Sie plädiert gerade nicht, wie Gingrich es tut, für »sceptical distance between ethnographer and ›natives‹« (Gingrich 2006: 209), sondern für ein regelrechtes Eintauchen und Ergründen des Konflikts gerade durch die Involviertheit der_des Ethnograf_in. Denn es gelte, sowohl tabuisierte Gemeinsamkeiten zwischen den vermeintlich polarisierten Positionen als auch die Genese und Konstruktion real bestehender Antagonismen genau zu analysieren (Knecht 1996: 238). Gerade weil es um Bereiche gehe, die öffentlich umstritten seien, lieferten der mögliche Konflikt zwischen Forschenden und Beforschten, aber auch die teilweise unerwarteten und für viele Forschenden verstörenden Gemeinsamkeiten aussagekräftiges Material über jene öffentlichen Auseinandersetzungen.

Auch Pilkington zufolge ist es weder nötig, sich im Feld politisch neutral zu geben, noch, den eigenen ethischen Standpunkt zu kompromittieren. Ihrer Erfahrung nach sei der Schlüssel zu vertrauensvollen Beziehungen im Feld, dass Ethnograf_in und Forschungsteilnehmende miteinander Situationen durchlebten, die affektive und emotionale Bindungen zwischen ihnen herstellten, was auch möglich sei, ohne Werte oder Weltanschauungen zu teilen (Pilkington 2016: 17 ff.). Im Feld sei ihre Rolle meist als die einer »neutralen« Beobachterin aufgefasst worden, die lediglich dokumentiere, was sie sehe, und die akzeptiert werde, solange sie »ehrlich, fair und vorurteilsfrei« sei (ebd.: 27; Übersetzung P.W.). Diesen Status habe sie erlangt, indem sie sich in »everyday moments of mutual support, concern, attention and care« (ebd.: 22) als vertrauenswürdig erwiesen habe. Tatsächlich beschreibt sie ihr Verhältnis zu ihren Gesprächspartner_innen als reichlich intim: »I felt a genuine sense of shared experience and mutual care and friendship between myself and a number of key informants« (ebd.: 24) und hält diese Intimität für die Grundlage für »Verständnis«. Dabei ist dieses Verhältnis keinesfalls konfliktfrei: Pilkington debattiert mit ihren Gesprächspartner_innen, widerspricht ihren Rassismen und Sexismen und schreibt im Hinblick auf Positionalität, dass ihre Identität als Linke im Feld von größerer Bedeutung gewesen sei als andere Identitätskategorien (etwa die als Frau in einem männlich dominierten Umfeld). Zugleich insistiert sie darauf, dass es möglich sei, ethnografische Feldforschung in »›distasteful‹ movements« (ebd.: 28) zu betreiben, wenn Vertrauen durch ehrliche emotionale Involviertheit erzeugt werde. Die klare politische Positionierung im Feld verhindere den »Dialog« nicht, sondern fördere ihn in manchen Fällen sogar (ebd.: 27).

Während Gingrich also das Interesse seiner Forschungsteilnehmer nicht reflektiert – mutmaßlich, weil es sich ohnehin um Menschen mit geringen politischen Ambitionen handelt –, geht Pilkington davon aus, dass sie mit ihrem Feld das Interesse teilt, Wissen zu generieren: Was ihre Gesprächspartner_innen als ehrliche Dokumentation auffassen, die dem Zweck diene, der »parteiischen« und »negativen« Berichterstattung über die EDL einen »objektiven« Blick von innen entgegenzusetzen, entspricht Pilkingtons Anliegen, zu *verstehen* (s. auch das vorangegangene Unterkapitel). Meiner Ansicht nach geht Pilkington, die offensichtlich Freundschaften im Feld geknüpft hat, aber zu schnell über die Problematik hinweg, dass ihre Forschung der EDL von Nutzen war. Zwar wurde sie nicht zum »Sprachrohr« in dem Sinne, dass sie die Anliegen der EDL unkritisch reproduzierte. Aber sie leistete eine nicht zu unterschätzende emotionale und Sorge-Arbeit für ihre Gesprächspartner_innen, mit der sie deren Aktivismus – wenn auch ungewollt – letztlich unterstützte. Pilkington versäumt es, diesen Aspekt zu reflektieren, weil sie es bewusst zuließ, dass in ihren Beziehungen ein Vertrauen entstand, das über das für ihre Forschung notwendige Mindestmaß an Empathie hinausging.

Diese freundschaftlich gesinnte Position gegenüber dem Feld, die bei Pilkington anklingt, findet ihren konsequentesten Ausdruck bei Benjamin R. Teitelbaum, der in einer sehr kontrovers geführten Debatte in der Zeitschrift *Current Anthropology* die Haltung vertritt, dass die Solidarität der Forschenden gegenüber ihren Forschungsteilnehmenden epistemologisch unverzichtbar sei, auch wenn sie ethische Zwickmühlen zur Folge habe:

»They go by many names: outsiders describe them as right-wing extremists, organized racists, or neofascists, and they tend to call themselves nationalists. I call them friends. [...] My aim has been to cultivate close long-term relationships with nationalists fed by honesty, personal exchange, and trust. Friendships were both preconditions and by-products of such contact, as were instances of collaboration, reciprocity, even advocacy.« (Teitelbaum 2019: 414)

Beispielsweise übernahm Teitelbaum das Lektorat eines Romans, den einer seiner Forschungspartner_innen verfasst hatte (ebd.: 420). Folgerichtig spricht er selbst von »unmoralischer Anthropologie«. Im Gegensatz zu Pilkington reflektiert Teitelbaum also sehr wohl, dass ein »dialogischer« ethnografischer Ansatz – der meinem Verständnis nach auf Vertrauen, Gegenseitigkeit, Empathie, Augenhöhe, Respekt, Wohlwollen basiert – in äußerst rechten Feldern nicht zu haben ist, ohne den eigenen moralischen Standpunkt zu kompromittieren (ebd.: 415). Doch er liefert kein überzeugendes Argument dafür, dass eine Ethnografie ohne Dialog nicht möglich ist. Stattdessen trägt er seinen »unmoralischen« Ansatz provokativ vor sich her, als genüge schon die Provokation allein, um zu überzeugen: »I was aligning with them as a scholar and a person, and my work grew more penetrating, informed, and sinister in the process« (ebd.: 419). Teitelbaum blieb nicht dabei stehen, den Nutzen zu reflektieren, den seine Forschung seinem Feld bringen könnte – er *wollte* am Ende, dass seine Gesprächspartner_innen von ihm profitieren (ebd.: 421). Auch wenn sie kulturelle Diversität wertschätzen, sind Anthropolog_innen entgegen Banks und Gingrich offenbar nicht davor gefeit, mit äußerst rechten Akteur_innen zu sympathisieren. Doch wer dies tut und in der Folge die eigene ethnografische Arbeit als »unheilvoll« betrachtet – und sich damit sogar brüstet –, muss sich die Kritik gefallen lassen, dass die Forschung eine äußerst rechte Agenda unterstützt hat.[5]

Besonders kritisch hat Cammelli gegenüber Teitelbaum und seinem Primat der Kollaboration Position bezogen. Sie bezeichnet das Risiko eines »going native« in äußerst rechten Feldern unumwunden als »becoming fascist« (Cammelli 2021: o.S.). Teitelbaums Ansicht, der zufolge die primäre

---

5 Zu einem besonders harschen Urteil kommt das Forschungsnetzwerk Frauen und Rechtsextremismus (2019: o.S.) in Bezug auf Alice Blum, die ethnografisch in der Identitären Bewegung in Deutschland forschte und dabei eine romantische Beziehung mit einem Kader einging: »Für demokratie- und menschenrechtsorientierte Forschung sollte klar sein, dass jede Liebesbeziehung mit Protagonist*innen der extremen Rechten die eigene Verortung und die Forschungsergebnisse unglaubwürdig macht und zugleich eine Gefahr für andere engagierte Personen darstellt. [...] Alice Blum [hat sich] als Expertin für den Themenbereich extreme Rechte disqualifiziert. Die Missachtung ethischer Standards während ihrer Forschungstätigkeit delegitimiert sie für Publikationstätigkeiten zu diesem Themenbereich ebenso wie als Fachreferentin im wissenschaftlichen und zivilgesellschaftlichen Bereich.«

Loyalität und Solidarität der Ethnograf_innen, egal in welchem Feld, den Forschungsteilnehmenden zu gelten habe, hält Cammelli entgegen, dass die hauptsächliche Zielgruppe einer Forschung in äußerst rechten Feldern vielmehr eine kritische, antirassistische, demokratische Zivilgesellschaft sein sollte. Mit dieser klaren antifaschistischen Haltung, die sie während ihrer (versuchten) Forschung bei der italienischen Bewegung CasaPound trotz zunehmender Gefahren im Feld aufrechterhielt, bildet Cammelli einen Gegenpol zu Teitelbaum – und ist in der Folge nicht mit dem Problem des »going native« oder »becoming fascist« konfrontiert, sondern damit, den Feldzugang ihrer Forschungsethik opfern zu müssen. Nachdem sie anfangs versucht habe, Gingrichs Prinzip »agree to disagree« zu befolgen, habe sie schnell festgestellt, dass es in ihrem Feld keine neutrale Position gebe. Die CasaPound-Aktivist_innen wollten ihre Anwesenheit im Feld nur unter sehr engen Bedingungen akzeptieren und machten keinen Hehl daraus, dass sie Cammellis Forschung instrumentalisieren wollten. Als ihre Gesprächspartner_innen sie fragten, ob sie ihre Feldnotizen lesen dürften und, noch einen Schritt weiter, ob sie sich am Verfassen ihrer Dissertation beteiligen könnten, verweigerte sich Cammelli. CasaPound, so schien es, war keine marginalisierte Bewegung, die um jeden Preis Aufmerksamkeit erlangen wollte oder die, wie die EDL bei Pilkington, auf »ehrliche« *insider reports* angewiesen gewesen wäre. Im weiteren Verlauf ihrer Versuche, Zugang zum Feld zu erhalten, wurde Cammelli von Aktivist_innen aufgefordert, die Seiten zu wechseln, und bedroht. Sie entschied sich letztlich, ihre Datenerhebung abzubrechen. Doch selbst an dieser Stelle war die Gefahr für sie nicht vorüber: Bei einer Präsentation ihres Buches, lange nach Abschluss der Forschung, erschienen um die 50 faschistische Aktivist_innen und demonstrierten vor dem Veranstaltungsort (Cammelli 2021: o.S.). Cammelli argumentiert, dass es folglich nicht nur die ethnografische Kollaboration mit äußerst rechten Forschungsteilnehmenden ist, die Risiken birgt – auch die Verweigerung von Kollaboration kann riskant sein. Cammellis Fall ist ein Extrembeispiel, aber er verdeutlicht das Dilemma einer Ethnografie der äußersten Rechten.

In vulnerableren Feldern, in denen die Forschungsteilnehmenden auf irgendeiner Ebene marginalisiert sind, etwa in Bezug auf Klasse (wie bei Shoshan 2016), oder in gefährlichen, gewaltbereiten Feldern, in denen die Forschungsteilnehmenden über mehr Einfluss als die forschende Person verfügen (zum Beispiel Sehgal 2009), kann es ratsam sein, die eigenen politischen Ansichten nicht allzu transparent zu machen. Das ist jedoch nicht immer der Fall. So zeigen die Forschungen von Knecht und Pilkington ebenso wie meine eigene, dass es – für die Forschenden oft überraschend – vorteilhafter sein kann, den Konflikt offen auszutragen, anstatt ihn zu vermeiden. Wenn ich im Feld nach meiner politischen Position gefragt wurde und mit einem vorsichtigen »eher links« antwortete, wurde das kein einziges Mal zum Problem, was mich gerade zu Beginn meiner Feldforschung in Erstaunen versetzte. Im Gegenteil kam es dadurch häufig zu angeregten und interessanten Gesprächen. Auf dem Sommerfest einer Wochenzeitung, die der AfD nahesteht, unterhielt ich mich beispielsweise mit einem Mitglied der Jugendorganisation der AfD Junge Alternative (JA) über sein Interesse an der sozialwissenschaftlichen Populismusforschung sowie an Gramsci und Laclau, zwei Denkern, die für meine Analyse zentral sind.

Andererseits führte meine Vermutung, dass die Grünen, die vielen in der AfD als Prototyp der verhassten »linksgrün versifften Liberalen« gelten, am ehesten ein rotes Tuch sein könnten, dazu, dass ich es vermied offenzulegen, dass die Heinrich-Böll-Stiftung meine Promotion finanzierte. Im Hinblick auf diese Frage entschied ich früh, nicht zu lügen, wenn ich gefragt würde, es aber auch nicht selbst aktiv anzusprechen. Für die meisten war die Antwort »Ich bekomme ein Stipendium« aber auch schon ausreichend.[6] Lediglich Andreas, mein wichtigster Gesprächspartner, fragte am Ende genauer nach, woher das Geld für meine Forschung eigentlich kam, schien angesichts meiner Antwort aber weder überrascht noch besorgt. Insgesamt unterstreichen diese Erfahrungen, dass sich meine Forschungsteilnehmenden an der Schmitt'schen Trennung von öffentlichem und privatem Feind orientierten: Nicht *ich* war ein Problem für meine Gesprächspartner_innen, sondern das, wofür ich in ihren Augen stand.

Doch je näher ich dem Feld kam – und mit je mehr Wissensgewinn ich dadurch belohnt wurde –, desto größer wurde die Gefahr, mich auf moralisch fragwürdiges Terrain zu begeben. Ich habe viel darüber nachgedacht, ob es nicht sehr bezeichnend ist, dass ich begann, mich für Gramsci zu interessieren, auf den sich viele intellektuelle Rechte gern beziehen, ebenso wie Laclau und vor allem Mouffe, die von Schmitt inspiriert ist, den ich letzten Endes auch ausführlich studierte. Ich frage mich nach wie vor, ob es nicht vielmehr alternative Theoriearchive sein müssten, die wir gegen die äußerste Rechte mobilisieren. Für die Zwecke dieser Arbeit habe ich aber entschie-

---

6 Sehgal spricht über ein solches strategisches Abwägen, das auch sie in ihrer Forschung einsetzte, als »partial disclosure and partial secrecy« (Sehgal 2007: 168).

den, dass der analytische Gewinn die partielle Verbrüderung an dieser Stelle rechtfertigt.

Wer dem Feld dagegen ohnehin nicht so nahekommt, braucht auch keine Bedenken zu haben, sich solcherlei »Kontamination« auszusetzen. Das Prinzip »agree to disagree« mag in manchen Situationen funktionieren; häufig ist dies jedoch keine Frage einer bewussten Entscheidung der_des Forschenden, denn in vielen Feldern besteht schon früh ein »Druck, Stellung zu beziehen« (Knecht 1996: 233).[7] Es ist sicherlich richtig, dass ein besonders nahes Verhältnis zu den Forschungsteilnehmenden Vorteile mit sich bringt – aber es muss abgewogen werden, *an welcher Stelle die forschungsethischen Risiken den epistemologischen Nutzen übersteigen.* Wie viel freundschaftliche Verbundenheit ist möglich, ohne sich mit einem äußerst rechten Feld gemein zu machen, sich von ihm vereinnahmen zu lassen? Im Folgenden schildere ich meinen eigenen Weg zwischen Feldzugang und Forschungsethik und entwickle daraus meinen Ansatz des *strategischen Agonismus*, der helfen soll, die Gratwanderung zu bewältigen.

Feldeinstieg – oder: »Das kann heiter werden«

Am 25. April 2015, in Vorbereitung auf meine Masterarbeit, schrieb ich meine erste E-Mail an die Kontaktadresse der Bundesinteressengemeinschaft Homosexuelle in der AfD. Ich stellte mich vor, erwähnte, dass ich selbst schwul sei und »mit großem (persönlichem wie akademischem) Interesse sowohl politische Debatten in LGBTI-Kreisen als auch Debatten um Homo- und Bisexualität, Trans* und Inter* in der Politik« beobachtete. Das mich interessierende Thema beschrieb ich als »›Homofreundlichkeit‹ in der deutschen Rechten« und – darüber hatte ich besonders lange nachgedacht – ich legte die Karten auf den Tisch: »Keinesfalls verschweigen möchte ich, dass ich politisch anders denke als Sie.« Ich hatte mich sowohl aus forschungsethischen wie auch forschungspragmatischen Gründen dafür entschieden, mit meiner Identität und meiner politischen Position offen umzugehen. Bei meinem Namen war es ein Leichtes, mich im Internet zu finden – und was sich finden ließ, war politisch ebenso leicht einzuordnen: Freiwilligendienst mit Aktion Sühnezeichen Friedensdienste bei einer russischen Menschenrechtsorganisation (Kriegsdienstverweigerer!),

---

7 Vgl. auch die Vignette, die Teil I dieses Buchs einleitet.

Ehrenamtlicher im Schwulen Museum, Teilnehmer der Jungen Islam Konferenz. Anstatt mich also zu verstecken, hoffte ich auf die Möglichkeit eines »agree to disagree«. Meine E-Mail ging weiter: »Aber gerade deswegen geht es mir primär um ein Verstehen-Wollen. Wie Sie selbst z.B. auf Facebook und in Medieninterviews betonen, wird Links- und Homosexuell-Sein oft in eins gesetzt. Diesem Vorurteil möchte meine Arbeit [...] etwas entgegensetzen.« Der letzte Satz scheint mir aus heutiger Sicht problematisch, suggeriert er doch ein »Verstehen-Wollen« im affirmativen Sinne. Meine Strategie war, mögliche Befürchtungen mir gegenüber den Wind aus den Segeln zu nehmen, und so legte ich zwar einerseits *manche* Karten auf den Tisch. Andererseits mobilisierte ich aber das relativistische ethnologische *Verstehen*, das Herausarbeiten der Eigenlogik eines Feldes ohne Urteil, um an Gesprächspartner_innen zu kommen, nach dem Motto: Ich bin zwar politisch mit euch nicht auf einer Linie, aber ihr könntet auch etwas davon haben, wenn ihr mit mir sprecht.

Kaum einen Tag später erhielt ich eine Antwort, mit der ich nicht gerechnet hatte und die mich verunsicherte: »Gerne stehe ich Ihnen zur Verfügung. Das kann heiter werden.« Andreas, der Absender, der sich selbstbewusst als »Integrationspolitiker«, »von Beruf Historiker« und »deutscher Patriot« beschrieb, hatte sich tatsächlich ein Bild gemacht:

»Ich befürchte nach einer Kurzrecherche, dass wir nicht nur übers Gendern konträre Meinungen haben. [...] Sie können mich gern mal einladen, ›Schwule gegen den Genderwahn, Migranten gegen Multi-Kulti‹ oder zu einem ganz anderen Vortrag, der Ihre geschätzte Kenntnis über das deutsche Nationalverständnis etwas aufhellt. Wie kommen Sie bloß darauf, dass wir Deutschen uns über die Hautfarbe usw. definieren? Ist mir noch nie begegnet und sozialpsychologisch und wissenschaftlich falsch seit 700 Jahren. Sie verwechseln da wilhelministische Politik und Volksbewusstsein. Aber wir wollen uns übers Schwule [sic] Sein unterhalten und auch da bin ich Historiker genug, um Ihnen gern meine Weltsicht aus den Quellen seit der Venus Urania zu erläutern.« (E-Mail vom 26.04.2015; Erlaubnis des Absenders zum Abdruck liegt vor)

Ich fühlte mich vollkommen überfahren. Offensichtlich hatte sich hier jemand die Zeit genommen, um nicht nur mehr über mich herauszufinden, sondern auch noch direkt in eine Auseinandersetzung zu treten. Der Konflikt, den ich so vorsichtig angedeutet hatte, um ihn zu neutralisieren, schien ihm geradezu Spaß zu machen. Ich konnte überhaupt nichts mit der Aussage anfangen, Deutsche definierten sich über die Hautfarbe. Wo sollte ich das gesagt haben? Ich musste erst selbst recherchieren, um festzustellen, dass ein Kurzportrait von mir als Teilnehmer der Jungen Islam Konferenz

2013 im Internet zu lesen war, das folgendes Zitat von mir enthielt: »Am Umgang mit dem Islam in den Medien wird deutlich, wie sehr in Deutschland noch immer an der Idee eines ›Deutschseins‹, das geknüpft ist an Hautfarbe, Abstammung und Religion, festgehalten wird.«[8] Mein virtuelles Gegenüber hatte mir nicht nur seine allgemeine historische Kompetenz demonstriert, sondern mir darüber hinaus auch zu verstehen gegeben, dass er über mich Bescheid wusste. Das Spiel war bereits in vollem Gange, der Ball lag in meinem Spielfeld.

Ich ließ ihn ins Leere laufen:

»Haben Sie vielen Dank für Ihre Antwort. Ich merke schon, wir haben eine Gesprächsbasis. Aber nur zur Klarstellung: An einer Auseinandersetzung ist mir nicht gelegen. Vielmehr soll es um Ihre politischen Motivationen und Erfahrungen gehen, unabhängig von meinen Einstellungen oder dem, was ich in Ihren Augen repräsentiere. Dass sich das nicht ganz ausblenden lässt, ist vollkommen klar. Aber wir schauen mal, wohin wir kommen.«

Zu dem Zeitpunkt hatte ich noch nicht verstanden, dass es gerade die Auseinandersetzung war, die meinen Gesprächspartner reizte. Er sah in mir bereits jetzt einen Gegner, an dem er sich zwar potenziell reiben konnte, den er aber grundsätzlich als *legitimen* Gegner anerkannte. »Schöne Frühlingstage! (Hier in Wiesbaden ist es gerade recht angenehm)«, lautete die Grußformel, mit der er seine folgende E-Mail schloss. Diese demonstrativ informelle Freundlichkeit irritierte mich umso mehr. Sie erschien mir deeskalierend und stand damit in einem Gegensatz sowohl zu seiner letzten E-Mail, die ich als konfrontativ wahrgenommen hatte, als auch zu meinem formell-distanzierten »Mit freundlichen Grüßen«. Ich dachte, ich müsste mich möglichst zurückhalten und meine eigene politische Positionierung so gut es ging in den Hintergrund rücken, um Vertrauen zu gewinnen und zum Feld zugelassen zu werden. Wie mir im Laufe der Forschung immer klarer wurde, war das Gegenteil der Fall.

Feldausstieg – oder: »Zu Gast bei rechten Arschlöchern«

Knapp vier Jahre später, im Januar 2019, war ich zum letzten Mal bei einem Treffen der Alternativen Homosexuellen dabei. Ich hatte mir überlegt, ihnen

---

8 Vgl. https://www.yumpu.com/de/document/read/41398104/kurzportraits-teilnehmerinnen-2013-mk-finalx-junge-islam-, Abruf am 24.04.2024.

zum Abschluss einen Artikel von mir mitzubringen, den ich in den *Feministischen Studien* veröffentlicht hatte (Wielowiejski 2018b). Mich interessierte, ob sie sich in meiner Beschreibung und Analyse wiedererkennen und wie sie darauf reagieren würden.

Ich betrete die Gaststube des Wirtshauses, das in einer verschneiten Einöde im Fichtelgebirge liegt. Ich kenne den rustikalen Gasthof bereits von vorherigen Tagungen der AHO; der Wirt ist der AfD im Allgemeinen und der AHO im Besonderen wohlgesonnen. Andreas, Fabian und Jens, die zu meinen wichtigsten Gesprächspartnern gehören, warten bereits auf mich.

»Und, hast du den Artikel dabei?«

»Ja, aber ich brauche erstmal 'nen Schluck Bier«, entgegne ich.

Nach zwei Jahren Feldforschung besteht ein Vertrauensverhältnis zwischen den AHO-Mitgliedern und mir. Sie wissen, wie ich politisch positioniert bin, und sie wissen auch, dass ich sie in meiner Dissertation und meinen Veröffentlichungen nicht in einem positiven Licht darstellen werde. Doch jetzt, wo ich ihnen zum ersten Mal einen meiner Texte zu lesen geben will, muss ich mir erst ein wenig Mut antrinken. Dann gebe ich mir einen Ruck.

Während sie den Text durchlesen, klammere ich mich an mein Glas. Dann sagt Andreas: »Ich kann jetzt aber beim besten Willen nichts finden, dem ich auch nur annähernd widersprechen müsste. Bei welchen Punkten hattest du denn Befürchtungen?«

Unsicher, ob ich das gut oder schlecht finden soll, blättere ich durch die Seiten und suche die Stelle, an der ich darlege, dass in der AfD nicht offen homofeindlich, dafür aber vehement heteronormativ argumentiert wird. Ich zitiere den folgenden Satz: »Natürlich ist diese Heteronormativität nicht weniger kritikwürdig als offen ausgesprochene Homofeindlichkeit.«

»Naja«, sagt Andreas, »das ist ja nicht schlimm, da irrst du dich ja einfach. Das kann ich ja ganz leicht widerlegen.«

Wir geraten in eine Diskussion über Heteronormativität und Homofeindlichkeit, in der ich die Haltung einnehme, dass Heteronormativität durchaus als Grundlage für Homofeindlichkeit begriffen werden kann. Außerdem betone ich, dass es vollkommen eindeutige Fälle von Homofeindlichkeit in der AfD gebe, die sich nicht weginterpretieren ließen.

Andreas geht in die Offensive: »Klar gibt es die, was meinst du, warum ich in Wiesbaden nicht wiedergewählt werde? Weil der Müller und der Schmidt auch mit meiner Homosexualität ein Problem haben! Aber die sind doch nicht in der Mehrheit, das sind Querulanten, die sind die Ausnahme!«

Nach einer Weile hat Fabian keine Lust mehr auf den Streit. Er ruft uns auf, uns zu vertragen: »*Es ist ja der letzte Abend mit Patrick und den sollten wir genießen.*«

»*Wir streiten uns nicht wirklich*«, *sagt Andreas,* »*uns macht einfach das Diskutieren Spaß. Es ist allgemein ein Problem in der AfD, dass zu wenig solche sozialwissenschaftlichen Arbeiten gelesen werden. Sonst wüssten die, dass das alles nicht so schlimm ist.*«

Schließlich stimmt auch Jens zu, der bisher geschwiegen hat: »*Wenn du uns zu sehr nach dem Mund reden würdest, wäre es auch unglaubwürdig. Und du nennst dein Buch ja nicht:* ›*Zu Gast bei rechten Arschlöchern*‹«.

In der Gegenüberstellung der zwei Episoden über den Feldeinstieg und den Feldausstieg zeigt sich, dass sich mein Verhalten gegenüber den Teilnehmer_innen meiner Forschung zwischen den ersten vorsichtigen Kontakten und dem Abschied aus dem Feld deutlich verändert hatte. Während ich zu Beginn der Meinung war, dem möglichen Konflikt zwischen uns aus dem Weg gehen zu müssen, um meinen Feldzugang nicht zu gefährden, ging ich am Ende nicht nur offen mit ihm um, sondern kultivierte ihn regelrecht. Vor meiner Feldforschung hatte ich einfach vorausgesetzt, dass zwischen meinen Gesprächspartner_innen und mir ein politischer Antagonismus bestehen würde, und mir deswegen Sorgen gemacht; am Ende brachten wir ihn gemeinsam performativ hervor.

Ich war und bin davon überzeugt, dass in bestimmten äußerst rechten Forschungsfeldern eine ethische Verpflichtung besteht, diesen Antagonismus aufrechtzuerhalten – und damit meine ich insbesondere solche rechten Felder, die politisch einflussreich sind, nicht marginalisiert und nicht zu gefährlich. Das kann etwa bedeuten, sich offen als politische_r Gegner_in des Feldes zu positionieren, sich Aufforderungen zur Kollaboration zu verweigern oder den Gesprächspartner_innen deutlich zu machen, dass die Formulierung der Ergebnisse nicht darauf ausgerichtet ist, was sie gerne hören möchten. Diese Position teile ich beispielsweise mit Knecht, Pilkington und Cammelli. Nun ist aber, wie wir gesehen haben, die klare antifaschistische Kante leichter formuliert als in Forschungspraxis umgesetzt: Pilkington kommt ihrem Feld in meinen Augen zu nahe, während Cammelli ihren Feldzugang aufgeben muss, weil sich die Forschung als zu gefährlich herausstellt. Politische Antagonismen sind nicht einfach in der Welt vorhanden, sondern sie entstehen in und durch Praxis – oder eben nicht (die Forschungen von Gingrich und Shoshan sind Beispiele dafür, dass es in bestimmten rechten Feldern auch richtig sein kann, Antagonismen zwischen Forschenden und Beforschten tendenziell herunterzuspielen). Gleichzeitig ist klar, dass Antagonismen in einem starken Sinne – Beziehungen der Feindschaft – inkompatibel sind mit den epistemologischen Prämissen von Ethnografie. Manche meiner Forschungsbeziehungen scheiterten, bevor sie richtig begannen, weil die Skepsis meiner Gesprächspartner_innen zu groß war. Ein Mindestmaß an Vertrauen, Respekt, Gegenseitigkeit ist Grundlage ethnografischen Forschens, auch wenn wir in meinen Augen keinesfalls die Anliegen unserer Gesprächspartner_innen teilen, geschweige denn mit ihnen befreundet sein müssen. Mit anderen Worten: Es geht nicht ohne ein Band zwischen Forschenden und Beforschten.

Doch wie lässt sich dieses Band methodisch umsetzen und wie lässt es sich theoretisieren? Inspirationsquelle für meinen Ansatz des *strategischen Agonismus* ist die Arbeit der Politikwissenschaftlerin Chantal Mouffe. Im Kern geht es mir um eine Forschungsbeziehung, in der ein politischer Antagonismus konstruiert und praktiziert wird, der die Forschungsbeziehung selbst jedoch nicht gefährdet. Zugleich muss das Band zwischen Forschenden und Beforschten kritisch reflektiert werden, wie ich in Kapitel 2.2 bereits dargelegt habe. Für meine situierte Forschungserfahrung stellte sich der strategische Agonismus als Bedingung der Möglichkeit einer ethisch nicht bloß vertretbaren, sondern ethisch »richtigen« (Blee 2018: 98) ethnografischen Forschung in einem äußerst rechten Feld heraus. Ohne den Anspruch erheben zu wollen, dass ein strategischer Agonismus methodologisches Leitmotiv einer jeden Forschung in solchen Feldern sein sollte oder kann – äußerst rechte Felder sind, wie schon mehrfach betont, sehr verschieden –, hoffe ich dennoch, damit einen Beitrag zur methodologischen Debatte über Forschung in »feindlichen« Feldern zu leisten.

Chantal Mouffe und agonistischer Antagonismus

Der Begriff des Agonismus, den Chantal Mouffe (2007; 2014) dem Antagonismus gegenüberstellt, beschreibt einen politischen Raum, in dem das Gegenüber als legitime_r Gegner_in[9] anerkannt wird. Der Agonismus grenzt

---

9 Im Gegensatz zur Figur des Feindes verwende ich für den_die Gegner_in eine genderinklusive Schreibweise, weil der_die Gegner_in nicht im selben Maße essentialistisch determiniert und in ihrer theoretischen Grundlage vergeschlechtlicht ist wie der Feind. Die Differenz zwischen Feind und Gegner_in wird im Folgenden erläutert.

sich einerseits von der liberalen Konzeption eines politischen Raums ab, der auf Kompromiss und Konsens ausgerichtet ist und den Konflikt vermeidet, andererseits aber auch von einem antagonistischen Verständnis des_der politischen Gegner_in, von einem Freund-Feind-Schema, nach dem der Feind vernichtet werden muss.

Mouffe diagnostiziert seit den späten 1990er Jahren ein politisches Problem: Sie behauptet, die zunehmende Konsensorientierung in den liberalen Demokratien des Westens gefährde deren Grundlage. Ehemals als rechts oder links klar unterscheidbare Parteien seien unter der Akzeptanz der neoliberalen Hegemonie jeweils in die Mitte gerückt, wodurch es schwieriger würde, Alternativen zu dieser Hegemonie politisch zu artikulieren. Ihre Kritik richtete sich zunächst insbesondere gegen die sogenannte Politik des »Dritten Weges« der sozialdemokratischen Parteien (Mouffe 2015: 107 ff.; 2007: 80 ff.): Tony Blairs »New Labour« oder Gerhard Schröders »Neue Mitte« erklärten die Links-rechts-Dichotomie für veraltet und warben für einen vermeintlich ideologiefreien und rationalen »Konsens der Mitte«. Doch je mehr es, so Mouffe, in der Politik um vermeintlich reine Sachfragen gehe, die Expert_innen zu beantworten hätten, desto mehr werde verschleiert, dass das Politische *immer* ein Moment der Entscheidung zwischen Alternativen beinhalte, dass also »jeder Konsens auf Akten der Ausschließung basiert« (Mouffe 2007: 19). Folge dieser Ausblendung sei ein »Demokratiedefizit«. Denn die Rede von der »Alternativlosigkeit« einer bestimmten Politik untergrabe das alte demokratische Prinzip der Volkssouveränität. Schon im Jahr 2000 schrieb Mouffe, es sei ein Fehler zu glauben, dass die Zeit einfach über dieses Prinzip hinweggegangen sei, was man daran sehen könne, dass rechtspopulistische Politiker_innen es sehr erfolgreich mobilisierten (Mouffe 2015: 21).

Mouffe entwickelt deswegen einen theoretischen und politischen Ansatz, der den Konflikt in den Mittelpunkt rückt. Denn ihrem Verständnis nach ist der Antagonismus konstitutives Element des Politischen. Das Politische ist, mit anderen Worten, per Definition von Konflikt geprägt; es ist ein Raum, in dem unterschiedliche hegemoniale Projekte um Vorherrschaft ringen (Mouffe 2007). Die Frage sei also nicht, wie sich der Antagonismus tilgen lasse (wie es das liberale konsensorientierte Denken suggeriere), weil das ohnehin unmöglich sei. Vielmehr gehe es darum, wie er sich im Rahmen der liberaldemokratischen Institutionen austragen lasse (Mouffe 2014: 31 f.). Mouffe schließt damit an Carl Schmitt an. Um es kurz in Erinnerung zu rufen: Was laut Schmitt das Politische gegenüber anderen Sphären spezifisch kennzeichnet, ist die Unterscheidung zwischen Freund und Feind. Im Politischen haben wir es demnach immer mit kollektiven Formen der Identifikation zu tun, die sich in der Produktion eines »Wir« gegenüber einem »Sie« manifestieren. Anders als Schmitt jedoch versucht Mouffe eine Form dieses politischen Antagonismus zu denken, die mit der liberalen Demokratie vereinbar ist. Was sie von Schmitt übernimmt, ist die nüchterne Erkenntnis, dass demokratische Politik nicht ohne Ausschlüsse zu haben ist, das heißt nicht ohne den Antagonismus »Wir« gegen »Sie« (Mouffe 2007: 12; 2014: 31). Wo sie über Schmitt hinausgeht und ihn gewissermaßen gegen sich selbst wendet, ist ihre These, dass die Freund-Feind-Unterscheidung nur *eine* mögliche Ausdrucksform des politischen Antagonismus ist (Mouffe 2007: 24). Den Liberalismus kritisiert Mouffe also dafür, den Antagonismus auszublenden, während sie Schmitt dafür kritisiert, ihn ausschließlich als Freund-Feind-Gegensatz und damit zu extrem zu denken.

Die Schmitt'sche Beziehung der Feindschaft ist von dem Willen getragen, das Gegenüber zu vernichten, dem das Existenzrecht abgesprochen wird. Mouffe führt dagegen eine antagonistische Beziehung ein, die das Gegenüber als prinzipiell legitim anerkennt: die der *Gegnerschaft* (Mouffe 2015: 104). Gegner_innen im Sinne Mouffes bekämpfen einander, auch durchaus mit harten Mitteln, stellen jedoch nicht das Recht des_der jeweils anderen infrage, für die eigenen Ideen einzustehen. Mouffe spricht von einem »agonistischen« statt von einem »antagonistischen« Verhältnis. Aufgabe der liberalen Demokratie sei es, mögliche gesellschaftliche Antagonismen (also mögliche Feindschaftsbeziehungen) in einen »agonistischen Pluralismus« zu übersetzen (Mouffe 2015: 104). Voraussetzung eines solchen agonistischen Pluralismus sei jedoch ein Minimalkonsens zwischen den Gegner_innen über die »ethisch-politischen Prinzipien« (ebd.: 105) des Gemeinwesens. In der liberalen Demokratie bestehe dieses gemeinsame Band aus den Prinzipien Freiheit und Gleichheit, die alle legitimen Gegner_innen teilten. Was Freiheit und Gleichheit konkret bedeuteten beziehungsweise welches der beiden Prinzipien wichtiger sei, darüber könnten sehr unterschiedliche Auffassungen bestehen – es handle sich um einen »konfliktorische[n] Konsens« (ebd.). Wer diesen grundlegenden Konsens von Freiheit und Gleichheit jedoch ablehne, mithin das Fundament der Demokratie, könne nicht als legitime_r Gegner_in anerkannt werden und müsse aus dem agonistischen Raum verwiesen werden. Die Kategorie des Feindes bleibt damit Teil des Mouffe'schen Vokabulars (Mouffe 2018: 104).

Mouffes Unterscheidung von Antagonismus und Agonismus war sehr hilfreich für mich. Meiner Ansicht nach disqualifizieren sich große Teile der AfD als legitime politische Gegner_innen. Sie können als Antagonist_innen der liberalen Demokratie betrachtet werden (und viele von ihnen sehen das auch explizit selbst so). Ich forsche auch deswegen zur äußersten Rechten, weil ich wissen will, wie sie bekämpft werden kann. Ich kam aber nicht umhin festzustellen, dass ein gemeinsames Band zwischen mir und »denen« nötig war, wenn ich ethnografisch in der AfD forschen wollte. Selbst wenn ich mich politisch als Antagonist der AfD verstand, mussten wir uns während meiner Forschung gegenseitig als legitim anerkennen. Was Mouffe im Rahmen einer politischen Theorie formuliert, kann für die ethnografische Methodologie fruchtbar gemacht werden. Meine These ist, dass es in antagonistischen politischen Forschungsfeldern Aufgabe der Ethnografie ist, den Antagonismus in einen Agonismus umzuwandeln. Es geht mit anderen Worten um die Ermöglichung eines Raumes, in dem der Konflikt zwischen unterschiedlichen Parteien nicht nur nicht gemieden, sondern kultiviert wird – aber nicht im Sinne eines Kampfes zwischen Feinden, die einander vernichten wollen, sondern innerhalb von ritualisierten Konfliktpraktiken. Doch dieser Prozess ist ein »widersprüchliche[s] Hin und Her zwischen Dialog und Konfrontation« (Knecht 1996: 233). Die Paradoxien zwischen antifaschistischer Haltung und ethnografischer Nähe durchziehen deswegen dieses gesamte Buch.

Als strategisch bezeichne ich diesen Agonismus deswegen, weil er in meinen Augen kein Selbstzweck ist. Es geht in letzter Instanz nicht um »ein Duell zwischen satisfaktionsfähigen Kavalieren« (Schmitt 2017b [1963]: 56), sondern darum, mittels ethnografischen Wissens dazu beizutragen, den Erfolg der äußersten Rechten aufzuhalten. Denn wenn wir es in unserer Forschung mit weltanschaulich gefestigten organisierten Rechten zu tun haben, dann dürfen wir nicht vergessen, dass unsere Forschungsteilnehmenden das Ziel haben, »[d]urch Gewaltandrohung und -ausübung Welt kleiner zu machen, Welt zu vernichten«, wie Sabine_ Hark es formuliert (Hark 2021: 62). Sie negieren die Gleichheit aller Menschen – »paradigmatische Geste der Macht« (ebd.: 85). Als Anthropolog_innen sollte unsere Solidarität deswegen jenen gelten, deren Leben vom Aufschwung der äußersten Rechten gefährdet sind. Damit unterscheidet sich mein Ansatz vom Ansatz Teitelbaums, für den die Solidarität der Forschenden gegenüber den von ihnen Beforschten die allerhöchste Priorität hat.

Das gemeinsame Band, von dem Mouffe in Bezug auf die pluralistische Demokratie spricht, lässt sich in meiner Ethnografie in der partiellen Verbrüderung finden, die ich in Kapitel 2.2 kritisch herausgearbeitet habe: Meine ethnografischen Erkenntnisse basierten darauf, dass ich – zumindest stellenweise – an der Logik von Freund und Feind teilnahm, mit der mir mein Feld begegnete. In Kapitel 2.2 kam ich auf das Dilemma einer Ethnografie in »feindlichen« Feldern zu sprechen: Je besser sie gelingt, desto mehr verstrickt sie sich in die politische Logik des Feldes. Mit dem Begriff des strategischen Agonismus möchte ich hier nun präzisieren, dass es einen gemeinsamen symbolischen Rahmen geben muss, innerhalb dessen die Forschungsbeziehung gelingen kann – aber diese Forschungsbeziehung bleibt paradox, weil über ihr der politische Antagonismus zwischen Forschenden und Beforschten schwebt. Was Mouffe über Möglichkeit und Unmöglichkeit der pluralistischen Demokratie schreibt, gilt mutatis mutandis für die Ethnografie in antagonisierten Feldern:

> »An der modernen liberalen Demokratie ist besonders und wertvoll, dass sie, wenn richtig verstanden, einen Raum erzeugt, in dem diese Konfrontation offen gehalten wird, wo Machtverhältnisse immer in Frage gestellt werden und kein Sieg endgültig sein kann. Solch eine ›agonistische‹ Demokratie erfordert jedoch, dass akzeptiert wird, dass Konflikt und Teilung der Politik inhärent sind und es keinen Ort gibt, wo Versöhnung als volle Aktualisierung der Einheit ›des Volkes‹ erreicht werden könnte. Wer glaubt, pluralistische Demokratie könne je perfekt realisiert werden, transformiert sie in ein sich selbst widerlegendes Ideal, da die Bedingung der Möglichkeit einer pluralistischen Demokratie zugleich die Bedingung der Unmöglichkeit ihrer perfekten Implementierung ist. Aus diesem Grund ist es wichtig, ihre paradoxe Natur anzuerkennen.« (Mouffe 2015: 31 f.)

Es gibt keine ideal umgesetzte Forschung in »feindlichen« Feldern. Ein konsequenter Antifaschismus würde die Forschung letztlich sabotieren (wie das Beispiel von Cammelli zeigt), während ethnografische Kollaboration bedeuten würde, die äußerste Rechte zu unterstützen und die von ihr zu Feinden gemachten Gruppen zu gefährden (wie es meines Erachtens bei Teitelbaum der Fall ist). Irgendwo dazwischen ist eine ethisch »richtige« (Blee 2018: 98) Forschung in äußerst rechten Feldern angesiedelt. Ohne partielle Verbrüderung geht es dabei nicht (siehe Pilkington). In Kapitel 2.1 habe ich dies im Anschluss an Derrida als die Aporie dieser Arbeit bezeichnet. Es handelt sich um ein Entweder-oder, das eine Entscheidung fordert, aber letztlich unentscheidbar bleibt: Die politische Logik der Verbrüderung als den »Phallogozentrismus in Aktion« (Derrida 2000: 218) zurückzuweisen, würde bedeuten, sich um den Erkenntnisgewinn zu bringen, den eine Ethnografie der äußersten Rechten verspricht. Sich auf eine solche Ethnografie einzulassen, heißt dagegen, sich der politischen Logik des Feldes ein Stück weit anzupassen. Aber gerade deswegen spielt eine gründliche Reflexion dieses Umstands eine ganz zentrale Rolle, wenn es um die Forschung in antagonisierten Feldern geht. Diese reflexive Haltung habe ich in diesem Kapitel erläutert und umzusetzen begonnen. Sie zieht sich jedoch als methodologischer roter Faden durch die gesamte Arbeit.

3. Homopolitik in der Alternative für Deutschland

Der Gegenstand dieses Buchs ist das, was als die Homopolitik der äußersten Rechten bezeichnet werden könnte, im Speziellen die Homopolitik der AfD. Wie nähert man sich einem solchen Gegenstand kulturanalytisch und ethnografisch? Der erste Teil dieses Kapitels beschreibt zunächst auf einer diskursiven Ebene, in welchen Politikfeldern sich die AfD mit Homosexualität auseinandersetzt. Ich arbeite zwei diskursive Stränge heraus – heteronormative Familienpolitik und homonationalistische Migrationspolitik –, die ich zusammengenommen als die Homopolitik der AfD bezeichne. Im zweiten Teil dieses Kapitels gehe ich dann auf das im engeren Sinne methodische Vorgehen der Studie ein (nachdem ich in Kapitel 2 allgemeinere methodologische Fragen erörtert habe). Das dritte Unterkapitel schließlich stellt die Alternativen Homosexuellen vor, eine Gruppe von (fast ausschließlich männlichen) AfD-Politiker_innen, deren politische Narrative und Praktiken ich in den Teilen II und III dieses Buchs dicht beschreibe.

3.1 Diskursive Stränge

In der öffentlichen Kommunikation der AfD lassen sich in Bezug auf Homosexualität zwei diskursive Stränge ausmachen. Jeder dieser Stränge entspricht zugleich einem Politikbereich, innerhalb dessen Homosexualität von der AfD relevant gemacht wird. Zum einen handelt es sich um die Familienpolitik. Hier spricht sich die AfD gegen die Öffnung der Ehe und das Adoptionsrecht für gleichgeschlechtliche Paare aus. Sie argumentiert für ein normatives Leitbild der heterosexuellen Kernfamilie, deren reproduktive Funktion zu fördern sei. Davon abweichende Lebensmodelle seien zwar zu tolerieren, eine besondere politische Aufmerksamkeit gebühre ihnen jedoch nicht – da sie, so behauptet die AfD, nicht auf die Zeugung und Erziehung von Kindern ausgerichtet sei. Zum anderen erwähnt die AfD Homosexualität im Zusammenhang mit dem Themenkomplex Islam, Migration und Integration.[1] Während homosexuelle sowie generell queere und trans Lebensweisen im Bereich der Familienpolitik der AfD auch und gerade in ihrer Abwesenheit als konstitutives Anderes eine zentrale symbolische Position einnehmen, erscheinen Homosexuelle in Bezug auf die islamfeindliche und antimuslimisch-rassistische Politik der AfD eher als zusätzliches Argument: (Männliche) muslimische Einwanderer stellten aufgrund einer ihnen zugeschriebenen besonders gewaltbereiten homophoben Haltung eine Gefahr für Homosexuelle dar. Auffällig ist, dass Homosexuelle im ersten Bereich gegenüber der heterosexuellen Norm abgewertet, im zweiten Bereich gegenüber Muslim_innen jedoch als schützenswerte Individuen aufgewertet werden. Beides zusammen lässt sich als die öffentliche »Homopolitik« der AfD bezeichnen, auf die ich mich im Verlauf des Buchs beziehen werde und die ich an dieser Stelle einleitend beschreibe.

Diskursstrang 1: Heteronormative Familienpolitik

Ich nähere mich dem ersten Strang im Folgenden, indem ich ein Kampagnenvideo aus dem Bundestagswahlkampf 2021 analysiere, den die AfD unter dem Motto »Deutschland. Aber normal.« führte.[2] Zu Beginn sehen wir in diesem Video zwei Hände, deren Finger sich über eine Laptop-Tastatur bewegen und das Wort *normal* in das Suchfenster eines Online-Wörterbuchs eintippen. Eine als männlich wahrgenommene Stimme aus dem Off fragt: »Normal, was ist das eigentlich heute?« Danach erscheinen in kurzer Abfolge Ausschnitte aus Videos, die wie private Amateuraufnahmen, mutmaßlich

---

1 Dass dieser »Komplex« überhaupt als ein solcher erscheint, ist Ausdruck von antimuslimischem Rassismus: Muslim_innen erscheinen prinzipiell als Migrant_innen und somit als nicht-deutsch, während Migration von der AfD hauptsächlich vor dem Hintergrund einer vermeintlichen »Islamisierung« Europas als problematisch angesehen wird. Zugleich drückt sich in dieser semantischen Unschärfe auch eine Spaltung der äußersten Rechten aus: Auf der einen Seite stehen jene, die »den Islam« als den Hauptfeind europäischer Moderne und Aufklärung betrachten, und auf der anderen Seite jene Gegenaufklärer_innen, die nicht »den Islam« problematisieren, sondern Migration als solche sowie die befürchtete »Vermischung der Völker«, und den Hauptfeind in einem migrationsfreundlichen Liberalismus sehen. Auf diese Trennlinien nehme ich ausführlicher in Kapitel 6 Bezug.
2 Vgl. https://www.youtube.com/watch?v=XHNlw2tuuDk&t=4s, Abruf am 24.04.2024.

aus den 1970er Jahren, wirken: Zu sehen sind lachende Männer und Frauen auf Familienfeiern, ein Raucher grinst in die Kamera, ein Mann fängt ein kleines Kind auf, ein weiteres kleines Kind, mit Schirmmütze auf dem Kopf, rennt über den Strand. »Früher hieß es ja immer, ›normal‹ wär' irgendwie langweilig, stinknormal und spießig«, heißt es dazu aus dem Off. Gleich danach wird die – als *vermeintlich* spießig eingeführte – Familienidylle von früher mit Bildern aus der Gegenwart der Corona-Pandemie kontrastiert: ein Schild, das auf Maskenpflicht hinweist, geschlossene Außengastronomie, dann ein weiteres Schild: »Verweilverbotszone«. Die Stimme fragt: »Aber heute? Ist nicht heute ›normal‹ auf einmal das, was uns fehlt? Das, was wir eigentlich wollen?« Als nächstes sehen wir eine Jugendliche, die auf einer Demonstration ein Schild mit der Aufschrift »Klima statt Kinder!« hochhält, danach eine Antifa-Flagge vor dem Brandenburger Tor, Proteste bei einem G20-Gipfel, brennende Mülltonnen: »Denn die Welt um uns herum, die ist irgendwie so verrückt geworden.« Dann wieder ein Kontrast, abermals eine feiernde Familie im eigenen Zuhause, diesmal jedoch professionelle Aufnahmen aus der Gegenwart. Mutter und erwachsene Tochter fallen sich in die Arme, es wird angestoßen, der Großvater malt mit dem Enkelkind: »Und wir merken auf einmal, dass ›normal‹ doch eigentlich etwas ganz Besonderes ist. Denn normal ist, seinen Nächsten ganz nah zu sein.«

Aus Eltern, Kindern und Großeltern bestehende heteronormative *weiße* bürgerliche Familien erscheinen in dem Video als unmittelbar verständliche Vorzeigebeispiele für Normalität. Durch ihre 1970er-Jahre-Anmutung und Amateurhaftigkeit als Normalität aus vergangenen Zeiten eingeführt, bedienen die Bilder am Anfang die Topoi von der »heilen Welt« und dem »Früher war alles besser«. Dies geschieht jedoch nicht rundheraus affirmativ, sondern mit einer ironisierenden Distanz: »Früher hieß es ja immer, ›normal‹ wär' irgendwie langweilig, stinknormal und spießig.« Zugleich suggeriert der Kommentar bereits an dieser Stelle, dass dies *heute* nicht mehr so sei, was in der Folge durch die dramatisierenden Bilder von der »verrückt geworden[en]« Welt bestätigt werden soll und schließlich in einer Synthese gipfelt, in der die »normale« glückliche Familie aus der Gegenwart eher wie ein Hoffnungsbild aus der Zukunft erscheint.

Ein Element des »verrückten Heute« ist die Jugendliche, die für die Fridays for Future-Bewegung steht, bei der es sich um eine Bewegung von Schüler_innen und Studierenden handelt, die sich dafür einsetzt, effektive politische Maßnahmen zum Schutz des Klimas zu ergreifen. Fridays for Future ist zu einem zentralen Feindbild der AfD avanciert. Dadurch sucht sie ihr Profil als Anti-Establishment-Partei zu schärfen, die mit dem politischen Konsens in der Klimapolitik bricht (vgl. Berker/Pollex 2021). Dieser Konsens, so es ihn überhaupt gibt, besteht recht allgemein darin, den Klimawandel als menschengemacht anzuerkennen und Klimaschutz grundsätzlich zu befürworten, während die AfD den menschengemachten Klimawandel leugnet und damit polemisiert. Die Aufschrift »Klima statt Kinder!« auf dem Schild der Jugendlichen ist einerseits eine Verzerrung des Anliegens von Fridays for Future, die eine von Kindern und Jugendlichen getragene Bewegung ist, die sich gerade aus der Position junger Menschen heraus für eine lebbare Zukunft engagiert. Andererseits suggeriert sie, die Welt sei deswegen verrückt, weil sie »die Kinder« auf Kosten anderer politischer Ziele vernachlässige. Inwiefern Klimaschutz auf Kosten von Kindern gehen soll, bleibt zwar unklar; es geht hier vermutlich eher um die Alliteration. Gleichwohl versteht der_die Betrachter_in intuitiv: Normalität heißt, Kinder zu zeugen und sich um Kinder zu kümmern – und nicht um »Hirngespinste« wie den angeblich menschengemachten Klimawandel.

So sehen wir auch in den nächsten, diesmal wieder positiv konnotierten Einstellungen eine glückliche *weiße*, bürgerliche, heteronormative Familie mit Kindern. Ihr Zusammensein erscheint vor dem Hintergrund der Corona-Gegenwart, in der *social distancing* das Gebot der Stunde ist, als hoffnungsvoll besetztes Bild einer nicht allzu fernen Zukunft. Die nun gar nicht mehr »langweilig[e], stinknormal[e] und spießig[e]« Normalität ist Idylle, Geborgenheit, Beisammensein, Ausgelassenheit und eben dies – (nationale) Zukunft. Vor diesem Hintergrund erscheint eine Jugendliche, mithin eine Person, die bis vor Kurzem selbst noch ein Kind war und sich nun scheinbar *gegen* Kinder einsetzt (»Klima statt Kinder!«), als absolute Pervertierung der Normalität, wir könnten auch sagen: als queer. Worin die »normale Zukunft« bestehen sollte, wird dann am Ende des Videos explizit benannt – während wir Fußball spielende Kinder sehen.

Doch wie die Kulturanthropologin Claudia Liebelt in einem Essay für die *tageszeitung* über dieses Video und die Kampagne bemerkt, ist Normalität keinesfalls so unschuldig, wie hier suggeriert wird. Normalität konstituiert sich notwendigerweise über den Ausschluss des Anormalen (Liebelt 2021; vgl. auch Engel 2002: 97 f.). Neben der expliziten Darstellung der beziehungsweise des Anormalen in dem Video (Fridays for Future, Antifa, Schutzmaßnahmen während der Corona-Pandemie) gilt das insbesondere auch für das, was wir *nicht* in dem Video sehen: die Anderen der *weißen* bürgerlichen heteronormativen Familie. Dazu gehören selbstredend auch Homosexuelle, sogar die Assimiliertesten von ihnen.

Auch in den Wahlprogrammen der AfD fällt die relative Abwesenheit von Homosexuellen und Homosexualität auf. Nur acht der 19 AfD-Wahlprogramme, die in die Analyse aufgenommen wurden, enthalten überhaupt Aussagen zum Thema. Ein typisches Beispiel findet sich im Programm der AfD zur Landtagswahl in Rheinland-Pfalz 2016:

»Die AfD-Rheinland-Pfalz [sic] bekennt sich klar zum Leitbild der Familie aus Vater, Mutter und Kindern. Diese Familien sind für den Fortbestand unserer Gesellschaft von unersetzbarer Bedeutung. Andere Formen menschlichen Zusammenlebens, die keinen reproduktiven Beitrag zum Erhalt unseres Landes leisten, verdienen Toleranz und Respekt, nicht aber staatliche Förderung. Eine Gleichstellung homosexueller Lebenspartnerschaften mit der Ehe lehnen wir aus diesem Grund ab. Die Adoption von Kindern durch homosexuelle Paare ist für uns mit dem Kindeswohl nicht vereinbar.« (RP 18: 8)

Meist in Kapiteln wie »Familie« oder »Familie und Kinder« heißt es, Homosexuelle würden heute nicht mehr diskriminiert oder seien durch das Institut der eingetragenen Lebenspartnerschaft ausreichend rechtlich gleichgestellt. Die Ehe wie auch das Adoptionsrecht für gleichgeschlechtliche Paare lehne die AfD aber ab. Des Öfteren findet die AfD jedoch deutlichere Worte, so etwa im Programm zur Landtagswahl in Baden-Württemberg 2016:

»Nirgendwo gibt es heute noch nennenswerte Diskriminierung Homosexueller und anderer sexueller Minderheiten – und das ist auch gut so. Der grün-rote Kampf gegen die angeblich allgegenwärtige Diskriminierung, der unter der Fahne des ›Gender Mainstreaming‹ geführt wird, hat die Zerstörung der traditionellen Familie und die Auflösung der geschlechtlichen Identität von Mann und Frau zu seinem eigentlichen Ziel.« (BW 16: 6)

Hier begegnet uns wieder die »traditionelle[...] Familie«, die nun nicht nur als idyllischer Hort von Geborgenheit gezeichnet wird, sondern auch als durch eine konkrete Bedrohung gefährdet. Anders als im Wahlkampfvideo aus dem Jahr 2021, in dem der Ausschluss gerade in der Zurschaustellung des Normalen und in der Ausblendung des verworfenen Anderen besteht, wird an dieser Stelle ganz explizit benannt, dass es Homosexuelle »und andere sexuelle[...] Minderheiten« seien, von denen die heterosexuelle, zweigeschlechtliche Norm bedroht werde (wenn auch unter der Chiffre des »Gender Mainstreaming«, vgl. dazu Kapitel 8).

Das Programm zur hessischen Landtagswahl 2018 nimmt darüber hinaus Bezug auf die Thematisierung von Homosexualität im Schulunterricht und auf Bildungspläne, die die Akzeptanz von LGBTIQ-Personen erhöhen sollen. In solchen Initiativen wird ein »staatlich verordnete[r] Paradigmenwechsel« (HE 18: 31) in der Sexualerziehung ausgemacht, dem zufolge »Kinder und Jugendliche in eine einseitige Wertungsrichtung« (ebd.) – gemeint ist die Akzeptanz von LGBTIQ – gedrängt werden sollen.

»Er [dieser Paradigmenwechsel] ist ein unvereinbarer Verstoß gegen das Indoktrinationsverbot, wenn Kindern die Akzeptanz vielfältiger sexueller Verhaltensweisen vermittelt und insbesondere Homosexualität und andere sexuelle Orientierungen (LSBTTIQ) als gleichwertige Erscheinungsformen menschlicher Sexualität dargestellt werden, noch dazu, wenn sie gleichberechtigt neben der gesetzlich geschützten Ehe stehen sollen.« (ebd.)

In dieser Programm-Passage wird noch deutlicher gemacht, dass die AfD Homosexualität (auch hier wieder: »und andere sexuelle Orientierungen«) nicht »als gleichwertige Erscheinungsformen menschlicher Sexualität« betrachtet, und – als hätte es dieser Emphase noch bedurft – die Ehe als ausschließlich zwei- und gegengeschlechtlich sowie dyadisch definiert.

Am häufigsten taucht Homosexualität in den Wahlprogrammen der AfD demnach dann auf, wenn das Verhältnis von Norm und Abweichung in Rede steht: Die AfD setzt sich dafür ein, dass Heterosexualität und Zweigeschlechtlichkeit die unangefochtenen Normen im Bereich Geschlecht und Sexualität bleiben sollen. Homosexualität sei zwar grundsätzlich zu tolerieren; die AfD akzeptiert die (inzwischen obsolet gewordene) Institution der eingetragenen Lebenspartnerschaft. Dass diese Toleranz eine Hierarchisierung impliziert, lässt sich explizit dem Wahlprogramm von Sachsen-Anhalt 2016 entnehmen: »Die eingetragene Lebenspartnerschaft ist jedoch etwas anderes als die Ehe von Mann und Frau, aus der Kinder hervorgehen können und die unter dem besonderen Schutz des Staates steht« (ST 16: 9). Aufgrund dieser gleichsam natürlichen Ungleichheit zwischen Heterosexuellen und Homosexuellen hält die AfD auch Antidiskriminierungsmaßnahmen für unnötig und bisweilen für fragwürdig, denn eine Ungleichbehandlung von Ungleichem stelle keine Diskriminierung dar. Insgesamt würden Homosexuelle heutzutage nicht mehr diskriminiert (eben weil sie *toleriert* würden). Homosexuelle und Heterosexuelle seien jedoch insofern nicht gleich, als Erstere sich – jedenfalls in den Augen der AfD – nicht an der Reproduktion der Nation beteiligen können.

Da zwei (cis) Männer oder zwei (cis) Frauen miteinander keine Kinder zeugen könnten, seien ihre Beziehungen nicht in gleicher Weise förderungswürdig wie heterosexuelle Verbindungen, die idealerweise in der Ehe mündeten, aus der Kinder hervorgehen sollten. Ein typisches Beispiel für diese Argumentation findet sich in einer Debatte im Landtag Sachsen-Anhalt über das »Aktionsprogramm für die Akzeptanz von Lesben, Schwulen, Bisexuellen, Transgendern, Transsexuellen und intergeschlechtlichen Menschen (LSBTTI)« des Landes, dessen sofortige Beendigung die AfD gefordert hatte (ST 7/10: 59 ff.). Im Verlauf dieser Debatte beklagte der damalige Fraktionsvorsitzende der AfD André Poggenburg, dass »die Ehe oder Partnerschaft aus Mann und Frau, aus der auch neue Generationen hervorgehen, als Leitbild im Grunde genommen eliminiert« und »gleich gültig neben alle sonst möglichen Formen des Sexual- und Familienlebens gestellt« werden solle (ebd.: 61). Sein Fraktionskollege Robert Farle präzisierte etwas später, worum es dabei geht: »Eine Gesellschaft muss, wenn sie langfristig leben und überleben will, einen Kompass haben. Dieser Kompass muss sein, dass wir nach wie vor, solange wir nichts erhellendes Neues finden, auf Familien setzen, die auch Kinder hervorbringen, mindestens zwei. Dahin möchten wir kommen« (ebd.: 71). Wie im Einleitungskapitel bereits dargelegt, nimmt die AfD nicht nur eine natalistische, sondern darüber hinaus auch eine nativistische Position ein, insofern sie nicht die Zeugung irgendwelcher Kinder fördern möchte, sondern die Zeugung *weißer* deutscher Kinder.

Diskursstrang 2: Homonationalistische Migrationspolitik

Lediglich die Programme zur Wahl in Bremen 2015 und zur Europawahl 2019 besprechen Homosexualität noch in Bezug auf ein weiteres Thema. Ausgangspunkt ist die Feststellung, dass Homosexuelle von einer zunehmenden »Islamisierung Europas« (EU 19: 52) bedroht würden. Besonders ausführlich in Bezug auf Homosexualität ist das Bremer Wahlprogramm, was mit der herausgehobenen Stellung des schwulen Bremer AfD-Politikers und späteren Abgeordneten der Bremischen Bürgerschaft Alexander Tassis zu tun haben dürfte. Beim Vergleich der beiden Programme fällt auf, dass die AfD im Lauf der Zeit den Ton verschärft hat: Während das Bremer Programm von 2015 noch von einem »bedrohlichen Einfluss des religiösen Fundamentalismus, wie zum Beispiel des Islamismus« (HB 15: 10 f.) spricht, ist im Europa-Wahlprogramm von 2019 nur noch grundsätzlich von einer Bedrohung durch *den* Islam die Rede (EU 19: 51 f.).

Dieser Diskursstrang lässt sich beispielhaft anhand einer Debatte im Berliner Abgeordnetenhaus vom 23. März 2017 veranschaulichen, in der es um die Rehabilitierung und Entschädigung von Männern ging, die in der Bundesrepublik nach Paragraf 175 StGB beziehungsweise in der DDR nach Paragraf 151 DDR-StGB verurteilt worden waren. Der AfD-Abgeordnete Frank-Christian Hansel, der sich selbst als homosexuell identifiziert, erklärte, dass die AfD »auch einer Entschädigungslösung voll umfänglich [sic]« zustimme (BE 18/8: 638), gab jedoch zu bedenken, dass es sich um Ausnahmefälle handele, und ergänzte:

»Der beste Schutz Homosexueller ist die Durchsetzung des Rechts in Deutschland und ein glaubwürdiges Bekenntnis aller Migranten zur FDGO [freiheitlichen demokratischen Grundordnung; P.W.] als Norm des Zusammenlebens in Deutschland – das haben wir heute auch gehört. Spielraum für islamisches Scharia-Recht oder irgendwelche anderen schwulenfeindlichen Religionslehren, die sich gegen Homosexuelle richten, darf es in Deutschland nicht und nie wieder geben. / [Beifall bei der AfD – Beifall von Holger Krestel (FDP)] / Zwangsheiraten z.b. von türkischen oder arabischen nicht geouteten Schwulen mit Frauen oder vorbestimmten Frauen haben hier nichts zu suchen. [...] Es ist allein die AfD, die konsequent dafür eintritt, dass auch in 20 Jahren homosexuelle Paare ungestört und ohne Scharia-Wächter berlinweit Händchen haltend durch unsere Straßen flanieren können. [...] Wir wollen verhindern, dass auch in 20 Jahren ein möglicherweise islamisch begründeter § 175 hier eingeführt wird. Darum geht es! [...] Sie sollten mit uns dafür gemeinsam sorgen, dass das nicht passiert, denn dann hätte diese Debatte heute auch ihren Sinn. – Vielen Dank!« (BE 18/8: 638 f.)

Hansel impliziert damit, dass eine auf den Ausschluss von Muslim_innen zielende Migrations- und Asylpolitik die einzige wahrhaft homofreundliche Politik der Gegenwart sei. Dem Argument liegt die Annahme zugrunde, dass Homofeindlichkeit unter *weißen*, nicht-muslimischen Deutschen nicht existiere oder zumindest eine lediglich marginale Rolle spiele. Jedenfalls sei heutzutage islamische Homofeindlichkeit das viel größere Problem, sodass sich die Geschichte der Verfolgung Homosexueller in Deutschland zu wiederholen drohe, wenn die »Islamisierung« nicht aufgehalten werde.

Auffälligstes Merkmal dieses Diskursstrangs ist die Ablehnung von Muslim_innen (beziehungsweise als solchen wahrgenommenen Menschen) und des Islam, der (nur) als politische Ideologie verstanden wird. Betont wird, dass der Islam mit den liberalen Werten des Westens unvereinbar sei. Die Vereinnahmung liberaler westlicher Werte im Dienste imperialer und exkludierender nationaler Politiken wird seit einiger Zeit unter Stichworten wie Homonationalismus (Puar 2007; 2013), sexual nationalism (Mepschen u.a. 2010), queer necropolitics (Haritaworn u.a. 2014) und Femonationalismus (Farris 2017) diskutiert. Es handelt sich bei diesen Phänomenen um wirkmächtige Narrative, in denen Frauen- und LGBT-Rechte ins Feld geführt werden, um den »Krieg gegen den Terror« oder die Abschottung der »Festung Europa« zu legitimieren. Auf diesem hier beschriebenen zweiten Diskursstrang, der auf der Grundlage dieser Narrative funktioniert, liegt in Kapitel 6 ein besonderer Fokus.

3.2 Methodisches Vorgehen

Die Kulturanthropologie hat ein reichhaltiges Instrumentarium entwickelt, mit dem sie Politik in der Gegenwart analytisch habhaft werden kann. In diesem Buch orientiere ich mich an einem Ansatz der Anthropology of Policy, der Politik nicht als rationalen und unidirektionalen Top-down-Prozess konzeptualisiert, durch den Gesellschaft beeinflusst wird, sondern als eine Assemblage von unter anderem sozialen Akteur_innen, Institutionen, materiellen Objekten und Raumanordnungen, politischen Rationalitäten und Bedeutungsgefügen. Jens Adam und Asta Vonderau schreiben, es sei »das Anliegen einer Anthropologie politischer Felder, eben diese Dynamiken und Relationen zwischen dem Sichtbaren und dem Unsichtbaren in gegenwärtigen Machtkonstellationen und somit das Zusammenfließen heterogener Elemente zu komplexen Formationen des Politischen in den Blick zu nehmen« (Adam/Vonderau 2014b: 10). Konkret empfehlen Adam und Vonderau die Kombination einer »multi-sited ethnography« (Marcus 1995) mit diskursanalytischen und akteurszentrierten Methoden (Adam/Vonderau 2014b: 19).

Im Anschluss an dieses empirisch-kulturwissenschaftliche Verständnis von Politik nimmt dieses Buch die Homopolitik der AfD in den Blick. Da meine Forschungsfrage nicht auf die Partei als Organisation, sondern auf einen spezifischen Politikbereich abhebt, schien eine längere stationäre Feldforschung an einem Ort nicht sinnvoll; Policybereiche wie etwa Homopolitik sind gerade nicht örtlich gebunden, sondern multilokale Gefüge. Es bot sich deswegen an, dem Diskurs über Homosexualität in der AfD sowie den Akteur_innen zu folgen, die mit diesem Diskurs verbunden waren. Nach George Marcus ist das Prinzip »follow the people« eine typische Herangehensweise innerhalb der von ihm beschriebenen »multi-sited ethnography«: »the procedure is to follow and stay with the movements of a particular group of initial subjects« (Marcus 1995: 106).

Nachdem mir dank meines Kontakts zu Andreas ein dauerhafter Feldzugang gelungen war (s. Abschnitt »Feldeinstieg – oder: ›Das kann heiter werden«« in Kapitel 2.3), kristallisierten sich fünf cis-männliche Mitglieder der Alternativen Homosexuellen (AHO) als diese initiale Gruppe heraus. Zwischen Januar 2017 und Januar 2019 nahm ich an verschiedenen Gruppenaktivitäten teil und begleitete einzelne AHO-Mitglieder auch bei ihrem jeweiligen lokalen Parteiengagement. Ich forschte teilnehmend-beobachtend auf diversen Veranstaltungen der Partei, zu denen ich vermittelt durch meine Gesprächspartner_innen Zugang erhielt, sofern sie nicht ohnehin allgemein öffentlich zugänglich waren. Neben Kongressen, Demonstrationen, Festen, Empfängen, Wahlkampfveranstaltungen und Vorträgen zählten auch informelle Aktivitäten wie Restaurant- und Kneipenbesuche dazu. Besonders hervorzuheben sind außerdem die halbjährlich stattfindenden, eher informell-freundschaftlichen Tagungen der AHO, die ich fünfmal besuchte. Bei allen diesen Anlässen hielt ich mich jeweils zwischen drei Stunden und drei Tagen im Feld auf; darüber hinaus hospitierte ich im März 2018 zwei Wochen lang bei einem westdeutschen AfD-Landtagsabgeordneten. Als dessen Praktikant erhielt ich Zugang zu interfraktionellen Sitzungen der AfD-Fraktionen aus mehreren Landtagen und dem Bundestag. Insgesamt verbrachte ich 41 Tage mit teilnehmender Beobachtung. Während meiner gesamten Feldforschung ging ich offen mit meinem Klarnamen und mit meiner Identität als Wissenschaftler um, der für seine Doktorarbeit Feldforschung betreibt.

Bei meinen Besuchen entstanden Kontakte zu einigen weiteren Personen, die Mitglieder der AfD waren oder ihr nahestanden und mit denen ich zahlreiche informelle Gespräche sowie problemzentrierte Interviews (Witzel 2000) mit narrativem Schwerpunkt führte. Insgesamt fanden 22 solcher Interviews statt (s. Anhang: Liste der erhobenen Daten), davon 16 mit AfD-Politiker_innen. In der explorativen Phase der Studie vor der eigentlichen Feldforschung führte ich ein Interview mit einem Politiker der Schweizerischen Volkspartei (IN 2) und zwei Interviews mit Politikern der norwegischen Fremskrittspartiet (»Fortschrittspartei«; IN 3, 4). Während der Hauptphase der Feldforschung führte ich außerdem ein Interview mit einem ehemaligen AfD-Mitglied (IN 15), eins mit einem Journalisten, der für ein der AfD nahestehendes Medium arbeitet (IN 17), und eins mit einem langjährigen hochrangigen, zum Zeitpunkt des Gesprächs nicht mehr aktiven CDU-Politiker (IN 20). Letzterer gehörte zwar nicht der AfD an; das Interview mit ihm kam aber durch Vermittlung eines mit ihm befreundeten AfD-Politikers zustande, der ihn in seiner Eigenschaft als schwuler Burschenschafter als für meine Forschung interessanten Gesprächspartner empfohlen hatte.

Zu meinem Sample gehören 15 Personen, die sich als homosexuell identifizieren, sieben, die sich als heterosexuell identifizieren, sowie eine Person, die sich als bisexuell bezeichnet. Alle heterosexuellen Personen im Sample waren mit Aussagen über Homosexualität öffentlich in Erscheinung getreten oder von anderen Interviewpartner_innen empfohlen worden. Unter den Interviewten waren lediglich drei Frauen; eine identifizierte sich als heterosexuell, zwei als lesbisch. Es war mir über die gesamte Forschung hinweg ein Anliegen, weitere lesbische Frauen in mein Sample aufzunehmen. Dass dies nicht gelang, reflektiert sowohl meine eigene vergeschlechtlichte Positionierung, die gewisse Zugänge einfacher machte als andere (unbewusste Ausblendungen meinerseits nicht ausgeschlossen), als auch die starke männliche Dominanz des Feldes insgesamt. Lesben sind im Feld entweder unsichtbar oder schlicht kaum in der AfD aktiv. Von den zwei interviewten Lesben, die Lebenspartnerinnen sind, ist eine nur passives Mitglied in der AfD, die andere kommunalpolitisch aktiv. Eine weitere lesbische Person, die im Feld immer wieder als potenzielle Gesprächspartnerin benannt wurde, wies meine Interviewanfrage zurück; zu einer anderen, die ich im Feld kennengelernt hatte, konnte ich den Kontakt nicht mehr herstellen. Die herausgehobene Position der lesbischen Fraktionsvorsitzenden im Bundestag, Alice Weidel, ist vor diesem Hintergrund auffällig, lässt sich aber möglicherweise gerade damit erklären, dass es sonst kaum bekannte Lesben in der AfD gibt. Diese relative Abwesenheit lesbischer Frauen betrachte ich als Datum, das eine Aussage über das Feld enthält. Dementsprechend wird Männlichkeit zu einer relevanten Analysekategorie.[3]

Mein Sampling funktionierte zunächst nach dem Schneeballprinzip, ausgehend von den fünf aktivsten AHO-Mitgliedern. Der große Vorteil davon war, dass es die Kontaktaufnahme erleichterte, wenn ich bereits als vertrauenswürdiger Wissenschaftler vorgestellt wurde. Der Nachteil bestand darin, dass das Sampling ausschließlich den Relevanzen der bisherigen Gesprächspartner folgte und damit einen Bias erzeugte. Mir war schnell klar, dass die von mir interviewten Personen vor allem männlich waren, aus Ostdeutschland kamen und zum »Flügel« gehörten. Im Sinne

---

3 Wenn ich im Folgenden von Gesprächspartner_innen spreche, beziehe ich mich auf die Gesamtheit meiner Interviewpartnerinnen und -partner. Ist hingegen von Gesprächspartnern die Rede, geht es um Aussagen meiner männlichen Forschungsteilnehmer. Das ist beispielsweise in der Regel bei der AHO der Fall, der zum Zeitpunkt meiner Forschung ausschließlich Männer angehörten.

des theoretischen Samplings suchte ich nach kontrastierenden Fällen, die schließlich in Form von einzelnen Interviews hinzukamen. So waren etwa die drei oben erwähnten Interviews während der Hauptphase der Feldforschung mit Nicht-AfD-Mitgliedern, die unterschiedliche Verbindungen zum Feld hatten, von besonderem Interesse.

Ganz im Sinne einer »Kulturanalyse« (Lindner 2003) – oder eben auch im Sinne der Anthropology of Policy – versuchte ich, meinen Gegenstand relational zu erfassen. Dazu gehörte, dass ich den Hinweisen auf Textmaterial jeglicher Art folgte, die mein Feld herstellte: Ich las die Bücher, die meine Gesprächspartner_innen lasen und teilweise auch selbst schrieben – darunter ein Kriminalroman über die Intrigen in einer fiktionalen Partei – und durchsuchte andere von ihnen konsumierte Medien nach Bezügen zum Thema Homosexualität. Außerdem folgte ich ihren Social-Media-Aktivitäten. Daraus entstand ein Korpus von Dokumenten. Den größten Teil davon machen Parlamentsdokumente aus. Während der letzten Phase meiner Feldforschung im Oktober 2018 untersuchte ich die Parlamentsdokumentation der jeweils laufenden Legislaturperiode des Bundestags und der Bundesländer systematisch nach Debatten über Homosexualität. Zu diesem Zeitpunkt war die AfD in allen Landtagen mit Ausnahme von Bayern und Hessen (Wahlen in diesen Bundesländern fanden just im Oktober 2018 statt) vertreten. Außerdem war sie bis dahin noch keinmal in einen Landtag wiedergewählt worden (die erste Wiederwahl der AfD erfolgte im Mai 2019 in Bremen), sodass es genügte, sich auf die jeweils laufende Legislaturperiode zu beschränken.

Jenseits der AfD bezog ich Texte aus verschiedenen rechten Medien in das Dokumentenkorpus mit ein, darunter vor allem solche, die von meinen Gesprächspartner_innen im Feld erwähnt oder empfohlen wurden. Dieses Material erhebt folglich nicht den Anspruch, vollständig und systematisch erhoben worden zu sein, sondern ist ein Abbild meiner persönlichen Reise durch das Feld. Dazu zählen zum Beispiel die Zeitschrift *Sezession* und die Zeitung *Junge Freiheit*, rechte Sachliteratur wie die Bücher des US-amerikanischen schwulen Maskulinisten Jack Donovan, deren deutsche Übersetzungen im neurechten Antaios-Verlag erscheinen (Donovan 2016; 2017; 2020), oder der Blog »Philosophia Perennis« des Berliner Publizisten David Berger, katholischer Theologe und ehemaliger Chefredakteur der inzwischen eingestellten schwulen Zeitschrift *Männer*. Berger war Kuratoriumsmitglied der AfD-nahen Desiderius-Erasmus-Stiftung, legte dieses Amt jedoch im Juni 2019 nieder. Nach seinem eigenen Bekunden habe die Stiftungsvorsitzende Erika Steinbach Druck auf ihn ausgeübt, weil er »problematische Tendenzen am extrem rechten Rand der AfD« kritisiert habe: »Sollte Frau Steinbach hier die Gesamtstimmung in der AfD wiedergeben, wäre das eine große Enttäuschung für mich, da ich bislang immer angenommen hatte, dass die AfD in ihrer großen Mehrheit vielmehr eine liberal-konservative als eine neurechte Partei ist« (PP-Redaktion 2019: o. S.).

Dieses kurze Zitat soll verdeutlichen, dass es innerhalb meines Feldes ideologische Spannungen gibt, deren exakte Definition oder trennscharfe Abgrenzung voneinander allerdings nicht Ziel dieses Buchs ist.[4] So zieht sich die von Berger benannte und nicht weiter erläuterte Unterscheidung von »liberal-konservativ« und »neurechts« in verschiedenen Varianten durch meine Forschung. Solche internen Grenzziehungen sind aus kulturanthropologischer Perspektive als Praktiken interessant, in denen performativ jene Differenzen hervorgebracht werden, die sie vermeintlich nur benennen. Es ist die Stärke eines kulturanthropologischen Ansatzes, dass er es vermag, die Komplexität und die Widersprüche herauszuarbeiten, die sich in diesen Praktiken zeigen.

3.3 Die Alternativen Homosexuellen (AHO)

An einem klaren, kalten Abend im Januar 2018 stehe ich mit Andreas vor einem kleinen Bahnhof im hessischen Vogelsbergkreis. Es ist dunkel, die Straße vor uns leer, beleuchtet nur von einer einzigen Laterne. Die Luft ist eiskalt und still. Wir warten seit einer Dreiviertelstunde darauf, abgeholt zu werden. Von hier sollen wir zu dem Gasthof fahren, in dem an diesem Wochenende eine Tagung der Bundesinteressengemeinschaft Homosexuelle in der AfD stattfindet. Gestern traf ich Andreas zum ersten Mal persönlich. Ich interviewte ihn in seiner Wohnung, nachdem ich ein paar Monate mit ihm schriftlichen Kontakt gehabt hatte. Unsere gemeinsame Zugfahrt heute dauerte etwa drei Stunden. Ich war nervös gewesen. Mir war unwohl bei dem Gedanken, mit einem AfD-Politiker im ICE zu sitzen, möglicherweise mit ihm identifiziert zu werden. Und Andreas redete viel: über seine Dissertation, die AfD, Richard Wagner. Doch die zwei Männer neben uns, die auf dem Weg in den Skiurlaub waren, interessierten sich ohnehin nicht für unser Gespräch. Jetzt, vor dem Bahnhof, stehen wir schweigend nebeneinander. Nur unser Atem ist noch zu hören, ich zittere.

---

4 Deutlich wird zudem, dass sich ein politisches Feld nicht durch ideologische Kohärenz oder Abgeschlossenheit auszeichnet, sondern als »das wissenschaftliche Artefakt einer Ethnographie« (Roth 2019a: 230) zu verstehen ist (vgl. auch Tsianos/Hess 2010: 253).

Plötzlich sehen wir einen alten Opel Senator heranrauschen und vor uns halten. Drei junge Männer steigen aus, begrüßen Andreas überschwänglich und stellen sich auch mir freundlich und gut gelaunt vor. Ich weiß nicht, wie Andreas mich ihnen gegenüber angekündigt hat; vermutlich als Wissenschaftler, der sich für die Homos in der AfD interessiert. Zu fünft sitzen wir nun im Auto: Auf der Rückbank sitzt Jens zwischen Andreas und mir, Fabian fährt und Gregor ist sein Beifahrer. Kaum eingestiegen, beginnt das Gespräch, als wäre ich gar nicht anwesend: Ein weiteres Mitglied der Homosexuellen in der AfD scheint ihren Internetauftritt gekapert und sich auf Facebook in ihrem Namen von AfD-Rechtsaußen Björn Höcke distanziert zu haben, was die anderen nicht gutheißen.

»Was soll das, wieso macht der Kai das alles eigentlich? Denkt er, dass er sich damit profilieren kann?«

»Der ist ein naiver Liberaler! Was glaubt er denn, wie weit er damit kommt?«

Im Auto ist es schnell warm geworden. Ich muss mich verrenken, um meine Jacke auszuziehen, öffne das Fenster einen Spalt.

»Es ist eh niemand auf seiner Seite!«

Die vier debattieren, wie man ihn wieder loswird, den Facebook-Zugang zurückbekommt und mit rechtlichen Mitteln gegen ihn vorgehen könnte. Andreas wirft mir zwischendurch unruhige Blicke zu. »Das hätte Patrick ja eigentlich nicht hören sollen ...«, meldet er vorsichtig an. Inzwischen schwitze ich.

»Auf queer.de stand auch schon was darüber«, sagt Gregor, als hätte er Andreas nicht gehört.

Ich bin mittendrin.

Andreas, Fabian, Jens und Gregor gehören zu den zentralen Protagonisten dieses Buchs. Zusammen mit ein paar weiteren Männern, denen wir im weiteren Verlauf begegnen werden, bilden sie den harten Kern der Gruppe, die am Ende des Treffens im Vogelsberg beschließt, sich in Alternative Homosexuelle[5] umzubenennen. In diesem Unterkapitel stelle ich zunächst die AHO als Organisation sowie ihr Verhältnis zur AfD dar. In der einleitenden Vignette, in der ich die erste halbe Stunde meiner Feldforschung mit der AHO beschreibe, sind bereits einige Aspekte davon angedeutet: die narrativ konstruierte und affektiv aufgeladene Spaltung zwischen »radikalen« Höcke-Anhänger_innen und »liberalen« Distanzierer_innen, die Ad-hoc-Haftigkeit der politischen Praxis an der Basis, die auch vor Außenstehenden kein Blatt

---

5 Auch »AHO«, als Kurzwort gesprochen (wie *Aho*) und meist als Singular verwendet.

vor den Mund nimmt, sowie meine Position als Gesprächspartner, Wissenschaftler, Gegner.

Dass ich gleich zu Beginn »mittendrin« war, hat mehrere Bedeutungen: Als *Beobachter* der Aushandlungen des Feldes war ich ein Fremder, dessen Vertrauenswürdigkeit zu diesem Zeitpunkt noch unklar war. Mich überraschte die anfängliche Offenheit, die direkte Kommunikation über Interna während der Autofahrt zum Tagungsort. Gleichzeitig wurde ich dadurch auch zum *Gegenstand* der Aushandlungen, denn die Frage, wie in meiner Anwesenheit zu kommunizieren sei, wurde augenscheinlich nicht von allen gleich beantwortet. Schließlich – und dies wird mir am Schreibtisch deutlicher als im Feld – bin ich auch *Teilnehmer* an den Aushandlungen: Meine Begegnungen im Feld und mein anschließendes Schreiben darüber sind zwangsläufig selbst Handlungen in dem politischen Feld, über das ich schreibe. Inwieweit schreibt sich diese Arbeit in die Antagonismen des Feldes ein und reproduziert sie, inwieweit durchkreuzt und dekonstruiert es sie? Dies sind reflexive Fragen, auf die ich durch Form und Inhalt des Buchs differenzierte Antworten zu finden versuche.

Die Anzahl der aktiven Mitglieder der AHO liegt unter zehn. Ein Aspekt ihrer politischen Tätigkeit ist öffentliche Sichtbarkeit. Es ist dementsprechend leicht herauszufinden, wer die Menschen sind, über die ich schreibe. Um dennoch ein Mindestmaß an Anonymität zu gewährleisten, habe ich mich dafür entschieden, die Darstellung von Personen, Orten und Situationen dergestalt zu verfremden, dass (für Außenstehende) keine Rückschlüsse auf die Identität von konkreten Personen möglich sind. Dieses Vorgehen ist mit meinen Gesprächspartner_innen abgesprochen. Einige von ihnen wollten explizit namentlich genannt werden. Ich entschied mich trotzdem dagegen, um mehr Kontrolle über den Text behalten und mich als Autor der Arbeit schützen zu können. Eine Ausnahme stellt öffentlich einsehbares Material dar, das ich im Wortlaut und unter Bezugnahme auf die tatsächlichen Autor_innen wiedergebe. Geografische Angaben sind in diesem Buch immer dann durch Namen von Orten beziehungsweise Regionen ähnlicher Größe ersetzt worden, wenn auf Forschungsteilnehmende und nichtöffentliche Ereignisse Bezug genommen wird, wobei ostdeutsche durch ostdeutsche, westdeutsche durch westdeutsche Ortsbezeichnungen ersetzt wurden, weil der Ost-West-Differenz von meinen Gesprächspartner_innen selbst Relevanz beigemessen wurde. Im Rest des Buchs werde ich nicht weiter darauf eingehen, welche Aspekte meiner Beschreibung verfremdet sind und welche nicht.

Gründung der Bundesinteressengemeinschaft Homosexuelle in der AfD

Im Januar 2014 kritisierte der damalige AfD-Bundessprecher und Parteigründer Bernd Lucke auf einem Parteitag des hessischen Landesverbandes der AfD das Coming-out des Fußballspielers Thomas Hitzlsperger: »Ich hätte es gut gefunden, wenn Herr Hitzlsperger sein Bekenntnis zu seiner Homosexualität verbunden hätte mit einem Bekenntnis dazu, dass Ehe und Familie für unsere Gesellschaft konstitutiv sind.«[6] Torsten Ilg,[7] zu diesem Zeitpunkt Mitglied in der Kölner AfD und selbst schwul, konnte es nicht fassen. Wollte sich der Parteigründer hier tatsächlich mit christlich-konservativen Leuten wie Beatrix von Storch aus dem fernen Berlin gemeinmachen, von denen Torsten bisher nur gehört hatte? Er beschloss, Lucke einen Brief zu schreiben. Tatsächlich erhielt er eine Antwort, was ihn überraschte; schließlich hatte Lucke wenig Zeit und mit dem Aufbau der Partei genug zu tun. In seiner Antwort gestand Lucke ein, sich mit dem Thema zu wenig auszukennen und möglicherweise ein paar Flapsigkeiten begangen zu haben. Torsten schlug ihm daraufhin vor, einen Arbeitskreis zu gründen. Lucke war einverstanden.[8]

Einige Zeit später traf sich eine Handvoll Interessierter, darunter eine Frau, aus dem ganzen Bundesgebiet bei Torsten in Köln. Im Mai 2014 schließlich gründeten sie den Arbeitskreis Homosexuelle in der AfD, wenig später wurde dieser Zusammenschluss mit Zustimmung des Parteivorstands in eine offizielle Bundesinteressengemeinschaft Homosexuelle in der AfD (im Folgenden: BIG) umbenannt.[9] Torsten, der als erster in Kontakt

---

6 Vgl. https://www.tagesspiegel.de/politik/parteitag-der-afd-parteichef-bernd-lucke-kritisiert-hitzlsperger-coming-out/9318980.html, Abruf am 24.04.2024.

7 In Absprache mit Torsten, der inzwischen aus der AfD ausgetreten ist, verwende ich seinen Klarnamen.

8 Die folgende Darstellung orientiert sich hauptsächlich am Bericht des Gründers und ersten Vorsitzenden der Bundesinteressengemeinschaft, Torsten Ilg, den ich am 05.04.2018 in Köln interviewte und der mir Dokumente aus der Gründungsphase zur Verfügung stellte, sowie an informellen Gesprächen mit meinen Forschungsteilnehmenden. Ergänzend beziehe ich mich auf den Bericht über die Gründung auf *queer.de* (Klein 2014).

9 Es gab in den Gründungsjahren der AfD noch andere Bundesinteressengemeinschaften wie die BIG Alternative Frauen- und Familienpolitik (vgl. https://afd.nrw/aktuelles/2014/12/bundesinteressengemeinschaft-big-alternative-frauen-und-familienpolitik-gegruendet/, Abruf am 24.04.2024). Mir selbst ist nie ganz klar geworden, zu welchem Zeitpunkt die BIG bzw. die AHO eine anerkannte innerparteiliche Organisation darstellte und wann dies nicht (mehr) so war. Während meiner Feldforschung im Juni 2018 erzählte mir Andreas von Konflikten mit dem Parteivorstand, der der AHO verbieten wollte, Namensbestandteile der Partei (etwa »Alternati-

mit Lucke getreten war, wurde zum Vorsitzenden gewählt. Das Ziel des Arbeitskreises beziehungsweise der BIG war zunächst ein strategisches, oder genauer: Die einzelnen Mitglieder verfolgten von Beginn an unterschiedliche strategische Ziele. Während es für Torsten darum ging, die Liberalen in der AfD – wie er sagt – »bei der Stange [zu] halte[n]«, suchten andere dezidiert den Kontakt mit und das Wohlwollen der rechtskonservativen und christlichen Kräfte etwa um Beatrix von Storch. Programmatisch spiegelte sich diese Trennung in der Frage wider, wie man sich gegenüber dem Adoptionsrecht für homosexuelle Paare sowie der sogenannten Ehe für alle (also der Öffnung der Ehe für gleichgeschlechtliche Partnerschaften) positionieren sollte.

In einem internen Handout für AfD-Mitglieder, das Torsten und ein weiteres sich als liberal verstehendes Mitglied der BIG »zum besseren Verständnis von Homosexuellen und ihren Bedürfnissen« verfassten, sprach sich die BIG für eine Öffnung der Ehe und das volle Adoptionsrecht für homosexuelle Paare aus. Argumentiert wurde einerseits mit Rückgriff auf die Urteile des Bundesverfassungsgerichts, die zu diesem Zeitpunkt die Sukzessivadoption durch eingetragene Lebenspartner_innen ermöglicht hatten, andererseits mit »seriösen sozialwissenschaftlichen Studien«, die belegten, »dass Kinder in Regenbogenfamilien genauso gut aufwachsen«. Sich weiterhin gegen das volle Adoptionsrecht zu sperren, sei »unverständlich« und habe »in erster Linie mit dem ›Bauchgefühl‹ der Konservativen in der Union, aber auch in der AfD zu tun«. Damit positionierte sich die BIG im Imaginären der AfD explizit als Teil eines liberalen Flügels und ging bewusst auf Konfrontationskurs mit (christlichen) Konservativen:

> »Eine Umkehr – also die Abschaffung dieser Regelung [d.h. der Sukzessivadoption; P.W.] wäre verfassungswidrig und ist für viele Liberale in der AfD undenkbar. Eine pauschale Unterstellung, Homosexuelle könnten grundsätzlich keine guten Eltern sein, ist weder belegt noch entspricht dies einer modernen aufgeklärten Lebenswirklichkeit. [...] Aus liberaler Sicht wäre die Öffnung der klassischen Ehe nicht nur unbürokratischer, sondern sicher auch kostengünstiger als der jetzige Aufwand.«

Im April 2018 treffe ich Torsten in einem Café im Belgischen Viertel in Köln für ein Interview. Er wirkt trotz seiner eher förmlichen Kleidung mit Trachtensakko und Krawatte, ordentlich gestylten Haaren und Ehering locker und

---

ve«) in ihrem Namen zu tragen. Heute ist die AHO jedenfalls keine offizielle Parteigliederung und hat auch sonst keine spezifische Rechtsform.

juvenil. Torsten hatte sich schon Ende der 1990er Jahre in einer Gruppe engagiert, die die Einführung des Euro verhindern wollte. Nach ein paar Jahren in der FDP, Anfang der 2000er Jahre, war er jedoch zehn Jahre lang politisch nicht aktiv gewesen. Als die AfD sich gründete – eine Partei, die sich, wie er sagt, »gegen diese Eurorettungspolitik [...] stemmt« und »auch andere [...] Fehlentwicklungen innerhalb Europas anspricht« –, war er hingegen kurz wieder enthusiastisch. Anfangs hatte er den Eindruck, die AfD sei »ein ganz wilder Haufen von interessanten Leuten« und gerade keine Protestpartei wie die Republikaner, »die man von Vornherein immer dem rechten Spektrum zuordnen konnte«:

»In Köln im Jahre 2013 waren weniger als ein Drittel der Leute, die auf diesen Veranstaltungen [der AfD in Gründung; P.W.] aufgetaucht sind, für mich dem rechten oder verschwörungstheoretischen Spektrum zuzuordnen. Da hatten wir echt so ein paar Spinner dabei, die glaubten an Chemtrails und solche Dinge. Uns haben alle gesagt, jede Gruppierung, die neu gegründet wird, zieht Spinner an. Das ist so. Und Karrieristen und so. Da haben wir immer gedacht, da werden wir mit fertig. Dem war nicht so.« (IN 15)

Zwei Jahre später, im Juli 2015, trat Torsten wieder aus der AfD aus: Damals, auf dem richtungsweisenden Essener Parteitag, war Lucke als Parteisprecher abgewählt worden und die Partei damit weiter nach rechts gerückt.

Rückblickend erzählt Torsten von seinen erfolglosen Versuchen, mit der BIG eine liberale Stimme in der Partei stark zu machen. Dabei mussten er und die »Liberalen« um ihn einen Weg finden, die »Konservativen« nicht zu sehr zu verschrecken, um mit ihren Anliegen in der AfD mehrheitsfähig werden zu können. Ihre Strategie bestand darin, den wertkonservativen Charakter gleichgeschlechtlicher Lebenspartnerschaften, das heißt ihre Ähnlichkeit mit heterosexuellen Beziehungen hervorzuheben:

»Am Anfang haben wir gesagt, wir wollen, dass die richtigen Leute die Oberhand bekommen in dieser Partei, und dann versuchen wir, eine Formulierung zu finden, die auch die Konservativen mit überzeugt. Da war eben auch immer wieder eine [argumentative; P.W.] Stringenz drin, dass auf Wertigkeit angelegte Paarbeziehungen, also Eheleute und familienähnliche Verbindungen im Grunde genommen doch das Gleiche darstellen. Die Wertigkeit an sich, Verantwortung zu übernehmen. Das war der Ansatz für uns zu sagen, da kriegen wir auch die Konservativen, um eine Mehrheit zu kriegen für solche Anträge. Das war immer diese Ambivalenz, weil wir da auch eine Formulierung finden mussten. [...] Die Probleme haben wirklich diese rechtskonservativen und christlich geprägten Gruppen gemacht. Die haben diese Arbeitsgemeinschaft bekämpft. Klar, das war auch ein strategischer Ansatz von mir.« (IN 15)

Auf einem Parteitag der nordrhein-westfälischen AfD in Kamen im Februar/März 2015 brachte Torsten einen Antrag ein, der tatsächlich eine Mehrheit fand und auf diese Art und Weise strategisch argumentierte, wie sich bereits aus dem Titel entnehmen lässt: »Alternative Familienmodelle sollen die traditionelle Familie ergänzen, nicht verdrängen«. In dem Antrag hieß es:

»Ich weiß, wie wichtig dem konservativen Flügel unserer Partei das Sakrament der Ehe ist. Dies ist zu respektieren. Aber, meine lieben Parteifreunde, wir müssen doch vor allen Dingen politisch handeln in unserer Partei. In einem säkularen Staat dürfen religiös motivierte Gebote keine Rolle in der Gesetzgebung spielen. [...] Einigendes Band für uns ist doch die Freiheit, die Werte der Aufklärung und des Humanismus in Deutschland. Diese Werte sind zunehmend in Gefahr, aber nicht von modernen Lebensweisen und der Akzeptanz neuer Formen familiären Zusammenlebens, sondern von religiös motivierter Intoleranz, Gewalt und Unterdrückung, die wir beispielsweise auch bei vielen Zuwanderern aus muslimisch geprägten Gesellschaften mit großer Sorge beobachten. [...] Im Kern geht es doch darum, die hohe Wertigkeit einer intakten Familie auch für zukünftige Generationen modern, ansprechend und zukunftsfähig zu erhalten. Wir müssen offen sein für neue Formen von Partnerschaftsmodellen, die aber im Kern genau jene Tugenden beinhalten wie die traditionelle Familie auch.«[10]

Doch nicht bei allen Konservativen ging diese Strategie auf. Als der Arbeitskreis im Juni 2014 beim Bundesvorstand der Partei um die offizielle Anerkennung als Bundesinteressengemeinschaft ersuchte, herrschte Uneinigkeit über den Umgang mit der Gruppe. Während Bernd Lucke eine offizielle Gründung guthieß, soll sich vor allem Frauke Petry dagegen gewehrt haben. So musste auf ihren Druck hin das Logo angepasst werden. Der ursprüngliche Vorschlag sah vor, den roten Pfeil auf dem Parteilogo der AfD um die Farben der schwullesbischen Regenbogenfahne zu ergänzen.[11] Auf dem Logo, das sich schließlich durchsetzen konnte, waren die Regenbogenfarben nur noch sehr dezent am unteren Rand des roten Pfeils zu sehen. Der erste Entwurf orientierte sich in Bild und Text am Logo der Partei und fügte prominent die Regenbogenfarben hinzu; das überarbeitete Logo hingegen übernahm nur den Pfeil aus dem AfD-Logo und enthielt statt der Worte »Alternative für Deutschland« den Schriftzug »Bundesinteressengemeinschaft BIG Homosexuelle in der AfD«.[12]

---

10 Zitiert aus dem Skript, das mir vorliegt.
11 Abgebildet unter https://www.queer.de/detail.php?article_id=21507, Abruf am 24.04.2024.
12 Abgebildet unter https://www.facebook.com/Alternative-Homosexuelle-AHO-1490981311156762/photos/a.1491128981141995/1595180420736850, Abruf am 24.04.2024.

Nicht einmal innerhalb der Homosexuellen in der AfD teilten alle Mitglieder Torstens strategischen Ansatz. Nach Torstens Schilderung lehnten manche Mitglieder der BIG von Anfang an eine Gleichstellung homosexueller Lebenspartnerschaften mit der Ehe ab. Er sei sich nie sicher gewesen, ob diese ablehnende Haltung auf eine tatsächliche Überzeugung zurückging oder ob sie nicht vielmehr Ergebnis einer Instrumentalisierung durch konservativ-christliche Kräfte in der AfD war. So sagt Torsten über einen von ihnen:

»Der ist ein Stück weit eine gescheiterte Existenz. Der hat sich nur um seine Parteikarriere gekümmert, der hat auch keine berufliche Tätigkeit gehabt damals. Der ist nur in der Bundesrepublik herumgereist und hat sich angebiedert, wollte Pöstchen für diese Partei. Der wollte unbedingt Karriere machen.« (IN 15)

Von einem anderen wiederum erzählt Torsten:

»Der hat versucht abzuleiten, dass der Homosexuelle an sich eine Sonderrolle darstellen muss in der Gesellschaft und deswegen kinderlos bleiben muss. [...] Das waren für mich solche kruden rechts oder religiös motivierten Gründe, die den getrieben haben. [...] Ihm ging es nicht um die Gleichstellung oder um die Akzeptanz, sondern ihm ging es wirklich darum zu rechtfertigen, warum man Homosexuelle nicht gleich behandeln muss.« (IN 15)

In dieser Logik sieht Torsten explizit eine Nähe zur völkischen Ideologie des Nationalsozialismus und fühlt sich an die Argumentation homosexueller Nazis erinnert. Für Torsten hat Homosexualität zwar »nicht zwangsläufig« etwas mit rechter oder linker politischer Gesinnung zu tun. »Aber wenn wir uns die Rechtsstaatlichkeit nehmen lassen oder die Forderung nach der gebotenen Gleichstellung, die ja auch vom Verfassungsgericht festgestellt worden ist, dann haben wir als Interessengruppierung unsere Existenzberechtigung verloren.«

Doch welche Existenzberechtigung hat eine homosexuelle (beziehungsweise schwule) Interessengruppierung innerhalb einer äußerst rechten Partei? Diese Frage wird von meinen Gesprächspartner_innen unterschiedlich beantwortet; ich werde insbesondere in Kapitel 5 auf sie zurückkommen. Wie in meiner Schilderung der Anfangsphase der BIG deutlich werden sollte, gab es schon früh Grabenkämpfe, die insbesondere entlang der Linie »liberal« gegen »rechts« geführt wurden. Genauer formuliert handelt es sich dabei um Praktiken der internen Grenzziehung, durch die solche vermeintlich klar getrennten Positionen wie »liberal« und »rechts« performativ hervorgebracht werden. Das Motiv der Trennung zwischen Freund und Feind findet sich darin wieder. Angelehnt an Chantal Mouffes Agonismustheorie (vgl. Kapitel 2.3) lassen sich diese internen Grenzziehungen als agonistische Kämpfe verstehen. Das heißt, dass sich in der Konstruktion von »Liberalen« und »Rechten« nicht *Feinde* gegenüberstehen, sondern *Gegner*, die sich gegenseitig als legitime politische Kontrahenten anerkennen. Was sie verbindet, ist insbesondere ihre Ablehnung von Einwanderung aus mehrheitlich muslimischen Ländern, wenn auch aus unterschiedlichen Gründen. Darauf werde ich in Kapitel 6 genauer eingehen.

Torsten scheiterte letztlich mit seiner Strategie und andere übernahmen das Ruder bei den Homosexuellen in der AfD. Dennoch blieben die Zuschreibungen intakt, mit denen die jeweils anderen benannt wurden. Wie in der einleitenden Vignette zu sehen war, benannten die späteren Mitglieder der BIG/AHO ebenjenen Kai als »naiven Liberalen«, den Torsten mir gegenüber als Konservativen beschrieben hatte. Dies zeigt sich auch auf einer größeren Ebene im Hinblick auf die AfD als Ganzes: Als Torsten über den Essener Parteitag spricht, auf dem Bernd Lucke als Parteisprecher abgewählt wurde und die konservativere Frauke Petry seine Position einnahm, sagt er lachend: »Die Frau Petry wird [heute] so hingestellt, als ob die die Liberale gewesen wäre.«

Konsolidierung der Alternativen Homosexuellen

Auf dem Treffen im Vogelsbergkreis, mit dessen Beschreibung dieses Unterkapitel eröffnet wurde, konsolidierte sich die Gruppe als ein rechtskonservativer Zusammenschluss. Die vier aktivsten AHO-Mitglieder, denen ich auf jedem Treffen begegnete – Andreas, Gregor, Jens und Fabian –, konnten sich ohne Umschweife auf die politische Selbstbezeichnung *rechts* einigen und standen selbst dem öffentlich stark negativ konnotierten Begriff *rechtspopulistisch* offen gegenüber. Manche, wie etwa Fabian, präferierten *national* gegenüber *rechts*; Andreas verwendete häufig *nationalkonservativ*. In jedem Fall diente *liberal* für sie primär als Abgrenzungsfolie und wurde vor allem verwendet, wenn es den anderen Parteiflügel zu kritisieren galt. Dies fiel mir insbesondere dann auf, wenn Personen bei den Treffen anwesend waren, die sich selbst eher dem liberalen Flügel zurechneten, und es zu Streitigkeiten kam. Da sich der Kern der Gruppe nun klar politisch positioniert hatte und rhetorisch zwar für alle Flügel der Partei offen zu sein behauptete, praktisch jedoch Personen aus dem liberalen Spektrum eher abschreckte, führten solche Erfahrungen aufseiten potenzieller Interessierter in der Regel dazu, dass sie an keinen weiteren Treffen teilnahmen. Letztlich, so schien es mir, handelte es sich hier um einen kleinen Freundeskreis, der die Definitionsmacht über Homosexualität in der AfD behalten wollte. Die Querelen um Kai, die ich eingangs kurz andeutete, und schließlich Torstens Bruch mit der AfD waren die letzten Schritte in dieser Entwicklung. Die Umbenennung in Alternative Homosexuelle und die Annahme eines neuen Logos, das in keiner Weise mehr an das AfD-Parteilogo angelehnt war oder überhaupt auf die AfD Bezug nahm und insofern verdeutlichte, dass die AHO keine offizielle Gruppierung der AfD ist – dafür aber die Regenbogenfarben wieder prominenter aufnahm –, markiert die politische Konsolidierung der Gruppe.[13]

Seit März 2018 verfügt die AHO mit der Bundestagsabgeordneten Nicole Höchst außerdem über eine von der AHO so bezeichnete »Schirmherrin«. Als Vorsitzende des Bundesfachausschusses der AfD für Bildung, Wissenschaft, Kultur und Medien war Höchst dafür zuständig gewesen, die sogenannten »Wahlprüfsteine« zu beantworten, die der Lesben- und Schwulenverband in Deutschland (LSVD) zur Bundestagswahl 2017 an die Parteien verschickt hatte. Daraufhin nahm sie erstmals Kontakt mit der AHO auf und tritt seitdem als ihre Fürsprecherin auf; so ist sie etwa häufig auf den Social-Media-Kanälen der AHO vertreten. Zudem versuchte die AfD mehrfach, Höchst als Kuratoriumsmitglied in die Bundesstiftung Magnus Hirschfeld[14] zu entsenden, was jedoch jedes Mal am negativen Votum des Bundestags scheiterte. Auf *queer.de* wird Höchst als »eine der queerfeindlichsten Stimmen der AfD« bezeichnet (queer.de 2022).

Die Alternativen Homosexuellen kommen einmal pro Halbjahr zu einer Tagung zusammen, die immer am Wohnort oder in der Region eines ihrer Mitglieder stattfindet. Über die regionalen Kontakte des gastgebenden Mitglieds werden meist Vertreter_innen des jeweiligen Kreis- und Landesverbands der AfD zu diesen Treffen eingeladen. Häufig werden dazu auch offizielle Räumlichkeiten der AfD genutzt, etwa eine Landesgeschäftsstelle. Zum einen geht es der AHO dabei darum, ihren Bekanntheitsgrad zu erhöhen sowie einflussreiche Unterstützer_innen für ihre Anliegen zu gewin-

---

13 Abgebildet unter https://www.facebook.com/Alternative-Homosexuelle-AHO-1490981311156762/photos/%20a.1490982337823326/2225843684337184, Abruf am 24.04.2024.

14 Die Bundesstiftung Magnus Hirschfeld ist eine von der Bundesregierung initiierte Stiftung, die der Förderung von Forschung, Bildung und Erinnerung in Bezug auf LGBTIQ-Personen und -Lebensweisen dient und deren Kuratorium aus Mitgliedern des Deutschen Bundestags sowie Vertreter_innen von LGBTIQ-Verbänden besteht (vgl. https://mh-stiftung.de/ueber-die-stiftung/, Abruf am 24.04.2024).

nen. Zum anderen können die Gäst_innen selbst einen strategischen Nutzen aus diesen Treffen ziehen, indem sie beispielsweise die Zustimmung der AHO für eine konkrete Formulierung im familienpolitischen Programm ihres Landesverbands einholen. Häufig haben die Treffen jedoch vor allem informellen und freundschaftlichen Charakter. Die Tagesordnung besteht in der Regel einerseits aus einem Arbeitsteil und andererseits aus Ausflügen und feuchtfröhlichen Abenden. Üblicherweise werden in dem Arbeitsteil zukünftige Aktionen der Gruppe besprochen, konkrete politische Themen mit Gäst_innen erörtert und die inhaltliche Ausrichtung der Gruppe diskutiert. Letzteres geschieht häufig anhand von Artikeln und Texten, die von einem bestimmten AHO-Mitglied stammen, das sich viel mit Geschichte, Philosophie und der Thematik von Homosexualität in der Neuen Rechten auseinandersetzt.

Die Homosexuellen in der AfD haben sich im Jahr 2016 außerdem Leitlinien[15] gegeben, auf die ich mich im Weiteren immer wieder beziehen werde. Ich gebe sie hier zum späteren Nachschlagen vollständig und unkommentiert wieder (ohne Korrektur von Fehlern) und verweise auf die Stellen des Buchs, in denen die in den Leitlinien genannten Punkte analytisch im Fokus stehen. Damit beschließe ich den ersten, methodologisch-konzeptionellen Teil dieses Buchs und gehe zu den ethnografischen Analysen in Teil II und III über.

---

15 Vgl. https://web.archive.org/web/20161012095302/http://homosexuellefuer.de/wp-content/uploads/2016/10/Leitlinien-der-Homosexuellen-in-der-AfD-PDF.pdf, Abruf am 24.04.2024.

Leitlinien der »Homosexuellen in der Alternative für Deutschland«

Präambel

Im Bewusstsein unserer Verantwortung vor Gott, Deutschland, den Menschen und unserer Partei haben wir, die Mitglieder der »Homosexuellen in der AfD«, die Pflicht, zum Wohle der Freiheit und Wohlfahrt unserer Nation zu wirken. Wir erteilen jedem Vereinnahmungsversuch der Homo-, Bi-, Inter- und Transsexuellen durch den linken Zeitgeist eine klare Absage und bekennen uns zu den Werten des Rechtsstaates und Positionen der Alternative für Deutschland. Als Vertreter der bürgerlichen, konservativen und liberalen Homosexuellen verurteilen und bekämpfen wir alle gegen Deutschland und im Besonderen gegen die Homosexuellen gerichteten Bedrohungen jedweder Weltanschauung. Wir bekennen uns zum innerparteilichen Pluralismus und zum demokratischen Diskurs.

Schwulen und Lesben liegt Deutschland genau so sehr am Herzen, wie jedem anderen liebenden Menschen mit einem Bezug zu Familie, Heimat und Nation.

Wir fordern daher:

1. Eine lebendige Demokratie!
   - Vor allem ist eine offene Meinungskultur auch in sogenannten »Minderheitenfragen« anzustreben. So lehnen wir den Gebrauch des Wortes »Homophobie« und andere Entgleisungen sogenannter politischer Korrektheit ab. Begriffe, wie »Homophobie« und »Islamophobie«, gehören als Totschlagargument nicht in die politische Auseinandersetzung. Vielmehr gehört die Denunziation z.B. konservativer Ansichten genauso bekämpft wie eine Denunziation der Homosexualität. [Kapitel 4]
   - Mit großer Sorge blicken wir auf die Entwicklung von LSVD, Aidshilfe und anderen Organisationen. Homosexuelle Berufsfunktionäre neigen im Rahmen ihrer politischen Fokusierung dazu, eine gesamte »Community« in Geiselhaft zu nehmen und sich zu einem Sprachrohr aller Schwulen, Lesben, Bi- und

Transsexuellen aufzuspielen. Dies aber halten wir für falsch. [Kapitel 8]

2. Eine eigenständige Betrachtungsweise der Homosexualität!
   - Es bedarf einer eigenen Symbolik und schöpferischer Bezeichnungen für homosexuelle Bindungen, die sich vom Genderwahn abheben und in der deutschen Sprache als emotionale Begrifflichkeit gebräuchlich werden können. [Zu »schöpferische[n] Bezeichnungen« Kapitel 5, zu »Genderwahn« Kapitel 8]
   - Ausgangslage für den Weg eine eigene Phänomenologie der Homosexualität zu schaffen, ist die deutsche Geschichte und Kultur. Wir wollen dabei die Leistungen von Homosexuellen für die deutsche Kultur vermittelt sehen. In diesem Zusammenhang ist auch die historische Leistung der frühen deutschen Homosexuellenbewegung von etwa 1800–1933 verstärkt zu würdigen, gute Konzepte für den gesellschaftlichen Dialog der Zukunft bereit hält. [Kapitel 7]

3. Ein Ja zu den Errungenschaften des ausgefochtenen Emanzipationskampfes!
   - Die Eingetragene Lebenspartnerschaft ist als emanzipatorische Leistung zu würdigen. Sie stellt bereits jetzt in fast allen Rechtsbereichen die Gleichstellung von verantwortlichen Partnerschaften dar.
   - Wir begrüßen den Status Quo der Stiefkind-Adoption

[Kapitel 5 unter »Die Ethik der homonormativen Gleichheit«]

4. Eine starke Familienpolitik zum Wohle der Kinder!
   - Gesellschaftliches Leitbild ist für uns das Bild einer klassischen Familie mit Kindern und einem modernen Wertekanon: Verlässlichkeit, und Verantwortung füreinander und die Gesellschaft.
   - Homosexuelle Partnerschaften teilen diese Werte vollumfänglich.
   - Wir fordern steuerrechtlich ein Familiensplitting anstatt des Ehegattensplittings.
   - Den Begriff der Ehe auf gleichgeschlechtliche Partnerschaften anzuwenden, lehnen wir ab. Eine Unterscheidung zwischen

Ehe und Partnerschaft ist sinnvoll, weil es einen existenziellen Unterschied gibt. Eine phänomenologische Gleichbetrachtung widerstrebt dem gesunden Menschverstand, Homo- und Heterosexualität sind nicht dasselbe und in ihrer Unterschiedlichkeit und Besonderheit zu würdigen.

[Kapitel 5, hauptsächlich unter »›Dienstleister der Partei‹: Die Ethik der heteronormativen Differenz«]

5. Ein Nein zum Gender Mainstreaming!
   - Wir unterstützen Erziehung zu liberalen und konservativen Werten: Toleranz, Mitgefühl, Verantwortung sind selbstverständlich. Hier gilt es angebotsorientiert und nicht ideologisch vorzugehen. Pädagogen sollten Schülern nichts »aufdrängen«, was sie nicht ihrerseits zum Thema wissen möchten. Die persönliche Auseinandersetzung der Schüler mit der eigenen Sexualität und Orientierung ist eine zutiefst private Angelegenheit, zu der sie nicht gedrängt werden dürfen. Die Elternrolle wollen wir insgesamt gestärkt sehen. Deshalb lehnen wir die gegenwärtige Form der sogenannten Bildungspläne ab.
   - Vor allem lehnen wir die Frühsexualisierung der Kinder strikt ab.
   - Maßnahmen zur Durchsetzung von Gender-Mainstreamin sind insbesondere dann zu bekämpfen, wenn supranationale Organisationen (z.B. EU) Deutschland diese vorzuschreiben versuchen.

[Kapitel 8]

6. Klare Regeln für Einwanderer!
   - Für überlebenswichtig halten wir den Kampf gegen islamistische Orthodoxie. Für uns ist besonders wichtig, dass unsere abendländische Wertegemeinschaft und unsere deutsche Leitkultur respektiert, akzeptiert und auch gelebt wird! Religiöse und persönliche Befindlichkeiten haben sich dem unterzuordnen. Dies gilt umso mehr auch für die Menschen, die in Deutschland Asyl beantragen oder hier dauerhaft leben wollen.

- Ein Einwanderungsstopp für kulturfremde Menschen stärkt auch die Akzeptanz von gesellschaftlichen Untergruppen. Denn durch klare Regeln zeigen wir auf, dass Deutschland ein Land ist, das auf dem Asylrecht, dem Schutz von Bürgerrechten, sowie den Kinder, Frauen- und Minderheitenrechten beruht.

[Kapitel 6]

7. Ein Europa der Vaterländer statt den Ruin Europas durch die EU!
- Die Bürgerrechte geraten bei wirtschaftlicher Schieflage und sicherheitspolitischen Fehlentwicklungen unter Druck. Die Rechte von Schwulen und Lesben werden nur in einem finanz- und wirtschaftspolitisch verantwortungsvoll geführtem Staat langfristig geschützt werden können.
- Selbstbewusste Nationen und nicht überbordende Institutionen integrieren und schützen die in ihnen lebenden Gruppen, z.B. Homosexuelle am Besten und geben Identität und staatsbürgerliche Verantwortlichkeit.

Mit diesen Grundsätzen verstehen wir uns als Dienstleister der Partei. Die »Homosexuellen in der AfD« wollen die Heimat für alle bürgerlichen Lesben und Schwulen bieten und dies soll unsere Partei auch insgesamt werden!

Teil II:
Homosexuelle im politischen Imaginären
der äußersten Rechten

Klarstellungen

»Mich interessiert, wie in rechten Parteien mit Homosexualität umgegangen wird« – obwohl ich meine Forschungsfrage im Feld so oder ähnlich möglichst offen formulierte, hörten viele meiner Gesprächspartner_innen eine Unterstellung heraus. Sie fühlten sich aufgerufen, ihrerseits klarzustellen: »Wir sind jedenfalls nicht homophob!« oder: »Die Medien stellen uns ja immer als homophob dar, aber ...« oder: »Homophobie, das halte ich für einen Kampfbegriff.« Meine Gesprächspartner_innen verwiesen darauf, dass es sehr viele Homosexuelle in der AfD gebe, die auch völlig akzeptiert seien. Es kursierte sogar ein Gerücht über einen prominenten Berliner AfD-Politiker, der gesagt haben soll, er habe noch nie in seiner Karriere mit so vielen Homosexuellen zusammengearbeitet wie in der AfD. Homofeindlichkeit, Diskriminierung, Ausgrenzung – das schien mit der AfD nichts zu tun zu haben. Das Bild von der homophoben AfD – ein medial erzeugtes, aber politisch effektives Konstrukt zur Stigmatisierung der AfD. Aber zugleich waren dieselben Personen dagegen, die Ehe für gleichgeschlechtliche Paare zu öffnen und ihnen das Recht zuzugestehen, Kinder zu adoptieren. Wie passte das zusammen?

In den drei Kapiteln von Teil II frage ich nach dem Verhältnis der AfD zu Homosexuellen. Ich beschreibe und analysiere die gängigen Narrative und lege einen besonderen Fokus darauf, wie sich darin ein politisches Imaginäres als relationale Figuration artikuliert: In der Art und Weise, in der die Akteur_innen in der AfD über Homosexualität sprechen, zeigt sich, welche Vorstellung sie von sich selbst und ihrem Verhältnis zu bestimmten »Anderen« haben. Kapitel 4 widmet sich einem *defensiven Narrativ*, einer Selbstdefinition ex negativo, durch die meine Gesprächspartner_innen eine Beziehung zur Figur des »Rechtsextremen« beziehungsweise »Nazis« herstellen. In Kapitel 5 gehe ich auf das Verhältnis der AfD zu Homosexuellen selbst ein und analysiere, wie es über den Begriff der »Toleranz« als ein *politisch irrelevantes*

Verhältnis konstruiert wird. Kapitel 6 schließlich beschäftigt sich mit einem *offensiven Narrativ*, das die AfD sehr gut instrumentalisieren kann: Die Figur »des Islam« erscheint sowohl gegenüber der AfD als auch gegenüber Homosexuellen als Feind, wodurch eine Äquivalenzkette (s. Kapitel 1.2) zwischen der AfD und Homosexuellen möglich wird.

4. »Wir sind keine Nazis!« – Ambivalente Abgrenzungen nach rechts

> The reduction of racism to the figure of »the racist« allows structural or institutional forms of racism to recede from view, by projecting racism onto a figure that is easily discarded (not only as someone who is »not me« but also as someone who is »not us«, who does not represent a cultural or institutional norm).
> – Sara Ahmed (2012): On Being Included. Racism and Diversity in Institutional Life, S. 150

Dieses Kapitel nähert sich dem politischen Imaginären der AfD zunächst über die Homophobie-Definition meiner Gesprächspartner_innen und stellt fest, dass darin eine Selbstdefinition ex negativo steckt: Homophobie – verstanden als physische Gewalt gegen Homosexuelle – gebe es nicht in der AfD, sondern bei »Rechtsextremen« oder »Nazis«. Da die AfD jedoch nicht rechtsextrem sei, so die Fortsetzung des Arguments, sei sie auch nicht homophob – und da sie nicht homophob sei, sei sie nicht rechtsextrem. Die AfD als homophob zu bezeichnen, sei vielmehr ein Angriff seitens des »linksgrünen Mainstreams« mit der Absicht, der AfD zu schaden.

In der ersten Hälfte dieses Kapitels gehe ich dieser Argumentation im Detail nach. Danach kontrastiere ich diese Selbsterzählung mit drei Formen von narrativen und affektiven Praktiken, die mir während meiner Feldforschung begegneten und in denen ich eine Ambivalenz und Offenheit meiner Gesprächspartner in der AHO gegenüber dem vermeintlich klar von ihnen abgegrenzten Rechtsextremismus erkannte: erstens die Erzählung von rechtsextremen beziehungsweise homophoben »Einzelfällen« in der AfD, zweitens ein selbstironischer Humor, den ich als gebrochene Identifikation mit Rechtsextremen interpretiere, sowie drittens eine ästhetisch-affektive Struktur, die sich als faschistisch interpretieren lässt.

Homophobie ist rechtsextrem, weil Rechtsextreme homophob sind

Auf einem Treffen der europapolitischen Sprecher (sic) der AfD-Fraktionen im Jahr 2018 sitze ich als einer der Jüngeren inmitten einer Runde von 30 Männern und einer Frau. Wir befinden uns in einem Landtagsgebäude. Durch die Sicherheitsschleuse am Eingang gelangt man in ein helles Foyer, sodann über eine steinerne Treppe vorbei an neoklassizistischen Säulen und modernistischen Kunstwerken in den Saal, in dem das heutige Treffen stattfindet. Die Anwesenden bedienen sich am Kaffeetisch, plaudern mit ihren Nachbar_innen oder schreiben Nachrichten auf ihren Smartphones. An den Namensschildern auf den verbliebenen leeren Plätzen ist zu erkennen, dass heute noch mit Parteiprominenz zu rechnen ist.

Mein eigenes Namensschild weist mich als »Mitarbeiter« von Andreas aus, der links neben mir sitzt. Einiges an Material liegt auf meinem Tisch, darunter eine Hochglanzzeitschrift der einladenden Fraktion, eine Informationsbroschüre der rechtspopulistischen Fraktion im EU-Parlament Europa der Freiheit und der direkten Demokratie sowie eine Liste der Teilnehmenden. Beim Blick auf meinen Namen auf dieser Liste fühle ich mich unwohl: als hätte ich mir unerlaubt Zutritt zu einer internen Sitzung verschafft, aber auch weil diese Liste suggeriert, ich gehöre zur AfD. In mir wächst das Bedürfnis, mich zu distanzieren. Nach der Begrüßung durch Hans-Joachim Claußen, den Vorsitzenden der gastgebenden Fraktion (»Sehr verehrte Dame, sehr geehrte Herren«) folgt eine Vorstellungsrunde. Nachdem sich die einzige anwesende Frau schon früh geäußert hatte, beginnt sich ein gewisses Muster zu etablieren: »Guten Morgen, mein Name ist X, ich komme aus Y, verheiratet, Vater von zwei Kindern, seit September 2013 in der AfD.« Im weiteren Verlauf überbieten sich die Anwesenden mit der Kinderanzahl und unterbieten sich mit ihrem Eintrittsdatum. Drei Kinder, fünf Kinder. April 2013, März. Eine gewisse Komik scheint auch den Anwesenden nicht zu entgehen: »Keine Kinder!«, sagt einer erstaunlich selbstbewusst. »Ohh!«, raunt es daraufhin durch den Saal, begleitet von Lachen.

Während ich noch damit beschäftigt bin, mir einen Reim auf diesen heteromännlichen Wettbewerb zu machen, der durch das Lachen ironisch gebrochen scheint, lege ich mir zurecht, was ich sagen soll. Mich in diesem Kontext nicht nur als Forscher zu outen, sondern durch das Thema meiner Forschung zumindest anzudeuten, dass ich selbst schwul sein könnte, macht mir Angst. Andreas, der nicht nur keine Kinder vorweisen kann, sondern auch bekanntermaßen schwul ist, unterschlägt seinen Familienstand, schlägt die anderen jedoch in Bezug auf seinen Parteibeitritt. Er sagt: »Mitgliedsnummer 289!« Abermals Lachen. Nun richten sich die 31 Augenpaare auf mich. »Guten Morgen, Patrick Wielowiejski. Ich stehe hier auf dem Schild als Mitarbeiter von Herrn Schulze. Genau genommen« – an dieser Stelle beginnt Andreas zu nicken – »folge ich ihm und ein paar anderen Leuten in der AfD im Rahmen meiner Dissertation über Homosexualität im Konservatismus seit gut anderthalb Jahren, und ich freue mich, dass ich heute hier sein darf.« Für einen Moment kommt es mir vor, als wäre es absolut still. Claußen, der nach jeder einzelnen Vorstellung ein anerkennendes Wort für die jeweilige Person parat hat, begrüßt mich mit einem höflichen: »Herzlich willkommen!« Meine Anwesenheit wird akzeptiert; erleichtert atme ich auf.

Die Akzeptanz meiner Anwesenheit war nicht selbstverständlich, weder im Vorhinein noch während des Treffens. Denn ich war nicht nur als neugieriger Forscher bei einem relativ hochrangigen internen Arbeitstreffen dabei, sondern ich sprach darüber hinaus Homosexualität in diesem offenbar heteronormativen, männlichen Handlungsfeld an – die Vorstellungsrunde war immerhin wie ein Männlichkeitsritual abgelaufen. Dabei wurde die Form der Vorstellung von den Teilnehmern als Aufforderung zum Wettbewerb aufgefasst, dessen zentrale Kriterien Familienstand und Anzahl der Kinder (das heißt Heteronormativität) sowie Eintrittsdatum in die Partei (das heißt Erfahrung und »Dienstalter« sowie Loyalität zur Partei) waren. Über die möglichst große Übereinstimmung mit einem heteronormativen Familienideal wurde eine Übereinstimmung mit dem »familialistischen« (Kemper 2014: 20) Ideal der Partei suggeriert. Es handelte sich um einen geradezu prototypischen Fall eines »ernsten Spiels«, durch das, wie Michael Meuser in Bezug auf Pierre Bourdieu schreibt, Männer zugleich voneinander getrennt als auch vergemeinschaftet werden (Meuser 2008: 34). Diese »Verzahnung von Wettbewerb und Solidarität« (ebd.: 43) entspricht der Logik des Duells, nach der es einer Ehrverletzung gleichkommt, eine Aufforderung zum Duell zurückzuweisen. »Entscheidend im Sinne der Verteidigung der Ehre [ist] nicht zu obsiegen, sondern standzuhalten« (ebd.: 35; vgl. auch Frevert 1991). Andreas, schwul und kinderlos, gelang es gewissermaßen, seine männliche Ehre zu bewahren, indem er im Hinblick auf das Kriterium Parteieintritt alle anderen übertrumpfte. Der andere Kinderlose unter den Anwesenden wiederum verlor zwar; dem Wettbewerb hatte er sich jedoch gestellt. Das Lachen verdeutlichte einerseits, welche Freude die Männer an dem verhältnismäßig harmlosen »ernsten Spiel« empfanden, als fühlten sie sich für einen Moment wie kleine Jungs, die auf dem Schulhof raufen. Andererseits zeigte es, dass sie das Kräftemessen durchaus als kindisch-jungenhaft reflektierten. Mit meiner Vorstellung schließlich nahm das Spiel ein jähes Ende. Ich entzog mich dem Duell. Doch ich erfuhr keine Sanktionen und wurde in die

Runde aufgenommen. Plötzlich waren die Jungs, deren Männlichkeitsspiel meine Angst getriggert hatte, wieder seriöse Politiker, die einen Doktoranden nicht gleich angreifen würden, nur weil er schwul war.

Homosexualität wurde im weiteren Verlauf der Sitzung noch ein weiteres Mal Thema:

Claußen, der einige Zeit in Großbritannien gelebt hat, hält nun einen Vortrag mit dem Titel »Hard Brexit?«. Er vertritt die Position, dass es auch in dem Fall, dass das Vereinigte Königreich ohne Abkommen aus der EU austreten sollte, nicht so schlimm kommen werde, wie gemeinhin angenommen. Was jedoch in jedem Fall verhindert werden müsse, sei eine harte Grenze zwischen Nordirland und der Republik Irland. Er geht dabei auf die Rolle der äußerst rechten Democratic Unionist Party (DUP) ein, die zu diesem Zeitpunkt Koalitionspartnerin der regierenden Konservativen Partei ist. Die DUP blockiert den sogenannten »Backstop«, durch den Grenzkontrollen zwischen Nordirland und Irland verhindert werden sollen, wenn das Vereinigte Königreich aus der Zollunion mit der EU austritt. Claußen führt aus: »Die DUP ist die Mehrheitsbeschafferin für die Tories, und sie ist ein großes Problem. Das ist eine extreme protestantische Partei. Da müssen Sie mal das Programm lesen und genau reinschauen. Die sind gegen Homosexualität, gegen die gleichgeschlechtliche Ehe, gegen Glücksspiel.« Ich merke auf: Dass sich in dieser Männerrunde jemand zumindest implizit für die gleichgeschlechtliche Ehe ausspricht, hätte ich nicht erwartet.

Claußens beiläufige Erwähnung von Homosexualität erscheint auf den ersten Blick nebensächlich. Tatsächlich ging es inhaltlich um etwas vollkommen anderes: Claußen sprach über den damals bevorstehenden Austritt des Vereinigten Königreichs aus der EU und die Rolle der DUP, die verhindern wollte, dass Nordirland durch den Brexit anders behandelt würde als der Rest des Vereinigten Königreichs. Wer – wie die Anwesenden auf diesem Treffen – grob mit dem Kontext vertraut war, wusste, dass die rechtspopulistische DUP und die AfD einiges gemeinsam haben. Claußen grenzte sich jedoch in seinem Vortrag von der DUP ab, weil sie den Backstop ablehnte, den er für dringend geboten hielt (aus Gründen, die uns hier nicht weiter zu interessieren brauchen). Gerade aufgrund der inhaltlichen Nähe zwischen AfD und DUP versuchte er, sein Argument *für* den Backstop zu untermauern, indem er die DUP insgesamt als problematische, »extreme protestantische Partei« bezeichnete. Um diese Behauptung zu belegen, rekurrierte er auf das Parteiprogramm der DUP, in dem sie sich gegen – in ihren Augen – allerlei sündige Praktiken ausspricht: »Die sind gegen Homosexualität, gegen die gleichgeschlechtliche Ehe, gegen Glücksspiel.« Damit bezog sich Claußen rhetorisch auf einen von den Anwesenden geteilten Wertekanon, auf *common sense*: Wer aus religiösen Gründen gegen Homosexualität, die gleichgeschlechtliche Ehe und Glücksspiel ist, kann – so impliziert seine Argumentation – legitimerweise als extrem bezeichnet werden. Es bedurfte keiner weiteren Erläuterung; der Hinweis auf die Ablehnung dieser drei Elemente genügte, um für alle einsichtig zu machen, dass es sich bei der DUP um eine extreme protestantische Partei handelt. Damit markierte er nicht nur sich selbst, sondern auch seine übrigen Parteikolleg_innen als – selbstverständlich – gemäßigt und säkular. In der AfD, so die normative Prämisse von Claußens Äußerung, sind wir *nicht* gegen Homosexualität, die gleichgeschlechtliche Ehe, Glücksspiel.

Nun muss an dieser Stelle manches unklar bleiben: Claußens Bezugnahme auf Homosexualität erfolgte, nachdem ich mich bereits mit meinem Forschungsthema vorgestellt hatte. Es kann sich also um eine bewusste Inszenierung gehandelt haben. Darüber hinaus ist fraglich, ob die von Claußen vertretenen Werte in der AfD tatsächlich in dem Maße geteilt werden, wie er es durch seine Rhetorik suggerierte. Insbesondere der Hinweis auf die gleichgeschlechtliche Ehe erscheint zumindest insofern bemerkenswert, als diese in den AfD-Programmen ausdrücklich abgelehnt wird. Zudem besteht eine Spannung zwischen dieser nüchtern-politischen Toleranz gegenüber Homosexualität und der lustvoll-informell zur Schau gestellten Heteronormativität während der Vorstellungsrunde. Davon abgesehen geht es mir jedoch um Folgendes: Erstens zeigt die Episode die Selbstverständlichkeit, mit der Homofeindlichkeit sogar in einem demonstrativ heteronormativen Feld als Marker par excellence eingesetzt werden kann, um »extreme« politische Ausrichtung zu kennzeichnen. Damit erfüllt »Homotoleranz«[1] in dieser Situation einen wichtigen Zweck: Durch sie wird der_die Sprecher_in – für alle sofort verständlich – als *nicht extrem* konstruiert. Zweitens lässt sich die Situation als eine Anrufung deuten, in der die Zuhörer_innen als homotolerant adressiert und zugleich performativ hervorgebracht werden: Claußens An-

---

1 Der Begriff *Homotoleranz* scheint mir in diesem Zusammenhang treffend: Er bringt zum Ausdruck, dass Homosexualität beziehungsweise Homosexuelle als solche lediglich geduldet werden. Damit ist Homotoleranz problemlos mit Heteronormativität vereinbar. Vgl. dazu ausführlicher Kapitel 5.

sprache (»Da müssen Sie mal das Programm lesen«) richtete sich an ein als homotolerant imaginiertes politisches Kollektiv.

Gerade weil Homosexualität nicht der eigentliche Inhalt der Debatte war, sondern beiläufig als Verstärkung eines Arguments, als nicht weiter erklärungsbedürftiges Beispiel herangezogen wurde, lässt die Situation Aussagen über den zugrunde liegenden common sense zu. Teil des common sense innerhalb der AfD ist die Selbstwahrnehmung als politisch gemäßigt; und auch von jenen, die sich als »rechts« bezeichnen, werden die Fremdbeschreibungen »rechtsextrem« und »Nazi« entschieden zurückgewiesen.

Ein Zirkelschluss zeichnet sich ab: Während das vorangegangene Beispiel zeigte, dass Homofeindlichkeit als Beleg für das (Rechts-)Extreme fungiert, verdeutlicht die folgende Vignette, dass das (Rechts-)Extreme umgekehrt als Beleg für Homofeindlichkeit dient.

Im Januar 2018 hatte ein oberbayerischer AfD-Kreisverband zu einem Vortragsabend in ein Dorfgasthaus namens Zum Sepperl eingeladen. Andreas und Fabian luden mich ein, sie dorthin zu begleiten. Der Sepperl ist der älteste Gasthof vor Ort. Die Kellnerinnen und Kellner tragen Tracht, weiß-blau sind die dominierenden Farben, eine große Tafel erinnert an die verstorbenen »Imkerkameraden« des Bienenzuchtvereins seit 1890. Etwa 20 Personen sind heute Abend erschienen, von denen die meisten AfD-Mitglieder aus der Gegend zu sein scheinen. Eine Viertelstunde vor dem Vortrag erfasst die Organisatoren eine gewisse Unruhe; zwei Männer verlassen mehrfach den Gasthof und kommen wieder herein, einige Leute schauen neugierig aus den Fenstern und zeigen nach draußen auf die dunkle Straße. Nun ebenfalls interessiert daran, was denn los sei, gehe ich nach vorne, um etwas von den Gesprächen mitzubekommen. »Da lungern ein paar Antifanten rum«, sagt der Kreisvorsitzende, ein stämmiger Mann mittleren Alters. Ich gehe vor die Tür. In der Tat steht auf der gegenüberliegenden Straßenseite eine Handvoll schwarz gekleideter Jugendlicher, die den Vortragsgäst_innen ihre Mittelfinger entgegenstrecken. Ich kann mir ein Grinsen nicht verkneifen, merke jedoch, dass auch mich die Aussicht auf eine Konfrontation beunruhigt. Aber es passiert nichts weiter und der Vortragsabend beginnt.

Nach dem Vortrag kommt Sebastian, der Vorsitzende eines benachbarten Kreisverbands, auf uns zu und spricht uns an. Er ist Mitte 40 und spricht mit tiefer Stimme ein ebenso tiefes Bairisch. Seine Frage, wo ich herkomme, bietet mir die Gelegenheit, mich als Forscher vorzustellen. Ich antworte ihm, dass ich aus Berlin angereist bin, im Rahmen meiner Doktorarbeit ein paar Leute in der AfD begleite und die Frage untersuche, wie in der AfD mit Homosexualität umgegangen wird. Sebastian setzt sich.

»Also, ich habe ja in der AfD noch nie einen, ich sag' mal, ›Homophoben‹ getroffen«, setzt er an, Gänsefüßchen in die Luft malend, »auch wenn die AfD immer als so homophob dargestellt wird. Eigentlich ist das bei uns nie ein Thema. Wie ist denn deine Erfahrung damit?«

»Naja ... Genau das will ich ja herausfinden«, antworte ich ausweichend und etwas ungelenk. Die Rückfrage bekomme ich bei meiner Forschung häufig zu hören. Ich fühle mich von ihr in eine schwierige Position gebracht, muss ich doch begründen, wieso die Frage überhaupt relevant sein könnte, ohne dabei mein Gegenüber zu verprellen. »Aber als Außenstehender habe ich schon auch dieses Bild von der homophoben AfD«, sage ich.

»Es wäre ja schön, wenn es kein Thema mehr wäre!«, schaltet Fabian sich daraufhin ein. »Aber gerade weil es dieses Bild von der AfD gibt und die AfD damit angegriffen wird, müssen wir es zum Thema machen.«

Sebastian nickt.

»Deswegen gibt es auch uns ›Alternative Homosexuelle‹, um zu zeigen, dass es gerade auch in der AfD Schwule gibt. Das beweist ja, dass wir keine homophoben Nazis sein können«, sagt Fabian.

»Ja, dieses Nazi-Gerede stört mich wirklich.« Sebastian lehnt sich zu uns rüber und dämpft seine Stimme. »Als ich neun Jahre alt war, da habe ich mal einen wirklichen SS-Mann getroffen. Der hat zu meinem Vater gesagt: ›Weißt du, was ich dem Adolf wirklich übelnehme?‹ – da hat mein Vater noch gar nicht gewusst, dass das ein ehemaliger SS-Offizier war –, ›Dass er die Juden nicht bis zum letzten umgebracht hat!‹ Das war ein echter Nazi. Aber solche Leute habe ich seitdem nicht mehr getroffen.«

Was Sebastian mehr bewegt als das Bild von der homophoben AfD, zu dem er recht wenig zu sagen hat, ist das Bild von der Nazi-AfD. Fabian setzt beides in Beziehung, um sein Argument zuzuspitzen: Nazis würden in ihren Reihen keine Schwulen dulden; wer Schwule toleriert, kann dementsprechend kein Nazi sein. Sebastian erzählt daraufhin von einem »*wirklichen* SS-Mann«, einem »*echten* Nazi«, den er als Kind kennengelernt hatte und der bei ihm anscheinend einen bleibenden Eindruck hinterlassen hat. Seine Erzählung lässt uns, die wir ihm zuhören, erschaudern. In unseren Köpfen entsteht das Bild eines Monsters, das selbst Mitte der 1980er Jahre den millionenfachen Mord an den Juden_Jüdinnen als noch nicht mörderisch genug bedauert. Das absolute Extrem einer Person, die sich durch die Befürwortung des Holocaust unmissverständlich als Nazi zu erkennen gibt, lässt jeden Nazi-Vorwurf gegenüber der AfD als absurd, ja als Relativierung der »wirklichen« Nazis und ihrer grausamen Taten erscheinen. Im Kontext unseres Gesprächs kann Sebastians Geschichte auch als Aussage über sein Verständnis von Homophobie gelesen werden: (Nur) wer Homosexuelle umbringen will, kann als homophob bezeichnet werden. Die Figur des »echten Nazis« wird zur Projektionsfläche für all die menschenverachtenden Ideologien, die die AfD nach außen verlagert und so aus ihrem Selbstbild eliminiert: »Solche Leute«, sagt Sebastian, »habe ich seitdem nicht mehr getroffen.« Nicht nur ist die AfD nicht extrem – auch kaum jemand anders ist es, jedenfalls nicht heutzutage und nicht hier in Oberbayern.

Der Vorwurf der Homophobie als Angriff auf die AfD

In diesen Narrativen artikuliert sich ex negativo ein Selbstbild der AfD als nicht-homophob und nicht-rechtsextrem. In einer zirkulären Logik dient das eine als Beleg des anderen: Weil AfDler_innen nicht homophob sind, sind sie keine Nazis, und weil sie keine Nazis sind, sind sie nicht homophob. Aufgrund dieses Zusammenhangs geht Fabian davon aus, dass das Bild von der homophoben AfD von den Medien konstruiert wird, um die AfD als rechtsextrem zu brandmarken und ihr dadurch zu schaden. Im Interview führt Fabian aus:

Fabian: »Das Bild kam von den Medien, definitiv, auch bei mir selbst. Du hast im Fernseher oder Radio Sachen über die AfD gehört und die haben dich gebildet. Zum Beispiel das mit der Schwulenzählung[2] damals. Das hat mich sehr aufgeregt. Nicht nur, dass man da

---

2 Fabian bezieht sich damit auf einen Fall im Thüringer Landtag im September 2015. Mit Bezug auf die Vorhaben der Landesregierung im Bereich Antidiskriminierung hatte die AfD-Abgeordnete Corinna Herold in einer Kleinen Anfrage (TH 6/1191: 1) die Landesregierung gefragt: »Wie viele Homosexuelle, Bi- und Transsexuelle, Transgender und intergeschlechtliche Menschen leben in Thüringen (bitte nach einzelnen Gruppen aufschlüsseln) und wie viel Prozent der Bevölkerung Thüringens entspricht dies jeweils?« Der Fall hatte auch bundesweit für Empörung gesorgt, weil mit dieser Frage suggeriert wurde, die Landesregierung solle Listen anlegen, um die sexuelle Orientierung der Bevölkerung zu erfassen (Klages 2015). Tatsächlich scheint die Interpretation naheliegender, dass es der AfD nicht um die Zählung von LGBTI-Personen ging, sondern der Hinweis auf fehlende statistische Daten vielmehr dazu dienen sollte, Antidiskriminierungsmaßnahmen zu delegitimieren. Dieses Ziel wird in einer Kleinen Anfrage derselben Abgeordneten von Februar 2018 deutlich: »Welche Datengrundlage dient zur Umsetzung des Programms, wenn doch [...] keine Statistik zur Diskriminierung von Lesben, Schwulen, Bisexuellen, Transidenten und Intergeschlechtlichen sowie queeren Personen geführt wird?« (TH 6/5646: 1). Der Vorgang wird bis

etwas berichtet hat, was nicht ganz richtig war. Die AfD ist ja damals mit einer Klage gegen diese Behauptung vorgegangen und die Zeitung, die das zuerst veröffentlicht hatte, hat dann auch eingestanden, dass das so nicht richtig war. Und die Richtigstellung kam aber ewig später ganz klein, die hat keiner mehr so richtig mitbekommen. Das ist natürlich ärgerlich. [...] Also es ist für mich ein mediales Bild, absolut.«

P.W.: »Aber ist das aus der Luft gegriffen? Warum ist dieses Bild in den Medien?«

Fabian: »Zumindest vom Programm und den Leuten in der AfD her muss es aus der Luft gegriffen sein. Ich bin seit drei Jahren dort. Ich meine, dir brauche ich ja eigentlich auch nichts erzählen, du bist ja auch schon ein bisschen dabei. Ich hab' da nie ... Vielleicht gab's mal einen Fall, aber ich habe da nie eine Schwulenfeindlichkeit erlebt. Es gab vielleicht Vorurteile. Es gab eventuell auch Unwissenheit. Gerade bei älteren Mitgliedern. Aber eine Feindlichkeit nie. Du konntest das meiste mit einer Aufklärung dann auch erledigen. Natürlich, woher kommt's? Es ist halt zu vermuten, dass es Taktik ist, die AfD in die rechtsextreme Ecke zu treiben. Man kennt das von der NPD, national und schwulenfeindlich. (Lacht.) Da hätte man uns vielleicht auch gerne stehen, aber wir sind eben nicht die NPD, und ich meine, dass das ein konstruiertes Bild ist.« (IN 18)

Laut Fabian entbehrt das Bild von der homophoben AfD jeglicher Grundlage: Weder Parteiprogramm noch Mitglieder seien »schwulenfeindlich«. Er geht davon aus, dass ich diese Erfahrung – inzwischen – teile und markiert meine Frage damit als eine rhetorische: »Dir brauche ich ja eigentlich auch nichts erzählen, du bist ja auch schon ein bisschen dabei.« Ich hätte es, mit anderen Worten, inzwischen selbst bemerken müssen, wenn die AfD tatsächlich homophob wäre. Abschwächend (»vielleicht«, »eventuell«) räumt er zwar ein, dass es in der Vergangenheit »Vorurteile« oder »Unwissenheit« gab, »gerade bei älteren Mitgliedern«. Eine dahinterliegende Schwulen*feindlichkeit*, sprich: eine absichtsvolle und bösartige Ausgrenzung, leitet er daraus indes nicht ab. Mit Vorurteilen und Unwissenheit, so er ihnen begegnet, geht Fabian empathisch-paternalistisch um: Ältere Mitglieder, so scheint es, können nichts dafür, wenn sie Wissenslücken und darauf basierende Vorurteile haben, die sich »mit einer Aufklärung dann auch erledigen« lassen. Vor diesem Hintergrund kann sich Fabian das Bild von der homophoben AfD nur damit erklären, »dass es Taktik ist«. Wer genau diese Taktik anwendet, bleibt hinter dem Indefinitpronomen *man* zwar verborgen (»Da hätte man uns vielleicht auch gerne stehen«). Das Ziel der Taktik – die Strategie – ist jedoch klar: »die AfD in die rechtsextreme Ecke zu treiben«. Doch die rechtsextre-

heute von Gegner_innen der AfD herangezogen, um der Partei Homophobie zu bescheinigen, wie im weiteren Verlauf des Kapitels zu sehen sein wird.

me Ecke wird bereits von einer anderen Partei besetzt: der NPD (inzwischen: Die Heimat). Durch ein simples Argument begründet Fabian, wieso die AfD gar nicht rechtsextrem (und damit auch nicht homophob) sein *kann*: »Wir sind eben nicht die NPD.«

Dass die AfD gerade auch unter Schwulen als homophob und rechtsextrem wahrgenommen wird, bezeugt die Erzählung von Hendrik, den ich bei meiner ersten Teilnahme an einer AHO-Tagung im Januar 2017 kennenlernte. Im Anschluss führte ich mit ihm ein Interview über Skype. Hendrik wuchs in einer Kleinstadt in Sachsen-Anhalt auf. Er ist Mitte 30 und lebt seit einigen Jahren in Stuttgart, wo er im AfD-Kreisverband und in der Jungen Alternative aktiv ist. Im Verlauf des gesamten Interviews berichtet er von Homophobieerlebnissen, insbesondere in seiner Familie und während seiner Zeit bei der Bundeswehr, die dazu geführt hätten, dass er mit dem Öffentlichmachen seiner sexuellen Orientierung vorsichtig geworden sei. Vor seinem Eintritt in die AfD habe er den lokalen Kreisvorsitzenden – nennen wir ihn Hartmut – explizit danach gefragt, wie in der AfD mit Schwulen umgegangen werde. Auf meine Nachfrage, was ihn zu dieser Frage motiviert habe, antwortet er, dass die AfD mit Homophobie »gerne an den Pranger gestellt« werde und dass er sich vor seinem Parteieintritt dementsprechend unsicher gewesen sei: »Ich kann ja nicht in eine Partei eintreten, die eigentlich total gegen mich wäre.« Um zu illustrieren, wie verbreitet die Annahme ist, dass es sich bei der AfD um eine homophobe Partei handle, erzählt er mir daraufhin von zwei Erlebnissen auf der Dating-Plattform PlanetRomeo, wo er inzwischen offen als AfD-Mitglied erkennbar sei:

»Das hatte ich vor zwei, drei Tagen erst wieder in einem Internetchat, wo einer mich doof angemacht hat und gesagt hat, er ist ja SPDler, warum wunderst du dich, dass die [AfD] keiner mag oder dass keiner mit dir redet, wenn du eine Partei unterstützt, die Homosexuelle zählen will. […] Ich habe meine Bilder jetzt ein bisschen reduziert. Höcke und Gauland habe ich rausgenommen. Ich hab jetzt nur noch ein, zwei Bilder drin: Eins davon ist mit Petry und eins mit HC Strache [Hans-Christian Strache, ehemaliger Bundesparteiobmann der FPÖ]. Letztens habe ich jemandem einen Taps gegeben, ›Sexy‹, und das war eigentlich alles. Das war nicht böse gemeint, und er kommt gleich mit ›Gute-Besserung‹-Taps und ›Mit Nazis spreche ich nicht!‹ Da hab ich gesagt: Sag mal, geht's noch, du hast das Gespräch doch angefangen! Er hat sich dann auch darauf eingelassen kurzzeitig und hat dann gesagt, verstehst du nicht, dass keiner mit euch reden will und so weiter und so fort, so ein braunes Gedankengut und das alles.« (IN 9)

Hendrik führt anschließend eine Reihe von Belegen dafür an, dass es sich bei den Homophobie-Vorwürfen um Vorurteile gegenüber der AfD handle.

Dabei bezieht er sich sowohl auf das Gespräch mit Hartmut vor seinem Parteieintritt als auch auf spätere eigene Erfahrungen als Parteimitglied. Zum einen habe Hartmut gesagt, dass Hendriks Homosexualität »für ihn vollkommen okay« sei und dass es »sehr viele Homosexuelle« in der AfD gebe. Explizit merkt Hendrik an, dass er Hartmuts Äußerungen als aufrichtig eingeschätzt habe: »Es kam ja auch nicht rüber, dass er jetzt irgendwas erzählen will, irgendwie eine Geschichte oder so, und dass man einen da gerne überzeugen will, weil man braucht ja solche Leute wie uns als Feigenblatt oder so.« Seine Einschätzung habe sich später bestätigt, als Hartmut auf einen hohen Listenplatz für die baden-württembergische Landtagswahl gewählt wurde:

»Ich war der Erste, den er umarmt und gedrückt hat, er hat sich riesig gefreut, dass er jetzt auf Platz 3 gekommen ist. Da gab's ja nun keine Abneigung oder Ablehnung oder Sonstiges. Kann ich nicht sagen. Kein dummer Spruch, kein nichts, und es hat sich auch so widergespiegelt wie im Gespräch.« (IN 9)

Überhaupt habe Hendrik in der AfD keine »Anfeindungen« – er spricht dieses Wort langsam und bedacht aus – erlebt. Es sei für die meisten in Ordnung, wenn Homosexualität grundsätzlich als »normal« anerkannt und dargestellt werde, auch medial. AfD-Mitglieder lehnten es hingegen ab, dass Homosexualität »überthematisiert« werde oder »zu viel Aufmerksamkeit« erhalte. Er zieht zwei Beispiele heran: Erstens erzählt er von einem »Kussfoto«, das er mit einem anderen schwulen AfDler auf einer Veranstaltung mit Frauke Petry gemacht und bei Facebook hochgeladen habe, woraufhin sich ein »Parteifreund« bei ihm beschwert habe. Er beendet diese kurze Anekdote mit dem Satz: »Jedenfalls habe ich keine Ablehnung an und für sich von der Partei erfahren«, fährt dann aber fort:

»Gut, letztes Mal auf dem Landesparteitag wollte sich keiner mit der Regenbogenflagge draußen hinstellen vor der Presse und mal ein Foto machen. Auch kein Schwuler. Da war wieder so ein bisschen, naja, mach ich nicht, ich muss mich jetzt nicht in den medialen Fokus setzen und so weiter. Weil an und für sich hatten sie ja recht, ob ich schwul, lesbisch oder bi bin, ist ja vollkommen wurscht. Ich bin ein Mensch und Punkt aus. Ob ich jetzt mit dem oder mit der ins Bett gehe. Und das war wahrscheinlich der Punkt, der die gestört hat, dass man das nicht thematisieren sollte. Aber keine Anfeindungen, keine Probleme, auch seitens der Führung nicht.« (IN 9)

Aus der Art und Weise von Hendriks Schilderungen spricht eine gewisse Unsicherheit. Er unterscheidet zwischen illegitimen »Anfeindungen« und – von ihm als »an und für sich« berechtigt eingeschätzter – Skepsis gegenüber der

Thematisierung von Homosexualität. Doch er wirkt unentschieden, ob diese Trennung so haltbar ist: Gleich zweimal sagt er – zögerlich –, dass er keine »Anfeindungen« beziehungsweise »Ablehnung« erfahre, nur um auf diese Aussagen einschränkende Beispiele folgen zu lassen.

Sicherer wirkt Hendrik jedoch bei seiner Einschätzung, dass es sich bei seinen Erlebnissen in schwulen virtuellen Räumen um »Anfeindungen« handelt. Er begründet, wieso er Fotos von sich mit bekannten AfD-Politiker_innen auf sein Profil hochlädt, und spricht über die negativen Konsequenzen, die damit einhergehen:

»Weil ich ja meine Daten nicht verschleiere. Ich bin so alt, ich seh auch so aus, ich hab auch das Gewicht und so weiter und das stimmt ja nun mal alles. Ich rede das nicht schön, wie andere das machen. Weil ich will's nicht, weißt du, du triffst jemanden und dann: Hm. Du kennst dieses Beispiel: Machst die Tür auf, denkst, da kommt jetzt George Clooney, und dann kommt da Danny DeVito, und so was ist halt falsch. Da sollen die Leute gleich sehen, mit wem sie es zu tun haben. Und da kommen halt Anfeindungen, wo du kriegst, ›Gute Besserung‹ und so weiter, und dann eben zwei, drei Mails mit wirklich unterster Schublade, also Beleidigungen und Sonstiges. Und wirst auch gleich geblockt, das heißt, du kannst nicht mal drauf was schreiben, wo du dann erstmal entsetzt bist, wo du denkst: Sag mal, geht's noch, wer hat dir denn was getan? Du musst mich ja nicht anschreiben und fragen: Warum machst du denn Werbung für die Partei? Ich sag, ich mach keine Werbung für die Partei. [...] Es muss mich keiner anschreiben, ich hab meine Meinung, ich vertrete diese, und wem das nicht passt, ist in Ordnung. Aber das ist deswegen drin, weil ich nicht möchte, dass ich jemanden kennenlerne, der sagt, du bist ja super, am besten gehen wir zum Traualtar irgendwann, und dann hört: Oh, du bist bei der AfD. Und schon ist das ganze Bild, was er von einem hat, du bist nett, sympathisch, hast gute Ansichten und so weiter und so fort, gleich dann wieder null und nichtig, bloß weil du einer anderen Partei angehörst, als die Person vielleicht für richtig empfindet. Bei der NPD würde ich das ja noch verstehen, wenn er so reagiert, aber bei einer demokratischen, freiheitsliebenden, rechtsstaatlichen Partei, die auf dem Boden des Grundgesetzes agiert, nein. Da sehe ich das nicht.« (IN 9)

Die Zugehörigkeit zur AfD wird in Hendriks Erzählung zu einem potenziellen Nachteil auf dem Beziehungsmarkt und neben Alter, Aussehen und Gewicht zu einem weiteren Diskriminierungsmerkmal. Er geht mit seiner Parteizugehörigkeit offen um, so wie er mit seinem Äußeren offen umgeht – nicht, weil er nach politisch Gleichgesinnten sucht, sondern weil er möchte, dass sein Gegenüber weiß, worauf es sich einlässt. Doch dies hat zur Folge, dass er von anderen PlanetRomeo-Nutzern beleidigt wird. Hendrik empört sich darüber, weil er diesen Umgang als ungerechtfertigt empfindet. Zwar erwartet er keine inhaltliche Übereinstimmung, keine positiven Reaktionen auf seine AfD-Mitgliedschaft. Aber er fühlt sich demselben demokratischen Raum zugehörig wie seine Online-Gesprächspartner und auf dieser Grundlage fordert er Toleranz ein. Ähnlich wie Fabian zieht er die NPD als Abgrenzungsfolie heran, die – so impliziert er – im Gegensatz zur AfD *nicht* »demokratisch, freiheitsliebend, rechtsstaatlich« sei. Doch Hendrik erzählt auch, dass er auf PlanetRomeo Zuspruch erfährt – und zwar von genau jenen, von denen er sich abzugrenzen versucht:

»Ich krieg auch ab und zu mal positive [Nachrichten], wo sie auch schreiben: Ey, super, endlich mal ein Schwuler, der Arsch in der Hose hat und nicht immer nur diesem linksgrünen Gedankengut nachfolgt, und ey super, finde ich klasse, Patrioten brauchen wir auch und so weiter. Klar krieg ich das auch. [...] Ich muss aber feststellen, dass ich da schon manchmal bisschen erschüttert bin, weil ich sag mal so, die Hälfte von den Leuten [...], die dann diese positiven Meinungen vertreten von den Homosexuellen oder Bisexuellen, [...] die gehören dann eher einer Parteienrichtung an, die ich nicht gutheiße und nicht unterstützen würde. Also die sind dann, wo man wirklich denkt, okay, was die so schreiben, wie das Profil aussieht, ist es wohl doch eher ein NPD-Wähler und NPD-Mitglied. [...] Wo ich sage, okay gut, ist seine Meinung, akzeptiere ich, respektiere ich, finde ich aber jetzt nicht gut.« (IN 9)

Zwei Grenzziehungen

In den dargestellten Narrativen von Hans-Joachim Claußen, Sebastian, Fabian und Hendrik lassen sich zwei politische Grenzziehungen ausmachen, die sich – so mein Argument – als unterschiedliche Intensitätsgrade der Freund-Feind-Unterscheidung einordnen lassen. Es sind zwei Formen der Grenzziehung, die gegenüber unterschiedlichen Konstrukten eines *Außerhalb* der AfD artikuliert werden: einerseits gegenüber einem als *extrem* imaginierten Außen, andererseits gegenüber einem *feindlichen* Außen.

Das extreme Außen wird in Sebastians Erzählung von einem »echten Nazi« verkörpert, in Fabians und Hendriks Erzählungen von der NPD. Sowohl der echte Nazi als auch die NPD stehen einerseits für eindeutige Fälle von Rechtsextremismus und Homophobie (Fabian: »Man kennt das von der NPD, national und schwulenfeindlich«; Hendrik: »Bei der NPD würde ich das ja noch verstehen, [...] aber bei einer demokratischen, freiheitsliebenden, rechtsstaatlichen Partei, die auf dem Boden des Grundgesetzes agiert, nein«). Andererseits suggerieren sie eine sichere, unüberwindbare Distanz gegenüber der AfD, wodurch Rechtsextremismus und Homophobie als *anderswo* erscheinen. Bei Sebastians echtem Nazi ist diese Distanz vor allem temporaler Natur: Das letzte Mal hat er einen echten Nazi in seiner Kindheit erlebt, mutmaßlich in den 1980er Jahren (»solche Leute habe ich seitdem nicht mehr getroffen«). Bei der NPD handelt es sich um eine andere Partei; eine gleichzeitige Mitgliedschaft in der NPD und der AfD ist schlechterdings ausgeschlossen.[3] Nach dieser Logik kann es auch kein uneindeutiges Grenzland geben, keine fließenden Übergänge oder Kontinuitäten: entweder Nazi oder nicht, entweder homophob oder nicht, entweder jenseits der Grenze oder diesseits.

Mit Verweis auf den echten Nazi und die NPD werden Rechtsextremismus und Homophobie nicht nur externalisiert, sie werden auch konkreten Entitäten als Eigenschaften zugeschrieben: im einen Fall einer Person, im anderen Fall einer Organisation. Wie Sara Ahmed in Bezug auf Rassismus darlegt, ist die Personalisierung von Rassismus in der Figur »des_r Rassist_in« ein typischer und besonders effektiver Mechanismus, um strukturelle oder institutionelle Formen von Rassismus zu leugnen. In der Gegenbehauptung »*Ich* bin *nicht* rassistisch« wird Rassismus reduziert auf eine individuelle Person – »den_die Rassist_in« –, die einem falschen Glauben anhängt oder fragwürdige Werte vertritt. Zu zeigen, dass man diese Figur nicht ist, sei relativ einfach (Ahmed 2012: 150). Analog dazu verhält es sich hier mit Homophobie: Sebastian spricht davon, in der AfD noch nie »einen Homophoben« getroffen zu haben, während Fabian und Hendrik

---

3 In der Satzung der AfD heißt es in § 2 Abs. 4: »Personen, die Mitglied einer extremistischen Organisation sind, können nicht Mitglied der Partei sein. Als extremistisch gelten solche Organisationen, welche in einer vom Bundesvorstand beschlossenen und den Gliederungen übermittelten Unvereinbarkeitsliste aufgeführt sind. [...].« Laut § 2 Abs. 5 können davon abweichend Personen in die AfD aufgenommen werden, »die Mitglied einer der in Absatz 4 bezeichneten Organisationen waren, [...] wenn sie darüber im Aufnahmeantrag Auskunft geben und der zuständige Landesvorstand sich nach Einzellfallprüfung mit Zweitdrittel seiner Mitglieder für die Aufnahme entscheidet.« Der Politikwissenschaftler Frank Decker schreibt in Bezug auf die Abgrenzung der AfD zum Rechtsextremismus, dass dieser Beschluss in den verschiedenen Parteigliederungen von Anfang an unterschiedlich gehandhabt wurde und zu Verwerfungen führte (Decker 2020: o.S.). Diese Ambivalenz gegenüber dem Rechtsextremismus, um die es mir in diesem Kapitel geht, drückt sich in Hendriks Erzählung folgendermaßen aus: »Nicht ohne Grund haben wir ja ein NPD-Verbot bei uns innerhalb der Partei. Das heißt, jemand, der Mitglied der NPD war, wird niemals Mitglied der AfD werden. Bestandsschutz gibt's natürlich für welche, die vorher reinkamen, bevor es diese Regelung gab. Weil ich weiß nicht, ob Höcke Mitglied war oder nicht. Da gibt's vielleicht ein, zwei Leute, die davor waren.«

die AfD und die NPD als figurative Einheiten konstruieren, die sie einander gegenüberstellen. Das macht es aus ihrer Sicht leicht, den Nachweis zu führen, dass die AfD gar nicht homophob sein kann. Fabian benennt das Offensichtliche: »Wir sind eben nicht die NPD«, sprich: *Wir sind nicht diese Figur*.

Gleichzeitig findet sich in allen vorgestellten Narrativen eine Definition von Homophobie als *Feindschaft* gegenüber Homosexuellen. Wenn meine Gesprächspartner_innen den Vorwurf zurückweisen, die AfD sei eine homophobe Partei, dann meinen sie damit, dass die AfD Homosexuelle nicht als politische Feinde betrachtet. Im Sinne einer Schmitt'schen Definition von Feindschaft ist diese Begriffsbestimmung durchaus plausibel: Homosexuelle sind in der AfD aktiv und werden von der Partei keinesfalls existenziell in ihrem Sein negiert. Offen bleibt jedoch die Frage, in welchem Verhältnis die AfD stattdessen zu Homosexuellen steht, denn aus der Definition ex negativo (»keine Feinde«) ergibt sich nicht, welche Position den Homosexuellen denn stattdessen zukommt.[4]

Die zweite Grenze ziehen Sebastian, Fabian und Hendrik gegenüber einem *feindlich gesinnten* Außen. Wie im Fall der Aktivist_innen von der Antifa, die vor dem Sepperl ausharren und mit ihrer schieren Präsenz draußen im Dunkeln die AfDler_innen drinnen – in der Behaglichkeit einer bayerischen Gaststätte – zusammenrücken lassen, wird diesem Außen unterstellt, es wittere in feindlicher Absicht in der AfD die Nazi-Monster und greife sie damit an. Da zwischen der AfD auf der einen und homophoben Nazis auf der anderen Seite aber eine klare und undurchlässige Grenze verlaufe, seien die Angriffe inhaltlich unbegründet. Es drängt sich für Fabian der Verdacht auf, es handle sich um strategisches Kalkül, um eine bewusste Manipulation der Fakten durch die Medien. Hendrik spricht im Interview von einem »Verteilungskampf«: Da die AfD das gebührenfinanzierte System des öffentlich-rechtlichen Rundfunks grundlegend infrage stelle, hätten die Medien – auch die privaten, die von den anderen Parteien kontrolliert würden – Angst um ihren Einfluss und ihre Macht. Daher behaupteten sie faktenwidrig, die AfD sei eine rechtsextreme Partei. Mit anderen Worten: Was als legitime Kritik an der AfD daherkomme, sei vielmehr ein ehrenrühriger Vorwurf. Es sei genau umgekehrt wie in den Medien dargestellt: Nicht die AfD sei schwulenfeind-

---

4 Ich verfolge diesen Gedanken im folgenden Kapitel 5, in dem ich zwei in der AfD vorherrschende homosexuelle Ethiken betrachte, also gewissermaßen die zwei Arten und Weisen, *wie* Homosexuelle in der AfD homosexuell sein können.

lich, sondern die Medien seien AfD-feindlich. Ahmed schreibt, dass Kritik an institutionellem Rassismus zu einem Angriff auf ein verwundbares Subjekt wird, wenn sie als Vorwurf gehört wird (Ahmed 2012: 146). Die erlittene Rufschädigung erscheine schlimmer als der Rassismus selbst; und der Gegenvorwurf, durch den Vorwurf »Rassismus« eine Rufschädigung begangen zu haben, werde so zum schlimmsten Vorwurf überhaupt (ebd.: 150). Wenn Kritik an Homophobie in der AfD als Vorwurf gehört wird, dann wird die AfD zu einem verwundbaren Subjekt. Das Narrativ von Hendrik hat gezeigt, wie auf diese Art und Weise eine neue menschenverachtende Ideologie diskursiv ins Leben gerufen wird: »AfD-Feindlichkeit«, die in ihrer offensichtlichen Existenz als weitaus schlimmer erscheint als (ohnehin kaum existierende) Homophobie. Als AfDler, findet Hendrik,

»gehört [man] nicht dazu [...] und das egal, wo du bist. Das fängt im Kindergarten schon an teilweise, wenn die Kinder da was Falsches sagen. Oder wie eine Freundin von mir, die in die Schule geht und ihre Meinung vertreten hat und dann als Nazi-Braut und Sonstiges verschrien und beleidigt wird, wo ich sage: Wo sind wir da hingekommen? Das sind ja Methoden teilweise wie zu dieser Zeit, die keiner, zumindest von der AfD, wiederhaben will, aber scheinbar von den anderen.« (IN 9)

Nicht nur ist der Nazi-Vorwurf damit unbegründet; Nazis sind vielmehr die anderen, die diesen Vorwurf erheben. Ähnlich wie im Fall des extremen Außen findet damit auch eine Externalisierung (hier: von Feindlichkeit) statt, doch das Subjekt, von dem die Bedrohung ausgeht, erscheint viel diffuser. Es handelt sich zwar bei »der Antifa« und »den Medien« ebenfalls um Figuren. Doch so wie die Aktivist_innen von der Antifa wortwörtlich im Dunkeln bleiben und schwer zu erkennen sind, fällt es etwa Fabian auch schwer, den Ursprung der Anfeindungen durch die Medien zu lokalisieren. Er verurteilt die Medien und Journalist_innen nicht pauschal:

»Sicherlich, man darf jetzt nicht die Schuld nur auf die Medien schieben. Ich meine, die Medien beziehen ihre Informationen ja auch aus Quellen. Und wie das die Quellen dann interpretieren, ist eine andere Sache. Also gerade mit dieser Geschichte der Schwulenzählung, das muss ja damals aus dem Plenarsaal heraus so in die Welt getragen worden sein, als wäre das so abgelaufen. Die Medien haben es dann vielleicht mehr oder weniger dankbar aufgenommen und verbreitet. Aber für mich ist das ein konstruiertes mediales Bild. Woher auch immer, ich will jetzt da keinen Journalisten an sich beschuldigen. Aber irgendwo kommt's dann her und das ist dann halt so.« (IN 18)

Es ist wie beim Spiel Stille Post: Was die Fragestellerin Corinna Herold *meinte*, was dann im Plenarsaal *ankam* oder *daraus gemacht wurde* (von wem, bleibt unklar) und was die Medien dann *verbreiteten* (nachdem sie es durchaus »dankbar aufgenommen« hatten) – all das sind verschiedene Dinge. Weder der Ursprung der Feindlichkeit gegenüber der AfD noch ihre verschlungenen Pfade in die Öffentlichkeit lassen sich genau bestimmen. Aber im Ergebnis ist der Ruf der AfD beschädigt: »Irgendwo kommt's dann her und das ist dann halt so.« Der Feind, diese »verwirrend ubiquitäre Gestalt«, »ist [...] umso gefährlicher, als er überall ist: ohne Gesicht, ohne Namen und ohne Ort«, schreibt Achille Mbembe (2017: 94).

Zusammenfassend lässt sich bis hierhin sagen, dass sich das politische Imaginäre der AfD über Grenzziehungen zu verschiedenen Anderen konstituiert. Da ist zum einen ein rechtsextremes, homofeindliches Außen, das räumlich und zeitlich von der AfD abgegrenzt ist. Dementsprechend sind Homosexuelle für die AfD keine Feinde, wohl aber für Rechtsextreme. Zum anderen ziehen meine Gesprächspartner_innen aber auch Grenzen gegenüber einem Außen, das der AfD feindlich gegenübersteht. Dieses Außen nutzt den Vorwurf der Homophobie zum Zweck der Rufschädigung; es sieht in der AfD den politischen Feind und grenzt sie aus dem legitimen demokratischen Raum aus. Beide Narrative suggerieren, dass Feindlichkeit gerade nicht Sache der AfD ist. Vielmehr sind es die Anderen, die als feindlich gesinnt erscheinen: Rechtsextreme gegenüber Homosexuellen, der »linksgrüne Mainstream« gegenüber der AfD.

Der Rest dieses Kapitels geht dem imaginären Verhältnis der AfD zu Rechtsextremen weiter auf den Grund. Wie ich in drei Schritten zeigen werde, sind die Abgrenzungen zu Rechtsextremen und Nazis nämlich durchaus nicht frei von Widersprüchen und Ambivalenzen. Erstens tauchen in den Erzählungen »Einzelfälle« von homofeindlichen Rechtsextremen in der AfD auf, die allerdings noch als Ausnahmen dargestellt werden können, die die Regel bestätigen; zweitens sind die Gespräche meiner Forschungsteilnehmer_innen mit einer Selbstironie gespickt, die ich als humoristisch gebrochene Identifikation mit Rechtsextremen deute; und drittens wird manchmal offen eine Nähe zu Rechtsextremen eingestanden und – ohne ironische Brechung – mit rechtsextremen Symboliken und Ästhetiken kokettiert. Unter Rückgriff auf Chantal Mouffes Vokabular (s. Kapitel 2.3) argumentiere ich deswegen, dass die rechtsextremen Anderen im politischen Imaginären der AfD nicht als Feinde, sondern als Gegner konstruiert werden.

»Einzelfälle«

Je besser ich meinen wichtigsten Forschungsteilnehmer Andreas kennenlernte, desto häufiger räumte er mir gegenüber ein, dass die Grenzen zu Rechtsextremen doch nicht so unüberwindbar sind, wie sie in diesen Erzählungen erscheinen. Was mir zuvor als kategorische Grenzziehung präsentiert wurde, stellte sich bald schon als weniger absolut heraus. Mit einem Mal tauchten in den Erzählungen »Einzelfälle« von »wirklich Homophoben« in der AfD auf, wie die folgende Episode illustriert.

Beim Frühstück während einer Tagung der Alternativen Homosexuellen im Januar 2018 sitzen wir zu sechst am Tisch: Andreas, Fabian, Jens, Gregor, Johannes und ich. Es ist Sonntag. Der Abend gestern ging länger, die Stimmung ist etwas verkatert und jeder isst schweigend sein Graubrot mit Käse und Wurst.

Andreas swipt über seinen Smartphone-Bildschirm und lacht plötzlich empört auf: »Was für ein Schwachsinn!«

»Was denn?«, fragt Jens erstaunt.

»Ich lese hier gerade in der B.Z. von dem Gerichtsverfahren gegen den Nerstheimer. Unglaublich, was sein Anwalt verzapft.«

Kay Nerstheimer war nach der Wahl im September 2016 als Direktkandidat für die AfD ins Abgeordnetenhaus von Berlin eingezogen, hatte jedoch auf eine Fraktionsmitgliedschaft verzichtet. Nun steht Nerstheimer vor Gericht, weil er auf Facebook Homosexuelle verunglimpft haben soll. Die Anklage lautet auf Volksverhetzung.

Andreas liest vor: »Verteidiger Roland Ulbrich stellt einen Beweisantrag. Homosexualität sei ›widernatürlich‹, das sei eine ›vertretbare wissenschaftliche These‹, darüber solle ein ›medizinisches Sachverständigengutachten‹ eingeholt werden. Dann sagt er noch: ›Auch abwegige Thesen kann man diskutieren, das ist keine Volksverhetzung.‹« Andreas unterbricht kurz, schüttelt den Kopf. Dann liest er weiter, kommt aber nicht weit: »Vor dem Saal vergleicht der Anwalt seinen Mandaten ...« Andreas prustet, bricht in schallendes Gelächter aus. Er setzt mehrfach an, braucht aber einen Moment, bis er es schafft, den Satz weiterzulesen. »... mit Galileo Galilei, dem habe mit seiner scheinbar abwegigen These (Erde dreht sich um die Sonne und nicht umgekehrt) sogar der Scheiterhaufen gedroht, obwohl er damit recht hatte.«[5]

Jetzt muss auch ich lachen.

»Wer ist denn Kay Nerstheimer?«, fragt Johannes.

---

5 B.Z.-Artikel »Anwalt eines AfD-Politikers: Homosexualität ist ›widernatürlich‹« vom 26.01.2018 (B.Z. 2018).

»Der einzige Homophobe unter unseren 150 Landtagsabgeordneten«, antwortet Andreas.

Die beschriebene Situation war einer der seltenen Momente während meiner Feldforschung, in denen ein AfD-Politiker in meiner Anwesenheit von Homophobie innerhalb der AfD sprach. Bedeutsam ist jedoch nicht nur die Tatsache, *dass* Andreas über den Fall Nerstheimer sprach, sondern auch, *wie* er es tat. Zum einen markierte er die Argumentation von Nerstheimers Anwalt als über alle Maßen abstrus und lächerlich; auch mich brachte er damit zum Lachen. Auf diese Weise suggerierte er bereits, dass er Nerstheimer für einen skurrilen Einzelfall hielt, der nicht weiter ernst genommen werden muss. Noch deutlicher wurde dieses Urteil dann in seiner Antwort auf Johannes' Frage, wer Nerstheimer eigentlich sei: »Der einzige Homophobe unter unseren 150 Landtagsabgeordneten.« Einer von 150, mit anderen Worten: keine schlechte Quote.

Andreas zufolge handelte es sich bei Nerstheimer um einen AfD-Politiker, der eindeutig als homophob zu bezeichnen war. Nerstheimer hatte Homosexuelle nicht nur als »widernatürlich«, sondern darüber hinaus auch als »degenerierte Spezies« und als »Fehler im Programm« der Natur bezeichnet (queer.de 2016). In diesem Fall deckten sich Andreas' und meine Einschätzung, dass es sich um Homophobie handelte. In ungewohnter Offenheit erzählte uns Andreas im weiteren Verlauf des oben geschilderten Gesprächs, dass Nerstheimer ihn auf einem Treffen der Patriotischen Plattform, einer Vereinigung des völkisch-nationalistischen Flügels der AfD, nicht einmal gegrüßt habe, und bestätigte so aus erster Hand den Eindruck, den der B.Z.-Artikel erweckte. Inzwischen sei Nerstheimer aber aus der Patriotischen Plattform ausgeschlossen worden: »So jemanden können wir in der Partei nicht gebrauchen.«

Eine Lesart der Situation könnte sein, dass Andreas sich genötigt sah, hier »ausnahmsweise« einen Fall von Homophobie in der AfD eingestehen zu müssen, weil der homophobe Charakter von Nerstheimers Aussagen nicht zu leugnen war. Dagegen spricht jedoch, dass Andreas den Fall regelrecht zelebrierte. Naheliegender ist deswegen die Interpretation, dass er gewissermaßen in die Offensive ging, um die Deutungshoheit zu behalten: Als »einziger Homophober« unter den Landtagsabgeordneten der AfD, das heißt als absolute Ausnahme, bestätigt Nerstheimer die Regel, der zufolge die AfD nicht homophob ist. Die kategorische Grenzziehung gegenüber dem extremen Außen kann auf diese Art und Weise ohne Widerspruch, so scheint es, aufrechterhalten werden. Im Januar 2020 wurde Nerstheimer aus der AfD ausgeschlossen und trat danach in die NPD ein, wie im November 2020 bekannt wurde (Kiesel/Salmen 2020). Sein Mandat im Abgeordnetenhaus behielt er.

Von homophoben »Einzelfällen« sprach im September 2019 auch Alice Weidel, die Fraktionsvorsitzende der AfD im Bundestag, in einem Interview mit der Schweizer *Weltwoche*, die der rechtskonservativen Schweizerischen Volkspartei nahesteht. Der rhetorische Aufbau ist ähnlich wie bei Andreas: Sie spricht erst überraschend offen über Erlebnisse von Homophobie in der Partei (die sie allerdings nicht als solche benennt), nur um dann zu betonen, dass homophobes Verhalten nicht geduldet werde.

[Weltwoche:] »Mit Ihrem Lebensstil – Sie leben mit einer Frau zusammen, die aus Sri Lanka stammt, und ziehen gemeinsam zwei Kinder gross – entsprechen Sie nicht gerade dem AfD-Klischee einer Partei mit konservativem Familienbild. Hatten Sie parteiintern je Probleme deswegen?«

[Alice Weidel:] »Klar. Heute noch.«

[Weltwoche:] »Können Sie das ausführen?«

[Alice Weidel:] »Als ich mich in Baden-Württemberg erstmals auf die Liste habe setzen lassen, das war 2016, da hat der damalige rechte Parteiflügel mobilisiert, dass jemand wie ich doch nicht die Liste anführen könne, weil ich das konservative Familienbild nicht repräsentiere.«

[Weltwoche:] »Wie haben Sie reagiert?«

[Alice Weidel:] »Ich wurde Gott sei Dank darauf angesprochen, am Tag der Wahl, auf der Toilette. Ich kann ziemlich laut werden. Dieser Frau habe ich deutlich meine Meinung gesagt. Danach war sie möglicherweise eine Zeitlang taub.«

[Weltwoche:] »Das sind einschneidende Erfahrungen.«

[Alice Weidel:] »Ja, ich muss zugeben, dass mich das auch verletzt.«

[Weltwoche:] »Führen solche Erlebnisse zu Entfremdungsgefühlen gegenüber der Partei? Im Sinne von: ›Zu dieser Gruppe will ich nicht gehören‹? Oder muss man das einfach wegstecken können?«

[Alice Weidel:] »Es passiert ja nicht häufig. Aber wenn es passiert, so nehme ich das persönlich, das trifft mich, und da reagiere ich auch darauf. Das führt aber nicht zu einer Entfremdung, weil das Einzelfälle sind. Bei uns ist das überhaupt nicht hoffähig: Kommt so etwas raus, wird die Person abgestraft.« (Bandle 2019: o.S.)

Weidel gibt unumwunden zu, dass sie parteiintern »Probleme« mit ihrem »Lebensstil« hat und dass diese Probleme im Zusammenhang damit stehen, dass sie das konservative Familienbild der Partei nicht repräsentiert. Das Wort *Homophobie* wird weder von ihr noch von den Interviewern genannt. Angesichts der in der bisherigen Analyse dargelegten Eindeutigkeit, mit der die AfD sonst zurückweist, homophob zu sein, überrascht die Klarheit ihrer Antwort zunächst dennoch. In ihren Ausführungen betont Weidel in drastischen Worten sowohl ihre Resolutheit im Umgang mit solchen Erfahrungen (»Ich kann ziemlich laut werden. Dieser Frau habe ich deutlich meine Meinung gesagt. Danach war sie möglicherweise eine Zeitlang taub.«) als auch ihre Verletzlichkeit. Weidel, so erscheint es in ihrem Narrativ, lässt sich von diesen Erfahrungen affizieren: Sie bewegen etwas in ihr und erzeugen eine Gegenreaktion. Als Fraktionsvorsitzende im Bundestag, die gleichwohl vom Wohlwollen der Basis abhängig ist, wird deutlich, dass ihre Position machtvoll und prekär zugleich ist. Dies steht im Gegensatz zu Andreas, der seine Erfahrungen mit Homophobie in der Partei »weglacht« und sich dadurch selbst als unangreifbar konstruiert. Während er sich einen solchen »Einzelfall« nicht weiter zu Herzen nimmt – möglicherweise auch, weil er nicht so viel zu verlieren hat –, erscheint Weidel als angreifbar. Doch sowohl die Angegriffene als auch der Unantastbare stimmen letztlich in ihrer Einschätzung überein, dass solche Fälle Ausnahmen seien, die die Regel in der AfD bestätigen: »Bei uns ist das überhaupt nicht hoffähig.« Mehr noch: Einzelfälle erscheinen geradezu willkommen, da sie eine Möglichkeit bieten, zu beweisen, dass die rigorosen Mechanismen der kategorialen Grenzziehung greifen: »Kommt so etwas raus, wird die Person abgestraft.« Die Eindeutigkeit ist wiederhergestellt.

Ich komme nun zu jenen Momenten, in denen meine Gesprächspartner mit diesen eindeutigen Grenzziehungen brechen. Zuerst gehe ich darauf ein, welche Rolle selbstironischer Humor dabei spielt, und anschließend auf faschistische Ästhetik.

»Manche fahren zum Braunwerden in den Urlaub. Patrick kommt zu uns«

Jan, ein Landtagsabgeordneter aus dem Ruhrgebiet, hat mich für unser Interview in seine Wohnung eingeladen. In meinen Augen ist sie sehr bieder eingerichtet: Jagdhundkissen auf Chesterfield-Sofa, Gelsenkirchener Barock – dabei ist er erst Anfang 30. Auf einer Anrichte stehen zwei Fotos: Eins zeigt ihn in Bundeswehruniform, das Schwarzweißfoto daneben wahrscheinlich einen Vorfahren, ebenfalls in Militäruniform. An der Wand hängt ein großes Porträt von Friedrich dem Großen, daneben eine Zeichnung des alten Berliner Schlosses. Jan scheint meinen voyeuristischen Blick zu bemerken und lacht: »Jetzt bist du mal bei einem Nazi zu Hause!«

In meinen Feldnotizen finden sich zahlreiche selbstironische Äußerungen dieser Art, die ich mir oft in ihrem Wortlaut notierte. Um einen Eindruck davon zu vermitteln, wie stark die Kommunikation meiner Gesprächspartner davon geprägt ist, gebe ich hier einige dieser Feldnotizen kondensiert und in chronologischer Reihenfolge wieder:

Beispiel 1, 29.01.2017: Auf einer Tagung der AHO sind zwei Gäst_innen anwesend: die »minderheitenpolitische Sprecherin« einer Landtagsfraktion der AfD und ihr Lebensgefährte. Er erzählt von einem Gespräch mit seiner Bäckerin, die überrascht gewesen sei, dass er AfD-Mitglied ist. »Sie sind in der AfD? So sehen sie ja gar nicht aus!« Gelächter. Sie ergänzt: »Ja, die Springerstiefel sind gerade beim Schuster und die Bomberjacke ist in der Reinigung!«

Beispiel 2, 29.01.2017: Während des Arbeitsteils auf derselben Tagung wird eine Facebook-Kampagne geplant. Jemand macht den Witz: »Wollen wir das am 20. April starten?«[6]

Beispiel 3, 11.06.2017: Gregor macht Scherze darüber, dass ihm die AHO-Treffen nicht offensichtlich genug schwul sind: »Wie wäre es beim nächsten Mal mit Regenbogenpopcorn?« Jens wiegelt ab: »Das ist mir zu tuntig«, woraufhin Andreas in das Gespräch einsteigt und Jens »ermahnt«: »Sei doch mal offen!« Jens entgegnet: »Ich bin nicht offen, ich bin Rechter!« Die drei lachen.

---

6 Der 20. April war der Geburtstag Adolf Hitlers.

Beispiel 4, 12.06.2017: Fabian liest einen Artikel von Spiegel online vor: »Verhafteter Islamist war früher Neonazi«. Jens meint: »Waren wir das früher nicht alle mal?«, woraufhin Gregor ergänzt: »Und heute sind wir Patrioten!«. Jens sagt in meine Richtung: »Schreib das mit!« Dabei wird gelacht, aber mir bleibt unklar, was genau daran Ernst und was Scherz ist.

Beispiel 5, 12.03.2018: Ich begleite Andreas bei einem seiner Vorträge in einen hessischen Kreisverband. Ein Mitglied des Kreisverbandes holt Andreas und mich vom Bahnhof ab. Andreas fällt auf, dass ich mir während der Autofahrt auf meinem Handy Notizen mache und sagt: »Der Patrick schreibt auch alles immer ganz fleißig mit!« Wir flachsen ein bisschen darüber. Andreas: »Die ›Sieg-Heil‹-Rufe streichst du aber bitte!«

Beispiel 6, 17.06.2018: Während einer Tagung der AHO gehen wir Minigolf spielen. Fabian hat am Ende 88 Punkte. Ich: »Ach, das passt doch zu dir!« Gregor, der die Punkte zusammenzählt, reagiert theatralisch: »Oh nein, das müssen wir zensieren!« und streicht die 88 wieder durch.[7]

Die Beispiele zeigen, wie meine Gesprächspartner_innen sich den »Nazi-Vorwurf« aneignen und ihn überzeichnen – und dass sie daran Spaß haben. Mit Moritz Ege gesprochen handelt es sich um Praktiken der »Selbst-Figurierung« (Ege 2013: 63), das heißt eine imaginäre, in diesen Fällen ironisch gebrochene Identifikation mit der Figur des »Nazis«. Während in Beispiel 1 ein AfD-Mitglied damit seine Schlagfertigkeit demonstriert, sind Beispiele 2 bis 6 »Humorsituationen« (Heissenberger 2018: 216) innerhalb der Gruppe, wobei ich in den Beispielen 4 und 5 einbezogen werde und in Beispiel 6 selbst den Scherz mache: In Beispiel 4 werde ich von einem der Beteiligten als Publikum der Situation adressiert. Damit wird der Scherz noch gesteigert und Selbstbewusstsein demonstriert (»Schreib das mit!«). In Beispiel 5 werde ich dagegen zum Objekt des Humors, da es mein – leicht unangemessenes – Verhalten ist, das eine humorvolle Reaktion auslöst. Beispiel 6 ist schließlich eine Situation, in der ich selbst den Humor initiiere und über jemanden frotzle, was von einem Dritten aufgegriffen und weitergeführt wird.

---

[7] Die Zahl 88 gilt in Anspielung auf den achten Buchstaben des Alphabets in neonazistischen Kreisen als Chiffre für die verbotene Grußformel »Heil Hitler«.

Zwei jüngere deutschsprachige Ethnografien, die sich mit Humor im Allgemeinen und Selbstironie im Speziellen beschäftigen, sind Stefan Heissenbergers Monografie *Schwuler* Fußball* (Heissenberger 2018) und Stefan Wellgrafs *Hauptschüler* (Wellgraf 2012). Beiden ist gemein, dass sie sich mit Formen und Funktionen von Humor in gesellschaftlich (objektiv) marginalisierten Feldern beschäftigen. Sie unterscheiden sich darin, dass die von Heissenberger ethnografierte »Freizeitmannschaft« als ein Feld des selbstbestimmten Empowerment verstanden werden kann, während es sich in Wellgrafs Fall – drei Berliner Hauptschulen – um ein zentrales Feld der Marginalisierung seiner Akteur_innen handelt, wie der Untertitel seiner Monografie deutlich macht: *Zur gesellschaftlichen Produktion von Verachtung.*

Ich argumentiere im Folgenden, dass sich in selbstironisierenden Humorpraktiken wie den oben beispielhaft vorgestellten ein Selbstbild von äußerst rechten Akteur_innen als *marginalisiert* zeigt. Wie Simon Strick schreibt, haben sich rechte Gefühlspolitiken insofern geändert, als sie nicht mehr (nur) um das Ressentiment gegenüber abgewerteten Minderheiten kreisen, sondern die Position der äußersten Rechten selbst als eine marginalisierte Opferposition emotionalisieren. Strick zeigt dies insbesondere als ein verändertes *doing gender*, als rechte Männlichkeit, die sich als bedroht stilisiert und im Zweifel auch mal öffentlich weint: »Der Faschist emotionalisiert sich reflexiv als rassistisch Verfolgter, als politisches Opfer, als ethnische Minderheit – als Alternative Rechte« (Strick 2021: 178). Während Strick vor allem auf strategische Inszenierungen abhebt, in denen Rechte ihre Trauer und ihren Schmerz darüber zum Ausdruck bringen, eine »›gefühlt‹ unterdrückte und drangsalierte Minderheit« (ebd.) zu sein, bedienen die Humorpraktiken aus meinem Feld ein ganz anderes affektives Register: Die Selbstironie meiner Gesprächspartner lässt sich als eine Form von Selbstermächtigung interpretieren, mit der sie auf die »Marginalisierungserfahrung« reagieren. Im Unterschied zu Strick halte ich diese Erfahrung jedoch nicht bloß für strategische Inszenierung, sondern – jedenfalls in Bezug auf meine konkreten Gesprächspartner_innen – für die authentische Wahrnehmung der eigenen Position in der Welt. Der Verlust von Freundschaften oder die (reale oder befürchtete) Stigmatisierung am Arbeitsplatz machen ihnen durchaus zu schaffen. Dies wird zum Beispiel in Hendriks Fall deutlich, der wegen seiner Parteizugehörigkeit nicht nur Schwierigkeiten bei der Partnersuche hatte, sondern beispielsweise auch ein Ehrenamt aufgeben musste, weil er in dem Verein nicht länger erwünscht war, nachdem er bei den Landtagswahlen für die AfD kandidiert hatte.

Insofern dürften viele AfDler_innen ihre Partei als ähnlich »sicheren Raum« (Heissenberger 2018: 12) empfinden wie Heissenbergers schwule Fußballer ihren Verein und durch sie »empowert« werden. Insbesondere Beispiel 3 ist in dieser Hinsicht instruktiv, da es zeigt, wie eine negative Zuschreibung von außen (nicht »offen« zu sein) angenommen und selbstbewusst als Indiz für die eigene politische Verortung herangezogen wird: »Ich bin Rechter!«. Wellgraf zeigt, wie Hauptschüler_innen das Vorurteil, sie seien dumm und faul, selbstreflexiv und »clever« einsetzen, um Arbeitsverweigerung zu rechtfertigen: »Aber wir sind doch Hauptschüler!« Die Lehrer_innen sehen ihre negativen Annahmen dadurch wiederum bestätigt (Wellgraf 2017: 189). Auf vergleichbare Art wird in Beispiel 3 mit der Aussage »Ich bin nicht offen, ich bin Rechter!« das Vorurteil strategisch bestätigt und dabei allerdings auch misogyne Tuntenfeindlichkeit legitimiert. Darin steckt der Versuch, den Raum des Sagbaren zu erweitern und zugleich den Begriff *rechts/Rechte_r*, der im deutschsprachigen Raum tendenziell negativ konnotiert ist und selbst von Konservativen gemieden wird, mit einer positiven Bedeutung zu versehen und so zu resignifizieren.

In der im Feld gängigen Selbstironie steckt also eine Selbstermächtigung angesichts der Betitelung als »homophobe Nazis«. Wellgraf schreibt: »Humor und Komik dienen [...] nicht nur der Unterhaltung, sondern auch der Aushandlung von Zugehörigkeiten [...] sowie der Gewinnung von Deutungsmacht angesichts von Stigmatisierungs- und Prekaritätserfahrungen« (Wellgraf 2017: 187). Doch während Wellgraf einen optimistischen und wertschätzenden Blick auf sein Feld gewinnt, indem er »Scherze und witzige Performances« politisch »als subversive Praktiken deute[t], als listig-raffinierte, verblüffend-entwaffnende und häufig scheinbar beiläufig artikulierte Formen von Kritik« (ebd.: 187), erscheinen die selbstironischen Instanzen in meinem Feld gerade deswegen als verstörend und beunruhigend. Auch mir kam der selbstironische Humor meiner Gesprächspartner_innen teilweise »listig-raffiniert« vor. Auch ich war verblüfft und argumentativ entwaffnet, als ich mich während einer AHO-Tagung dem Wirt des Gasthauses als Forscher vorstellte und Jens ihm daraufhin »erklärte«: »Manche fahren zum Braunwerden in den Urlaub. Patrick kommt zu uns.«

Kann es jemanden überhaupt noch treffen, als Nazi bezeichnet zu werden, wenn es ihn_sie dermaßen amüsiert? Nutzen sich die politischen Waffen der Stigmatisierung ab, wenn sie auf diese Selbstironie treffen? Womöglich erscheint der Bäckerin aus Beispiel 1 das Gegenüber aus der AfD umso sympathischer, wenn es so schlagfertig reagiert; und Beispiel 3 illustriert, wie gesagt, dass der immer wieder artikulierte Vorwurf, »die Rechten« seien nicht »offen«, selbstbewusst angeeignet werden kann und die Identifizierung mit der (bisher noch) stigmatisierten Bezeichnung *rechts* stärkt. Heissenberger schreibt, dass in gruppenspezifischem Humor die »performative Seite des Humors« deutlich wird, »da sich die Gruppe durch die wiederholten Scherze ihrer selbst versichert« (Heissenberger 2018: 214 f.). Im Humor selbst wird die Gruppe als solche hervorgebracht; es wird, wie Wellgraf es nennt, *ausgehandelt*, wer zur Gruppe gehört, was sie ausmacht, und worin ihre Praktiken bestehen (Wellgraf 2017).

Anhand von zwei der oben genannten Beispiele möchte ich dies noch etwas ausführen. In Beispiel 5 bin ich von Anfang an Teil der Humorsituation. Hier ist es mein Verhalten, das zu einer scherzhaften Reaktion durch Andreas führt. Er durchschaut, dass ich nicht etwa »unschuldige« Nachrichten schreibe, sondern Feldnotizen mache. Sein Humor ist in eine komplexe Situation eingebettet: Er erzielt sowohl bei unserem Fahrer als auch bei mir jeweils einen doppelten Effekt. Gegenüber unserem Fahrer, den wir soeben erst kennengelernt haben und der irritiert davon sein könnte, dass Andreas einen Forscher mitgebracht hat, signalisiert er – einerseits –, dass ich harmlos bin. Andererseits steckt in seinem Scherz eine sehr ernste Botschaft an unseren Gastgeber, die er ohne den Einsatz von Humor nicht hätte übermitteln können, ohne mich vor den Kopf zu stoßen: nämlich der Hinweis, dass sie unter Beobachtung stehen. Beide Botschaften (er ist zwar harmlos, aber aufmerksam) werden dadurch, dass er das Nazi-Stereotyp überzeichnet, noch gesteigert. Denn diese Art Humor setzt eine gewisse Vertrautheit zwischen ihm und mir voraus, die er unserem Gastgeber damit demonstriert. In dieser Überzeichnung steckt entgegen seiner wörtlichen Formulierung auch eine Nachricht an mich, nämlich dass sie nichts zu verbergen haben: Da es sowieso nicht zu »Sieg-Heil«-Rufen kommt, wird es für mich nichts zu notieren geben, was der Zensur bedürfte. Doch er gibt mir dadurch auch zu verstehen, dass nicht nur ich sie beobachte, sondern auch sie mich. In der Situation beobachtet er, dass ich mitschreibe – im Rahmen meiner teilnehmenden Beobachtung (zumindest an dieser Stelle) eigentlich ein Fehlverhalten, das ich nur unzureichend vertusche. Dank seiner humoristischen Intervention kann ich jedoch mein Gesicht wahren. Aber seine ironische Bitte hat auch einen ernsten Kern. Er erinnert mich daran, wie er *nicht* dargestellt werden möchte: als Nazi. Insofern lässt sich sein Scherz als normative Anrufung sowohl an den Fahrer als auch an mich lesen.

In Beispiel 6 schließlich, dem chronologisch letzten in der Reihe, bin ich nicht bloß Publikum oder Objekt des Humors. Mit der Linguistin Susanne Günthner gesprochen, bin ich hier »Frotzelsubjekt: diejenige [...] Person, die die Frotzeläußerung produziert und damit die Frotzelsequenz initiiert« (Günthner 1996: 83). Eine derartige Handlung erfordert nicht nur einiges an Vertrautheit, sie »bestätigt auch die Intimität der Beziehung« (Kotthoff 1996: 15). Die Situation ist ein Beispiel dafür, dass ich mir die Nazi-Anspielungen meines Feldes aneignete, um damit sowohl meine Vertrautheit mit der Gruppe und meinen Status als Eingeweihter als auch meine Distanz zu ihnen zu markieren. Letzteres wird daran erkennbar, dass es ein unbeteiligter Dritter ist, nämlich Gregor, der den Scherz aufgreift und fortführt, und nicht das eigentliche Objekt meines Frotzelns (Fabian). Gregor scheint sich mit Fabians Minigolf-Ergebnis zu identifizieren. Er hätte meinen Scherz gegenüber Fabian auch verstärken und diesen als den »eigentlichen« Nazi in der Runde markieren können. Stattdessen tut er so, als würde *er* sich ertappt fühlen, stellvertretend für Fabian beziehungsweise die Gruppe, und zwar im Lichte *meiner* Entdeckung. Während ich in Beispiel 5 scherzhaft dazu angehalten werde, potenziell stattfindende rechtsextreme Handlungen in meinen Notizen zu zensieren, ist es hier bereits zu spät: Die Handlung ist bereits geschehen und die Zensur (mir gegenüber) greift. An diesem Beispiel zeigt sich in paradigmatischer Weise, dass meine methodologische Strategie des *strategischen Agonismus* (Kapitel 2.3) ambivalent ist, weil eine gewisse Doppelbödigkeit für Frotzeleien charakteristisch ist: Das Frotzeln ermöglicht es, Kritik zu äußern, »ohne daß die Atmosphäre darunter leiden würde; im Gegenteil: Die Frotzelsequenz ist sogar unterhaltsam und setzt trotz ihres irritierenden Moments den geselligen Rahmen fort« (Günthner 1996: 93). Frotzelaktivitäten, die Günthner zusammenfassend als »Formen kontrollierter Irritation« (ebd.: 102; Hervorh. nicht übernommen) beschreibt, erscheinen damit als eine bevorzugte Forschungspraktik einer Ethnografie von Rechtsaußen. Zugleich steckt darin aber auch die Gefahr, die Ambivalenz einer solchen Ethnografie; denn immerhin, wie oben bereits zitiert, »bestätigt [das Frotzeln] auch die Intimität der Beziehung« (Kotthoff 1996: 15). An welcher Stelle das gesellige Frotzeln mit äußerst rechten Forschungsteilnehmenden zu weit geht, muss situativ entschieden werden, was nicht immer leicht ist.

Wenn durch den selbstironischen Humor meiner Gesprächspartner_innen die Identität der Gruppe ausgehandelt wird, dann lässt sich zusammenfassend sagen, dass letztlich ambivalent bleibt, was Ernst und was »nur Spaß« ist. Die selbstironischen Praktiken meiner Gesprächspartner_innen wirken einer klaren, eindeutigen Verortung als (nicht-)rechtsextrem entgegen. Indem sie Humor als Verpackung nutzen, können sie so tun, als seien ihre Bezugnahmen auf rechtsextreme und neonazistische Signifikanten *uneigentlich*. Dadurch reklamieren sie Deutungshoheit und vergrößern ihren Handlungsspielraum gegenüber ihren politischen Feinden. Die Ambivalenz meiner Gesprächspartner_innen gegenüber Rechtsextremen besteht gerade darin, dass, mit Wellgraf gesprochen, durch Selbstironie »die Grenzen zwischen [...] Affirmation und Distanzierung [...] nicht klar markiert werden« (Wellgraf 2017: 191).

Das Beunruhigende daran ist, dass meine Gesprächspartner_innen einen erstaunlichen »Sinn für Humor« an den Tag legen, wenn es darum geht, mit jenen strategischen Stigmatisierungen umzugehen, die die AfD-kritische Öffentlichkeit mehr oder weniger erfolgreich »gegen Rechts« mobilisiert. In Bezug auf den ironischen und parodisierenden Humor von Hauptschüler_innen hält Wellgraf eine Ambivalenz fest, die daraus resultiert, dass dieser Humor es seinen Gesprächspartner_innen einerseits erleichtert, mit Stigmatisierungen umzugehen, andererseits trotz seines subversiven Potenzials letztlich auch zur Reproduktion dominanter, abwertender Diskurse beiträgt (ebd.: 201). In krassem Gegensatz zu Wellgrafs Feld sind viele meiner Gesprächspartner_innen jedoch mit dem ökonomischen, kulturellen und sozialen Kapital ausgestattet, das es ihnen durchaus ermöglichen könnte, erfolgreich in die gesellschaftlichen Diskurse über sie zu intervenieren und den dominanten Bildern und Vorstellungen über sie neue Deutungen entgegenzusetzen – auch mit den Mitteln von Humor.

»Männer, die um ihr Land kämpfen«

Erste Szene. Auf unserer Autofahrt nach Oberbayern, wo der oben erwähnte Vortragsabend stattfindet, kommen Fabian, Andreas und ich an Regensburg vorbei. Fabian besteht darauf, einen kleinen Umweg über die Walhalla zu machen, die Andreas und ich noch nicht gesehen haben. Die Walhalla – ein klassizistischer Prachtbau im Stile des Parthenons in Athen – thront hoch über der Donau. Es ist strahlender Sonnenschein. Wir blicken von den obersten Stufen hinab auf den Fluss. Fabian scheint ergriffen von der Atmosphäre und lässt sich von mir mit stolz geschwellter Brust fotografieren, die Hand napoleonesk ins Revers gesteckt. Das kommt mir reichlich pathetisch und lächerlich vor; aber auch ich kann mich des Effekts nicht erwehren, den diese Umge-

bung auf mich hat: Wie von selbst richte ich mich auf, atme ruhiger, lasse meinen Blick über die Landschaft schweifen. Doch sogleich ergreift mich ein Schaudern. Auf einem Marmorstein lese ich die Worte des Königs Ludwig I., der die Walhalla 1842 eröffnete: »Möchte Walhalla förderlich sein der Erstarkung und Vermehrung deutschen Sinnes! Möchten alle Deutschen, welchen Stammes sie auch seien, immer fühlen, dass sie ein gemeinsames Vaterland haben, ein Vaterland, auf das sie stolz sein können, und jeder trage bei, soviel er vermag, zu dessen Verherrlichung.«

Zweite Szene. Fabian zeigt mir ein Foto, das er auf der Facebook-Seite der AHO gepostet hat. Darauf ist er mit zwei weiteren jungen Männern abgebildet: Aus einer Froschperspektive ist zu sehen, wie sie gemeinsam in aufrechter Haltung auf einer Aussichtsplattform oder einem Turm stehen, der sich in eine steinerne Mauer einfügt, und Richtung Horizont blicken. Fabian hat die eine Hand in die Hosentasche gesteckt, die andere Hand liegt, zur Faust geballt, auf dem Geländer. Die Unterschrift lautet: »Männer, die um ihr Land kämpfen – #HomosexuelleinderAfD«. Erst als ich den Ort lese, den Fabian auf dem Post markiert hat, wird mir klar, wo die drei stehen: Nürnberg. Es ist das Reichsparteitagsgelände – und wie mir noch viel später bewusst wird, die Sprechkanzel auf der Zeppelinhaupttribüne, von der aus Adolf Hitler Paraden abnahm. Fabian erzählt, ihm sei es mit dem Foto darum gegangen, zum Nachdenken über den Umgang mit der deutschen Geschichte anzuregen. Dieser Facebook-Post habe innerhalb der Homosexuellen in der AfD eine Debatte über »Patriotismus« angestoßen – und zum endgültigen Bruch der »liberalen« mit den »patriotischen« Homosexuellen geführt.

Dritte Szene. Im Oktober 2018 kandidiert Fabian für den Bayerischen Landtag und ich begleite ihn ein paar Tage während des Wahlkampfs. In seiner Wohnung hängen überall selbst ausgedruckte Fotos aus Pornos – nackte Twinks[8] werfen mir laszive Blicke zu – und in einer Eckvitrine präsentiert Fabian seine beeindruckende Auswahl an Sexspielzeugen. Fabian zeigt mir sein Arbeitszimmer: Ein Schreibtisch steht mitten im Raum, darauf links und rechts zwei kleine Deutschlandfahnen. An der Wand gegenüber sehe ich ein Plakat, auf das er von seinem Schreibtisch aus blicken kann. Es zeigt die Große Halle von Hitlers sogenannter »Reichshauptstadt Germania«, darüber der Spruch: »Das Tor ins neue Jahrtausend«. Wie ich hinterher recherchiere, lässt sich das Poster bei einschlägigen rechtsextremen Versandhandeln im Internet bestellen, deren Betreiber häufig bekannte Neonazis sind. Ich klappe meine Kinnlade wieder hoch

---

8 Im schwulen Jargon werden junge, schlanke oder athletische, unbehaarte, meist *weiße* Männer als *Twinks* bezeichnet.

und versuche mich an eine Prämisse meiner Forschung zu erinnern, nämlich dass es keine inhärente Wesensverwandtschaft zwischen Homosexualität und linkem Denken gibt. Trotzdem stehe ich ungläubig vor so viel Explizitheit, so viel zur Schau gestellter phallischer Potenz. Keine Ironie, keine Zwischentöne: Die Einrichtung scheint zu sagen, wer hier wohnt, ist so richtig schwul und so richtig rechts, find' dich damit ab.

Für Fabian, so interpretiere ich diese Momente, äußert sich das Politische in einer bestimmten Form der ästhetischen Erfahrung, die er im Angesicht der monumentalen Bauten nationalistischer und teilweise nationalsozialistischer Architektur macht. Kommt diese Erfahrung im Fall der Walhalla zunächst noch als vermeintlich unpolitisch daher, so bezieht sie sich im Fall des Fotos auf dem Reichsparteitagsgelände und des Posters der »Reichshauptstadt Germania« offen auf den Nationalsozialismus. Doch in allen drei geschilderten Momenten ist sie von faschistischer Ästhetik inspiriert, oder mit Walter Benjamin formuliert: Diese Ästhetisierung des Politischen *ist* faschistisch (Benjamin 1991b: 506 ff.). Diese These will ich kurz ausführen.

Das Reichsparteitagsgelände in Nürnberg, die heroische Kulisse für Fabians Foto, war Schauplatz von Leni Riefenstahls Film *Triumph des Willens*, ein »Dokumentarfilm« über den Reichsparteitag der NSDAP von 1934.[9] Aufnahmen von ekstatischen Menschenmassen wechseln sich hier ab mit perfekten Choreografien uniformierter Männer und Close-ups von begeisterten Menschen, die ihrem »Führer« zujubeln. In ihrem Essay »Faszinierender Faschismus« von 1974 schreibt Susan Sontag, faschistische Ästhetik sei »Ausfluß (und Rechtfertigung) eines besonderen Interesses an Situationen, in denen Beherrschung, Unterwerfung, außergewöhnliche Anstrengung und das Ertragen von Schmerzen zum Ausdruck kommen« (Sontag 2003 [1974]: 113). Sie propagiere »zwei scheinbar gegensätzliche Eigenschaften: Ichbezogenheit und Untertanengeist« (ebd.). Riefenstahls Ästhetik sei nach wie vor effektiv, weil die Sehnsüchte, an die sie appelliere, immer noch empfunden würden. Der Inhalt dieser kulturellen Produkte übe immer noch eine Anziehung auf viele aus: »das Ideal des Lebens als Kunst, de[r] Kult der Schönheit, de[r] Fetisch des Mutes, die Überwindung der Entfremdung im ekstatischen

---

9 Die Bezeichnung »Dokumentarfilm« ist insofern irreführend, als der Parteitag selbst in enger Abstimmung mit Riefenstahl geplant wurde und im Hinblick auf diese Verfilmung in Szene gesetzt wurde (Sontag 2003 [1974]: 102). Ein »Dokument« ist der Film »nicht einfach für den Nationalsozialismus, wie er wirklich gewesen ist, sondern [...] dafür, wie sich der Nationalsozialismus selbst gern gesehen hat« (Loiperdinger 1987: 10).

Gemeinschaftsgefühl, die Ablehnung des Intellekts, die Menschheit als große Familie (mit Führern als Vater- und Mutterfiguren)« (ebd.: 118).

Dass die nationalsozialistische Architektur in der Tat auch heute noch ihre Anziehungskraft zu entfalten vermag und faszinierend auf Besucher_innen wirken kann – im Sinne von vereinnahmend und erhebend ebenso wie abstoßend und beängstigend –, zeigt sich auch in Sharon Macdonalds Ethnografie über das Reichsparteitagsgelände (Macdonald 2009). Macdonald beschreibt ihre Begegnung mit »Mr. Smith«, einem Engländer Ende 60, der nach eigenem Bekunden sein ganzes Leben lang die Geschichte des »Dritten Reichs« studiert hat und sich vollends beeindruckt von der Kulisse gibt: »You've got to admit it, it's impressive. You can feel the power of the place, feel the power of the buildings. Can't you?« (ebd.: 43). Mr. Smith, der berichtet, die Bombardierung von Portsmouth als Kind selbst erlebt zu haben (ebd.: 169), äußert offene Bewunderung für Hitler und den Nationalsozialismus »until it went wrong in 1936« (ebd.: 43).

Fabian betonte mir gegenüber mehrfach seinen emotionalen Zugriff auf das Politische, meist wenn es um historische, kulturelle und politische Themen ging, mit denen er sich – offenbar im Gegensatz zu Mr. Smith – nicht auskannte. Er sei eben ein »Gefühlsnationalist«, sagte er in diesem Zusammenhang zu mir. Zwar wusste er nichts über die meisten der Persönlichkeiten und Ereignisse, deren Büsten und Gedenktafeln in der Walhalla ausgestellt sind. Doch das tat seinem ästhetischen Genuss des Ortes keinen Abbruch. Das Versprechen des Nationalen – Grandiosität, Stärke, Überlegenheit verbunden mit Kraft, Jugend, Schönheit – löste in ihm Begeisterung aus. Aus seiner nostalgischen, erotisierenden Verherrlichung des Krieges machte Fabian keinen Hehl. In unserem Gespräch über das Foto auf dem Reichsparteitagsgelände sagte er: »Ich finde es schade, dass es heute in Europa keine Kriege und heroischen Ideale mehr gibt, kein Bestreben, andere Länder zu erobern. Gerade der Schwule kann das ja, weil er keine Verpflichtungen für Frau und Kinder hat. Dieses männliche Heldenideal wollte ich mit dem Foto zum Ausdruck bringen.« Benjamin schreibt: »Alle [faschistischen] Bemühungen um die Ästhetisierung der Politik gipfeln in einem Punkt. Dieser eine Punkt ist der Krieg« (Benjamin 1991b: 506; Hervorh. nicht übernommen).

Im Gegensatz zu ähnlich monumentalen, Kraft und Stärke verherrlichenden Ästhetiken anderer Totalitarismen ist die faschistische Ästhetik laut Sontag betont sexuell. Es handle sich um eine utopische Ästhetik der *physischen* Perfektion, die eine »ideale Erotik« impliziere: »Sexualität, umgewandelt in die magische Anziehungskraft der Führer und das Entzücken der Gefolgschaft. [...] Das Erotische (das heißt, die Frau) ist stets als Versuchung gegenwärtig, und die Reaktion, die am meisten Bewunderung verdient, ist die heroische Unterdrückung des sexuellen Triebes« (Sontag 2003 [1974]: 115). Mein Interviewpartner Torben, selbst heterosexuell identifiziert, sah darin einen möglichen Grund, warum sich schwule Männer von rechten Politiken angezogen fühlen könnten:

»Politik [ist eben] auch eine Formfrage und gerade rechte Parteien oder rechte Bewegungen hatten immer eine besondere Ästhetik und dadurch sind sie sicherlich auch für Homosexuelle interessant. Eine rechte Partei, ob das der Faschismus war oder auch jetzt – und ich will uns da jetzt nicht in einer geistigen Tradition nennen –, aber ich meine, das Rechte war immer ästhetischer und ist vielleicht dadurch auch ansprechender.« (IN 21)

Fabians kleine »Ausstellung« kann als Mise en Scène seiner politischen Einstellung gelesen werden, die ihm im privaten Raum des Alltäglichen die ästhetische Erfahrung ermöglicht, die für ihn das Politische ausmacht. Dass es nackte *Männer* sind, die in seiner Wohnung neben Hitlers »Reichshauptstadt Germania« hängen, ändert nichts an der symbolischen Ordnung, die sich laut Sontag in der faschistischen Ästhetik manifestiert: Denn seine Twinks – die unbehaarten jungen Männer – stehen für ebenjene Unterwerfung und Penetrierbarkeit, die sonst im Faschismus durch »die Frau« repräsentiert wird. Der Unterschied besteht vielmehr darin, dass von »Unterdrückung des sexuellen Triebes« bei Fabian keine Rede sein kann; bei ihm ist es eher explizite Geilheit.

Laut Benjamin besteht das Ziel der Ästhetisierung der Politik im Faschismus darin, die »proletarisierten Massen zu organisieren, ohne die Eigentumsverhältnisse, auf deren Beseitigung sie hindrängen, anzutasten. Er [der Faschismus] sieht sein Heil darin, die Massen zu ihrem Ausdruck (beileibe nicht zu ihrem Recht) kommen zu lassen« (ebd.). Ohne an dieser Stelle suggerieren zu wollen, dass der aus der Arbeiter_innenklasse stammende Fabian unter »falschem Bewusstsein« leidet: Seine Erzählung, wie er zur AfD gekommen ist, passt sehr genau zu Benjamins These von der Ästhetisierung der Politik im Faschismus. Im Interview erzählt Fabian:

»Mein Leben ging erstmal so weiter. Ich hab mich mit verschiedenen Jobs durchgeschlagen, was natürlich auch wieder politische Bildung war. Weil wenn du dich dauernd im Niedriglohnsektor bewegst, öfter mal mit dem Arbeitsamt zu tun hast, sei es wegen Aufstockung oder ähnlichem, dann wirst du ja immer wieder mit der Nase auf die Probleme und Ungerechtigkeiten in diesem Land gestupst. Du kommst ja gar nicht drum herum, du erlebst es ja dauernd am eigenen Leib. Dann zwischendrin hast du noch einen Euro, der immer weniger wert wird, Mietpreise, die steigen, Strompreise, die steigen, also es trifft dich ja alles von allen Seiten. Dann hast du hin und wieder mal Krankheiten [...]. Dann siehst du, hier darfst du zahlen, dort, und irgendwie kommt nichts rein. Also eigentlich [ist] mein Leben davon geprägt, die Probleme in unserem Land am eigenen Leib zu erleben (lacht), wenn man so will. Ja, und dann kam die AfD. Am Anfang muss ich sagen, fand ich die Partei uninteressant. Einfach weil es eine Wirtschaftspartei war. Wir haben über die Eurokrise geredet. Klar fand ich das nicht schön, dass wir Banken und Länder retten mit unserem Geld, aber das war im Kern nicht das, was mich bewegt. Mit dem Geld hatte ich ja eigentlich schon längst abgeschlossen. Wenn du immer so lebst, dass du merkst, das Geld ist dauernd eine Belastung, weil du keins hast, also dann musst du ja irgendwann mal damit umgehen und irgendwann sagst du dann – also zumindest war das halt bei mir so, dass ich gesagt hab –, Geld ist nicht das Erstrebenswerte. Es geht um andere Dinge im Leben. Und so ist dann ja auch meine politische Einstellung ausgerichtet. Klar wollen wir einen Wohlstand haben und halten, aber das ist nicht die Essenz, das ist nicht der Wert des Lebens eigentlich. Der Wert des Lebens ist ein anderer. Das ist Gesellschaft, das ist Spaß, das ist sich zu verwirklichen, das ist ein Gedanke, ein Nationalgefühl, das sind Werte im Leben. Und Geld ... Ja, das braucht man, aber das ist einfach eben kein Wert. Und dann hat mich das [der Eintritt in die AfD] eben noch nicht so gereizt, ja und dann kam halt der entscheidende Faktor. 2015. Mehr kann man dazu nicht sagen. Die Grenzöffnung.« (IN 18)

Gerade weil er ständig Probleme damit gehabt habe, sagt Fabian, habe er innerlich mit ökonomischen Fragen abgeschlossen. Worum es »eigentlich« gehe – die »Essenz«, »der Wert des Lebens« –, das seien letztlich in Worten schwer auszudrückende Affekte: »Das ist Gesellschaft, das ist Spaß, das ist sich zu verwirklichen, das ist ein Gedanke, ein Nationalgefühl, das sind Werte im Leben.« Fabian berichtet zu Beginn des Interviews ausführlich von seiner Politisierung schon zu Schulzeiten, doch vor seinem Eintritt in die AfD habe er sich etwa zehn Jahre lang nicht für Politik interessiert. Auf meine Frage, ob er sich genauer an den Moment erinnern könne, in dem er beschloss, wieder politisch aktiv zu werden, antwortet er:

»Ja, absolut. Es war ein Moment vorm Fernseher. (Lacht.) Man hat die Bilder gesehen: Die Massen an Migranten, die da kamen. Offene Grenzen. Ich mein, es waren ja auch – ich denk auch für dich –, es waren für jeden Menschen, glaube ich, egal welche politische Einstellung er hatte, ein bisschen furchterregende Bilder, oder? Es war schon eine Dramatisierung auch. Also, was man da gesehen hat und diese Gewalt, diese Übergriffe auch und dieses aggressive Eindringen irgendwo. Gut, es war ja auch faktisch unterlegt, das waren ja wirklich fast zwei Millionen,[10] die gekommen sind, und das war dieser Moment! Ich saß da vor dem Fernseher und ich war immer noch politisch derselbe, der ich zehn

---

10 Laut Bundesamt für Migration und Flüchtlinge kamen im Jahr 2015 890.000 Schutzsuchende nach Deutschland. Im Migrationsbericht 2015 wird erwähnt, dass insgesamt 2,14 Millionen Zu-

Jahre vorher war und ja, ich hab da einfach erkannt: jetzt oder nie. Ich bin auch jetzt noch davon überzeugt, dass es – und das kann man, meine ich, auch nicht bestreiten –, es geht schon jetzt wirklich um unser Fortbestehen, also um unser ethnisch-deutsches kulturelles Fortbestehen, so muss man's sagen, darum geht's. Das ist ja auch nichts Rassistisches, es kann ja durch einen natürlichen Ablauf enden. Wir wären ja nicht die erste Volksgruppe oder Kultur, die von der Bildfläche verschwindet, das gibt's. Und die Frage ist halt, wollen wir das? Und als Patriot und als rechter Politiker, der ein großes Nationalgefühl und Verbundenheit hat, will ich das natürlich nicht.« (IN 18)

Was Fabian im Jahr 2015 erneut politisierte, war ebenfalls eine ästhetische Erfahrung (»furchterregende Bilder«) und darüber hinaus eine sexualisierte, diesmal jedoch eine – für ihn – schreckenerregende (er bedient sich einer Vergewaltigungsmetapher: »dieses aggressive Eindringen«). Es liegt jenseits seiner Vorstellungskraft, dass andere Menschen (lies: andere *weiße* Deutsche) mit anderen Affekten oder Gedanken auf diese Bilder reagiert haben könnten. Es könnte nicht deutlicher werden, wer in Fabians politischem Imaginären die Rolle des *wirklichen Feindes*, »unseres« wirklichen Feindes einnimmt: die migrantischen, ethnisierten Anderen. In dieser Hinsicht besteht kein Unterschied zwischen der Ideologie des AfD-Politikers Fabian und der extremen Rechten.

Fazit: Homofeindlichkeit, »AfD-Feindlichkeit« und Ambivalenzen der Abgrenzung

Ausgangspunkt dieses Kapitels war die Beobachtung, dass es zum Selbstbild der AfD gehört, nicht homophob zu sein. Unter Homophobie beziehungsweise Homo*feindlichkeit* verstehen meine Gesprächspartner_innen die Ablehnung von Homosexualität als solcher, die sich in feindseligen, abwertenden Haltungen und Handlungen gegenüber Homosexuellen ausdrückt, von Beleidigungen über Verleumdungen bis hin zu tödlicher Gewalt. Diese Art der Homofeindlichkeit gilt für die AfDler_innen in meiner Studie als rechtsextrem; die Vignette über das Treffen der europapolitischen Sprecher zeigte, dass so verstandene Homofeindlichkeit sogar als das Erkennungsmerkmal schlechthin für Rechtsextremismus fungiert. Aus dem Selbstbild als ho-

---

züge registriert wurden, darunter auch EU-Bürger*innen und Deutsche (Bundesamt für Migration und Flüchtlinge 2016: 2).

motolerant ergibt sich dementsprechend auch eine imaginäre Abgrenzung und Distanzierung von Rechtsextremen; rhetorisch kann diese Homotoleranz insofern auch instrumentell eingesetzt werden. Dieser kausale Zusammenhang taucht jedoch auch umgekehrt auf; wir haben es mit einem Zirkelschluss zu tun. Denn wie sich anhand der Vignette über Sebastian und Fabian in einem oberbayerischen Gasthof zeigte, dient der Verweis darauf, nicht rechtsextrem zu sein, gleichzeitig als Beleg für die eigene Homotoleranz. So wie der Behauptung, nicht homophob zu sein, ein spezifisches Verständnis von Homophobie zugrunde lag, basiert auch die Behauptung, nicht rechtsextrem zu sein, auf einer bestimmten Definition des Rechtsextremismus, nämlich seiner Gleichsetzung mit (Neo-)Nazismus. Plakativ formuliert lautet das Argument: Wir verprügeln keine Homosexuellen, deswegen sind wir nicht homophob; und wir tragen keine Hakenkreuzarmbinden, deswegen sind wir nicht rechtsextrem. Auffällig ist an diesen Erzählungen die Eindeutigkeit, mit der die Grenzen zwischen »uns« (den nicht-homophoben Nicht-Rechtsextremen) und »denen« (den homophoben Rechtsextremen) gezogen werden. In den Erzählungen der Homosexuellen in meinem Sample ist jedoch auch eine gewisse Skepsis, ein Unbehagen gegenüber dieser Eindeutigkeit erkennbar: Anfeindungen gebe es in der AfD zwar nicht. Aber wer Homosexualität »überthematisiert«, wie Hendrik es formuliert, erzeuge damit Irritationen.

Für meine Gesprächspartner_innen ist plausibel, wieso sie – aus ihrer Sicht unzutreffend – von den Medien als homophob dargestellt werden: Weil ein so enger imaginärer Zusammenhang zwischen Rechtsextremismus und Homophobie besteht, ermöglicht es der Homophobie-Vorwurf, sie in die »rechtsextreme Ecke« zu schieben. Der Vorwurf der Homophobie wird in diesen Erzählungen zu einem machtvollen Instrument der Ausgrenzung und Stigmatisierung. Die Medien, stellvertretend für »den Mainstream«, zeigen damit ihr wahres Gesicht: *Sie* sind feindselig und intolerant und damit die »eigentlichen Nazis«. Das Narrativ lässt sich in folgendem Satz zusammenfassen: *Nicht die AfD ist homofeindlich, sondern der Mainstream ist AfD-feindlich.*

Nach dieser ersten Hälfte des Kapitels arbeitete ich anhand dreier Momente heraus, dass das Verhältnis zwischen AfD und den Figuren des »Nazis« und des »Rechtsextremen« trotz aller rhetorischer Abgrenzungen von Ambivalenzen durchzogen ist. Zum einen betrachtete ich die narrative Praktik der »Einzelfall«-Erzählung. Hin und wieder gehen AfD-Politiker_innen offensiv damit um, wenn nicht zu leugnende Fälle von Homophobie beziehungsweise Rechtsextremismus in der AfD auftauchen. Zunächst erschienen mir diese Momente überraschend, war es doch eine Seltenheit, dass meine Gesprächspartner_innen mir gegenüber offen von Homophobie in der AfD sprachen. In der Analyse konnte jedoch gezeigt werden, dass diese als »Einzelfälle« markierten Vorkommnisse eine wichtige Funktion erfüllen: Mit ihnen kann belegt werden, wie rigoros die Partei mit Fällen von Homophobie im (vermeintlich) seltenen Fall ihres Auftretens umgeht. Die Ausnahme bestätigt die Regel. Wie wirkmächtig diese rhetorische Strategie sein kann, zeigte sich auch im Interview der *Weltwoche* mit Alice Weidel, in dem diese von einem Fall spricht, der zum Zeitpunkt des Interviews gar nicht öffentlich bekannt war. Sie war also nicht in der Position, die Partei gegen Homophobie-Vorwürfe in Schutz nehmen zu müssen, sondern ging – gewissermaßen ohne Not – in die Offensive. Trotzdem scheint mir, dass die Logik der Einzelfälle erste Löcher in den Grenzmauern zwischen AfD und Rechtsextremen sichtbar macht: Immerhin war eine sich offen homophob äußernde Person wie Kay Nerstheimer Parteimitglied gewesen und für die AfD ins Abgeordnetenhaus von Berlin gewählt worden.

Der zweite Moment meiner Analyse waren Praktiken des Humors, insbesondere der Selbstironie, die eine wichtige Rolle in der Kommunikation zwischen meinen Gesprächspartner_innen spielt. Humorsituationen konnte ich vor allem in der AHO beobachten, jener Gruppe, die ich während meiner Feldforschung am intensivsten kennenlernte und begleitete. Ich deutete Situationen, in denen AfD-Mitglieder sich scherzhaft und selbstironisch mit rechtsextremen und neonazistischen Symbolen identifizierten, als gebrochene Identifikation mit Rechtsextremen. Gerade aufgrund des humorvollen Modus bleibt unklar, zu welchen Teilen das Bild der rechtsextremen AfD mithilfe von Humor affirmiert oder zurückgewiesen wird; die Ambivalenz ist geradezu charakteristisch für einen solchen Humor. Zudem ist Selbstironie eine Strategie der Selbstermächtigung angesichts der früher in diesem Kapitel besprochenen »AfD-Feindlichkeit«, die von meinen Gesprächspartner_innen als sehr real erlebt wird. Umso beunruhigender erscheint der teilweise stark ausgeprägte »Sinn für Humor« in ihrem Umgang untereinander und mit mir. Denn dieses Feld ist nur in einem sehr eingeschränkten, hegemonietheoretischen Sinne ein »marginalisiertes«: Tatsächlich verfügen meine Gesprächspartner_innen (im Gegensatz zu vielen Personen in marginalisierten Feldern) über ausreichend ökonomisches, kulturelles und soziales Kapital, um den dominanten Deutungen über sie etwas entgegenzusetzen. Es ist denkbar, dass mithilfe dieses Humors eine Resignifizierung, das heißt eine Aufwertung der bisher stigmatisierten Begriffe *rechts* und *Rechte_r* stattfindet und sich auch jenseits der Grenzen des Feldes gesamtgesellschaftlich durchsetzt.

Schließlich betrachtete ich in einem dritten Moment ästhetische Praktiken, die ich als faschistisch interpretierte. Hier fokussierte ich auf meinen Gesprächspartner Fabian, der sich selbst als »Gefühlsnationalist« beschreibt und das Politische in erster Linie ästhetisch erlebt. Seine fotografische Inszenierung zusammen mit zwei Parteikollegen auf dem Nürnberger Reichparteitagsgelände war eine Reminiszenz an Leni Riefenstahls Film »Triumph des Willens«, den Susan Sontag in ihrem Essay »Faszinierender Faschismus« bespricht. Mithilfe ihrer Argumente konnte ich das Begehren nach Größe, Stärke und Überlegenheit sowie Kraft, Jugend und Schönheit analysieren, das sich in Fabians ästhetisch-politischen Praktiken manifestiert. In dieser Ästhetik, die zugleich Fabians Politik darstellt, ist kein Platz für Solidarität, Vulnerabilität und Fürsorge, Interdependenz mit anderen und Verantwortung für die Welt. In dem völkischen Nationalismus, dem Fabian anhängt, gibt es nur Platz für Sieger und Verlierer. Die ethnisierten Anderen erscheinen in seinem politischen Imaginären als aggressive Eindringlinge, die ihn (und seine »ethnisch-deutsche Identität«) existenziell bedrohen. Nicht alle meine Gesprächspartner_innen liebäugeln dermaßen offen mit dem Faschismus, und manche distanzierten sich von Fabian. Dennoch ging es mir in diesem Kapitel gerade um diese Ambivalenzen, die sich eben auch in den unterschiedlichen Positionen meiner Gesprächspartner_innen äußern. Ich komme zu dem Schluss, dass Rechtsextreme im politischen Imaginären der AfD eher als Gegner_innen im Sinne Mouffes figurieren, das heißt als legitime Opponent_innen innerhalb eines agonistischen politischen Raumes, und nicht als Feinde, die aus diesem Raum verwiesen werden müssten.

Ein abschließendes Zitat aus dem Interview mit Hendrik soll dies verdeutlichen. In dem Gespräch taucht die NPD mehrfach als ambivalente Abgrenzungsfolie auf. Denn einerseits bezeichnet Hendrik sie als »menschenverachtende« Partei, andererseits gesteht er ein, dass die AfD »ähnliche Werte vertritt« wie die NPD (»aber nicht in diesem extremen Rahmen«). Ich habe bereits Hendriks Unmut darüber zitiert, dass die Kommunikation mit ihm verweigert und ihm Teilhabe verwehrt wird, wenn er sich als AfDler zu erkennen gibt. Während große Teile der demokratischen Öffentlichkeit und Zivilgesellschaft dafür plädieren, die AfD und ihre Anhänger_innen politisch zu isolieren, hält Hendrik diese Haltung sogar gegenüber NPD-Anhänger_innen für unangemessen:

»Wenn einer aus meinem Freundeskreis sagen würde, er ist bei der NPD, würde ich aber trotzdem die Freundschaft nicht abbrechen mit dem. Weil ich das einfach falsch finde, wie andere Leute reagieren. Okay, du kannst die Meinung haben, ist in Ordnung, wir können gerne über viele Sachen reden, aber gewisse Themen lassen wir dann außen vor und so weiter, weil da werden wir nicht übereinkommen. Oder meinetwegen auch trotzdem diskutieren, aber eben versuchen, dass er dann eben sein Gedankengut ein bisschen abändert. Abschießen würde ich ihn jetzt nicht. [...] Ich muss jetzt auch nicht unbedingt den Freundeskreis irgendwie auf solche Leute erweitern. Wenn da mal ein Freund dabei sein sollte, der sich aufgrund anderer Sachen hervortut, und dann nachher sagt, er ist bei der NPD, gut, dann werde ich das akzeptieren, tolerieren, aber nicht unbedingt unterstützen.« (IN 9)

In der AfD wird zwar davon gesprochen, dass Rechtsextreme *homofeindlich* seien. Zugleich besteht aber zwischen der AfD und Rechtsextremen eine Beziehung der Gegnerschaft – und nicht der Feindschaft. Auf der imaginären politischen Landkarte der AfD erscheinen sowohl die AfD als auch Rechtsextreme als vom Mainstream aus dem demokratischen agonistischen Raum ausgeschlossen; aber innerhalb eines eigenen agonistischen Raums *rechtsaußen* tolerieren sie sich gegenseitig. Noch einmal Hendrik:

»Die Leute sollen ruhig hinkommen, auch zu unseren Veranstaltungen. Das ist mir egal, ob das einer von der NPD ist oder einer von der Antifa. Problem ist bloß, der von der NPD setzt sich rein und ist friedlich und hält die Klappe und hört sich das Ganze an, und der von der Antifa kommt rein und hetzt und pöbelt und stört die Veranstaltung.« (IN 9)

So erklärt sich dann auch, wieso AfD-Politiker_innen, auf ihr Verhältnis zu Homosexuellen angesprochen, stets lediglich ex negativo konstatieren: »Wir sind nicht homosexuellenfeindlich, denn wir sind ja keine Nazis.«

In den folgenden zwei Kapiteln geht die Analyse über diese Aussage hinaus. Als nächstes betrachtet Kapitel 5 genauer, was es heißt, dass Homosexuelle in beziehungsweise von der AfD toleriert werden. Doch im Sinne meines Feldes ist das noch keine eigentlich politische Frage – jedenfalls keine von größerer Relevanz. Politisch wird es für die AfD, Carl Schmitt folgend, erst dann, wenn der Feind identifiziert ist. Kapitel 6 gibt eine vorläufige Antwort auf die Frage, wer dieser Feind ist: »der Islam«.

5. »Toleranz und Respekt, nicht aber staatliche Förderung« – Normalität und die ethischen Prinzipien der Homosexuellen in der AfD

> Ich halte mich für sehr tolerant. (Olaf Meister, GRÜNE: Der war gut! – Lachen bei der LINKEN – Zurufe von der SPD und von der LINKEN) – Hans-Thomas Tillschneider, Abgeordneter der AfD, Landtag von Sachsen-Anhalt (Stenografischer Bericht 7/10 vom 30.09.2016, S. 76)

Dass Normalität eine wichtige Rolle im politischen Imaginären der AfD spielt, machte das Motto der AfD-Kampagne zur Bundestagswahl 2021 unmissverständlich klar: »Deutschland. Aber normal.« Heteronormativität und Zweigeschlechtlichkeit sind zentrale, wenn nicht paradigmatische Elemente dieser Normalität. So heißt es etwa im Wahlprogramm der AfD zur rheinland-pfälzischen Landtagswahl 2016:

»Die AfD-Rheinland-Pfalz [sic] bekennt sich klar zum Leitbild der Familie aus Vater, Mutter und Kindern. Diese Familien sind für den Fortbestand unserer Gesellschaft von unersetzbarer Bedeutung. Andere Formen menschlichen Zusammenlebens, die keinen reproduktiven Beitrag zum Erhalt unseres Landes leisten, verdienen Toleranz und Respekt, nicht aber staatliche Förderung. Eine Gleichstellung homosexueller Lebenspartnerschaften mit der Ehe lehnen wir aus diesem Grund ab. Die Adoption von Kindern durch homosexuelle Paare ist für uns mit dem Kindeswohl nicht vereinbar.« (RP 16: 8)

In diesem Kapitel steht nun die Frage im Mittelpunkt, was das für die Handlungsmöglichkeiten und Subjektivierungsweisen von Homosexuellen in der AfD bedeutet. Wie ich zeigen möchte, wird der hohe Stellenwert, den die heterosexuelle Kernfamilie und ihre reproduktive Funktion im politischen Imaginären der AfD einnehmen, für Homosexuelle in der AfD zu einem moralischen Prüfstein ihrer Loyalität: Um toleriert zu werden, müssen sie beweisen, dass sie das Ideal der heterosexuellen, familialistischen »Normalität« nicht infrage stellen, oder besser noch: es unterstützen. Damit geht zugleich auch ein Versprechen an Homosexuelle einher: *Wenn ihr euch an unseren moralischen Code haltet, verdient ihr Toleranz.*

Wie ich auf einer theoretischen Ebene zeigen möchte, eignet sich der Begriff der Ethik, um diese Situation zu fassen. Das heteronormative und familialistische Ideal der AfD, das ich in Kapitel 3.1 als diskursiven Strang beschrieb und das uns beispielsweise auch in der Vignette am Beginn von Kapitel 4 begegnete, lässt sich auch als moralischer Code betrachten. Meine Prämisse lautet, dass es sich bei diesem diskursiven Strang nicht bloß um ein Policy-Programm handelt, das mit den Lebensentwürfen der individuellen AfD-Politiker_innen nichts zu tun hätte. Als moralischer Code legt er ihnen vielmehr Normen und Regeln für ihr Verhalten auf, an dem sie sich persönlich messen lassen müssen – nur so wird verständlich, wieso Toleranz auf bestimmten Bedingungen basiert. Das (vermeintlich öffentliche) Politische ist mithin nicht ohne Bezug zum (vermeintlich privaten) Ethischen zu verstehen.

Meinem Verständnis von Ethik und Moral zufolge eröffnet dieser Moralcode für meine Gesprächspartner_innen aber einen gewissen Raum, innerhalb dessen sie sich selbst zu tugendhaften Subjekten im Sinne der AfD formen können. Das heißt, sie lassen sich in meinen Augen nicht ohne Weiteres als bereits gegebene homosexuelle Subjekte verstehen, mit vermeintlich eindeutigen Identitäten oder Interessen – Subjekte, die sich den vorgegebenen Normen lediglich anpassen oder sich in eine von außen gegebene moralische Ordnung zwängen würden. Vielmehr erlangen sie ihren Subjektstatus überhaupt erst in Auseinandersetzung und im Verhältnis zu diesen Normen. Die Moral der AfD,[1] kodifiziert etwa in Wahlprogrammen, setzt zwar ein bestimmtes Moralsubjekt voraus oder legt es nahe. Aber es muss von den Individuen selbst konstruiert und angenommen werden.

Es geht also um ein spannungsvolles Verhältnis zwischen den Homosexuellen in der AfD und ihrer Partei. Homosexuelle erscheinen potenziell als Abweichler_innen von der Parteilinie; das lässt nicht nur der Blick von außen vermuten, sondern wird von manchen von ihnen auch selbst bestätigt. Ich stelle deswegen folgende Fragen: Wie gelingt es den Homosexuellen in der AfD, eine Subjektposition für sich zu reklamieren, die mit dem heteronormativen Ideal der AfD in Einklang steht? Unter welchen Bedingungen wer-

---

1 Diese Formulierung mag insofern irritieren, als der moralische Code, von dem ich spreche, nicht spezifisch für die AfD ist. Die Anrufungen, auf die meine Gesprächspartner_innen reagieren, stammen aus einem größeren kulturellen und politischen Kontext, der über die AfD hinausgeht. Da sich mein Material jedoch hauptsächlich auf den Kontext der AfD bezieht, möchte ich vorschnelle Generalisierungen vermeiden und belasse es bei dieser eingegrenzten Formulierung.

den Homosexuelle in der AfD toleriert? Gibt es Homosexuelle in der AfD, die dem heteronormativen Ideal offen widersprechen, und wenn ja, wie gehen sie mit dieser Situation um?

Aus meinem Material habe ich zwei verschiedene Ethiken herausgearbeitet, die es meinen Gesprächspartnern erlauben, im politischen Imaginären der AfD toleriert zu werden. Ich fasse die erste als eine *Ethik der homonormativen Gleichheit* und die zweite als eine *Ethik der heteronormativen Differenz*. Im Ergebnis bestätigen und stützen beide die heterosexuelle, familialistische Norm der AfD. Sie unterscheiden sich jedoch im Hinblick auf die Art und Weise, in der sie erstens das Verhältnis von Homosexuellen zu »Normalität«, zweitens die Frage nach Gleichheit oder Differenz sowie drittens die Politisierung der eigenen Homosexualität problematisieren. Wie ich zeigen möchte, entwickeln meine Gesprächspartner_innen unterschiedliche, teilweise miteinander in Konflikt stehende Antworten auf die Frage, wie man im Sinne der AfD *ein_e gute_r Homosexuelle_r* ist.

Im Hinblick auf das übergreifende Thema dieses Buchs, nämlich Feindschaft, läuft dieses Kapitel – wie auch die anderen beiden Kapitel von Teil II – darauf hinaus, dass Homosexuelle im politischen Imaginären der AfD *nicht* als Feinde im Sinne der Schmitt'schen Definition konstruiert werden. Im Speziellen verweist dieses Kapitel darauf, dass Homosexuelle unter der Bedingung, eine der beiden skizzierten Ethiken zu praktizieren, toleriert werden. Toleranz impliziert weder Freundschaft noch Feindschaft. Daraus folgt, dass Homosexualität letztlich als etwas Unpolitisches erscheinen muss, da sie für die AfD im Sinne der Freund-Feind-Unterscheidung irrelevant ist.

Im Folgenden führe ich unter Rückgriff auf kulturanthropologische Diskussionen zu Ethik und Moral zunächst meinen etwas voraussetzungsvollen Begriff der Ethik aus. Daran anschließend beschreibe ich dicht an meinem ethnografischen Material zunächst die *Ethik der homonormativen Gleichheit* und dann die *Ethik der heteronormativen Differenz*. Danach setze ich beide miteinander in Beziehung und problematisiere den Dualismus von Gleichheit und Differenz, bevor ich in einem kurzen Fazit zum Begriff der Toleranz zurückkehre.

Die ethische Dimension des Politischen

> Der fragt dasselbe wie alle diese Sozialwissenschaftler: Wieso sind Sie als Schwuler in der AfD, welcher Selbsthass gärt da in Ihnen?
> – Andreas, zitiert nach Feldnotizen vom 18.06.2018

Wieso greife ich für meine Analyse auf den Begriff der Ethik zurück? Seit etwa 20 Jahren rückt der Bereich des Ethischen in den Fokus kontroverser kulturanthropologischer Debatten, sodass mitunter von einem »ethical turn« die Rede ist (Mattingly/Throop 2018: 476). Ich bin auf diese Debatten gestoßen, weil ich auf der Suche nach einer Sprache dafür war, was meine Gesprächspartner_innen antreibt, ohne davon ausgehen zu müssen, dass sie unter »falschem Bewusstsein« oder »Selbsthass« leiden. Denn diese beiden Interpretationsfolien – die eine ideologiekritisch, die andere psychoanalytisch – gehen jeweils davon aus, dass die Akteur_innen im Feld von etwas *determiniert* werden, das außerhalb ihres direkten Zugriffs liegt: gesellschaftliche Strukturen in jenem, das Unbewusste in diesem Fall. Wer als Homosexuelle_r in der AfD sei, müsse – ohne es zu ahnen – gegen die eigenen Interessen handeln.

Doch was diese Interpretationen unterschätzen, sind die Fähigkeiten meiner Gesprächspartner_innen zur Selbstreflexion. Genau das brachte auch Andreas in seinem einleitend zitierten ironischen Kommentar zum Ausdruck, mit dem er auf die Anfrage eines weiteren Studenten reagierte, der für seine Masterarbeit Interviews mit AHO-Mitgliedern führen wollte. Ich möchte nicht in Abrede stellen, dass ideologiekritische und psychoanalytische Ansätze etwas zum Verständnis des Feldes beitragen können. Beide scheinen mir jedoch trotz ihres umfassenden Erklärungsanspruchs unzureichend, weil sie sich über die Akteur_innen erheben und ihnen jeglichen Eigensinn absprechen.[2] Die Rede von Ethik dagegen setzt voraus, dass die Akteur_innen gerade nicht vollständig von Strukturen (seien sie gesellschaftlicher oder psychologischer Art) determiniert werden, sondern dass es einen Spielraum gibt, innerhalb dessen sie in eine reflektierende und bewertende Beziehung zu sich und der Welt eintreten können. Ethik

---

2 Der Sozialanthropologe James Laidlaw, auf den ich mich später beziehen werde, kritisiert diese und weitere Theorierichtungen (u.a. Bourdieus Praxistheorie), die »in letzter Instanz« davon ausgehen, dass materielle Bedingungen das Soziale determinieren, mit einem Wort von Zygmunt Bauman (1988: 5) als »science of unfreedom« (Laidlaw 2014: 3).

umfasst in meinem Verständnis dieses reflektierende Verhältnis, das die Individuen vis-à-vis den ihnen gegebenen Normen und Regeln einnehmen, und die Arten und Weisen, durch die sie zu tugendhaften – im Sinne von ethisch richtig handelnden – Subjekten zu werden trachten. Damit ist nicht gesagt, dass sich die Individuen gleichsam voluntaristisch zu Subjekten formen, wie es ihnen beliebt. Vielmehr nehmen die Individuen die historisch verfügbaren Subjektpositionen an und wirken zugleich auf sie ein. Ethik ist demnach auch nicht gleichzusetzen mit der Frage, wieso die Individuen die moralischen Regelwerke befolgen oder übertreten, und erst recht nicht mit »rationalen« Abwägungen, sich so oder anders zu verhalten. Normen und Regeln bilden vielmehr den Hintergrund, vor dem Subjektivierungsprozesse stattfinden. Wie ich im Folgenden darlegen werde, meine ich mit Ethik die Kultivierung eines tugendhaften Charakters.

Doch zunächst: Ist es nicht problematisch, innerhalb der äußersten Rechten überhaupt von einer Ethik zu sprechen? Ist die äußerste Rechte nicht letzten Endes *unmoralisch*? Oder ist ihr politisches Projekt nicht sogar eines, das sich um ethische Fragen nicht schert, das heißt *amoralisch*? Ist nicht im Grunde das Politische selbst ein Feld, das mit Moral und Ethik nichts zu tun hat, sich ihnen bisweilen widersetzt? Diese Zweifel sind berechtigt und ich werde im Folgenden auf sie eingehen. Es stellt durchaus eine Herausforderung für linkes, emanzipatorisches Denken dar, äußerst Rechten eine Ethik zuzugestehen. Denn im Umkehrschluss folgt daraus, dass auch eine linke, emanzipatorische (oder auch queere) Ethik nicht einfach als überlegen, ja als das Gute per se gelten kann. Andererseits birgt es auch einen entscheidenden Vorteil, den Eigensinn äußerst rechter Subjekte ernst zu nehmen. Denn wenn rechte Schwule nicht bloß Marionetten sind oder Motten, die ins Licht fliegen, dann folgt daraus, dass sie eine Verantwortung für ihr politisches Handeln tragen und gegenüber den anderen, mit denen sie Welt teilen, rechenschaftspflichtig werden. Wenn ich von den ethischen Praktiken der Rechten spreche, will ich in jedem Fall aber *nicht* sagen, dass diese Praktiken in irgendeiner Weise gut oder richtig seien, wohl aber, dass sie wertegeleitet sind. »The claim on which the anthropology of ethics rests is not an evaluative claim that people are good: it is a descriptive claim that they are evaluative.« (Laidlaw 2014: 3)

In den jüngeren kulturanthropologischen Debatten um Moral und Ethik werden diese nicht als ein eigener, autonomer Bereich des Sozialen betrachtet, sondern als in das Soziale verwoben: Fragen und Probleme der Ethik finden sich im Politischen, im Religiösen, im Ökonomischen. Dementsprechend äußern sich manche Fachvertreter_innen kritisch gegenüber der Vorstellung einer eigenen »Moralanthropologie«; sie plädieren vielmehr dafür, anzuerkennen, dass Moral und Ethik generell Teil des sozialen Gefüges und des gewöhnlichen Alltags sind und deswegen prinzipiell in jeder anthropologischen Arbeit relevant werden können (Das 2012; Lambek 2010a; D. Fassin 2012a; Laidlaw 2014). Diesen Ansätzen schließe ich mich im Folgenden an.

Über den Unterschied zwischen Moral und Ethik – so denn überhaupt einer besteht – herrscht alles andere als Einigkeit (weder in der Kulturanthropologie noch darüber hinaus). Laut einer gängigen Unterscheidung sind mit Moral beziehungsweise Moralität (oder zu Deutsch: Sittlichkeit) die normativen Konventionen einer Gesellschaft und das auf sie bezogene Verhalten gemeint (das heißt moralisches Handeln entweder als Befolgung oder Vernachlässigung einer Pflicht), während Ethik eine reflexive Praxis meint, die sich nicht an kulturellen Konventionen, sondern an Prinzipien orientiert (Lambek 2010b: 8 f.; D. Fassin 2012b: 5 f.). Doch allein schon um Verwirrung zu vermeiden, verwende ich in diesem Buch die Begriffe tendenziell synonym, wobei ich den Begriff der Ethik bevorzuge. Mit »tendenziell« meine ich, dass ich in einer ersten Annäherung Moral als die kodifizierten, expliziten Regeln und Normen *innerhalb* des Bereichs des Ethischen bezeichne, der meinem Verständnis nach jedoch auch implizite, alltägliche Praktiken einschließt. Fruchtbarer für meine Zwecke erscheint mir noch eine andere Unterscheidung, die von James Faubion eingeführt wurde. Faubion unterscheidet zwischen dem ethischen Bereich als Ganzem und dem »themitischen«,[3] das heißt dem reproduktiven Aspekt des Ethischen, der Aufrechterhaltung der normativen Ordnung (Faubion 2011: 20 ff.). Das Ethische und das Themitische werden von Faubion nicht als Dualismus oder als einander ausschließend entworfen; es handelt sich vielmehr um Tendenzen, um eine »weakly dialectical relationship« (ebd.: 114). Das Themitische steht für das Moment des Konstanten, das heißt für die Aufrechterhaltung von Normativität, während ethische Praxis im engeren Sinne das dynamische Moment darstellt, das verändernd auf die normative Ordnung wirkt. Diese Unterscheidung ist für die Zwecke meiner Analyse von großer Bedeutung, denn wie sich zeigen wird, gehören *alle* ethischen Praktiken meiner Gesprächspartner_innen in den Bereich des Themitischen, da sie auf die Aufrechterhaltung der heteronormativen Ordnung

---

3 Von *themitós* bzw. *themistós*, laut Wilhelm Papes griechisch-deutschem Handwörterbuch »nach altem Brauch erlaubt, gesetzmäßig, durch Gesetz und Sitte gestattet« (vgl. Pape 1914: 1194).

zielen – auch wenn sich graduelle Abstufungen zeigen werden. In jedem Fall herrscht jedoch in der Literatur Einigkeit darüber, dass die Rede von Ethik einen gewissen Grad an Handlungsfreiheit (*agency*) und Reflexion seitens der Individuen voraussetzt (Mattingly/Throop 2018: 479).

Exkurs: Antike Ethik und Foucaults Genealogie

Gegenüber früheren kulturanthropologischen Beschäftigungen mit Moral, die sich im Anschluss an Durkheim an einer kantianischen Traditionslinie orientierten und Moral vor allem als lokale Konfigurationen von Normen und Werten verstanden, beziehen sich neuere Ansätze häufig auf Michel Foucault und eine aristotelische Tradition von Moraltheorie (Faubion 2001; 2011; Mahmood 2012; D. Fassin 2012b; Mattingly/Throop 2018: 481). In der Moralphilosophie werden die Ethiken im Anschluss an Kant als deontologische bezeichnet, da sie ethisches Handeln als Handeln aus Pflicht (griech. *déon*) auffassen, während die auf Aristoteles zurückgehende Theorierichtung als Tugendethik bezeichnet wird. Ethisches Handeln wird hier als tugendhaftes Handeln verstanden und Tugenden wiederum als charakterliche Dispositionen, die eingeübt und zu selbstverständlichen, körperlichen Gewohnheiten werden sollen. Die Entwicklung eines tugendhaften Charakters ist hier die notwendige Grundlage für moralisches Handeln in Alltagssituationen. Anders als bei Kant, für den moralische Urteile durch die Vernunft und auf Basis universeller Prinzipien gefällt werden (sollen), die a priori gelten (wie der kategorische Imperativ), geht die aristotelische Tugendethik nicht davon aus, dass sich allgemein bestimmen lässt, was als das gute Handeln gelten kann. Als höchstes Gut, zu dem alles ethische Handeln strebe, betrachtet Aristoteles das Glück oder die Glückseligkeit (*eudaimonía*). Da es aber von den Umständen abhänge, was für das Glück förderlich sei, könne auch nicht allgemein bestimmt werden, welches Handeln gut ist: »Denn schon manche Menschen sind durch ihren Reichtum zugrunde gegangen, andere durch ihre Tapferkeit« (Aristoteles 2006: 45). Das heißt auch, dass kein Regelwerk allein garantieren kann, dass in konkreten Situationen des Alltags im Sinne des Guten gehandelt wird; es ist vielmehr die Kultivierung einer ethischen Praxis, die für die Akteur_innen zur Richtschnur ihres Handelns wird und sie damit zu ethischen macht. Dieser Fokus auf Praktiken anstatt auf abstrakte Normen ist es auch, der das aristotelische beziehungsweise antike ethische Denken aus einer kulturanthropologischen Perspektive heute attraktiv macht.

Wesentlich für spätere Bezugnahmen auf die Ethik des Aristoteles ist ihre Unterscheidung zwischen »Tugenden des Denkens« (*dianoētikē aretē*) – darunter Weisheit, Verständigkeit und Klugheit – und »Tugenden des Charakters« (*ēthikē aretē*) – neben einigen anderen spielen hier insbesondere Tapferkeit, Mäßigung und Gerechtigkeit eine Rolle. Während jene durch Belehrung erworben würden, müssten diese eingeübt werden, das heißt sie entstünden durch Gewohnheit.[4] Nicht Einsicht führe zur Formierung von charakterlichen Tugenden, sondern Praxis: Es geht um das Erreichen eines psychologischen Zustands, in dem die durch regelmäßige Wiederholung erworbene Gewohnheit zu einem festen Bestandteil des eigenen Charakters geworden ist, das heißt zu einer Haltung, zu einer Disposition (*héxis*). Tugendhaft ist demnach auch nicht eine konkrete Handlung, sondern eine charakterliche Disposition (ebd.: 72 f.). Aus den Differenzen zwischen Deontologie und Tugendethik folgt, dass eine deontologisch orientierte Ethnografie Moral tendenziell als ein den Individuen von außen gegebenes konventionalisiertes Regelwerk betrachtet, während für eine an Foucault und Aristoteles geschulte Ethnografie Ethik ein innerer Prozess der Subjektwerdung ist (D. Fassin 2012b: 7 f.).

Von enormer Bedeutung für neoaristotelische kulturanthropologische Hinwendungen zu Moral und Ethik sind Foucaults genealogische Analysen der Geschichte der ethischen Selbstformierung. In seinem Spätwerk (hauptsächlich Band 2 und 3 von »Sexualität und Wahrheit« sowie eine Reihe von Vorlesungen und Interviews in den späten 1970er und 1980er Jahren) tritt mehr und mehr die Frage in den Vordergrund, welche Rolle die Selbsttechniken des Subjekts, die »Sorge um sich« oder die »Technologien des Selbst«, in gouvernementalen Regierungsweisen spielen. Ging es Foucault in seiner Analytik der Biomacht noch um die Disziplinierungen des individuellen Körpers (etwa in Schulen, Kasernen oder Fabriken) und um die regulierenden Kontrollen, die auf die Bevölkerung als Ganze zielten (etwa durch die öffentliche Gesundheit, das Erheben von Geburtenraten oder Wanderungsbewegungen) (Foucault 1983: 135), verschiebt sich sein Fokus später generell auf »die Art und Weise, mit der man das Verhalten der Menschen steuert« (Foucault 2006: 261). Unter dem Stichwort der Gouvernementalität fasst Foucault nun die »Verbindung zwischen den Technologien der Beherrschung anderer und den Technologien des Selbst« (Foucault 2005a: 969). Das heißt, dass Foucault nun einen gewissen Spielraum postuliert, in dem das Individuum auf sich selbst einwirkt und »versucht, sich selbst zu bearbeiten, sich selbst zu transformieren und zu einer bestimmten Seinsweise Zugang zu gewinnen« (Foucault 2005b: 275). Dieser Raum stehe zwar nicht außerhalb der Macht; Foucault meint kein autonomes, sich selbst aus dem Nichts erschaffendes Subjekt. Gleichwohl eröffne dieser Raum die Möglichkeit – und die Notwendigkeit – für »Praktiken der Freiheit« (ebd.: 276). Damit ist ebenso kein vorgängiges, essentielles Subjekt gemeint, das sich aus seiner Unterdrückung befreit. Wir haben es mit einer dritten Position zwischen Determination und Dezision zu tun (vgl. Faubion 2001): Das Subjekt formt sich vor dem Hintergrund des historisch Möglichen selbst. Das so verstandene Subjekt steht also auch vor der Verantwortung, innerhalb des Rahmens, der es konstituiert, in ethische Beziehungen zu sich, zu anderen und zur Welt einzutreten. Wie bereits betont, spielt Verantwortung für mich eine wichtige Rolle: Indem ich von Ethik spreche, werden die Subjekte meiner Arbeit für ihr politisches Handeln rechenschaftspflichtig.

Foucault gelangt zu dieser Position durch seine ausführliche Beschäftigung mit der Ethik der griechisch-römischen Antike. Zu Beginn seines Projekts einer Geschichte der »Sexualität« hatte er danach gefragt, warum wir »die Frage nach dem, was wir sind, an den Sex [...] richten« (Foucault 1983: 79): Wie konnte es dazu kommen, dass sich in westlichen Gesellschaften Wissensformen, Machtsysteme und Subjektivierungsweisen rund um den Sex und das Begehren herausbildeten? Während Foucault im ersten Band von »Sexualität und Wahrheit« die Herausbildung eines Macht-Wissen-Komplexes und eines Dispositivs der Sexualität bis ins 17. Jahrhundert verfolgte, ihren eigentlichen Beginn jedoch ins 19. Jahrhundert datierte, bereitete ihm die Frage nach den Subjektivierungsweisen größere Schwierigkeiten: Wie werden »die Individuen dazu gebracht [...], sich als sexuelle Subjekte anzuerkennen« (Foucault 1989: 11)? Band 2 und 3 von »Sexualität und Wahrheit« verfolgen deswegen eine Genealogie des begehrenden Subjekts bis in die griechische Antike, in der die »Problematisierung« (ebd.: 17) der sexuellen Aktivität besonders deutlich zutage trat. Dies ist keine Frage nach Verpflichtungen und Verboten, das heißt keine Frage nach Moralcodes und ihren Veränderungen und Kontinuitäten. Sie setzt vielmehr davor an: Wieso ist überhaupt der Bereich des Begehrens ein Gegenstand moralischer Sorge? Foucaults Untersuchung führt ihn zu den »Künste[n] der Existenz«:

> »Darunter sind gewußte und gewollte Praktiken zu verstehen, mit denen sich die Menschen nicht nur die Regeln ihres Verhaltens festlegen, sondern sich selber zu transformieren, sich in ihrem besonderen Sein zu modifizieren und aus ihrem Leben ein Werk zu machen suchen, das gewisse ästhetische Werte trägt und gewissen Stilkriterien entspricht.« (ebd.: 18)

Mit anderen Worten: Es geht weder um die Verhaltensregeln noch um das Verhalten, das sich auf diese Regeln bezieht. Stattdessen, so Foucault, stünden die zahlreichen Arten und Weisen im Vordergrund, in denen sich in Bezug auf die Regeln ein *Moralsubjekt* konstituiere (ebd.: 37), das heißt eine Beziehung des Selbst zu sich selbst, die Foucault Ethik nennt (Foucault 1994: 275).

Eine für meine Zwecke besonders relevante Ethnografie ist Saba Mahmoods *Politics of Piety. The Islamic Revival and the Feminist Subject*, auf die ich im Verlauf des Kapitels häufiger zurückkommen werde. Die Autorin beschäftigt sich darin mit den Frauen in der konservativen ägyptischen Moschee-Bewegung und ihren Praktiken der Frömmigkeit, die, so Mahmood, Feminist_innen vor ein Dilemma stellten: Handelt es sich um Frauen, die ihrer eigenen Unterdrückung in einem patriarchalen System zustimmen und sich zu Mittäterinnen machen? Oder handelt es sich vielmehr um subalterne feministische Stimmen, die patriarchale Normen von innen herausfordern? Mahmood weist beide Interpretationsfolien zurück (Mahmood 2012: xi). Sie interessiert sich dabei weniger für den Wahrheitsgehalt dieser oder jener Aussage als vielmehr für das Dilemma selbst, nämlich die Frage, wieso aus der Perspektive »westlicher« Feminismen nur ein Entweder-oder möglich ist. Mahmoods Kritik am Dualismus von Unterordnung und Widerstand, der

---

4 Das Adjektiv *ēthikē* bezieht sich auf das Substantiv *ēthos*, »Charakter«, das seinerseits abgeleitet ist von *ethos*, »Gewohnheit, Sitte, Brauch«.

die feministische Theoriebildung durchziehe, einschließlich ihrer poststrukturalistischen Varianten, ist für meine Arbeit von großer Bedeutung. Agency ist Mahmood zufolge nämlich nicht nur in progressiven Politiken zu finden, das heißt nicht bloß in solchen, die sich geltenden Normen *widersetzen*. Agency bestehe vielmehr auch in den vielzähligen Arten und Weisen, in denen das Subjekt danach streben könne, den Normen gerecht zu werden (ebd.: 15). Mahmood schließt einerseits an Butlers Konzeption von der Performativität von Normen an, kritisiert jedoch andererseits, dass Butler letztlich in einem »agonistischen« Rahmen verbleibe, in dem Normen *entweder* unterdrücken *oder* unterlaufen werden:

»I want to move away from an agonistic and dualistic framework – one in which norms are conceptualized on the model of doing and undoing, consolidation and subversion – and instead think about the variety of ways in which norms are lived and inhabited, aspired to, reached for, and consummated.« (ebd.: 23)[5]

Diese Kritik lässt sich auf meine Arbeit übertragen. Der Dualismus von Unterdrückung und Subversion kann nämlich einerseits nicht erklären, wieso jene Subjekte, die mit bestimmten von der Partei propagierten Vorstellungen nicht übereinstimmen, nicht sanktioniert werden, ja sogar in hohen Positionen in der AfD agieren können. Neben den homosexuellen Politiker_innen in der AfD ließe sich hier auch auf Personen wie den ehemaligen Parteisprecher Jörg Meuthen verweisen, der in dritter Ehe verheiratet ist (Merkur.de 2022: o.S.), oder die stellvertretende Parteisprecherin Beatrix von Storch, die keine Kinder hat und insofern dem rechten Ideal der Frau als Mutter nicht entspricht, aber dennoch eine wichtige Rolle für die christlich-fundamentalistischen Teile der AfD und ihre geschlechterkonservative Programmatik spielt (Kemper 2015: passim). Andererseits gerät durch das Entweder-oder von Unterdrückung und Subversion aus dem Blick, dass das Verhältnis der Subjekte zu den Regeln und Normen viel komplexer sein kann, das heißt, dass es unterschiedliche, mitunter konfligierende Arten und Weisen geben kann, in denen Regeln und Normen gelebt und verkörpert werden. So waren sich Mahmoods Gesprächspartnerinnen zwar einig, dass weibliche Sittsamkeit als Tugend gelebt werden solle, debattierten

---

5 Eine ähnliche Kritik findet sich auch bei Laidlaw, dem zufolge die Annahme eines dialektischen Verhältnisses von Struktur und Handlung(-sfähigkeit) stets darauf hinausläuft, dass Agency als Herausforderung von Strukturen konzeptualisiert wird. Dadurch »schmuggelten« die Forschenden ihre eigene Vorstellung dessen, was die Menschen mit der ihnen gegebenen Freiheit anfangen sollen, in die Definition von Agency selbst hinein (Laidlaw 2014: 6).

aber durchaus kontrovers, wie das am besten umgesetzt werden könne und insbesondere, ob es dafür Voraussetzung sei, eine Form der Verschleierung zu tragen (Mahmood 2012: 23).

Zugleich ist Mahmoods Ethnografie ein Beispiel dafür, wie der »ethical turn« in der Kulturanthropologie darum bestrebt ist, die Interdependenzen zwischen dem Ethischen und dem Politischen herauszuarbeiten, oder in den Worten von Didier Fassin: »to seize morals at the point where it is articulated with politics« (D. Fassin 2012c: 12; vgl. auch Mattingly/Throop 2018: 483 ff.).[6] Mahmood weist den bürgerlich-liberalen Dualismus von (öffentlicher) Politik und (privater) Ethik zurück und behauptet, dass jede Form von Politik auf ein Subjekt angewiesen ist, das sowohl durch disziplinierende und regulierende Machttechniken als auch durch ethische Praktiken des Selbst konstituiert wird. Das heißt, dass jeder politischen Formation ein bestimmtes ethisches Subjekt als Norm zugrunde liegt und dass umgekehrt ethische Praktiken politische Effekte zeitigen können. Mahmood schreibt dies vor dem Hintergrund ihrer Auseinandersetzung mit einer religiösen Bewegung, deren spirituelle Praktiken tendenziell dem Bereich des vermeintlich Privaten zugerechnet werden, und plädiert dafür, den eminent *politischen* Charakter auch jener Praktiken ernst zu nehmen, die an der Oberfläche »bloß« die Förderung einer *frommen* Disposition zum Ziel haben. Mahmoods Gesprächspartnerinnen begreifen ihre eigenen Praktiken selbst nicht oder nicht primär als politisch; mitunter kritisieren sie sogar ihre politische Vereinnahmung für ein nationales Projekt (Mahmood 2012: 119). Entgegen dem Selbstbild ihrer Gesprächspartnerinnen geht Mahmood davon aus, dass deren ethische Praktiken sehr wohl politische Effekte haben, auch wenn es sich dabei um »unanticipated effects« (ebd.: 152) handelt.

Um ein politisches Imaginäres zu verstehen, müssen wir auch die ethischen Praktiken analysieren, die es konstituieren. Mahmood fragt: »What sort of subject is assumed to be normative within a particular political imaginary?« (ebd.: 33). Was bedeutet es etwa in der AfD, ein_e gute_r Homosexuelle_r zu sein? Die Antwort auf diese Frage hat Konsequenzen für politische Positionen und Praktiken: Ist beispielsweise ein guter Homosexueller Mitglied der AHO oder nicht?

---

6 Für Aristoteles war Ethik selbstverständlich Gegenstand der »politischen Wissenschaft« (*politikē technē*, Aristoteles 2006: 45), und zwar weil nur ein sittlich geformter Charakter den Aufgaben der Staatsführung gerecht werden könne.

Die Frauen in Mahmoods Ethnografie greifen auf ein ganz konkretes moralisches Regelwerk zurück, kodifiziert in bestimmten kanonischen Texten des Islam, dessen möglichst perfekte Verkörperung erklärtes Ziel ihrer Praktiken ist. Die Herausbildung einer tugendhaften Subjektivität im Sinne der AfD ist dagegen nicht explizites Programm meiner Gesprächspartner_innen; ihrem Selbstverständnis zufolge handeln sie nicht primär ethisch, sondern politisch. Wie also auf das Ethische schließen? Ein einflussreicher, wenngleich nicht unumstrittener Ansatz in der Kulturanthropologie verortet Ethik im Gewöhnlichen und Alltäglichen und spricht daher von »ordinary ethics« (Lambek 2010a; 2018; Das 2007; 2012; 2015). Diesem Ansatz zufolge ist Ethik ein impliziter Bestandteil des Sozialen selbst: weder lediglich die rationale Bezugnahme auf Regeln und Normen noch radikale Praxis der Freiheit. Stattdessen geht es um die unspektakulären Momente des Alltags, in denen und durch die das Soziale zusammengehalten wird. Das Ethische wird also gerade nicht in expliziten moralischen Codes und ethischen Programmen gesucht, die sich häufig an transzendentalen Werten orientieren (wie bei der ägyptischen Moschee-Bewegung), sondern als dem Sozialen immanent betrachtet und analysiert (Lambek 2010c).

Diese Perspektive bietet für meine Untersuchung einen Ansatzpunkt, weil sie zeigt, dass das Ethische nicht als solches auftreten und bezeichnet werden muss, um wirksam zu werden. Zugleich jedoch sind ausdrückliche Bezugnahmen auf transzendentale Figuren – zuvörderst die Nation – in meinem Feld sehr wohl ebenfalls von großer Bedeutung. Deswegen fällt es mir schwer zu sagen, dass die Ethik meiner Gesprächspartner_innen dem gewöhnlichen Sozialen stets »immanent« ist, auch wenn sie nicht explizit als Ethik in Erscheinung tritt. Was mein Begriff von Ethik greifen können muss, ist der hohe Grad an Reflexion der eigenen Seinsweise in Bezug auf die Normen der AfD – eine Reflexion, die sich jedoch selbst nicht in erster Linie als ethisch oder moralisch, sondern als politisch versteht.

Aus diesem Grund ist eine weitere Position, die insbesondere von James Laidlaw (2002; 2014; 2018) und Webb Keane (2016) formuliert wurde, für meine Zwecke hilfreich. Laidlaw und Keane teilen grundsätzlich die Annahmen von »ordinary ethics«, nämlich dass das Ethische gewissermaßen in das Soziale verwoben ist und nicht nur in spektakulären Momenten hervortritt. Allerdings gehen beide eher von einem Spektrum aus, das von implizit ethischen Praktiken, die das Gewebe des Alltags durchziehen und die eher nicht bewusst reflektiert werden, bis zu expliziten Praktiken reicht. Denn es gebe sehr wohl Situationen, in denen die Akteur_innen eine reflexive Distanz zu ihrem eigenen Handeln einnehmen und es explizit evaluieren; solche Situationen seien in vielen Kontexten gerade Teil des gewöhnlichen Alltags: »Ethical impulses, judgments, and goals are features of everyday life« (ebd.: 3). Insbesondere bei sozialen Bewegungen, die religiöse oder politische Ziele anstreben, trete der explizite Pol des Spektrums in den Vordergrund (ebd.: 33; Laidlaw 2018: 184).

Wie dieses Kapitel im Weiteren zeigen wird, ist es gerade diese Verwobenheit expliziter ethischer Reflexionen in den Alltag der Parteiarbeit, die durch dieses Verständnis von Ethik sichtbar wird. Ich werde darlegen, dass die unterschiedlichen Arten und Weisen, in denen meine Gesprächspartner_innen die moralischen Verpflichtungen des homosexuellen Subjekts in einer äußerst rechten Partei verstehen, Konsequenzen dafür haben, wie sie ihre Homosexualität (de-)politisieren. Im Folgenden beschreibe ich die Elemente der jeweiligen Ethik sowie die ihr zugrunde liegenden Narrative, bevor ich die Spannung zwischen Gleichheit und Differenz diskutiere, die im Verhältnis der beiden Ethiken zueinander herrscht. Danach ziehe ich ein Fazit im Hinblick auf die Bedeutung von Toleranz im politischen Imaginären der AfD.

»Das Thema ist durchdiskutiert und zu Ende in Deutschland« – Die Ethik der homonormativen Gleichheit

Michael ist Mitte 40 und Abgeordneter der AfD in einem ostdeutschen Landtag.[7] Er gehörte zum rechtsnationalen »Flügel«, als dieser noch offiziell existierte, und begreift sich als konservativ. Ihn stört, dass das Wort »rechts« in der öffentlichen Debatte »verbannt und stigmatisiert« und mit »radikal und extrem« gleichgesetzt werde. Denn wo es links gebe, müsse es logischerweise auch rechts geben: Rechts zu sein bedeutet für ihn, Teil des legitimen demokratischen Spektrums zu sein.

Michael ist ein ruhiger Typ, der in seinem Abgeordnetenbüro entspannende Klaviermusik hört, »Geklimper«, wie er sagt. Er steht nicht in der ersten Reihe der Politik, sondern arbeitet im Hintergrund. Vor seinem Eintritt in die AfD war er selbstständi-

---

7 Dieses Porträt basiert auf einem Interview, das ich am 07.12.2018 in Michaels Abgeordnetenbüro führte (IN 19). Es ist eine Verdichtung seines Narrativs und dementsprechend Produkt meiner Interpretation, wobei ich versuche, möglichst nah an seiner Perspektive zu bleiben.

ger Unternehmer; eine wirtschaftsfreundliche Politik zugunsten des deutschen Mittelstands ist bis heute sein politisches Kernanliegen. Das Interesse daran wurde bei ihm während der Wirtschafts- und Finanzkrise geweckt, insbesondere die »Griechenland-Rettung« ging ihm gegen den Strich. Als die AfD 2013 gegründet wurde, war er schnell dabei – damals aber noch ohne persönliche politische Ambitionen, eher um ein Zeichen gegen Angela Merkels »Alternativlosigkeit« zu setzen. Die Politik der Bundesregierung während der Fluchtbewegungen 2015 kritisiert er als »Rechtsbruch« und Verstoß gegen die Dublin-Verordnung, aber es stört ihn, dass die AfD heute nur mit den Themen Migration und Asylpolitik wahrgenommen wird.

Seine eigene Homosexualität taucht im Gespräch mit ihm lange gar nicht auf, scheint politisch keine Rolle zu spielen. Das heißt jedoch nicht, dass er damit per se zurückhaltend wäre; im Gegenteil, in den schwullesbischen Vereinen und Kneipen in seiner Stadt kennt man ihn. In einem dieser Vereine war er früher sogar Vorsitzender, doch seitdem er bei der AfD aktiv ist, ist er dort nicht mehr gern gesehen, hatte sogar Hausverbot. Er findet das albern: »Ich muss doch jedem seine politische Meinung lassen! Ich habe mich doch von der Persönlichkeit her gar nicht geändert, nicht in der Denkweise und in nichts anderem, ich bin genau der Gleiche wie vorher auch.« Wenn er wirklich, wie die Presse über ihn kolportierte, »der rechte Rand vom rechten Rand« wäre, dann hätte das ja, so meint Michael, in all den Jahren in seinem Verein auffallen müssen – und dass er »konservativ« ist, sei nie ein Geheimnis gewesen.

Was sich in Michaels Wahrnehmung hingegen sehr wohl verändert hat, ist die Welt um ihn herum, und zwar nicht nur zum Negativen. Für Homopolitik hat er deswegen heutzutage nicht mehr viel übrig:

»Es war wahrscheinlich anfangs notwendig. Aber es wird die letzten zehn Jahre nur noch überreizt. Es geht da um Selbstdarstellung und um Überhöhung. Also man ist ja völlig gleichgestellt – auch mit der Lebenspartnerschaft war man schon völlig gleichgestellt – und man wollte anscheinend immer noch mehr.«

In einer Zeit, in der »man schon völlig gleichgestellt« ist, scheint ihm homopolitisches Engagement anachronistisch, ja problematisch:

»Ich weiß ja gar nicht mehr, was die noch wollen. Es gibt die ›Ehe für alle‹, es ist alles erledigt. Wenn sie denn feiern wollen, sollen sie doch feiern gehen, aber das ist ja eine politische Veranstaltung, die die dort machen. So nach dem Motto: Wir sind hier, wir sind laut. (Lacht.) Kann man machen. [...] Damals gab's hier auch zwei Schwulenkneipen und so, gibt's ja nicht mehr. Warum gibt's die denn nicht mehr? Weil die Leute überall hingehen können! Ohne diskriminiert oder angegriffen zu werden. Es ist einfach normal. Diese Vereine besucht ja auch fast keiner mehr großartig. Da ist nur noch so ein harter Kern, die meisten haben nur noch psychische Probleme und treffen sich da als Gesprächskreis.«

Das Verschwinden von Schwulenkneipen in seiner Stadt ist für Michael ein gutes Zeichen, denn es spricht dafür, dass Schwule in anderen Kneipen nicht mehr »diskriminiert oder angegriffen« werden. In seiner Wahrnehmung beharren Leute, die noch in schwullesbische Vereine gehen, nostalgisch darauf, anders zu sein als der Rest der Gesellschaft. Wenn sie noch nicht in der »Normalität« der Gesellschaft angekommen sind, ist es ihr eigenes Problem, ihre eigene Sturheit, ihr eigenes Festhalten am Stigma der Homosexualität: »Es ist normal! Und da muss man das irgendwann auch selbst für sich als normal hinnehmen und akzeptieren.«

Umso weniger versteht Michael, wieso er sich in einer homosexuellen Interessengruppe innerhalb der AfD engagieren sollte. Mit den Alternativen Homosexuellen will er nichts zu tun haben, obwohl er schon mehrfach gefragt wurde, ob er dabei sein wolle. Doch Michael hält eine solche Gruppe nicht für notwendig, denn er erlebt in der AfD laut eigener Aussage keine Homophobie. Nach und nach wussten alle, dass er mit einem Mann zusammenlebt, und dennoch wählen ihn die Mitglieder an der Basis: »Das ist für mich der Beweis, dass sie eben nicht homophob sind.« Er ist zwar nicht grundsätzlich gegen die Existenz einer solchen Gruppe. Doch »wenn sie zu laut werden«, wie er sagt, findet er das kontraproduktiv. Es ist Michael wichtig, dass seine Politik nichts mit seinem Schwulsein zu tun hat und deswegen möchte er auch nicht damit wahrgenommen werden: »Ich bin ich aufgrund dessen, was ich vertrete. Meine sexuelle Ausrichtung spielt da keine Rolle.«

Gleichzeitig sind ihm seine Bürgerrechte auch nicht gleichgültig. Er weiß es zu schätzen, dass er mit seinem langjährigen Partner verheiratet sein kann. Dass seine Partei die Öffnung der Ehe für gleichgeschlechtliche Paare wieder rückgängig machen will, passt ihm nicht, und deswegen meldet er sich bei diesem Thema parteiintern durchaus zu Wort. Er argumentiert dabei strategisch: Wenn sich eine Partei gegen die »Ehe für alle« einsetze, dann könne sie viel verlieren, aber kaum etwas gewinnen. Als er 2014 davon hörte, dass Frauke Petry mit der Zeitschrift Compact in Dresden eine Veranstaltung zur »Ehe für alle« organisieren wollte, schrieb er ihr einen zweiseitigen Brief, in dem er ihr darlegte, wieso sie auf diese Veranstaltung verzichten sollte. Deutschland, so schrieb er damals, habe 80 Millionen Einwohner. Wenn man von zehn Prozent Homosexuellen in der Bevölkerung ausgehe, die alle eine Familie und einen Freundeskreis haben, dann komme man nach seiner Rechnung auf mindestens 30 Millionen Bürger, die man nie wieder erreiche, wenn man sich als Partei gegen die »Ehe für alle« ausspreche. Das sei für viele ein Ausschlussfaktor, egal, wofür eine Partei sonst noch stehe. Besser das Thema gar nicht erst anfassen, ist Michaels Devise: »Das Thema ist durchdiskutiert und zu Ende in Deutschland.« Die Veranstaltung fand nie statt.

Nicht immer gehen die Dinge jedoch so aus, wie Michael es sich wünscht. Als seine Fraktion einen Antrag mit dem Titel »Ehe für alle abschaffen!« einbrachte, intervenierte er ebenfalls. Er fand diese Formulierung misslungen, denn eigentlich sei es ja darum gegangen, die Öffnung der Ehe für gleichgeschlechtliche Paare vom Bundesverfassungsgericht überprüfen zu lassen. Er hätte sich gewünscht, dass man sich auf die Formulierung »Ehe für alle auf Rechtssicherheit überprüfen« einigt. Das Bundesverfassungsgericht habe darüber zu befinden, ob die »Ehe für alle« verfassungsgemäß sei oder nicht, und die Entscheidung müsse dann auch die AfD akzeptieren. Aber, das ist ihm wichtig zu betonen, ansonsten thematisiere er seine Sexualität in der Politik gar nicht: »weil es hier nicht hergehört.«

Michael kann als prototypischer Vertreter der Ethik der homonormativen Gleichheit gelten. Der Begriff der Homonormativität wurde von der Historikerin Lisa Duggan eingeführt und ist seitdem in den Queer Studies äußerst produktiv gewesen. Duggan definiert Homonormativität als

»a politics that does not contest dominant heteronormative assumptions and institutions but upholds and sustains them while promising the possibility of a demobilized gay constituency and a privatized, depoliticized gay culture anchored in domesticity and consumption.« (Duggan 2002: 179)

Homonormativität ist nicht *Nicht*-Heteronormativität, es handelt sich nicht um einen Gegensatz. Sie lässt sich vielmehr als eine Politik beschreiben, die zum Ziel hat, Homosexuelle vollständig in die heteronormative symbolische Ordnung zu integrieren. Es handelt sich sozusagen um einen Deal zwischen Homosexuellen und der heteronormativen Ordnung: Wenn ihr uns als Minderheit anerkennt und uns Zugang zu staatsbürgerlichen Rechten, zu *citizenship* gewährt, dann beteiligen wir uns daran, die Ordnung als Ganze aufrechtzuerhalten. Das »Versprechen« seitens der Schwulen und Lesben lautet, dass sie sich bei Gewährung dieser Rechte in den depolitisierten Raum des Privaten zurückziehen werden. Homosexuellen soll also ermöglicht werden, an der heteronormativen Gesellschaft zu partizipieren; im Gegenzug partizipieren Homosexuelle an der Reproduktion dieser Gesellschaft – insbesondere durch Konsum. Die dominante Argumentationslogik ist demzufolge Gleichheit; Differenz zur heterosexuellen Normalität wird negiert. Das ultimative Ziel und gleichzeitige Ende homonormativer Politik ist die Öffnung der Ehe inklusive Adoptionsrecht.[8] Michael hält Homosexualität für »normal« und die Gleichstellung von Homosexuellen mit Heterosexuellen sehr wohl für wünschenswert, aber auch für bereits erreicht. Aus diesem Grund ist schwulenpolitisches Engagement in der Gegenwart seines Erachtens nicht nur überflüssig, sondern sogar potenziell kontraproduktiv. Im Folgenden gehe ich genauer auf die ethischen Narrative und Praktiken der homonormativen Gleichheit ein, wobei ich auch weitere Daten in die Analyse mit einfließen lasse.

Die Frage, ob Homosexualität »normal« sei, wird von den Verfechter_innen der Ethik der homonormativen Gleichheit prinzipiell bejaht, aber mit dieser Antwort verbinden sie zugleich auch eine moralische Anrufung: Es scheint, dass Homosexualität in diesen Erzählungen nicht als etwas immer schon »Normales« aufgefasst wird; vielmehr müssen sich Homosexuelle diese Normalität durch ein möglichst »normales« Verhalten erst verdienen. So erzählte mir der Landtagsabgeordnete Rüdiger davon, dass weder er noch ein schwuler Kollege von ihm jemals Probleme in der AfD gehabt hätten:

»Das ist allgemein bekannt, das interessiert keinen Menschen, daran nimmt keiner Anstoß und das hat auch noch nie eine Rolle gespielt bei Personalentscheidungen und dergleichen, also es ist ein völliger Normalzustand, wie man sich das eigentlich wünscht. Und diese Akzeptanz rührt wahrscheinlich auch daher, dass wir eben nicht unsere Homosexualität wie so eine Monstranz vor uns hertragen und bei jeder Gelegenheit immer sagen: ›Wir sind schwul, wir sind schwul‹ und wer uns nicht wählt, der hat ein Problem mit Homosexuellen oder ist homophob oder was weiß ich.« (IN 6)

Ein »ganz normaler Schwuler« zu sein, bedeutet für meine Gesprächspartner also vor allem, gerade nicht als homosexuell erkennbar zu sein oder in Erscheinung zu treten. In Hendriks Erzählung nimmt dieses Motiv eine explizit weiblichkeitsfeindliche Wendung:

»Klar, du gehst da nicht hin und bist nicht der typische Klischeeschwule – so wie du ja auch nicht –, so heititeiti und so feminin und so weiter. Du benimmst dich ja auch ganz normal, so wie ich auch. Und das ist das, was man der Bevölkerung suggerieren muss, [...] dass die [Schwulen] sich eben auch normal verhalten und nur ein paar so ein bisschen rausstechen durch ihre, ja, feminine Art mehr oder durch ihre, keine Ahnung was, was ich nicht kann, das müsste ich spielen, da müsste ich mich verstellen, da bin ich nicht ich.« (IN 9)

---

8 Im US-amerikanischen Kontext, in dem der Begriff der Homonormativität entwickelt wurde, spielte darüber hinaus der vollständige Zugang zum Militär eine entscheidende Rolle.

Zum »Normal-Sein« gehört demnach auch die Abwertung von Weiblichkeit, zumeist in Bezug auf schwule Männer, trans Frauen oder Tunten und Drag Queens, mitunter aber auch in Form einer generalisierten Misogynie und Abwertung des Weiblichen schlechthin. Als Johannes, ein Neuer in der AHO, das erste Mal an einer Tagung der Gruppe teilnahm, hob er mehrfach hervor, dass es ihm bei der AHO positiv auffallen würde, dass sie sich nicht so weiblich gäben. Er erzählte zudem, dass er regelmäßig auf das Schwule Sommercamp der DGB-Jugend fahre, wo sie einander als »Frauen« anreden würden, was ihm sehr unangenehm sei.

Als Homosexuelle Normalität zu leben, bedeutet für meine Gesprächspartner_innen außerdem, sich unmissverständlich dafür einzusetzen, dass die heterosexuelle Kernfamilie unangefochtene Norm und Ideal des Zusammenlebens bleibt. Michael postete beispielsweise regelmäßig Glückwünsche zu Muttertag und Vatertag auf seinem Instagram-Account ebenso wie familienpolitische Forderungen oder einfach Stock-Fotos von *weißen* heterosexuellen Familien mit dem Schriftzug »Ja zur Familie«. Ein weiteres Beispiel findet sich in dem bereits zitierten Interview mit Alice Weidel in der Schweizer Wochenzeitung *Weltwoche*, die der rechtskonservativen Schweizerischen Volkspartei nahesteht. Weidel lebt mit einer Frau in einer eingetragenen Lebenspartnerschaft und hat zwei Söhne. Darauf angesprochen, ob Kinder nicht einen Vater bräuchten, antwortete sie:

»Kinder brauchen unbedingt Vater und Mutter. Oder einen Mann oder eine Frau, welche diese Rolle einnimmt. Bei uns haben die Kinder beide Kontakt zu ihren Vätern, und wir haben auch liebe männliche Freunde, die immer wieder mal mit den Buben etwas unternehmen und deren Interessen ›Fussball‹ und ›schnelle Autos‹ abdecken – wir haben nur einen Skoda ... Wir können das leider nicht bieten.« (Bandle 2019: o.S.)

In dieser Erzählung verschiebt Weidel die Grenze zwischen »normal« und »anormal« so, dass sie und ihre Familie sich nun auf der Seite der »Normalen« wiederfinden. Auf der anderen Seite der Grenze stehen dann jene Familien, die den Dualismus von Mutter und Vater nicht reproduzieren. In dem Interview begründet Weidel explizit, warum sie eine anonyme Samenspende ablehnt: »Ansonsten wird das Kinderhaben zur reinen Selbstverwirklichung der Eltern, zum Ego-Projekt« (ebd.). Dieses Eintreten für die heteronormative Familie erweckt den Eindruck von Kompensation: Wie um den Verdacht zu entkräften, dass sie als Homosexuelle »anormal« sein könnten, betonen Alice Weidel und mein Gesprächspartner Michael in den vorangegangenen Beispielen ihre Unterstützung der heteronormativen Familie.

Doch ein Ausgleich für den »Mangel« lässt sich auch auf anderen Ebenen schaffen, auf denen es gilt, »normal« zu sein, wie ein Zitat von Matthias Helferich illustriert. Helferich ist Landesvorstand der AfD Nordrhein-Westfalen und selbst heterosexuell identifiziert. Bei einer AHO-Veranstaltung in Essen am 19. Juni 2018 sprach er ein Grußwort. Darin stellte er die Frage nach der Normalität von Homosexualität:

> »Bei dem Thema Homosexualität, da ist der Begriff Normalität auch immer ein Streitpunkt. Wissen Sie, was ich finde? Ich finde die Alternative Homosexuellenorganisation ganz furchtbar normal, wenn ich mir die Linken in dem Land anschaue. Denn was zur Normalität gehört, ist, dass man seine Heimat liebt und dass man einen positiven Identitätsbezug hat zu seiner Heimat und zu seinem patriotischen Ich. Und ich möchte viel lieber in der Normalität der Alternativen Homosexuellenorganisation leben als in der Normalität, die gerade in unser Land hineinkommt, in der Normalität der Viel-, Kinder- und Zwangsehen.«[9]

Helferich antwortete nicht direkt auf die Frage, ob Homosexualität normal sei. Stattdessen bescheinigte er der konkreten Organisation und den Personen in der AHO insofern Normalität, als sie – wenn man von ihrer Homosexualität absieht – ansonsten dem Moralcode der AfD entsprächen: »dass man seine Heimat liebt und dass man einen positiven Identitätsbezug hat zu seiner Heimat und zu seinem patriotischen Ich«. Seine Antwort lässt die Möglichkeit partikularer Normalitäten zu, die er jedoch nach den Maßstäben einer Moral mit universellem Anspruch bewertet und hierarchisiert: ganz oben die als deutsch codierte, heteronormative Normalität; ganz unten die als (implizit) islamisch imaginierte »Normalität der Viel-, Kinder- und Zwangsehen«. Im Vergleich zu Letzterer erscheinen, nach Helferichs Logik, *sogar* Homosexuelle (noch) als normal. Wir müssten allerdings hinzufügen: *rechte* Homosexuelle, die patriotisch sind, ihre Heimat lieben, »einen positiven Identitätsbezug« haben. Dieses Rechts-Sein, so gibt uns Helferich zu verstehen, unterscheidet sie von den – anormalen – »Linken in dem Land« und lässt sie als »normal« durchgehen.

Weil nach dieser Logik Homosexuelle als solche am besten nicht sichtbar sein sollten – das heißt nicht als *anders* in Erscheinung treten sollten –, folgt daraus für meine Gesprächspartner_innen auch, dass Homosexuelle ihr politisches Handeln nicht mit ihrer Homosexualität begründen sollten. In meinem Material finden sich zahlreiche Aussagen, wonach Homo-

---

9 Vgl. https://www.youtube.com/watch?v=4GjC_FBsZoQ&t=33s, Abruf am 24.04.2024, Transkript des Videoausschnitts Minute 03:27 – 04:09.

sexualität nicht in den Raum des Politischen gehöre. Beim Smalltalk auf einem AHO-Treffen im Januar 2018 ging es beispielsweise um eine Äußerung, von der ich während meiner Forschung immer wieder hörte und die einem prominenten Berliner AfD-Politiker zugeschrieben wurde, der gesagt haben soll: »Ich habe in meinem ganzen Berufsleben noch nicht mit so vielen Homosexuellen zusammengearbeitet wie in der AfD.« Ein heterosexuell identifizierter Landtagsabgeordneter der AfD, der bei dem Treffen zu Gast war, fragte nach: »Gibt es denn wirklich so viele Homosexuelle in der AfD? Sind die alle in der Deckung?« »Naja«, sagte Fabian, »in der AfD sind ja eher *die* Schwulen anzutreffen, die nicht gerade im Tutu auf die Straße gehen.« »Das finde ich auch gut«, sagte der Besucher daraufhin, »wir sollten dahin kommen, dass Homosexualität einfach kein Thema mehr ist! Weder positiv noch negativ.«

Auch Alice Weidel und Michael finden grundsätzlich, dass die eigene sexuelle Orientierung keinen Einfluss auf ihre Politik hat oder haben sollte (Michael: »weil es nicht hier hergehört«). Bei ihrem Coming-out während einer Wahlkampfveranstaltung im September 2017 formulierte Weidel beinah wortgleich:

»Ich möchte heute über ein Thema sprechen und mal ein wenig von meinem Programm abweichen. Um mit Ihnen zum ersten Mal in diesem Wahlkampf und überhaupt über ein Thema zu sprechen, *welches eigentlich nicht hier hingehört*. Eine Premiere sozusagen. Wie der eine oder andere vielleicht mitbekommen hat, lebe ich mit einer Frau zusammen. Also in letzter Zeit weniger, aber normalerweise eben schon. (Applaus.) Außerdem ziehen wir gemeinsam zwei Kinder auf. Der eine oder andere hat jetzt schon gemerkt, wovon ich rede, und den Rest erfährt er jetzt von mir: Ich bin homosexuell. (Lachen, Applaus, ›Bravo‹-Rufe, Pfiffe.)«[10]

Doch was passiert, wenn die AfD die bürgerlichen Rechte von Homosexuellen begrenzen oder beschneiden will? Entstehen daraus nicht Konflikte für diese Politiker_innen? Alice Weidel und Michael lassen zwar öffentlich keinen Zweifel daran, dass sie die Norm der heterosexuellen Kernfamilie unterstützen. Zugleich ist es ihnen jedoch persönlich wichtig, dass Homosexuelle in Bezug auf ihre bürgerschaftlichen Rechte mit Heterosexuellen *gleichgestellt* werden. Michael erzählte mir von zwei konkreten Momenten, in denen er versuchte, seine Parteikolleg_innen von einer anderen Linie zu überzeugen (sein Brief an Frauke Petry sowie seine parteiinterne Kritik am Antrag

---

10 Vgl. https://www.youtube.com/watch?v=nryxvv-BFdM&t=835s, Abruf am 24.04.2024, Transkript des Videoausschnitts Minute 11:20 – 12:20.

seiner Fraktion »Ehe für alle abschaffen!«). Er handhabe diese Situationen auf eine Art und Weise, in der er sich für seine Interessen einsetzte und dennoch zugleich die moralische Maxime wahrte, nicht auf der Grundlage seiner eigenen sexuellen Orientierung politisch zu handeln. Er argumentierte stattdessen ohne Verweis auf seine eigene Person und zwar im einen Fall strategisch – man verschrecke Wähler_innen, wenn man gegen die »Ehe für alle« sei – und im anderen Fall juristisch: Das Urteil des Bundesverfassungsgerichts sei zu akzeptieren.

Weidel dagegen macht auch öffentlich keinen Hehl daraus, dass sie hier in einem Konflikt mit ihrer Partei steht. Während ihrer Coming-out-Rede sagte sie: »Lassen Sie mich bitte eins klarstellen: Ich ganz persönlich begrüße jede Verbesserung der Rechte für gleichgeschlechtliche Paare, auch im Zweifel gegen die Mehrheitsmeinung meiner eigenen Partei. So viel Freiheit gestehe ich mir ein.«[11] Noch deutlicher wurde sie in dem oben bereits zitierten Interview in der *Weltwoche*, in dem sie zwei Jahre später erzählte, was sie zu ihrem Coming-out bewogen habe: »Als meine parteiinternen Gegner meinen Lebensstil gegen mich einsetzen wollten, habe ich entschieden, damit proaktiv an die Öffentlichkeit zu gehen. Somit war die Sache vom Tisch.« Auf die Frage, ob sie parteiintern damit Probleme gehabt habe, »nicht gerade dem AfD-Klischee einer Partei mit konservativem Familienbild« zu entsprechen, antwortete sie unumwunden mit: »Klar. Heute noch.« (Bandle 2019: o.S.).

Auch wenn Weidel deutlichere Worte findet als Michael, geht sie jedoch auch nicht so weit, in einen öffentlichen Disput einzutreten. Übereinstimmend erklären beide das Thema lieber für beendet (Michael: »Das Thema ist durchdiskutiert und zu Ende in Deutschland.«; Weidel: »Somit war die Sache vom Tisch.«).[12] Politische Gleichheit ist ihnen zwar ein Anliegen. Doch als vergleichsweise privilegierte Homosexuelle sind sie mit dem rechtlichen Status quo zufrieden. Dementsprechend gilt aus dieser homonormativen Perspektive, was Michael sagt: »Es gibt die ›Ehe für alle‹, es ist alles erledigt.« Wie Lisa Duggan schreibt, ist die Depolitisierung und Domestizierung der Homosexualität – dem homonormativen »Deal« entsprechend – die Gegenleistung für die Gewährung von staatsbürgerlichen Rechten.

---

11 Vgl. https://www.youtube.com/watch?v=nryxvv-BFdM&t=835s, Abruf am 24.04.2024, Transkript des Videoausschnitts Minute 15:05 – 15:17.
12 Ob Weidel ähnlich wie Michael vorgeht und versucht, nach innen Einfluss auf die homopolitischen Positionen ihrer Partei zu nehmen, kann ich auf der Grundlage meiner Daten nicht beurteilen.

Aus dieser ethischen Perspektive kann auch das Engagement in der AHO als problematisch bewertet werden. Das war vermutlich auch genau der Grund dafür, dass manche Vertreter_innen dieser Ethik mir und meinem Anliegen mit einer gewissen Skepsis begegneten, obwohl sie damit einverstanden waren, sich mit mir zum Interview zu treffen. Nach den Gesprächen – so sie denn zustande gekommen waren – gab es keine naheliegenden Anknüpfungspunkte mehr für Folgetreffen, geschweige denn eine weitergehende Teilnahme an meiner ethnografischen Forschung. Sie schilderten mir primär, wie irrelevant ihre Homosexualität für ihre Politik sei, und schienen genervt von dem Thema. Jens hatte zum Beispiel Ronny an mich vermittelt, einen Parteikollegen, den er als »liberalen Karrieristen« einschätzte. Beim Kaffeetrinken in einem Charlottenburger Café sagte Ronny sinngemäß: »Wofür soll ich mich bei den Alternativen Homosexuellen engagieren? Gerade jetzt, wo die ›Ehe für alle‹ gekommen ist, interessiert mich das Homothema politisch nicht mehr. Es gibt viel wichtigere Themen.« (IN 12) Ähnlich äußerte sich auch der bereits erwähnte Rüdiger. Auf meine Frage, aus welchem Grund er nicht in der AHO aktiv sei, antwortete er:

»Ich halte so was für überflüssig, ehrlich gesagt. Eine Interessengemeinschaft, die es in einer Partei gibt, sagt ja zumindest indirekt aus, dass sie andere Interessen hat als die Partei insgesamt und diese Interessen müsste sie dann gegenüber der angenommenen Mehrheit der Parteimitglieder vertreten. Das sehe ich persönlich nicht so. Ich sehe mich da überhaupt nicht im Widerspruch zur großen Mehrheit der Parteimitglieder in dieser Frage und deswegen gibt's für mich auch keinen Grund, mich in irgendeiner Interessengemeinschaft zu engagieren.« (IN 6)

Als ich Andreas auf meine erfolglosen Versuche ansprach, mit einem prominenteren schwulen AfD-Politiker in Kontakt zu treten, erklärte er mir, dass solche Personen das Thema Homosexualität öffentlich mieden und auch die AHO nicht unterstützten, weil sie »mit dem Thema nichts zu gewinnen haben«. Bei dem von mir Angesprochenen, mit dem er mich in Kontakt zu bringen versucht hatte, handle es sich um einen »seriösen Wirtschaftspolitiker«. Ich interpretierte diese Aussage so, dass homosexuelle AfDler_innen sehr wohl einiges zu verlieren hätten, wenn sie – an höherer Position in der Parteihierarchie – ihre Homosexualität zum Thema machten: Es könnte sie unter anderem als *unseriös* erscheinen lassen. Eher anekdotisch lässt sich an dieser Stelle noch festhalten, dass es in der AHO auch immer wieder um AfD-Politiker ging, die sich bisher nicht als schwul geoutet hatten und die ich auf keinen Fall für meine Forschung ansprechen sollte. Dies wirkte auf mich wie die deutlichste Erscheinungsform einer Diskretion, die im Rahmen der Ethik der homonormativen Gleichheit als Tugend gilt. Andreas und seine »Truppe« – wie Johannes sie nannte – schienen auch deswegen eine gewisse Narrenfreiheit zu genießen, weil sie nicht auf einflussreichen Positionen in der AfD saßen. Um sie wird es im Folgenden gehen.

»Dienstleister der Partei« – Die Ethik der heteronormativen Differenz

Am 30. September 2016 steht Hans-Thomas Tillschneider, Islamwissenschaftler und Abgeordneter der AfD im Landtag von Sachsen-Anhalt, am Rednerpult des Plenarsaals. Er begründet den Antrag seiner Fraktion mit dem Titel »Aktionsprogramm für die Akzeptanz von Lesben, Schwulen, Bisexuellen, Transgendern, Transsexuellen und intergeschlechtlichen Menschen (LSBTTI) sofort beenden – Familien mit Kindern fördern statt sexueller Minderheiten!«:

»Uns geht es in aller Nüchternheit einfach nur darum, dass das Verhältnis von Normen und Abweichungen, auf dem jede funktionierende Gesellschaftsordnung beruht, nicht außer Kraft gesetzt wird. Ginge es Ihnen nur darum, Menschen mit sexueller Abweichung das Leben leichter zu machen, hätte niemand etwas dagegen. Ihnen geht es aber darum, dass die Ehe von Mann und Frau, aus der Kinder hervorgehen, nicht mehr als Leitbild fungieren darf. [...] Damit legen Sie die Axt an die Wurzel unserer Gesellschaft.« (ST 7/10: 74)

Um seine Haltung zu untermauern, zitiert Tillschneider den Philosophen Robert Spaemann – wie ich später recherchiere, stammt das Zitat aus dem Geleitwort zu einem Klassiker des Antigenderismus, Die globale sexuelle Revolution. Zerstörung der Freiheit im Namen der Freiheit *von Gabriele Kuby:*

»Der Instinkt, den jungen Löwen das Jagen beizubringen, gehört zur Natur der Löwenmutter, ohne ihn werden die Jungen nicht lebensfähig, und ohne ihn gäbe es gar keine Löwen. Das Fehlen dieses Instinkts ist daher eine Anomalie. Der Begriff einer normativen Normalität ist unverzichtbar, wenn es um den Umgang mit Lebensvorgängen geht. Irrtümer auf diesem Feld sind lebensgefährlich für die Menschheitsfamilie.« (ebd.: 75)

Im Landtag von Sachsen-Anhalt bricht daraufhin eine hitzige Debatte aus. Ein Abgeordneter der SPD fragt nach: »Sie halten also Homosexualität für eine Krankheit – habe ich das richtig verstanden?« (ebd.: 76). *Tillschneider widerspricht:* »Nein, Krankheit würde ich nicht sagen. [...] Ich nenne es Normabweichung. Krankheit ist zu stark. Das denken wir nicht« (ebd.).

Auf der Zuschauertribüne verfolgt Jens die Debatte gespannt und zunehmend irritiert. Krankheit? Wieso Krankheit? An welcher Stelle soll der Tillschneider denn von Krankheit gesprochen haben? Als dann die Fraktionsvorsitzende der SPD mit Bezug auf ihren eigenen christlichen Glauben und Tillschneiders Hintergrund als Islamwissenschaftler diesen ermahnt, »dass der aktuelle Papst bereits darauf hingewiesen hat, dass auch die Homosexuellen nicht zu verurteilen seien« (ebd.: 77), kann Jens nur noch den Kopf schütteln. Offenbar, so scheint ihm, hat niemand hier die Rede richtig verstanden.

Während meiner Feldforschung wurde Tillschneiders Rede von den Mitgliedern der Alternativen Homosexuellen immer wieder lobend erwähnt. Jens berichtete mir auf einer der Tagungen der AHO von seinem Erlebnis auf der Zuschauertribüne: »Ich wäre am liebsten aufgesprungen und hätte applaudiert!« Ich verstand nicht ganz: Homosexualität als »Abweichung« oder »Anomalie« zu bezeichnen, klang auch in meinen Ohren abwertend. Es sind Begriffe, mit denen der Ausschluss von gesellschaftlicher Teilhabe legitimiert wird. Sie negieren Gleichheit. Also bat ich Jens darum, mir seine Begeisterung genauer zu erklären. Er sagte: »Natürlich ist Homosexualität eine Anomalie der Natur! Aber das ist doch auch nicht weiter schlimm. Da im Landtag hat niemand verstanden, dass zur Normalität zu gehören doch überhaupt nichts Erstrebenswertes ist. Etwas als abnormal zu bezeichnen, ist keine Wertung.« Lachend und augenzwinkernd fügte er hinzu: »Meine Mutter hat ja in der DDR in der Chemieindustrie gearbeitet. Wer weiß, was das mit meinen Genen angerichtet hat!«

Dieses Gespräch überraschte mich. Einerseits hatte ich in der AfD eher mit homonormativen Argumentationen gerechnet, wie ich sie im vorangegangenen Abschnitt beschrieb. Doch Jens schien die Position des Abnormen positiv zu bewerten und sie sich anzueignen. Zudem empfand ich es als Provokation, dass hier ein rechter schwuler Mann selbstbewusst auf der *Differenz* schwuler Männer zur heterosexuellen Norm beharrte: »Zur Normalität zu gehören ist doch überhaupt nichts Erstrebenswertes!«. Das erinnerte mich an die lesbischen und schwulen Emanzipationsbewegungen der 1970er und 1980er Jahre, denen es nicht darum ging, in die Institutionen der Heteronormativität aufgenommen zu werden, sondern sie zu überwinden. Auch sie betonten nicht ihre Gleichheit, sondern ihr Anderssein, und zwar mit Selbstbewusstsein. Allzu naive Vorstellungen von Gleichheit, die lediglich darauf hinauslaufen, sich an einschränkende Normen anzupassen, sehe auch ich skeptisch. Gewiss, die rechten Schwulen aus meiner

Forschung wollen weder Integration in die Heteronorm noch ihre Überwindung, sondern sie wollen die Stabilisierung der Norm gewissermaßen von außen unterstützen. Aber gab es da nicht eine gewisse argumentative Nähe? Eine Ähnlichkeit in der Zurückweisung des liberalen Gleichheitsgedankens, in der Affirmation von Differenz? Gerade das Selbstbewusstsein, mit dem hier die Möglichkeit einer Differenzierung ohne Hierarchisierung behauptet wurde, irritierte mich. Diese Haltung ließ sich weder als Wunsch nach Assimilation noch als »schwuler Selbsthass« einordnen. Ich möchte im Folgenden darlegen, dass wir es stattdessen mit einer eigenen ethischen Position zu tun haben.

Im Rahmen einer Ethik der homonormativen Gleichheit gelten Zurückhaltung, Stille, Nicht-Sichtbarkeit, Diskretion, Seriosität als Tugenden. Nicht so im Kontext einer Ethik der heteronormativen Differenz. Aus dieser Perspektive sind gerade das Anderssein, die symbolische Affirmation von Homosexualität, die Inszenierung der Abweichung und die Aneignung der Außenseiterposition Tugenden, durch die Heteronormativität stabilisiert werden kann. Ein westdeutscher Landtagsabgeordneter der AfD, der als Rechtsaußen innerhalb seiner Fraktion gilt, sagte einmal über die AHO: »Wenn wir euch Paradiesvögel nicht hätten, dann wäre es langweilig in der Partei.« Mit der Figur des »Paradiesvogels« ist die Rolle von Andreas, der sich im Interview selbst als »Vorzeigeschwulen« bezeichnete, innerhalb der AfD gut beschrieben.

Schon optisch sticht Andreas immer heraus: Jedes seiner Outfits ist bunt, bis runter zu den Schuhen. Die bürgerliche Förmlichkeit, die etwa auf interfraktionellen Treffen herrscht, liegt ihm nicht. Er unterstreicht seine Worte häufig mit ausladenden, erratischen Gesten und spitzen Lachern. In seiner Wohnung steht überall die kleine Comicfigur Ziggy herum. Ziggy als Matrose, Ziggy als Koch, Ziggy als Gefängnisinsasse. Auf seinen Reisen durch Deutschland hat Andreas immer einen Ziggy dabei; hin und wieder kriege ich auch per WhatsApp ein Foto von einem seiner Ziggys geschickt. Andreas erzählt mir, dass seine Großeltern ihm immer mal wieder einen Ziggy mitgebracht hätten; schon als Kind habe er angefangen, alles von Ziggy zu sammeln. Ihm ist das kleine glatzköpfige Männchen mit der riesigen Knollennase sympathisch, weil es, wie er sagt, nicht der starke Superheld sei, der die Welt rette, sondern eher ein Antiheld, der ständig in irgendein Schlamassel gerate und die absurden Situationen des Lebens illustriere. Er bringe die Menschen zum Lachen, weil ihnen diese Situationen so bekannt vorkämen. In einem Comic aus dem Jahr 1971 steht Ziggy auf einem abgesperrten Weg, vor ihm das Schild »Wet cement«. Rechts und links des Weges geht es

auch nicht weiter, hier warnen zwei Schilder: »*Keep off the grass*«. *Eine Zwickmühle. Der Name Ziggy, so lese ich, sei entstanden, weil sein Schöpfer Tom Wilson eine Figur im Kopf hatte, die in der alphabetischen Reihenfolge des Lebens immer ganz am Ende drankommt:* »*Ziggy is a last-in-line character. [...] The last picked for everything and kind of a lovable kind of loser character.*« *(The Hollywood Reporter 2011: o.S.)*
Auf einem AfD-Bundesparteitag kandidierte Andreas für den Parteivorstand. Andreas erzählt, da seien viele Leute gewesen, die irgendwie versucht hätten, mit ihren Anliegen zu den Parteigranden durchzudringen, während er sich mit so etwas lieber zurückhalte. Aber siehe da: Björn Höcke persönlich sei auf ihn zugekommen und habe ihm zu der wunderbar sympathischen Rede gratuliert, die total locker gewesen sei. Andreas meint, da müsse man irgendwas anders machen, um überhaupt aufzufallen, deswegen habe er sich einen Pulli mit so einem »*schwulen Lätzchen*« *angezogen, mit dem er wohl irgendwie ulkig ausgesehen haben muss. Höcke habe ihm gesagt, er sei eigentlich der einzige Sympathische gewesen, schon allein wie er da* »*hochgetänzelt*« *sei. Der ganze Saal, sagt Andreas, habe gelacht:* »*Im positiven Sinne!*«

Mir scheint, Andreas gefällt sich in dieser Rolle. Auf meinem letzten AHO-Treffen im Januar 2019 fragt er mich, warum ich denn immer so ernst sei, »*so ein Normaler*«*. Im Gegensatz zu seinen homonormativen Kolleg_innen will Andreas auffallen, auch als Schwuler erkennbar sein, aber nicht als perfekt assimiliert, sondern als Exzentriker. Vielleicht ist dies eine Rolle, die tatsächlich nur von einem einzigen eingenommen werden kann – und es ist insofern verständlich, wieso er in der AfD als* »*Paradiesvogel*« *und* »*bunter Hund*« *bezeichnet wird.*

Die zuvor beschriebene Ethik der homonormativen Gleichheit geht mit einer generellen Ablehnung von homopolitischem Engagement einher, was eine gewisse Distanz zu den Aktivitäten der AHO impliziert. Für Michael war seine Homosexualität selbst dann irrelevant, wenn es ihm – ausnahmsweise – um homopolitische Anliegen ging. Diejenigen, die sich in der AHO engagierten, setzten ihr Anderssein dagegen nicht nur, wie etwa Andreas, durch ihr Auftreten in Szene, sondern sie versuchten auch, aus ihrer Position als rechte Schwule heraus politische Inhalte zu entwickeln. Die Kapitel 6 bis 9 dieses Buchs greifen diesen Faden auf und widmen sich jeweils einer bestimmten Facette dieses Aktivismus im Detail. An dieser Stelle möchte ich jedoch zunächst allgemeiner darauf hinaus, dass sich bei der rechten Politisierung von Homosexualität zwei Ebenen unterscheiden lassen: eine strategische und eine inhaltliche.

Auf der strategischen Ebene betrachtet sich die AHO laut ihren Leitlinien als »Dienstleister der Partei«. In seinem bereits zitierten Grußwort bei der

Veranstaltung in Essen dankte Matthias Helferich den AHO-Mitgliedern für diesen Dienst, den er so beschrieb:

»Und deshalb übernehmen Sie, liebe Mitglieder der AHO, eine wichtige Rolle für die AfD. Sie führen den Vorwurf der Linksöffentlichkeit ad absurdum, es handle sich bei der AfD um eine homophobe Partei. Sie halten Ihr Gesicht hin für eine Gegenöffentlichkeit, die die Linkspresse Lügen straft, sind Eisbrecher auch für viele Wähler und Mitstreiter aus dem homosexuellen Milieu, die sich dank Ihnen der patriotischen Sache verschreiben.«

Es geht also einerseits darum, qua Existenz den Homophobievorwurf zu entkräften (vgl. dazu auch Kapitel 4), und andererseits darum, Anlaufstelle für Homosexuelle zu sein, die mit der AfD zwar sympathisieren, aber unsicher sind, ob sie dort auch willkommen wären. Wie zentral diese strategische Funktion der AHO ist, zeigen auch die Narrative meiner Interviewpartner im Hinblick darauf, wie sie zur AfD gekommen sind. Durchweg tauchte der lange Sommer der Migration 2015 in nahezu allen meinen Interviews als politisierendes Moment auf. Häufig spielte auch bereits die Unterstützung Griechenlands seit der Finanzkrise 2010 eine Rolle sowie die Vorstellung, durch die Mechanismen der EU für die Schulden anderer bezahlen zu müssen. Die eigene Homosexualität kam in diesen Erzählungen nur insofern vor, als sie eine anfängliche Skepsis gegenüber der AfD begründete. Sowohl Fabian als auch Hendrik wiesen jedoch rückblickend das Bild der homophoben AfD als von den Medien erfunden zurück. Fabian berichtete:

»Ich bin dann trotzdem vorsichtig an die Sache herangegangen. Auch ich war ja von Mainstreammedien geprägt, also die schwulenfeindliche AfD und was nicht alles. Und da ich nach wie vor kein selbsthassender Mensch war, war ja klar, dass ich keiner Partei beitrete, die irgendwie gegen Schwule vorgeht. Aber offen wie ich bin, bin ich erstmal vorurteilslos drauf zugegangen und wollte mich selbst informieren, mir das anhören, und das habe ich dann auch gemacht. Ich habe im Internet recherchiert, erstmal das Programm angeschaut, dann geguckt, was ist mit Schwulen, gibt's da irgendwas? Und dann bin ich sehr schnell auf Andreas und Kai gestoßen. [...] Das war dann erleichternd. Das war der einzige Stolperstein. Wenn das nicht gepasst hätte, wäre ich kein Mitglied geworden.« (IN 18)

Hendrik erzählte, dass ein ehemals guter Freund ihn davon abgehalten habe, sich eingehender mit der AfD zu beschäftigen. Die Freundschaft ging zu Bruch und Hendrik machte sich daraufhin persönlich ein Bild:

»Ich war auch ein-, zweimal am Infostand und habe mit unserem Kreisvorsitzenden geredet. Gleich beim ersten Gespräch habe ich das Thema angesprochen, wie geht ihr denn mit Schwulen um? Er war da ganz offen und locker und da war das auch kein Thema und dann habe ich gesagt, okay gut, dann passt das alles, also da haben sie keine Probleme mit, was man ja auch in den Medien sonst gehört hatte so ein bisschen.« (IN 9)

Obwohl sie in ihren Erzählungen keinen Zusammenhang zwischen der eigenen Homosexualität und der Politisierung oder der Hinwendung zur AfD herstellen, sind sowohl Fabian als auch Hendrik in der AHO aktiv. Fabian zufolge besteht der hauptsächliche Zweck der AHO darin, Ansprechpartner für potenzielle schwule Neumitglieder der AfD zu sein, damit diese, so wie er selbst, sehen könnten, dass die AfD nicht schwulenfeindlich sei.

Doch die Aktivitäten der AHO haben auch eine inhaltliche Ebene, die für manche mehr und für manche weniger wichtig ist. Wo homosexuelle AfD-Politiker_innen aus der Perspektive homonormativer Gleichheit konstatieren müssen, dass sie mit ihrer Partei in einem Konflikt stehen, versuchen andere, ihre uneingeschränkte Zustimmung zu den Positionen der Partei zu formulieren. In einer nationalromantisch formulierten »Präambel« zu ihren Leitlinien klingt das bei der AHO etwa so:

»Im Bewusstsein unserer Verantwortung vor Gott, Deutschland, den Menschen und unserer Partei haben wir, die Mitglieder der ›Homosexuellen in der AfD‹, die Pflicht, zum Wohle der Freiheit und Wohlfahrt unserer Nation zu wirken. Wir erteilen jedem Vereinnahmungsversuch der Homo-, Bi-, Inter- und Transsexuellen durch den linken Zeitgeist eine klare Absage und bekennen uns zu den Werten des Rechtsstaates und Positionen der Alternative für Deutschland.«

Zeuge dieser Loyalität wurde ich zum Beispiel bei einem Treffen der AHO, auf dem Dirk Uhlig zu Gast war, der dem Landesfachausschuss für Familie seines AfD-Landesverbands vorstand. Er wollte erfahren, wie die Homosexuellen in der AfD zu den familienpolitischen Forderungen der Partei stehen. Andreas erklärte ihm den Zweck der AHO: »Es geht auch darum, konservative Schwule sichtbarer zu machen. Wir fühlen uns von den Linken instrumentalisiert!« Uhlig stimmte sofort zu: »Ja, das Thema wird als ein linkes wahrgenommen, und das ist für uns ein Problem. Wir haben da eine offene Flanke, die durch euch geschlossen werden muss. So verstehe ich eure Aufgabe.« Uhlig hatte den Entwurf für einen Forderungskatalog mitgebracht, in dem die zentralen familienpolitischen Forderungen der AfD zusammengefasst worden waren. Nachdem jeder für sich die drei Seiten überflogen hatte, sagte Andreas: »Die Homosexuellen stimmen da auf jeden Fall überall zu. Besonders wichtig ist uns auch der Punkt zu Gender Mainstreaming. Es ist doch völlig absurd! Immer dieser Zwang, alles ›gleichstellen‹ zu müssen, diese Gleichmacherei. Dabei sind wir doch gerade nicht alle gleich!« Uhlig sagte:

»Zur Identität gehört eben auch die Abgrenzung dazu: Ich bin so und nicht so.«[13]

Die uneingeschränkte Zustimmung zu den Werten der AfD funktioniert also, indem sich die AHO von der Rhetorik der Gleichheit abgrenzt und stattdessen Differenz betont (oder, wie in der einleitenden Vignette dieses Abschnitts, indem Abnormalität statt Normalität betont wird). Der Umgang mit der Frage, ob die Ehe für gleichgeschlechtliche Paare geöffnet werden sollte, ist in dieser Hinsicht paradigmatisch. Der in der AfD vorherrschende Diskurs ist unzweideutig: In homosexuellen Partnerschaften könnten keine Kinder gezeugt werden; deswegen seien sie auch weniger förderungswürdig als heterosexuelle Partnerschaften.[14] Die Verfechter_innen der Ethik der homonormativen Gleichheit nehmen entweder den Widerspruch zu ihrer Partei hin oder versuchen, hinter den Kulissen auf ihre Partei einzuwirken. Die AHO formuliert dagegen in ihren Leitlinien:

»Es bedarf einer eigenen Symbolik und schöpferischer Bezeichnungen für homosexuelle Bindungen, die sich vom Genderwahn abheben und in der deutschen Sprache als emotionale Begrifflichkeit gebräuchlich werden können. [...] Den Begriff der Ehe auf gleichgeschlechtliche Partnerschaften anzuwenden, lehnen wir ab. Eine Unterscheidung zwischen Ehe und Partnerschaft ist sinnvoll, weil es einen existenziellen Unterschied gibt. Eine phänomenologische Gleichbetrachtung widerstrebt dem gesunden Menschverstand [sic], Homo- und Heterosexualität sind nicht dasselbe und in ihrer Unterschiedlichkeit und Besonderheit zu würdigen.«

Die Mitglieder der AHO fassen die *heteronormative Differenz* als »existenziell[...]« auf; sie zu akzeptieren und zu verkörpern, erscheint ihnen daher als ethisch geboten. Mit Fabian sprach ich zum Beispiel über sein Verständnis von Partnerschaft, die sich seiner Ansicht nach deutlich von der Ehe unterscheidet, die mit anderen Werten verbunden ist:

Fabian: »Ich habe auch schon damit rumgespielt, wie man das Zusammenleben mit einem Mann vielleicht nennen könnte. Da gibt's verschiedene Ideen, was weiß ich, aber dann finden wir doch endlich einen Begriff!«

P.W.: »Ja, was gibt's denn für Ideen? (Lacht.)«

Fabian: »Ach, keine Ahnung, was gibt's denn für Ideen? Ja, männliche Partnerschaft, keine Ahnung. Ich habe das übrigens früher schon immer als Partnerschaft bezeichnet. [...] Ich habe ja gerne offene Beziehungen geführt und ich habe gesagt, das ist eben eine Partner-

---

13 Auf den Antigenderismus der AHO gehe ich ausführlicher in Kapitel 8 ein.
14 Vgl. einleitend und ausführlicher zu der genauen Argumentation Kapitel 3.1.

schaft. Da geht's darum, dass man partnerschaftlich durchs Leben geht. Man unterstützt sich gegenseitig, man macht sich das Leben leichter, man schränkt sich nicht gegenseitig ein oder macht sich das Leben schwieriger. [...] Man unterstützt sich gegenseitig und lässt sich aber auch die Freiheiten. Ich finde tatsächlich, da ist der Begriff der Partnerschaft wesentlich besser als die Ehe. Die Ehe verbinden wir doch immer sehr viel mit sexueller Treue, Monogamie und lebenslang und was nicht alles. Und eine Partnerschaft ist für mich etwas anderes und das lebe ich auch so. Für mich, sexuelle Treue, ja, da habe ich meine eigenen Ansichten, und deswegen führe ich sicherlich keine Ehe, wie man sich das so konservativ vorstellt. Bestimmt nicht. Ich habe eine schöne Partnerschaft, ist wunderbar. Und der Begriff Ehe würde da bei mir nicht reinpassen, definitiv nicht.« (IN 18)

Für Fabian selbst ist die Ehe gar nicht erstrebenswert, weil er die Werte, die er mit ihr verknüpft (»sexuelle[...] Treue, Monogamie und lebenslang und was nicht alles«), nicht teilt. Zwar trifft er an dieser Stelle keine verallgemeinernde Aussage über einen vermeintlichen »existenziellen Unterschied« zwischen Ehe und Partnerschaft beziehungsweise Hetero- und Homosexualität (wie die Leitlinien), sondern argumentiert in Bezug auf sich persönlich und seine Präferenzen bei der Wortwahl. Er bedient jedoch, wenn auch unter umgekehrten Vorzeichen, dieselben Argumente, die Verfechter_innen der Gleichstellung konservativen Bedenkenträger_innen entgegenhalten: Indem sie die Ehe anstrebten, zeigten Homosexuelle, dass sie die konservativen Werte lebten, für die die Ehe klassischerweise steht. Fabian, der die Ehe nicht anstrebt, betont dagegen, dass er anders ist als die Norm und andere Werte lebt. Er markiert im Interview seine Abweichung von der heterosexuellen Norm und bestätigt damit, dass (s)eine homosexuelle Partnerschaft nicht mit der Ehe gleichzusetzen – oder gleichzustellen – sei.

Gleichheit oder Differenz?

Abbildung 2 visualisiert die von mir herausgearbeiteten Unterschiede zwischen den zwei Ethiken, die ich hier noch einmal kurz zusammenfasse, bevor ich in einem Fazit die Ergebnisse diskutiere.

Erstens traf ich im Feld auf diejenigen, denen Homosexualität als »normal« gilt und die politische Gleichheit mit Heterosexuellen für wünschenswert halten. Die »Normalität«, die die AfD in den Mittelpunkt ihres Bundestagswahlkampfs 2021 stellte, ist aus der Sicht dieser Schwuler – und zumindest mit Alice Weidel auch der einen prominenten Lesbe in der AfD – geleb-

Homosexuelle in der AfD

Homonormative Gleichheit

Homosexualität = normal/gleich
- sich »normal« verhalten = nicht erkennbar sein
- Abwertung von Weiblichkeit
- Kernfamilie unterstützen bzw. leben
- rechts sein
- Gleichstellung, »Ehe für alle« befürworten
- »Homosexuelle werden nicht mehr diskriminiert.«

Homosexualität = depolitisiert
- Homosexualität nicht (öffentlich) thematisieren
- Homosexualität irrelevant für eigene Politisierung
- inhaltlich: »partial fidelity«
- kein Engagement in der AHO
- ggf. ungeoutet sein

Heteronormative Differenz

Homosexualität = abnormal/anders
- »Paradiesvogel« sein
- Nicht dem konservativen Modell von Familie und Partnerschaft entsprechen

Homosexualität = politisiert

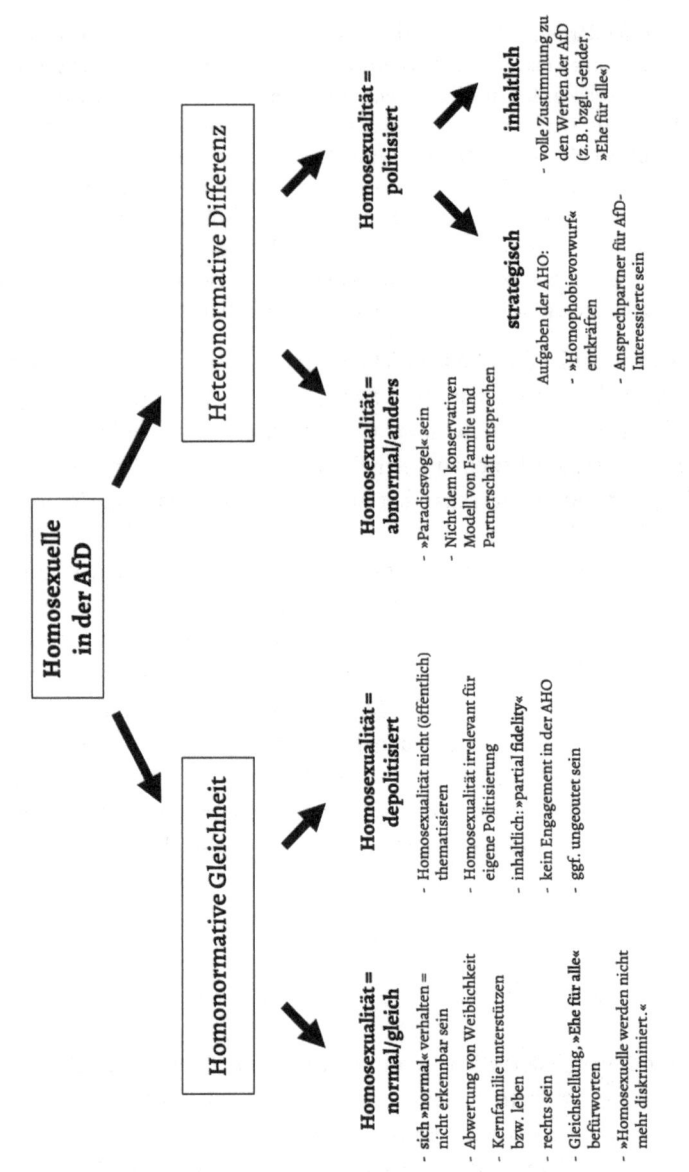

strategisch
Aufgaben der AHO:
- »Homophobievorwurf« entkräften
- Ansprechpartner für AfD-Interessierte sein

inhaltlich
- volle Zustimmung zu den Werten der AfD (z. B. bzgl. Gender, »Ehe für alle«)

Abb. 2: Die Ethik der homonormativen Gleichheit und die Ethik der heteronormativen Differenz im Vergleich
Quelle: eigene Darstellung

te Realität in Deutschland und moralischer Code zugleich. Das heißt auf der einen Seite, dass sie die Diskriminierung Homosexueller negieren und die politische Gleichstellung für weitestgehend erreicht halten. Auf der anderen Seite basiert für sie diese Situation aber auch auf ihrer eigenen Fähigkeit zu Assimilation, die ihnen ethisch geboten scheint: Sie werten abweichende Geschlechterperformances ab, leben in monogamen Partnerschaften und führen Ehen, die sich nicht von denen heterosexueller Paare unterscheiden sollen. Sie drücken ihre Unterstützung für die Norm der Kernfamilie aus oder leben sie selbst. Darüber hinaus können sie die Anforderungen an Normalität auch erfüllen, indem sie sich zu einer rechten Gesinnung bekennen, die in Abgrenzung von »den Linken« als die normale erscheint.

Diese Narrative und Praktiken laufen auf eine performative Herstellung von *Gleichheit mit der Norm* hinaus, die ich mit Duggan als homonormativ beschrieben habe: Sie orientieren sich an einer heteronormativen, zweigeschlechtlichen symbolischen Ordnung und sprechen Homosexualität eine politische Bedeutung ab. Wenn die Vertreter_innen der Ethik der homonormativen Gleichheit Homosexualität thematisieren, dann stets unter Verweis darauf, dass ihre Homosexualität »eigentlich« nicht in den Raum des Politischen gehöre. Darum kommt es für sie auch nicht infrage, sich in der AHO zu engagieren.

Ein konstitutiver Widerspruch charakterisiert die Ethik der homonormativen Gleichheit. Mit den Begriffen der aristotelischen Tugendethik ließe sich sagen, dass diese Ethik die Kultivierung einer charakterlichen Disposition zum Ziel hat, mit der Homosexualität als solche möglichst nicht sichtbar und nicht erkennbar ist, das heißt, die eigene Abweichung von der Norm – die meine Gesprächspartner_innen ja im Prinzip bestätigen – soll so irrelevant wie möglich erscheinen. Das angestrebte gute Leben besteht dann letztlich darin, mehr oder weniger in der Norm aufzugehen und *dafür* toleriert zu werden. Nun muss aber Homosexualität für die AfD konstitutives Außen der heterosexuellen, zweigeschlechtlichen Norm bleiben, denn diese Norm ist die notwendige Grundlage der natalistischen und nativistischen äußerst rechten Ideologie.[15] Sosehr sich Homosexuelle auch assimilieren, sie bleiben in den Augen der äußersten Rechten doch unfähig dazu, eigene biologische Kinder zu zeugen, jedenfalls innerhalb der monogamen Partnerschaft. Mit dieser Begründung wird ihnen der Zugang zur Institution der Ehe verwehrt:

---

15 Zum Zusammenhang zwischen einer heteronormativen, zweigeschlechtlichen Ordnung und völkisch-rassistischen Ideologien s. die Einleitung des Buchs.

Homosexuelle und Heterosexuelle seien gerade nicht *gleich*. An dieser Stelle können meinen Gesprächspartner_innen nur eine Position einnehmen, die der Kulturanthropologe Paolo Heywood in Bezug auf katholische LGBT-Personen folgendermaßen beschrieben hat:

»a curious and somewhat paradoxical way of relating to something, whether it be to a faith, an ideology, a person, or a moral code, that is one of partial fidelity rather than wholehearted subscription, one in which what is most remarkable is the distance or difference maintained between oneself and the object with which one is supposed to identify.« (Heywood 2018: 2)

Diese teilweise Treue (»partial fidelity«) trifft auch auf die Haltung der Vertreter_innen einer Ethik der homonormativen Gleichheit zu. Darin besteht einer der markantesten Unterschiede zur Ethik der heteronormativen Differenz, für die eher vorbehaltlose Übereinstimmung (»wholehearted subscription«) ethisches Leitmotiv ist.

Im Rahmen dieser zweitgenannten Ethik geht es nämlich darum, die eigene Abweichung von der Norm herauszustellen, um die Norm selbst und damit den moralischen Code der AfD zu bestätigen. Diejenigen, die eine solche ethische Position vertreten – unter meinen Gesprächspartner_innen waren es ausschließlich Männer –, kultivieren ihr Anderssein und verkörpern als »Paradiesvögel« jene Position des konstitutiven Außen. Sie leben nicht in monogamen Partnerschaften und sind nicht verpartnert oder verheiratet. Ihre Homosexualität empfinden sie als einen elementaren Bestandteil ihres Selbst. Denn (männliche) Homosexualität begründet in ihren Augen eine Lebensform, die sich essentiell von heterosexuellen Lebensformen unterscheidet und sich mithin nicht auf die sexuelle Objektwahl reduzieren lässt. Auch wenn sie ihre Politisierung in den Interviews nicht mit ihrer Homosexualität in Verbindung bringen, ist es ihnen ein Anliegen, »aus dem Schwulsein heraus politisch [zu] arbeiten«, wie einer meiner Interviewpartner formulierte (IN 20). Konkret bedeutet dies für meine Gesprächspartner, sich in der AHO zu engagieren. Zwei Begründungen stechen dabei aus dem Material hervor: eine eher strategische und eine eher inhaltliche. Strategisch wird argumentiert, dass die AHO dem Zweck diene, durch Sichtbarkeit von schwulen AfDlern den Homophobievorwurf an die AfD zu entkräften und zugleich Ansprechpartner für Schwule und Lesben zu sein, die sich für die AfD interessieren, aber von dem – in den Augen meiner Gesprächspartner – medial erzeugten Vorurteil der homophoben AfD abgeschreckt werden. Inhaltlich demonstriert die AHO absolute Loyalität mit den Werten der AfD, was ich in diesem Kapitel anhand der Zustimmung zum Antigenderismus und zum Widerstand der AfD gegen die »Ehe für alle« gezeigt habe.

Bemerkenswert an diesem empirischen Material ist, dass sich an ihm eine Artikulation von *Abnormalität* zeigen lässt, die sich weder als bloße Unterordnung unter die Norm noch als ihre Subversion interpretieren lässt. Mit Mahmood gesprochen zeigt sich Agency hier gerade in den unterschiedlichen Arten und Weisen, in denen Normen gelebt werden können. Denn Agency ist nicht gleichzusetzen mit progressiver Politik (vgl. Mahmood 2012: 14 f.). Ethik ist in diesem Sinne nicht eine Praktik der radikalen Freiheit *gegen* einen starren überkommenen Moralcode. Stattdessen lässt sich Ethik besser als der Freiraum des Individuums verstehen, sich zu diesem Moralcode zu verhalten. Dies beinhaltet ethische Praktiken, die im Bereich des Thematischen verortet sind, das heißt *positiv* auf diesen Moralcode Bezug nehmen. Aus meinem Material sprechen zwei Varianten, dies zu tun: einerseits der Versuch, den Moralcode der AfD möglichst genau zu befolgen und sich als »Dienstleister der Partei« zu subjektivieren, andererseits der Versuch, die eigene Abweichung vom Moralcode der Partei zu depolitisieren.

Für beide Ethiken gilt: »Der Eindruck von Normalität entsteht durch Abgrenzung von der Abweichung, deren Konstruktion umgekehrt der Normalität ihre Spezifik verleiht« (Engel 2002: 97 f.). Antke Engel schreibt diesen Satz im Kontext xirer[16] queeren Kritik am Dualismus von Gleichheit *oder* Differenz, der nur Sinn ergibt, wenn die Binarität der Geschlechter vorausgesetzt wird, und letztlich Dilemma bleiben muss: Innerhalb einer identitären Entweder-oder-Logik bestätigt sowohl die Betonung von Gleichheit als auch die Betonung von Differenz letztlich die Norm. Vor diesem Hintergrund wird deutlich, dass wir es bei beiden von mir analysierten Ethiken mit Arten und Weisen zu tun haben, die Geschlechterbinarität aufrechtzuerhalten. Dies spiegelt sich im dualistischen Verhältnis, in dem die beiden Ethiken zueinanderstehen: Während die einen immer neue Abweichungen konstruieren, um sich davon abgrenzen und sich auf diese Weise selbst im Bereich des Normalen verorten zu können, besetzen die anderen die Position der Abweichung und nehmen damit die für die heterosexuelle Norm wichtige Rolle des konstitutiven Außen ein. Meine Analyse zeigt damit auch die Arbeit, derer es bedarf, um Binarität und Eindeutigkeit herzustellen.

---

16 Engel verwendet das Pronomen xi/they, vgl. http://www.antkeengel.de/kurzbio.html, Abruf am 24.04.2024.

Diesen Versuchen zum Trotz enthält mein empirisches Material auch Momente, in denen gerade die Bruchstellen und die Ambiguität zwischen den beiden Ethiken sichtbar werden. Ich komme hier wieder auf die zwei Themen zurück, bei denen die AfD als Gesamtpartei eine besonders klare, gegen die Rechte von Homosexuellen gerichtete Haltung einnimmt: die Öffnung der Ehe für gleichgeschlechtliche Paare und die Frage, ob Homosexuelle Kinder adoptieren beziehungsweise erziehen dürfen sollten. Zwei meiner Gesprächspartner, beide in der AHO aktiv, schienen besondere Schwierigkeiten damit zu haben, dass ihre Partei ihnen diese Rechte verwehren wollte: Hendrik und Fabian. Das wurde für mich bereits bei dem AHO-Treffen im Januar 2017 deutlich, das das erste war, an dem ich teilnahm. Teil der Tagesordnung war eine Diskussion über die Frage, ob sich die AHO der »Magdeburger Erklärung zur Frühsexualisierung« anschließen sollte, die am 14. November 2016 von knapp 30 Landtagsabgeordneten der AfD unterzeichnet worden war. Diese Erklärung enthielt die zentralen heteronormativen, zweigeschlechtlichen und familialistischen Werte des Moralcodes der AfD, das heißt, sie verneinte die Gleichwertigkeit von heterosexueller Ehe und anderen Formen des Zusammenlebens und sie lehnte das Adoptionsrecht für gleichgeschlechtliche Paare ab.[17] Hendrik und Fabian wollten dem nicht zustimmen und erreichten, dass die AHO sich der »Magdeburger Erklärung« nicht anschloss.

Fabian erzählte mir später, dass er selbst für ein lesbisches Paar als Samenspender fungiert hatte und von ihnen bezahlt worden war, auch wenn die Versuche letztlich nicht erfolgreich gewesen waren. Im Interview erklärte er: »Für mich persönlich ist klar, wenn's um die Reproduktion geht, also um den Erhalt der Gesellschaft, sind für mich [...] alle Wege eigentlich dafür nutzbar, die ethisch vertretbar sind.«[18] Das heißt, er wollte teilhaben an der völkisch verstandenen Reproduktion der Bevölkerung – und damit am Moralcode der AfD – und sah sich auch als Schwuler dazu in der Lage.

Doch während Fabian von seiner Außenseiterposition als Schwuler überzeugt war, sprach aus Hendriks Narrativ eine größere Ambivalenz. Im In-

---

17 Die Erklärung ist inzwischen (Juni 2024) nicht mehr auf offiziellen Seiten der AfD zu finden, wird jedoch auf dem Blog des Sexualwissenschaftlers Heinz-Jürgen Voß dokumentiert: https://dasendedessex.de/wp-content/uploads/2016/11/AfD-Magdeburger-Erkl%C3%A4rung-zur-Fr%C3%BChsexualisierung.pdf, Abruf am 05.06.2024.

18 Tatsächlich hatte Fabian im Interview zuerst »ethnisch vertretbar« gesagt, sich auf meine Nachfrage dann aber korrigiert – wohl ein sprichwörtlicher Freud'scher Versprecher.

terview schilderte er mir seine Haltung gegenüber Fragen von Normalität, Gleichheit und Differenz und der »Ehe für alle«:

»Mir ist das doch vollkommen egal, so wie es dir – vielleicht ja, weiß ich nicht – auch egal ist, ob du jetzt mit deinem Partner zusammen bist und das Ding heißt Ehe oder das heißt eingetragene Lebenspartnerschaft oder ABC-Modell. Ist doch vollkommen wurscht. Letztendlich ist man mit dem Menschen zusammen, man liebt ihn und man ist rechtlich legitim auch auf dem Papier zusammen und hat auch weitestgehend die gleichen Rechte und Pflichten. Das ist vollkommen in Ordnung. Man muss aber nicht deswegen so einen Aufruhr machen und sagen: Ja, die AfD ist gegen Homosexuelle, bloß weil man nicht sagt, man stellt sich hundertprozentig gleich mit einer heterosexuellen Beziehung. Was ich jetzt aber nicht schlimm finde, weil wir sind nun mal anders und das ist auch gut so. Und wir beide – oder du mit deinem Freund – könnten so viel Spaß haben, wir ihr wolltet, da wird niemals ein Kind bei rauskommen. Genauso wie bei zwei Lesben auch. Das ist nun mal so. Jetzt muss man auch die normale – in Anführungsstrichen normale, ich mag dieses Wort nicht so, weil ich sage, ich bin ja auch normal – heterosexuelle, oder ich sage mal so, nicht die normale, sondern eher ... die überwiegende und ... darwinistisch vorgesehene Familienform Mann und Frau eher unterstützen. Natürlich die anderen nicht ablehnen oder Sonstiges, aber dass die natürlich dieses Wort Ehe behalten und die anderen eben anders heißen: Mein Gott, das ist halt so.« (IN 9)

Es bleibt unklar, inwiefern Hendrik das selbst so sieht (»Ist doch vollkommen wurscht«) – was er, nebenbei bemerkt, auf mich projiziert – oder ob er sich damit arrangiert hat (»Mein Gott, das ist halt so«). Aus ihm spricht ein Zweifel an der Parteilinie, eine Unentschiedenheit, die sich auch in seinen Schwierigkeiten mit dem Wort *normal* ausdrückt, das er für sich reklamiert – nachdem er kurz zuvor gesagt hatte: »wir sind nun mal anders«.

Anderthalb Jahre nach diesem ersten Interview war ich bei Hendrik zu Besuch. Er hatte sich gerade eine neue Wohnung gekauft und zeigte mir stolz, was er daran alles selbst gemacht hatte. Ein Zimmer war frei und diente keinem offensichtlichen Zweck. Es war, erzählte er mir, als Kinderzimmer vorgesehen – für ein potenzielles Kind mit einem potenziellen Partner in einer ungewissen Zukunft.

Fazit: Toleranz und das politische Imaginäre der AfD

Wie ich eingangs mit Bezug auf Saba Mahmood argumentierte, erscheint Ethik als analytische Kategorie für meine Arbeit deswegen gewinnbringend, weil sie es ermöglicht, das Verhältnis der Subjekte zu den normativen Regeln, die im Feld gelten, differenziert zu betrachten. Ich arbeitete zwei sich überlappende, sich teilweise aber auch widersprechende und miteinander in Konflikt stehende Ethiken aus dem Material heraus und legte dar, dass es sich dabei nicht einfach um »widersprüchliche« Haltungen handelt, die auf »Selbsthass« oder »falsches Bewusstsein« schließen lassen. Vielmehr können sie als unterschiedliche Modi der Subjektivierung für rechte Homosexuelle aufgefasst werden: Während die einen auf die Kultivierung von charakterlich-habitueller Gleichheit setzen und herunterspielen, dass ihre Lebensweise nicht den Werten entspricht, die von der AfD propagiert werden, gehen die anderen den umgekehrten Weg über die Kultivierung von charakterlich-habitueller Differenz bei absoluter Übereinstimmung mit den Werten der AfD. Doch im Kern ist sowohl die Ethik der heteronormativen Differenz als auch die Ethik der homonormativen Gleichheit eine Art und Weise, in der meine Gesprächspartner_innen danach streben, zu tugendhaften Homosexuellen im Sinne ihrer Partei zu werden. Gemein haben sie ein Ziel: die heteronormative, zweigeschlechtliche Ordnung zu stabilisieren. Dieses Ziel zu erreichen, erscheint für die rechten, überwiegend *weißen* Homosexuellen aus meiner Forschung deswegen als attraktiv, weil sie sich damit die Toleranz der AfD »verdienen« können.

Toleranz nimmt eine eigentümliche Position zwischen Feindschaft und Freundschaft ein. Carl Schmitt selbst äußert sich sehr kritisch gegenüber Toleranz im Sinne »einer allgemeinen Neutralität gegenüber allen denkbaren Anschauungen und Problemen« (Schmitt 2015a [1932]: 89), die von der politischen Entscheidung zwischen Freund und Feind, die für ihn ja das Politische schlechthin definiert, wegführe. Das heißt, mit Schmitt betrachtet erscheint die Rede von der Toleranz gegenüber Homosexuellen insofern problematisch, als sie die politische Entscheidung über die Frage umgeht, ob Homosexuelle als Feinde zu betrachten sind oder nicht. Aber genau das lässt sich als aussagekräftig begreifen: Möglicherweise bleibt die AfD gegenüber Homosexuellen ganz bewusst in dieser ambivalenten Haltung, weil sie unterschiedliche Flügel integrieren und bedienen muss und nicht zu stark in eine Richtung tendieren darf. Aus hegemonietheoretischer Sicht könnte Toleranz als Kompromiss verstanden werden, der dazu dient, die Gruppe der Homosexuellen einzubinden, indem ihnen gewisse Zugeständnisse gemacht werden, während sie gleichzeitig subaltern bleiben sollen.

In völlig anderer Absicht als Schmitt kommt Wendy Brown zu dem letztlich ähnlichen Ergebnis, dass Toleranz ein Instrument der Depolitisierung sei – allerdings nicht an und für sich, sondern als historisch spezifischer Diskurs, dessen Aufkommen seit Mitte der 1980er Jahre zu beobachten sei. Toleranz erscheine seitdem als überdeterminiertes Allheilmittel der multikulturellen Gesellschaft, werde von unterschiedlichsten Akteur_innen zu unterschiedlichsten Zwecken mobilisiert und sei im Westen zu *der* Vision des guten Zusammenlebens schlechthin avanciert (Brown 2006: 2 f.). Brown betrachtet diesen Diskurs mit Skepsis und fragt, inwiefern Toleranz heute als gouvernementales Instrument operiere und »gute« von »schlechten« Subjekten, Kulturen und Regimes trenne (ebd.: 4). Toleranz sei demnach ein machtvoller Diskurs, der seine politischen Implikationen jedoch verschleiere: Brown argumentiert, dass dieser Diskurs Ungleichheit, Unterordnung, Marginalisierung und sozialen Konflikt einerseits als Probleme des individuellen Denkens und Verhaltens konstruiere und andererseits als natürlich, religiös oder kulturell gegebene Tatsachen, die der politischen Analyse und Lösung unzugänglich seien (ebd.: 15).

Daraus lässt sich etwas darüber lernen, was es für die Position von Homosexuellen im politischen Imaginären der AfD bedeutet, wenn sie »toleriert« werden. Denn indem die AfD davon spricht, Homosexuelle zu tolerieren, konstruiert sie die Frage nach dem Umgang mit Homosexuellen und Homosexualität als schlichtweg unpolitisch. Mit Schmitt gedacht – das heißt, mit dem analytischen Raster der äußersten Rechten selbst – sind jene Homosexuelle, die sich Toleranz »verdient« haben, für die AfD weder Freund noch Feind, und damit letztlich nicht der (politischen) Rede wert. Nichts anderes meinen meine Gesprächspartner_innen, wenn sie davon sprechen, dass Homosexualität nicht thematisiert werden solle. Mit Brown können wir zudem sehen, dass die AfD, indem sie den Toleranzdiskurs bedient, den gesellschaftlichen Umgang mit Homosexualität zum einen auf eine Frage des persönlichen Anstands reduziert (ähnlich wie der Begriff der »Schwulenfeindlichkeit« in Kapitel 4 Diskriminierung auf individuelle Animositäten reduzierte) und zum anderen Toleranz als kulturelle Eigenschaft »der Deutschen« essentialisiert und depolitisiert. Diesen letzten Punkt greife ich im nun folgenden sechsten Kapitel auf.

6. »Die einzige echte Schutzmacht für Schwule und Lesben« – Antimuslimischer Rassismus als Homofreundlichkeit

> Die, die für die »Ehe für alle« sind, die wählen uns eh nicht. Wir werden aus anderen Gründen gewählt von homosexuellen Wählern. Eben gerade Sicherheitsaspekt Islam.
> – Torben im Interview vom 18. März 2019

Jana Schneider, die ehemalige Vorsitzende der Jungen Alternative Thüringen, war eine Zeitlang neben Alice Weidel eine weitere öffentlich und medial präsente lesbische AfD-Politikerin.[1] Unter dem Profilnamen Geisteskerker postete sie auf Twitter und YouTube. In einem Video vom 25. Februar 2017 ging sie auf einen Konflikt zwischen dem Lesben- und Schwulenverband in Deutschland (LSVD) und dem damaligen Staatssekretär im Bundesfinanzministerium Jens Spahn ein, der in einem Interview in der *Welt* (Stoldt 2017) dem LSVD vorgeworfen hatte, sich nicht ausreichend gegen muslimische Homosexuellenfeindlichkeit zu positionieren. Der LSVD wiederum hatte Spahn daraufhin als »scheinheilig« bezeichnet, weil seine Partei, die CDU, Maßnahmen gegen Homosexuellenfeindlichkeit regelmäßig blockiere. In ihrem Video weist Schneider die Argumentation des LSVD zurück und führt aus:

> »Man kann nicht allen Ernstes die Ablehnung beispielsweise des Adoptionsrechtes für Homosexuelle durch CDU und auch AfD auf eine Ebene mit gewalttätigen Übergriffen gegen Homosexuelle stellen. Wir müssen weg von irgendwelchen linken Scheindebatten und über richtige Homosexuellenfeindlichkeit sprechen. Feindschaft definiert sich nicht über irgendwelche Gefühle wie Ekel oder Angst, sondern über den Willen, eine bestimmte

---

1 Vgl. z. B. folgende Presseberichte und Interviews, die Schneider als Kuriosum porträtierten: Boeselager 2016; Mösken 2016; Sarwoko 2016.

Gruppe zu schädigen und zu vernichten. Es hat nichts mit Homosexuellenfeindlichkeit zu tun, wenn man linke Gleichstellungspolitik kritisiert und diese ablehnt.«[2]

Dieses Argument ist uns bereits aus Kapitel 4 vertraut: Mein Gesprächspartner Fabian erzählte, dass es in der AfD keine »Schwulenfeindlichkeit« gebe, womit er absichtsvolle Ausgrenzung oder Gewalt meinte. In Fabians Augen war es das, was die (gegenüber Schwulen tolerante) AfD vom Rechtsextremismus der (schwulenfeindlichen) NPD unterschied. Ich argumentierte, dass für Homosexuelle daraus eine zwiespältige Position im politischen Imaginären der AfD resultiert. Der Rechtsextremismus gilt hier als feindlich gegenüber Homosexuellen, nicht jedoch als feindlich gegenüber der AfD. Das heißt, in Bezug auf ihre Position vis-à-vis dem Signifikanten *Rechtsextreme* sind Homosexuelle und AfD nicht äquivalent, und deswegen können sie ihre Anliegen auf dieser Ebene nicht zu einem kohärenten »Wir« verketten. Der Hinweis auf rechtsextreme Homosexuellenfeindlichkeit dient AfD-Politiker_innen diskursiv zwar als Mittel der Abgrenzung, sie ist aber ansonsten für sie politisch nicht weiter von Belang.

Anders sieht es mit einer zweiten Grenzziehung aus, die ich in diesem Kapitel näher beleuchten werde. Denn es gibt einen anderen Signifikanten, der sowohl gegenüber Homosexuellen als auch gegenüber der AfD die Position des Schmitt'schen »wirklichen Feindes« einnehmen kann: »der Islam«.[3] Das heißt, Homosexuelle und die AfD können in Bezug auf »den Islam« in ein Äquivalenzverhältnis zueinander eintreten, nach dem Prinzip »Der Feind meines Feindes ist mein Freund«.

In ihrem Video fährt Schneider folgendermaßen fort:

»Unser Problem sind nicht Menschen, die sich vor Schwulensex ekeln, sondern Leute, die allen Ernstes Homosexuelle an Baukränen aufhängen würden, wenn man sie denn ließe. Unser Problem sind Menschen, die etwa unverschleierte Frauen als Freiwild betrach-

---

2 Vgl. https://www.youtube.com/watch?v=3k1Uov2TWQ4&t=83s, Abruf am 24.04.2024, Transkript des Videoausschnitts Minute 00:57 – 01:34.

3 Ich teile eine Position aus der kritischen Rassismusforschung, der zufolge der (antimuslimische) Rassismus sein Objekt – »den Islam« oder »die Muslim_innen« – nicht bereits in der Welt vorfindet und sodann negativ besetzt, sondern überhaupt erst konstruiert. So schreibt Iman Attia, dass im antimuslimischen Rassismus verschiedene historische Diskursstränge aufeinanderträfen – darunter Diskurse über Religion, Ethnizität, Kultur, Migration, Flucht etc. – und in ihrem Zusammenwirken »hegemoniales Wissen über ›den Islam‹ und ›die Muslim_innen‹« hervorbrächten (Attia 2017: 182). Ich setze deswegen »den Islam« konsequent in doppelte Anführungszeichen, wenn ich ihn als einen Begriff aus dem Feld zitiere, um zu markieren, dass ich mich folglich auf eine rassistische Figur beziehe.

ten und massenhaft in Köln oder in Rotherham vergewaltigen. Unser Problem sind Menschen, die es für völlig normal und legitim erachten, kleinen Mädchen an ihren Genitalien rumzuschnippeln. Das sind allein in Deutschland fast 50.000 Fälle. 99 Prozent der afghanischen Bevölkerung befürworten die Scharia als nationales Gesetz laut Pew Research Center. In den allermeisten islamischen Staaten wird homosexueller Geschlechtsverkehr strafrechtlich verfolgt. Die Betroffenen werden eingesperrt oder körperlich gezüchtigt. In einigen Fällen droht ihnen sogar die Todesstrafe. Mehr als die Hälfte der in Großbritannien lebenden Muslime befürwortet laut einer Studie des britischen Senders Channel 4 die strafrechtliche Verfolgung von Homosexuellen.«[4]

Diese Argumentation ist innerhalb der AfD anschlussfähig. Dass die Einwanderung von muslimischen Menschen eine besondere Gefahr für Homosexuelle darstelle, weil Muslim_innen Homosexuelle als Feinde betrachteten, liegt für AfD-Mitglieder auf der Hand. Zugleich ist der Kampf gegen die vermeintliche »Islamisierung« Europas ein Markenkern der AfD. Deswegen kann Alice Weidel in einem Interview sagen: »[B]ei genauerer Betrachtung ist die AfD die einzige echte Schutzmacht für Schwule und Lesben in Deutschland« (Berger 2017a: o.S.). Auch Parteisprecher Jörg Meuthen argumentiert in diese Richtung, wenn er bei einer Abendveranstaltung der AHO, auf die ich in diesem Kapitel noch ausführlicher eingehen werde, behauptet: »Für meine Begriffe vertreten wir die Interessen homosexueller Menschen stärker als die anderen Parteien das tun [...]. Bei denen ist da viel Lippenbekenntnis dabei, aber den tatsächlichen Problemen stellen die sich nicht. Wir tun das und das markiert den Unterschied.«[5]

In den Sozial- und Kulturwissenschaften herrscht kein Mangel an Analysen dieses Diskurses. Die Vereinnahmung liberaler »westlicher« Werte im Dienste imperialer und exkludierender nationaler Politiken wird seit einiger Zeit unter Stichworten wie Homonationalismus (Puar 2007; 2013), sexual nationalism (Mepschen u.a. 2010), queer necropolitics (Haritaworn u.a. 2014), Femonationalismus (Farris 2017) und sexueller Exzeptionalismus (Dietze 2019) diskutiert. Mit unterschiedlichen Schwerpunkten argumentieren diese Autor_innen, dass etwa Frauen- und LGBT-Rechte von westlichen Akteur_innen ins Feld geführt würden, um den »Krieg gegen den Terror« oder die Abschottung der »Festung Europa« gegen Migration zu legitimieren. Gemein ist homo- und femonationalistischen Diskursen, dass sie die

---

4 Vgl. https://www.youtube.com/watch?v=3k1Uov2TWQ4&t=83s, Abruf am 24.04.2024, Transkript des Videoausschnitts Minute 01:34 – 02:40.
5 Vgl. https://www.youtube.com/watch?v=Hc25VtuaFn8, Abruf am 24.04.2024, Transkript des Videoausschnitts Minute 03:50 – 04:07.

Überlegenheit des Westens gegenüber einem unzivilisierten muslimischen »Orient« postulieren. Obgleich Frauen- und LGBT-Rechte auch im Westen immer wieder hart erkämpft worden seien (und weiterhin werden müssten), gelte etwa »Toleranz gegenüber Homosexuellen« mittlerweile als Definitionskriterium von *Europeanness* schlechthin (Ayoub/Paternotte 2014). Diese »Kulturalisierung« von Homo- und Frauenemanzipation ist eng verbunden mit antimuslimischen Diskursen und Politiken (Mepschen u.a. 2010: 964). So legt etwa Fatima El-Tayeb dar, dass die Abwertung des Islam konstitutiv für das nationale Narrativ der Niederlande als traditionell tolerant, liberal und säkular ist (El-Tayeb 2011). Gleichzeitig sind diese Diskurse Ausdruck einer langen kolonialen Tradition, in der die Vorstellung von »white men saving brown women from brown men« (Spivak 1988: 297) ein zentrales Instrument der »Zivilisierungsmission« des Westens ist (Bracke 2012). Rogers Brubaker bettet diese Phänomene in einen größeren Kontext ein. Für Nord- und Westeuropa konstatiert er eine teilweise Verschiebung von Nationalismen hin zu einem breiteren »civilizationism«: »The preoccupation with Islam has given rise to an identitarian ›Christianism‹, a secularist posture, a philosemitic stance, and an ostensibly liberal defence of gender equality, gay rights, and freedom of speech« (Brubaker 2017a: 1193). Auffällig seien die Widersprüche, die mit einer illiberalen Anrufung des Liberalismus, der wachsenden Bedeutung christlicher Identität in einer der am stärksten säkularisierten Regionen der Welt und der Übernahme liberaler Rhetorik durch mitunter rechtsextreme Parteien einhergingen (ebd.).

Doch wie sind diese Widersprüche zu verstehen? Gabriele Dietze spricht von einem »dynamischen Paradox« (Dietze 2018: 35), das beständig neu austariert werde. Ihrer Interpretation zufolge handelt es sich bei diesem Paradox jedoch nicht um einen Störfaktor innerhalb des Rechtspopulismus,[6] sondern gerade um sein aktuelles Erfolgsrezept, denn es ermögliche den Aufbau einer »Emanzipationsfassade« (ebd.: 42), durch die westliche »sexuelle Freiheit« gegen muslimische »Unfreiheit« in Stellung gebracht werden könne. Mir ist an dieser Stelle wichtig zu betonen, dass die genannten Kategorien – Homonationalismus, Femonationalismus, sexueller Exzeptionalismus – mitnichten für eine Analyse der äußersten Rechten

---

6 Dietze spricht selbst von Rechtspopulismus und bezieht sich damit auf ein politisches Feld, das meines Erachtens treffender als populistische Rechte (innerhalb der äußersten Rechten) zu bezeichnen ist (Dietze 2018: 43). Ausführlicher zu diesen begrifflichen Differenzen und der in dieser Arbeit verwendeten Wortwahl Kapitel 1.2.

entwickelt worden sind, sondern im Gegenteil einen kritischen Blick auf die Gegenwart der liberalen Moderne werfen. Es geht mir auch nicht um die Frage, ob die AfD homonationalistisch »ist« oder nicht; das heißt, ich betrachte Homonationalismus nicht als Praxis oder Eigenschaft bestimmter Akteur_innen (seien sie »rechts«, »liberal« oder »links«). Vielmehr fasse ich Homonationalismus als hegemoniales Verhältnis, das die Subjekte entlang der Achse zivilisiert/modern/tolerant/westlich/liberal vs. barbarisch/primitiv/gewalttätig/nicht-westlich/illiberal anordnet. Jasbir Puar, die den Begriff des Homonationalismus in ihrem Buch *Terrorist Assemblages* (Puar 2007) prägte, geht in einer zehn Jahre später veröffentlichten Neuauflage in einem Nachwort auf die Rezeption ihres Textes ein und präzisiert ihr Verständnis des Begriffs (Puar 2017: 223 ff.). Sie macht dabei deutlich, dass es nicht ihr Ziel gewesen sei zu demonstrieren, wie sich queere Akteur_innen im Gefolge von 9/11 nationalistische und imperialistische Interessen der Vereinigten Staaten angeeignet hätten. Homonationalismus sei weder ein Synonym für »gay racism« noch eine Bezeichnung dafür, wie schwule und lesbische Identitäten ins konservative Imaginäre integriert werden (ebd.: 229). Vielmehr versuche Homonationalismus als analytische Kategorie zu fassen, welche Konsequenzen die Erfolge von LGBT-Bewegungen hätten, die sich vor allem an der Ausweitung liberaler Rechte orientierten. Insofern stehe die Frage im Vordergrund, wie und warum es (für Nationen) überhaupt wünschenswert geworden sei, als »homofreundlich« zu gelten (ebd.: 230).

»Like modernity, homonationalism can be resisted and resignified, but not exactly opted out of: we are all produced as subjects through it, even if we are against it. It is not something that one is either inside of / included or against / outside of – rather, it is a structuring force of neoliberal subject formation.« (ebd.)

Wenn wir Homonationalismus demnach als Anrufung verstehen, der sich kein politisches Subjekt im Neoliberalismus entziehen kann, dann lautet unsere Frage nicht mehr: *Ist die AfD homonationalistisch oder nicht?*, sondern vielmehr: *Auf welche Arten und Weisen reagiert die AfD auf die homonationalistische Anrufung?* Die sexualpolitischen Paradoxien innerhalb der äußersten Rechten lassen sich demnach als unterschiedliche strategische Reaktionen auf die homonationalistische Anrufung interpretieren. Ich argumentiere in diesem Kapitel, dass die Gleichzeitigkeit von liberalen und antiliberalen, »emanzipatorischen« und konservativen diskursiven Praktiken in der äußersten Rechten nicht nur »konstituierendes Element für den derzeitigen historischen Erfolg des europäischen Rechtspopulismus« (Dietze 2018: 36), sondern mehrdeutig ist: Sie beinhaltet *sowohl* die Chance auf Anschlussfähigkeit bei möglichst vielen, heterogenen politischen Gruppierungen *als auch* ein Risiko von Inkohärenz und Spaltung.[7]

Dieser These liegt eine Analyse des Alltagsverstandes meines Feldes zugrunde, wie er sich bei verschiedenen Veranstaltungen der AfD bzw. der AHO zeigte, die ich teilnehmend beobachtete und im Folgenden dicht beschreibe. Das heißt, ich frage danach, welche Sichtweisen und Deutungen der Welt im Feld als selbstverständlich gelten, und stelle sie in den Kontext von hegemonialen Aushandlungen um Macht und Deutungshoheit (Sutter 2016). Die AHO versucht auf verschiedene Arten und Weisen, an den Alltagsverstand des Feldes anzuknüpfen, um sich dadurch einerseits als zum Feld zugehörig zu positionieren und um andererseits den Alltagsverstand in ihrem Sinne zu beeinflussen. Die dabei entstehenden Verbindungen und Brüche, die Anschlussfähigkeiten einerseits und Inkohärenzen andererseits sind Gegenstand dieses Kapitels.

Dass ich (erst) an dieser Stelle des Buchs ausführlicher auf antimuslimischen Rassismus eingehe, erklärt sich aus der Dramaturgie von Teil II: Kapitel 5 beginnt mit einem *defensiven* Narrativ, in dem sich ex negativo ein Selbstbild der AfD als Nicht-Feinde von Homosexuellen artikuliert (»Wir sind nicht homosexuellenfeindlich«). Kapitel 6 beschreibt eine eher *indifferente* Haltung der Toleranz gegenüber Homosexuellen. Kapitel 7 schließlich befasst sich mit einem *offensiven* Narrativ der Feindschaft. Der schmittianischen Freund-Feind-Definition des Politischen zufolge haben wir es also zunächst mit einer als unpolitisch konstruierten Relation zu tun, dann mit einer Suspendierung der politischen Entscheidung über Freund- oder Feindschaft und in diesem Kapitel mit einer emphatisch als politisch definierten Relation. Meine Arbeit situiert den antimuslimischen Rassismus damit innerhalb des größeren politischen Imaginären des Feldes und weist

---

7 Mein Verständnis von Homonationalismus als hegemonialem Verhältnis basiert auf Benjamin Opratkos Kritik an Puars theoretischen Prämissen (Opratko 2019: 275 f.). Opratko weist in seiner konjunkturanalytischen Studie über antimuslimischen Rassismus in Österreich darauf hin, dass Puars Konzeptualisierung von Homonationalismus Fragen nach zugrunde liegenden gesellschaftlichen Verhältnissen, Widersprüchen und Konflikten ignoriert, weil sie innerhalb eines assemblagetheoretischen Paradigmas argumentiert und sich in ihrer Analyse darauf konzentriert, welche emergenten Kräfte an der Oberfläche dieser Assemblage zusammenkommen. Welche Funktion Homonationalismus in hegemonialen Auseinandersetzungen erfüllt, bleibt Opratko zufolge im Rahmen dieses Paradigmas unerkannt.

ihm ganz bewusst keine herausgehobene Stellung zu, um ihn nicht als »etwas Rechtes« zu exzeptionalisieren. Der Diskurs über »den Islam« in der AfD oder der äußersten Rechten im Allgemeinen ist nicht spezifisch für diese politischen Felder. Insofern ist antimuslimischer Rassismus nicht der Grund dafür, dass die äußerste Rechte in Deutschland (bisher) keine gesellschaftlichen Mehrheiten zustande bringt; er macht sie im Gegenteil anschlussfähig an hegemoniale Diskurse.[8]

Mahnwache I: Düsseldorf

Am 19. Juni 2018 fand in Essen die bis dato größte und wichtigste Veranstaltung der AHO statt, zu der Parteisprecher Jörg Meuthen als Redner geladen war. Zwei Jahre zuvor, am 12. Juni 2016, hatte ein islamistisch motivierter Attentäter im LGBT-Club Pulse in Orlando 49 Menschen ermordet, darunter hauptsächlich Latinxs. Das Datum der Veranstaltung mit Meuthen war von der AHO bewusst in die Nähe des zweiten Jahrestags gelegt worden. Direkt vor der Veranstaltung fand eine Halbjahrestagung der AHO statt, in deren Rahmen sich die AHO als Gruppe an zwei Mahnwachen in Düsseldorf und Bottrop beteiligte.[9] Meine Feldnotizen von diesen Mahnwachen und der Veranstaltung in Essen bilden in diesem Kapitel das hauptsächliche Material der Analyse.

Am 16. Juni 2018 fahre ich nach Nordrhein-Westfalen, um mich mit Gregor und Jens zu treffen. Es ist der erste Tag einer Halbjahrestagung der Alternativen Homosexuellen, die am Nachmittag in Essen beginnen soll. Gregor hat mir geschrieben, dass er und Jens vorher zu einer »Mahnwache zum Gedenken an Luliana« nach Düsseldorf fahren wollen, organisiert von den »Patrioten NRW«. Kurz vor 11 Uhr vormittags treffe ich an der Rheinuferpromenade ein und erkenne bereits von Weitem eine Handvoll Personen, vielleicht 15, mit Schildern in der Hand. Ich komme näher und sehe auch Jens und Gregor. Die beiden haben ein Schild beschriftet, das sie nun zusammen festhalten. »Das Blut der Opfer ist nicht bunt!« steht darauf (s. Abbildung 3). Ein paar

---

8 Eine gekürzte, englischsprachige Version dieses Kapitels ist bereits an anderer Stelle erschienen (Wielowiejski 2024).
9 Da es sich jeweils um öffentliche Veranstaltungen handelte, die teilweise auch online nachvollzogen werden können, wurden die Ortsangaben in diesem Kapitel nicht unkenntlich gemacht.

von den anderen, Männer wie Frauen, haben sich laminierte Schilder mit einer Kordel um den Hals gehängt. Auf diesen befindet sich ein Link, der zu einer »Mobilen Gedenktafel« führen soll – wie ich später recherchiere, handelt es sich um eine Seite der österreichischen Führungsfigur der extrem rechten Identitären Bewegung, Martin Sellner. Jens stellt mir einen seiner Mitstreiter_innen vor, der das Wort »Patriot« in Frakturschrift auf seinem Unterarm tätowiert hat. »Ich kenne dich doch irgendwo her«, sagt er. Ich erschrecke, auch wenn er sich irren muss. Es ist offenbar freundlich gemeint – denn ich bin schließlich mit Jens und Gregor hier und er hat keinen Anlass, mir zu misstrauen –, aber in dieser offensichtlich rechtsextremen Umgebung wirkt es auf mich dennoch wie eine Drohung.

Die Teilnehmenden an der Mahnwache stehen herum und unterhalten sich. Ein paar Polizist_innen sind in der Nähe; Gregor erklärt mir, dass sie gerade kurz Probleme mit »Angreifern« gehabt hätten, die sie als »rassistisch« beschimpft hätten. Doch im Moment ist alles ruhig. Ein paar Passant_innen flanieren über die Rheinuferpromenade, schenken der Mahnwache jedoch kaum Aufmerksamkeit. Nach einer Weile beschließen Gregor und Jens, zu gehen. Gregor scheint etwas enttäuscht zu sein, dass heute so wenige gekommen sind: Er schreibt Nachrichten mit einer Aktivistin hin und her, die, wie er sagt, verschlafen hat. Schließlich gibt er einer anderen Person sein Plakat und verabschiedet sich von dem Typen mit dem »Patriot«-Tattoo mit den Worten: »Bis morgen.« Er wird anscheinend auch zur Mahnwache der »Mütter gegen Gewalt« nach Bottrop kommen, die ebenfalls auf der Tagesordnung des AHO-Treffens steht.

Mahnwache II: Bottrop

Glück auf, Glück auf! Hier kommt der Steiger noch, in Bottrop, wo die letzte aktive Zeche des Ruhrgebiets steht. Heute, am 17. Juni 2018, haben sich auf dem Kirchplatz etwa 200 Personen versammelt, viele von ihnen mit Deutschlandflaggen. Die »Mütter gegen Gewalt« haben zu einer Mahnwache aufgerufen angesichts, so meinen sie hier, der »importierten Gewalt«, von der in der Facebook-Ankündigung die Rede war. Fast alle Anwesenden halten ein kleines Schild in der Hand, darauf je ein Kreuz und der Name eines Todesopfers. Vor der Kirche hängt eine lange Schnur, die »Leine der Gewalt«, an der Zeitungsartikel angebracht sind, die von den Vorfällen handeln. »Einzelfälle« steht auf den T-Shirts einiger Leute und darunter, wie um das Gegenteil zu beweisen, eine lange Strichliste. Manche tragen Thor-Steinar-Klamotten, eine bei Rechtsextremen beliebte Marke. Auf einem großen Transparent lese ich den Slogan: »Mütter gegen Gewalt – Wahrheit ist nicht rechts«. In der Luft liegt die Ernsthaftigkeit einer Beer-

Abb. 3: Gregor und Jens halten während einer Mahnwache ein Plakat hoch.
Das Plakat ist beschriftet: »Das Blut der Opfer ist nicht bunt! / Maria, Mia, Mireille / Susanne, Julia, ... / nächste Woche Du? / MERKEL MUSS WEG!!!«
Quelle: eigene Darstellung

digung. Das helle Licht des Steigers, des Aufsehers unter Tage, wird in der Symbolik dieser Mahnwache noch eine Rolle spielen.

Während ich noch etwas unbeteiligt am Rand stehe und darüber nachdenke, was genau an der Bedeutung des 17. Juni – dem Jahrestag der Aufstände in der DDR von 1953 – für Rechte im Ruhrgebiet attraktiv ist, kommt Jens mir entgegen und ruft: »Jetzt kommt die Antifa!« Die Provokation scheint außer mir – zum Glück! – niemand mitzubekommen. Jens lacht und umarmt mich zur Begrüßung. Bei ihm sind auch Gregor und Fabian.

Mona Maja, wie sich die Organisatorin nennt, eröffnet jetzt die Veranstaltung. Sie spricht durch ein Megafon, das ein bulliger Typ hält. Er trägt eine schwarze Jacke, *auf der vorne ein Eisernes Kreuz und hinten ein großer Bundesadler abgebildet ist mit dem Schriftzug »Nationaler Stolz ist kein Verbrechen«. Mona Maja sagt gleich zu Anfang, dass sie sich von »Rechtsextremismus und linkem Antifaschismus« distanzierten: »Wir stehen fest auf dem Boden der freiheitlich-demokratischen Grundordnung und unserer Grundgesetze, deshalb haben wir hier vorne an den Altar auch Grundgesetze hingelegt, auf Deutsch und Arabisch.*[10] *Die können sich alle mitnehmen und verteilen.« Dann sagt sie unter anderem noch, dass sie den 17. Juni bewusst ausgewählt hätten: »Am 17. Juni 1953 sind schon einmal Leute auf die Straße gegangen und haben Widerstand geleistet. Viele sind dafür gestorben. Wir holen uns jetzt unser Recht zurück, Widerstand zu leisten!«*

Mona Maja bittet die Menschenmenge darum, sich in einem großen Kreis aufzustellen, um zehn Minuten lang zu schweigen. Nachdem die Schweigeminuten beendet sind, hält sie eines der vielen Schilder mit dem Kreuz hoch und ruft mit großem Pathos: »Das ist ein Opfer, das hätte verhindert werden können, wenn wir die Politik hätten, die wir verdienen!« Dabei ist sie den Tränen nahe; die Anwesenden applaudieren ihr dezent. Dann geht sie zu ein paar Leuten, die sie in den Arm nehmen.

Als nächstes geht Mona Maja herum und bedankt sich bei allen persönlich, dass sie da waren. Sie schüttelt auch mir die Hand und sagt, ich käme ihr so bekannt vor, ob wir uns nicht kennen würden. Ich bin schockiert, weil das ja einen Tag zuvor schon einmal zu mir gesagt wurde. Vielleicht ist das auch eine Strategie, die Rechtsextreme gegenüber Unbekannten anwenden, und meine Verunsicherung das Ziel? Zu wem ich denn gehöre, fragt Mona Maja. Ich sage, ich käme aus Berlin und sei mit Gregor hier, der neben mir steht. Die beiden begrüßen sich sehr herzlich und umarmen sich. Gregor scheint mit all diesen Leuten und den verschiedenen Gruppen hier verbunden zu sein.

Nun will Gregor mit uns Einladungen für die Veranstaltung mit Jörg Meuthen in Essen verteilen. Er hat 1000 Stück mitgebracht, und es ist auch jeweils ein Flyer der AHO mit dabei. Er drückt uns allen welche in die Hand. In dem Moment entscheide ich mich dazu, mitzumachen, weil die Reaktionen der Anwesenden auf die Flyer wertvolles ethnografisches Material versprechen. Trotzdem fühle ich mich unwohl und im Nachhinein beschämt, für ein paar Forschungsdaten Werbung für die AfD gemacht zu haben. Ich hefte mich an Fabians Fersen, dann muss ich wenigstens nicht selbst Flyer überreichen.

Fabian verteilt die Flyer mit den Worten: »Hier ist eine Einladung für die nächste Veranstaltung«, ohne dabei etwas über die AHO zu sagen.

Eine Frau reagiert etwas verdutzt auf das Regenbogenlogo der AHO und sagt: »Ich war erst etwas skeptisch, weil das hier so bunt ist!«

---

10 S. Abb. 4.

Fabian lacht.

Einige Leute merken, dass es um die AfD geht, und reagieren sehr interessiert, die AfD scheint hier sehr willkommen zu sein. Fabian geht immer sofort weiter, sodass ich die Reaktionen bei den meisten gar nicht mitbekomme.

Eine Frau, Petra, Mitte vierzig, reagiert aber besonders begeistert. Sie sagt, sie sei schon lange Mitglied in der Facebook-Gruppe der AHO und freue sich sehr, sie jetzt persönlich kennenzulernen. Ich frage nach, ob sie denn auch in der AfD sei.

»Nein, ich bin sehr unsicher, wie die zu uns stehen.« Sie und ihre Frau lebten schon lange im Ruhrgebiet und viele im Freundeskreis seien in der AfD. Sie gingen auch immer zu allen Demos. »Wegen unserer Homosexualität hatten wir nie Probleme, auch nicht im Freundeskreis, aber als Lesbe und als Frau fühle ich mich doch mittlerweile sehr unsicher abends alleine in der Öffentlichkeit, und das ist früher nie so gewesen. Deswegen unterstütze ich ja auch im Grunde die AfD, bis auf meine Zweifel eben.« Sie erzählt dann noch, dass sie und ihre Frau ihre eingetragene Partnerschaft demnächst in eine Ehe umschreiben lassen wollen. Am Ende möchte sie wissen, ob es jemanden von der AHO in der Region gebe. Fabian verweist auf Gregor, mit dem sie schließlich Kontaktdaten austauscht.

Sven fragt mich, wie ich »als Neutraler« diese Veranstaltung bewerten würde: »Würdest du jetzt eindeutig sagen, das muss man bekämpfen, oder würdest du sagen, nee, finde ich interessant, würde ich mir angucken?«

Ich antworte: »Man merkt schon eindeutig, dass es sich um eine rechte Veranstaltung handelt. Ich sehe hier viel rechte Symbolik: die Deutschlandfahnen, Frakturschrift überall, teilweise Thor-Steinar-Klamotten.«

»Ist ja interessant. Das hätte ich gar nicht so genau sagen können. Ich sehe das gar nicht selber, weil ich mich ja immer in diesem Umfeld bewege, diese Dinge fallen mir gar nicht auf.«

Zum Abschluss ergreift Mona Maja noch einmal das Wort. Sie wollten jetzt ein Lied singen, und der Text wird an alle ausgeteilt. Es klingt etwas krumm und schief, aber die Melodie ist hier wohlbekannt: das Steigerlied. Ich bin selbst im Ruhrgebiet aufgewachsen und kenne das Lied, das hier den Status einer Hymne hat: »Glück auf, Glück auf! Der Steiger kommt / und er hat sein helles Licht bei der Nacht / und er hat sein helles Licht bei der Nacht / schon angezünd't, schon angezünd't ...« Der Handzettel mit dem umgedichteten Text kommt auch bei mir an:

»Bürger steht auf, für euer Land
und wir nehmen das Schicksal selbst in die Hand
und wir stehen zusammen für dieses Land
fürs Heimatland, fürs Heimatland

Für unser Land, hier im Ruhrgebiet
tragen wir das Licht durch die Nacht mit der Hand
tragen wir das Licht durch dieses Land
Glück auf, Glück auf, steht auf, steht auf.

Mütter steht auf, für euer Recht
für das Recht auf Sicherheit im Revier
für den Schutz unserer Kinder stehen wir hier
für unser Kind, für unser Kind

für unser Kind, das gute hier gewinnt
für die Zukunft des Lebens hier allezeit
für die Zukunft des Lebens stehen wir kampfbereit
stehen wir zusammen, stehen wir zusammen

Glück auf, Glück auf,
steht auf, steht auf.«

Abb. 4: Transparent und »Altar« bei der Mahnwache der Mütter gegen Gewalt
Quelle: eigene Darstellung

Der ethnosexistische Alltagsverstand

Die Vignetten über die zwei Mahnwachen zeigen die Versuche meiner Gesprächspartner, an der »ethnosexistischen Konstellation« (Dietze 2019: passim) des Feldes teilzuhaben. Sie geben einen Einblick in die persönlichen und inhaltlichen Verbindungen, Überschneidungen und gegenseitigen Bezugnahmen, die über die AfD hinausreichen und die Frage aufwerfen, ob wir es hier mit dem Entstehen eines »historischen Blocks« (Gramsci) zu tun haben oder eher mit einem losen und emergenten Gefüge, das sich treffender als flüchtige Formation verstehen lässt.

Mit dem Begriff Ethnosexismus beschreibt Gabriele Dietze »Formen von Sexismus, die sich auf ethnisch ›Andere‹ beziehen« (Dietze 2016b: 3). Darunter fallen rassistisch grundierte Sexismen gegenüber Frauen *und* Männern, das heißt Diskriminierungen, die den »ethnisch Anderen« eine problematische (etwa rückständige, unterdrückte/unterdrückende oder gewaltaffine) Geschlechter- und Sexualordnung unterstellen. Um ihn von historischen Formen sexualisierter Rassismen abzugrenzen, schränkt Dietze den Begriff auf jene gegenwärtigen Formen der Migrationsabwehr ein, die sexualpolitisch argumentieren (vgl. ebd.: 4), also auf genau jene diskursiven Muster, die Gegenstand des vorliegenden Kapitels sind. In ihrem Buch über »sexuellen Exzeptionalismus« (Dietze 2019) verwendet Dietze den Begriff der »ethnosexistischen Konstellation« und meint damit gesellschaftliche Verhältnisse, die sich aus Dreiecken zwischen (gefährlichen) »Anderen«, (gefährdeten) »Eigenen« und einer Schutzmacht zusammensetzen (Dietze 2019: 15 f.). Wenn ethnosexistische Konstellationen minderwertige oder gefährliche Andere konstruieren, wird also stets auch ein überlegenes, aufgeklärtes, emanzipiertes, freies »Eigenes« hergestellt. Sabine_ Hark und Paula-Irene Villa sprechen auch von einer »für die imperiale Kultur des Westens konstitutive[n] Verknüpfung von Selbstaffirmierung und Veranderung« (Hark/Villa 2017: 84). Die Funktion dieser Konstellationen sei es, so Dietze, über die Fassade einer vorgeblich bereits vollendeten gesellschaftlichen Gleichstellung der Geschlechter und Sexualitäten vis-à-vis den ethnosexistisch markierten Anderen die eigenen Unzulänglichkeiten und Ambivalenzen abzuwehren und zu externalisieren (Dietze 2019: 39).

In Größe und Reichweite verschieden, ähneln sich beide Mahnwachen sowohl in ihrer Form als auch im Inhalt. Genauer gesagt, funktionieren sie vor allem als emotionalisierte Form, inhaltlich bleiben sie dagegen äußerst vage und implizit: Die Rede ist schlicht von »(Todes-)Opfern« und von »Gewalt«, von einem »Recht auf Sicherheit« und vom »Schutz unserer Kinder«, ohne dass genauer gesagt würde, um welche Gewalt und um wessen Opfer es geht (wer etwa »Luliana« gewesen sein sollte, konnte ich nicht herausfinden). Diejenigen, die zur Mahnwache aufrufen, treten zudem einfach als »Mütter« in Erscheinung, der Rhetorik nach ohne politisches Anliegen (auch wenn etwa die Distanzierung von »linkem Antifaschismus« oder der Slogan »Wahrheit ist nicht rechts« bereits das Gegenteil nahelegen, s. Abbildung 4). Etwas expliziter wurde die Ankündigung auf Facebook. Dort war die Rede von »Gewalt, die ausgeübt wurde von Menschen, die hier in unser Land kamen und um Schutz baten, die ihre Identitäten, ihr Alter bewußt und geplant verschweigen, verleugnen und die Zivilbevölkerung in Angst und Schrecken versetzen und in große Gefahr bringen«. Noch etwas deutlicher waren die Schilder, die viele der Anwesenden in den Händen hielten und die etwa auch auf dem »Altar« auslagen (s. Abbildung 4). Sie waren in einem bestimmten Steckbrief-Format gehalten, das beispielsweise so aussah: »Lale / geboren: 1984 / erstochen: 21. Mai 2015 / Wohnort: Moers (NRW) / Herkunft: Türkei / Kinder: 2 Söhne (zur Tat 3 u. 5 J.) / Täter: ihr Mann Mehmet K. (48 J.)«. Doch obwohl hier explizit auf die Herkunft der Opfer und Täter verwiesen wurde – das heißt hauptsächlich auf mehrheitlich muslimische Länder –, wurde nicht ausdrücklich auf »den Islam« oder »muslimische Männer« Bezug genommen.

Das Format der Schilder lässt sich durch eine einfache Internet-Recherche auf die Webseite *ehrenmord.de* zurückverfolgen, die von Uta Glaubitz betrieben wird, einer Berufsberaterin, die Thea Dorn in ihrem Buch *Die neue F-Klasse. Wie die Zukunft von Frauen gemacht wird* (Dorn 2006) als erfolgreiche, emanzipierte Feministin porträtiert. Auf *ehrenmord.de* dokumentiert Glaubitz alle bekannt werdenden sogenannten Ehrenmorde in Deutschland und verlinkt entsprechende Presseberichte.[11] Die erklärte Antifeministin

---

11 Dieses Vorgehen ist ethnosexistisch. Ehrenmorde sind eine Form von Feminizid (vgl. Wischnewski 2018; Schuchmann/Steinl 2021), definiert als »Tötung eines Mädchens oder einer jungen Frau durch ihre Blutsverwandten zur Wiederherstellung der kollektiven Familienehre« (Oberwittler/Kasselt 2011: 165). Eine klare Bestimmung und Abgrenzung von anderen Phänomenen ist jedoch schwierig und auch in der juristischen Praxis uneinheitlich; was die unterschiedlichen Fälle laut den Rechtswissenschaftlerinnen Lena Foljanty und Ulrike Lembke vor allem eint, ist die Tatsache, dass die Täter als kulturell Fremde markiert würden (Foljanty/Lembke 2014: 298 f.). Während etwa Feminizide im Rahmen einer erfolgten oder beabsichtigten Trennung der (Ex-)Partnerin des Täters in nicht-migrantischen Kontexten medial oft als »Eifersuchtsdrama« oder »Familientragödie« gefasst werden, und so die auch ihnen inhärente Dimension »hierarchischer Geschlechterverhältnisse und männlichen Dominanzstrebens« (Wischnewski 2018: 127) ausgeblen-

und neurechte Publizistin Ellen Kositza weist in einem Interview mit der Zeitschrift *Compact* mit folgenden Worten auf die Seite hin: »Für ähnlich schlimme, meist tödliche Fälle gibt es die Seite ehrenmord.de, die ich auch deshalb empfehle, weil sie erstens durch und durch seriös ist und weil zweitens die Macherin Uta Glaubitz keinesfalls unter ›rechts‹-Verdacht zu stellen ist« (Kositza 2017).

Diese Vagheiten einerseits und impliziten wie expliziten Bezugnahmen andererseits lassen auf einen ethnosexistischen Alltagsverstand des Feldes schließen, das heißt auf das, was im Feld als selbstevident gilt und keiner ausführlichen Argumentation bedarf – die Dinge, die »nun einmal so sind« oder »schon immer so waren«. Meine These lautet, dass der Alltagsverstand, wie er sich auf den Mahnwachen artikuliert, von politisch höchst unterschiedlichen Akteur_innen geteilt wird und so – mal bewusst, mal unbewusst – Verbindungen herstellt; er fungiert als »ideologischer Zement« und konstituiert damit das Feld als solches. Im Rahmen einer empirisch-kulturwissenschaftlichen Analyse mit dem Begriff des Alltagsverstands zu arbeiten, befähigt dazu, jene als selbstverständlich wahrgenommenen Sichtweisen und Deutungen der Welt *hegemonietheoretisch* zu fassen, das heißt, sie in den Kontext von gesellschaftlichen Aushandlungen um Macht und Deutungshoheit zu stellen (vgl. Sutter 2016). Indem die Homosexuellen in der AfD an den Mahnwachen teilnehmen, demonstrieren sie zum einen, dass sie den Alltagsverstand des Feldes teilen und folglich zum Feld gehören. Zum anderen versuchen sie, ihre partikularen Interessen, die (noch) nicht Teil des feldspezifischen Alltagsverstandes sind, zu verbreiten, indem sie sie im Register des Alltagsverstandes zum Ausdruck bringen. Sie sind als

---

det wird, gelten Ehrenmorde (medial wie juristisch) als Ausdruck einer archaischen, kulturell bedingten Unterdrückung von Frauen. Grundsätzlich kann zwar sehr wohl konstatiert werden, dass die Unterstützung der Tat durch die Familie des Täters sowie ihre Legitimierung durch »Ehre« eine Besonderheit darstellen. Aber: Es handelt sich um äußerst seltene Ereignisse. Auch eine Studie des Bundeskriminalamts (BKA), die feststellt, dass diese Tötungsdelikte »[o]hne den spezifischen kulturellen Hintergrund« nicht erklärbar seien (Oberwittler/Kasselt 2011: 166), kommt zu dem Schluss, dass Grenzfälle zu Trennungstötungen, die »in allen Gesellschaften zu den häufigsten Formen tödlicher Gewalt im sozialen Nahraum« gehörten und »sich grundsätzlich als extremer Ausdruck männlichen Dominanz- und Besitzdenkens gegenüber Frauen deuten« ließen, viel häufiger seien als Ehrenmorde im eigentlichen Sinne (ebd.: 165). Es ist deshalb davon auszugehen, dass es sich bei den auf *ehrenmord.de* dokumentierten Fällen (deren Anzahl die in der BKA-Studie genannten Zahlen um ein Vielfaches übersteigt) gerade nicht (nur) um Ehrenmorde handelt, sondern um Fälle, in denen die Täter als kulturell Fremde wahrgenommen werden, also schlicht: um eine rassistische Zuordnung.

Versuche zu verstehen, eine Äquivalenzkette zwischen den Anliegen von Homosexuellen und den Anliegen rechter Akteur_innen zu knüpfen. Bevor ich dies im Detail an den Vignetten zeige, noch einige einleitende Worte zum Begriff des Alltagsverstandes.

Der Alltagsverstand (»senso comune«) ist eine zentrale Kategorie im Denken des marxistischen italienischen Philosophen Antonio Gramsci, der in den 1920er Jahren eine zentrale Führungsfigur in der Kommunistischen Partei Italiens und in den 1930er Jahren im faschistischen Italien inhaftiert war. Seine Zeit im Gefängnis nutzte er für ausführliche Studien über die politische, kulturelle und philosophische Situation seiner Zeit, die er in Notizbüchern festhielt. Diese sind uns heute als *Gefängnishefte* zugänglich, die allerdings – ihrem Entstehungshintergrund entsprechend – äußerst fragmentarischen und uneinheitlichen Charakter haben. Gramsci steht für eine heterodoxe Variante des Marxismus, die der Sphäre des Kulturellen eine entscheidende Rolle im Kampf um gesellschaftliche Hegemonie beimisst. Als Alltagsverstand bezeichnet Gramsci das, »was die Massen embryonal und chaotisch über die Welt und das Leben denken« (Gramsci 1994: 1394). Es handelt sich um eine Art spontane Philosophie der Menschen, inkohärent und widersprüchlich, »auf bizarre Weise zusammengesetzt« (ebd.: 1376), weil sich in ihm Versatzstücke aus den unterschiedlichsten »Weltauffassung[en]« (ebd.) wiederfinden, die sich im Laufe der Jahre und Jahrhunderte im Alltagsverstand abgelagert haben: »Elemente des Höhlenmenschen und Prinzipien der modernsten und fortgeschrittensten Wissenschaft, Vorurteile aller vergangenen, lokal borniertesten geschichtlichen Phasen und Intuitionen einer künftigen Philosophie, wie sie einem weltweit vereinigten Menschengeschlecht zueigen sein wird« (ebd.).

Der Alltagsverstand sei weder innerhalb der Individuen noch zwischen ihnen eine einheitliche und widerspruchsfreie Weltauffassung. Es gebe daher nicht einen universellen Alltagsverstand, sondern jedes Kollektiv habe seinen eigenen. Einen bestimmten Alltagsverstand zu teilen bedeutet, einer bestimmten sozialen Gruppierung zuzugehören. Weshalb der Alltagsverstand für Gramsci politisch von großer Bedeutung ist, erschließt sich aus seinem Staatsverständnis. Laut Gramsci basiert staatliche Macht in modernen bürgerlichen Demokratien nicht allein auf unmittelbarer Beherrschung und Repression, sondern immer auch auf der Zustimmung der Beherrschten, das heißt auf Konsens. Politische Macht ist in solchen Systemen nie absolut und die Stabilität eines gegenwärtigen politischen Machtgefüges nie garantiert. Gramsci spricht von »Hegemonie«, das heißt von einer Herrschaftsform, in der die Herrschenden gewisse Zugeständnisse machen und Kompromisse eingehen müssen in dem Bestreben, immer größere Teile der Bevölkerung in ihren Konsens und in ihren »historischen Block« zu integrieren. Mit diesem Begriff bezeichnet Gramsci die politischen Formationen, die in einer gegebenen historischen Situation entweder über die staatliche Hegemonie oder über ausreichend viel Macht verfügen, um diese herauszufordern und somit ihrerseits hegemonial werden zu können. Die Zustimmung zur Ideologie der herrschenden Klasse muss beständig organisiert werden, was bedeutet, diese Ideologie im Alltagsverstand der Beherrschten zu verankern. Die Arena für den Kampf um diesen alltäglichen Konsens ist die Zivilgesellschaft. Zur Zivilgesellschaft gehören unterschiedlichste Akteur_innen, von Verbänden, Gewerkschaften und Institutionen wie Schulen und Universitäten über religiöse Gemeinschaften, Bürger_inneninitiativen und soziale Bewegungen bis hin zur Presse und zu den Medien (Sutter 2016: 52). Gramsci kritisiert die liberale Trennung von »öffentlichem« Staat (oder in seinen Worten »politischer Gesellschaft«) und »privater« Zivilgesellschaft, in deren Regulierung der Staat nicht einzugreifen habe (Gramsci 1996: 1566). Für ihn ist die Zivilgesellschaft keine neutrale Sphäre der freien Meinungsbildung und offenen Diskussion; vielmehr sei sie gerade der Ort, an dem um Hegemonie und somit um politische Vormacht gerungen werde (ebd.: 1501 f.). Dieses Staatsverständnis bezeichnet Gramsci mit dem Begriff des integralen Staates[12], und er bringt es auf die vielzitierte Formel »Staat = politische Gesellschaft + Zivilgesellschaft, das heißt Hegemonie, gepanzert mit Zwang« (Gramsci 1992: 783).

Die Kulturanthropologin Kate Crehan, die sich ausführlich mit Gramsci beschäftigt hat, schreibt: »For those seeking to bring into being a historical bloc with the potential to overturn the existing hegemony, common sense [d.h. der Alltagsverstand; P.W.] is necessarily a key site of struggle« (Crehan 2016: 119). Gramsci spricht mehrfach von der Notwendigkeit, ideologische Einheit herzustellen, den Alltagsverstand »homogen zu machen« (Gramsci 1994: 1395), das heißt eine »wissenschaftlich kohärente[...]« Philosophie (ebd.: 1381) auszuarbeiten und sie gewissermaßen im Alltagsverstand der Menschen zu verankern. Dazu sei es jedoch erforderlich, eng an den Alltagsverstand anzuschließen und die in ihm enthaltenen Elemente des »gesunde[n] Menschenverstand[s]« (»buonsenso«) (ebd.: 1379) weiterzuentwi-

---

12 Wörtlich spricht Gramsci vom Staat »in integraler Bedeutung« (Gramsci 1992: 824), wobei sich im Anschluss an Gramsci die griffigere Rede vom »integralen Staat« durchgesetzt hat.

ckeln. Eine philosophische Bewegung sei »eine solche nur insofern, als sie bei der Arbeit der Ausbildung eines dem Alltagsverstand überlegenen und wissenschaftlich kohärenten Denkens niemals vergißt, mit den ›Einfachen‹ in Kontakt zu bleiben, und gerade in diesem Kontakt die Quelle der zu untersuchenden und zu lösenden Probleme entdeckt« (ebd.: 1381). Weder verachtet Gramsci also den Alltagsverstand der »einfachen Leute«, noch romantisiert er ihn als Quelle der Wahrheit (vgl. Crehan 2016: 49). Vielmehr betrachtet er ihn als zentralen Schauplatz im Kampf um Hegemonie, weil die Einheit und somit die Stärke und Stabilität eines historischen Blocks nur insofern gewährleistet sei, als er »durch eben diese bestimmte Ideologie zementiert und vereinigt wird« (Gramsci 1994: 1380).

Doch wie genau soll dies vonstatten gehen? Wie stellt sich Gramsci den Prozess vor, in dem sich eine »kohärente« Philosophie in den Alltagsverstand der »Massen« übersetzt? Hier spielen die Intellektuellen eine entscheidende Rolle. Gramsci bezeichnet damit nicht eine Kategorie von Personen, die sich aufgrund ihrer denkenden (oder schreibenden, forschenden, diskutierenden) Tätigkeit von anderen unterscheiden; er schreibt sogar, alle Menschen verrichteten ein Mindestmaß an intellektueller Tätigkeit und könnten insofern Intellektuelle genannt werden. Zugleich nähmen aber nicht alle Menschen auch die *Funktion* von Intellektuellen im gesellschaftlichen Gefüge ein (Gramsci 1996: 1500). Jede relevante gesellschaftliche Gruppe bilde »organisch« Intellektuelle heraus, die zu ihr gehörten und deren Zweck es sei, den hegemonialen Konsens sowie die staatliche Herrschaft zu organisieren. Das heißt insbesondere, dass jene Menschen die Funktion von Intellektuellen einnähmen, die entweder – aus der Perspektive der herrschenden Gruppen – um Stabilisierung der Hegemonie oder – aus der Perspektive der Beherrschten – um die Organisation eines gegenhegemonialen historischen Blocks bemüht sind. »Jeder und jede, die für sich in Anspruch nimmt, andere zu überzeugen, sich in Auseinandersetzungen um Fragen der Moral, der Politik oder der Lebensführung einbringt und dies in organischer Verbindung mit einer wesentlichen ›gesellschaftlichen Gruppe‹ tut, übt die Funktion eines oder einer Intellektuellen aus« (Opratko 2019: 130). Nach dieser Definition fallen eine ganze Menge Menschen unter die Kategorie der Intellektuellen. Gramsci differenziert jedoch: »In der Tat muß die intellektuelle Tätigkeit auch von innen her in Stufen unterschieden werden, Stufen, die in ihren extrem entgegengesetzten Momenten einen regelrechten qualitativen Unterschied ausmachen: auf die höchste Stufe wären die Schöpfer der verschiedenen Wissenschaften, der Philosophie, der Kunst usw. zu stellen; auf die niedrigste die bescheidensten ›Verwalter‹ und Popularisatoren des bereits vorhandenen, traditionellen, angehäuften intellektuellen Reichtums« (Gramsci 1996: 1502 f.). Daraus folgt auch, dass sich die neuen Weltauffassungen niemals »in der sozusagen ›reinen‹ Form« verbreiten, »sondern einzig und allein als mehr oder weniger heteroklitische und bizarre Kombination« (Gramsci 1994: 1388), das heißt, sie müssen notwendig Alltagsverstand werden. Je kohärenter jedoch der Alltagsverstand einer gesellschaftlichen Gruppe, desto relevanter und erfolgversprechender ist auch ihr Status im Kampf um Hegemonie.

Schließlich lässt sich festhalten, dass Gramsci »die Wichtigkeit und die Bedeutung hervorheb[t], die in der modernen Welt die Parteien bei der Ausarbeitung und Verbreitung der Weltauffassungen haben, da sie wesentlich die diesen konforme Ethik und Politik ausarbeiten« (ebd.: 1385). Er bezeichnet die Parteien auch als »Schmelztiegel der [...] Vereinigung von Theorie und Praxis« (ebd.: 1386). Eine zentrale Funktion der Parteien sei erstens die Herausbildung von organischen Intellektuellen und zweitens das »Zusammenwachsen« dieser Intellektuellen (Gramsci 1996: 1505), was bedeutet, dass sich in der Partei die ideologische Einheit einer gesellschaftlichen Gruppe organisiert. Konsequenterweise betrachtet Gramsci alle Mitglieder einer Partei als Intellektuelle, auch wenn sie sich, wie oben beschrieben, in gewisse Rangstufen differenzieren. Doch dieser Unterschied sei zweitrangig; es komme auf »die Funktion an, die eine der Führung und der Organisation, also eine erzieherische, also eine intellektuelle ist« (ebd.: 1506).

Zusammenfassend lässt sich aus der Perspektive einer ethnografischen Analyse sagen: Ein (politisches) Feld erscheint umso mehr als ein kohärentes Feld, je mehr die Akteur_innen eine bestimmte Sichtweise, eine bestimmte Deutung der Welt – einen Alltagsverstand – teilen. Die Idee, dass die Zivilgesellschaft als eine relevante politische Sphäre betrachtet werden muss, in der um Deutungshoheit gerungen wird, liegt auch meiner Verwendung des Begriffs *Rechtsaußen*, wie ich ihn in der Einleitung des Buchs definiert habe. In einem solchen Feld existieren verschiedene Akteur_innen (»Intellektuelle«), deren Anliegen es ist, einen möglichst kohärenten Alltagsverstand zu verbreiten und ihn, so gut es geht, zu homogenisieren, weil davon ihre politische Schlagkraft abhängt: Für diese Akteur_innen geht es darum, verschiedene gesellschaftliche Gruppen in einen jeweiligen historischen Block zu integrieren, um so entweder Hegemonie zu reproduzieren oder eine relevante gegenhegemoniale Kraft aufzubauen. Hilfreich an Gramscis Verständnis von Intellektuellen ist vor allem die Differenzierung und Hierarchisierung verschiedener Stufen von Intellektuellen, weil sich damit die Frage stellen lässt, »welche AkteurInnen relevante Handlungsmacht besitzen, um in den Kampf um Hegemonie einzutreten« (Opratko 2019: 128). Wenn wir die Alternativen Homosexuellen als organische Intellektuelle der äußersten Rechten betrachten, schließt sich die Frage an, ob sie mit ihren Anliegen überhaupt ausreichend Einfluss haben, um in den Alltagsverstand des Feldes intervenieren zu können. Damit hängt auch die Frage zusammen, ob wir es tatsächlich mit der Herausbildung eines historischen Blocks zu tun haben oder ob die AHO nicht viel eher für die Inkohärenz und Widersprüchlichkeit – und möglicherweise die Flüchtigkeit – des Feldes steht.

»So bunt wie 'ne Burka«

Worin äußerte sich also der ethnosexistische Alltagsverstand bei den beschriebenen Mahnwachen? Erkennbar wurde er gerade durch die bereits erwähnten Auslassungen: Anscheinend war es gar nicht nötig, »den Islam« oder »muslimische Männer« als vermeintliche Quelle der Gefahr explizit zu benennen; alle Anwesenden schienen auch so zu wissen, worum es ging. Bei den »Müttern gegen Gewalt« wurde möglicherweise bewusst auf offen antimuslimisch-rassistische Äußerungen verzichtet, um den politischen Charakter der Veranstaltung zu kaschieren und sie dadurch weniger angreifbar zu machen. Zugleich scheint dieses politische Moment von den Akteur_innen selbst aber nicht unbedingt wahrgenommen worden zu sein, wie Jens' Reaktion auf meine Einschätzung der Mahnwache als offensichtlich rechts (»Ich sehe das gar nicht selber«) zeigt.[13] Insofern ergibt sich der widersprüchliche Befund, dass das Aussprechen der »Wahrheit«, die die »Mütter gegen Gewalt« für sich reklamierten, auf der Mahnwache gar nicht erfolgte. Meiner Interpretation zufolge musste diese »Wahrheit« auch nicht unbedingt ausgesprochen werden, weil sie als Alltagsverstand von den Beteiligten ohnehin bereits geteilt wurde.

Ein Element des Alltagsverstandes im Feld zeigt sich etwa darin, dass die zweite Mahnwache bewusst am 17. Juni abgehalten wurde. Mir selbst er-

---

13 In der empirisch-kulturwissenschaftlichen Perspektive auf Alltag spielt genau dieses Nicht-sehen-Können eine wichtige Rolle, wie Utz Jeggle (1978: 125) schreibt: »Das ist die Blindheit des Alltags, daß er einem die Brille verpaßt, mit der man sehen kann, was man sehen darf.«

schloss sich der Sinn dahinter nicht sofort, weil ich den Alltagsverstand des Feldes nicht teilte. Wie ich später recherchierte, wird der 17. Juni unter Mottos wie »Volksaufstand gegen die Herrschenden« seit einigen Jahren regelmäßig von äußerst rechten Gruppierungen zur Mobilisierung genutzt. So fand etwa die erste Demonstration der Identitären Bewegung (IB) in Berlin am 17. Juni 2016 statt (vgl. Henßler 2016). Das Buch *Kontrakultur* des rechten Aktivisten Mario Alexander Müller, das eine Art Glossar der verschiedensten Bezugsgrößen der IB darstellt, enthält auch einen Eintrag über den 17. Juni 1953 und erläutert: »Im Jahr 2016 gab das Datum Anlaß zur ersten Demonstration der Identitären Bewegung in Berlin. Das Motto: *Aufstand gegen das Unrecht und für unsere Zukunft!*« (M. A. Müller 2017: 326; Hervor. i.O.). Davon abgesehen, dass rechte Akteur_innen an eine simple Widerstandssymbolik des 17. Juni 1953 anschließen, steht der ehemalige Tag der deutschen Einheit in diesem Kontext auch für die »*nationale[...]* Wiedervereinigung« (ebd.: 325; Hervorh. P.W.) Deutschlands und hat insofern Mobilisierungspotenzial für unterschiedliche nationalistische Gruppen. Für mich war es auf den beiden Mahnwachen nicht zu übersehen, dass die Organisator_innen und viele der Teilnehmenden dem äußerst rechten Spektrum angehörten. Auch der Verfassungsschutzbericht des Landes Nordrhein-Westfalen 2018 spricht von »Mischszenen« bei Veranstaltungen der »Mütter gegen Gewalt« und der »Patrioten NRW« (Ministerium des Innern des Landes Nordrhein-Westfalen 2019: 67 f.).

Dass insbesondere mein Gesprächspartner Gregor mit anderen Teilnehmenden der Mahnwachen – unter anderem mit der Organisatorin Mona Maja – in sehr engem Kontakt zu stehen schien, verwunderte mich nicht; auf AHO-Treffen trug er häufig T-Shirts der IB und äußerte sich wie kein anderer offen rassistisch (was anderen in meiner Gegenwart sichtlich unangenehm war). Insofern erscheint Gregor wie ein Knotenpunkt, der Verbindungen zwischen AHO und AfD einerseits und eindeutig rechtsextrem positionierten Gruppierungen andererseits herstellt. Nach der Mahnwache in Bottrop fuhr er bei mir im Auto mit und fragte mich, wie ich die Veranstaltung fand. Bei solchen Fragen immer etwas verunsichert, wie ich mich möglichst unverfänglich und doch nicht inhaltsleer äußern könnte, antwortete ich, dass ich überrascht gewesen sei, keine Gegendemonstration gesehen zu haben und dass es insgesamt so ruhig geblieben war. Anscheinend unberührt von diesem Gedanken, fing Gregor an zu erzählen:

»Mir gefällt bei diesen Veranstaltungen immer dieser Geist des Zusammenhalts. Man ist da in einer Gruppe, von der man weiß, dass man um die gemeinsame Sache kämpft. Und um die Sache geht es den Leuten dort. Das ist nicht so ein Selbstbedienungsladen wie die AfD, wo es ja immer nur um Postengeschacher geht. Rate doch mal, was die Mona beruflich macht. Na? Die ist eine ganz normale Kassiererin. Die veranstaltet das alles in ihrer Freizeit, der geht es nicht um irgendeinen Posten oder um Aufmerksamkeit oder so. Die will einfach, dass ihre Töchter in einem sicheren Land leben können. Sie kriegt schon so langsam Probleme mit ihrem Mann, weil sie so aktiv ist, aber die Sache ist ihr so wichtig, dass sie da dranbleibt! Überhaupt, dass diese ganzen Frauen sich da so einsetzen, zu denen habe ich intuitiv immer einen guten Draht. Die meisten von denen wählen auch AfD.«
(zitiert und verdichtet nach Feldnotizen vom 17.06.2018)

Eine Wendung von Gundula Ludwig (2011: 73) aufgreifend, schreibt Ove Sutter, der Alltagsverstand sei »nicht nur eine Denk- und Wahrnehmungs-, sondern auch eine ›Fühlform‹« (Sutter 2016: 55). Dies zeigt sich in dem Zitat von Gregor sehr deutlich: Er spürt auf der Mahnwache einen »Geist des Zusammenhalts«, der sich meiner Interpretation nach vor allem in den emotionalisierten Momenten manifestierte. Dazu gehört etwa das umgeschriebene Steigerlied, das an einen regionalen Alltagsverstand anschließt. Gerade hier in Bottrop, wo zum Zeitpunkt meiner Feldforschung das letzte Steinkohlen-Bergwerk des Ruhrgebiets Prosper-Haniel noch aktiv war, ruft das Lied lokalen Eigensinn und den der Mahnwache insgesamt eingeschriebenen Topos der Widerständigkeit auf. In seiner konkreten textlichen Form stellt es darüber hinaus eine Verbindung zu rechtsaußen her, die erst auf den zweiten Blick ersichtlich wird. Der Saarbrücker Lehrer und Nationalsozialist Hanns Maria Lux hatte 1920 ebenfalls einen anderen Text zur Melodie des Steigerliedes geschrieben. Das »Saarlied« erfreute sich in der Zeit des Nationalsozialismus großer Beliebtheit und wurde bei der Volksabstimmung über die Zugehörigkeit des Saargebietes 1935 zur Mobilisierung eingesetzt (vgl. Karbach 2017). Die erste Strophe lautete:

»Deutsch ist die Saar, deutsch immerdar,
Und deutsch ist unseres Flusses Strand
Und ewig deutsch mein Heimatland,
Mein Heimatland, mein Heimatland.«

Auch wenn es den meisten nicht aufgefallen sein mag, dass der Text des umgeschriebenen Steigerliedes auf der Mahnwache (»fürs Heimatland, fürs Heimatland«) dieses nationalsozialistische Saarlied zitierte – Zufall ist dieser intertextuelle Verweis vermutlich nicht. Das Singen auf der Mahnwache muss als artikulatorische Praktik bezeichnet werden, die über den Alltagsverstand Verbindungen zwischen ethnosexistischen und rechtsextremen Elementen herstellte.

Auch meine emotionalen Reaktionen sind aufschlussreich, denn so wie Gregors Emotionen ihm versicherten, dass er zum Feld dazugehört, bestätigte ich mir selbst auf emotionaler Ebene, nichts mit »diesen Leuten« zu tun zu haben. Auf mich wirkten die während der Mahnwache aufgerufenen Affekte überfrachtet und unglaubwürdig (»[sie] ruft mit großem Pathos«) oder gar peinlich (»Es klingt etwas krumm und schief«). Für Gregor beruhte der »Geist des Zusammenhalts« dagegen gerade auf der Authentizität der Organisatorin. Mona Maja veranschaulicht das, was Gramsci unter einer organischen Intellektuellen versteht, denn sie erreicht Gregor nicht trotz, sondern gerade wegen ihres »ganz normale[n]« Berufs. Gregor fühlt sich ihr und »diese[n] ganzen Frauen« »intuitiv« verbunden. Gerade auch diese Intuition, diese affektiven Momente machen deutlich, was hier so sehr Teil des Alltagsverstandes ist wie die Tatsache, dass die Sonne morgens auf- und abends untergeht: nämlich dass (junge und implizit *weiße* deutsche) Frauen von muslimischen Migranten bedroht sind.

Doch dieser Punkt, den ich im Anschluss an Gramsci bereits als »ideologischen Zement« des Feldes bezeichnet habe, weist auch darauf hin, wie unscharf die Ränder des Feldes sind. Die *Feministin* Uta Glaubitz, deren Internetseite *ehrenmord.de* den Organisator_innen der Mahnwache in Bottrop als Quelle diente, wird von der *Antifeministin* Ellen Kositza gerade deswegen als vertrauenswürdig oder objektiv erwähnt, weil sie *nicht* »rechts« sei, also in den Augen einer Protagonistin der äußerst rechten Formation nicht dazugehört. Kositza suggeriert damit, die Faktenlage – muslimische Männer seien eine Gefahr für *weiße* Frauen – sei auch jenseits ideologischer Differenzen im Prinzip *für alle* erkennbar. Zugleich erzeugt diese widersprüchlich wirkende feministisch-antifeministische Bezugnahme eine Verbindung, die mit einem Wort von Marilyn Strathern »merografisch« genannt werden kann: »nothing is simply part of a whole insofar as another view, another perspective, may redescribe it as part of something else« (Strathern 2020: 6). Das heißt, was aus der Sichtweise des Gegensatzes zwischen Feminismus und Antifeminismus als Widerspruch erscheint, gehört zusammen, wenn wir es aus der Perspektive der ethnosexistischen Konstellation betrachten: Ein »toxischer Feminismus« (Hark/Villa 2017: 77), der nicht intersektional denkt, sondern alles auf die Geschlechterdifferenz reduziert, mündet zwangsläufig in einen rassistischen Kulturessentialismus, weil er die Kategorie Frau universalisiert und als *weiß* voraussetzt (vgl. Dietze 2019: 100). Es überrascht dementsprechend nicht, dass Glaubitz auf ihrer Internetseite etwa von einer »türkisch-islamischen Kultur«[14] oder von einer »türkische[n] (marokkanische[n], serbische[n], irakische[n] ...) Ehre«[15] spricht. Nichts könnte den ethnosexistischen Alltagsverstand stärker verdeutlichen als diese herablassende, »versämtlichende«[16] Parenthese. Nicht nur die Auslassungspunkte sollen uns sagen, dass die Nationalbezeichnungen austauschbar und damit letztlich irrelevant seien, sondern hier verschwimmen darüber hinaus selbst muslimisch und christlich geprägte Länder zu einem undifferenzierten, rückständigen »Rest«.[17]

Ein weiteres Element, an dem sich der Alltagsverstand in den Vignetten exemplarisch zeigen lässt, ist der Signifikant *bunt*, der an zwei Stellen auftaucht: einmal auf dem Plakat von Jens und Gregor in Düsseldorf (»Das Blut der Opfer ist nicht bunt!«, s. Abbildung 3) und ein weiteres Mal, während Fabian die Flyer verteilt und eine Frau auf das Logo der AHO reagiert (»Ich war erst etwas skeptisch, weil das hier so bunt ist!«). Diese Situationen waren bei Weitem nicht die einzigen während meiner Feldforschung, in denen sich Personen von dem – in meiner Wahrnehmung positiven konnotierten – Wort *bunt* distanzierten. In dem Vortrag von Jörg Meuthen bei der AHO-Veranstaltung in Essen, auf die ich gleich noch ausführlicher eingehen werde, findet sich ein besonders schillerndes Beispiel: »Knapp 60 Prozent [der eingewanderten Muslime] [...] lehnen Freundschaften mit homosexuellen Menschen ab. Das muss diese Buntheit sein, von der die Merkels, Stegners, Göring-Eckardts, Roths und Kippings dieser Republik in Dauerschleife schwärmen. So richtig bunt. So bunt wie 'ne Burka.«[18]

Diese Distanzierungen beziehen sich auf die zahlreichen zivilgesellschaftlichen Initiativen gegen Rechtspopulismus und Rechtsextremismus, die das Wort *bunt* als Chiffre für »vielfältig«, »multikulturell« und »tolerant«

---

14 Vgl. https://ehrenmord.de/faq/wasehre.php, Abruf am 24.04.2024.
15 Vgl. https://ehrenmord.de/faq/nennen.php, Abruf am 24.04.2024.
16 Hark und Villa übernehmen diesen Begriff von Hedwig Dohm und meinen damit einen »Mechanismus, der auf die Beseitigung von Binnendifferenzen und empirischer Komplexität, dafür umso mehr auf Homogenität, Abstraktion und Vergleichgültigung im Inneren von Differenz abzielt« (Hark/Villa 2017: 49).
17 Wobei Stuart Hall, der die ironische Wendung »the West and the Rest« prägte, selbst anmerkt, dass in diesem Repräsentationssystem Osteuropa »nicht (noch nicht? noch nie?) richtig zum ›Westen‹ gehört habe (Hall 2012: 138).
18 Vgl. https://www.youtube.com/watch?v=Hc25VtuaFn8&t=247s, Abruf am 24.04.2024, Transkript des Videoausschnitts Minute 12:30 – 12:48.

einsetzen und sich damit gegen Rassismus, Sexismus, Homo- und Transfeindlichkeit, Altersdiskriminierung und Diskriminierung behinderter Menschen aussprechen wollen. Dergestalt aus der »bunten« Äquivalenzkette des multikulturellen Imaginären ausgeschlossen, macht die äußerste Rechte »das infantile Schlagwort ›bunt‹« (Lichtmesz 2018: o.S.) ihrerseits zum konstitutiven Außen. In ihrem Buch *Mit Linken leben* unternehmen die neurechten Publizist_innen Martin Lichtmesz und Caroline Sommerfeld den Versuch, die Beliebtheit von *bunt* in der anti-rechten Zivilgesellschaft zu erklären und verbinden damit eine Kritik am Egalitarismus von Linken und Liberalen. Sie nennen es das »Smarties-Dogma«:

»Ein ›Smartie‹ ist eine Schokolinse mit einem knallbunten Zuckerguß; unterhalb dieser Schicht bestehen jedoch alle Smarties aus der gleichen Schokolade. So ungefähr stellen sich Linke die ›Vielfalt‹ vor, und deshalb glaubt auch jeder Grüne, daß in jedem Zuwanderer ein ›weltoffener‹, liberaler, bourgeoiser, westlicher Gutmensch steckt, wie er es in der Regel selber ist.« (Lichtmesz/Sommerfeld 2017: 62 f.)

Das »Bunte« zu feiern, sei eine naive Nivellierung von ontologischen Unterschieden. Ein »Grüner«, so wird in dem Zitat impliziert, sei gar nicht dazu in der Lage, die Gefahr zu erkennen, die von Migrant_innen ausgehe, denn er hänge einer fatalen Auffassung von »Vielfalt« an, die zwar äußere, nicht aber innere, essentielle Unterschiede anerkenne. Dabei handle es sich um Projektion: Der »Grüne« universalisiere eine eigentlich partikulare ideologische Haltung, nämlich seine eigene. Als organische Intellektuelle der äußersten Rechten greifen Lichtmesz und Sommerfeld damit den Alltagsverstandes ihres Feldes auf, dem *bunt* als etwas Ablehnungswürdiges erscheint, und versuchen, zwischen diesem Alltagsverstand und der eigenen rechten Ideologie (in diesem Beispiel konkreter: der Ideologie der Ungleichheit) eine Kohärenz herzustellen.

Gregor und Jens zeigen mit ihrem Plakat (Abbildung 3), dass sie diese »Weltauffassung« (Gramsci) teilen; sie inszenieren sich damit zugleich als dem Feld zugehörig. Das andere Beispiel zeigt dagegen, dass es für die AHO nicht so leicht ist, auch vom Feld als zugehörig *anerkannt* zu werden: Indem sie in ihrem Logo die Regenbogenfahne der Schwulen- und Lesbenbewegungen verwenden, bedienen sie die Symbolik des politischen Feindes und gelten daher als suspekt. Dass sie mit ihren Anliegen eben (noch) nicht zum Alltagsverstand der äußersten Rechten gehören, drückt sich zudem in Fabians Zurückhaltung aus. Er erscheint beim Verteilen der Flyer nervös oder aufgeregt; anstatt genauer zu sagen, worum es bei der Veranstaltung mit Jörg

Meuthen gehen soll, drückt er den Leuten den Flyer in die Hand und geht direkt weiter. Die skeptische Frau scheint er nicht überzeugen zu wollen oder zu können, er lacht verunsichert über ihren Einwurf.

»Ein starkes Deutschland an der Seite seiner Homosexuellen«

Am 19. Juni 2018 bin ich mit der AHO in einem gehobenen Lokal im Essener Süden, mit Blick auf den Baldeneysee. Hier findet jene Veranstaltung statt, auf die die Alternativen Homosexuellen seit einigen Monaten hingearbeitet haben. Unter dem Titel »Gutes Recht statt verschwiegner [sic] Opfer – Ein starkes Deutschland an der Seite seiner Homosexuellen« hat die AHO zu einem Vortrag mit Parteisprecher Jörg Meuthen eingeladen. Es stehen Tische und Stühle für etwa 80 Personen bereit. Die Mitglieder der AHO legen schnell noch Flyer aus und bereiten die Technik vor. Jemand kämpft mit einem Roll-up-Aufsteller, der an den Anschlag in einem queeren Club in Orlando am 12. Juni 2016 erinnert: »Sie mussten sterben, weil sie schwul waren. 49 Homosexuelle von Islamisten brutal hingerichtet« (s. Abbildung 5). Kurz vor Beginn der Veranstaltung nehme ich an einem der vorderen Tische Platz, an dem bereits drei Frauen um die 70 sitzen, die sich angeregt unterhalten. Eine von ihnen hat vor sich ein schmales Büchlein liegen: »Die kleine unkorrekte Islam-Bibel«. Sie reicht das Buch an die anderen weiter und sagt: »Das ist für Annette, schreib mal noch 'ne Widmung rein!«

Die Idee zu dieser Veranstaltung geht auf den Bundesparteitag in Hannover im Dezember 2017 zurück. Bei seiner Bewerbungsrede für das Amt des Bundessprechers wollte Meuthen sich damals dafür rechtfertigen, warum er sich sowohl mit Vertreter_innen der rechtsaußen verorteten Patriotischen Plattform als auch mit der gemäßigteren Alternativen Mitte getroffen hatte. Er bemühte eine Analogie: »Gedankenexperiment: Mal angenommen, die Gruppierung Homosexuelle in der AfD [...] lüde mich ein und ich nähme die Einladung an. Was sollte ich tun? Wenn ich hingehe, bin ich dann homosexuell?«[19] Andreas erzählte mir, dass sie als Alternative Homosexuelle darauf natürlich sofort angesprungen seien. Da nehme man ihn jetzt beim Wort.

---

19 Vgl. https://www.youtube.com/watch?v=X4WTl6cqP_0, Abruf am 24.04.2024, Transkript des Videoausschnitts Minute 04:53 – 05:19.

Nachdem Gregor die Gäst_innen begrüßt und die Veranstaltung eröffnet hat, tritt Matthias Helferich ans Rednerpult, der den Vorstand des Landesverbandes NRW vertritt:

»Ich freue mich, heute als Vertreter des Landesvorstandes der Alternative für Deutschland hier in NRW bei Ihnen sein zu dürfen, es ist mir sogar ein Herzensanliegen, meine Wertschätzung und Anerkennung für Ihr Engagement innerhalb und außerhalb der AfD mit einem Grußwort bei Ihnen Ausdruck zu verleihen. [Sie] sind mutige ... Männer vor allen Dingen, ist mir aufgefallen – ist sowieso ein Problem in der AfD, dass wir viel zu viele Männer haben – [...] aber Frauen haben Sie auch, oder? In der Alternativen Homosexuellenorganisation, ne? Ja, dann sind Sie auf jeden Fall mutige Frauen und Männer, die der patriotischen Bewegung in Deutschland einen wichtigen Dienst erweisen. Jahrzehntelang beanspruchten die linksliberalen Kartellparteien die Deutungshoheit über schwule Interessen im politischen Leben. Grüne und linke Politiker spielten sich als Anwälte homosexueller Anliegen auf. Doch was taten die Linken in all den Jahrzehnten? Sie öffneten die Gesellschaft, sie öffneten die Grenzen und luden die Barbarei in unser Land hinein.«[20]

Eine der Frauen an meinem Tisch wendet sich während dieser Worte verwundert an ihre Freundinnen: »Was redet der denn über Homosexualität, das ist doch heute nicht das Thema!«

»Doch doch!«

»Ich dachte, das ist ein Vortrag von dem Professor Meuthen!«

»Ja, aber das ist das Thema, der Gregor hat das organisiert.«

Die Erste dreht ganz langsam ihren Kopf. Ihr Blick geht in die Ferne. »Pfff ...«

Als nächstes spricht der Vorsitzende der AHO Alexander Tassis und richtet, wie er sagt, »zur Erklärung dieses Abends« *einige Worte an das Publikum, denn:* »Schwule, Lesben, AfD, Transsexuelle, das ist vielleicht nicht auf den ersten Blick zusammenhängend.« *Er erwähnt zunächst strategische Gründe,* »dieses Thema den Linken wegzunehmen und wegzureißen, denn natürlich wählt kaum jemand in Europa eine Partei, die ausgrenzend ist«. *Dann geht Tassis, der einzige Abgeordnete der AfD in der Bremischen Bürgerschaft, auf den* »Aktionsplan gegen Homo-, Trans- und Interphobie des Landes Bremen«[21] *ein und begründet, weshalb er als einziger Abgeordneter, als Schwuler zumal, in der Bürgerschaft dagegen stimmte:*

»Denn was wird nicht erwähnt, was kommt nicht vor auf 185 Seiten, welches Stichwort? Das Wort Islam! Also noch nicht einmal erwähnt! Man könnte doch denken, man sei so klug, wenn ich denn eine Ideologie aufbaue, zumindest so zu tun, als wären mir die wichtigsten Probleme zumindest im

---

20 Vgl. https://www.youtube.com/watch?v=4GjC_FBsZoQ&t=78s, Abruf am 24.04.2024, Transkript des Videoausschnitts Minute 00:12 – 01:17.

21 Vgl. https://www.soziales.bremen.de/sixcms/media.php/13/Aktionsplan_2015%20%28barrierefrei%29.pdf, Abruf am 24.04.2024.

Kopf. Ich kann doch zumindest mal so tun, als würde ich die Probleme, die jetzigen Probleme im Jahr 2018 der homosexuellen und transsexuellen Menschen in Deutschland wahrnehmen. Es wird nicht gemacht. Weil diese Menschen, die so etwas entwerfen, eben Ideologen sind, die das Wichtigste verschweigen, wie es die Ideologen zu allen Jahrhunderten gemacht haben. Und es kommt nicht infrage, solcherlei Plänen, die sich angeblich gegen schwule Gewalt[22] aussprechen, dass man dort als Homosexueller zustimmt, sondern obwohl es auf den ersten Blick unlogisch erscheint, muss man gegen diese Pläne kämpfen und seine Stimme gegen diese Pläne erheben. Und dass das so ist, [...] erfahren wir alle als Homosexuelle am eigenen Leib in Westdeutschland. Und damit möchte ich aufhören und das Ganze [...] an unseren Freund Karsten [...] übergeben, der sich mit seiner Geschichte an viele Parteien gewendet hat. Und eine davon hat geantwortet.«[23]

Meine Tischnachbarin tippelt mit ihren langen Fingernägeln auf dem Tisch, guckt auf ihre goldene Uhr. Mit nicht mehr ganz gedämpfter Stimme sagt sie: »Wenn das so weitergeht, dann geh ich gleich. Ich hab das nicht als das Thema verstanden. Heute ist auch ein ganz anderes Publikum hier. Pfff...«

Als nächstes spricht Karsten P., ein Betroffener von schwulenfeindlicher Gewalt aus Bremen, darüber, wie er und sein Partner von Salafisten brutal überfallen worden seien. Später lese ich im Weser-Kurier über den Fall: Die mutmaßlichen Täter waren von der Polizei gestellt und später zur Vernehmung vorgeladen worden, zu der sie nicht erschienen. Gefahndet wurde nach ihnen nicht. Nach einem weiteren Raubüberfall reisten sie nach Syrien aus. Die Staatsanwaltschaft hielt den einen von ihnen zunächst für tot, bis bekannt wurde, dass er in der Türkei festgenommen worden war (vgl. Hinrichs 2017). Irritiert über die Untätigkeit von Polizei und Staatsanwaltschaft, wendete sich Karsten P. auch an verschiedene Parteien und den Innensenator, jedoch ohne Erfolg. Bei der AfD, das heißt bei Alexander Tassis, stieß er schließlich auf offene Ohren.

Nun beginnt Meuthen, vor den etwa 50 Gäst_innen zu sprechen – »endlich!«, lese ich in den Augen meiner Tischnachbarinnen.

Mit der Darstellung dieser Veranstaltung – der bis dato wichtigsten und größten der AHO – möchte ich exemplarisch zeigen, wie die AHO versucht, die Parteiführung für ihre Anliegen zu gewinnen, um ihre Position innerhalb der AfD zu verbreiten. Die Analyse der Mahnwachen machte deutlich, wie sich die Homosexuellen in der AfD an den Praktiken und Diskursen

---

22 Ohne an dieser Stelle psychologisierende Mutmaßungen anstellen zu wollen, möchte ich darauf hinweisen, dass es sich hier offensichtlich um einen Versprecher handelt, da es »gegen schwulenfeindliche Gewalt« heißen müsste.

23 Vgl. https://www.youtube.com/watch?v=Gq7lhb99keo&t=580s, Abruf am 24.04.2024, Transkript des Videoausschnitts Minute 08:35 – 10:20.

des Feldes beteiligen, um zu demonstrieren, dass sie am Alltagsverstand der äußersten Rechten teilhaben. Ihre Botschaft lautet: Schwule gehören zur Rechten dazu. Die Veranstaltung in Essen zeigt hingegen, wie die AHO aktiv auf diesen Alltagsverstand einwirken, ihn beeinflussen und so ihre Positionen innerhalb der AfD normalisieren möchte. Denn dass der äußerst rechte Alltagsverstand Schwule noch nicht ohne Weiteres integriert hat, ist der AHO bewusst und zeigte sich in Essen für mich auch unübersehbar. Der Zweifel sprach nicht nur aus der offen vorgetragenen Irritation einer meiner Tischnachbarinnen, die vor der Veranstaltung anscheinend gar nicht wahrgenommen hatte, worum es an dem Abend gehen würde (»Ich dachte, das ist ein Vortrag von dem Professor Meuthen!«, entfuhr es ihr, als sei es undenkbar, dass er über Homosexualität reden könnte). Auch die Reden selbst bezogen sich explizit darauf. So schien es Tassis für nötig zu halten, den Abend zu »erklären«. Aber auch Meuthen konnte nicht umhin, seine Anwesenheit auf einer Veranstaltung der Homosexuellen in der AfD zu rechtfertigen. Sein Vortrag begann so:

»Ja, liebe Parteifreunde, meine Damen und Herren, zunächst einmal ist es mir wirklich ein Bedürfnis, mich für die heutige Einladung zu bedanken. Natürlich bin ich der Einladung [...] gefolgt, natürlich. Ich tue das immer. Und ich sehe auch meine Rolle als Bundessprecher der Partei so, dass ich solchen Einladungen folge. Das ist für mich eine Selbstverständlichkeit.«[24]

Sein Insistieren auf diese Selbstverständlichkeit lässt bereits aufhorchen, bedarf das Selbstverständliche doch eigentlich nicht der Erwähnung. Dann wurde er noch deutlicher: »Einige wunderten sich, ich glaube sogar selbst hier im Saal, dass ich gekommen bin. Es wunderten sich auch andere: Wo bist du heute Abend? (lachend) Ja, ich sag: da. Ach ja! Das ist für mich selbstverständlich und ich meine das ernst.«[25]

»Ja, ich sag: da« – Wörter wie *homosexuell* oder *schwul* scheinen ihm nicht so mühelos über die Lippen zu kommen. Der Rest seines Vortrags enthält Variationen derselben ethnosexistischen Elemente, die in der Analyse bereits zur Sprache gekommen sind, und ist insofern nicht weiter von Belang. Er endet mit den Worten: »Zu dieser Identität, zu dieser Kultur, auch zu unserer Heimat gehört auch ein völlig unverkrampfter und freiheitlicher Umgang mit dem Thema Homosexualität. Ich stelle die Frage: Was denn auch sonst?

---

24 Vgl. https://www.youtube.com/watch?v=Hc25VtuaFn8&t=247s, Abruf am 24.04.2024, Transkript des Videoausschnitts Minute 00:24 – 00:48.
25 Vgl. ebd.: Minute 00:48 – 01:02.

Das ist Bestandteil unserer Freiheitlichkeit und an dem lassen wir nicht rütteln. Versprochen.«[26]

Die Fragilität der neuen Äquivalenzkette zwischen AfD und Homosexuellen lässt sich nicht nur an dieser etwas verkrampft wirkenden Unverkrampftheit ablesen, sondern sie basiert auch darauf, dass nur ein einziges diskursives Moment dazu imstande ist, die AfD und Homosexuelle zu artikulieren.[27] Die Figur »Islam« – Produkt des antimuslimischen Rassismus (vgl. Attia 2017) – kann diese Funktion deswegen einnehmen, weil sie zum einen als gemeinsamer Feind von AfD und Homosexuellen hergestellt wird, und, wie bereits gezeigt, zum anderen der Islam als Feind so fest im Alltagsverstand des Feldes verankert ist. Auch das illustrieren meine Tischnachbarinnen mit ihrer »kleinen unkorrekten Islam-Bibel«.[28]

Das hier präsentierte Material widerspricht im Übrigen Dietzes Behauptung, in homonormativen ethnosexistischen Konstellationen seien es weniger Geflüchtete und Asylsuchende, die als »gefährliche Andere« imaginiert würden, als vielmehr »männliche Jugendliche der zweiten und dritten Generation der ›Gastarbeitermigration‹« (Dietze 2019: 16). Es scheint stattdessen umgekehrt zu sein: Die AHO versucht *dieselbe* ethnosexistische Konstellation zu bedienen, die im Nachgang zum langen Sommer der Migration 2015 geflüchtete muslimische Männer zu Gefährdern erklärte und mittlerweile zum Alltagsverstand des Feldes gehört.

Anschlussfähigkeit der AfD bei Schwulen

Die Essener Veranstaltung gibt nicht nur Aufschluss darüber, wie die Homosexuellen versuchen, in der AfD anschlussfähig zu werden, sondern erhellt auch umgekehrt, unter welchen Bedingungen die AfD es schafft, bei Homo-

---

26 Vgl. ebd.: Minute 31:54 – 32:14.
27 Ernesto Laclau und Chantal Mouffe bezeichnen als Artikulation die Herstellung einer Beziehung zwischen Elementen, deren Identität als Resultat der Artikulation verändert wird. Mit Momenten bezeichnen sie die miteinander verbundenen Positionen (Laclau/Mouffe 2000: 141). Ausführlicher dazu Kapitel 1.2.
28 Auf den meisten der Veranstaltungen, die ich im Rahmen meiner Feldforschung besuchte, meldete sich früher oder später eine Person zu Wort, die wissen wollte, wie das Thema des Abends denn mit »dem Islam« oder »den Flüchtlingen« zusammenhänge, wenn dies nicht sowieso offensichtlich war.

Abb. 5: AHO-Aufsteller zum Gedenken an das Attentat von Orlando
Quelle: eigene Darstellung

sexuellen – im Besonderen bei *weißen* schwulen Männern – anschlussfähig zu werden. Das verdeutlicht der Fall Karsten P. Laut seiner Erzählung kam er zur AfD, weil er bei anderen politischen Akteur_innen nach seinen Erfahrungen mit antischwuler Gewalt kein Gehör gefunden hatte. Tatsächlich erwähnt der »Aktionsplan gegen Homo-, Trans- und Interphobie« des Landes Bremen, den Tassis in seiner Rede kritisiert, Gewalt nur am Rande. Es verwundert insofern nicht, dass ein Betroffener von islamistischer schwulenfeindlicher Gewalt wie Karsten P. am Ende bei der AfD landet, obwohl er ihr davor gar nicht nahestand. Die von den anderen Parteien hinterlassene Lücke füllt die AfD mit antimuslimischem Rassismus, und der Fall Karsten P. zeigt, dass manche schwule Männer dafür auch dann potenziell empfänglich sind, wenn sie ursprünglich nicht mit der Rechten sympathisierten. Es sind genau diese schwulen Männer, auf die mein Interviewpartner Torben, den ich im Epigraph dieses Kapitels zitierte, abzielt. Ich möchte dieses Zitat hier noch einmal ausführlicher wiedergeben, weil es zeigt, wie mit dem Thema Islam und der vermeintlichen Bedrohung durch Muslim_innen die in den bisherigen Kapiteln analysierte Heteronormativität der AfD erfolgreich überdeckt werden kann. Ich hatte Torben, selbst heterosexuell, bei einer Veranstaltung der AHO kennengelernt, auf der er zu Gast war. Ihn interessierte aus strategischen Gründen, ob und wie die AfD Homosexualität zum Thema machen sollte.[29] Im Interview beschrieb er seine Vorstellung davon, wer die Schwulen sind, die als potenzielle Wähler der AfD infrage kommen.

Torben: »Das ist der gut situierte homosexuelle Zahnarzt, der sagt, ich hab' meine Nobelwohnung in Köln, und wenn ich da feiern gehe, dann habe ich keine Lust auf irgendwelche nordafrikanischen Jugendgangs, die mich in irgendeiner Seitengasse doof anmachen. Auch aus einer liberalen Haltung heraus, wir wollen die freie Gesellschaft behalten, und da sehen sie eben dann zum Beispiel den Islam und [...] aus unserer Sicht mittelalterliche Wertvorstellungen im Umgang mit sexuellen Orientierungen, sehen sie als Bedrohung. Den genauso wie, ja, den ganz normalen Durchschnittshomosexuellen, der halt auch Diesel fährt. Es muss ja nicht immer nur dieses Islamthema sein, es hat auch einfach sicherheitspolitische Aspekte genauso wie wirtschaftspolitische Aspekte. Wir haben zum Beispiel in Mannheim einen, der häufig (lacht) uns in der Fraktion besucht im Stadtrat und dann immer erzählt, dass er – der ist sehr flirty unterwegs (lacht) – er wäre auch schon mehrfach halt von jungen Arabern (lacht) ... Ist das halt nicht so gut ausgegangen, und deshalb würde er jetzt AfD wählen. Er hätte früher immer die Grünen gewählt, aber er würde eben, das wäre ihm mit Deutschen noch nicht so passiert und jetzt könne er die auch nicht mehr leiden. Er hätte auch viel immer ins Theater eingeladen, das wär dann immer eskaliert (lacht). Ja, der ist auch ein bisschen verrückt. Aber solche gehören dazu, wie gesagt, genauso wie es ja auch bei den Homosexuellen genug Konservative gibt [...], die sind spießiger als Heterosexuelle, gibt's ja auch. [...] Also wahrscheinlich aus verschiedenen Gemengelagen, die die Leute motivieren, zu uns zu kommen.«

P.W.: »Also eigentlich irgendwie alle, verschiedene Schichten auch innerhalb der Homosexuellen.«

Torben: »Ja, sicherlich, genau ja, vom schwulen Kfz-Mechaniker, dem das mit dem Diesel auf den Keks geht, bis vielleicht auch zu denen, die auch in elitäreren Kreisen unterwegs

---

29 Ein ausführlicheres Porträt von Torben findet sich in Kapitel 9.

sind. [...] Und so gibt's sicherlich auch Homosexuelle, die jahrelang wahrscheinlich eher links gewählt haben, auch weil sie sich davon mehr Rechte versprochen haben, und dass eben diese Repräsentation jetzt in ein rechtes Wahlverhalten umschlägt, weil sie eben andere Bedrohungsszenarien für ihre Rechte und persönlichen Freiheiten sehen.«

P.W.: »Und so die naheliegende [...] Aussage, die dann darüber immer kommt, ist: Die AfD ist ja gegen die ›Ehe für alle‹. Die AfD ist ja gegen eine Ausweitung von Rechten. Wie würdest du denn dann das miteinander in Einklang bringen?«

Torben: »Ich glaube, dass das bei Homosexuellen, zumindest die ich kenne – gut, das ist natürlich auch eingeschränkt durch die Arbeit in der AfD –, [...] gar keine große Rolle spielt, diese ›Ehe für alle‹. Also es gibt [...] 55.000 eingetragene Lebenspartnerschaften. Wir haben sicherlich deutlich mehr homosexuelle Paare in Deutschland. Ich glaube, dass das gar nicht so ein wichtiger Aspekt ist. Also [...] das tut uns keinen Abbruch, uns dieser Unterstützung der ›Ehe für alle‹ zu verschließen. Es würde wahrscheinlich auch eine homosexuelle Wählerschaft nicht ansprechen. Die, die für die ›Ehe für alle‹ sind, die wählen uns eh nicht. Wir werden aus anderen Gründen gewählt von homosexuellen Wählern. Eben gerade Sicherheitsaspekt Islam.« (IN 21)

Fazit: Ethnosexismus, Antiliberalismus und der zerrissene Alltagsverstand

In diesem Kapitel stand die Frage im Zentrum, auf welche Arten und Weisen die AfD auf die homonationalistische Anrufung reagiert. Wie wir gesehen haben, ist diese Anrufung durchaus attraktiv für eine rechtspopulistische Akteurin wie die AfD. Insbesondere für die AHO-Mitglieder stellt Homonationalismus ein strategisches Moment dar, eine Möglichkeit, an den Alltagsverstand der äußersten Rechten anzudocken. Insofern die AfD »den Islam« als »wirklichen Feind« im Sinne Schmitts konstruiert, wie ich es in diesem Kapitel dargelegt habe, lässt sich davon sprechen, dass sie die homonationalistische Anrufung annimmt.

Wie sich zeigte, beteiligen sich die Homosexuellen in der AfD an der ethnosexistischen Konstellation, die in der äußersten Rechten zum Alltagsverstand gehört und die Rolle eines »ideologischen Zements« einnimmt. Ich betrachtete zwei Seiten dieser Politik: Zum einen demonstrieren die AHO-Mitglieder, dass sie diesen Alltagsverstand teilen, und positionieren sich damit als zum Feld zugehörig. Zum anderen versuchen sie, den Alltagsverstand so zu beeinflussen, dass sie vom Feld auch als zugehörig anerkannt werden, und zwar indem sie ihre Anliegen im Register des Ethnosexismus formulieren. Sie wollen ihr Narrativ in den Alltagsverstand der äußersten Rechten integrieren. Deutlich wurde, dass es dabei zu Reibungen kommt: Zwar lässt sich – im Prinzip – auf der Grundlage von Ethnosexismus diskursiv eine Äquivalenzkette zwischen Homosexuellen und der AfD konstruieren. Dass Homosexuelle Teil der äußersten Rechten sein können und dass es einer Homopolitik von rechts bedarf, ist jedoch im Feld – jedenfalls bislang – nicht selbstverständlich. Die Analyse hat gezeigt, dass ethnosexistische Konstellationen in ihrer »Hetero-Variante« (Dietze 2019: 15) viel stärker im äußerst rechten Alltagsverstand verankert sind als solche ethnosexistischen Konstellationen, bei denen Homosexuelle die Position der »gefährdeten Eigenen« einnehmen. In dieser Hinsicht ist der Alltagsverstand rechtsaußen nicht kohärent.

Der antimuslimische Rassismus ist im Alltagsverstand vieler Menschen nicht nur in der äußersten Rechten verankert und fungiert somit als ideologisches Bindeglied zwischen verschiedenen politischen Gruppen, zwischen denen in Bezug auf andere Themen mitunter scharfe Gegensätze bestehen. Benjamin Opratko schreibt, dass eine hegemonietheoretische Analyse von Rassismus danach fragt, »welche Rolle die Konstruktion von minderwertigen und/oder gefährlichen ›Anderen‹ für die Artikulation politischer Führung, für die Bildung von Konsens und Kompromiss in einer bestimmten Gesellschaftsformation spielt« (Opratko 2019: 15). Der antimuslimische Rassismus hat, als Hegemonieverhältnis betrachtet, unter anderem eine gemeinschaftsbildende Funktion, er generiert einen breiten gesellschaftlichen Konsens (ebd.: 317). In meiner Analyse wurden beispielsweise Bezüge von der erklärten Antifeministin Ellen Kositza bis hin zu einer sich als emanzipiert verstehenden Feministin wie Uta Glaubitz, zwischen verschiedenen rechtsextremen Akteur_innen, der Identitären Bewegung und der AHO sichtbar. Gleichwohl kann nicht davon die Rede sein, dass sich hier ein kohärenter historischer Block konstituiert. Der antimuslimische Rassismus stellt einen Knotenpunkt dar – aber er ist eben nur *ein* artikulierendes Moment. Die Figur »Islam« ist zwar dazu in der Lage, allerlei Verbindungen herzustellen zwischen heterogenen Akteur_innen (zu denen auch *weiße* Schwule gehören können, die sich nicht als rechts begreifen). Aber diese Verbindungen sind auch von diesem einen Kontenpunkt abhängig, und insofern stellt sich die Frage, ob sie wirklich nachhaltig sind.

Hier kommen die Widersprüche ins Spiel, die zwischen liberalen und antiliberalen[30] Diskurssträngen innerhalb der äußersten Rechten herrschen. Unter den Akteur_innen meiner Feldforschung besteht keineswegs Einigkeit darüber, ob der westlich-liberale »civilizationism« für die äußerste Rechte der richtige Weg ist. Dieser Umstand wurde mir schlagartig bewusst, als ich im Dezember 2016 bei meinem ersten Versuch des Feldzugangs ein Kennenlerntreffen der Jungen Alternative besuchte, das im Haus einer als rechtsradikal bekannten Burschenschaft stattfand. An der Wand hingen verblichene Fotos der vorangegangenen Generationen von Burschenschaftern, ein Porträt von Friedrich II. und ein großes Poster von Windhoek Bier mit kolonialem Reiterdenkmal. Über der Theke prangte das Original-Straßenschild der im Jahr 1997 umbenannten Reichssportfeldstraße. Wir tranken Bier. Auf die Frage eines JA-Kaders und Burschenschafters, worum es denn in meiner Forschung gehe, antwortete ich: »Mich interessiert, wie in rechten Parteien über Toleranz und westliche Werte gesprochen wird.« »Westliche Werte«, entgegnete mein Gegenüber unwirsch, »das ist eine Schimäre, so etwas gibt es überhaupt nicht.« Der »Westen«, so wurde mir klar, war hier keine positiv konnotierte Identifikationsfigur. Nicht alle Akteur_innen im Feld betrachten zudem »den Islam« als »wirklichen Feind«. Einer meiner am deutlichsten völkisch-nationalistisch positionierten Gesprächspartner_innen, Fabian, erwähnte »den Islam« oder Muslim_innen im Interview mit keinem Wort. Was ihn umtrieb, war nicht »Islamisierung«, sondern »unser ethnisch-deutsches kulturelles Fortbestehen« (s. Kapitel 4).

Der Historiker Volker Weiß hat diesen Widerspruch anhand von intellektuellen Positionen innerhalb der Neuen Rechten besonders pointiert herausgearbeitet (Weiß 2017). Er berichtet von einer Auseinandersetzung während einer Podiumsdiskussion auf dem »zwischentag«, einer Fachmesse von neurechten Verlagen und Zeitschriften, die am 6. Oktober 2012 in Berlin statt-

---

30 Unter Antiliberalismus verstehe ich mit Stephen Holmes eine philosophische Tradition der gegenaufklärerischen Kritik an bestimmten als moralisch degeneriert oder dekadent empfundenen Entwicklungen der Moderne wie Individualismus, Rationalismus, Humanismus, Entwurzelung, Materialismus, Kosmopolitismus usw. (S. Holmes 1995: 24). Der Antiliberalismus hält an natürlich bzw. göttlich gegebenen Ungleichheiten und Hierarchien fest und sieht in Emanzipationsbewegungen, ausgehend von der Aufklärung, die Ursache für die »Dekadenz des Westens«. Carl Schmitt ist ein prominenter Vertreter dieser Tradition. Davon ist der Begriff Illiberalismus zu unterscheiden, mit dem zumeist eher vage auf eine autoritäre Form der Demokratie verwiesen wird, die liberale Grundsätze wie die Achtung von Minderheitenrechten und Gewaltenteilung vernachlässigt.

fand und auf der unterschiedlichste Vertreter_innen der äußersten Rechten zugegen waren. Karlheinz Weißmann, Gymnasiallehrer und Kolumnist der *Jungen Freiheit* sowie einer der führenden Intellektuellen der Neuen Rechten, debattierte dort mit Michael Stürzenberger vom Internetportal *Politically Incorrect* (PI-News) über die Frage: »Ist der Islam unser Feind?« (Weiß 2017:16). Stürzenberger, laut Weiß ein »klassischer Rechtspopulist« (ebd.: 17), habe davon gesprochen, man müsse »den Islam ›knacken‹«; zudem habe er den Koran mit Hitlers *Mein Kampf* verglichen und sich auf »das Grundgesetz, die Gleichheit von Mann und Frau, die Freiheit und auf die westliche Gesellschaft« (Stürzenberger zit. nach ebd.) – das heißt auf liberale Grundsätze – berufen. Weißmann hingegen habe eine entschiedene Gegenposition eingenommen – und dafür Beifall erhalten. Anstatt den Islam als Feind zu identifizieren, habe Weißmann auf den Liberalismus verwiesen: Individualismus, Hedonismus und Dekadenz des Westens seien die eigentliche Ursache für »Volksaustausch« und die »Herrschaft von Nichtdeutschen über Deutsche« (Weißmann zit. nach ebd.: 19). Nicht der Islam selbst oder Muslime seien das Problem, sondern vielmehr die Tatsache der Einwanderung: »Ich habe überhaupt kein Bedürfnis, Menschen anderer Kultur von irgendwas zu befreien – und in gar keinem Fall möchte ich das im Namen einer von mir als tief dekadent empfundenen Zivilisationsform« (Weißmann zit. nach ebd.: 18).

Weiß erklärt diesen Konflikt zwischen einer mit liberalen Werten argumentierenden Islamfeindschaft einerseits und einem gegenaufklärerischen Antiliberalismus andererseits, indem er auf das analytische Instrumentarium der Neuen Rechten selbst verweist, das heißt auf Carl Schmitt. Weißmanns antiliberale Gegenposition zu Stürzenberger ist demnach nicht zu verwechseln mit einer positiven Haltung gegenüber dem Islam. Stattdessen handelt es sich um einen Krieg an zwei Fronten, der jedoch laut Schmitt die Frage aufwirft, »wer denn nun der wirkliche Feind ist« (Schmitt 2017b [1963]: 87), und die Frage nach dem Feind ist für Schmitt »unsre eigne Frage als Gestalt« (Schmitt 2015b [1950]: 90). Weiß zufolge bedeutet das, dass die Neue Rechte zwar die eigene Identität gegen den »raumnehmenden Islam« (Weiß 2017: 218), gegen die als solche imaginierte »fremde[...] Gegen-Identität« (ebd.: 219) bekämpfen will. Doch zugleich hätten in dieser Konstellation die Identität des Eigenen und die Gegen-Identität des Fremden gewisse Gemeinsamkeiten – sei es in der Imagination der Protagonist_innen, sei es realiter: Bei Weiß heißt es, die Neue Rechte verbinde »mit den Islamisten eine Art Hassliebe auf der Basis gemeinsamer grundlegender Werte« (ebd.: 221), womit er sich vor allem auf Antisemitismus und Antiuniversalismus sowie

Misogynie und Homophobie bezieht. Er zitiert zahlreiche Beispiele, in denen sich neurechte Akteure bewundernd über einen als heroisch-maskulin wahrgenommenen Islam äußern (ebd.: 222 ff.). Liberalismus und Universalismus gälten der Neuen Rechten dagegen nicht bloß als fremde Gegen-Identität, sondern als »Nicht-Identität« (ebd.: 219), und damit als viel größere Gefahr im Inneren des Eigenen. Während der Islam »das Fremde« verkörpere, seien Liberalismus und Universalismus – verkörpert insbesondere durch die USA und durch Juden_Jüdinnen – »das Andere«, die absolute Negation des Eigenen: »Im ersten Fall hat der Gegner eine ›wirkliche‹ fremde Identität, die die eigene herausfordern mag, die aber auch zu schlagen ist. Im zweiten Fall wird die Auflösung des ›Eigenen‹ ins absolute Nichts gefürchtet« (ebd.: 227). Weiß sieht hier eine Unterscheidung zwischen »wirklichem« und »absolutem Feind« am Werk, von der Schmitt in seiner *Theorie des Partisanen* spricht (s. Kapitel 2.1).

Aus kulturanthropologischer Perspektive fehlen in Weiß' zweifellos überzeugender Analyse die Reibungen: Alle Positionen sind eindeutig besetzt und können klar voneinander unterschieden werden. Das liegt vor allem daran, dass er sich mit Äußerungen von scharfsinnigen Intellektuellen auseinandersetzt, die sich mit Ideengeschichte auskennen und deren Gedankengebäude zumeist in sich schlüssig sind. Beim Alltagsverstand als der viel weiter verbreiteten Weltauffassung ist dies nicht der Fall. Der Mehrwert einer ethnografischen Analyse des Alltagsverstandes liegt darin, dass sie zeigen kann, ob und inwiefern der Diskurs der Intellektuellen in die allgemein verbreiteten Wahrnehmungs- und Deutungsschemata eingegangen ist. Die Tatsache, dass meine Gesprächspartner_innen Schwierigkeiten damit haben, mit ihren Positionen in der AfD anzukommen, ist darauf zurückzuführen, dass der äußerst rechte Alltagsverstand sowohl von liberal-ethnosexistischen als auch von antiliberal-heteronormativen Versatzstücken durchzogen ist. In Bezug auf den Feind (ob nun »wirklich« oder »absolut«) – und dementsprechend auch in Bezug auf das Eigene – ist der Alltagsverstand zerrissen und uneinheitlich.

Meine Gesprächspartner_innen wissen um diese Ambivalenzen: Vom liberalen Standpunkt aus betrachtet, das heißt vor dem Hintergrund der homonationalistischen Moderne, lassen sich ihre Anliegen relativ reibungslos in die antimuslimisch-rassistischen Anliegen der AfD integrieren. Aus einer antiliberalen Perspektive haftet ihnen dagegen der Verdacht an, Vertreter_innen der »linksliberalen Kartellparteien« zu sein, mit einem Wort: *bunt*. Im nun folgenden dritten Teil des Buchs stehen daher die Versuche meiner Gesprächspartner[31] im Mittelpunkt, sich unmissverständlich als Antagonisten der »Bunten« zu positionieren. Erstens wird es um ihre Mobilisierung historischer Narrative gehen, mit denen sie belegen möchten, dass es geschichtlich immer schon eine Nähe zwischen »Nationalkonservatismus« und homosexuellen Männern gegeben habe. Der homoerotisch konnotierte Männerbund steht hier im Zentrum (Kapitel 7). Zweitens zeige ich, wie sich die AHO »gegen Gender« positioniert und damit einen Beitrag dazu leistet, ein antiliberal-antifeministisches Feindbild zu konstruieren (Kapitel 8). Das letzte Kapitel fokussiert schließlich auf das Narrativ von Schwulen *und* Rechten als gesellschaftliche »Schmuddelkinder«, über das eine symbolische Nähe zwischen beiden hergestellt wird (Kapitel 9).

---

31 Lesbisch identifizierte Personen spielen bei den in Teil III analysierten Praktiken keine Rolle; Weiblichkeit wird hier zum konstitutiven Außen. Männlichkeit rückt insofern ins Zentrum der Analyse.

Zwischenfazit

Die Position von Homosexuellen im politischen Imaginären der AfD, das ich in diesem Buch nach und nach rekonstruiere, ist nun in seinen wesentlichen Konturen erkennbar. Bevor ich zum dritten Teil des Buchs übergehe, möchte ich es anhand der Abbildungen 6 und 7 beschreiben und damit ein Zwischenfazit formulieren.

In Abbildung 6 sind verschiedene Figuren und ihre Relationen zu sehen. An zentraler Stelle stehen Homosexuelle, verstanden als Gesamtheit von sich binär gegenüberstehenden schwulen cis- und endogeschlechtlichen Männern und lesbischen cis- und endogeschlechtlichen Frauen. In Kapitel 4 ging es um das Verhältnis zwischen Homosexuellen und einer zweiten Figur, die auf der linken Seite der Abbildung zu sehen ist: Die überspitzte Symbolik – der stilisierte Scheitel und Schnauzbart von Adolf Hitler – soll verdeutlichen, dass sich in dieser Figur ein Bild von rechtsextremen, neonazistischen Homofeinden verdichtet, die für die AfD (die sich selbst wohl als rechts, nicht aber als rechtsextrem begreift) als Abgrenzungsfolie fungiert. »Schwulenfeindlichkeit«, ein Begriff aus dem Feld, wird als gewaltvolle Ablehnung und Ausgrenzung verstanden, als Vernichtungswunsch. Andere, etwa unbewusste oder strukturelle Ausschlussmechanismen gegenüber Homosexuellen negiert die AfD dagegen. Der schwarze durchgezogene Pfeil verweist vom imaginären Subjekt der Feindschaft (»Nazis«) zu ihrem Objekt. Zugleich wurde in Kapitel 4 deutlich, dass zwischen AfD und »Nazis« *kein* solches Verhältnis der Feindschaft imaginiert wird. Vielmehr scheint die AfD etwa in der NPD – einer konkreten Verkörperung dieser Figur – eher einen politischen Gegner zu sehen, von dem sie sich abgrenzt, mit dem sie aber auch gewisse Überzeugungen teilt. Mit Chantal Mouffe habe ich diese Relation so interpretiert, dass die AfD in der NPD keinen Antagonisten, sondern einen Agonisten sieht, das heißt einen legitimen Gegner innerhalb eines geteilten politischen Feldes. Darüber hinaus sprach auch die ambivalente Positionierung meiner Gesprächspartner_innen gegenüber rechtsextremen und faschistischen Motiven und Ästhetiken für diese Interpretation. Der gestrichelte Doppelpfeil steht für diese Art der ambivalenten Relation. Wie wir an den zwei *unterschiedlichen* Relationen zwischen »Nazis« und Homosexuellen einerseits sowie »Nazis« und AfD andererseits (symbolisiert durch die zwei unterschiedlichen Pfeile) ablesen können, besteht im Hinblick auf die rechtsextremen Anderen keine Äquivalenz zwischen AfD und Homosexuellen. Ihr Verhältnis zueinander wird auf dieser Ebene nicht im Sinne der Freund-Feind-Unterscheidung relevant und somit nicht als ein politisches Verhältnis verstanden.

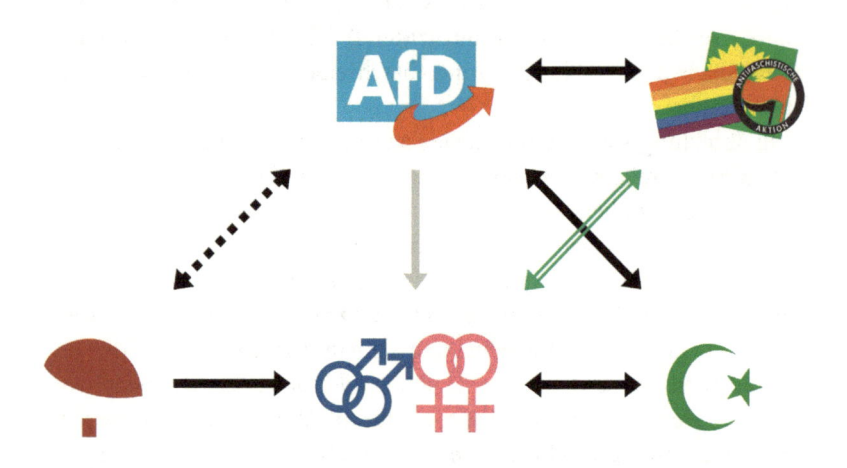

Abb. 6: Figuren und Relationen im gegenwärtigen politischen Imaginären der AfD
Quelle: eigene Darstellung

Kapitel 5 stellte daran anschließend die Frage, wie die unmittelbare Relation zwischen AfD und Homosexuellen beschrieben werden kann, ohne Vermittlung über eine dritte Figur. Ich identifizierte eine heteronormative und familialistische Normalität als moralischen Code der AfD, an dem sich die Individuen messen lassen müssen und der einen Raum eröffnet für ethische Subjektivierungsweisen, die diesen moralischen Code verkörpern. Es stellte sich heraus, dass es unter den Homosexuellen in der AfD zwei sich idealtypisch gegenüberstehende Ethiken gibt, durch deren Befolgung und Verkörperung sie zu tugendhaften Subjekten im Sinne der AfD werden können: die

Ethik der homonormativen Gleichheit und die Ethik der heteronormativen Differenz. Erstere postuliert, dass Homosexualität »normal« sei, Homosexuelle die gleichen Rechte wie Heterosexuelle haben (sollten) und Homosexuelle sich mit ihrer Homosexualität möglichst zurückhalten sollten, um ihre als bereits vollendet wahrgenommene Gleichstellung nicht aufs Spiel zu setzen. Daraus folgt eine apolitische Haltung gegenüber der eigenen Homosexualität, der nur im Raum des (als unpolitisch behaupteten) Privaten überhaupt noch Bedeutung beigemessen wird. Für die Ethik der heteronormativen Differenz ist Homosexualität dagegen »abnormal«; Homosexuelle und Heterosexuelle sind ontologisch verschieden und daher gerade nicht gleichzustellen, Homosexualität kann durchaus sichtbar in den öffentlichen Raum getragen und als politisches Moment für die Rechte nutzbar gemacht werden. Beide Ethiken laufen auf eine Relation der Toleranz hinaus, hier visualisiert durch den grauen Pfeil. Toleranz impliziert eine depolitisierende Gleichgültigkeit: Die AfD toleriert Homosexuelle, sofern sie eine der beiden Ethiken praktizieren und damit die heteronormative, familialistische Normalität stützen.

Kapitel 4 und 5 zeigten, was es heißt, wenn Homosexuelle im Rahmen dieses schmittianischen politischen Imaginären *nicht* als Feinde – aber auch nicht als Freunde – imaginiert werden: Ihnen kommt schlicht keine politische Bedeutung zu. Kapitel 6 baute darauf auf und brachte eine weitere Figur ins Spiel, die die AfD und Homosexuelle zu Freunden macht: »der Islam« (in der Abbildung unten rechts). Diese rassistische Figur nimmt im Alltagsverstand des Feldes die Rolle des »wirklichen Feindes« ein und erscheint dementsprechend als hochgradig politisch. In diesem Fall gilt dies sowohl für die Relation zwischen AfD und »dem Islam« als auch für die Relation zwischen Homosexuellen und »dem Islam«: Beide Relationen sind äquivalent, insofern sie Relationen der Feindschaft sind. Gegenüber dem gemeinsamen »islamischen« Antagonisten lässt sich ein »Wir« konstruieren, das die AfD und Homosexuelle einschließt. Wichtig ist an dieser Stelle auch, dass die Feindschaft gegenüber »dem Islam« (im Gegensatz zur Feindschaft von »Nazis« gegenüber Homosexuellen) als eine gegenseitige erscheint: Nicht nur wird »dem Islam« ein Vernichtungswillen attestiert, sondern ein solcher Vernichtungswunsch findet sich auch bei der AHO (Johannes fantasierte etwa von einer »Endlösung in der Moslemfrage«).

Doch ein Element im politischen Imaginären der AfD verkompliziert die Konstruktion dieser Äquivalenzkette. Bereits in Kapitel 4 sahen wir, dass die Figur eines der AfD gegenüber feindlich gesinnten »linksgrünen

Mainstreams« (oben rechts in der Abbildung) eine weitere Rolle zu spielen scheint. Die AfD als homophob und rechtsextrem zu markieren, gilt in der AfD als Akt der Feindschaft, der dazu dienen soll, der AfD jegliche Legitimität im politischen Raum abzusprechen und sie zu vernichten. Nun werden die Anliegen von Homosexuellen allerdings nach wie vor primär von ebendiesen politischen Akteur_innen des linken politischen Spektrums vertreten beziehungsweise als linke oder liberale Anliegen formuliert. Dieser Umstand wird in der AfD reflektiert; explizit sprechen meine Gesprächspartner_innen von der Notwendigkeit, den »linksliberalen Kartellparteien« die Deutungshoheit über homosexuelle Anliegen zu entziehen – das heißt, die bestehende Äquivalenzkette aufzubrechen –, bevor eine neue Äquivalenzkette zwischen AfD und Homosexuellen im hegemonialen politischen Imaginären Fuß fassen kann. Die Äquivalenz von AfD und Homosexuellen vis-à-vis dem »islamischen« Feind stellt hier ein strategisches Moment dar. Aber: Diese Strategie funktioniert nur, insofern der Alltagsverstand des Feldes »den Islam« tatsächlich als »wirklichen Feind« wahrnimmt, und sie ändert zunächst nichts an der bestehenden Äquivalenzkette zwischen Homosexuellen und Linken sowie Liberalen (visualisiert durch den grünen bzw. helleren Doppelpfeil mit den zwei Querlinien). Mehr noch: Für diejenigen Teile der äußersten Rechten, die im Universalismus von Linken und Liberalen den »wirklichen Feind« sehen, gelten Homosexuelle gerade aufgrund dieser Äquivalenzkette als suspekt und potenziell illoyal.

Die AHO verfolgt deswegen neben der ethnosexistischen noch eine weitere Strategie: Sie versucht sich unmissverständlich als Feind der »Bunten« zu positionieren. Wenn die Äquivalenzkette zwischen Linken/Liberalen und Homosexuellen aufgebrochen werden soll, dann muss ein Antagonismus konstruiert werden, der imstande wäre, neben der geteilten Feindschaft zum »Islam« eine weitere Äquivalenz zwischen Homosexuellen und der AfD herzustellen: ein universalistisches konstitutives Außen, ein »bunter« Feind (s. Abbildung 7). Wie die AHO dies versucht, ist Gegenstand von Teil III.

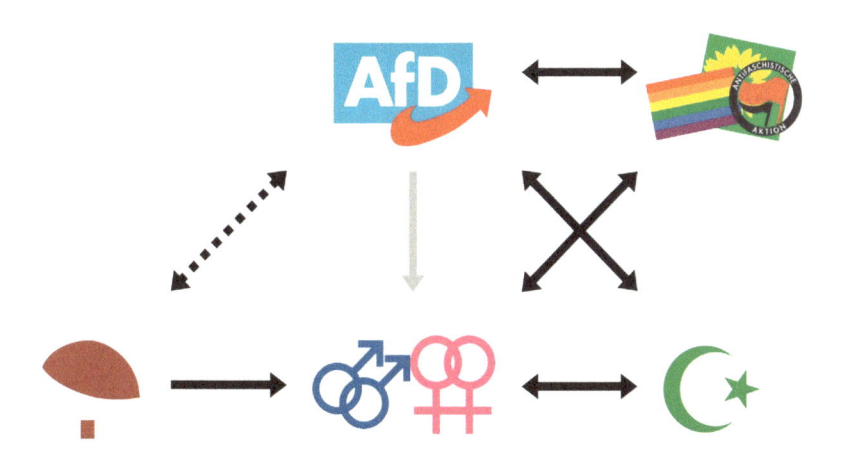

Abb. 7: Figuren und Relationen im politischen Imaginären der AfD, wie die AHO sie anstrebt
Quelle: eigene Darstellung

Teil III:
Das rechtspopulistische schwule Subjekt

Wendungen

Im Juli 2021, also nach dem Abschluss meiner Feldforschung, konnte ich auf Facebook sehen, dass die AHO sich ein neues Logo gegeben hatte – »OHNE Regenbogenfahne!«, wie es in dem Posting hieß.[1] Nicht ganz ohne Regenbogenfahne, war mein Eindruck, denn das neue Logo bestand nunmehr aus einem stilisierten weißen Adler mit dem Schriftzug »AHO« vor einem Hintergrund, der durch einen Farbverlauf in sieben waagerechten Streifen entfernt an die Regenbogenfahne erinnerte. Der Farbverlauf begann jedoch oben bei Schwarz, führte über Braun und Dunkelrot zu einem helleren Rot in der Mitte, um dann nach einem Orange- und einem Ockerton bei Gelb anzukommen: ein schwarz-rot-goldener Regenbogen.[2] Seit ein paar Jahren hinterlegen Rechte jeden Juni ihre Social-Media-Profile mit ebendiesem Farbverlauf, um unter dem Hashtag #Stolzmonat gegen den »Pride Month« zu polemisieren.

Das neue Logo der AHO wirkte auf mich wie der vorläufige Endpunkt einer Entwicklung, die eingesetzt hatte, nachdem Bernd Lucke im Juli 2015 als Parteisprecher abgewählt worden war und die sich als liberal verstehenden Gründer_innen der Homosexuellen in der AfD aus der Partei ausgetreten waren. Auf dem ersten Entwurf für ein Logo der Homosexuellen in der AfD war der AfD-Pfeil selbst in Regenbogenfarben abgebildet. Nach Kritik der Parteiführung wurden die Regenbogenfarben deutlich dezenter an den Rand des Logos verschoben, und auf dem Logo der späteren AHO waren bereits die Nationalfarben hinzugetreten. Jetzt, so wirkte es jedenfalls auf mich als nunmehr außenstehenden Beobachter, hatten sich die AHO-Mitglieder

---

1 Vgl. https://www.facebook.com/photo/?fbid=10226510874580175&set=pcb.10226510877380245, Abruf am 24.04.2024.
2 Vgl. https://www.facebook.com/1490981311156762/photos/a.1490982337823326/2902418113346401/, Abruf am 24.04.2024.

von den Regenbogenfarben verabschiedet, durch die sie regelmäßig in Verdacht geraten waren, zu den »bunten« Feinden zu gehören. Analog zu den vielen Ergänzungen der Regenbogenfahne und neuen Fahnen der queeren Bewegungen, die in den letzten Jahren und Jahrzehnten aufgekommen waren, schien auch das neue Logo der AHO für eine partikulare Identität zu stehen, die sich trotz des universalistischen Anspruchs der Regenbogenfahne nicht durch diese vertreten sah und sich nun mit einer eigenen Fahne emanzipierte: *rechte schwule Männer*.

Im folgenden dritten Teil steht die Arbeit an dieser Identitätskategorie im Mittelpunkt. Das heißt, ich beschreibe und analysiere die Versuche meiner Gesprächspartner, eine intelligible Subjektposition jenseits des hegemonialen Alltagsverstandes zu begründen, für den der rechte Schwule einen Widerspruch in sich darstellt. Während ich in Kapitel 6 beschrieb, wie meine Gesprächspartner auf dem Feld der Migrationspolitik eine Äquivalenz zwischen sich und der AfD herstellen wollen, geht es hier um ihre Interventionen im Bereich der Geschichts- und Erinnerungspolitik (Kapitel 7) sowie der Geschlechterpolitik, innerhalb derer sie sich als »Antigenderisten« positionieren (Kapitel 8). Kapitel 9 betrachtet demgegenüber weniger einen politischen Inhalt als vielmehr eine Form, die im Populismus eine zentrale Rolle spielt: Hier zeige ich, wie sich meine Gesprächspartner am rechtspopulistischen Repertoire bedienen, indem sie zu provozieren versuchen. Insgesamt, so ließe sich im Anschluss an die von Björn Höcke ausgerufene »erinnerungspolitische Wende um 180 Grad«[3] formulieren, wollen meine Gesprächspartner eine *homopolitische Wende um 180 Grad*: von einer linken Geschichte zu einer rechten Geschichte, von linker Geschlechterpolitik (»Gender«) zu einer rechten, und von Provokation als linker zu Provokation als rechter politischer Form.

---

3 Vgl. https://www.youtube.com/watch?v=sti51c8abaw, Abruf am 24.04.2024, Transkript des Videoausschnitts Minute 01:40:36 – 01:40:44.

7. »Eine erinnerungspolitische Wende um 180 Grad« – Geschichte als Legitimationsressource rechter schwuler Subjektivität

> In a disloyal historiography homosexuality is not so much an identity stretching across time as a shifting set of relations between politics, eros, and power. To capture the complexity of these shifting relations we cannot afford to settle on linear connections between radical desires and radical politics; we have to be prepared to be unsettled by the politically problematic connections that history throws our way.
> – Jack Halberstam (2011): The Queer Art of Failure, S. 171

In diesem Kapitel geht es um die Arten und Weisen, in denen meine Gesprächspartner Geschichte mobilisieren, um ihre eigene Subjektposition als rechte Schwule intelligibel zu machen und zu legitimieren. Ich werde beschreiben, wie sie sich an den Praktiken und Narrativen der rechtspopulistischen Erinnerungspolitik beteiligen und wie sie gegen die verbreitete Vorstellung von historischen Homosexuellen als entweder Opfer der Rechten oder aber liberale Vorkämpfer_innen ein anderes Narrativ entwerfen, dem zufolge es *immer schon* eine Nähe von männlicher Homosexualität und rechter Politik gegeben habe. Was meinen Gesprächspartnern vorschwebt, ist in den Worten ihres Idols Björn Höcke »eine erinnerungspolitische Wende um 180 Grad«, und zwar auf zwei miteinander verbundenen Ebenen: Erstens wollen sie der ihnen zufolge vorherrschenden negativen Betrachtung der deutschen Geschichte, die keine Identifikationsangebote liefere, eine positive deutsche Geschichte entgegensetzen, indem sie Deutschland als »Land der Homosexuellenemanzipation« würdigen. Damit wollen sie, zweitens, dazu beitragen, dass die in ihren Augen *linke* Erzählung von (Homo-)Geschichte durch eine *rechte* Erinnerungskultur abgelöst wird.

Dieses Kapitel betrachtet somit Erinnerungspolitik[1] als einen Aspekt in der Konstruktion von Äquivalenzketten. Methodologisch bedeutet das, dass ich in diesem Kapitel den Versuch unternehme, Geschichte als etwas zu fassen, das nicht bloß zeitlich *vor* der ethnografischen Gegenwart stattfand und somit abgeschlossen ist. Denn im Feld wird Geschichte auch *in* der Gegenwart bedeutsam. Sharon Macdonald spricht von Praktiken des »past presencing« (Macdonald 2012): Arten und Weisen, Vergangenes zu vergegenwärtigen, indem dem Vergangenen eine Funktion für die Gegenwart verliehen wird, es (selektiv) erinnert, erfahrbar gemacht, gefühlt, verstanden, darum gestritten wird. Das Vergangene wird gleichsam nie um seiner selbst willen erinnert und die konkreten, sinngebenden Bezüge, die die Menschen zwischen ihrer Vergangenheit, ihrer Gegenwart und ihrer Zukunft herstellen, können als Praktiken des past presencing zum Gegenstand der Kulturanthropologie werden (ebd.: 233 f.). Diese Praktiken schließen insbesondere die gefühlten und affektiven Dimensionen des Erinnerns ein, die nicht in sprachlich-diskursiven Erinnerungspraktiken aufgehen (ebd.: 240).[2] Für meine Zwecke sind vor allem die politischen Aspekte von past presencing relevant, also die potenziell antagonistischen Momente, der konflikthafte sowie strategische Charakter von Erinnerungspraktiken – ebenso wie die affektiven Überschüsse, die sie produzieren.

Wie schon die vorangehenden zielt auch dieses Kapitel darauf ab, das politische Imaginäre meiner Gesprächspartner zu rekonstruieren. Die Besonderheit der nun folgenden Kapitel in Teil III besteht darin, dass die hier analysierten Narrative und Praktiken als Intervention *von rechts* in eine bestehende *linke* oder *linksliberale* Äquivalenzkette zu verstehen sind. Es ist deswegen notwendig, sich jene dominante Erzählung von homosexueller Geschichte zu vergegenwärtigen, der meine Gesprächspartner ihre eigene Erzählung entgegensetzen. Der Rest dieser Einleitung rekonstruiert deswegen

---

[1] Ich verwende die Begriffe *Geschichtspolitik* und *Erinnerungspolitik* einschließlich ihrer korrespondierenden Adjektive weitgehend synonym, zum einen, weil in der Literatur keine Einigkeit über ihre jeweiligen Definitionen besteht, und zum anderen, weil die Trennung zwischen (vermeintlich objektiver, rationaler) Geschichte und (vermeintlich subjektiver, emotionaler) Erinnerung problematisch ist. Darüber hinaus werden die Begriffe auch im Feld nicht einheitlich verwendet, weshalb eine klare definitorische Trennung zu weiterer Verwirrung beitragen würde. Ich werde darauf weiter unten ausführlicher eingehen.

[2] Die instrumentelle Performance einer affektiv besetzten Vergangenheit zeigte sich etwa in dem Gedenken an den Anschlag von Orlando, das ich in Kapitel 6 besprochen habe. Der Aufsteller, der in Abbildung 5 zu sehen ist, ließe sich beispielsweise als visuelle Performance von Trauer lesen, die der Erzeugung von ethnosexistischen Affekten dient.

in der gebotenen Kürze das, was das schwule »kulturelle Gedächtnis« (J. Assmann 1997) in Bezug auf rechte Schwule enthält. Im Anschluss daran führe ich die bereits angerissenen methodologischen Aspekte aus und erläutere, mit welchem analytischen Instrumentarium ich arbeiten werde. Dann gehe ich im Allgemeinen auf rechte Geschichtspolitik sowie im Speziellen auf die gegenwärtige rechtspopulistische Geschichtspolitik ein, die sich in der Formel von der »180-Grad-Wende« kondensiert findet, bevor ich in der ethnografischen Analyse zeige, inwiefern die erinnerungspolitischen Praktiken meiner Gesprächspartner als schwule Interpretation der 180-Grad-Wende verstanden werden können.

Es ist durchaus plausibel, von der gegenwärtigen Dominanz einer linksliberalen schwulen Geschichtserzählung zu sprechen. Denn ähnlich wie es Beobachter_innen überrascht, dass heutige Rechtspopulist_innen schwul oder lesbisch sein können, gelten auch historische homosexuelle Rechte als kuriose, erklärungsbedürftige, widersprüchliche Figuren – immerhin, so der Tenor, wurden Homosexuelle im Nationalsozialismus verfolgt (Marhoefer 2018). Doch für zeitgenössische Beobachter_innen stellten sich die Verhältnisse keinesfalls so eindeutig dar. Mit dem SA-Führer Ernst Röhm – dem wohl prominentesten Beispiel eines historischen rechten Homosexuellen – war der einzige bekannte homosexuelle Spitzenpolitiker der Weimarer Zeit ausgerechnet NSDAP-Mitglied (Hancock 1998: 617). Seine mehr oder weniger offene Homosexualität sorgte nicht nur innerhalb des eigenen politischen Lagers für Kritik, sondern sie wurde am Ende der Weimarer Republik insbesondere auch von Sozialdemokraten, die sich eigentlich für die Entkriminalisierung von Homosexualität einsetzten, im Rahmen antifaschistischer Kampagnen skandalisiert (Hancock 1998: 628 ff.; Marhoefer 2015: 156 ff.). Die mediale Aufmerksamkeit war so umfassend, dass in den Augen vieler Zeitgenoss_innen Homosexualität und Faschismus eine gewisse Affinität zu haben schienen und die SA wie eine militaristische Clique von Homosexuellen wirkte (Pretzel 2014; Wackerfuss 2015: 178). Auch wenn der daraus resultierende Mythos des typischen »schwulen Nazis« historisch nicht haltbar ist – Homoerotik war schlicht mit jeder denkbaren politischen Richtung in der Weimarer Republik vereinbar (Marhoefer 2015: 155) –, so ist doch zutreffend, dass es innerhalb der homosexuellen Emanzipationsbewegungen von Anfang an auch völkische, maskulinistische,[3] antisemitische und deutschnationale Strömungen gab (Bruns 2017). Die Forschung zur Geschichte der Homosexuellen(bewegungen) hat sich mit diesem »difficult heritage« (Macdonald 2009) durchaus auseinandergesetzt (Bruns 2008; 2011; 2017; Giles 2002; Hancock 1998; Marhoefer 2015; Oosterhuis 1997; Pretzel 2014; Wackerfuss 2015). Gleichwohl kommen historische schwule Männer im kulturellen Gedächtnis eher als Opfer oder als progressive Vorkämpfer vor denn als Nationalisten, Antisemiten oder Maskulinisten. Die Literaturwissenschaftlerin Marita Keilson-Lauritz (2005a) bemerkt kritisch, dass die frühe deutsche homosexuelle Emanzipationsbewegung heute zu pauschal in zwei »Lager« eingeteilt werde: dasjenige um Magnus Hirschfeld und sein Wissenschaftlich-humanitäres Komitee, an das heute vielfach erinnert und angeknüpft wird, sowie ein zweites, unter »Präfaschismus-Verdacht« (ebd.: 81) stehendes Lager um den Publizisten Adolf Brand und seine Gemeinschaft der Eigenen. Beide Lager seien jedoch personell wie inhaltlich eng verknüpft gewesen – und aus beiden ergäben sich aus heutiger Sicht emanzipatorische wie auch problematische Kontinuitäten. Daraus lässt sich folgern, dass es wohl auch eine Strategie der Externalisierung ist, die nationalistischen, antisemitischen, maskulinistischen Genealogien der Homosexuellenbewegung auf eine ganz konkrete Gruppe zu reduzieren und sie zu »entinnern«.

Auch in der Geschichtswissenschaft gibt es Tendenzen, die Verfolgung von Homosexuellen im Nationalsozialismus dergestalt zu mythologisieren, dass die Shoah selbst relativiert wird (beispielsweise durch die Rede vom »Homocaust«, vgl. (selbst-)kritisch Lautmann 2002; Steakley 2002). Etwa 44.500 Männer wurden auf der Grundlage der Paragrafen 175 und 175a RStGB von der NS-Justiz verurteilt (Zinn 2018: 304) und Schätzungen zufolge wurden zwischen 5.000 und 15.000 aufgrund ihrer Homosexualität in Konzentrationslagern inhaftiert (Jellonnek 1990: 328), und auch lesbische und andere nicht-geschlechtskonform lebende Frauen wurden im NS auf unterschiedliche Weisen staatlich verfolgt, auch wenn sexuelle Handlungen zwischen Frauen nur in Österreich kriminalisiert wurden (Hájková 2018:

---

3 Den Begriff »Maskulinismus« in diesem Kontext übernimmt Claudia Bruns (2017: 32) von Andrew Hewitt, der ihn wie folgt definiert: »Mit ›maskulinistisch‹ bezeichne ich einen Zug innerhalb der Homosexuellenbewegung, [der] den Eros von Mann zu Mann als die reine Form eines grundlegend männlichen sozialen Instinkts betrachtet und deshalb sich jedem Versuch, Homosexualität als eine Art Feminisierung zu verstehen, widersetzt« (Hewitt 1999: 38).

44 f.; Marhoefer 2016; Schoppmann 2002). Aber weder männliche noch weibliche Homosexuelle waren einer auf systematische Vernichtung zielenden Verfolgung ausgesetzt. In der Tat gab es auch unter Nationalsozialisten solche, die wie Röhm hofften, die NSDAP könne sich mit »diskreten« und »respektablen« Homosexuellen in ihren Reihen arrangieren – oder mehr noch: die männliche Homoerotik als förderlich für den nationalsozialistischen Staat betrachteten.[4] Auch in späteren Zeiten lebte diese Vorstellung fort. Sie führte in den 1980er Jahren gar zu einer Spaltung der Neonazi-Szene um den Anführer Michael Kühnen, der in einem Pamphlet die Vereinbarkeit von Nationalsozialismus und Homosexualität postuliert und den Fememord an dem schwulen Neonazi Johannes Bügner verurteilt hatte (Kühnen 1986; vgl. auch Hartmann o.J.).

Wenn also die Positionen und Lebensentwürfe historischer rechter Homosexueller als undenkbar wahrgenommen werden, dann handelt es sich dabei um ein Urteil aus der Perspektive einer Gegenwart, in der liberale Homopolitik als die einzig denkbare Homopolitik erscheint (Marhoefer 2018: o.S.). Doch es gibt schlicht und ergreifend weder gegenwärtig noch historisch eine *notwendige* Verbindung von Homosexuellen und dem Liberalismus oder der Linken. In der Vorstellung vieler und insbesondere linker Zeitgenoss_innen der ersten Hälfte des 20. Jahrhunderts waren rechte Homosexuelle jedenfalls eher die Regel als die Ausnahme, wie Klaus Mann in einem Essay über »Homosexualität und Fascismus« beklagte: »Keinem Geringeren als Maxim Gorki wird der erstaunliche Satz in den Mund gelegt: ›Man rotte alle Homosexuellen aus – und der Fascismus wird verschwunden sein!‹ Leider ist es nicht unmöglich, daß der Papst der sozialistischen Literatur dies wirklich gesagt hat. So ist die Stimmung.« (Mann 1990 [1934], 7)

Wir haben es mit einer eigentümlichen Gleichzeitigkeit zweier gegensätzlicher Vorstellungen im kulturellen Gedächtnis zu tun, wenn es um die rechten Genealogien der Homosexuellenbewegung geht, wie der_die queere Historiker_in Laurie Marhoefer treffend schreibt:

»These days, the Right is in power in the United States, and people are remembering the first openly gay politician, that is, Ernst Röhm. 2017 brought a wave of new essays on what

---

4 Beispielhaft kann ein Artikel aus den *Mitteilungen des Wissenschaftlich-humanitären Komitees* vom Frühjahr 1932 genannt werden, den Laurie Marhoefer (2018) zitiert. Unter dem Titel »Nationalsozialismus und Inversion« schrieb ein anonymer SA-Angehöriger über eine diskrete Form von männlicher Homoerotik, die in der SA stattfinde und nichts mit »Homosexualität« zu tun habe, die der Autor laut Marhoefer mit männlicher Femininität, Marxismus und Judentum assoziierte.

Röhm means for those of us living in the age of Trump. Commentators generally re-told Röhm's story for one of two reasons: either as a way to note that – surprise! – there are queers on the far right or to recycle the very old, erroneous claim that fascism was queer.« (Marhoefer 2018: o.S.)

Erstaunen über rechte Homosexuelle und der Mythos vom schwulen Nazi scheinen im kulturellen Gedächtnis zu koexistieren. Meine Gesprächspartner sind sich über diese Situation im Klaren. Zwar sind sie stets darauf bedacht, sich rhetorisch vom Rechtsextremismus beziehungsweise Faschismus zu distanzieren (s. Kapitel 4). Doch manche von ihnen stimmen zu, dass männerbündische – oder jedenfalls stark männlich dominierte – Organisationen wie eine rechte Partei gerade für schwule Männer attraktiv sein können, wie zum Beispiel Torben im Interview bemerkt:

»[...] Politik [ist eben] auch eine Formfrage und gerade rechte Parteien oder rechte Bewegungen hatten immer eine besondere Ästhetik und dadurch sind sie sicherlich auch für Homosexuelle interessant. Eine rechte Partei, ob das der Faschismus war oder auch jetzt – und ich will uns da jetzt nicht in einer geistigen Tradition nennen –, aber ich meine, das Rechte war immer ästhetischer und ist vielleicht dadurch auch ansprechender. Ich glaube, dass Höcke, wenn ich mit manchen Homosexuellen bei uns in der Partei, die jetzt auch nicht in der AHO sind, spreche, ist Höcke einfach auch, wie das mal einer gesagt hat, ein schöner Mann! (Lacht.) Der irgendwie so eine, ja, Aura des Unbeugsamen [hat.] [...] Das mag dann vielleicht auch so eine gewisse Männlichkeit darstellen, die andere Männer gut finden.« (IN 21)

Doch es war vor allem mein Gesprächspartner Andreas, der aus der behaupteten Attraktivität rechter Räume für schwule Männer eine politische Strategie entwickeln wollte. Sowohl in informellen AHO-Runden als auch bei öffentlichen Vorträgen ging er so weit zu behaupten, Homosexualität sei »ursprünglich mal ein rechtes Thema gewesen«. Meine These lautet, dass historische Bezüge für die AHO eine Legitimationsressource darstellen. Diesen Bezügen gehe ich in diesem Kapitel nach.

Die Politik des *past presencing*

Wie »die Geschichte« »des Feldes« in der Ethnografie adäquat dargestellt werden kann, ist Gegenstand von Debatten – und die Anführungszeichen verdeutlichen bereits, dass es sich dabei notwendig um wechselseitige Konstrukte handeln muss. Kritisiert wird unter anderem die Praxis, einer ethnografischen Arbeit ein historisches Kapitel voranzustellen, in dem in Bezug auf geschichtswissenschaftliche Arbeiten (das heißt nicht selbst erhobene Daten) die Gewordenheit des jeweiligen Gegenstandes rekonstruiert wird, um sich dann in der ethnografischen Argumentation auf die wissenschaftliche Autorität dieser Arbeiten zu verlassen – wenn überhaupt noch einmal darauf Bezug genommen wird (vgl. Glass 2016: 98).[5] Nicht, dass Kulturanthropolog_innen sich nicht auf Historiker_innen berufen sollten – auch die vorliegende Arbeit tut das; unklar bleibt bei solchen Herangehensweisen jedoch, welche Beziehung eigentlich zwischen dem »historischen Kontext« und den ethnografischen Daten besteht. Spielen nicht letztlich Ethnograf_innen ihre epistemische Machtposition gegenüber dem Feld aus, wenn sie entscheiden, worin dessen Geschichte besteht? (Welchen Effekt hat es etwa, wenn ich Ernst Röhm zu den Ahnen meiner Gesprächspartner zähle?) Kontextualisierung, so argumentiert Jens Wietschorke, ist eine Stärke der empirischen Kulturwissenschaft, solange es sich nicht um »spekulative Beliebigkeit« (Wietschorke 2012: 346) handelt, und das Herstellen von Bezügen, die zunächst fernliegend erscheinen mögen, verspricht neue, gesellschaftspolitisch relevante Perspektiven und Erkenntnisse (ebd.: 347). Jedoch müssen diese Bezüge auch aufgezeigt und am ethnografischen Material plausibilisiert, nicht lediglich behauptet werden (Wietschorke 2013: 34).

Insgesamt gibt es eine Vielzahl von kulturanthropologischen Ansätzen, die sich mit Historizität befassen (für einen Überblick vgl. Stewart 2016). Eine Möglichkeit, ein ethnografisches Feld in seinem geschichtlichen Kontext zu betrachten, führt über die Arten und Weisen, in denen sich die Akteur_innen selbst die Vergangenheit vergegenwärtigen. Dieses past presencing umfasst nach Sharon Macdonald nicht nur Repräsentationen von Geschichte, sondern insbesondere auch die erfahrungsbezogenen, verkörperten, gefühlten Aspekte der Vergegenwärtigung des Vergangenen: »Past presencing [...] is intended to draw attention to the multiple ways in which the past may be (and be made to be) present – as well as represented – whether articulated verbally or experienced and performed in other ways« (Macdonald 2012: 235). Ganz ähnlich postulieren Stephan Palmié und Charles Stewart eine »anthropology of history«, die auch Erinnerungspraktiken in den

---

5 Pepper G. Glass schreibt in kritischer Absicht: »Instead of emerging from the collected data, as dictated by models such as Grounded Theory [...], the researcher inserts the past into their analysis« (Glass 2016: 98).

Blick nimmt, die jenseits westlicher historiografischer Grundsätze liegen. Palmié und Stewart sprechen von einer »plurality of historicizing practices« (Palmié/Stewart 2016: 222), die es in jeder Gesellschaft gebe; dadurch vermeiden sie es, »westliche« und »nicht-westliche« Praktiken einander gegenüberzustellen. Vielmehr ist ihre Annahme, dass sich Akteur_innen gleichzeitig konventioneller historiografischer Praktiken und Logiken (wie Kausalität, Linearität, Sequenzialität, vgl. ebd.: 211 f.) *und* aus diesem Rahmen ausgeschlossener Praktiken bedienen können, »such as adoption of the wrong scale of analysis, overreliance on affect, or representation in unrecognized forms such as dancing« (ebd.: 222). Es ist gerade das Changieren zwischen kognitiven und affektiven Bezügen zur Vergangenheit, das in diesem Kapitel im Vordergrund steht. Für die affektiven Dimensionen bezieht sich Macdonald vor allem auf Studien, die materielle Objekte und die physische Umgebung in den Mittelpunkt stellen. Demgegenüber wird es in diesem Kapitel um Texte gehen und um die Affekte, die sie produzieren; eine allzu scharfe Trennung zwischen »kognitiven« und »affektiven« Ebenen wird dadurch vermieden. Mit Palmié und Stewart können solche Erinnerungspraktiken, die weder nur kognitive Wissensproduktion noch nur affektive Wahrnehmung sind, als »intimations of the past« bezeichnet werden (ebd.: 226), und als solche verdienen sie ethnografische Aufmerksamkeit.

Für meine Zwecke sind darüber hinaus vor allem die politisierten Aspekte von past presencing relevant, also die potenziell antagonistischen Momente, der konflikthafte und vor allem auch strategische Charakter von Erinnerungspraktiken. Dabei ist anzumerken, dass eine Trennung zwischen nationaler, offizieller, staatlich sanktionierter Geschichtserzählung auf der einen Seite und lokaler, alternativer, alltäglicher Geschichtserzählung auf der anderen in Bezug auf mein Feld wenig hilfreich ist, auch wenn es das Verdienst vieler anthropologischer Arbeiten im Bereich des past presencing sein mag, die Divergenzen zwischen lokalen und offiziellen Narrativen sichtbar gemacht zu haben (vgl. Macdonald 2012: 234). Macdonald selbst problematisiert die Unterscheidung von »memory« und »history«, das heißt die Gegenüberstellung von vermeintlich authentischer, marginalisierter *Erinnerung* der »einfachen Leute« und offizieller, orchestrierter, zweckgerichteter *Geschichte* (ebd.: 234 f.),[6] und sieht ein Desiderat in »research that moves more explicitly *between* intimate and domestic mnemonic practices and tho-

---

6 Diese Unterscheidung zielt freilich ihrerseits auf eine Umkehrung der dominanteren Wertung, der zufolge die »objektive« nationale Geschichte der Historiker_innen der »subjektiven« (und da-

se of institutional or more official public history« (ebd.: 248; Hervorh. P.W.). So halte ich es beispielsweise für problematisch, die Erinnerungspraktiken von lokalen Akteur_innen auf eine Arbeit am »kommunikative[n] Gedächtnis« (J. Assmann 1997: 50; Hervorh. nicht übernommen) zu reduzieren, das heißt auf die vor allem mündlich weitergegebenen Erinnerungen aus dem persönlichen Nahfeld, als hätten diese Akteur_innen nicht die Agency, um auf nationale Narrative – auch über länger vergangene Geschichtsperioden – einzuwirken und insofern am »kulturelle[n] Gedächtnis« (ebd.: 52; Hervorh. nicht übernommen) zu partizipieren.[7] Für dieses Argument spricht zum Beispiel, dass in Deutschland inzwischen auf hoher politischer und institutioneller Ebene ein kritischer Diskurs über die Kolonialvergangenheit in Gang gekommen ist, was auch der jahrelangen Arbeit lokaler aktivistischer und künstlerischer Zusammenhänge zu verdanken ist (von Oswald/Tinius 2020: 25 f.). Aus einer gramscianischen Perspektive können ohnehin *alle* Menschen als Intellektuelle betrachtet werden, insofern sie sich in politische und moralische Auseinandersetzungen einbringen und andere Menschen von etwas überzeugen wollen; entscheidend ist, welchen Einfluss sie tatsächlichen ausüben können (vgl. Kapitel 6). So gesehen lassen sich meine Gesprächspartner weder als offizielle Produzenten einer nationalen Geschichtsschreibung noch als marginalisierte Produzenten einer alternativen Geschichtsschreibung betrachten (auch wenn ihnen die letztgenannte Sichtweise möglicherweise gefallen würde), sondern als *Erinnerungsakteure* in einem Kampf um Hegemonie, der sich an Geschichtserzählungen bedient (vgl. auch Binder 2009: 35).

Durch ihren Ansatz des past presencing umgeht Macdonald auf elegante Art und Weise die bereits angesprochenen Probleme der Trennung von Geschichte und Erinnerung. Zugleich sind die politisierten Aspekte von past presencing bei Macdonald leider wenig systematisiert, sodass es an dieser Stelle notwendig ist, auf die umfangreichen Debatten um »Geschichtspolitik« und »Erinnerungspolitik« einzugehen.[8] Auch in meinem Feld werden diese beiden Begriffe verwendet – der Geschichtslehrer Höcke spricht von

---

mit »verfälschten«, wenig verlässlichen) Erinnerung der »einfachen Leute« gegenübersteht (vgl. Macdonald 2012: 234).
7 Beispielsweise reproduziert Glass diesen Dualismus (vgl. Glass 2016). Auch Jan Assmann, der die Unterscheidung von kommunikativem und kulturellem Gedächtnis einführte, behält die Arbeit an Letzterem bestimmten spezialisierten Trägerschichten vor (J. Assmann 1997: 53 f.).
8 Für einen ausführlichen Überblick über die Genese insbesondere des Begriffs der Geschichtspolitik vgl. Becker 2013, ab S. 114.

einer »erinnerungspolitischen Wende« –, weshalb ein paar einführende Bemerkungen ohnehin erforderlich sind. Wenn im weiteren Verlauf des Kapitels jedoch analytisch von Geschichts- und Erinnerungspolitik die Rede sein wird, dann meine ich streng genommen *politisierte Formen des past presencing*. Konzeptuell unterscheide ich nicht zwischen Geschichts- und Erinnerungspolitik.

Geschichts- und Erinnerungspolitik bezeichnen Phänomene, die wir als besondere Formen von past presencing fassen könnten, nämlich als Vergegenwärtigung des Vergangenen »*zu politischen Zwecken*« (Schmid 2008: 78; Hervorh. i.O.). Aus der Perspektive der Politikwissenschaft heißt das, dass bei der Untersuchung von Geschichts- respektive Erinnerungspolitik die Ziele und Funktionen solchen politischen Handelns im Mittelpunkt stehen, mithin also dessen instrumenteller oder strategischer Charakter betont wird: »Erinnerungspolitik ist das strategische Operieren mit Geschichtsdeutungen zur Legitimierung politischer Projekte« (Kohlstruck 2004: 176; vgl. auch Becker 2013: 137). Michael Kohlstruck sieht das hauptsächliche Ziel von *Erinnerungspolitik* in der »Einwerbung von Legitimität« (Kohlstruck 2004: 173). Dementsprechend versteht er Erinnerungspolitik als Mittel zum Zweck (vgl. auch Heinrich 2008: 18): Geschichte sei hier nicht der eigentliche Gegenstand des Konflikts, sondern lediglich das »Medium [...], in dem Auseinandersetzungen um aktuelle Machtfragen ausgetragen werden« (Kohlstruck 2004: 181). Bei Geschichtspolitik steht laut Kohlstruck die Geschichte selbst als Gegenstand stärker im Zentrum der Auseinandersetzung (ebd.); diesem Verständnis zufolge bezeichnet Geschichtspolitik ein Politikfeld unter anderen, so wie die Gesundheitspolitik oder die Umweltpolitik. In diesem Sinne wäre mein Untersuchungsgegenstand treffender als Erinnerungspolitik denn als Geschichtspolitik bezeichnet, weil meine Gesprächspartner weniger um die »richtige« Geschichtsdeutung kämpfen als vielmehr mithilfe von historischen Narrativen eine rechte Homopolitik entwerfen.

Auch wenn Erinnerungs- und Geschichtspolitik mitunter als deckungsgleich aufgefasst werden, gibt es Debatten um die richtige Definition und Verwendung der Begriffe. Manuel Becker (2013) hat eine differenziertere Theoretisierung von Geschichtspolitik vorgelegt, der zufolge Geschichtspolitik neben der Legitimitätsfunktion auch noch eine Identitätsfunktion, eine Orientierungsfunktion für politische Entscheidungen und eine normenstabilisierende Funktion zukommt (ebd.: 194 ff.). Im westdeutschen »Historikerstreit« zunächst mit pejorativer Konnotation geprägt, wird der

Begriff *Geschichtspolitik* etwa seit den 1990er Jahren zunehmend auch als analytische Kategorie verwendet, wobei manche Historiker_innen nach wie vor die Position vertreten, dass Geschichtspolitik per se als ideologisch abzulehnen sei und dementsprechend auch nicht als analytische Kategorie tauge (vgl. Troebst 2014; kritisch Wolfrum 2015: 216; vgl. dazu auch ähnliche Debatten um den Populismusbegriff, Kapitel 1.2). Harald Schmid plädiert dagegen *für* den Begriff Geschichtspolitik – und weist den Begriff der Erinnerungspolitik zurück. Er behauptet, dass Erinnern »der Versuch des Wiederaufrufens *eigener* Erlebnisse« (Schmid 2008: 77 f.; Hervorh. P.W.) sei, die es von der »Wahrnehmung von und Auseinandersetzung mit früheren, aber nicht selbst erlebten Geschehnissen zu unterscheiden« (ebd.: 78) gelte. Letztere seien vielmehr als vermittelte Erinnerungen zu verstehen. Ich halte diese Abgrenzung schon allein sprachlich nicht für überzeugend, denn sie beschränkt sich auf die Bedeutung des reflexiven *sich erinnern*. Es ist aber sehr wohl möglich, *(jemanden) an etwas zu erinnern*, das man nicht selbst erlebt hat. In solchen terminologischen, semantisch daherkommenden Abgrenzungen findet sich ein problematischer Dualismus von subjektiven *Erlebnissen* und objektiven *Geschehnissen*, von *emotio* und *ratio* wieder, der immer auch vergeschlechtlichte und normative Komponenten hat. Gleichwohl ist Schmid zuzustimmen, dass sich der Begriff Geschichtspolitik als Forschungskonzept durchgesetzt hat, während Erinnerungspolitik nur wenig konzeptualisiert wurde (Schmid 2008: 77). Stefan Troebst (2014: o.S.) zufolge hat sich dagegen das »Tandem« Geschichts*politik* und Erinnerungs*kultur* etabliert, wobei er Erstere als Unterbegriff von Letzterer deutet:

»Vielmehr macht ein Modell Sinn, das die ›Erinnerungskultur‹ einer Gesellschaft als gemeinsames Produkt (a) staatlicher Geschichtspolitik, (b) der Geschichtspolitik nichtstaatlicher/zivilgesellschaftlicher Akteure, (c) des staatlichen Zugriffs wie medialer Öffentlichkeit entzogenen Bereichs des familiär tradierten Gedächtnisses und (d) der häufig gegenläufigen erfahrungsbasiert-individuellen Erinnerung von Zeitzeugen begreift.«[9]

Auch in der Europäischen Ethnologie wurde der Begriff der Geschichtspolitik aufgegriffen. Hier wurde um die Jahrtausendwende die Frage gestellt, wie sich der Aufschwung ethnischer Nationalismen nach dem Ende des Kalten Krieges erklären ließe und warum Rückgriffe auf die Geschichte in nationalen und ethnischen Identitätskonstruktionen eine so große Rolle spielten

---

9 Ob sich auch aus dieser Unterscheidung von (»harter«) *Politik* und (»weicher«) *Kultur* vergeschlechtlichte Untertöne heraushören lassen, sei an dieser Stelle dahingestellt.

(Binder u.a. 2001). Dabei ging es insbesondere um die Frage, wie soziale Kohäsion unter den Bedingungen der desintegrierenden Spätmoderne möglich war, die mit dem Stichwort der »Identitätspolitik« beantwortet wurde (Kaschuba 2001). Geschichte als Begründung kollektiver Identität ist auch in diesem Kapitel von Bedeutung. Einen wichtigen Hinweis dazu liefert Beate Binder (2009: 74 ff.): Insbesondere (aber nicht nur) die politikwissenschaftlichen Ansätze zu Geschichtspolitik setzen das Kollektive häufig mit dem Nationalen gleich und vernachlässigen andere Ebenen der Kollektivierung. Dabei sei aus der Perspektive der Europäischen Ethnologie gerade »das Nebenund Miteinander pluraler Erinnerungsformationen« (ebd.: 75) von Interesse. Das Ineinandergreifen von nationaler, geschlechtlicher und sexueller Identifikation vermittels eines historischen Narrativs ist Gegenstand dieses Kapitels, wobei ich in Ergänzung der erwähnten europäisch-ethnologischen Ansätze und unter Rückgriff auf den Begriff des past presencing die affektive Dimension stärker berücksichtigen werde.[10]

Was meiner Meinung nach sowohl in den europäisch-ethnologischen als auch in den politikwissenschaftlichen Ansätzen im Einklang mit der bürgerlichen Trennung zwischen politischer Öffentlichkeit und unpolitischem privaten Raum zu sehr betont wird, ist der öffentliche Charakter der geschichtspolitischen Auseinandersetzung. So beschreibt Edgar Wolfrums einschlägige Definition Geschichtspolitik als »einen öffentlichen und massenmedial vermittelten Prozess, in dem sichtbar Kräfte und Gegenkräfte am Werk sind und um die Hegemonie von Diskursen und Deutungsmustern ringen« (Wolfrum 1999: 28). Auch die geschichtspolitischen Praxisebenen, die Kaschuba für die kulturanthropologische Analyse als relevant identifiziert, sind hauptsächlich im öffentlichen Raum verortet:

»erstens de[r] öffentliche[...] Diskurs um (eigene) Geschichte in den Medien; zweitens ein räumliches und territoriales Konzept der Repräsentation und Symbolisierung, vermittelt über Gedächtnisorte und Denkmäler; drittens de[r] symbolische[...] Kampf um Zeichen und Deutungen der ›Gedenkästhetik‹; viertens de[r] Kanon ritueller und ästhetischer Praxen der Erinnerungsarbeit; und fünftens jenes regelrechte Set von Überlieferungsformen und -figuren wie Erzählungen, autobiographische[...] Erinnerungsserien, Gedenkfotos, lokale[...] und nationale[...] Geschichtsbücher[...].« (Kaschuba 2001: 24)

---

10 Der Politikwissenschaftler Schmid bezeichnet diese Dimension als wichtigen Beitrag einer »kulturwissenschaftlich informierte[n] Politikanalyse« (Schmid 2008: 92). In der Tat bleiben die hier zitierten politikwissenschaftlichen Ansätze zumeist auf die Ebene strategisch-bewussten politischen Handelns beschränkt.

Lediglich der letzte Punkt verweist auf nicht-öffentliche Formen der Aushandlung von Geschichte, die sich ihrerseits jedoch auf das kommunikative Gedächtnis konzentrieren (Autobiografie, Erzählungen, Überlieferungen); diese Beschränkung habe ich oben bereits kritisiert. Gerade im Rahmen einer Ethnografie zeigt sich, wie sehr der öffentliche Vollzug (geschichts-)politischer Konflikte auf informellen und nicht-öffentlichen Aushandlungen basiert, die dem Blick der Öffentlichkeit entzogen sind. Das heißt, vor jedem strategischen Handeln in der öffentlichen Arena findet eine Verständigung über die Inhalte und Formen statt, in denen Geschichte politisiert wird.[11] Insbesondere in solchen Situationen, die sich nur durch teilnehmende Beobachtung erschließen lassen, wird auch die affektive Überdeterminierung der Geschichte deutlich. Auch dies versuche ich durch den Begriff des past presencing einzufangen.

Past presencing von rechtsaußen

Angesichts dessen, dass Geschichte eine nützliche und potenziell reichhaltige Legitimationsressource darstellt, ist Geschichtspolitik in der Forschung zur äußersten Rechten ein erstaunlich wenig beachtetes Feld (vgl. Baun 2021); dies gilt im Speziellen für die Anthropologie der Rechten.[12] Eine Ausnahme stellt Lene Fausts Ethnografie *Neofaschismus in Italien* dar, die sich ausführlich mit »faschistische[r] Erinnerungskultur« (Faust 2021: 26) beschäftigt. In dieser Formulierung steckt jedoch auch gleichzeitig eine Beschränkung: Im Rahmen ihrer klassisch ethnologisch angelegten Untersuchung legt Faust sehr viel Wert auf Rituale, vor allem hinsichtlich des Gedenkens an die faschistischen Toten – die Tatsache, dass Faschist_innen damit auch *Politik* machen, entgeht Faust aber größtenteils. Auch eine systematische Untersuchung der Geschichtspolitik der AfD liegt meines Wissens bisher nicht vor (vgl. aber Hoffmann 2019). Ohne den Anspruch zu erheben, diese Lücken zu füllen, nehme ich meine Beobachtungen im Feld

---

11 Dies gilt freilich nicht nur für Geschichtspolitik, sondern für jede Politik. Jonathan Roths Ethnografie zu politischer Basisarbeit in einem Mainzer Parteibezirk der SPD beispielsweise nimmt diesen Umstand ernst (Roth 2019b).
12 Ich meine damit die explizite kulturanthropologische Beschäftigung mit äußerst rechten politischen Feldern, die derzeit einen Boom erlebt (s. Kapitel 2.2 f.).

zum Anlass, um diesbezügliche Fragen aufzuwerfen und einige Thesen zu formulieren.

Grundsätzlich besteht eine Schwierigkeit darin, das Spezifische äußerst rechter Erinnerungspolitik herauszuarbeiten, sind die Übergänge zur staatlichen beziehungsweise konservativen nationalen Geschichtserzählung doch fließend. Kornelia Kończal und A. Dirk Moses sprechen im Zusammenhang mit der globalen populistischen Konjunktur von einem gegenwärtigen Aufschwung »patriotischer« Geschichtserzählungen über unterschiedliche politische Lager hinweg, die auch in Kontexten zu beobachten sei, in denen äußerst rechte Akteur_innen nicht die Regierung stellten (Kończal/Moses 2022: 153 f.). Der Politikwissenschaftlerin Sabine Volk zufolge besteht diese »patriotische« Geschichte vor allem aus zwei Strategien: »avoiding and denying problematic chapters« sowie »affirming and promoting allegedly glorious episodes in the past« (Volk 2022: 277). Darin spiegelt sich eine grundsätzliche Annahme der Nationalismusforschung, der zufolge das nationalistische Geschichtsbild typischerweise von drei sukzessiven Mythen geprägt ist, die der Konsolidierung einer nationalen Identität dienen: »the golden age«, »the dark age« und »the age of struggle« (Coakley 2004: 546 ff.). Volk hebt explizit hervor, dass sich »patriotische Geschichte« nicht auf die äußerste Rechte beschränke, was sie für den bundesdeutschen Kontext anhand des Umgangs mit der Kolonialvergangenheit sowie anhand des Bestrebens konservativer Eliten aufzeigt, positive Visionen der deutschen Geschichte zu etablieren (Volk 2022: 277). Der Unterschied zur äußersten Rechten erscheint dann nicht als qualitative, sondern als graduelle Differenz: In der äußerst rechten Erzählung von Geschichte darf es *nur* Held_innen und Opfer geben (A. Assmann 2020: 217; Faust 2021: 80).

Zu dieser Einschätzung passt, was die Rechtsextremismusforscher Martin Langebach und Michael Sturm in Bezug auf die extreme und neonazistische Rechte in Deutschland schreiben, für die kaum ein Politikfeld so mobilisierungsfähig sei wie die Erinnerungspolitik: »Geschichte avanciert hier zur ›Waffe‹ im Rahmen eines Politikverständnisses, das durchgängig von Kompromisslosigkeit und dichotomen Freund-Feind-Kategorisierungen geprägt ist« (Langebach/Sturm 2015: 8). Zudem sei Geschichte für die extreme Rechte in Deutschland »gleichermaßen Ressource wie Hypothek« (ebd.: 9), weil sie nicht umhinkomme, sich zum Nationalsozialismus verhalten zu müssen. Auch Aleida Assmann betont diesen Punkt: Weil der »Zivilisationsbruch« dermaßen stark in der deutschen Erinnerungskultur verankert sei, könne die Rechte in Deutschland nicht auf eine Auseinandersetzung damit verzichten – aber sie könne »Gewichte verlagern und die Ereignisse umdeuten« (A. Assmann 2020: 220). Aus Texten des AfD-Ehrenvorsitzenden Alexander Gauland arbeitet Assmann drei Strategien heraus (ebd.: 222 f.): Externalisierung (die Verantwortung für den Holocaust trügen »Hitler und seine Schergen«), Aneignung und Verengung des deutschen Widerstands (die AfD stehe in der Tradition des konservativen Widerstands gegen Hitler und den Nationalsozialismus; der kommunistische Widerstand wird dagegen ausgeblendet) sowie Bedienung des deutschen Opfernarrativs (die Deutschen seien an den Verbrechen nicht nur unbeteiligt, sondern selbst Opfer von Hitler gewesen).

In Bezug auf die AfD wird in der Öffentlichkeit vor allem skandalisiert, dass Vertreter_innen der Partei eine Rückbesinnung auf die »positiven« Momente der deutschen Geschichte fordern und dem Holocaustgedenken seinen zentralen Stellenwert absprechen. Insbesondere Björn Höckes Forderung nach einer »erinnerungspolitischen Wende um 180 Grad« und Alexander Gaulands Rede, wonach die Zeit des Nationalsozialismus »nur ein Vogelschiss in über 1000 Jahren erfolgreicher deutscher Geschichte« gewesen sei (zit. nach Wiederwald 2018), haben für Empörung gesorgt. Das ist insofern bemerkenswert, als konservativer Geschichtsrevisionismus dem erinnerungspolitischen Diskurs der Bundesrepublik generell keineswegs fremd ist; wie die Historikerin Cornelia Siebeck schreibt, bewegten sich solche Äußerungen »in [ihrer] Radikalität am Rande, nicht aber jenseits der herkömmlichen Gedächtnis- und Identitätsdebatte« (Siebeck 2017: 25). Laut Siebeck liegt die öffentliche Empörung weniger im Inhalt der Äußerungen begründet als vielmehr darin, dass es eine etablierte und relevante äußerst rechte Kraft, wie sie von Höcke – und, wie ich hinzufüge, Gauland – repräsentiert wird, der deutschen Erinnerungskultur zufolge eigentlich gar nicht geben dürfte. Denn, so die »Meistererzählung« (ebd.): Deutschland habe seine problematische Vergangenheit erfolgreich »bewältigt«.

Das würde bedeuten, dass es auch der AfD selbst mit ihrer Erinnerungspolitik weniger um politische Inhalte geht als um rechtspopulistische Provokation.[13] Der Historiker Martin Sabrow teilt diese These (vgl. Sabrow 2018: 95) und konstatiert: Der heutige Rechtspopulismus in Deutschland »formuliert [...] noch kein historisches Gegennarrativ, prägt [...] noch kein geschlossenes Weltbild aus« (ebd.: 96). Wie ich in diesem Kapitel darlegen möchte, versu-

---

13 Ausführlicher zu Populismus als Provokation s. Kapitel 9.

chen die Alternativen Homosexuellen, ein solches Gegennarrativ zu formulieren, allerdings nicht in einem umfassenden Sinne, sondern bezogen auf ihren »Zuständigkeitsbereich«: Sie liefern ein rechtes Gegennarrativ homosexueller Geschichte. Doch bevor ich im folgenden Abschnitt dazu übergehe, gebe ich noch einen kurzen Einblick in die erinnerungspolitischen Forderungen der AfD anhand ihrer Wahlprogramme, weil sie den Kontext darstellen, in den sich die AHO einzuschreiben bemüht.

Dreh- und Angelpunkt der Erinnerungspolitik der AfD, wie sie sich aus den Wahlprogrammen ablesen lässt, ist die instrumentelle Rolle, die der Geschichte im Hinblick auf die Schaffung und Stärkung einer nationalen Identität beigemessen wird. Wissen über Geschichte soll positive Emotionen in Bezug auf die deutsche Nation generieren, von denen angenommen wird, sie seien identitätsstiftend (vgl. auch Hoffmann 2019: 142). Eindeutiger Fokus der Erinnerungspolitik der AfD ist laut den Wahlprogrammen der Bereich Schule und Bildung, der teilweise in einem eigenen Kapitel zu »Identität« behandelt wird. So heißt es im Programm zur sächsischen Landtagswahl 2014: »Schul- und insbesondere Geschichtsunterricht soll nicht nur ein vertieftes Verständnis für das historische Gewordensein der eigenen Nationalidentität, sondern auch ein positives Identitätsgefühl vermitteln« (SN 14: 19). Als konkrete Emotion wird »Stolz« genannt, so etwa im Programm zur Landtagswahl in Sachsen-Anhalt 2016, das als einziges der in diesem Buch untersuchten Wahlprogramme mit einer geschichtspolitischen Präambel beginnt: »Die deutsche Geschichte und die Geschichte Sachsen-Anhalts bieten genügend Anknüpfungspunkte, auf die wir uns mit Stolz berufen können« (ST 16: 15). Die Wahlprogramme beziehen sich auf unterschiedliche historische Momente, die als »usable past« (Moeller 2001) erscheinen, darunter die sogenannten Befreiungskriege (SN 14: 19), die Reichsgründung von 1871 (ebd.), die Aufklärung, der deutsche Idealismus sowie das frühe 20. Jahrhundert, das mit dem »Ringen der Deutschen für Demokratie, freie Meinungsäußerung und Gedankenfreiheit« (BY 18: 47) in Verbindung gebracht wird.

Gegenüber diesen vermeintlich positiven, identitätsstiftenden Momenten wird eine »Verengung der deutschen Erinnerungskultur auf die Zeit des Nationalsozialismus« (BT 17: 48) beklagt. Das Programm zur Landtagswahl in Sachsen-Anhalt 2016 kontrastiert gleich auf der ersten Seite die Länge dieser Zeit – »zwölf Unglücksjahre« – mit den »Jahrhunderte[n], in denen eine einzigartige Substanz an Kultur und staatlicher Ordnung aufgebaut wurde« (ST 16: 1). Das Programm zur bayerischen Landtagswahl 2018, das ausführlich erinnerungspolitische Interventionen im Schulunterricht fordert, spricht expliziter von der »nationalsozialistischen Schreckensherrschaft«. Zwar ist nicht die Rede davon, dieses Thema weniger zentral zu behandeln. Allerdings wendet die bayerische AfD eine der Strategien an, die Aleida Assmann in den Texten von Gauland identifiziert, nämlich den Einsatz des deutschen Opfernarrativs: »Die angemessene Würdigung des Schicksals der Opfer, unter ihnen Millionen deutscher ziviler Opfer, ist uns ein Anliegen. Besonders sollte auf das Schicksal der Heimatvertriebenen und Aussiedler eingegangen werden« (BY 18: 47 f.). In diesem Wahlprogramm findet sich zudem eine Besonderheit. Es fordert nämlich durchaus eine vertiefte Beschäftigung mit »dunklen Kapitel[n]« – allerdings dann, wenn es um die Geschichte der »Anderen« geht:

»Im schulischen Unterricht soll der Geschichte des Islams und des Nahen Ostens und Nordafrikas mehr Raum eingeräumt werden und dabei insbesondere auch auf die dunklen Kapitel dieser Geschichte, wie die Sklaverei oder die zahlreichen Genozide, zum Beispiel den Armeniergenozid, eingegangen werden.« (BY 18: 27)

Zwei Wenden um 180 Grad: Positiv statt negativ, rechts statt links

»Bis jetzt ist unsere Geistesverfassung, unser Gemütszustand immer noch der eines total besiegten Volkes. (Applaus.) Wir Deutschen – und ich rede jetzt nicht von euch Patrioten, die sich hier heute versammelt haben –, wir Deutschen, also unser Volk, sind das einzige Volk der Welt, das sich ein Denkmal der Schande in das Herz seiner Hauptstadt gepflanzt hat. (Relativ verhaltener Applaus.) Und anstatt die nachwachsende Generation mit den großen Wohltätern, den bekannten, weltbewegenden Philosophen, den Musikern, den genialen Entdeckern und Erfindern in Berührung zu bringen, von denen wir ja so viele haben, [...] wird die Geschichte, die deutsche Geschichte mies und lächerlich gemacht. So kann es und so darf es nicht weitergehen. (Applaus. Stehende Ovationen. ›Höcke-Höcke‹-Rufe.) So kann es, so darf es und so wird es nicht weitergehen, liebe Freunde, es gibt keine moralische Pflicht zur Selbstauflösung. Die gibt es nicht. (Applaus.) Im Gegenteil. Es gibt die moralische Pflicht, dieses Land, diese Kultur, seinen noch vorhandenen Wohlstand und seine noch vorhandene staatliche Wohlordnung an die kommende Generation weiterzugeben, das ist unsere moralische Pflicht. (Applaus. ›Wir-sind-das-Volk‹-Rufe.) Wenn wir eine Zukunft haben wollen – und wir wollen diese Zukunft haben, und immer mehr Deutsche erkennen, dass eigentlich auch sie eine Zukunft haben wollen –, dann brauchen wir eine Vision. Eine Vision wird aber nur dann entstehen, wenn wir uns wieder selber finden. Wenn wir uns wieder selbst entdecken. Wir müssen wieder wir selbst werden. Selber haben werden wir uns nur, wenn wir wieder eine positive Beziehung zu unserer Geschichte aufbauen, und schon Franz Josef Strauß bemerkte, die Vergangenheitsbewältigung als gesamtgesellschaftliche Daueraufgabe, die lähmt ein Volk, liebe Freunde, und Recht hatte er, Franz Josef Strauß. Und diese dämliche Bewältigungspolitik, die lähmt uns heute noch viel mehr als zu Franz Josef Strauß' Zeiten. Wir brauchen nichts anderes als eine erinnerungspolitische Wende um 180 Grad. (Applaus.)«[14]

In seiner notorischen Rede vor der Dresdner Jungen Alternative am 17. Januar 2017 kamen die zwei Äußerungen vor, die im Nachhinein für öffentliche Empörung sorgten und mit denen Höcke seitdem in Verbindung gebracht wird: die Bezeichnung des Holocaust-Mahnmals in Berlin als »Denkmal der Schande« sowie die Forderung nach einer »erinnerungspolitische[n] Wende um 180 Grad«. Ich gebe sie hier etwas ausführlicher wieder, damit deutlich wird, wie die zwei Äußerungen argumentativ miteinander verbunden sind, denn die AHO knüpft mit ihrer Erinnerungspolitik an ebenjene argumentative Logik an.

Höcke zufolge ist es Ausdruck einer Mentalität von Besiegten, sich ein Symbol der eigenen »Schande« in die Mitte der Hauptstadt zu setzen. Im Kontext der Rede, in der er dazu aufruft, diese Mentalität zu überwinden, bleibt ambig, worauf sich die Schande bezieht: den Krieg verloren zu haben, den Holocaust begangen zu haben oder ein solches Denkmal gebaut zu haben (und sich dadurch mit der Perspektive der Sieger_innen zu identifizieren).[15] In jedem Fall sei dieser Fokus auf die negativen Aspekte der eigenen Geschichte abzulehnen; vielmehr gelte es, die »nachwachsende Generation« mit einem positiven nationalen Selbstbild auszustatten. Dafür sei die AfD angetreten (»so wird es nicht weitergehen«). Zweck eines positiven nationalen Selbstbilds sei es, die Nation für die Zukunft zu erhalten. Dafür bedürfe es eines positiven Geschichtsbildes – und nicht einer negativen »Bewältigungspolitik«. Dies sei nichts anderes als eine Wende um 180 Grad – von negativ zu positiv – in der Erinnerungspolitik.

Das Bild der 180-Grad-Wende impliziert eine Dichotomie: *entweder* positiv *oder* negativ. Insofern entspricht es einer populistischen diskursiven Logik (s. Kapitel 1.2), weil es keine weiteren Möglichkeiten zulässt: »Wir« wollen ein positives Geschichtsbild etablieren, »die anderen« pflegen ein negatives Geschichtsbild. Meine Interpretation geht jedoch noch einen Schritt wei-

---

14 Vgl. https://www.youtube.com/watch?v=sti51c8abaw, Abruf am 24.04.2024, Transkript des Videoausschnitts Minute 01:36:28 – 01:40:44.

15 Diese Strategie der »kalkulierten Ambivalenz« (Wodak 2020: 42) gehört zum rechtspopulistischen Kernrepertoire.

ter. Weniger offensichtlich im Text der Rede selbst, aber erkennbar, wenn wir den populistischen Gehalt dieses Motivs berücksichtigen, ist die Wende um 180 Grad von links nach rechts. Der behauptete erinnerungspolitische Konsens in der Bundesrepublik ist für die AfD ein Ausdruck linksliberaler Hegemonie – eine Vorstellung, die in diesem Buch schon mehrfach zur Sprache kam. Dagegen richtet sich die »positive« – rechte – Erinnerungspolitik der AfD, die sich als Gegenkraft zum hegemonialen Erinnern konstruiert. Auch hier handelt es sich um eine Dichotomie, die bewusst ausblendet, dass im deutschen erinnerungspolitischen Diskurs ganz selbstverständlich konservative Positionen existieren, die eine »Debatte über das positive Erinnern von Geschichte« fordern.[16]

Es sind diese zwei Varianten der »erinnerungspolitischen Wende um 180 Grad«, die sich in den Praktiken und Diskursen meiner Gesprächspartner finden lassen. Wie ich im Folgenden zeige, geben sie der 180-Grad-Wende einen homopolitischen Drall und zielen damit letztlich darauf ab, sich im politischen Imaginären der AfD als Feinde der Linken – und damit als Glied einer rechten Äquivalenzkette – zu verankern.

Deutschland als »Land der Homosexuellenemanzipation«

Als erstes beschreibe ich, wie meine Gesprächspartner die Forderung aufgreifen, positive Momente in der deutschen Geschichte zu betonen, indem sie Deutschland als »Land der Homosexuellenemanzipation« darstellen. Diese Formulierung wählte Andreas bei einem Vortrag im sachsen-anhaltischen Sangerhausen, zu dem ich ihn begleitete. Andreas war zu diesem Zeitpunkt in der Partei einigermaßen bekannt und pflegte Kontakte insbesondere in die ostdeutschen Landesverbände; er galt mit seinem Thema Homosexualität und seinem einnehmenden Wesen als »bunter Hund« – so wurde er bei einem seiner Vorträge vorgestellt.[17] Vor den etwa 15 Anwesenden an diesem Abend sprach er nun darüber, dass ihm wegen seiner

---

[16] So der CDU-Politiker und ehemalige Afrikabeauftragte der Bundeskanzlerin und des Bundesministeriums für wirtschaftliche Zusammenarbeit und Entwicklung Günter Nooke (2006: 111), zit. nach Siebeck 2017: 24.

[17] Eine ausführlichere Beschreibung dieses Vortrags und des Settings findet sich in Kapitel 9, Abschnitt *Von Gummistiefeln und Einstecktüchlein*.

Homosexualität eine Nähe zu linker Queer- und Homopolitik unterstellt werde, obwohl das Thema Homosexualität nicht darin aufgehe:

»Das Thema Homosexualität ist eben nicht das, was die Linken daraus gemacht haben. Das Leben von Schwulen und Lesben interessiert die gar nicht, sonst würden sie ja eine andere Einwanderungspolitik machen. Wir werden für deren Politik missbraucht! Gerade deswegen sollte die AfD das Thema offensiv bearbeiten. Es ist vielleicht ein Randthema, aber strategisch zentral. Die AfD muss ihre humane Vision, wie sie mit Homosexuellen umgehen will, deutlich ausarbeiten. Damit wird auch eine Distanzierung von Rechtsextremen unnötig, denn die wirklichen Nazis kriegen ja auch Schaum vor dem Mund, wenn sie das hören. Der Patriot muss sich nicht distanzieren.«[18]

Andreas versucht hier, seine Parteifreund_innen davon zu überzeugen, dass das Thema Homosexualität für die AfD von strategischer Bedeutung ist. Er argumentiert, es sei unklug, Linken dieses diskursive Feld zu überlassen, weil die AfD schnell als homophob gelte, wenn sie das Thema Homosexualität dem politischen Gegner überlasse – laut Andreas nicht, weil sie in der Tat homophob wäre, sondern weil sie »ihre humane Vision« eines Umgangs mit Homosexuellen nicht »offensiv« genug »bearbeite[t]« oder »ausarbeite[t]«. Das heißt, nicht nur kommuniziere die Partei nicht gut genug, sondern ihr fehle überhaupt eine klare, positiv artikulierte Haltung zu Homosexualität. Denn AfDler_innen seien eigentlich nicht homophob, keine »wirklichen Nazis« (schließlich hatte in Andreas' Publikum niemand »Schaum vor dem Mund«), und eine Distanzierung sei somit streng genommen überflüssig.

Ich lese darin einen Aufruf, jenseits bloßer Distanzierungen von Homophobie (s. Kapitel 4) oder Bekundungen von Toleranz (s. Kapitel 5) eine positiv formulierte, genuin rechte Homopolitik zu entwickeln. Denn in seiner Klage darüber, von Linken »für deren Politik missbraucht« zu werden, steckt auch Anerkennung oder Bewunderung dafür, wie wirksam die linke Äquivalenzkette ist. Anstatt für linke Politik *miss*braucht zu werden, scheint Andreas für rechte Politik *ge*braucht werden zu wollen. Andreas schlägt seiner Partei vor, das Thema Homosexualität erinnerungspolitisch zu besetzen:

»Hier ist das Land der Homosexuellenemanzipation! Wir haben einen reichen Schatz in unserer Geschichte, den Leute wie ich, die eine 180-Grad-Wende in der Geschichtspolitik wollen, anvisieren. Homosexuellenemanzipation ist geradezu das Alleinstellungsmerkmal Deutschlands vor 1933 gewesen.«

---

[18] Dieses sowie das folgende eingerückte Zitat stammen aus meinem Feldprotokoll, das ich hier aus Gründen des Datenschutzes leicht verfremdet wiedergebe. Andreas sprach meistens frei; deswegen gab es auch kein Skript, das ich hätte einsehen können.

Homosexualität ließe sich, mit anderen Worten, als »patriotisches« Thema aneignen, denn die Geschichte der Homosexuellenemanzipation habe in Deutschland ihren Ausgang genommen. Dieser Vorschlag, so legte Andreas nahe, solle als Beitrag der Homosexuellen in der AfD zu Höckes 180-Grad-Wende verstanden werden – deutsche Homogeschichte als »usable past«. Deswegen enthalten die Leitlinien der AHO auch die Forderung, »die historische Leistung der frühen deutschen Homosexuellenbewegung von etwa 1800–1933 verstärkt zu würdigen [...].«

Andreas, der sich sehr gut mit deutscher Geschichte auskennt und bei jeder Gelegenheit sein Wissen über das Heilige Römische Reich, die Deutsche Mystik oder die Romantik kundtat, war sehr daran gelegen, seine schwulen Parteifreunde aus der AHO von diesem Narrativ zu überzeugen und vor allem auch, sie in dieser Hinsicht zu bilden, waren ihm die meisten von ihnen doch intellektuell unterlegen. Vor einer Halbjahrestagung der AHO, die zwei Wochen nach Andreas' Vortrag in Sangerhausen stattfand, erreichte mich eine E-Mail mit der vorgesehenen Tagesordnung, die den Punkt enthielt: »Die Deutschen haben das Schwulsein erfunden. Wie, was?« Angehängt war ein Artikel aus der *Welt* mit ebenjenem Titel (Krause 2015a). Durchaus in Übereinstimmung mit einschlägiger geschichtswissenschaftlicher Literatur (vgl. Beachy 2015) argumentiert dessen Autor Tilman Krause, dass Deutschland das Land gewesen sei, in dem es erstmals »Homosexualität als Lebensform, die das gesamte Erwachsenenalter prägt, als Gegenentwurf zur heterosexuellen Norm, als natürliche Veranlagung, nicht kriminalisiert, nicht pathologisiert«, gegeben habe (Krause 2015a, o.S.). Er bezieht sich dabei auf juristische, wissenschaftliche und vor allem politische Pioniere wie Karl Heinrich Ulrichs und Magnus Hirschfeld. Im Verlauf des Artikels wird daraus eine mehr oder weniger geradlinige Geschichte, die sogar Goethe und Schiller umfasst und Friedrich den Großen ohne Umschweife als »schwule[n] Egomane[n]« und »prägnanteste Ausformung homosexueller Selbstbestimmtheit, die das Abendland hervorgebracht hat«, tituliert. Krause kommt zu dem Schluss: »In keinem Land der Welt hatte die Homosexualität so ihren Platz wie in Deutschland.« (ebd.)

Krause ist leitender Feuilletonredakteur der *Welt* und wurde schon 2004 auf *queer.de* als »Haus- und Hof-Homosexuelle[r] des Springer-Verlags« (Scheuß 2004) bezeichnet. Er schreibt häufig über schwule Themen und tritt für eine selbstbewusste schwule Position und Kultur jenseits der Heteronorm ein (»Ich will keine Kopie des verlogenen Hetero-Kitschs«, Krause 2015b). Selbstbewusstsein scheint für Krause auch im Hinblick auf die

Nation wichtig zu sein: Er war einer der Autor_innen[19] des Sammelbands *Die selbstbewusste Nation* (Schwilk/Schacht 1996), dessen Erscheinen 1994 als ein zentrales Diskursereignis der jüngeren deutschen radikalkonservativen Ideengeschichte gelten kann.[20] Die Überwindung einer behaupteten »Nationalvergessenheit und Schuldbesessenheit der Deutschen« (Kämper 2004: 65) – ein zentraler Topos in der Erinnerungspolitik der AfD – war eines der Anliegen des Sammelbandes. Auch manche von Krauses jüngeren Texten lassen ihn diskursiv in die Nähe der AfD rücken, etwa wenn er dem Ich-Erzähler aus Édouard Louis' autobiografischem Roman *Im Herzen der Gewalt* attestiert, an seiner darin geschilderten Vergewaltigung selbst schuld zu sein. Es sei schließlich ein »Anfängerfehler«, sich »von einem Araber anquatschen« zu lassen (Krause 2017) – eine ganz unverblümt ethnosexistische Argumentation.[21] Eine persönliche Nähe Krauses zur AfD lässt sich zwar nicht belegen. Aber dass die Erzählung, die Deutschen hätten das Schwulsein erfunden, von schwulen rechtspopulistischen Akteuren dankbar aufgenommen wird, ist in Anbetracht von Krauses Hintergrund wohl nur folgerichtig. Die deutsche Geschichte als »queere Erfolgsgeschichte« (Krause 2015a, o.S.) – für Andreas eine attraktive homonationalistische Facette im erinnerungspolitischen Diskurs der AfD.

Die Ahnen rechter Schwuler

Doch ich möchte in meiner Analyse noch einen Schritt weiter gehen. Denn in seinem Vortrag in Sangerhausen erwähnte Andreas zu meiner Überraschung gerade nicht Personen wie Ulrichs oder Hirschfeld, die ihren Platz im kulturellen Gedächtnis gefunden haben, was zum Beispiel darin zum Ausdruck kommt, dass inzwischen eine Reihe deutscher Straßen, Plätze und Ufer nach ihnen benannt ist. Stattdessen sagte Andreas: »Homosexuellenemanzipation ist geradezu das Alleinstellungsmerkmal Deutschlands vor

---

19 Unter den 29 an der Erstausgabe Beteiligten war nur eine Frau.
20 Die Literaturwissenschaftlerin Gabriele Kämper schreibt, dass sich in *Die selbstbewusste Nation* eine neue intellektuelle Rechte publizistisch artikuliert und darin »Massengesellschaft, Gleichheitspostulate und Vergangenheitsbewältigung im Namen eines starken, autoritären und mit maskulinen Imaginationen aufgeladenen Vaterlandes gegeißelt« habe (Kämper 2004: 65).
21 Zu Ethnosexismus generell und zum ethnosexistischen Alltagsverstand der AfD im Speziellen s. Kapitel 6.

1933 gewesen. Dazu haben schon die Autoren der Konservativen Revolution geschrieben wie Stefan George – der Erzieher von Stauffenberg – oder Hans Blüher.«
Der Lyriker George ist vor allem durch seinen homoerotisch-männerbündischen »George-Kreis« bekannt, in dem er vom späten 19. Jahrhundert bis zu Weimarer Zeiten Jünger um sich scharte und männlicher Schönheit sowie hierarchischer Ordnung huldigte. George und seine Lyrik wurden bereits von der zeitgenössischen männlich-homosexuellen Emanzipationsbewegung gepriesen, obwohl er sich selbst nie als »Homosexueller« verstand und kein Interesse an Realpolitik hatte (Keilson-Lauritz 2005b). Dass Georges spezifische Vorstellungen mann-männlicher Liebe im Kontext des Geschlechter- und Sexualitätsdiskurses des Fin de Siècle als maskulinistisch, misogyn, antifeministisch und illiberal gelten können, ist bereits hinreichend untersucht worden (vgl. Bisno 2011). Insofern standen sie der bereits erwähnten maskulinistisch-homoerotischen Gemeinschaft der Eigenen zwar weniger persönlich, aber sicherlich ideell nahe (ebd.).

Hans Blühers Theorie der männlichen Gesellschaft wiederum erhebt den »mann-männlichen Eros« zur Grundlage des Staates schlechthin. Für ihn ist dieser Eros eine Kraft, die den Primat der Familie durchbricht und so Gesellschaft überhaupt erst begründet. Blüher polemisierte gegen Hirschfelds Theorie sexueller Zwischenstufen, die homosexuelle Männer in die symbolische Nähe des Weiblichen rückte (vgl. Bruns 2011). »In der Tat«, schrieb er in *Die Rolle der Erotik in der männlichen Gesellschaft*, »lehrt die Erfahrung, daß vollbetonte, ja sogar auffallende Männlichkeit mit voller Inversion [d.h. ausschließlicher Homosexualität; P.W.] wohl verträglich ist« (Blüher 1919: 123). Seine angestrebte Normalisierung *viriler* Homosexualität ging einher mit der Pathologisierung und antisemitischen Abwertung *femininer* Homosexualität, die ihm als »jüdisch-liberale« »Entartung« galt (Blüher 1914, zit. nach Bruns 2011: 180).

Nach Andreas' Vortrag begann ich, mich in Blüher einzulesen, und erzählte Andreas über WhatsApp davon. Seine Nachrichten erschienen mir kryptisch: »Wider den Ameisenstaat der Linken und Rechten«, »Der Schwule ist dafür da, die Moderne uninsektenhaft doch bodenständig zu gestalten« und schließlich: »Antitotalitär!«. Ich hatte mich Blüher bis dahin über Sekundärliteratur genähert und verstand erst, als ich anfing, *Die Rolle der Erotik in der männlichen Gesellschaft* im Original zu lesen. Gleich auf den ersten Seiten des ersten Bandes unterscheidet Blüher das »Wesen des Staates« vom »Wesen der Herde« (Blüher 1919: 4 f.). Während die Herde bloß auf der Anziehungskraft von Individuen derselben Art basiere, sei der Staat mehr: »Zum Staate gehört das Vorhandensein einer Illusion vom objektiven Willen; zum Staate gehört die mögliche Belanglosigkeit des Einzeltiers, der Dienst am Ganzen, das Opfer und das Übergeordnete« (ebd.: 5). Die einzigen staatenbildenden Lebewesen seien manche Insekten – Bienen, Ameisen, Termiten – und der Mensch. Doch während bei den Insekten das Familienprinzip, also der »mann-weibliche Eros«, komplett durchbrochen sei, das Individuum keinerlei Rolle mehr spiele und gegengeschlechtliche Sexualität »bis auf den nötigsten Rest vernichtet« (ebd.: 7) sei, wirkten bei den Menschen beide Prinzipien: das »Gesellungsprinzip der Familie, das aus der Quelle des mann-weiblichen Eros gespeist wird«, sowie »die ›männliche Gesellschaft‹, die ihr Dasein dem mann-männlichen Eros verdankt, und sich in den Männerbünden auswirkt« (ebd.). Nach Andreas' Interpretation war die *Rolle der Erotik* gewissermaßen eine schwule Totalitarismustheorie, in der schwulen Männern die Funktion zukommt, sich – statt in der Familie – in Männerbünden zusammenzutun und – im Gegensatz zum »Ameisenstaat« – einen nicht-totalitären Staat zu schaffen. Andreas nahm diese Theorie nicht unbedingt für bare Münze; er las Blüher mehr als Quelle der Inspiration, wie ein literarisches Werk. »Blüher ist wunderbar. Wagner für Schwule«, schrieb er mir während unseres WhatsApp-Chats. Als »usable past« erschien ihm die Figur Blüher vor allem aus einem Grund: Es handelte sich um einen nicht unbedeutenden und zugleich dezidiert rechten, antiliberalen homosexuellen Mann, der auf schlüssige Art und Weise dargelegt hatte, dass der mann-männliche Eros nicht nur keine Abweichung oder gar ein Übel darstellte, sondern eine zentrale Funktion für den Staat erfüllte. Diese maskulinistischen und antifeministischen, in Teilen antisemitischen[22] Genealogien der Homosexuellenbewegung sind, wie gesagt, von der schwulen Historiografie zwar durchaus beachtet worden. Doch wenn von einem schwulen kulturellen Gedächtnis die Rede sein kann, spielen sie darin keine besondere Rolle und werden gerne unterschlagen.[23]

Wie nun lässt sich Andreas' erinnerungspolitische Strategie in Bezug auf Blüher analytisch einordnen? Die Politikwissenschaftler Jan Kubik

---

22 Differenzen zwischen jüdischen und nicht-jüdischen Mitgliedern des George-Kreises sowie zwischen Befürwortern und Gegnern des Nationalsozialismus führten in den frühen Dreißigerjahren zu heftigen Auseinandersetzungen innerhalb des Kreises (Oelmann 2011: 34).
23 Diesem Ungleichgewicht versuchen Huw Lemmey und Ben Miller (2023) mit ihrem »Bad Gays«-Projekt etwas entgegenzusetzen.

und Michael Bernhard (2014) entwerfen eine Typologie von (politischen) Erinnerungsakteur_innen (»mnemonic actors«) und korrespondierenden Erinnerungsregimes (»mnemonic regimes«), die an dieser Stelle hilfreich ist. Erinnerungsakteur_innen definieren sie wie folgt: »Mnemonic actors often try to treat history instrumentally, as they tend to construct a vision of the past that they assume will generate the most effective legitimation for their efforts to gain or hold power« (ebd.: 9). Geschichte ist für Erinnerungsakteur_innen vor allem *Legitimationsressource* (vgl. auch Kohlstruck 2004: 173), wobei es für ihre Zielgruppen unterschiedlich glaubwürdige Visionen der Vergangenheit gibt, sodass sie nicht einfach ein beliebiges Geschichtsnarrativ entwerfen können (Kubik/Bernhard 2014: 9; ähnlich auch Binder 2009: 34 f.). Bernhard und Kubik nennen vier Idealtypen: Krieger_innen (»warriors«), die sich im Kampf mit einer vorherrschenden, falschen Geschichtserzählung wähnten und sich auf eine mythische Form der Vergangenheit bezögen (Kubik/Bernhard 2014: 12 f.); Pluralist_innen (»pluralists«), die verschiedene Versionen der Vergangenheit akzeptierten und Dialog zwischen ihnen anstrebten (ebd.: 13); Entsager_innen (»abnegators«), die Erinnerungspolitik mieden (ebd.: 14); und Prospektive (»prospectives«), deren Geschichtsbild teleologisch sei und die überzeugt seien, sie wüssten, wie sich die Widersprüche der Gegenwart ein für allemal auflösen ließen (ebd.). Die proportionale Verteilung der verschiedenen Typen von Erinnerungsakteur_innen in einem gegebenen (bei Kubik und Bernhard vor allem national gedachten) »mnemonic field« (ebd.: 17) bestimme, welches *Erinnerungsregime* vorherrschend sei. Kubik und Bernhard unterscheiden zwischen gespaltenen (»fractured«) Regimes, in denen oppositionelle Krieger_innen um Einfluss rängen, partikularisierten (»pillarized«) Regimes, die von Pluralist_innen dominiert würden, und vereinheitlichten (»unified«) Regimes, in denen Geschichte wenig politisiert sei und insofern Entsager_innen die Mehrheit stellten.

In Anlehnung an diese Typologie könnten wir davon sprechen, dass Andreas sich als Erinnerungskrieger gegenüber einem – in seinen Augen – vereinheitlichten Erinnerungsregime präsentiert, in dem nur eine linksliberale Version schwuler Geschichte existiert. Sein Ziel wäre es dann, mit einer rechten Gegenerzählung in dieses Erinnerungsregime zu intervenieren und es zu spalten. Diese Strategie entspricht im Kern einer populistischen Logik: »Mnemonic warriors tend to draw a sharp line between themselves (the proprietors of the ›true‹ vision of the past) and other actors who cultivate ›wrong‹ or ›false‹ versions of history« (ebd.: 13). Während wir auf dem besagten Halbjahrestreffen der AHO den Text »Die Deutschen haben das Schwulsein erfunden« besprachen, behauptete Andreas in der Tat, »Schwulsein« sei *ursprünglich* ein rechtes Thema gewesen und erst von den 68ern zu einem linken Thema gemacht worden. Der Wahrheitsgehalt dieser Aussage interessiert hier weniger als vielmehr die populistische Logik, der zufolge die *Feinde* – die 68er – die Geschichte verdreht hätten (gewissermaßen um 180 Grad, von rechts nach links) und die historische Wahrheit unterdrückten. Laut Kubik und Bernhard treten Erinnerungskrieger_innen in das Feld der Erinnerungspolitik ein, weil die »wahre« Version der Geschichte ihren Machtanspruch legitimiert (ebd.: 15). Von Macht in diesem Sinne ist die AHO jedoch (noch) weit entfernt. Angesichts der in der Öffentlichkeit als widersprüchlich wahrgenommenen Position rechter Schwuler geht es ihr erst einmal darum, durch den Rückgriff auf eine »in Wahrheit« rechte schwule Geschichte ihre Subjektposition zu legitimieren, oder in den Worten von Wolfgang Kaschuba: die »historische Kulisse eines kulturellen Authentisch-Seins« aufzubauen (Kaschuba 2001: 20). Legitimitäts- und Identitätsfunktion geschichtspolitischen Handelns (Becker 2013: 194 f.) sind hier miteinander verflochten.

Dass ein solcher Versuch durchaus in den gegenwärtigen äußerst rechten Diskurs passt, zeigt ein Artikel aus der neurechten Zeitschrift *Sezession* vom Juni 2010. Unter dem Titel »Vom schwulen Eros« schreibt Martin Lichtmesz:

»Mindestens seit den sechziger Jahren steht die Homosexualität einschlägig im Dienst des Kulturkampfes der Linken – obwohl sie durchaus nicht deren Vorrecht ist, denkt man an Dichter wie Stefan George und Yukio Mishima, publizistische Pioniere wie Adolf Brand und Hans Blüher, Nationalsozialisten wie Ernst Röhm und seinen Epigonen Michael Kühnen oder Rechtspopulisten wie (vermutlich) Jörg Haider und Pim Fortuyn. Es genügte der Schwulenbewegung ab einem bestimmten Punkt nicht mehr, Toleranz für eine Minderheit einzufordern, die abweichende Sexualität wurde zum Hebel, um die Legitimität der Werte der Mehrheit, ja deren sexuelle Identität selbst in Frage zu stellen.« (Lichtmesz 2010: o.S.)

Lichtmesz' Argumentation deckt sich mit jener von Andreas – und im Prinzip mit meiner eigenen, der zufolge keine notwendige Affinität schwuler Männer zur Linken bestehe, wofür es historische Zeugen gebe. Vielmehr seien die Anliegen Homosexueller in eine linke Äquivalenzkette integriert und mit ihnen politische Ziele artikuliert worden, die über die von ihnen selbst formulierten Forderungen hinausgingen. Während Andreas und Lichtmesz auf der einen und ich auf der anderen Seite diese Verhältnisse unterschiedlich bewerten, stimmen wir in der Analyse zunächst überein. Die Misogynie, der Antifeminismus und die Lesbenfeindlichkeit – die ich selbstredend nicht teile – sind bei Lichtmesz noch deutlicher ausbuchstabiert als bei Andreas und explizit Programm: »Als partieller Antrieb dieser Entwicklung ist unschwer ein gerüttelt Maß an Ressentiment auszumachen, etwa in der linksfeministischen Frauenbewegung und ihrer Tochterfiliale, dem *Gender Mainstreaming*, die beide maßgeblich von lesbischen, kinderlosen Frauen angeführt wurden und werden« (ebd.; Hervorh. i.O.). Und später:

»Bei näherer Betrachtung ist es in erster Linie nicht die Homosexualität an sich, die als bedrohlich, verächtlich oder lächerlich empfunden wird, sondern vor allem die damit konnotierte Verweiblichung des Mannes, die als Kennzeichen psychischer und physischer Regression gilt. Die verachtete ›Schwuchtel‹ meint den weichlichen, passiven, unterwürfigen, feigen, affektierten, emotional unkontrollierten Mann, der sich körperlich nicht verteidigen kann.« (ebd.)

Lichtmesz argumentiert dann, dass »das Weibliche« in der embryonalen und psychischen Entwicklung »dem Männlichen« vorangehe, weshalb die »Verweiblichung des Mannes [...] als Kennzeichen psychischer und physischer Regression« gelten müsse. Indem er diese vermeintlichen Tatsachen zu »unausrottbare[n] Gegebenheiten« (ebd.) erklärt, naturalisiert Lichtmesz Homophobie im Sinne einer Ablehnung »effeminierter« Männer. Inwiefern Andreas diese essentialistische Weiblichkeitsfeindlichkeit teilen würde oder nicht, konnte ich nie ganz klären. In der Tat inszenierte sich die AHO, die ja während meiner Feldforschung ausschließlich aus Männern bestand, kaum als besonders »männlich«. Andreas kokettierte sogar regelmäßig damit, rasierte Beine zu haben, wie um meine fein säuberlich getrennten Kategorien, mein Bild von rechten, maskulinistischen, frauenhassenden Schwulen zu irritieren und als Stereotype zu entlarven. Die ideologische Kohärenz, die aus Texten wie jenem von Lichtmesz spricht, konnte ich im Feld nicht finden.

Ich weiß nicht, ob Andreas den zitierten Lichtmesz-Text kennt. Genau wie Andreas verweist jedoch auch Lichtmesz am Ende auf Blüher und damit auf eine mögliche Politisierung männlicher Homosexualität von rechts:

»Blühers Konzept des Männerbundes [entwickelte sich] besonders nach dem 1. Weltkrieg zu einer gänzlich konträr zum heutigen Trend stehenden, dezidiert ›rechten‹ Politisierung der Homosexualität: der den Männerbund tragende ›Invertierte‹ stand in diesem Konzept keineswegs für die Verweiblichung des Mannes, sondern war vielmehr der Gralswächter der unkorrumpierten Männlichkeit, im erweiterten Sinne des Staates überhaupt und sogar des preußischen Königtums, das Blüher gegen die als ›feminin‹ aufgefaßte Demokratie verteidigte.« (ebd.)

Das Narrativ der homoerotischen Momente des Männerbundes, die dazu führen, dass rechte politische Felder eine gleichsam folgerichtige Anziehungskraft auf schwule Männer ausüben, tauchte auch in mehreren meiner Interviews auf. Neben dem Interview mit Torben, das ich in der Einleitung zu diesem Kapitel bereits zitiert habe, gehört auch das Interview mit Joachim dazu. Joachim war ein ehemals hochrangiger CDU-Politiker und Mitglied einer Burschenschaft, die man – wie er sagte – »vermutlich [...] auch nicht zu den besonders liberalen zählen würde«. Der Kontakt zu ihm war über einen Freund Joachims zustande gekommen, einen AfD-Landtagsabgeordneten und ebenfalls Burschenschafter. Als ich mit diesem über mein Forschungsthema sprach, wies er mich darauf hin, dass gerade Burschenschaften für mich ein interessanter »konservativer Kontext« sein könnten. Ich folgte dieser Spur, auch wenn sie mich im engeren Sinne aus der äußersten Rechten hinausführte, denn sie versprach interessante Einsichten von jemandem, der auf der Grenze des Feldes positioniert war und den Blick gleichzeitig nach innen wie auch nach außen richten konnte.

Joachim sagte über die »rechtere Korporationsszene«, dass sein offenes Schwulsein dort zwar niemanden störe, dass aber »schwule Emanzipationsbestrebungen [...] eher auf verhaltene Zustimmung« träfen. Auf diesen scheinbaren Widerspruch angesprochen, entgegnete er Folgendes:

»Die allermeisten Angehörigen nicht nur der Burschenschaften, sondern der Korporationsszene überhaupt, wissen natürlich, dass es Schwule nicht erst seit den letzten Jahren gibt, sondern dass es die immer gegeben hat. Die etwas Klügeren wissen auch, dass Burschenschaften und Corps auf Schwule durchaus eine gewisse Anziehungskraft haben. Also das Thema männer... ich will jetzt nicht sagen männerbündisch, aber auch die Bundeswehr hat auf Schwule eine hohe Attraktivität. Und Burschenschaften und Corps haben das auch! Ich bin auch nicht der einzige Schwule. Ich habe sogar schon ... Sex gehabt mit Leuten aus der Burschenschaftsszene. Das wissen die Klügeren.« (IN 20)

Für Joachim war diese spezielle Anziehungskraft allerdings nicht politischer Natur – er wies diesen Gedanken entschieden zurück –, sondern eine Frage von privatem Begehren, sexuell und ästhetisch. Er fuhr fort:

»Von daher ist das nicht so ein Widerspruch, sondern man [gemeint sind Burschenschafter; P.W.] kennt das Phänomen, dass ein gewisser Prozentsatz der Männer, nicht nur in Deutschland und nicht nur im Jahre 2018, schwul ist. Das weiß man und das ist nicht das Problem. Wenn man aus dem Schwulsein heraus politisch arbeiten will, dann, glaube ich, ja, finden das die meisten nicht gut. Das heißt: Das Thema Adoptionsrecht für Schwule wird sicherlich überwiegend kritisch gesehen. ›Ehe für alle‹ vermutlich auch.« (IN 20)

»Aus dem Schwulsein heraus politisch arbeiten« – dazu fielen Joachim die aktuellen Themen einer liberalen schwullesbischen Mainstreambewegung ein, die er durchaus unterstützte: Adoptionsrecht, »Ehe für alle«. Andreas' Ideen über die rechte Politisierung des Schwulseins lagen außerhalb von Joachims Vorstellungswelt.

Die »Patriotismuskampagne«

Doch handelte es sich bei den Vorstellungen einer potenziellen rechten Politisierung des Schwulseins bloß um Ideen – oder folgte ihnen auch politische Praxis? Während der Halbjahrestagung, bei der die AHO den *Welt*-Artikel »Die Deutschen haben das Schwulsein erfunden« sowie einen von Andreas geschriebenen Text mit dem Titel »Schwule und neurechtes Denken« diskutierte, kam die Idee einer »Patriotismuskampagne« auf:

Ich sitze mit den Vorstandsmitgliedern der AHO – Andreas, Fabian, Gregor, Jens – in einem Besprechungsraum der Geschäftsstelle eines ostdeutschen Landesverbands der AfD, der der Gruppe für die Halbjahrestagung seine Räume zur Verfügung gestellt hat. Wir sind bei der Hälfte des Arbeitsteils des Treffens angekommen und die Stimmung ist gelöst bis albern. Ich habe den Eindruck, dass eigentlich nur Andreas wirklich Lust auf den Programmteil hat, in dem Texte gelesen und besprochen werden.
Fabian trägt nun den Text von Andreas vor, »Schwule und neurechtes Denken«. Gregor filmt ihn heimlich dabei und grinst mich an. Fabian verhaspelt sich sehr viel und kommt nicht mit der akademischen Sprache des Aufsatzes zurecht, und Jens und Andreas finden das ziemlich lustig – und auch ich werde von ihrem Lachen angesteckt. Fabian meint hin und wieder, in dem Text seien grammatikalische Fehler, aber Andreas widerspricht: »Die deutsche Sprache hat vier Kasus und die kann man durchaus benutzen.«
Im Gegenzug macht sich Fabian über den Gastgeber Jens lustig, indem er »Ossiwitze« macht. Fabian vertauscht zum Beispiel beim Umblättern zwei Seiten und meint, erkennbar in Anspielung auf den Tagungsort: »Schon wieder die Wende nicht geschafft.« *Nachdem Fabian den Text vorgetragen hat, sagt er:* »Wir brauchen davon noch eine andere Version, die so geschrieben sein muss, dass der handwerklich gebildete Deutsche das auch versteht.«
»Das Schöne an dem Thema ›Schwule und neurechtes Denken‹ ist ja, dass man damit die Rechten und die Linken gleichermaßen ärgern kann«, *erklärt Andreas.*

»Für die wirklich Rechten ist die Homosexualität das Problem, für die Linken eben das Rechtssein. Damit kann man die paar Nazis in der AfD genauso ärgern wie die Antifa. Wobei das Erstaunliche ja ist, dass es die Liberalen in der AfD sind, die das Thema nicht offensiv angehen wollen, weil sie immer nur meinen: Wir haben doch kein Problem mit Homosexualität!«

»Das Problem ist, dass das alles total spannend ist, aber dieser Text von dir ist halt total schwer zu verstehen«, sagt Fabian. »Das ist wie die Bibel, die es früher nur auf Latein gab.«

»Da müssen wir wohl einen Martin Luther finden, der's ins Deutsche übersetzt«, scherzt Jens daraufhin.

»Die AHO muss aus diesen Gedanken eine Aktion machen, die vor allem auch von jungen Leuten verstanden wird. Gerade denen muss man zeigen, dass homosexuell zu sein nicht automatisch bedeutet, auch links zu sein«, sagt Fabian, nun wieder etwas ernster.

Wie in Kapitel 5 bereits beschrieben, hält Fabian die AHO vor allem deswegen für wichtig, weil es seiner Meinung nach einen Ansprechpartner für schwule potenzielle Neumitglieder der AfD brauche, der ihnen zeige, dass die AfD nicht schwulenfeindlich sei. Das Stereotyp, dass Schwule automatisch links zu sein haben, betrachtet er als Hürde sowohl für rechte Schwule bei ihrer Suche nach einer politischen Heimat als auch für die AfD bei der Gewinnung von Neumitgliedern. Im Interview erzählte er:

»Ich hab's ja an mir selbst erfahren, ich hab das zuerst geglaubt. Ich dachte, die AfD ist eventuell eine schwulenfeindliche Partei. Und wenn ich sogar der Sache auf den Leim gegangen bin, als jemand, der ja doch schon Jahre politisch interessiert ist, dann war mir das natürlich völlig klar, dass da ganz viele Leute noch da draußen sind, die das auch glauben, ist ja logisch. Und das war das Wichtige daran, dass sich diese Vereinigung [die AHO] gründet und öffentlich wahrgenommen wird, um Menschen da draußen zu zeigen, dass es nicht so ist. [...] Das war für mich auch der Grund, sich dafür zu engagieren. Ansonsten habe ich ja gar keinen so großen Grund, weil es ist ja so, sicherlich bin ich offen schwul und möchte auch so leben, aber das hat jetzt nichts mit meiner politischen Einstellung großartig zu tun. Okay, ich bin ein bisschen liberaler dadurch, aber mit diesem Grundsätzlichen, dass ich sage: Nationalstaat und für Deutschland, das hat ja erstmal nichts mit der Sexualität zu tun. Also von dem her hätte ich eigentlich keinen Grund, mich da zu engagieren, weil das ist nicht mein politisches Programm. [...] Also die Aufgabe war für mich wirklich, den Menschen, Menschen wie mir vielleicht, da draußen zu zeigen: Leute, die AfD ist nicht schwulenfeindlich, ihr könnt da hin, beschäftigt euch damit. Das war die Intention.« (IN 18)

Dieser Hintergrund Fabians ist relevant, weil für Fabian im Gegensatz zu Andreas (aber genau wie für Joachim) keinerlei Verbindung zwischen (seiner) Homosexualität und (seiner) Politik besteht. Es geht ihm gerade nicht darum, Homosexualität von rechts zu politisieren. Er will lediglich zeigen, dass es kein Widerspruch sei, schwul und rechts zu sein; nicht, weil es *keinen notwendigen*, sondern weil es *notwendig keinen* Zusammenhang zwischen Sexualität und Politik gebe. Fabian will die bestehende linke Äquivalenzkette zwar aufbrechen. Im Unterschied zu Andreas kommt es ihm aber nicht in den Sinn, eine neue, rechte Äquivalenzkette dagegenzusetzen. Andreas geht es dagegen ganz explizit darum, Linken und Liberalen die »Deutungshoheit« über schwule Geschichte zu entreißen und eine rechte Geschichte der Homosexuellenemanzipation zu erzählen.

Die AHO entschied auf ihrem Halbjahrestreffen, im Rahmen einer Patriotismuskampagne Bilder von bedeutenden Homosexuellen aus der deutschen Geschichte mit einem entsprechenden Zitat auf Facebook zu posten. Andreas fielen direkt weitere Namen ein: Franz Schubert (»ein Großdeutscher!«), Ludwig II. von Bayern und Alexander von Humboldt. »Bei den Dreien verschweigen die Linken immer den Patriotismus und die Rechten die Homosexualität! Es geht darum, eine nationalkonservative Deutungshoheit bei dem Thema zu erreichen.« Die AHO setzte die Kampagne wie geplant um. Im Juli und August 2017 wurden Collagen mit Bildern von Schubert, Ludwig II. und Humboldt vor Deutschlandflaggen und dem AHO-Logo ins Netz gestellt, dazu jeweils kurze Texte im typisch überbordenden Stil der AHO:

»König Ludwig der Zweite von Bayern soll uns ein Bild abgeben, einer Person, deren Schwulsein ein [sic] Teil seiner [sic] Strahlkraft bildet, das heimatstiftende Gestalt gefunden hat und der auch deswegen als eine der bekanntesten und beliebtesten Persönlichkeiten unserer deutschen Geschichte weltweit gelten kann.«[24]

»Franz Schubert soll uns ein Bild abgeben, einer Person, deren Schwulsein ein Teil seiner Strahlkraft bildet, das in seinen Liedern und der unvergleichlich tiefen Sprache seiner Musik Ausdruck gefunden hat. Deutsche Gedichte kennt die Welt in seinen Tönen, schöpferisches Künstlertum schlechthin ist mit seinem Namen verbunden wie mit kaum

---

24 Vgl. https://www.facebook.com/Alternative-Homosexuelle-AHO-1490981311156762/photos/1907337786187777, Abruf am 24.04.2024.

einem zweiten. Der deutsche Patriot starb mitten im Schaffensstrom mit 31 Jahren und zählt heute zu den bedeutendsten Komponisten der Menschheit.«[25]

»Alexander von Humboldt soll uns ein Bild abgeben, einer Person, deren Schwulsein ein Teil seiner Strahlkraft bildet. Er ist eine der bekanntesten und beliebtesten Persönlichkeiten unserer deutschen Geschichte weltweit. Als Homosexueller in ganz Lateinamerika bekannt, dass [sic] er erforscht hat und zwar dermaßen gut, dass er als eigentlicher Entdecker dieses Kontinents gilt. Er begründet den Stolz der deutschen Minderheiten in Südamerika bis heute mit. Seine gesamte Person und überwältigende Menschlichkeit bilden seinen Mythos mit – als einer der bedeutendsten Naturwissenschaftler aller Zeiten und Zonen.«[26]

Jeder dieser kleinen Texte endete mit dem Absatz:

»Lesben und Schwule findet euer Selbstbild neu und richtet es an solchem Schaffen aus, an Verbundenheit mit dem Volke und in Treue zu euch selbst! Eine neue Phänomenologie der Homosexualität tut not, fern des Genderismus und des Globalismus. Geistesrichtungen, mit denen ihr nichts zu schaffen habt. Deutschlands Wohl ist eure Freiheit.«

Zunächst wirkt die Patriotismuskampagne aufgrund des hochtrabenden und anachronistischen Stils weniger auf einer inhaltlichen als auf einer affektiven Ebene. Sie ist eine Form des past presencing, die auch performativ Konservatismus und »Deutschtum« evoziert.[27] Inhaltlich lässt sich feststellen, dass die AHO in der Patriotismuskampagne Geschichte als Legitimations- und »Evidenzressource« (Dümling 2021: 72) einsetzte: Sie sollte nicht nur die eigene Subjektposition als rechte Schwule plausibilisieren, sondern auch die »Beweise« und Vorbilder dafür liefern, dass Patriotismus und Nationalkonservatismus *immer schon* mit männlicher Homosexualität vereinbar gewesen seien.[28] Dabei muss freilich unterschlagen werden, dass sich wohl keine der genannten Personen selbst als »homosexuell« oder gar

---

25 Vgl. https://www.facebook.com/Alternative-Homosexuelle-AHO-1490981311156762/photos/1911035909151298, Abruf am 24.04.2024.
26 Vgl. https://www.facebook.com/Alternative-Homosexuelle-AHO-1490981311156762/photos/1927691057485783, Abruf am 24.04.2024.
27 Zu den Stilmitteln, die diese Wirkung erzielen, gehören insbesondere: Hyperbeln (»unvergleichlich tiefe[...] Sprache«, »Deutsche Gedichte kennt die Welt«, »zählt [...] zu den bedeutendsten Komponisten der Menschheit«, »eigentlicher Entdecker dieses Kontinents«, »überwältigende Menschlichkeit«, »aller Zeiten und Zonen«), Nominalstil (»Strahlkraft bildet«, »Gestalt gefunden hat«, »Ausdruck gefunden hat«), romantisierende Neologismen (»heimatstiftend[...]«, »Schaffensstrom«) sowie eine ungebräuchliche, veraltete Grammatik und Lexik (»schöpferisches Künstlertum«, »richtet es an solchem Schaffen aus«, »mit dem Volke«, »tut not«, »Deutschlands Wohl«).
28 Beate Binder schreibt: »Historisch fundierte Erzählungen bieten die Möglichkeit, ein ›schon immer‹ zu deklarieren, um ein ›für immer‹ zu legitimieren.« (Binder 2009: 35)

»schwul« bezeichnet hätte und sie ihr eigenes sexuelles Begehren teilweise stark problematisierten (von Ludwig II. etwa ist bekannt, dass er von schweren »Gewissensqualen« geplagt war, zugleich aber sein junges männliches Personal wohl auch sexuell ausnutzte, vgl. Hergemöller 2010: 767).

Sebastian Dümling bemerkt in seiner Analyse antifeministischer Diskurse in der neuen Rechten, dass in ihnen Geschichte eine zentrale Rolle als »argumentative Ressource« (Dümling 2021: 60) einnehme. Im Gegensatz dazu spielten in angrenzenden politischen Diskursen (dazu zählt er etwa auch den Rechtspopulismus) eher biologistische Argumentationen eine Rolle: Hier werde die *biologische Natürlichkeit* und Unabänderlichkeit von Zweigeschlechtlichkeit und Heteronormativität behauptet. In verschiedenen Texten der intellektuellen Neuen Rechten findet Dümling stattdessen Bezüge zu »historischen Erinnerungsräumen« als »anti-ambige[n] Räume[n]«[29] (ebd.: 64; Hervorh. nicht übernommen), die die Kontingenz von Geschichte nicht (!) infrage stellen (ebd.: 60 f.). Geschichte werde hier aufgerufen, um die *ethische* (und nicht biologische) Notwendigkeit von Zweigeschlechtlichkeit und Heteronormativität zu begründen: »Der neurechte Vorwurf gegenüber dem Genderismus lautet weniger, dass dieser eine nichtnatürliche Künstlichkeit von Körper und Geschlecht starkmache, sondern vielmehr, dass er stabile Sozialindizes aufkündige« (ebd.: 71). Diese Analyse passt gut zum past presencing der AHO, der es ja gerade darum geht, sich an einer Politik zu beteiligen, die sich auf stabile, eindeutige Identitäten beruft. Andreas konfrontierte mich zum Beispiel gerne damit, dass sich auch Linke an biologistischen Essentialismen bedienen, indem sie etwa auf »Homosexualität« im Tierreich verweisen, um für die »Normalität« gleichgeschlechtlichen Begehrens zu argumentieren. »Pinguine sind apolitisch!«, bekam ich dann von ihm zu hören. Auch deswegen war Geschichte für Andreas eine attraktive argumentative Ressource: Auf ihrer Grundlage ließ sich Homosexualität im Sinne der Ethik der heteronormativen Differenz politisieren; Biologie war demgegenüber eher eine Ressource für die Depolitisierung von Homosexualität im Sinne der Ethik der homonormativen Gleichheit.[30] Gleichwohl ist aus einer ethnografischen Perspektive nicht plausibel, wo genau die Grenzen zwischen (intellektuellen) »neurechten« und (realpolitischen?) »rechtspopulistischen« Feldern verlaufen sollen.

---

29 Für diese Formulierung bezieht sich Dümling auf Bauer 2018.
30 Heteronormative Differenz und homonormative Gleichheit diskutiere ich in Kapitel 5 als die zwei möglichen ethischen Orientierungen für Homosexuelle in der AfD.

Die AHO jedenfalls bedient sich an Versatzstücken aus unterschiedlichen Diskursen. Ich werde diesen argumentativen Strang – Antigenderismus und Geschlechteressentialismus in der AHO – im nächsten Kapitel weiter verfolgen.

Affektiver Überschuss: Röhm und kein Ende

Doch das Gespräch über die historischen Vorläufer rechter Schwuler während der Halbjahrestagung nahm noch eine weitere Wendung, die nichts mehr mit der strategischen Aneignung von »usable pasts« zu tun hatte und die ich als affektiven Überschuss bezeichnen würde. Wie von selbst kam der Gedankenaustausch unter den Anwesenden irgendwann darauf, dass es ja *sogar* bei den Nazis Homosexuelle gegeben habe. Fabian begann, auf Wikipedia danach zu suchen, und stieß schließlich auf einen Tagebucheintrag, den Alfred Rosenberg über die sogenannte »Nacht der langen Messer« am 30. Juni/1. Juli 1934 verfasst hatte. Hitler hatte in jener Nacht begonnen, sich der SA-Führung zu entledigen. Am frühen Morgen des 1. Juli überraschte er Röhm und weitere SS-Offiziere, die in einem Hotel in Bayern die Nacht durchzecht hatten, mitsamt einer SS-Kolonne. Einige wurden an Ort und Stelle umgebracht; Röhm wurde verhaftet und in seiner Zelle erschossen. Im Laufe der nächsten drei Tage wurden insgesamt mehr als 1.000 Personen verhaftet und Dutzende ermordet, darunter nicht nur SA-Angehörige (vgl. Wackerfuss 2015: 298 ff.).

Fabian las den Tagebucheintrag vor:

»Im Nebenzimmer [von Röhm; P.W.] war Heines in homosexueller Betätigung. ›Das alles wollen Führer in Deutschland sein‹, sagte der Führer gequält. Heines führte eine Heulszene auf: ›Mein Führer, ich habe dem Jungen nichts getan.‹ Und der Lustknabe küßt vor Angst und Wehe seinen Liebling auf die Backe. Amann erzählt: Nie habe der Führer sich an einem Menschen vergriffen, jetzt aber hätte er den Lustknaben gepackt und voller Ekel an die Wand geschmissen. Im Korridor kommt dem Führer eine hagere Gestalt entgegen mit rot geschminkten Wangen. ›Wer sind Sie?‹ – ›Der Zivildiener des Stabchefs‹. Da packt den Führer eine Wut ohne gleichen, auf solche Weise seine S. A. beschmutzt zu sehen, er befiehlt die Lustknaben samt u. sonders in den Keller zu packen u. zu erschießen.«[31]

---

31 Zit. nach https://de.wikipedia.org/wiki/Edmund_Heines, Abruf am 24.04.2024.

Eine weitere Quelle, die Fabian vorlas, ist ein Tagebucheintrag von Hitlers Chauffeur Erich Kempka:

»Aus dem gegenüberliegenden Hotelzimmer kommen zwei Kriminalbeamte. Einer von ihnen erstattet Hitler Meldung: ›Mein Führer ... der Polizeipräsident von Breslau weigert sich, sich anzuziehen!‹ Ohne mich zu beachten, tritt Hitler in das Zimmer, wo SA-Obergruppenführer Heines wohnt. Ich höre ihn schreien: ›Heines, wenn Sie nicht in fünf Minuten angezogen sind, lasse ich Sie an Ort und Stelle erschießen!‹ Ich trete ein paar Schritte zurück, und ein Polizeibeamter flüstert mir zu, daß Heines mit einem achtzehnjährigen SA-Obertruppführer im Bett gelegen habe. Endlich kommt Heines aus dem Zimmer, und vor ihm tänzelt ein achtzehnjähriger blonder Bengel.«[32]

»Was zu der Zeit alles möglich war!«, zeigte Fabian sich erstaunt und sagte mit Verweis auf die »hagere Gestalt [...] mit rot geschminkten Wangen«: »Sogar Transvestiten waren dabei! Vielleicht wäre es gut möglich gewesen, dass Homosexualität unter den Nazis akzeptiert worden wäre.«

Wie schon in Kapitel 4 geschildert, konnte ich von allen meinen Gesprächspartner_innen bei Fabian die größte Nähe – inhaltlich wie affektiv – zum Nationalsozialismus beobachten. Er war nicht nur, wie dort beschrieben, von faschistischer Ästhetik eingenommen. Er benannte seine politische Einstellung auch ganz öffentlich, etwa auf einem Wahlkampfflyer, mit den Begriffen: »National – Sozial – Liberal«. Darüber hinaus machte er keinen Hehl aus seiner Begeisterung für den Krieg und seinem melancholischen Bedauern darüber, dass es heute »keine Kriege und heroischen Ideale, kein Bestreben, andere Länder zu erobern« mehr gebe, wie er während eines Gesprächs in der AHO-Runde sagte. Gerade das – in den Krieg ziehen – könne der Schwule, weil er keine Verpflichtungen für Frau und Kinder habe. In diesem Lichte betrachtet, erscheinen Fabians fasziniete Rezitation der Tagebucheinträge und seine Äußerungen darüber wie träumerische Bewunderung. Fabian imaginiert eine NS-Vergangenheit ohne Homophobie, eine Vergangenheit, die ihm gefallen hätte.

Diese Form von past presencing ist weniger strategisch orientiert, sie hat keine unmittelbare Relevanz als Erinnerungspolitik. Auch Pepper G. Glass, der die Rolle von historischen Bezugnahmen in urbanen Imaginationen untersucht, beschreibt nicht nur strategische, sondern auch *träumerische* Vergegenwärtigungen des Vergangenen. Über seine Gesprächspartner_in-

---

32 Zit. nach https://de.wikipedia.org/w/index.php?title=Erich_Schiewek&oldid=165988638, Abruf am 24.04.2024. Das Zitat ist in der aktuellen Version des Wikipedia-Artikels zu Erich Schiewek nicht mehr zu finden.

nen schreibt er: »[T]hey performed the past as reverie in order to enhance the present, making it serene and enjoyable by reflecting on nostalgic ›old times‹. Reverie falls in the realm of daydream and wistfulness, tranquil musings about the world, versus the critical and pointed assessments when people invoked the past as strategy« (Glass 2016: 104). Doch anders als Glass es beschreibt, fällt bei Fabian der emphatisch politische Gehalt seiner Träumereien ins Auge – nicht in dem Sinne, dass er daraus ein erinnerungspolitisches Programm entwirft, sondern weil er darin seiner Bewunderung für manche Aspekte des Nationalsozialismus Ausdruck verleiht. Im Bereich des Träumerischen ist es ihm möglich, eine politische Seite auszuleben, die ihm sonst verboten ist.

Fabians Träumereien veranschaulichen, dass past presencing für die AHO eine ambivalente Angelegenheit ist, oder mit anderen Worten, dass Geschichte für die AHO »gleichermaßen Ressource wie Hypothek« (Langebach/Sturm 2015: 9) ist: Bei all den Versuchen, sich positiv auf die Geschichte zu beziehen, können sehr weit rechts positionierte Personen wie Fabian durchaus über das politische Ziel, das Andreas vorschwebt, hinausschießen. Als Andreas in Sangerhausen darüber sprach, dass die AfD über den »reichen Schatz in unserer Geschichte« eine erinnerungspolitische 180-Grad-Wende anstoßen könne, und sich damit affirmativ auf Höcke bezog, sagte er, dass es bei dieser Wende darum gehe, die positiven Momente der Geschichte zu betonen, und nicht darum, die negativen auszublenden. So interpretiert könne man Höcke »einfangen«. Wie wir anhand der kurzen Röhm-Episode bei der AHO feststellen können, ist die Frage, *welche* Vergangenheiten als positiv oder negativ zu gelten haben, damit aber noch nicht beantwortet.

Fazit: Geschichte als Ressource und Hypothek

Geschichte ist eine politische Ressource: Sie kann Identität stiften und Legitimität begründen. Die Alternativen Homosexuellen versuchen, diese Ressource zu nutzen; insbesondere dem Historiker Andreas ist daran gelegen. Ich habe in diesem Kapitel zwei Varianten des politisierten past presencing in meinem Feld unterschieden: Erstens argumentiert die AHO mit Bezug auf die homosexuellen Emanzipationsbewegungen im späten 19. und frühen 20. Jahrhundert, Deutschland sei »das Land der Homosexuellenemanzipation« und diese Erkenntnis könne Quelle einer positiven Identifikation mit der deutschen Nation sein. Damit schließen meine Gesprächspartner an die von Björn Höcke ausgerufene »erinnerungspolitische Wende um 180 Grad« an und versuchen, dieser Wende gewissermaßen einen homosexuellen Drall zu geben. Ziel ist es, sowohl die Zugehörigkeit der AHO zur AfD als auch ihren Wert für die Partei zu demonstrieren, indem sie ihr ein nützliches historisches Narrativ – eine »usable past« – liefert: Auf die Geschichte der Homosexuellenemanzipation könne Deutschland stolz sein und damit lasse sich die Wende von einer (vermeintlich) hegemonial negativen hin zu einer positiven Betrachtungsweise der eigenen Geschichte vollziehen.

Zweitens dienen die historischen Figuren und Argumentationsmuster, an die die AHO anknüpft, der Herstellung einer kohärenten Subjektposition: Indem sie sich auf historische Zeugen beziehen, können sich meine Gesprächspartner bestätigen, dass ihre Lebensweise und Weltanschauung nicht so widersprüchlich sind, wie ihnen gemeinhin vorgeworfen wird. Denn, so die Botschaft, rechte Schwule hat es schon immer gegeben. Mehr noch: (Männliche) Homosexualität sei sogar »ursprünglich« ein Thema der Rechten gewesen und Linke hätten Homosexuelle später vereinnahmt. In diesem Narrativ verdichtet sich eine zweite Facette der »180-Grad-Wende«, nämlich eine Wende von linker zu rechter Deutungshoheit. Es geht dabei nicht darum, eine ideologisch kohärente geschichtspolitische Position auszuarbeiten, was unter anderem an den strategischen Differenzen zwischen Andreas und Fabian deutlich wird. Vielmehr geht es um das Konstrukt eines *Gegen*narrativs und damit um populistische Provokation. Past presencing zeigt sich hier als Mittel zum Zweck. Geschichte fungiert dabei als Evidenz- und Legitimationsressource.

Es sind dies Versuche der AHO, sich im politischen Imaginären der AfD als zugehörig zu verankern, um in eine rechte Äquivalenzkette aufgenommen zu werden. Höcke geriert sich mit seiner »180-Grad-Wende« als Erinnerungskrieger, der ein vereinheitlichtes nationales Erinnerungsregime spalten will. Dies ist eine populistische Strategie, denn durch sie wird eine Linie gezogen, die die Gesellschaft in ein freundliches »Wir« und ein feindliches »die Anderen« aufteilt: positive Geschichtsbetrachtung hier, negative Geschichtsbetrachtung dort. Das erinnerungspolitische Feld erscheint dadurch einheitlicher, als es ist, denn konservativer Geschichtsrevisionismus liegt nicht jenseits der aktuellen Grenzen des Diskurses. Die AHO nimmt diese erinnerungspolitische Akteursposition auf: Als Krieger vis-à-vis einem vereinheitlichten (linken) schwulen Erinnerungsregime wollen sie die »wahre« (rechte) Geschichte der Homosexuellenemanzipation, die sie auf der Seite des rechten »Wir« positioniert, erzählen und durchsetzen. Wie das Kapitel gezeigt hat, sollte es eine kritische Auseinandersetzung mit dieser Strategie vermeiden, diese Positionen als absurd abzutun. Eine rechte Politisierung schwuler Männlichkeit artikuliert sich seit Beginn der homosexuellen Emanzipationsbewegung in verschiedenen Facetten (und kann dabei durchaus in sich kohärent sein), und nur weil sie heute marginal erscheint, ist sie kein Widerspruch in sich oder gar unmöglich.

Die analytische Figur des past presencing hat es mir ermöglicht, jenseits dieser strategischen Momente nach den affektiven Dimensionen von Geschichtspolitik zu fragen. Damit meine ich weniger die Mobilisierung von Emotionen zu politischen Zwecken, wie etwa den Versuch, in der schwulen Geschichte nach Momenten zu suchen, auf die die Deutschen stolz sein könnten. Es geht mir eher um die Begeisterung, mit der manche in der AHO die »eigenen Ahnen« recherchieren, um die erlebte Aufwertung der eigenen Subjektposition durch die Erzählung, dass Schwule eine wichtige Funktion für die Nation erfüllten, oder um Fabians fasziniertes Schaudern angesichts der »Nacht der langen Messer«. Denn diese affektiven Momente sind nicht nur zentral für die Konstitution einer legitimen kollektiven Identität als rechte Schwule. Sie zeigen auch, dass die politische Arbeit an und mit der Geschichte nicht in strategischem Kalkül aufgeht: Diese Arbeit erzeugt einen affektiven Überschuss, der sich gerade mit ethnografischen Mitteln beschreiben lässt. In meinen Augen ist dieser Überschuss vor allem deswegen der Analyse wert, weil die klaren rhetorischen Grenzen, die die AfD gegenüber »Nazis« zieht (s. Kapitel 4), dadurch abermals infrage gestellt werden. Insofern ist Geschichte für die AHO Ressource und Hypothek zugleich.

Wenn wir wieder einen Schritt zurücktreten und das past presencing im Gesamtkontext des Feldes betrachten, fällt jedoch auf, dass es im Repertoire der AHO keine allzu große Rolle spielt. Die nach außen wirksamen politischen Praktiken, die ich beschrieben habe, wie etwa die »Patriotismuskampagne«, hatten keine große Reichweite, und ohne die Initiative von Andreas wäre das Thema kaum bis gar nicht relevant. Dennoch gibt das Material Aufschluss darüber, welches Spektrum an Positionen im Rahmen des äußerst rechten past presencing möglich ist. Es schließen sich weiterführende Fragen an: Unklar ist etwa, wie ernst es die AHO mit dem männerbündischen Element meint, das für die maskulinistischen Schwulen Anfang des 20. Jahrhunderts den Dreh- und Angelpunkt bildete. Einerseits bestand die AHO während meiner Feldforschung ausschließlich aus Männern, andererseits gab es aber sowohl davor als auch danach weibliche Mitglieder. Dementsprechend kann ich keine Aussage darüber treffen, ob sich die AHO auch in diesen Zeiten auf maskulinistische Genealogien bezog. Auch führte die AHO diese Kontinuitäten, die sie selbst in der Geschichte fand, nie parteiöffentlich aus. Das heißt, obwohl die Geschichte einen potenziellen Anknüpfungspunkt für eine rechte Politisierung des Schwulseins darstellt, schöpfte die AHO diese Möglichkeiten nicht aus. Vielleicht ist der offensichtlich misogyne Charakter des strengen Männerbundes, wie er einem George oder einem Blüher vorschwebte, heute selbst für die äußerste Rechte nicht mehr anschlussfähig und gesellschaftlich eben nicht nur Ressource, sondern auch Hypothek. Fraglos gibt es auch außerhalb rechter Kreise unter schwulen cis Männern eine gewisse Faszination für die These, dass mann-männliches Begehren der Ausdruck vollendeter Männlichkeit sei – und nicht, wie bei Karl Heinrich Ulrichs oder Magnus Hirschfeld, »Verweiblichung«.[33] Ähnlich wie für Fabian der Nationalsozialismus erscheint für diese Schwulen der Männerbund vielleicht attraktiv, aber letztlich auch verboten. Insofern handelt es sich um historische Vorläufer, die die AHO zwar benennen kann, mit deren ideologischem Fundament sie aber nicht explizit arbeitet.

Doch worin besteht dann die rechte Politisierung des Schwulseins, von der die AHO spricht? Diese Frage wird im Zentrum des nächsten Kapitels stehen. Darin werde ich den schwulen Antigenderismus analysieren, den die AHO entwirft und der ihre zentrale politische Botschaft darstellt.

---

33 Es würde an dieser Stelle zu weit führen, diese psychologisierende Behauptung auszuführen. Von daher belasse ich es bei der anekdotischen Bemerkung, dass mir diese Faszination schon einige Male persönlich begegnete, wenn ich mit Bekannten über die verschütteten maskulinistischen Genealogien der Schwulenbewegung sprach. Dass ich dies in kritischer Absicht tat, war nicht immer leicht zu vermitteln.

8. »Es gibt da eine Partei, die kümmert sich nicht um Gender-Sternchen« – Schwuler Antigenderismus, schwule Queerfeindlichkeit

> Wenn wir gute Behindertenpolitik, gute Ausländerpolitik, gute Schwulenpolitik machen wollen, tatsächlich im Geiste Europas, dann sind wir Gegner des Multikulturalismus, Gegner der Inklusion und Gegner der /g/ender Studies.
> – Andreas während eines Vortrags[1]

> Es gibt da eine Partei, die kümmert sich nicht um Gender-Sternchen. Sorry! Der geht es um die normalsten Dinge der Welt: Sichere Grenzen. Stabiles Geld. Recht & Ordnung. Wohlstand für alle. Eine Partei, die sich für die echten Probleme interessiert. Von ganz normalen Menschen. Für alle, die den Laden am Laufen halten.
> – Kampagnenvideo der AfD zur Bundestagswahl 2021[2]

Im vorangegangenen Kapitel betrachtete ich die Versuche meiner Gesprächspartner, ihre Subjektposition als rechte Schwule auf ein historisches Narrativ zu gründen und der AfD dieses Narrativ für die politische Kommunikation anzubieten. Um in eine rechte Äquivalenzkette aufgenommen zu werden, reicht eine historische Argumentation jedoch nicht aus. Zentral ist, dass es der AHO gelingt, auf der Policy-Ebene glaubhaft zu machen, dass sie mit den Anliegen der AfD übereinstimmt. Neben der Migrations- beziehungsweise Islampolitik gehört die Geschlechter- und Familienpolitik zu den Hauptbetätigungsfeldern der AfD wie auch der äußersten Rechten insgesamt. Doch während die Argumentation, »der Islam« bedrohe Homosexuelle, für den ethnosexistischen Alltagsverstand in der AfD an-

---

1 Das Datum lasse ich an dieser Stelle aus Gründen des Datenschutzes weg.
2 Vgl. https://www.youtube.com/watch?v=Gg9qeVYBL2U, Abruf am 24.04.2024, Zitat des Texts, der zwischen Minute 00:00 und 00:29 eingeblendet wird.

schlussfähig ist (s. Kapitel 6), scheinen die Anliegen von Homosexuellen der rechten Geschlechter- und Familienpolitik eher zu widersprechen. Die Figur des (homophoben) muslimischen Mannes erscheint sowohl als Feind der AfD als auch als Feind der Homosexuellen. Das analoge Feindbild in der Geschlechter- und Familienpolitik – nämlich »Gender« – lässt sich dagegen nicht so einfach als homofeindlich darstellen. Das politische Projekt, das der Antigenderismus einem imaginierten »Genderismus« unterstellt, beinhaltet in der Vorstellung der Antigenderist_innen vielmehr eine »Überhöhung« von Homosexuellen sowie anderen geschlechtlichen und sexuellen Minderheiten. »Sie werden vom Zeitgeist hofiert, wieso sollte dies ihnen nicht gefallen?«, fragt denn auch Andreas in seinem Text »Schwule und neurechtes Denken«, über den die AHO auf einem ihrer Treffen diskutierte (s. Kapitel 7).

Die Herausforderung besteht für die AHO also darin, der eigenen Partei glaubhaft zu vermitteln, dass sich rechte Homosexuelle *gegen* die »genderistische« Politik der Linken beziehungsweise der »Altparteien« positionieren, dass ihre Forderungen also äquivalent zu denen der AfD sind. Dabei argumentieren sie folgendermaßen: Die »Gender-Ideologie« bedrohe »Identität« und damit auch ihre eigene Identität als Schwule. Zudem sei (männliche) Homosexualität nicht per se eine Infragestellung oder Überschreitung von Männlichkeit; vielmehr könnten schwule Männer Männlichkeit sogar bekräftigen. Diese Argumentation aktualisiert den schwulen Maskulinismus, den ich im vorherigen Kapitel schon in seinen historischen Bezügen analysiert habe.

In diesem Kapitel liegt ein Fokus auf der Spannung zwischen dieser Argumentation – der Rhetorik – und der gelebten Praxis, denn weder identifizieren sich die Alternativen Homosexuellen ohne Brüche mit einer maskulinistischen Ideologie, noch hängen sie einem starren Essentialismus an. Meine Daten bestätigen die These, dass Gender vor allem als leerer Signifikant fungiert, mit dem eine feindliche Äquivalenzkette bezeichnet werden kann (Sauer 2019: 342). Wenn ich in Diskussionen über die Inhalte einstieg, um die es bei Gender vermeintlich ging, stellte sich schnell heraus, dass meine Gesprächspartner jenseits von Schlagworten wie »Gleichmacherei« entweder kaum wussten, wovon sie sprachen, oder meine Argumente sogar plausibel fanden. Gender – so stellte sich heraus – war im Sprachgebrauch meiner Forschungsteilnehmer etwas anderes als das analytische Konzept Gender, wie es die Gender Studies verwenden.

Dieser Gedanke kam mir zum ersten Mal in den Sinn, als ich beobachtete, dass AfD-Mitglieder das Wort häufig mit einem »harten« deutschen G am Anfang aussprachen. Das kann verschiedene Gründe haben, etwa Unkenntnis der englischen Sprache oder bewusste »Eindeutschung« eines Anglizismus. Doch was mir als gelerntem Linguisten zunächst als Allophon, also als lautliche Variante vorkam, die keine Relevanz für die Bedeutung des Wortes hat, schien sich bei genauerer Betrachtung als Phonem zu entpuppen, als bedeutungsunterscheidender Laut. Möglicherweise war der Unterschied zwischen [gɛndɐ] und [dʒɛndɐ] kein rein phonetischer, vielleicht bezeichneten beide auch semantisch etwas jeweils anderes. Ich verwende deswegen in Zitaten von gesprochener Rede eine verfremdete Schreibweise von Gender, um diesen Unterschied in der schriftlichen Wiedergabe sichtbar zu machen. Diese Schreibweise – nämlich /g/ender – orientiert sich mit den Schrägstrichen an der linguistischen Konvention zur Schreibung von Phonemen, und das Zeichen g stellt im Internationalen Phonetischen Alphabet den stimmhaften velaren Plosiv dar.[3]

Im Folgenden gehe ich zunächst auf den Forschungsstand zu Antigenderismus ein. In dem darauffolgenden Abschnitt zeige ich, wie von unterschiedlichen Akteur_innen in der AfD zwischen Homosexualität und Gender unterschieden wird. Darauf aufbauend analysiere ich sodann die rechtspopulistische, strukturell antisemitische Trennung der Welt in Anhänger_innen des »(De-)Konstruktivismus« und Anhänger_innen des »Essentialismus«. Im letzten Abschnitt vor dem Fazit gehe ich dann, vor allem auf Grundlage meines ethnografischen Materials, darauf ein, wie meine Gesprächspartner diese Diskurse relativieren. Denn die diskursiv gezogenen identitären Grenzen, so stellt sich vor allem aus ethnografischer Perspektive heraus, sind in der gelebten Praxis viel weniger eindeutig.

Antigenderismus

Die Geschichte, die Formen und die Inhalte rechter Mobilisierungen gegen Gender werden seit Mitte der 2010er Jahre aus sozialwissenschaftlicher Per-

---

[3] In der deutschen Orthografie wird dieser Laut ebenfalls durch das Zeichen g bzw. G wiedergegeben, etwa im Anlaut von *Garten*.

spektive in den Blick genommen – häufig insbesondere von jenen, die als Geschlechterforscher_innen selbst zum Ziel antigenderistischer Angriffe werden. Es besteht Einigkeit darüber, dass konservative Kreise Mitte der 1990er Jahre begannen, das wissenschaftliche Konzept Gender als Problem wahrzunehmen. Es waren zunächst insbesondere der Vatikan und andere katholische Akteur_innen, die sich im Zuge der von den Vereinten Nationen veranstalteten Weltbevölkerungskonferenz 1994 in Kairo und der Weltfrauenkonferenz 1995 in Peking kritisch mit Gender auseinandersetzten (Paternotte/Kuhar 2017: 9; Graff/Korolczuk 2022a: 38 ff.). Diese Konferenzen legten einen Fokus auf reproduktive Rechte und reproduktive Gesundheit, und Policy-relevante Konzepte wie »gender equality« und »Gender Mainstreaming« wurden zu zentralen Begrifflichkeiten auf der Ebene internationaler Zusammenarbeit. Insbesondere in Peking war die Verwendung des Wortes Gender umstritten. Konservative, gerade katholische Akteur_innen befürchteten, dass mit diesem Konzept – verstanden als die sozial konstruierte Seite von »Geschlechterrollen« und -verhältnissen – Konsequenzen für das Verständnis von Sexualität und Reproduktion einhergehen würden: Wenn die Rollen und Verhältnisse der Geschlechter nicht biologisch determiniert seien, sondern auch anders sein könnten, dann, so die konservative Befürchtung, könnten Homosexualität sowie Abtreibung normalisiert werden (Baden/Goetz 1997). Der Heilige Stuhl sah in Gender einen Angriff auf die Familie und einen Widerspruch zu seinem Verständnis einer natürlichen Komplementarität der Geschlechter (Paternotte/Kuhar 2017: 10).

Ausgehend von diesen Ursprüngen im Vatikan entstanden sowohl regionale als auch transnationale Kooperationen von ultrakonservativen Netzwerken, die sich dem Kampf gegen Gender und für die »natürliche Familie« verschrieben (Datta 2019; Graff/Korolczuk 2022a: 42 ff.). Ziel der Mobilisierungen gegen Gender ist es, die Liberalisierung sexueller und geschlechtlicher Verhältnisse zu verhindern beziehungsweise zurückzunehmen: Neben gleichstellungspolitischen Maßnahmen, sexuellen und reproduktiven Rechten sowie der Öffnung der Ehe und der Einführung des Adoptionsrechts für gleichgeschlechtliche Paare stehen auch neue reproduktive Technologien, Sexualpädagogik und Maßnahmen zum Schutz vor Gewalt gegen Frauen im Fokus, insbesondere die sogenannte Istanbul-Konvention (Paternotte/Kuhar 2017: 5; Graff/Korolczuk 2022a: 45). Daneben spielt die Diskreditierung der Gender Studies als unwissenschaftliche »Ideologie« eine zentrale Rolle (Hark/Villa 2015c).

Gerade an diesem letztgenannten Topos, der nicht religiös argumentiert, sondern szientistisch, wird deutlich, dass aus dem ursprünglich von katholischen Kräften getragenen Diskurs eine breitere politische Bewegung geworden ist. Für die religiösen und ultrakonservativen antigenderistischen Akteur_innen stellte der weltweite Aufschwung der Rechten ein Gelegenheitsfenster dar, um an Einfluss zu gewinnen. Mit Agnieszka Graff und Elżbieta Korolczuk gesprochen, die bis dato die systematischste und umfassendste Dokumentation und Theoretisierung des globalen Antigenderismus vorgelegt haben, handelt es sich um eine »opportunistische Synergie«: »a dynamic cooperation between religious fundamentalists and right-wing populist parties, with both sides benefitting« (Graff/Korolczuk 2022a: 24). Während es klare ideologische Gemeinsamkeiten zwischen beiden Seiten gebe, seien ihre Ziele und Interessen nicht notwendigerweise deckungsgleich. Für rechte politische Akteur_innen sei der antigenderistische Diskurs primär von strategischem Nutzen, um in den Augen ihrer traditionalistischen Wähler_innenschaft an Legitimität zu gewinnen und den rechtspopulistischen Antagonismus zwischen »dem Volk« und »den Eliten« moralisch einfärben zu können. Die fundamentalistisch-christlichen Akteur_innen sähen in der Rechten dagegen einen mächtigen Verbündeten, mit dessen Hilfe sie rechtliche Reformen durchsetzen könnten sowie Zugang zu finanziellen Ressourcen und policy making erhielten (ebd.).

Erfolgreich ist diese Verbindung auch deswegen, weil der Antigenderismus selbst als rechtspopulistischer Diskurs strukturiert ist: Er agitiert gegen die Eliten supra- und internationaler Organisationen wie der UN und der EU und unterstellt ihnen eine totalitaristische Strategie, die zum Ziel habe, die essentiellen Unterschiede zwischen Männern und Frauen einzuebnen, um einen »neuen Menschen« zu schaffen, geschlechtslos und manipulierbar (Paternotte/Kuhar 2017: 14; Sauer 2019: 344 f.). Somit stellt sich der Antigenderismus als Verteidiger der »einfachen Leute« und des Alltagsverstands dar. So betrachtet, handelt es sich um weit mehr als eine zeitgenössische Spielart des Antifeminismus, als die ihn insbesondere deutschsprachige Forscher_innen häufig einordnen (Henninger 2020: 14; Schmincke 2018: 29).[4] Mittel- und osteuropäische Forscher_innen haben dagegen von Anfang

---

4 Ein weiteres Problem geht damit einher, Antigenderismus auf Antifeminismus zu reduzieren: Es gibt durchaus feministische Akteur_innen, die sich antigenderistisch artikulieren (z.B. Vukadinović 2017). Die Forschungsgruppe um Annette Henninger und Ursula Birsl versucht, dieses Problem zu umgehen, indem sie Feminismus definitorisch einschränkt, und zwar als »intersektio-

an darauf hingewiesen, dass ideologische Inhalte eine geringere Rolle spielten als die strategische Einsatzfähigkeit des antigenderistischen Diskurses in einem Kampf um Hegemonie. In diesem Zusammenhang prägten Weronika Grzebalska, Eszter Kováts und Andrea Pető (2017) das vielzitierte Stichwort von Gender als »symbolic glue«: Der Signifikant Gender sei dazu in der Lage, höchst unterschiedliche illiberale Strömungen miteinander zu vereinen.

Einige Forscher_innen argumentieren mit Blick auf den Populismusbegriff Ernesto Laclaus (2005a), dass es sich folglich um einen »leeren« Signifikanten handle. Birgit Sauer schreibt, dass es die »Anschlussfähigkeit des Anti-Gender-Diskurses an andere kontroverse Diskussionen um eine Bedrohung von Identität« (Sauer 2019: 348; vgl. auch Wielowiejski 2018b: 354) sei, die Gender zu einem leeren Signifikanten mache: Unterschiedliche Akteur_innen könnten mit ihren jeweiligen Anliegen eine Äquivalenzkette gegenüber dem gemeinsamen Feind Gender knüpfen. Eine solche Sichtweise auf Gender als (tendenziell) leeren Signifikanten impliziert indes nicht, dass Gender in diesen Diskursen völlig inhaltsleer geworden ist. Meiner Ansicht nach schließt diese Argumentation nicht aus, dass antigenderistische Akteur_innen »im Kern verstanden [haben], wofür der Begriff Gender steht«, wie Sabine_ Hark und Paula-Irene Villa (Hark/Villa 2015b: 8) meinen, nämlich »für eine nicht-natürliche, damit also post-essentialistische Fassung von Geschlecht (und Sexualität)« (ebd.: 7). In der Tat betont der analytische Begriff Gender, der im Zentrum der Gender Studies steht, die Gewordenheit, das heißt den sozialen Konstruktionscharakter von Geschlecht, und entzieht Geschlecht damit einer biologistischen respektive religiösen Auffassung von Zweigeschlechtlichkeit und binärer Opposition. Geschlechterverhältnisse und Geschlechtsidentitäten sind zwar nicht willkürlich strukturiert, zufällig angeordnet oder frei wählbar. Sie sind aber sehr wohl historisch kontingent; sie könnten auch anders sein. Dies ist die ontologische Grundlage des Feminismus, auf der sich politisch für Gleichberechtigung kämpfen lässt. *Das* ist es, was antigenderistische Akteur_innen

---

nales Projekt, das auf die Aufhebung gesellschaftlicher Herrschaftsverhältnisse zielt und eine Liberalisierung und Entnormierung der Geschlechterverhältnisse anstrebt« (Henninger 2020: 15). Die Verstrickungen mancher Feminismen in rassistische, kapitalistische und heterosexistische sowie transfeindliche Logiken dergestalt auszublenden, halte ich jedoch für eine problematische Externalisierung (vgl. auch Hark/Villa 2017).

durchaus an dem Begriff verstanden haben. Was sie letztlich eint, ist ihre antidemokratische Weltanschauung (Wilde/Meyer 2018).

Gleichwohl finden im antigenderistischen Diskurs (absichtliche) Verzerrungen statt (Hark/Villa 2015c: 18; Sauer 2019: 341). Gravierende Unterschiede zwischen wissenschaftlichen und Policy-orientierten Verwendungsweisen des Gender-Begriffs sowie die teils weit auseinanderliegenden Positionen innerhalb der wissenschaftlichen Debatte werden unterschlagen. So ist der Gender-Begriff nicht notwendigerweise mit einer dekonstruktivistischen Lesart von Geschlecht verknüpft, wie sie mit Judith Butler (1991) verbunden wird; vielmehr wurde gerade dem Gender Mainstreaming aus einer kritischen Perspektive heraus vorgeworfen, durch seinen Fokus auf die Gleichstellung von Männern und Frauen Zweigeschlechtlichkeit festzuschreiben (Meuser 2004). Auch Butlers »Dekonstruktion« ist nicht gleichbedeutend mit einer politisch motivierten Abschaffung von Geschlecht tout court oder der Behauptung, die materielle »Realität« sei nichts als eine sprachliche Erfindung. Butler selbst hat schon Anfang der 1990er Jahre wiederholt auf solche Fehlinterpretationen reagiert (Butler 1992; 1997). Insofern stellt sich der antigenderistische Diskurs als selbstreferenziell heraus: Anstatt sich mit den Primärtexten aus den Gender Studies auseinanderzusetzen, zitieren die Akteur_innen einige wenige Autor_innen, die entweder, wie Gabriele Kuby, selbst nicht wissenschaftlich tätig sind, oder solche, deren Thesen zu Gender innerhalb der scientific community kaum anerkannt sind, wie den Biologen Ulrich Kutschera (Näser-Lather 2020: 120 f.).

Andreas, mein wichtigster Gesprächspartner, gab sich während seiner Ansprachen und Vorträge, die er in unterschiedlichen Kontexten der AfD hielt, gerne als Experte für Gender. Beispielsweise konstatierte er zu Beginn einer dieser Reden auf einem Landesparteitag, deren Skript er mir nachträglich zur Verfügung stellte, warum er eingeladen worden sei: »aus fachlichen [Gründen], da Sie mitbekommen haben, wer ich bin, und dass ich mich über Gender Mainstreaming zu äußern imstande bin«. Danach führte er jedoch aus, er wolle nicht über den Gegenstand selbst sprechen, sondern eine »Metaebene« einnehmen:

»Es gibt eine politische Dimension, ja eine historische Aufgabe des Gender Mainstreaming. Und diese historische Bedeutung des Gender Mainstreaming ist folgende: durch seinen offenkundigen Wahn und die Enthüllung seines bösartigen Schwachsinns den Zusammenbruch der intellektuellen angemaßten Vorherrschaft der linksgrün verkommenen Milieus herbeizuführen.«

Die »linksgrün verkommenen Milieus«, die Andreas für intellektuell hegemonial hält, würden sich also gewissermaßen selbst als die »bösartigen« Akteur_innen entlarven, die sie seien, und in der Folge das Ende ihrer Vorherrschaft selbst herbeiführen, indem sie das Gender Mainstreaming beförderten.

Wie das Zitat zeigt, geht es um mehr als inhaltliche Verzerrungen, wenn Gender als leerer Signifikant fungiert. Es geht auch um mehr als eine Konfrontation zwischen Feminismus und Antifeminismus als *einem* hegemonialem »Kampffeld« (Birsl 2020: 53). Gender ist vielmehr zur Chiffre für den hegemonialen Feind selbst geworden: Gerade auch im postsozialistischen Raum wird die »Gender-Ideologie« als »neuer Marxismus« dargestellt (Paternotte/Kuhar 2017: 7) und somit als *die* Ideologie der herrschenden Eliten, mit der diese den »neuen Menschen« schaffen wollten. Graff und Korolczuk betonen die affektive Funktion, die der Antigenderismus in diesem hegemonialen Kampf einnimmt: Gender steht für neoliberalen Individualismus und einen neokolonialen Imperialismus des Westens, der dem – traditionellen, christlichen und widerständigen – Osten vorschreiben will, wie die Gesellschaft einzurichten sei (Graff/Korolczuk 2022a: 112). Insofern hat Gender eine zentrale Position innerhalb eines geopolitischen Imaginären inne, in dem Osteuropa und insbesondere Russland eine Führungsrolle im globalen Kampf gegen den »dekadenten Westen« einnehmen (ebd.: 53 ff.). Der Angriffskrieg Russlands auf die Ukraine stellt in diesem Zusammenhang für die äußerste Rechte im Westen (ebenso wie für den Vatikan) eher ein PR-Problem dar als einen ideologischen Bruch mit Russland (Graff/Korolczuk 2022b).

Unterscheiden und herrschen: Homosexuelle vs. Gender

Wie bereits in Kapitel 5 herausgearbeitet, läuft die Programmatik der AfD darauf hinaus, dass sie Homosexuelle unter der Bedingung »toleriert«, dass sie die heteronormative und binäre Geschlechterordnung nicht infrage stellen. Für dieses Kapitel ist nun relevant, dass diese Argumentation in der Regel damit einhergeht zu benennen, wer beziehungsweise was – wenn nicht die Homosexuellen – der wirkliche Feind sei, der die Abschaffung von Heteronormativität und Zweigeschlechtlichkeit betreibe: Gender. So heißt es im bereits einmal zitierten Wahlprogramm der AfD zur Landtagswahl in Baden-Württemberg 2016:

»Nirgendwo gibt es heute noch nennenswerte Diskriminierung Homosexueller und anderer sexueller Minderheiten – und das ist auch gut so. Der grün-rote Kampf gegen die angeblich allgegenwärtige Diskriminierung, der unter der Fahne des ›Gender Mainstreaming‹ geführt wird, hat die Zerstörung der traditionellen Familie und die Auflösung der geschlechtlichen Identität von Mann und Frau zu seinem eigentlichen Ziel.« (BW 16: 6)

Nicht Homosexuelle seien also das Problem, sondern ihre »Überhöhung«, wie es zumeist heißt, etwa weiter unten im selben Wahlprogramm (BW 16: 30). Gender wird zur Chiffre dieser Überhöhung, mit anderen Worten: der in den Augen der AfD ungerechtfertigten Gleichstellung von Homosexuellen und damit der Infragestellung der gesellschaftlichen Norm der Heterosexualität, aber auch einer vermeintlichen »Auflösung der geschlechtlichen Identität von Mann und Frau«. Auch Björn Höcke verbindet in einer Rede bei der Stuttgarter JA im Jahr 2014 eine Rhetorik der Toleranz mit der Verweigerung von Gleichheit und dem Verweis auf den neuen Feind Gender:

»Ich habe einen alten Freund, ein begabter Künstler, der ist homosexuell. Und wir reden ganz offen auch über solche Dinge und er hat mir mal gesagt, es ist so – ich will jetzt keine Vorurteile schüren –, aber das hat der mir gesagt, er hat gesagt, er selbst bekennender Homosexueller, das ist so, dass bei homosexuellen Menschen die Sexualität zentral ist und im Vordergrund steht. Die Sexualität ist was Wunderbares und gehört zu einer Synthese von Mann und Frau zweifellos dazu. Aber ich glaube, bei der Synthese von Mann und Frau, bei dieser gelebten Polarität des Lebens, da geht es noch um was anderes. Da geht es darum, dass diese Polarität die Keimzelle der Höherentwicklung der Menschheit ist in meinen Augen. (Applaus.) Bitte, und da bin ich sehr konservativ, obwohl ich ein sehr lebensverliebter Mensch bin und das Leben auch schon ausgekostet habe und trotzdem weiß ich, worauf das Leben gegründet ist. Ich weiß, worauf das Leben beruht. Und diese Prinzipien, diese ewigen Prinzipien, die dürfen wir niemals verraten, und ich hoffe, dass ich diesen Geist auch in die AfD hineintragen kann. (Applaus.) Und ich verspreche euch allen, für Thüringen verspreche ich euch das, und ich hoffe, dass wir das auch bald in anderen Ländern praktizieren können, wir werden diese Geisteskrankheit namens /g/ender Mainstream [sic] aus unseren Schulen und Universitäten vertreiben, das verspreche ich. (Applaus und Jubel.)«[5]

Die Fortpflanzung als metaphysisches Telos der menschlichen Existenz ist für Höcke der Grund dafür, dass Homosexuelle nicht in gleicher Weise wie

---

5 Vgl. https://www.youtube.com/watch?v=YhYCrQR-xBI, Abruf am 24.04.2024, Transkript des Videoausschnitts Minute 00:41:14 – 00:43:00.

Heterosexuelle an der »Höherentwicklung der Menschheit« teilhaben könnten, sondern auf einer – so impliziert er – »niedrigeren« Stufe verbleiben müssten, auf der es um physischen Genuss, nicht aber um transzendentale »ewige[...] Prinzipien« gehe. Er naturalisiert und rechtfertigt damit die Ungleichbehandlung von Homosexuellen, ohne sie per se zu Feinden zu erklären. Denn ohne dass Höcke es explizit formuliert, wird aus der dann folgenden Gegenüberstellung mit der »Geisteskrankheit namens /g/ender Mainstream« deutlich, dass er es nicht Homosexuellen selbst unterstellt, die »ewigen Prinzipien« zu verraten, sondern Gender. Diese Rhetorik lässt sich als Aktualisierung einer traditionelleren Homosexuellenfeindlichkeit lesen, der zufolge Homosexualität selbst die »Geisteskrankheit« ist.

Um sich also gegen den Vorwurf der Homophobie in Stellung zu bringen, verwendet die AfD einiges an rhetorischer Arbeit darauf, sauber zwischen (tolerierbaren) Homosexuellen einerseits und (gefährlichem) Gender andererseits zu trennen. Dahinter liegt eine Strategie, die Hark und Villa (2017) »unterscheiden und herrschen« genannt haben: Zu differenzieren dient dabei nicht dazu, den vielfältigen Unterschieden zwischen Menschen gerecht zu werden, sondern fungiert vielmehr als Machttechnik. Die AHO unterstützt diese Strategie. So heißt es beispielsweise in einem Flyer der Bundes-AfD mit dem Titel »Frühsexualisierung stoppen!«, der die Leitlinien der AHO zitiert:

> »Auch die Organisation Homosexuelle in der AfD wehrt sich mit aller Kraft gegen die Frühsexualisierung und sieht sich durch den Genderwahn eher diskriminiert als gleichgestellt. ›Die persönliche Auseinandersetzung der Schüler mit der eigenen Sexualität und Orientierung ist eine zutiefst private Angelegenheit, zu der sie nicht gedrängt werden dürfen.‹«

Gerade Andreas hat es sich zur Aufgabe gemacht, die AfD davon zu überzeugen, dass sie sich offensiv homofreundlich und gleichzeitig antigenderistisch positionieren könne. In seiner weiter oben bereits zitierten Parteitagsrede war genau dieser Punkt seine zentrale Botschaft:

> »Das sind die beiden Ebenen, warum ich die Hissung der Regenbogenflagge [an Regierungsgebäuden] ablehne und warum wir den Aktionsplan [für die Akzeptanz von LGBTI] [...] ablehnen sollten: aus einer Haltung der Ideologiekritik und der Kritik am globalisierten Zeitgeist, aus Liebe zu den Menschen und zu diesem Land. Und nicht, weil wir gegen Schwule sind. Das sind unterschiedliche Dinge. Und ich möchte Ihnen heute eine Vision vermitteln, wie wir überzeugend mit dem Genderwahn fertig werden, ohne berechtigten Vorwürfen Vorschub leisten zu können, Unmenschen zu sein.«

Diese »Vision« buchstabiert er im weiteren Verlauf der Rede für seine Zuhörer_innen aus – und sie verdient es, an dieser Stelle nicht nur wegen ihres nationalen Pathos ausführlich zitiert zu werden:

»Ich erkläre hiermit: dass wir von der Alternative für Deutschland die Deutungshoheit [in der Homosexuellenpolitik] von nun an beanspruchen. Und ich schlage Ihnen vor, folgendermaßen damit zu beginnen: Unser Bekenntnis zu unseren gleichgeschlechtlich empfindenden Mitbürgern ist unverbrüchlich. Wir versprechen, sie in ihrem Kampf gegen die Islamisierung oder sonstige ihre Würde und freies Leben bedrohende Richtungen bedingungslos zu unterstützen. Dieses Bekenntnis aber zu unseren Homosexuellen in unserem Vaterland kommt ohne das Gift der Gesellschaftszersetzung und der Familienzerstörung aus. Wir werden den Gender-Wahn, der eine totalitäre Idee einer inhumanen Globalisierung darstellt, bis zum Umfallen bekämpfen. Unser Bekenntnis zu den Schwulen und Lesben gleicht vielmehr einem altdeutschen, klaren Dorfbrunnen. Unser schwules Bekenntnis ist stockkonservativ. Das heißt für uns: Es ist klar und rein wie Brunnenquellwasser ohne Gendergift und Islamisierung und ruht in der Überzeugung des unantastbaren Nationalstaats als Grundlage der Zivilisation. Unser Bekenntnis ist deutsch, ist national und volksbezogen und wir deuten die Begriffe Deutschland, Nation und Volk in bestem Sinne unserer heiligen Traditionen.«[6]

Neben der Tatsache, dass dieses Zitat mit dem Topos der Brunnenvergiftung ein offensichtliches Beispiel dafür enthält, dass Antisemitismus im antigenderistischen Diskurs als »kultureller Code« fungiert (Graff 2022: 429, mit Bezug auf Volkov 1978), ist hier vor allem von Bedeutung, dass Andreas seiner Partei ein »Bekenntnis [...] zu unseren Homosexuellen in unserem Vaterland« vorschlägt, das *ohne* ein Bekenntnis zu deren Gleichstellung auskommen soll. In Kapitel 5 habe ich diese bedingungslose Zustimmung der AHO zu den Werten der AfD bereits als ein Element jener Ethik beschrieben, der zufolge Homosexuelle die heteronormative Ordnung aufrechterhalten und ihre Loyalität mit der AfD beweisen sollen, indem sie sich selbst als möglichst »abnormal«, als different von der Norm positionieren. Homosexuelle seien ihrem Wesen nach etwas anderes als Heterosexuelle und könnten insofern gar nicht »gleichgestellt« werden, wie es der »Genderwahn« behaupte. Dieser identitäre Essentialismus ist ein zentrales Ideologem der äußersten Rechten; über ihn wird es für die AHO möglich, in eine Äquivalenzkette mit der AfD einzutreten.

---

6 Offensichtliche Rechtschreibfehler wurden korrigiert.

»Essentialismus« vs. »(De-)Konstruktivismus«

Im Rahmen dieses identitären Essentialismus strebt insbesondere die populistische äußerste Rechte auf den verschiedenen Politikfeldern danach, Grenzen zwischen naturalisierten Identitäten zu bewahren, sei es im Bereich der Migrationspolitik, der Geschlechterpolitik oder auch, wie im Epigraph dieses Kapitels deutlich wird, der Behinderten- und Inklusionspolitik. Dabei geht es der populistischen Rechten in der Gegenwart jedoch nicht so sehr um die »Reinheit« des »Volkes« und den kategorialen Ausschluss jeglicher Normabweichung, sondern um die Aufrechterhaltung binärer Oppositionen. Insofern Homosexuelle (respektive Migrant_innen oder behinderte Menschen) diskursiv und praktisch an dieser Aufrechterhaltung mitwirken, können sie in das rechtspopulistische »Wir« integriert werden. Verworfen wird dagegen alles, was die Logik binärer Opposition durchkreuzt. Die Grenze zwischen dem populären »Wir« und dem feindlichen »Anderen« wird in diesen Diskursen zwischen Identität affirmierenden und identitätskritischen Lebensentwürfen und Praktiken gezogen.

In diesem Zusammenhang ist ein Auszug aus einem meiner Interviews mit Andreas aufschlussreich. Andreas spricht darin über einen Landes-Aktionsplan zur Stärkung der Rechte von LGBTI-Personen. Der Auszug ist auch deswegen zentral, weil er eine der wenigen Bezugnahmen auf Transgeschlechtlichkeit in meinem Material enthält. Im Hinblick auf die Entscheidung des Bundesverfassungsgerichts, der zufolge die Bundesregierung einen dritten Geschlechtseintrag schaffen müsse, erklärt Andreas:

»Das dritte Geschlecht ist indiskutabel, weil es nur zwei Geschlechter gibt. [...] Vor allem die Transsexualität [...] ist ja gerade keine Idee, für uns jedenfalls nicht, von /g/ender. Sondern es ist eine eindeutige Entscheidung für Mann oder Frau [...] gegen das biologische Sein. Mit anderen Worten, wo die /g/ender-Leute sagen: ›Na, da habt ihr es doch in der AfD, was regt ihr euch denn auf?‹ – Nein! Das ist ein Missverständnis. Wir regen uns nicht über die Transsexuellen auf, sondern wir regen uns über /g/ender auf, die [...] eine falsche, eine völlig absurde Einschätzung von Transsexuellen haben. Wir glauben nicht, dass das /g/ender ist, nur weil die gegen das biologische Geschlecht wissen, etwas anderes zu sein. Sondern gerade dieses Wissen, dass man eine Frau im männlichen Körper ist oder umgekehrt, beweist doch gerade, dass es nur diese zwei Geschlechter gibt, und die Identität von Transsexuellen ist ja geradezu dermaßen klar, also dermaßen überschüssig klar gewissermaßen, dass so eine Verquickung mit verschiedenen Sachen, wie sie dann eben in diesem Aktionsplan stehen, uns nicht klar ist. Und mit Schwulen und Lesben ist es ja geradezu noch absurder, das betrifft ja sicher die größte Gruppe von diesen ganzen (lacht)

Abnormitäten, das ist ja dann halt auch eine doppelte Entscheidung fürs Männlichsein, also als Mann einen Mann zu lieben.« (IN 14)

Transgeschlechtlichkeit, so Andreas, würde von der AfD nicht als solche abgelehnt, das sei ein Missverständnis; denn sie sei an sich »keine Idee von /g/ender«, sondern »eine eindeutige Entscheidung für Mann oder Frau«. Die Identität von trans Personen sei »überschüssig klar«, bei Schwulen sei es auch so: »eine doppelte Entscheidung fürs Männlichsein«. Diese Vorstellung von trans ist beschränkt auf die Idee einer Transition von einem Geschlecht zum anderen, auf das Klischee, »im falschen Körper geboren« worden zu sein, was unter anderem durch Andreas‹ Gebrauch des pathologisierenden Wortes *transsexuell* deutlich wird, das heute von den meisten trans Personen abgelehnt wird. Gleichzeitig interpretiert Andreas Schwulsein als Hypermännlichkeit und weist damit jede Vorstellung davon zurück, dass Geschlecht brüchig und inkohärent sein könnte. Für Andreas sind »abnorme« Homosexualität und Transgeschlechtlichkeit eine noch deutlichere Affirmation der binären Geschlechternorm als normkonforme Heterosexualität beziehungsweise Cisgeschlechtlichkeit. Die Vorstellungen der »/g/ender-Leute« über Homosexualität und Transgeschlechtlichkeit seien »absurd«, weil diese glaubten, »dass das /g/ender ist«, mit anderen Worten: Die Existenz von trans Personen sei gerade kein Beleg für die Fluidität geschlechtlicher Identitäten. Aus diesem Grund verwahrt er sich gegen eine »Verquickung« der »Identität von Transsexuellen« mit Gender, was nichts anderes heißt als: gegen die Äquivalenzkette zwischen Linken und trans Personen (und implizit: weiteren Personengruppen, die von Zweigeschlechtlichkeit und Heteronormativität abweichen).

Ganz ähnlich argumentiert Andreas im Hinblick auf Migration und Behinderung. Während Gender das Feindbild in Bezug auf geschlechtliche Identitäten darstellt, lautet es im Bereich Migration »Multikulturalismus« und im Bereich Behinderung »Inklusion«. Für Multikulturalismus finden sich zahlreiche Belege in den untersuchten Wahlprogrammen, zum Beispiel:

»Europa ist ein Kontinent vieler Kulturen, welche sich in den unterschiedlichen Staaten verwirklicht haben und weiterentwickeln. Statt die Nationen multikulturell aufzulösen, besteht die wahre kulturelle Vielfalt Europas in seinen Nationen.« (HB 15: 7 f.)

»Denn hinter den abgedroschenen Phrasen von Toleranz, Offenheit und Willkommens-Kultur steckt knallharte MultikultiIdeologie [sic], die zu Ende gedacht die kulturelle Selbstaufgabe bedeutet. Das Ergebnis der mangelnden Selbstachtung ist die Verherrlichung des Fremden, während das Eigene, die Heimat und das Festhalten an unseren Werten als altbacken abgetan und unter Generalverdacht gestellt wird.« (SH 17: 4)

»Die Ideologie des ›Multikulturalismus‹ gefährdet alle diese kulturellen Errungenschaften. Kultur ist nur als etwas wechselbezügliches Ganzes von Gesellschaften zu verstehen. ›Multi-Kultur‹ ist Nicht-Kultur oder Parallelität von Kulturen und damit Ausdruck von Parallelgesellschaften, die stets zu innenpolitischen Konflikten und zur Funktionsunfähigkeit von Staaten führen. [...] Die AfD wird nicht zulassen, dass Deutschland aus falsch verstandener Toleranz sein kulturelles Gesicht verliert.« (BT 17: 47)

Genau wie bei Gender begegnet uns also auch bei »Multikulti« der – antisemitisch grundierte – Vorwurf der »Auflösung« traditioneller Identitäten,[7] insbesondere der eigenen. »Unsere einst geachtete Armee ist von einem Instrument der Landesverteidigung zu einer durchge/g/enderten, multikulturalisierten Eingreiftruppe im Dienste der USA verkommen«, sagte Björn Höcke während seiner Rede vor der Dresdner Jungen Alternative am 17. Januar 2017.[8] Auch »Multikulti« wird also gleichgesetzt mit einer liberalen normativen Beliebigkeit, die das Fortbestehen der eigenen Kultur letztlich gefährde. So findet sich das oben wiedergegebene Zitat aus dem Bundestagswahlprogramm in einem Abschnitt mit dem Titel »Deutsche Leitkultur statt ›Multikulturalismus‹«. Wir haben es hier mit einem »totalitätsorientierten Kulturbegriff« (Reckwitz 2004: 5) zu tun, der eng mit der Geschichte der Romantik, ihrem Interesse an »Völkern« und insofern auch der frühen Volks- und Völkerkunde zusammenhängt. Wie im Zitat deutlich wird, fallen bei diesem Kulturbegriff Kultur und Gesellschaft in eins. Kultur wird als ein »Ganzes« einer vorgestellten »Gemeinschaft«, eines »Volks« oder einer »Nation« verstanden, die sich dadurch von anderen Gemeinschaften abgrenze, während sie nach innen homogen sei, wie eine Kugel gegenüber anderen Kugeln, so der Vergleich von Johann Gottfried Herder (ebd.: 6).

Mein Interviewpartner Torben, der sich als einer der wenigen in meinem Sample selbst als Rechtspopulist bezeichnete, sah in diesem Kulturbegriff die zentrale »Bruchlinie zwischen links und rechts« in der Gegenwart:

---

7 »Die Vorstellung, dass eine besonders perfide Verschwörung der Juden für die Fehlentwicklungen der Moderne verantwortlich ist, dass es sich um ein planvolles Vorgehen zur Zersetzung der Völker handelt, [...] übt in unterschiedlichen gesellschaftlichen und kulturellen Kontexten immer wieder und bis heute eine verblüffende Faszination aus.« (Botsch 2014: 15)
8 Vgl. https://www.youtube.com/watch?v=sti51c8abaw, Abruf am 24.04.2024, Transkript des Videoausschnitts Minute 01:09:48 – 01:10:04.

»Das ist wahrscheinlich auch die Bruchlinie zwischen links und rechts, dass wir von einem deutschen Volk ausgehen, dass wir von Ethnien ausgehen oder von einem Kulturbegriff, der nicht so flexibel ist, wie es vielleicht die Linke in Deutschland meint. Es gibt eben seit Jahrzehnten schon Integrationsbemühungen, die aber nicht fruchtbar sind, wenn man sich eben die Entstehung von Parallelgesellschaften anschaut, und das, sag ich mal, das bekämpft der Rechte eher, indem er sagt, eine Aufnahmegesellschaft kann nur bis zu einem gewissen Prozentsatz überhaupt integrieren, und diesen Status haben wir eigentlich schon überschritten oder diese Aufnahmekapazität. Und der Linke glaubt natürlich, ob er jetzt Grüner ist oder bei der Linkspartei, zumindest wenn er nicht zum Wagenknecht-Flügel gehört, glaubt halt, dass erstmal nur Menschen kommen, deren Identität nicht so stark verwurzelt ist, als dass man die nicht in irgendeiner Weise, ja, sich alles in einem gemeinsamen Konsens und Wohlgefallen auflösen könnte. Ich glaube halt – da habe ich auch Respekt vor, ich verachte keine andere Kultur! –, aber ich glaube halt, wenn ein Marokkaner kommt, der in Marokko großgeworden ist, vielleicht nicht in Marrakesch oder Tanger, sondern vielleicht irgendwo im Hinterland, dass der eine andere Kultur mitbringt, als wir sie vielleicht haben.« (IN 21)

In diesem Zitat wird deutlich, dass für Torben das Gegenteil des totalisierenden Kulturbegriffs der Rechten in einer Art linkem *anything goes* besteht, einer Vorstellung, der zufolge Prägung letztlich irrelevant und es möglich sei, einen »neuen Menschen« zu formen, unabhängig von Herkunft und Erfahrung. Diese populistische Figurierung der »Linken« wird im Feld häufig unterschiedslos mit den Begriffen des »Konstruktivismus« oder des »Dekonstruktivismus« in Verbindung gebracht. In einem unserer Interviews stellt Andreas diesen Zusammenhang her und wendet ihn sowohl auf Multikulturalismus als auch auf Gender an:

»Und mit diesem ganzen Kram kann ich umgehen und drum hab ich mich ja auch frühzeitig dann mit /g/ender Mainstreaming et cetera ja schon längere Zeit beschäftigt und mit diesen dekonstruktivistischen Konzepten. Nationalforschung hat ja auch wieder was damit zu tun, weil man ja sagt im Dekonstruktivismus, ja, also Nation, das ist von außen eingeredet. Und zu diesem Dekonstruktivismus gehört ja dann auch im weiteren Sinne dann Multikulti und /g/ender Mainstreaming ja ebenfalls mit dazu, weil auch die Geschlechter sind ähnlich wie die Nationen und so kommt man [vom] einen zum anderen, und ich bin also kein Dekonstruktivist, logischerweise, als Nationalkonservativer, sondern sage, das hat schon alles so seine natürliche Ordnung.« (IN 1)

Dem »Dekonstruktivismus« – verstanden als Projekt der »Auflösung« der Identitäten – setzt Andreas die »natürliche Ordnung« entgegen. Während meiner Feldforschung sprach Andreas auch vom Unterschied zwischen »Konstruktivismus« und »Essentialismus« als zentraler Differenz zwischen Linken und Rechten in der Gegenwart, womit er sich auf den neurechten Intellektuellen Karlheinz Weißmann bezog (zu Weißmann s. Kapitel 6). Dieser schreibt in seinem Text »Der konservative Katechismus« in der Zeitschrift *Sezession*:

»Die Stärke des Konservativen ist sein Realitätssinn, die Ablehnung von ideologischen Wunschbildern und Träumereien, für den Konservativen ist die Wirklichkeit der Maßstab, und wenn sich die Gegenwart so weit von der Wirklichkeit entfernt hat, muß man darauf reagieren. Also wende man sich dem ›Essentialismus‹ zu, der nicht nur Konstruktion und Erfindung sieht, sondern die Substanz der Dinge; vollziehe den Schluß vom Sein auf das Sollen, weil das Natürliche und die Normalität tatsächlich Hinweise für das Richtige geben und plädiere für den gesunden Menschenverstand, der nicht nur die eigene Erfahrung auf seiner Seite hat, sondern auch die Tradition. Konservativ ist seit der Aufklärung die Gegen-Aufklärung, die den Menschen eben nicht als autonomes Subjekt versteht, das mit Hilfe der Vernunft die Welt versteht, in der Analyse zerlegt und neu zusammensetzt, das heißt ›konstruiert‹.« (Weißmann 2009: 35)

Indem sich nun Andreas und die AHO auf die Seite des »Essentialismus« schlagen, wie Weißmann es empfiehlt, verteidigen sie die »Natürlichkeit« der Grenze zwischen »hetero« und »homo«, zwischen »normal« und »abnormal«. Das impliziert aber nicht ihren Ausschluss aus dem rechtspopulistischen »Wir«, sondern im Gegenteil gerade ihren Einschluss, weil im Rechtspopulismus die entscheidende Trennlinie zwischen »Identität« und ihrer Auflösung gezogen wird: zwischen »Essentialismus« und »(De-)Konstruktivismus«. »[E]s gibt eine ganze Zahl von schwulen Männern, die in ihrer Männlichkeit mehr gefestigt sind als so manche ›Heteros‹ – auch in der Politik«, sagt auch Björn Höcke in dem Buch *Nie zweimal in denselben Fluss* im Gespräch mit dem Künstler und Publizisten Sebastian Hennig (Höcke/Hennig 2018: 115).

Agnieszka Graff hat herausgearbeitet, dass der antigenderistische Diskurs insgesamt von einem antisemitischen »Subtext« durchzogen wird (Graff 2022). Gender steht nicht nur für sexuelle Liberalisierung, sondern für eine globale verschwörerische Elite, die wolle, »dass die Menschen durch die Zerstörung der Familie entwurzelt und dadurch für globale strategische Ziele manipulierbar werden«, wie Gabriele Kuby formuliert (Kuby 2013: 360), eine der zentralen antigenderistischen Akteur_innen im deutschsprachigen Raum und darüber hinaus. Das gerade analysierte Motiv von Gender als dekonstruktivistischer »Auflösung« traditioneller Identitäten lässt sich als ein Element des antisemitischen Subtexts lesen, ebenso der Topos der »Entwurzelung«. Gender stelle, so Graff, ebenso wie »der Jude« eine Projektionsfläche dar für die als moralisch »degeneriert« und dekadent wahrgenommene Mo-

derne (Graff 2022: 429). Das Argument lautet dabei nicht, dass es sich bei Antigenderist_innen um »versteckte« Antisemit_innen handelt, sondern dass es historische Kontinuitäten und strukturelle Affinitäten zwischen Antisemitismus und Antigenderismus gibt. Der Kampf gegen die »Gender-Ideologie« erscheint aus einer kulturhistorischen Perspektive als Fortsetzung des Kampfes gegen den Kommunismus als jüdischer Verschwörung (ebd.: 428).
Der moderne antisemitische Diskurs war insbesondere seit dem Ende des 19. Jahrhunderts stark vergeschlechtlicht: Männliche Juden wurden als »effeminiert« aufgefasst, als ungeeignet für den Militärdienst, sowohl physisch als auch psychisch Frauen ähnlicher als Männern, klein und schwach ebenso wie manipulativ und hysterisch, womit sie auch in die symbolische Nähe des Homosexuellen gerückt wurden (Schüler-Springorum 2018: 1214 f.). Auch im antigenderistischen Diskurs wird Gender auf misogyne Art und Weise als ein weibliches Unterfangen dargestellt. So spricht der neurechte Publizist Martin Lichtmesz von »der linksfeministischen Frauenbewegung und ihrer Tochterfiliale, dem *Gender Mainstreaming*, die beide maßgeblich von lesbischen, kinderlosen Frauen angeführt wurden und werden« (Lichtmesz 2010: o.S.; Hervorh. i.O.). An diesem Zitat lässt sich erahnen, wieso Homosexualität für Andreas als »doppelte Entscheidung fürs Männlichsein, also als Mann einen Mann zu lieben« erscheint und Höcke von schwulen Männern spricht, »die in ihrer Männlichkeit mehr gefestigt sind als so manche ›Heteros‹«. Wenn Rechtspopulismus mit Birgit Sauer als »männliche Identitätspolitik« (Sauer 2018) verstanden werden kann, dann können »in ihrer Männlichkeit [...] gefestigt[e]« schwule Männer ins rechtspopulistische »Wir« integriert werden. Frauen und Lesben hingegen bleiben in diesem Diskurs unsichtbar.

Relativierungen

In meinem Material fällt jedoch eine Diskrepanz auf zwischen dieser dichotomisierenden öffentlichen Rhetorik auf der einen Seite und dem, was mir in informellen Gesprächen gesagt wurde, sowie der Praxis, die ich beobachten konnte, auf der anderen Seite. Anhand von drei ethnografischen Episoden möchte ich dies im Folgenden zeigen.

Während einer längeren Zugfahrt kommen Andreas und ich ins Gespräch über Gender. Ich äußere mein Erstaunen darüber, dass »Gender Mainstreaming« mit »Dekonstruktivismus« gleichgesetzt wird, wo es sich doch um einen Ansatz in der Gleichstellungspolitik handelt, dem zufolge jede neue Policy, egal in welchem Bereich, systematisch im Hinblick darauf überprüft werden soll, welche unterschiedlichen Auswirkungen sie auf Frauen und Männer hat – und der dementsprechend die binäre Geschlechterdifferenz gerade affirmiert. Das, sage ich, kritisierten gerade auch die Gender Studies, die im Übrigen aus den unterschiedlichsten Forschungsansätzen bestünden, die gar nicht alle »konstruktivistisch« oder »dekonstruktivistisch« seien – was wiederum zwei verschiedene Dinge seien. Andreas, so scheint mir, hört das alles zum ersten Mal, ist interessiert, und so komme ich ein bisschen in Fahrt, obwohl – oder vielleicht auch: weil – ich bisher in meiner Feldforschung inhaltliche Auseinandersetzungen gemieden habe: »Mir fällt auf, dass dieser ganze Gender-Mainstreaming-Diskurs der Rechten eine Echokammer ist. Da liest niemand die Primärtexte, sondern höchstens Gabriele Kuby und Birgit Kelle.«

»Wer sind die?«, fragt Andreas.

Irritiert von der Frage, weiß ich nicht so recht, wie ich antworten soll – immerhin sind Kuby und Kelle zwei zentrale Publizistinnen des Antigenderismus. Andreas, der sich gerne als Experte in dem Thema gibt, müsste doch zumindest die beiden kennen.

Unser Gespräch setzt sich noch eine Weile fort. Beim Aussteigen sagt Andreas: »Das ist was zum Nachdenken für mich. Du hast das ja sehr gut, kurz und bündig erklärt. Wahrscheinlich muss man das mit den Gender Studies wohl differenzierter betrachten, die Beschäftigung mit Geschlecht in der Wissenschaft ist bestimmt nicht nur verkehrt, aber was mich stört, ist die Übersetzung von wissenschaftlichen Konzepten in die Politik, die nicht funktioniert. Es sollte endlich mal einen Diskurs zwischen Linken und Rechten über Gender und Gender Mainstreaming geben.«

Später am Abend notiere ich in meinem Feldtagebuch: »Der Moment im Zug war insofern interessant (ich glaube für uns beide), als klar wurde, dass Andreas eigentlich keine Ahnung von Gender Mainstreaming hat und trotzdem dagegen wettert.«

Aufgrund meiner Auseinandersetzung mit der Fachliteratur zu Antigenderismus hatte ich erwartet, dass ich im Feld auf ein geschlossenes Weltbild treffen würde, durch Autor_innen wie Kuby und Kelle geformt, strategisch orientiert und unzugänglich für Argumente über die Grundlagen des wissenschaftlichen Konzepts Gender. Das war der Grund dafür, warum ich es für vergeblich hielt, in eine inhaltliche Debatte mit meinen Forschungsteilnehmern einzusteigen. Ich dachte, dabei würde sowieso nichts herauskommen, weil es hier ja nicht um Argumente ging, sondern um politische Strategie. Doch nach einer gewissen Zeit im Feld hatte ich mir nicht nur genug Vertrauen erarbeitet, um in den Konflikt gehen zu können. Mir war irgendwann auch einfach der sprichwörtliche Kragen geplatzt. Es gab viele Themen, von denen meine Gesprächspartner_innen viel mehr Ahnung hatten als ich und über die ich schon allein deswegen nicht gut diskutieren konnte – aber Gender war mein Fachgebiet, und jenseits von inhaltlichen Argumenten fühlte ich mich von Diffamierungen der Gender Studies auch persönlich angegriffen. In diesem Gespräch mit Andreas stellte sich dann heraus, dass er nicht nur keine Ahnung von Gender Mainstreaming hatte – er kannte nicht einmal die Argumentation der Antigenderist_innen. Sein Vorschlag einer öffentlichen Debatte kam mir regelrecht naiv vor und schien eher der habermasianischen Vorstellung eines herrschaftsfreien Diskurses als äußerst rechter »Metapolitik« zu entsprechen. Das Gespräch ließ mich verdutzt zurück. Der einzige Reim, den ich mir darauf machen konnte, war, dass schon der Begriff Gender allein ein affektives Potenzial besitzen musste, das man in der AfD mobilisieren konnte, ohne ins Detail gehen zu müssen.

Nach der Halbjahrestagung der AHO im Oberfränkischen im Januar 2018 bleiben Andreas, Fabian und ich noch eine Nacht länger als die anderen. Es ist Halbzeit meiner Feldforschung, und wie mir scheint, ist unser Verhältnis über die letzten paar Tage persönlicher geworden. Beim Abendessen unterhalten wir uns über die Frage, ob wir uns als »Freunde« bezeichnen könnten. Fabian berichtet, dass Jens ihm erzählt hätte, er würde mich als Teil der Gruppe und als Freund betrachten, was mich überrascht. Ich fühle mich bestätigt – schließlich erscheint eine solche Nähe als ethnografischer Erfolg – und zugleich schuldig, verräterisch, weil ich die Beziehungen zu meinen Gesprächspartnern als instrumentell betrachte und mir im Leben nicht vorstellen kann, äußerst rechte Nationalisten als »Freunde« zu bezeichnen – auch wenn ich für manche von ihnen Sympathien empfinde. Fabian selbst formuliert eine gewisse Ambivalenz: Trotz der Sympathie würde er ja immer noch am Ende eine Arbeit über sie schreiben. Was für mich so klingt, als sei er mir gegenüber immer noch skeptisch, stellt sich aus seiner Perspektive eher als Sorge um die Glaubwürdigkeit meiner Arbeit heraus: Wer befreundet sei, könne schließlich nicht mehr objektiv sein, sagt Fabian.

Es wird im weiteren Verlauf des Gesprächs intimer, wir sprechen über Online-Dating und sexuelle Präferenzen, Fabian erzählt von sexuellen Erlebnissen während seiner Zeit bei der Bundeswehr. Irgendwann kommt das Thema der Sexualpädagogik auf.

»Ich bin da mit der Parteilinie in Bezug auf Gender Mainstreaming nicht ganz einverstanden«, sagt Fabian. »Es muss ja in der Schule über Homosexualität wie über jede andere Sexualität gesprochen werden.«

Wohl von der Intimität der Unterhaltung ermutigt, greife ich den Faden auf: »Ich halte mich ja sonst mit meiner Meinung eher zurück, aber jetzt will ich doch mal einhaken. Das Problem ist doch, dass die Realität von Kindern und Jugendlichen viel weiter ist, als die Politik wahrhaben will. Natürlich muss man in der Schule über Sexualität sprechen. Wenn Zehnjährige heutzutage schon Hardcore-Pornos gesehen haben, dann muss man das pädagogisch irgendwie auffangen.«

»Vor allem jetzt, wo alle Smartphones haben!«, ergänzt Fabian.

»Das ist ja schon schlimm genug«, sagt Andreas.

»Aber man kann das nicht einfach ausblenden!«, sage ich.

An dieser Stelle lenkt Fabian das Gespräch in eine Richtung, mit der ich nicht gerechnet hätte: »Ich frage mich überhaupt, ob es so eine klare Altersgrenze für sexuelle Handlungen geben muss.«

»Nun ja«, werfe ich ein, »bei Altersfragen müssen immer Machtverhältnisse mitbedacht werden. Und irgendwo muss man die Grenze halt ziehen.«

Andreas stimmt mir zu.

»Vielleicht könnte man über Reifetests für Jugendliche nachdenken, mit denen sie belegen, dass sie schon reif genug für sexuelle Handlungen sind«, sagt Fabian.

Fabian, der ohnehin sehr viel über Sex sprach, ständig anzügliche Bemerkungen machte und dessen Wohnung, wie in Kapitel 4 beschrieben, mit Sexspielzeugen und pornografischen Fotos dekoriert war, schien nicht nur dem Bild vom hypersexualisierten Schwulen zu entsprechen, das Höcke in dem Zitat weiter oben in Bezug auf seinen »alten Freund« zeichnet. Er deutete auch an, dass er sich Sex mit Jugendlichen vorstellen könnte. Was Fabian in dem Gespräch als »Gender Mainstreaming« bezeichnete, bezog sich hier zunächst auf Sexualaufklärung in der Schule und die gleichberechtigte Darstellung von unterschiedlichen Sexualitäten – was im antigenderistischen Diskurs unter dem Stichwort »Frühsexualisierung« firmiert. Doch anders als ich, der ich den Vorwurf der »Sexualisierung« von Kindern und Jugendlichen durch die Pädagogik zurückwies und stattdessen hier dafür plädierte, Pädagogik müsse darauf reagieren, dass Kinder und Jugendliche heutzutage schon früh mit pornografischem Material in Kontakt gerieten, bediente Fabian genau jenen Topos des pädophilen Schwulen, den Antigenderist_innen in ihrer Kritik an »Frühsexualisierung« heraufbeschwören. Nicht nur steht

Fabian damit im Widerspruch zum antigenderistischen Diskurs – er figuriert sich selbst sogar genau als das imaginäre Feindbild von Gender.

Bei meinem letzten Aufenthalt im Feld, einer Halbjahrestagung der AHO im Januar 2019, habe ich einen Artikel dabei, den ich in der Zeitschrift Feministische Studien *veröffentlicht habe. Ich will ihn meinen Forschungsteilnehmern zu lesen geben; mich interessiert, ob sie sich in meiner Analyse wiederfinden können.*[9] *Andreas ist als einziger in der Runde den Umgang mit einem kulturwissenschaftlichen Text gewöhnt und erfasst ihn schnell. Doch als er zu der Stelle kommt, an der ich ihn zitiere und als* »schwule[n] Cis-Mann« *(Wielowiejski 2018b: 350) bezeichne, stolpert er.*

»Bin ich denn ein cis Mann?«

Im Glauben, dass Andreas nicht weiß, was mit »cis« gemeint ist, erkläre ich: »Das ist einfach das Gegenstück zu trans, so wie hetero das Gegenstück zu homo ist. Und ein trans Mann bist du ja nun mal nicht.«

»Nein, das nicht«, entgegnet Andreas, »aber unter cis Mann stelle ich mir etwas anderes vor. Das ist mir jetzt wirklich neu, dass ausgerechnet ich ein cis Mann bin. Die Leute in der AfD finden mich doch gerade deswegen so lustig und entspannt, weil ich eben so un-cis-männlich bin. Jemand, der zeigt, dass es auch im Konservatismus andere Männlichkeiten geben kann. Ich rasiere mir ja sogar die Beine!«

Ich kann kaum glauben, was ich höre. Andreas beschreibt sich gerade gewissermaßen selbst als tuckig.

Dann sagt er einen Satz, der mich daran zweifeln lässt, ob ich nach zwei Jahren Feldforschung überhaupt etwas verstanden habe: »Es sind auch andere Schwulheitskonstruktionen möglich als nur von links.«

Von der Textstelle, die Andreas ansprach, hätte ich am allerwenigsten erwartet, dass sie bei ihm zu Irritationen führen würde, oder vielmehr: Ich hatte eher damit gerechnet, dass er die Bezeichnung als »cis« als »politisch korrekt« ablehnen würde – weil sie die unmarkierte Norm sichtbar macht. Aber darum schien es ihm nicht zu gehen. Er wies vielmehr die in seinen Augen zu eindeutige Markierung als *männlich* zurück; wie mir scheint, verstand er die Bezeichnung »Cis-Mann«[10] gewissermaßen als »besonders männlicher

---

9 Diese Episode schildere ich auch in Kapitel 2.3, wo ich sie für methodologische Reflexionen nutze.
10 In der zitierten Publikation schrieb ich mit Bindestrich. Ich bevorzuge inzwischen die Schreibweise von *cis* analog zu *trans* als indeklinables Adjektivattribut, weil die Schreibweise als Kompositum (*Transmann, Transfrau*) den Eindruck vermittelt, trans zu sein sei »das wichtigste Persönlichkeitsmerkmal dieser Person« (taz.de 2018: o.S.).

Mann«. Mir war durchaus klar, dass Andreas' Genderperformance nicht gerade hypermaskulin ist – seine Outfits sind bunt und knallig, er sitzt und steht oft mit überkreuzten Beinen, er zitiert gerne Franz Schubert –, aber ich hätte nicht gedacht, dass er das selbst auch so klar als abweichende Männlichkeit benennt und sogar einfordert, dass das wahrgenommen wird. Mir scheint, dass er sich regelrecht angegriffen fühlte. In dieser Situation zeigt sich der subjektive Eigensinn eines Akteurs, der die einfachen Kategorisierungen des Forschers unterlaufen will, sich gegen die wissenschaftliche Vereindeutigung seiner Position wehrt.

Besonders auffällig war für mich, dass er von »Schwulheitskonstruktionen« sprach und damit scheinbar allem widersprach, was er zuvor über den Unterschied zwischen »Essentialismus« und »Konstruktivismus« gesagt hatte. Diesem scheinbaren Widerspruch können wir uns abermals über ein Zitat von Björn Höcke nähern. Darauf angesprochen, dass »einige den Begriff des Volkes selbst für äußerst abstrakt, gar für eine reine Konstruktion« hielten, entgegnet Höcke in *Nie zweimal in denselben Fluss*:

»Nun, für uns Menschen ist alle Wirklichkeit ›Konstruktion‹, eine bestimmte Vorstellung von der Welt. Und alles real Greifbare ist nicht einfach nur da, sondern irgendwie einmal entstanden, also auch ›konstruiert‹ worden. Die Feststellung, daß Völker Konstruktionen sind, ist also banal. In der Spätmoderne ist es allerdings Mode geworden, alles Entstandene und Gewachsene zu *de*konstruieren. Das ist zwar grundsätzlich möglich, die Frage ist nur, ob es auch sinnvoll ist. Allein aus der Tatsache, daß etwas konstruiert ist, leitet sich noch kein Imperativ zur Dekonstruktion ab. Dann müßte man ja beispielsweise alle Gebäude der Welt abreißen. Vielleicht sind aber etliche gute, schöne Konstruktionen dabei, die erhaltenswert sind.« (Höcke/Hennig 2018: 126; Hervorh. i.O.)

Wie ich bereits in Kapitel 7 mit Bezug auf Sebastian Dümling argumentiert habe, ist der intellektuelle neurechte Essentialismus, der sich etwa bei jemandem wie Höcke findet, kein biologistischer Essentialismus, sondern er beruft sich auf Geschichte, um »die verschiedenen Gewordenheiten von Geschlecht normativ zu hierarchisieren« (Dümling 2021: 61). Höcke sagt, er sei »überzeugt, daß es wesensmäßige Unterschiede zwischen Mann und Frau gibt, die wir nicht überwinden, sondern kultivieren sollten« (Höcke/Hennig 2018: 115). Die »Dekonstruktion« wird hier gleichgesetzt mit Überwindung, Abriss, Auflösung.[11] So gesehen ist verständlich, wie Andreas von »Schwulheitskonstruktionen« sprechen kann: Es gibt bessere und schlechtere Arten

---

11 Dieser Lesart entgeht, nebenbei bemerkt, dass es sich bei »Dekonstruktion« um eine Wortschöpfung handelt, die gerade nicht mit »Destruktion« identisch ist.

und Weisen, schwul zu sein, »linke« ebenso wie »rechte«. Worauf es ankommt, ist jedoch, den »wesensmäßigen Unterschied« zwischen Hetero und Homo zu »kultivieren«.

Fazit: Gender als wirklicher Feind und die neue Äquivalenzkette

Wie im vorangegangenen Kapitel beschrieben, nehmen die Alternativen Homosexuellen eine linke Deutungshoheit über das Thema Homosexualität wahr. Sie fühlen sich von der institutionalisierten Lesben- und Schwulenbewegung nicht repräsentiert, wie sie etwa in ihren Leitlinien schreiben:

»Mit großer Sorge blicken wir auf die Entwicklung von LSVD, Aidshilfe und anderen Organisationen. Homosexuelle Berufsfunktionäre neigen im Rahmen ihrer politischen Fokussierung [sic] dazu, eine gesamte ›Community‹ in Geiselhaft zu nehmen und sich zu einem Sprachrohr aller Schwulen, Lesben, Bi- und Transsexuellen aufzuspielen. Dies aber halten wir für falsch.«

Mitunter kommt dieses Narrativ auch als rechte Selbstkritik daher. So schreibt Andreas zum Beispiel in seinem Text »Schwule und neurechtes Denken«: »In der Bundesrepublik war man sich [aufseiten der Rechten] lange Zeit zu fein, [sich] in das Thema [Homosexualität] zu versenken, mit dem selbst verschuldeten Ergebnis, dass dieses Feld [von der Linken] besetzt wurde.«[12] In der Folge fühlen sich nicht nur meine Gesprächspartner selbst in ihrer Eigenschaft als Homosexuelle von der Linken vereinnahmt, sondern es wird ihnen auch innerhalb der Rechten mit Skepsis begegnet. Darauf versuchen sie zu reagieren, indem sie ihrer Partei erklären, dass man gleichzeitig *für* die Akzeptanz von Homosexuellen und *gegen* deren Gleichstellung sein kann. Es lässt sich eine Verschiebung des Feindbildes beobachten: Nicht Homosexuelle nehmen nun die Rolle des Schmitt'schen »wirklichen Feindes« ein, sondern Gender. Der strukturell antisemitische Vorwurf bleibt indes derselbe: Zerstörung der Familie, Auflösung von Identitäten, Entwurzelung, Dekadenz, Verweiblichung, Geisteskrankheit – nur

---

12 Das Originalzitat lautet: »In der Bundesrepublik war man sich lange Zeit zu fein, in das Thema zu versenken, mit dem selbst verschuldeten Ergebnis, dass dieses Feld besetzt wurde.« Bei den Einschüben handelt es sich um meine Ergänzungen bzw. Korrekturen, die das Zitat verständlicher machen sollen.

der Referent hat sich verschoben. Während (vor allem männliche) Homosexuelle nun in die äußerst rechte Äquivalenzkette integriert werden, wird der Ausschluss nichtbinärer und queerer Lebensweisen unter dem Überbegriff Gender umso deutlicher vollzogen.

Gegenüber diesen klaren Ein- und Ausschlüssen bleibt die Position von Lesben allerdings ambig: Während einerseits mit Alice Weidel eine lesbische Frau, die inzwischen offen über ihre Familienverhältnisse spricht, zur Parteispitze gehört (s. Kapitel 5), sind lesbische Frauen aus dem maskulinistischen homosexuellen Diskurs der Rechten ausgeschlossen. Martin Lichtmesz' misogyne und lesbenfeindliche Rede von »lesbischen, kinderlosen Frauen« als den Anführerinnen der »linksfeministischen Frauenbewegung« (Lichtmesz 2010: o.S.) zeigt indes, dass sie stattdessen auch nach wie vor als Repräsentant_innen der feindlichen Äquivalenzkette figurieren können. Ähnliches gilt für trans Personen: Auch wenn Andreas im Interview eine affirmative Position gegenüber binärer Transgeschlechtlichkeit formuliert, gibt es in meinem Material doch auch zahlreiche Beispiele, in denen jegliche Transgeschlechtlichkeit abgewertet wurde. So empörte sich beispielsweise der schwule Nürnberger AfD-Politiker Matthias Vogler, der selbst über acht Jahre bei der Bundeswehr war, in einem öffentlichen Facebook-Post darüber, dass eine trans Soldatin auf einer Messe den Stand der Bundeswehr betreut hatte. Zuvor war diese Tatsache bereits von zwei Bundestagsabgeordneten der AfD skandalisiert worden. Vogler schrieb:

> »Ein vermeintlich männlicher Hauptfeldwebel stolzierte dort in Pömps, Rock und Damenfrisur herum. Darüber machten sich zu Recht [...] Jan Nolte, MdB und Corinna Miazga, MdB [...] auf ihrer Seite Luft. Wie ich später erfuhr ist das [sic] HFw nun eine Frau, oder will zumindest eine werden. Divers wäre wohl zwischenzeitlich das richtige neue Geschlecht für es? [...] Wir sollten nicht unsere Toleranzgrenze überschreiten und eine Streitkraft ist nun mal kein Spielplatz für verqueere Phantasien und überzogene weichgespülte Soldaten. Eine Truppe muss funktionieren und das schafft sie auch mit Homosexuellen. Zum Glück sind nicht alle Homosexuellen so wie der HFw und versuchen den Schaden welchen die ›Flintenuschi‹ verursacht hat etwas zu mildern.«[13]

Doch nicht nur solche trans- und lesbenfeindlichen Äußerungen im Feld durchkreuzen die rechtspopulistischen Vereindeutigungen von »uns« und »denen«. Auch die Selbstbilder und -figurierungen meiner Gesprächspartner sind nicht deckungsgleich mit den rhetorischen Grenzziehungen

---

13 Der Post wurde von Voglers Facebook-Seite gelöscht. Screenshots finden sich in einem Beitrag von *queer.de* (Blech 2018). Rechtschreibung des Original-Posts beibehalten.

zwischen tolerierbaren, maskulinen Homosexuellen und dem Feindbild Gender. Für Andreas ist das nicht unbedingt ein Widerspruch, sondern es entspricht der Logik des Politischen. Nach einem seiner Vorträge erklärte er mir ironisch: »Mit Lenin gesprochen: Agitatorische Propaganda funktioniert so, dass man seinen eigenen Standpunkt als den richtigen, wahren, besseren verkauft. Wir sind die Guten, die anderen sind die Bösen, so funktioniert eben Politik.« So gesehen ließe sich spekulieren, dass Andreas wohl der Einschätzung von Graff und Korolczuk zustimmen würde: »The vilification of ›gender‹ serves to fuel polarization and to delegitimize political opponents, liberal pundits and civil society leaders as corrupt elites« (Graff/Korolczuk 2022a: 7). Meine Analyse geht insofern über diese These hinaus, als ich gezeigt habe, dass die Diffamierung von Gender nicht nur dazu dient, die rechtspopulistische Grenze zwischen »uns« und »denen« zu ziehen, sondern auch dazu, *innerhalb* des »Wir« eine Äquivalenzkette zu konsolidieren.

Darüber hinaus leistet die Analyse dieses Kapitels einen Beitrag zur Debatte um die Rolle von Geschlecht und Sexualität in der äußersten Rechten. Eine typische These lautet, dass sich rechtspopulistische Akteur_innen im internationalen Vergleich auf der Ebene der Geschlechter- und Sexualpolitik stark unterscheiden und ihre Rhetorik an den im jeweiligen nationalen Kontext vorherrschenden Konservatismus beziehungsweise Liberalismus anpassen (z.B. Decker 2018: 361; Graff/Korolczuk 2022a: 88). Manche gehen so weit, von einer Spaltung zu sprechen: »[T]he role that homosexuality plays in society divides the PRR [populist radical right; P.W.] party family« (Spierings/Zaslove 2015b: 168). Sicherlich ist es richtig und wichtig, auf solche Unterschiede hinzuweisen und gerade aus politikwissenschaftlicher Perspektive im Detail zu untersuchen, inwiefern Unterschiede in politischen Inhalten kontextabhängig sind. Gleichwohl zeigt meine Analyse, dass die Frage, ob eine Partei vorsichtig zwischen Homosexualität und Gender unterscheidet oder ob sie Homosexuelle zur feindlichen Seite zählt, keinen Unterschied ums Ganze macht. Denn alle diese Akteur_innen verbindet ihr radikaler »Identitätsprotektionismus«, der all das ausschließt, was die Stabilität, Eindeutigkeit und Binarität von Identitäten infrage stellt. Mit anderen Worten: Alle diese Akteur_innen sind sich einig in ihrer Queerfeindlichkeit. Damit soll nicht unterschlagen werden, dass es für *weiße* schwule cis Männer sehr wohl einen lebensweltlichen Unterschied macht, ob sie zum Feind erklärt werden oder nicht. Worauf meine Analyse hinweisen will, ist vielmehr, dass die zugrundeliegende Logik eines identitären Essentialismus überall radikale Ausschlüsse produziert.

9. »Schmuddelkinder« – Schwulsein als populistische Provokation

»Spiel nicht mit den Schmuddelkindern,
sing nicht ihre Lieder.
Geh doch in die Oberstadt,
mach's wie deine Brüder.«
– *Franz Josef Degenhardt (1969):*
Spiel nicht mit den Schmuddelkindern, S. 47

Eines der größten Vorbilder für die Alternativen Homosexuellen war Milo Yiannopoulos. Der ehemalige Redakteur des äußerst rechten Medienportals »Breitbart«, selbsterklärter »dangerous faggot« und »gayest person on the planet« (Yiannopoulos 2016: o. S.), erlangte internationale Bekanntheit, als er mit seiner Bewegung Gays for Trump Wahlkampf machte. Bei einer seiner Performances in einer New Yorker Galerie badete er, nur mit einer weißen »Make-America-Great-Again«-Kappe bekleidet, in einer Wanne voller Schweineblut. »The dissident element in culture – punk, mischief, irreverence – is now better represented in politics by a ›Make America Great Again‹ hat than by anything on the left« (zit. nach Hsu 2016: o.S.), hatte er davor erklärt. Die Menschen auf den Bildern an der Wand hinter ihm seien Opfer von »islamischem Terrorismus«, ermordet durch »illegale Einwanderer«.[1] Nachdem er ein paar Minuten in der Wanne gelegen und sich hatte filmen lassen, fing er an, das Publikum mit Schweineblut zu bespritzen.

Als es während einer Halbjahrestagung der AHO um die strategische Ausrichtung der Gruppe geht, spricht Andreas über die Schweineblut-Aktion von Yiannopoulos, die ihm offenbar imponiert. Er steht an einem mit einer großen Deutschlandfahne dekorierten Rednerpult, während die Zuhörer_innen seinen Ausführungen lauschen. Ich nehme zum ersten Mal an einem Treffen der AHO teil. Hendrik wollte, dass ich neben ihm sitze, doch Fabian hatte darauf bestanden, dass eine optische Trennung zwischen mir und ihnen erkennbar sein solle, und so sitze ich nun mit etwas Abstand zu allen ande-

---

1 Im Original »Islamic terrorism« und »illegal aliens« (zit. nach Del Valle 2016: o.S.).

ren in dem Seminarraum. Heute sind neben Andreas und fünf anderen AHO-Mitgliedern außerdem noch drei Gäst_innen anwesend: die »minderheitenpolitische Sprecherin« der niedersächsischen Landtagsfraktion mit ihrem Ehemann sowie ein Mitglied des lokalen Kreisverbandes.

Andreas erklärt: »Wir sind nicht homophob, und damit muss man offensiv umgehen, so wie Milo Yiannopoulos von Gays for Trump mit seiner Schweineblut-Aktion. Es geht dabei nicht um die Homosexualität um ihrer selbst willen, sondern um den gemeinsamen Kampf gegen die Islamisierung!« Dann schlägt er vor, sich als Homosexuelle in der AfD der »Magdeburger Erklärung zur Frühsexualisierung« anzuschließen, die am 14. November 2016 von knapp 30 Landtagsabgeordneten der AfD unterzeichnet wurde.

Gregor stimmt Andreas zu: »Die AfD ignoriert das Thema Homosexualität viel zu sehr! Bei uns in Koblenz hat der Bürgermeister, der auch schwul ist, der AfD ihren Stand auf dem CSD nicht erlaubt. Aber das stößt bei uns in der Partei auf Desinteresse! Wir müssen mehr mit dem Thema provozieren.«

Die anwesende Landtagsabgeordnete, deren Hand auf dem Bein ihres Mannes liegt, während er ihre Hand mit beiden Händen umfasst – die innige Pose kommt mir betont heterosexuell vor –, hat sich bisher wohlwollend an der Diskussion beteiligt. Nun wendet sie ein: »Mit dem Thema Provokation sollte man regional spezifisch umgehen. Bei uns in Niedersachsen kann man nicht so arg provozieren, sonst wirkt man bei diesen etwas schläfrigen Leuten schnell unglaubwürdig.«

Provokation, so wird in der Vignette deutlich, ist ein zentrales – wenn auch umstrittenes – Element populistischer Politik. Insbesondere der soziokulturell-stilistische Ansatz der Populismusforschung (vgl. Kapitel 1.2) hebt diesen Aspekt der Provokation als charakteristisch hervor:

»Populism is characterized by a particular form of political relationship between political leaders and a social basis, one established and articulated through ›low‹ appeals which resonate and receive positive reception within particular sectors of society for socio-cultural historical reasons. We define populism, in very few words, as the ›flaunting of the »low«‹.« (Ostiguy 2017: 73)

Ostiguy beschreibt Populismus als *Zurschaustellen des »Niedrigen«*. Das »Niedrige« – das heißt das Populare, Bodenständige, zur Massenkultur Gehörige – definiert er als Habitus, Geschmack oder auch Werte eines »nicht vorzeigbaren« Anderen (ebd.: 75). Damit sind insbesondere die popularen Klassen und die Kolonisierten gemeint, deren Ausdrucksweisen und Umgangsformen im Vergleich zu denjenigen der Bürgerlichen und Kolonisierenden als grob und ungehobelt gelten; ihre kulturellen Praktiken wurden im Rahmen des (westlichen, bürgerlichen) zivilisatorischen Projekts als »unanständig« etikettiert. Indem er das »Niedrige« zur Schau stelle, demonstriere der Populismus nun einerseits seine besondere Nähe zu den popularen Klassen. Andererseits erzeuge das »Niedrige« Scham und Gefühle von Peinlichkeit bei den »Anständigen« und »Gebildeten« und eigne sich gerade deswegen zur Konstruktion eines scharfen Antagonismus zu den konventionellen, »hohen« Praktiken der Politik: Populist_innen wollen schockieren (ebd.: 74).

In diesem Kapitel liegt der Fokus auf Populismus als Provokation. Wie in Kapitel 1.2 einleitend besprochen, schließe ich an einen »performativ-diskursiven« Populismusbegriff an, der unter Populismus nicht eine bestimmte (auch keine »dünne«) Ideologie versteht, sondern eine politische Logik und einen Stil, durch die performativ der Gegensatz zwischen einem popularen, unterdrückten Subjekt und einem herrschenden Anderen als seinem Gegenstück hervorgebracht wird. Populismus ist demnach eine *Form*, durch die verschiedenste ideologische Inhalte zum Ausdruck gebracht werden können. In diesem Sinne geht es in diesem Kapitel um das genuin populistische Element der äußersten Rechten, das anhand ihres Umgangs mit Homosexualität untersucht wird. Während die vorangegangenen beiden Kapitel gezeigt haben, wie männliche Homosexualität mit *rechten Inhalten* in Einklang gebracht wird, stehen in diesem Kapitel also die *populistische Form* beziehungsweise der *populistische Stil* im Vordergrund. Dabei wird von Ideologie zwar nicht gänzlich abstrahiert, denn Populismus als Form taucht schließlich nie isoliert von Ideologie auf. Aber wie zu zeigen sein wird, wohnt (männlicher) Homosexualität ein transgressives, »unanständiges« Potenzial inne, das im Sinne unterschiedlichster politischer Ideologien populistisch mobilisiert werden kann, oder mit Andreas gesprochen: »Es geht dabei nicht um die Homosexualität um ihrer selbst willen.« Erst beides zusammen – Form und Inhalt – kann erklären, wie meine Forschungsteilnehmenden neue Äquivalenzketten zu konstruieren suchen, was das Ziel dieses dritten Teils des Buchs ist.

Der ethnografische Zugang meiner Arbeit erlaubt es insbesondere herauszuarbeiten, dass Populismus in der Praxis einerseits ein unvollständiges und ambivalentes Projekt ist sowie andererseits als relationales Phänomen betrachtet werden muss. Wie die Kommentare von Gregor und der AfD-Landtagsabgeordneten in der vorangegangenen Vignette zeigen, ist der Nutzwert von Provokation in der AfD umstritten: Sollte der Stil der AfD skandalös und grenzüberschreitend sein (Stichwort Schweineblut)? Oder werden dadurch bestimmte Teile der Wähler_innenschaft abgeschreckt (»diese[...] etwas schläfrigen Leute[...]«)? Infolgedessen tritt der populistische Stil in meiner Forschung nicht in Reinform zutage (meine Forschungsteilnehmenden sind nicht *entweder* populistisch *oder* nicht-populistisch), sondern er wird als graduelles Phänomen sichtbar: Die Mitglieder der AHO sind – aus Gründen, die noch zu zeigen sind – mal mehr, mal weniger populistisch (Diehl 2011). Zudem hat Ostiguy zwar recht damit, dass Populismus als relationales Phänomen in den Blick genommen werden sollte (Ostiguy 2017: 73). Doch anders als Ostiguy verstehe ich Relationalität nicht lediglich als ein Verhältnis zwischen zwei Positionen (den Führungsfiguren auf der einen und den Unterstützer_innen auf der anderen Seite). In meiner Analyse stehen vielmehr Politiker_innen »aus der zweiten Reihe« oder noch weiter unten angesiedelten Ebenen in der Parteihierarchie im Fokus, die weder als »bloße« Unterstützer_innen noch als Führungsfiguren gelten können. Sie sind vielmehr Aktivist_innen an der Basis, die sich populistischer Praktiken bedienen, um Anklang sowohl bei der imaginierten Wähler_innenschaft als auch in ihrer eigenen Partei zu finden. Im Hinblick darauf untersuche ich die vorsichtigen, teils sehr zurückhaltenden Versuche der AHO, in einem bestimmten, überschaubaren Rahmen zu provozieren – und die Reaktionen darauf.

Das Kapitel beginnt mit einer ausführlichen Besprechung des Interviews mit dem Landtagsabgeordneten Torben, das in einem deutlichen Kontrast zu allen anderen Interviews in meinem Sample steht. Torben hat Sozialwissenschaften und Jura studiert, was dazu beitrug, dass wir uns intuitiv verstanden und dieselbe Sprache zu sprechen schienen: Zum ersten Mal hatte ich das Gefühl, einen Gesprächspartner zu haben, der meinen Blick auf die AfD teilte – wenn auch nicht auf normativer, so doch auf analytischer Ebene. Torben, der sich selbst als heterosexuell identifizierte und mehrfach betonte, dass er als »Funktionär« spreche, dem es um Strategiefragen gehe, entfaltete während des Interviews eine These, die den Kern dieses Kapitels bildet: Homosexuellen falle es möglicherweise leichter, sich mit rechtspopulistischen »Schmuddelkindern« einzulassen, weil sie im Umgang mit Ressentiments Erfahrung hätten. Ich greife die »Schmuddelkinder« aus Torbens Erzählung als Denkfigur auf und stelle Überlegungen dazu an, was ein solcher Blick auf den Rechtspopulismus, den Torben repräsentiert, in letzter Konsequenz bedeutet. Denn Torben verfolgte während des Interviews auch ein eigenes Anliegen: Er wollte meine Einschätzung darüber hören, ob es der AfD eher nutzen oder eher schaden würde, Homosexualität politisch zu thematisieren.

Indem ich dieses Interview dem Lied »Spiel nicht mit den Schmuddelkindern« von Franz Josef Degenhardt gegenüberstelle, kann ich in zugespitzter Form einen Aspekt der rechtspopulistischen Mobilisierung von Homosexuellen aufzeigen, den ich in diesem Buch bisher eher infrage gestellt habe: Es geht darum, wie manche AfDler_innen Homosexuelle instrumentalisieren wollen.[2]

Populismus als Provokation

Torben ist Anfang 30 und in der AfD auf Landesebene aktiv. Nach einem, wie er sagt, harmlosen Vorfall in seinem Kreisverband hatte ihm ein Mitglied Homophobie vorgeworfen. Torben war daraufhin kurzerhand Fördermitglied der AHO geworden und interessiert sich seitdem, wie er sagt, »aus Funktionärsperspektive« für die Frage, wie die AfD mit dem Thema Homosexualität umgehen sollte. Torben und ich begegneten uns zum ersten Mal bei einer AHO-Veranstaltung, die in seinem Landesverband stattfand. Im Anschluss daran saßen wir beim Abendessen nebeneinander. Uns schien ein gegenseitiges Interesse zu verbinden: Während ich genauer wissen wollte, warum sich ein heterosexueller AfDler mit der AHO beschäftigt, wollte Torben aus strategischen Motiven mehr über die Ergebnisse meiner Forschung erfahren. Auf die Veranstaltung folgten ein Telefonat und schließlich ein Interview im März 2019.

Torben und ich trafen uns bei ihm zu Hause in einer kleinbürgerlichen Reihenhaussiedlung in Mannheim. Wie in allen Interviews fragte ich auch Torben zu Beginn, wie er zur Politik gekommen sei. Seine Antwort enthielt bereits in den ersten Sätzen das auch im weiteren Verlauf des Interviews zentrale Thema: Provokation. Er sei mit zwölf Jahren in die Schüler Union eingetreten, eine Arbeitsgemeinschaft der Jugendorganisation von CDU und CSU, und im Bundestagswahlkampf 2002 »Stoiber-Fan« gewesen: »Ich kann's mir nicht erklären, warum, aber (lacht) […] ich komme aus einem 68er-Haushalt und habe das auch als Provokation empfunden, dass man dann ein Stoiber-Plakat bei sich im Kinderzimmer aufgehängt hat.« Mit

---

2 Für die gemeinsame Interpretation dieses Interviews möchte ich ausdrücklich Almut Sülzle danken, auf deren Idee der Vergleich mit dem Lied »Spiel nicht mit den Schmuddelkindern« zurückgeht.

der Zeit habe er aber feststellen müssen, dass die Mitglieder der CDU, gerade auch die jungen, »zu borniert« seien: »sehr karriereorientiert, sehr flexibel, was Positionen angeht«. Seine zunehmende Ablehnung der CDU begründete er wiederum mit Bezug auf seine Familie: »Vielleicht sogar, weil man eigentlich eher so ein bisschen von zu Hause aus links geprägt war, zumindest mütterlicherseits, dass man eigentlich doch noch so ein bisschen [...] was Widerspenstiges haben wollte, und CDU war mir dann zu sehr Kanzlerwahlverein.«

Dass ihm am »Widerspenstigen«, am Provokativen gelegen ist, begründete er unter Rückgriff auf seine durch die Familie geprägte linke politische Sozialisation. Um die Familie selbst zu provozieren, musste er sich *inhaltlich* rechts orientieren, doch bei der CDU vermisste er die provokative *Form*. Die Gründung der AfD habe er dann zwar interessiert zur Kenntnis genommen, die Partei sei ihm zunächst jedoch »zu elitär« erschienen: »Ich fand eigentlich eine rechtspopulistische Massenpartei attraktiver. Zu der hat sie sich ja 2015 mit dem Parteitag in Essen und der Führungsübernahme durch Petry entwickelt und dann bin ich beigetreten. Direkt nach dem Essener Parteitag. Ganz, ganz böse, ja (lacht)«.

Wie an seinem selbstironischen Kommentar zu seinem Beitritt unmittelbar nach dem ersten Rechtsruck der AfD im Sommer 2015 deutlich wird, hat Torben eine gewisse Freude daran, als »böse« zu gelten, das heißt, mit einem wahrgenommenen moralischen Konsens (ob familiär oder gesellschaftlich) zu brechen. Der Gegensatz, der laut Torben zwischen »widerspenstig« auf der einen und »borniert« auf der anderen Seite besteht, zog sich durch das gesamte Interview. Das Widerspenstige und Provokative ist letztlich das, was Torben als das »populistische Element« bezeichnet, und obwohl er an anderer Stelle auch von einem »linke[n] Element« spricht, ist es weitgehend unabhängig von politischen Inhalten. Vielmehr geht es dabei um einen politischen Stil.

Torben: »[Populismus ist] auch eine Form der Provokation, auch hineinstoßen in Themenbereiche, die vielleicht früher kontaminiert waren. [...] Als Schmuddelkinder (kichert) versucht man halt in diese polithygienischen Parlamentsräume wieder so ein bisschen Ehrlichkeit reinzubringen, so würde ich es (lacht laut) bezeichnen. Das kann ruhig auch mal rumpelig sein. Das ist ja auch egal, wie man zur AfD steht, aber da kenne ich auch Linke oder Liberale, die sich lieber die Hand abhacken würden, als uns zu wählen, die sagen, okay, es ist wenigstens was los im Bundestag. Niemand hat früher Phoenix geguckt. [...] Wenn man die AfD als junge Partei sieht, das bockige Kind, was jetzt eben dort auf den Tisch haut und sagt: Nee, wir vertreten aber die Leute, die sagen, dass es nicht mehr so weitergeht und nicht mehr alles im großen Habermas'schen Konsens gelöst wird. Der im Endeffekt nur ganz wenige Teile der Bevölkerung wirklich noch berührt.«

P.W.: »Was meinst du damit genau?«

Torben: »Ja, zum Beispiel die Dominanz der Grünen ist eben durch den Marsch durch die Institutionen erfolgt, auch im Politikbereich, aber auch im Justizbereich, vor allen Dingen im Kultur- und im pädagogischen Bereich, und dadurch hat sich [...] so ein linker – die sind eigentlich eher die Bürgerlichen –, so ein linksbürgerlicher Konsens durchgesetzt. Der mit einer sehr borniertenpolitischen Korrektheit an Themen rangeht, der aber eigentlich ein Elitending ist.« (IN 21)

Anders als früher seien heute also gerade Linke und Grüne die politisch dominanten »Bornierten«, weil sich »ein linksbürgerlicher Konsens« durchgesetzt habe.[3] So sind Form und Inhalt verbunden: Ähnlich wie Yiannopoulos am Anfang dieses Kapitels suggeriert Torbens Erzählung, dass Provokation heute nur noch von rechts möglich ist. Bereits die Verwendung des Wortes *rechts* im Gegensatz zu *konservativ* ist für Torben ein Mittel der Provokation. Ganz zu Beginn, als er über seine Entfremdung von der CDU sprach, sagte Torben, dass »die CDU sicherlich versucht, noch konservative Positionen zu besetzen«, woraufhin er kurz zögerte und dann fortfuhr: »Oder – konservativ ist eigentlich ein Begriff, den ich nicht so gern benutze – eher rechte Positionen besetzt, aber das eben nicht voll ausfüllt. Also es ist mehr ein rechtes Blinken.« Mich überraschte diese klare Unterscheidung zwischen *konservativ* und *rechts*, weil ich bis dahin in der AfD häufig auf ein Unbehagen an dem Wort *rechts* und ein Selbstverständnis als die »eigentlichen«, »authentischen« Konservativen (etwa gegenüber der CDU, die das Konservative aufgegeben habe) gestoßen war. Später im Interview nahm ich darauf noch einmal Bezug:

P.W.: »Ich wollte nochmal auf den Punkt zurück, dass du den Begriff rechts verwendest statt konservativ. Ganz am Anfang hast du mal kurz gesagt, konservativ sagst du nicht so gerne.«

Torben: »Ja, weil es eben Ausdruck ist für eine gewisse staatstragende Haltung. [...] Ein Hans-Georg Maaßen ist für mich ein richtiger Konservativer oder eigentlich auch ein Sarrazin, obwohl er Sozi ist. Aber das sind so die alten bundesrepublikanischen Konservativen. Die würden nicht in eine AfD eintreten – obwohl sie vielleicht, also Sarrazin ja im

---

3 Dieses Narrativ begegnete mir auch in anderen Interviews, häufig mit denselben Schlagworten (wie »Marsch durch die Institutionen«). Während Torben hier von den »Grünen« spricht, bezieht sich das Narrativ bei meinem Interviewpartner Michael (s. Kapitel 5) auf die »68er-Bewegung«.

Bereich Zuwanderung, Islam und so mit uns ja sympathisiert oder viele Schnittmengen hat –, weil ihm das zu schmuddelig ist, weil das auch zu, ja, zu reputationsgefährdend ist. Der Konservative ist jemand, der sehr auf Reputation achtet. Das tun die Rechtspopulisten nicht.« (IN 21)

Mit Hans-Georg Maaßen und Thilo Sarrazin erwähnte Torben einen (zu diesem Zeitpunkt) CDU-Politiker respektive einen ehemaligen SPD-Politiker, die für ihre nationalchauvinistischen, der AfD inhaltlich nahestehenden Positionen bekannt sind. Dieser Verweis auf das »Unehrliche« der »Konservativen«, die ihre ideologischen Schnittmengen mit den »Rechtspopulisten« verleugnen, begegnete mir häufiger in meiner Feldforschung. So erklärte mir ein Berliner Mitglied der Jungen Alternative einmal, der Unterschied zwischen dem Jugendverband der AfD und der Jungen Union sei, dass man in der JA auch im nüchternen Zustand sage, dass man gegen offene Grenzen sei. Was Konservative wie Maaßen oder Sarrazin jedoch laut Torben davon abhält, der AfD beizutreten, ist der Ruf der AfD als »Schmuddelkinder«. Um Torben zu paraphrasieren: Während Konservative um ihren Ruf besorgt sind, fühlen sich Rechtspopulist_innen gerade da wohl, wo es »schmuddelig« ist.

Das »Schmuddelige« in Torbens Charakterisierung des Rechtspopulismus entspricht dem »Niedrigen« in der Populismusdefinition von Ostiguy. Doch während Ostiguy das Niedrige (und sein Gegenstück, das »Hohe«) ausschließlich formell definiert, wird in Torbens Erzählung deutlich, dass es eine wichtige inhaltliche Komponente hat. Für Torben ist es nicht nur eine Frage von Manieren, Rede- und Verhaltensweisen oder Geschmack, das Niedrige ist nicht nur rein formell betrachtet »ungehobelter« und »rauer«. Vielmehr ist für Torben *das Rechte* das Niedrige, das heißt das *ideologisch* Niedrige, weil es innerhalb einer von Torben als »linksbürgerlich[...]« imaginierten Hegemonie das Subalterne darstellt: Es gilt als verpönt und erregt Missfallen, indem es der »politischen Korrektheit« widerspricht.

So kann auch das Zurschaustellen des »Homophoben« in diesem Sinne rechtspopulistische Provokation sein. Als Beispiel zog Torben die Wahl von Alice Weidel und David Berger zu »Miss und Mister Homophobia« durch die aktivistische Gruppe Enough is Enough im Oktober 2017 heran (queer.de 2017). Berger, ein katholischer Theologe und ehemaliger Chefredakteur der Schwulenzeitschrift *Männer*, der der AfD nahesteht, hatte zuvor auf seinem Blog »Philosophia Perennis« selbst dazu aufgerufen, für ihn zu stimmen (Berger 2017b). Torben sagte dazu:

»Das ist auch eine Provokation. Das ist eben auch das rechtspopulistische Element. So hat das mal ein Schwuler hier aus der AfD mir erklärt: Der hat gesagt, wenn hier in Mannheim der CSD stattfindet – der kennt die noch von früher, weil er da schwule Partys organisiert hat –, der hat gesagt, die sind auch borniert. Inzwischen sind sie eigentlich die Konservativen, weil wir eben eine linke Herrschaft haben. Aus meiner Sicht, eine linke Deutungshoheit zumindest in Deutschland. Und so ein David Berger und eine Alice Weidel als Homosexuelle, die dann von diesen Herrschenden disqualifiziert werden als homophob, das ist einfach ein schöner Stilbruch und eine schöne Provokation, sie sind dann eigentlich die lachenden Schmuddelkinder, die eben auf dem Tisch tanzen vom Establishment.« (IN 21)

Für Torben stehen Enough is Enough und der Mannheimer CSD für etablierte, linke Institutionen der politischen Korrektheit, gar für die »Herrschenden« – auch wenn er mit diesem Wort hier wohl gezielt übertreiben wollte. Von diesen »Herrschenden« als homophob »disqualifiziert« zu werden, ist für den Rechtspopulisten Berger eine regelrechte Auszeichnung und eine willkommene Gelegenheit, die vermeintliche Absurdität des »politisch korrekten« queeren Aktivismus zu »entlarven«. Denn in diesem Fall ist es nicht nur das Zurschaustellen des Homophoben, was den »bornierten« Teilen der Szene widerstrebt, sondern erst recht die Tatsache, dass es ein Schwuler ist, der sich damit inszeniert: die perfekte rechtspopulistische Provokation.

Äquivalenzketten

Doch Torben geht es nicht nur darum, dass mit rechten Homosexuellen provoziert werden kann. Im Interview mit ihm kam ein weiteres bemerkenswertes Moment im Hinblick auf das Thema Homosexualität zur Sprache: Während er die Vermutung äußerte, dass jene Homosexuelle, die sich von muslimischen Migranten bedroht fühlten, die AfD wählten,[4] kam er relativ unvermittelt auf den Gedanken, dass das »Schmuddelkind« AfD gerade für Schwule eine besondere Attraktivität ausstrahlen könnte:

Torben: »Ich kenne auch Leute, die sagen, in Frankfurt fühlen sie sich bedroht, wenn sie Hand in Hand über die Straße gehen. Und die wählen dann uns – vielleicht auch gerade. Wir sind ja eine Outlaw-Partei, und Schwule haben sicherlich immer auch noch mit Ressentiments zu kämpfen, und denen fällt es dann vielleicht leichter, sich in einer Gruppierung zu engagieren, wo sie auch einem Ressentiment ausgesetzt sind. Oder zumindest

---

4 Vgl. zu diesem Topos Kapitel 6.

haben sie da vielleicht – das ist meine Theorie, die ist natürlich sehr abstrakt –, aber haben da weniger Angst, in so eine Gruppierung reinzugehen, wo gesagt wird: ›Da, das sind die Schmuddelkinder!‹, als der biedere Familienvater, der sagt: ›Ich muss ja im Dorf auf meine Reputation achten!‹«

P.W.: »Das habe ich noch nicht ganz erfasst jetzt. Also du machst eine Parallele zwischen Ausgrenzungserfahrung als Schwuler ...«

Torben: »Ja.«

P.W.: »Und – das ist jetzt mein Wort gewesen, aber ...«

Torben: »Auf jeden Fall glaube ich, dass die Schwulen allgemein lockerer sind im ... Ja, oder überhaupt erfahrener sind im Umgang mit Ressentiments oder vielleicht auch mit Gegenwehr, einen anderen Selbstbehauptungswillen vielleicht auch haben, der ganz gut zum Selbstbehauptungswillen der AfD passt. Zumindest halte ich das für einen – aus meiner Sicht als Funktionär – interessanten Ansatz, diese Wählerklientel auch zu bespielen.« (IN 21)

Torben sieht eine Parallele zwischen der AfD und Schwulen: Sie hätten den Status als Paria gemeinsam. Durch eine solche Imagination werden offen gelebtes Schwulsein und rechtspopulistische Positionierung in ein Äquivalenzverhältnis zueinander gesetzt: Was sie teilen, ist, dass sie vom konservativen, bürgerlichen Mainstream – egal ob grün oder schwarz – ausgegrenzt werden. Wenn wir Torbens Erzählung etwas verdichten und weiterspinnen, wird deutlich, welcher Art die Figuren sind, die er hier kontrastiert:

Der konservative, borniere, biedere heterosexuelle Familienvater – sagen wir aus dem Münsterland – ist im CDU-Kreisverband engagiert, weil das in seiner Region zum guten Ton gehört und Zugang zu nützlichen Netzwerken eröffnet. Die AfD lehnt er öffentlich ab und bezeichnet sie als »undemokratische Partei«. Insgeheim weiß er es jedoch zu schätzen, wenn sich einzelne Abgeordnete der CDU für eine Zusammenarbeit mit der AfD aussprechen, weil er den Moscheebau in seinem Dorf problematisch findet und die klare Kante der AfD gegen den Islam gutheißt, auch wenn er das so nicht sagen würde. Als er das letzte Mal in der Wahlkabine stand, wusste er nicht, ob er sich für seine eigene Partei oder für sein Gefühl entscheiden sollte. Er empfand ein Gefühl von Befreiung, als er schließlich sein Kreuz bei der AfD machte – was er aber nicht einmal seiner Frau gestand. Den CSD in Münster hält unser Familienvater für eine Zurschaustellung exaltierter Obszönität. »Homophob« macht ihn das nicht: Sein schwuler Geschäftspartner bestätigt ihm, dass der CSD nicht die Mehrheit der Homosexuellen repräsentiert. Im Unterschied zu manch einem seiner Kollegen würde es ihm auch nie passieren, dass er nach dem dritten Bier einen Schwulenwitz reißt, auch wenn er über den ein oder anderen schon gelacht hat. Außerdem schielt er insgeheim ganz gerne auf die nackten Oberkörper auf den CSD-Wagen – aber auch davon weiß seine Frau nichts. Auf der anderen Seite steht der ehrliche, widerspenstige, schmuddelige schwule Single, der sich schelmisch darüber freut, in seinem Dorf anzuecken. Früher ist er öfter mal zum Cruisen auf die Autobahnraststätte gefahren, wo er den ein oder anderen Familienvater aus dem Dorf wiedersah. Heute lädt er sich seine Sexpartner einfach nach Hause ein, auch wenn die Nachbar_innen das mitbekommen. Dass seine Kollegen einen derben Humor haben und ihn als Schwulen aufs Korn nehmen, stört ihn nicht. Darüber kann er lachen, weil er weiß, dass sie kein Problem damit haben, ihn auch mal in eine Schwulenbar zu begleiten. Viel schlimmer findet er es, dass er sich seit der Flüchtlingskrise 2015 nicht mehr trauen würde, Händchen haltend durch die Straßen zu gehen, weil er zunehmend arabische Männer im Stadtbild auszumachen meint. Mit der Szene hat er sonst nicht mehr viel am Hut, weil er die Typen nicht leiden kann, die ihm im schwullesbischen Verein in Münster deswegen Rassismus vorwarfen. Er freut sich darüber, dass es mit der AfD endlich eine Partei in Deutschland gibt, die die Dinge beim Namen nennt und »die da oben« das Fürchten lehrt. Inzwischen engagiert er sich in seiner Freizeit selbst für die AfD. Dass er am Wahlkampfstand auf dem Marktplatz schief angeguckt wird, auch schon mal bespuckt wurde, ist ihm egal – schließlich hat er heute »Mut zur Wahrheit« und will sich für nichts mehr verstecken.

Der Sinn dieser beiden antagonistischen Figuren erschließt sich, wenn wir uns noch einmal Laclaus Populismusdefinition vor Augen führen (ausführlicher dazu Kapitel 1.2). Nach Laclau handelt es sich bei Populismus nicht um eine bestimmte Gruppe von politischen Bewegungen, die gewisse Eigenschaften, geschweige denn politische Inhalte, teilen würden. Vielmehr betrachtet Laclau Populismus als eine politische Logik, der zufolge die Gesellschaft diskursiv in zwei antagonistische Lager gespalten wird: ein populares Subjekt und sein gegnerisches Anderes. Der populistische Diskurs vereint unterschiedliche soziale Forderungen unter einem leeren Signifikanten (etwa »die 99 Prozent«); was die Forderungen gemeinsam haben, ist letztlich nichts anderes als ihre Gegner_innenschaft zu einem Außen (»das eine Prozent«). Das heißt, sie bleiben als partikulare Forderungen bestehen, treten aber insofern in ein Äquivalenzverhältnis zueinander ein, als sie gleichermaßen unerfüllt sind. Der historische Versuch, die Anliegen von Lesben und Schwulen mit den Anliegen einer sozialistischen Linken zu artikulieren, wird nicht nur von neuen, progressiv-neoliberalen, homonormativen Äquivalenzketten herausgefordert. Wie wir gesehen haben, streben vielmehr auch äußerst rechte, neonationalistische Akteur_innen den Aufbau einer alternativen Äquivalenzkette an, die die Anliegen von Homosexuellen integrieren soll. In Laclaus Sinne können Bezeichnungen wie *Homosexuelle, Lesben und Schwule* oder *LGBT-Personen* insofern als flottierende Signifikanten gelten, als sie von unterschiedlichen hegemonialen Projekten vereinnahmt werden (Laclau 2005a: 131).

Im Anschluss an Laclau führt Laura Grattan aus, dass populistische Interventionen auf der Ebene des Imaginären stattfinden (Grattan 2021: 138). Daraus folgt, dass antagonistische Figuren für den Populismus essentiell sind. Dazu gehören vor allem »die einfachen Leute« und »die Eliten« (Dümling/Springer 2020), aber auch solche wie die zwei oben skizzierten Figuren. Mit dem »biedere[n] Familienvater«, der »im Dorf auf [s]eine Reputation achten« muss, konstruiert Torben ein gemeinsames antagonistisches Außen vis-à-vis den schwulen *und* den rechten »Schmuddelkindern«, die dadurch in ein Äquivalenzverhältnis zueinander eintreten.

Die Figur der »Schmuddelkinder«, die Torben den »bornierten Konservativen« entgegensetzt, ist bekannt aus dem Lied »Spiel nicht mit den Schmuddelkindern« von Franz Josef Degenhardt. Im Jahr 1965 veröffentlicht, gilt es bis heute als gesellschaftskritische Auseinandersetzung mit dem Spießertum der bundesdeutschen Nachkriegszeit, der Titel ist mittlerweile zum geflügelten Wort geworden. Das Lied erzählt die Geschichte eines bürgerlichen Jungen, der zum Missfallen seiner Eltern gerne mit den »Schmuddelkindern« spielt, dann aber gezwungen wird, eine Schule in der »Oberstadt« zu besuchen. Dort unterwirft er sich einer strengen bürgerlich-militaristischen Erziehung, wird selbst zum Spießer und schließlich, nach einem Unfall, zum »Rattenfänger«. Nachdem er als solcher »ein Kind betört / und in einen Stall gezerrt« hat, wird er mutmaßlich selbst zum Opfer eines bürgerlichen Lynchmobs (Degenhardt 1969: 45 ff.).

Aus heutiger Perspektive ist es wichtig, sich den gesellschaftspolitischen Kontext und damit die bitterböse Botschaft des Liedes zu vergegenwärtigen, dem es um eine Konfrontation mit der bigotten bürgerlichen Moral der Nachkriegszeit geht. Der Klappentext der Taschenbuchausgabe von Degenhardts Liedern von 1969 vermittelt eine Ahnung davon:

»Scharfe, gezielte und bittere Attacken gegen die Stumpfheit und verlogene Biederkeit der bundesdeutschen Kleinbürgerwelt sind Degenhardts Balladen-Parodien, Chansons und Liedgrotesken. Mehr noch: diese Texte sind satirische Aktionen gegen eine lähmende Stagnation, zu deren Selbstbestätigung auch die alten Eichen und die Brunnen wieder rauschen am heimischen Herd des Volksgemüts, das wieder und wieder angetreten ist zum Beten, fleißig, pünktlich, schwer bewaffnet.« (ebd.: 2)

Was bedeutet es nun, dass Torben den Begriff der »Schmuddelkinder« affirmativ gebrauchte und die AfD mit ihm identifizierte? Es ist gut möglich, dass sich Torben bewusst auf das Lied bezog; jedenfalls würde das zu seiner Prägung in einem, wie er sagt, »68er-Haushalt« passen. Degenhardt kann als Stichwortgeber der sogenannten 68er gelten, also jener Generation, die sich kritisch mit den Kontinuitäten zwischen Nationalsozialismus und früher Bundesrepublik und den NS-Verstrickungen ihrer Eltern auseinandersetzten und dagegen rebellierten. So betrachtet erscheint Torbens Gegenüberstellung von »borniertem Konservativen« (sowohl in Gestalt des CDU-Wählers und Familienvaters als auch in Gestalt der grünen queeren Aktivist_innen) und rechten »Schmuddelkindern« auch als Inszenierung eines moralischen Anspruchs: Das Schmuddelkind ist nicht nur provokant um der bloßen Provokation und Rebellion willen – es ist gewissermaßen nicht nur ein Kind, das »auf den Tisch haut« –, es entlarvt auch die moralische Verlogenheit der korrumpierten Herrschenden. Die Figur des »Schmuddelkinds« konstruiert performativ den populistischen Antagonismus zwischen popularem Subjekt und (moralisch) korrupter Elite.

Von Gummistiefeln und Einstecktüchlein

Die bisherige Analyse erfolgte anhand der Imagination von Torben, einem heterosexuell identifizierten Landtagsabgeordneten, der sich aus strategischen Motiven fragt, ob und wie die AfD Homosexualität thematisieren und inszenieren sollte. Torbens – wie er sagte – »Theorie« zu Schwulen im Rechtspopulismus basierte unter anderem auf seinen Erfahrungen mit der AHO und anderen schwulen AfDlern: Als Experte des Feldes lieferte er mir im Interview eine Interpretation, die ich als Ethnograf wiederum ihrerseits interpretiere. Doch wie verhalten sich meine eigenen ethnografischen Beobachtungen bei der AHO zu Torbens Thesen? Im Folgenden möchte ich Andreas, meinen wichtigsten Gesprächspartner in der AfD, im Hinblick darauf porträtieren, wie er zum Thema Provokation steht. Andreas versucht, durch seinen politischen wie auch persönlichen Stil die Figur des »schmuddeligen Schwulen« zu verkörpern. Eines seiner Herzensanliegen, nämlich die jährliche »Wahl zum schönsten Hetero-Mann in der AfD«, bespreche ich im nächsten Abschnitt genauer. Dabei werden auch die Ambivalenzen zutage treten, die mit der Figur des »schmuddeligen« Schwulen verbunden sind. Die Dekonstruktion dieser Figur wird im daran anschließenden Abschnitt »Zurückhaltung statt Provokation« nochmals vertieft.

Andreas' Position kann als prototypisch für die Ethik der heteronormativen Differenz gelten (s. Kapitel 5). Er will auffallen: inhaltlich mit schwulen Themen und besonders rechten Ansichten, rhetorisch mit scharfen Angriffen zumeist gegen Linke und Angela Merkel, intellektuell mit seinem Wissen über Philosophie und Geschichte der frühen Neuzeit, optisch mit seinen sehr bunten Outfits und stets ein wenig underdressed. Als ich seinem Praktikanten, den ich während meiner Hospitation bei ihm kennenlernte, mein Promotionsthema beschrieb, sagte dieser mit Blick auf Andreas: »Da hast du dir ja einen ganz Speziellen ausgesucht.« Ich bat ihn, das zu erläutern, worauf er antwortete: »Na, er ist halt so ein farbenfroher, er fällt ja immer total auf und deswegen kennt ihn auch jeder.« In der Tat begegnete mir diese Sicht auf Andreas immer wieder. Andreas wurde regelmäßig von AfD-Kreisverbänden in ganz Deutschland als Vortragsredner angefragt, um unter anderem darüber zu sprechen, wie eine Homosexuellenpolitik von rechts aussehen könnte. Einmal wurde er dabei augenzwinkernd als »besonderes Exemplar in der AfD« vorgestellt, ein anderes Mal als »bunter Hund«. Bei einem dieser Vortragsabende begleitete ich ihn nach Sangerhausen in Sachsen-Anhalt.

Es ist der 17. Mai 2017, der Internationale Tag gegen Homo-, Trans- und Interphobie. Im Edlen Ross, einer rustikalen Gaststätte, die auf ihrer Speisekarte Spezialitäten aus Pferdefleisch anbietet, haben sich heute Abend um die 15 Personen eingefunden. Ausgestopfte Tiere überblicken den Raum, hinter mir wiehert eine Uhr: Punkt sieben. Außer Andreas ist noch Jens von der AHO dabei. Die beiden unterhalten sich gerade mit Ulrich Weitz, dem Kreisvorsitzenden und Mitglied des sachsen-anhaltischen Landtags. Hinter ihnen steht ein Aufsteller, auf dem eine glückliche weiße heterosexuelle junge Familie abgebildet ist, darüber die Aufschrift: »Wir für Familie«. Im Publikum sitzt auch Ronny, der, wie Jens mir erklärt, aus dem örtlichen Kreisverband kommt und auch schwul ist, aber nicht Mitglied der AHO.

Weitz eröffnet nun die Veranstaltung. »Wir wenden uns heute einem heißen Eisen zu. Wir werden ja immer dargestellt als homophob, als ausländerfeindlich, als rassistisch, als behindertenfeindlich und so weiter. Heute wollen wir auch einmal zeigen, dass das nicht stimmt« – er windet sich ein wenig –, »denn wir sind offen, bunt und

tolerant«. Das löst Gelächter aus. Weitz fügt ironisch hinzu, das habe er im Landtag so von seinen linken Kollegen gelernt.
Nach Andreas' Vortrag erzählt Jens noch ein wenig über die Struktur der AHO. Währenddessen geht ein stark tätowierter und muskulöser Mann mit Glatze durch den Raum. Nachdem Jens fertig ist, ruft Ronny, auf den Mann verweisend: »Das ist übrigens Frank, der Schwulenbeauftragte von Sangerhausen!«, was erneut großes Gelächter auslöst.
Der angesprochene Frank blickt Ronny scharf an: »Du bist wohl lebensmüde!«
Weitz schaltet sich ein: »Nein, eigentlich ist der Ronny unser Schwulenbeauftragter, der ist ja auch selbst betroffen.« Anscheinend etwas naiv gegenüber der Reaktion, die sein dann folgender Satz auslösen würde, sagt er dann noch: »So, ich muss jetzt mal kurz mit Frank raus.«
Der Raum liegt am Boden.

Andreas, selbst Abgeordneter in einem westdeutschen Landtag, hatte mir schon zu Beginn meiner Feldforschung erzählt, dass die ostdeutschen, »rechteren« Landesverbände der AfD dem Thema Homosexualität viel offener gegenüberstünden als die westdeutschen, »liberalen« Landesverbände. Im Interview, das ich bei unserem ersten Treffen mit ihm führte, spricht er über diesen Zusammenhang und erzählt von seinen Vorträgen:

Andreas: »Wenn man in so einem Kreisverband im Osten auftritt, was mir viel lieber ist, dann sind die Leute halt so, wie sie sind. Die kommen halt mit ihren Gummistiefeln da rein und wollen ein bisschen was geboten kriegen, das ist super. Und in München dann diese Herrschaften mit ihren Einstecktüchlein und die Damen im Dirndl, nicht wahr, also zwei Tage später, gleicher Vortrag, gleicher Redner, gleiches Thema, gleiche Partei. Aber es ist natürlich ein völlig anderes Publikum, die dann im Vorhinein auch sagen: ›Treten Sie bitte im Anzug auf!‹, und so weiter. Weil unsere Herrschaften wollen das so. Und da halte ich mich natürlich nicht dran, aber das ist ja egal. Jetzt haben sie mein Wahlkampffoto [für die Ankündigung der Veranstaltung; P.W.] genommen, was ich denen empfohlen habe, und dann gleich einer da in München: ›Also, Herr Schulze ist doch Landtagsabgeordneter, der kann doch nicht so ein buntes Westchen anziehen!‹ [...] Ja, also das ist schon sehr lustig. Und im Osten ist das überhaupt kein Thema, also das ist ganz anders, als man denken würde.« [...]

P.W.: »Also in den Ostverbänden ist das durchaus leichter, das [Schwulenthema] zu besetzen als in den Westverbänden, oder was? Weil die irgendwie so ein bisschen ...«

Andreas: »Gerade die Liberalen wollen sich mit dem Thema nicht beschäftigen, weil die das erstmal nicht verstehen und dann natürlich denken, naja, dann haben wir den zehnten Schwulenverband da. Das weiß ja jeder, dass wir unsere Homosexuellen mögen, warum dieses Thema? Die beschäftigen sich natürlich nicht, die Liberalen, mit Trump oder Le Pen, was die rechteren Leute ja durchaus machen. Und dadurch kommt eigentlich dieses Provokative ja erst ins Spiel und damit wird die Sache dann natürlich wieder interessant für eine Partei, wenn man daraus was machen kann. Bei den Liberalen ist es eben so, dass das Thema nun gewissermaßen völlig durch ist und man gar nicht erkennt, wo der Reiz ist des Ganzen.«

P.W.: »Dass da ein provokatives Potenzial ist sozusagen?«

Andreas: »Genau. Das verstehen die Rechten gewissermaßen viel besser. [...] Der Yiannopoulos macht das ja, hat das ja ganz hervorragend gemacht. Der wird ja auch furchtbar angegriffen, aber ich fand seine Sachen immer ganz erfrischend.« (IN 5)

Im Osten, so Andreas, seien »die Leute halt so, wie sie sind«. Während Torben im Interview die borniertren Konservativen den ehrlichen Rechtspopulist_innen gegenüberstellte (»ein bisschen rüstiger, sicherlich auch dadurch sperriger im Umgang, aber eben ehrlicher«), verortet Andreas diese Differenz innerhalb der AfD selbst, und zwar entlang einer Ost-West-Achse. Seine Ausführungen sind sehr plastisch: »Gummistiefel« in Sangerhausen, »Einstecktüchlein« in München. Während Gummistiefel Assoziationen von Dreck, körperlicher Arbeit und Pragmatismus – im wahrsten Sinne des Wortes Bodenständigkeit – wecken, stehen Einstecktüchlein für Ordentlichkeit, Feinheit, Ornamentik (auf der sprachlichen Ebene auch durch den Diminutiv angedeutet), kurz: die Bourgeoisie. Das rüstige, ehrliche, sperrige, dreckige Moment lässt sich in der Vignette wiederfinden: Die bloße Thematisierung von Homosexualität erscheint hier als »heißes Eisen«; die Behauptung, ein muskulöser Mann könnte schwul sein, erscheint als witzig und ehrenrührig (»Du bist wohl lebensmüde!«), und der Höhepunkt der Komik wird in dem Moment erreicht, als Weitz unabsichtlich suggeriert, er würde *für einen Quickie* mit Frank nach draußen gehen. Doch diesen derben – wir könnten sagen: »schmuddeligen« – Humor, der in liberalen und linken Augen als homophob gelten würde, findet Andreas »super«, weil es trotz allem hier ist – und nicht in München –, wo Andreas bei den Leuten gut ankommt. Diese Form der Ehrlichkeit weiß er zu schätzen, mit ihr kann er umgehen.

Ohne weitere Erklärung setzt Andreas dann nach meiner Frage die Westverbände der AfD mit den »Liberalen« gleich. Wie selbstverständlich scheint die Differenz zwischen »Ost« und »West« nicht nur mit der klassischen populistischen Differenz zwischen »einfachen Leuten« und »Eliten« übereinzustimmen, sondern auch mit der Differenz zwischen »rechter«

und »liberaler« politischer Positionierung. Diese Differenz entspricht grob jener zwischen »Rechtspopulist_innen« und »Konservativen« bei Torben. Torbens »Konservative« und Andreas' »Liberale« unterscheiden sich jedoch in einer Nuance: Während sich die »Konservativen« um ihre Reputation sorgen und deswegen das Provokative lieber meiden, ist für die »Liberalen« Schwulenpolitik schlicht und ergreifend beendet (»das Thema [ist] nun gewissermaßen völlig durch«);[5] sie *begreifen* die Möglichkeiten der Provokation nicht (»nicht erkennt, wo der Reiz ist des Ganzen«). Dieses Argument erinnert auch an die Warnung der Landtagsabgeordneten aus der Vignette zu Beginn des Kapitels: »Bei uns in Niedersachsen kann man nicht so arg provozieren, sonst wirkt man bei diesen etwas schläfrigen Leuten schnell unglaubwürdig.« Die »einfachen Leute«, deren Kultur das »Niedrige« darstellt, erfahren dadurch eine symbolische Aufwertung: Sie sind nicht nur »im Herzen« tolerant, sondern letztlich auch strategisch klüger, weil sie verstehen, dass es sich lohnt, zu provozieren. Diese Logik der Aufwertung des »Niedrigen« ist, Ostiguy zufolge, typisch für den Populismus. Wie seine Vorträge in den »rechteren« Landesverbänden generell ist auch Andreas' Vortrag in Sangerhausen ein Beispiel für die konkrete performative Arbeit, durch die eine Äquivalenzkette konstruiert wird, und zwar hier zwischen Rechten, Ostdeutschen, »einfachen Leuten« und Schwulen.

Die Wahl zum schönsten Hetero-Mann in der AfD

Eine der als provokant intendierten Aktionen der AHO war die jährliche »Wahl zum schönsten Hetero-Mann in der AfD«, die Andreas sehr am Herzen lag. Diese »Wahl« glich mehr einer Kür durch die aktiven Mitglieder der AHO; in einem vorsichtigen Prozess musste schon vorab geklärt werden, welcher heterosexuelle Mann in der AfD die Aktion nicht nur gut finden würde, sondern auch bereit wäre, die Auszeichnung entgegenzunehmen. Ich war in den Jahren von 2017 bis 2019 auf den jeweiligen Halbjahrestagungen der AHO anwesend, bei denen Videos gedreht wurden, die auf Facebook offiziell den »Gewinner« des Jahres verkünden sollten. Dabei bekam ich nicht nur die aufschlussreichen Diskussionen im Vorfeld mit,

---

5 Vgl. die Ethik der homonormativen Gleichheit in Kapitel 5.

sondern gelangte anhand meiner eigenen Reaktionen auf die Wahl und die Videos, die mir peinlich und dilettantisch erschienen, auch zu einem besseren Verständnis eines wichtigen Elements des Populismus, wie ich im Folgenden ausführen werde.

In einem der »Krönungsvideos« steht Andreas in der Mitte des Bildausschnitts und blickt in die Kamera. Er hält ein Glas Rotwein in der Hand. Seine Umgebung wirkt gemütlich: Der Raum ist ziemlich dunkel, hinter ihm knistert ein Kaminfeuer, vor ihm brennen zwei rote Kerzen auf einem runden Tisch, auf dem eine karierte Tischdecke liegt und darauf eine Krone und ein Zepter aus Plastik sowie eine Schärpe. Das Video geht eine knappe Minute. Der Ton ist schlecht, Andreas ist nicht gut zu hören. Er sagt: »Wer mag es sein, der schönste Mann in der AfD, [...] der gekrönt wird in seiner Heimatstadt im Ruhrgebiet mit Krone, Zepter und Schärpe? [Es] ist Matthias Helferich! Prost!« Dann trinkt er einen Schluck aus seinem Glas und verlässt etwas hastig den Bildausschnitt. Das Video provoziert unterschiedliche Reaktionen auf dem Facebook-Account der AHO, die Kommentare reichen von Häme (»hier gibt es echt was zu lachen. Mit Argumenten hab ichs schon versucht, aber wie bei allen Afdeppen, fruchtloser Boden«) über Glückwünsche bis hin zu Kandidatenvorschlägen für die kommenden Jahre.[6] Auf demselben Facebook-Account zeigt ein Foto ein AHO-Mitglied, wie es dem Gewinner des Jahres 2017 die »Insignien« überreicht. Die Beschreibung des Fotos lautet: »Nach zwei ereignisreichen Arbeitstagen haben wir unseren würdigen Preisträger ›schönster Hetero Mann der AfD 2017‹, Maximilian Kneller, feierlich gekrönt. Parteiarbeit macht auch Spaß [grinsendes Emoji]«. Auch hier findet sich ein Kommentar, der einen anderen Kandidaten vorschlägt, sowie Häme: »DER Maximilian Kneller? [...] Respekt [lachende Emojis] Ihr seid ja noch peinlicher als Eure ›Mutterpartei‹«.[7] Der kommentierende User verlinkt außerdem einen Artikel, in dem darüber berichtet wird, dass Kneller auf Facebook ein FDP-Mitglied sexistisch beleidigt haben soll und deswegen polizeilich gegen ihn ermittelt werde.[8]

Andreas erklärte mir den Sinn der Aktion (mehrfach) mit den Worten: »Das machen wir für die Propaganda, damit die Linken sich ärgern.« In ihrem begrenzten Wirkungsradius auf Facebook zielen die Videos darauf ab zu zei-

---

6 Vgl. https://www.facebook.com/100064846294854/videos/1041791169360750, Abruf am 08.06.2024.
7 Vgl. https://www.facebook.com/Alternative-Homosexuelle-AHO-1490981311156762/photos/1894321090822780, Abruf am 24.04.2024.
8 Vgl. https://www.nw.de/lokal/bielefeld/mitte/20563841_Polizei-ermittelt-gegen-Bielefelder-AfD-Jungpolitiker-Maximilian-Kneller.html, Abruf am 24.04.2024.

Abb. 8: Krone, Zepter und Schärpe
Quelle: eigene Darstellung

gen, dass heterosexuelle Männer in der AfD Spaß verstehen und locker und unverkrampft mit so einer nicht ganz ernst gemeinten Auszeichnung umgehen können, die ihnen von schwulen Männern verliehen wird. Wer als heterosexueller AfDler keine Berührungsängste mit Schwulen hat, so die Logik der Aktion, könne nicht homophob sein – und das wiederum »ärgere« Linke, weil diese in ihrer eigenen »Propaganda« darauf angewiesen seien, der AfD Homophobie vorwerfen zu können.[9]

Tatsächlich beobachtete ich auch außerhalb von Facebook, dass die Aktion bei heterosexuellen AfD-Mitgliedern auf positive Resonanz stieß, wie zum Beispiel bei Jochen. Als ich Andreas zu einem seiner Vorträge begleitete, wurden wir von Jochen, einem Mitglied des lokalen Kreisverbandes, vom Bahnhof abgeholt. Während der Autofahrt kam er auf die Wahl zum schönsten Hetero-Mann zu sprechen, von der er auf Facebook mitbekommen hatte. Er schien Andreas dazu ermutigen zu wollen, die Aktion noch größer aufzuziehen und bekanntere AfD-Politiker zu wählen, um mehr Aufmerksam-

---

9 Zu Homophobie als Vorwurf vgl. Kapitel 4.

keit dafür zu generieren: »Wen von den richtig Prominenten würdet ihr denn wählen? Der Bystron hat ja was, finde ich, so als Kerl.«

Es schien jedoch bereits unter weniger prominenten AfD-Politikern nicht ganz leicht, geeignete Kandidaten zu finden. Kneller war der dritte gewesen, den die AHO angefragt hatte, und auch 2018 hatten mehrere der Angefragten abgelehnt, wie mir erzählt wurde. In Sachsen-Anhalt hatte sich ein Mitglied an die Landtagsfraktion gewendet, um sich über die Aktion zu beschweren, weil sie den Ruf der AfD schädige. Die Fraktion habe das jedoch nicht so gesehen. Der Bundestagsabgeordnete der AfD Jan Nolte, dem in einer Studie (Gaßner u.a. 2019) attestiert wurde, der attraktivste männliche Direktkandidat bei der Bundestagswahl 2017 zu sein,[10] wäre laut Andreas wohl »zu verklemmt«, um sich auch von der AHO zum Schönsten küren zu lassen. Bei diesem vergleichsweise harmlosen Beispiel der Wahl zum schönsten Hetero-Mann in der AfD zeigt sich, dass es für die AHO wie für die AfD insgesamt eine Gratwanderung ist, mit Homosexualität zu provozieren: Anscheinend befürchten einige, dass sie damit auch die eigene Wähler_innenschaft vor den Kopf stoßen könnten, und viele AfD-Politiker sind sichtlich nicht so offen, wie die Aktion eigentlich suggerieren will.

Mir selbst schien die Aktion nicht dazu geeignet, »Linke zu ärgern«. Wie die hämischen Kommentare auf Facebook zeigen, haben die Videos zumindest ebenso das Potenzial dazu, die AHO der Lächerlichkeit preiszugeben, und so ihren politischen Gegner_innen eher noch in die Hände zu spielen. Die Videos erschienen mir oft peinlich, weil sie so unprofessionell, nachgerade dilettantisch gemacht waren, was laut Andreas aber gerade ihren Charme ausmachte. Als ich Andreas darauf ansprach, entgegnete er: »Wieso denn peinlich? Lustig ist das, aber peinlich überhaupt nicht!« Ich fragte mich, wie die Videos auf mich wirken würden, wenn ich AfD-Sympathisant wäre – würde ich dann Andreas' Einschätzung teilen oder würde ich sie immer noch peinlich finden? Andreas fuhr in seiner typisch selbstironischen Art fort: »Ich

---

10 Die Studie, die einen Zusammenhang zwischen Attraktivität und Wahlerfolg nachzuweisen sucht, basierte auf der Bewertung der Attraktivität aller Direktkandidierenden durch 24 Studierende. In der Publikation der Ergebnisse (Gaßner u.a. 2019) werden die Namen der jeweiligen Politiker_innen zwar nicht genannt. Die Presse war jedoch von den Autor_innen darüber informiert worden und berichtete umfassend (vgl. z.B. https://www.fr.de/politik/schoensten-bundestag-10975685.html; https://www.morgenpost.de/politik/article213069893/Attraktive-Politiker-haben-laut-Studie-groesseren-Wahlerfolg.html, beide Links Abruf am 24.04.2024).

bin ja Arbeiterkind ohne Manieren, ich habe keine Scham anerzogen bekommen.« Ich bin in der Tat kein Arbeiterkind – und fühlte mich ertappt. Möglicherweise hatte meine Reaktion auf die Videos also etwas mit sozialer Klasse zu tun. Wie bereits erläutert, beschreibt Ostiguy Populismus als antagonistische Aneignung eines »nicht vorzeigbaren Anderen« zum Ziel der politischen Mobilisierung. Dieser »nicht vorzeigbare Andere« sei seinerseits das historische Produkt spezifischer zivilisatorischer Projekte, die ein »anständiges«, »korrektes«, »sittliches« Subjekt postulieren, an dem sich die zu Zivilisierenden orientieren sollen. Worin genau der Kern des jeweiligen zivilisatorischen Projekts bestehe, sei zweitrangig, eben weil es lokal und temporal verschiedene Varianten davon gebe. Aber:

»This project's so called ›Other‹ can be recognized as such if it provokes shame or embarrassment for ›decent‹, ›politically correct‹, ›proper‹, or ›well-educated‹ people. The political entrepreneurs *flaunting this Other*, in turn, claim to be speaking in the name of a ›repressed truth‹ (especially in Europe) or (more often in Latin America) of ›previously excluded social sectors‹ or (in the US) the ›silent majority‹. These political entrepreneurs cast the ›Other‹ as allegedly both *damaged* and ›swept under the rug‹ by official discourse and policies. What these politicians represent is allegedly fetched from ›under the rug‹ and brought to the political fore in a loud, perhaps ugly (or at best, oddly ›exotic‹) but ›proud‹ way – and to many, in a rather annoying way as well.« (Ostiguy 2017: 76; Hervorh. i.O.)

Ugly, oddly »exotic«, rather annoying – das waren auch meine Eindrücke von der Wahl zum schönsten Hetero-Mann in der AfD. Es war jedoch nicht das Zurschaustellen (»flaunting«) von Homosexualität, auch nicht von rechter Homosexualität, was mich an den Videos irritierte. Vielmehr waren es die Elemente, die ich als »unprofessionell« und »dilettantisch« wahrnahm und die mir und so manchen Kommentator_innen auf Facebook lächerlich erschienen. Meine Reaktion ließ mich zur Verkörperung jenes überheblichen, elitären Kosmopoliten werden, der durch rechtspopulistische Praktiken als Antagonist »des Volkes« performativ hervorgebracht wird. Der Populismus ist ein relationales Phänomen, er stellt Beziehungen her: zwischen Führungsfigur(en) und Anhänger_innen (Ostiguy 2017; Ostiguy/Moffitt 2021), zwischen Aktivist_innen an der Basis und einem gemeinsamen Projekt, zwischen »uns« und »denen«. Wenn »die Anderen« Scham empfinden und damit die Anrufung als »Andere« annehmen, hat der Populismus sein Ziel erreicht.

Zurückhaltung statt Provokation

Gleichwohl fiel mir auf, dass es sich doch um verhältnismäßig seichte Provokationen handelte. Andreas brauchte mehrere Anläufe, bis ein Video zustande kam, mit dem alle zufrieden waren und das sie veröffentlichen wollten. In einer Variante sagte Andreas: »Wir müssen Feuer unterm Kanzleramt legen!«, doch das erschien den anderen zu scharf, sodass er am Ende auf solche Formulierungen verzichtete. Überhaupt beobachtete ich bei mehreren Gelegenheiten eher Zurückhaltung als Provokation im öffentlichen Raum – nicht nur online, sondern auch offline:

Es ist elf Uhr vormittags am letzten Tag einer AHO-Halbjahrestagung im Juni 2017. Ich stehe mit Jens vor der Landesgeschäftsstelle der AfD Mecklenburg-Vorpommern, dem Tagungsort. Die Sonne scheint, aber es ist ziemlich windig. Kurz darauf treffen Gregor und Andreas ein. Fabian verspätet sich wie immer. Wir beschließen, nicht länger zu warten, und betreten das Büro. Heute soll noch ein Foto gemacht und zum Gedenken an den Anschlag von Orlando auf Facebook gepostet werden. Dafür war vorgesehen, dass Vertreter des Landesverbandes dazukommen, die jetzt der Reihe nach absagen. Weil es zu windig ist, wird außerdem erwogen, das Foto an einem anderen Ort zu machen; ursprünglich war eine Brücke in der Innenstadt vorgesehen gewesen. Nach einer halben Stunde – inzwischen ist auch Fabian eingetroffen – entscheidet die Gruppe, in einen nahegelegenen Park zu gehen. Dort angekommen fällt mir auf, dass hier nicht viel los ist. Ich frage Andreas, warum sie daraus keine öffentlichere Aktion machen und sich zum Beispiel auf einen Platz in der Innenstadt stellen. »Heute ist alles etwas ungeplant«, scherzt er. An der Rückseite eines klassizistischen Gebäudes positionieren sich Andreas, Jens, Gregor und Fabian schließlich mit ihren Aufstellern und bitten mich darum, Fotos von ihnen zu machen. Danach gehen wir wieder zurück in die Landesgeschäftsstelle. Andreas will jetzt die Fotos auf Facebook posten.

Wie viel rechte/schwule Provokation verträgt die AfD – nach innen wie nach außen? Offenbar nicht allzu viel. Auch mit Torben, der sich aus rein strategischen Gründen für die Homosexuellen in der AfD interessiert, sprach ich über diese Frage. Er erzählte mir beispielsweise von Debatten innerhalb der JA darüber, ob die AfD versuchen solle, sich an Christopher-Street-Day-Paraden zu beteiligen: Wäre eine solche Beteiligung unter dem Gesichtspunkt der Provokation von Vorteil für die AfD oder sollte die AfD es vermeiden, mit den »Bunten«, für die der CSD steht, in Verbindung gebracht zu werden? Torben betrachtet das populistisch-provokative Potenzial von schwu-

Abb. 9: An einem unauffälligen Ort positionieren die AHO-Mitglieder ihre Aufsteller für ein Foto zum Orlando-Gedenken.
Quelle: eigene Darstellung

len AfDlern in erster Linie unter utilitaristischen Gesichtspunkten: Es geht ihm um die Frage – »aus [s]einer Sicht als Funktionär« –, ob die AfD »diese Wählerklientel [...] bespielen« solle. Er spricht über die Notwendigkeit für die Partei, verschiedenen »Gruppierungen in der Gesellschaft« und »Minderheiten« zu zeigen, dass sie in der AfD willkommen seien. Ich frage nach und greife dabei sein Vokabular auf:

P.W.: »Okay, also es geht darum, Minderheiten zu bespielen.«

Torben: »Ja, bespielen hört sich so missbräuchlich an (lacht), aber das ist natürlich so, in einer Partei hat man eben das Interesse, dass man neue Wählerschichten erschließt und dass man vor allen Dingen Wählerschichten zeigt, dass sie willkommen sind. Und das ist meine Aufgabe, warum ich damals zur AHO gerne gegangen bin, [...] [nämlich] zu zeigen: Ihr seid willkommen, wir brauchen euch, ihr seid ein fester Bestandteil der Partei. Das war sicherlich auch die Motivation von Meuthen [zu einer AHO-Veranstaltung] zu kommen. [Er] hätte ja auch sagen [können], pff, das ist ja von der Organisationsstruktur eine unbedeutende Gruppe in der AfD. Aber es gibt natürlich viele Wähler – was heißt viele, ich kann das nicht prozentual beziffern, vielleicht hast du da Zahlen –, aber es gibt in der Partei sicherlich auch viele homosexuelle Mitglieder, die nicht in der AHO sind, weil die überhaupt keine Lust haben, sich dann da strukturell einzubringen, die sagen, ich bin AfDler. Was ich abends im Bett mache, ist egal. [...] Es ist ja auch ein bisschen so eine kleine Clique, die sich da gebildet hat. Aber als Zeichen, dass die homosexuellen Menschen bei uns ganz normal zur Struktur der Partei gehören, ist das eben wichtig. Und ich glaube, dass uns das auch nützt.« (IN 21)

Torben bemerkt selbst den »missbräuchlich[en]« Charakter der Formulierung »Minderheiten bespielen«, inhaltlich bestätigt er aber letztlich meine Aussage: Vorrangiges Ziel ist es, Wähler_innen zu generieren (»ich glaube, dass uns das auch nützt«). An dieser Stelle ist wieder der Vergleich von Torbens Narrativ mit dem Lied »Spiel nicht mit den Schmuddelkindern« instruktiv. Wie bereits angedeutet, spielt »Missbrauch«[11] auch dort eine Rolle. Der zum Spießer gewordene Junge, der dann seinerseits seinem Sohn verbietet, mit den Schmuddelkindern zu spielen, erleidet nämlich einen Unfall und endet als »Rattenfänger«:

»Als er später durch die Straßen
hinkte, sah man ihn an Tagen
Auf 'nem Haarkamm Lieder blasen,
Rattenfell am Kragen tragen.
Hinkte hüpfend hinter Kindern,
wollte sie am Schulgang hindern
und schlich um Kaninchenställe.
Eines Tags in aller Helle
hat er dann ein Kind betört
und in einen Stall gezerrt.
Seine Leiche fand man, die im Rattenteich rumschwamm.
Drum herum die Schmuddelkinder bliesen auf dem Kamm:
›Spiel nicht mit den Schmuddelkindern,
sing nicht ihre Lieder.
Geh doch in die Oberstadt,
mach's wie deine Brüder.‹« (Degenhardt 1969: 47)

Die Ambivalenz des Protagonisten aus Degenhardts Lied besteht darin, dass er nur deswegen am Ende gewalttätig wird, weil er als Kind mit Gewalt dazu gezwungen wurde, »anständig« zu werden. Nicht die Schmuddelkinder stellen die Gefahr dar, sondern vielmehr die bürgerliche Gesellschaft, die am Ende durch den mutmaßlichen Lynchmord am Protagonisten ihr wahres Gesicht zeigt. In einer ähnlich ambivalenten Position befindet sich Torben: Einerseits weist er die »Bornierten« zurück, andererseits wird er als »Funktio-

---

11 Der Begriff des sexuellen (Kindes-)Missbrauchs ist insofern problematisch, als er die Möglichkeit eines »richtigen« Gebrauchs impliziert.

när« mehr und mehr selbst dazu. In der Gestalt des bornierten Funktionärs erscheint uns Torben in dem Moment als »Rattenfänger«, in dem er »Minderheiten« für seine Zwecke zu »missbrauchen« beginnt.

Beim Vergleich zwischen Torben und dem Rattenfänger ist sicherlich Vorsicht geboten, schließlich lassen sich sexualisierte Gewalt an Kindern und das eigennützige Umwerben von Wähler_innengruppen nicht auf eine Stufe stellen. Er hilft uns jedoch zu erkennen, was Torbens instrumentelles Interesse an Homosexuellen als Wähler_innen in letzter Konsequenz bedeutet. Am Ende des Interviews wird nämlich deutlich, dass Torben unsicher ist, ob es sich für die AfD tatsächlich lohnt, Homosexuelle zu umwerben – oder ob es der Partei auch schaden könnte. Er schließt wie folgt:

»Es gab mal ein Mitglied bei uns, der wollte sein Coming-out in der Partei groß inszenieren. Er glaubte, dass ihm das vielleicht auch so als Provokation bei uns auch Anerkennung verschafft. Da habe ich gesagt: ›Lass es lieber‹. Das ist auch nicht gewollt, glaube ich, in der AfD. Dass man sich so als Minderheiten-nah sieht. Genauso wie unsere Migranten: Wenn sie immer das Migrantenticket fahren, sind sie auch schnell abgenutzt, weil der AfDler das eigentlich nicht haben will.« (IN 21)

In dieser Aussage steckt letzten Endes die ultimative Instrumentalisierung und Objektivierung: Was »abgenutzt« ist, lässt sich nicht länger zur Provokation einsetzen. Es wird nicht mehr gebraucht – und entsorgt. Wie es scheint, haben die Homosexuellen in der AfD allen Grund dazu, sich mit Provokationen zurückzuhalten.

Ein Zuviel an Provokation – das Ende von »Milo«?

Welche Folgen es haben kann, wenn rechte Schwule es mit der Provokation übertreiben, illustriert auch die Geschichte des eingangs bereits erwähnten Milo Yiannopoulos. Im Februar 2017 sah er sich gezwungen, sich zu entschuldigen und seine Stelle bei Breitbart zu kündigen. In einer Pressekonferenz sagte er: »I do not support child abuse. It's a disgusting crime of which I have been a victim.« (Yiannopoulos zit. nach O'Hara 2017)

Was war passiert? Ein anonymer Twitter-Account mit dem Namen »Reagan Battalion« hatte Videos von einem Interview gepostet, das Yiannopoulos Anfang 2016 gegeben hatte. Darin hatte er pädosexuelle Übergriffe gegenüber Jungen verharmlost und eine Verbindung zwischen Pädosexualität und Homosexualität hergestellt:

»In the homosexual world, particularly, some of those relationships between younger boys and older men – the sort of ›coming of age‹ relationships – the relationships in which those older men have helped those young boys discover who they are and give them security and safety and provide them with love and a reliable, sort of a rock, where they can't speak to their parents ...«

An dieser Stelle wird er von dem Interviewer unterbrochen: »It sounds like Catholic priest molestation to me.« »And you know what, I'm grateful for Father Michael, I wouldn't give nearly such good head if it wasn't for him«[12], entgegnet Yiannopoulos. Nach Bekanntwerden des Interviews folgte Yiannopoulos' Ausladung von der Conservative Political Action Conference, bei der auch Donald Trump und Breitbart-Chefredakteur Steven Bannon sprechen sollten. Der Verlag, bei dem seine Autobiografie publiziert werden sollte, sagte die Veröffentlichung ab (vgl. O'Hara 2017). Der Rückhalt für Yiannopoulos begann zu schwinden. Während seiner Pressekonferenz begab sich Yiannopoulos – anscheinend zum ersten Mal überhaupt – in die Defensive: »I haven't ever apologised before and I don't anticipate ever doing it again.«[13] Er entschuldigte sich für seine Aussagen während des Interviews, betonte jedoch zugleich, dass er missverstanden worden sei. Nach der Kontroverse schien »Milo«, wie er meist nur genannt wurde, keine Plattform mehr zu haben – Twitter hatte seinen Account bereits 2016 gesperrt, Facebook folgte im Jahr 2019 – und aus dem Blick der medialen Aufmerksamkeit zu geraten.

War die Figur »Milo« damit am Ende? Die nun vermeintlich einhellige Ablehnung von Yiannopoulos durch die äußerste Rechte wurde dadurch konterkariert, dass manche rechte Akteur_innen weiterhin an ihm festhielten. Die Haltung zu Yiannopoulos spaltete die AfD noch im Mai 2019, als die sogenannte Konferenz der Freien Medien stattfand, die vier Abgeordnete der AfD im Bundestag organisiert hatten. Die breite Medienöffentlichkeit war von der Veranstaltung ausgeschlossen; eingeladen waren lediglich etwa 80 Vertreter_innen von rechten, »alternativen« Medien. Yiannopoulos

---

12 Vgl. https://twitter.com/ReaganBattalion/status/833405993006616675, Abruf am 24.04.2024, Transkript des Videoausschnitts Minute 00:15 – 00:47. Der Ausdruck *to give head* bedeutet ›jemandem einen blasen‹.

13 Vgl. https://www.youtube.com/watch?v=iITFjmxE4Sw, Abruf am 24.04.2024, Transkript des Videoausschnitts Minute 01:01 – 01:05.

war kurzfristig als Ersatz für den ursprünglich als Stargast vorgesehenen Steve Bannon eingeladen worden, was zu Irritationen im AfD-Vorstand führte. Yiannopoulos erschien einigen als untragbar und musste daraufhin kurzerhand wieder ausgeladen werden (vgl. Weiland 2019). Der Fraktionsvorsitzende Alexander Gauland begründete die Ausladung folgendermaßen: »Gegen diesen Gastredner gibt es offensichtlich Vorwürfe, die wir in der kurzen Zeit nicht überprüfen können. Wir wissen nicht: Ist das zum Teil Satire, ist das ernst von ihm? [...] Da hat eine große Mehrheit der Fraktion gesagt, dann ist uns das zu risikoreich – und hat entschieden, dass der Mann jedenfalls hier nicht in den Räumen sprechen darf« (zit. nach ebd.). Die vier Organisator_innen der Konferenz – Udo Hammelgarn, Petr Bystron, Nicole Höchst und Uwe Schulz – nahmen Gauland beim Wort und Yiannopoulos konnte schließlich doch noch auftreten. Der rechte Blog »PI News« berichtete:

»[D]ie von der AfD veranstaltete Konferenz [endete] um etwa 17 Uhr im Bundestag – und wie von Geisterhand fand sich die fast identische Zuhörerschaft wenig später im restlos überfüllten Saal eines urigen Brauhauses in der Nähe des Brandenburger Tores wieder, um den ›ausgeladenen‹ Gaststar Milo Yiannopoulos mit gebührender Lautstärke und ›Milo, Milo‹-Rufen begeistert in Empfang zu nehmen.« (Wiener 2019)

Auf einem Foto in demselben Bericht ist Yiannopoulos mit einem Flyer der AHO zu sehen, neben ihm – breit grinsend und mit Daumen nach oben – die Schirmherrin der AHO Nicole Höchst und David Berger, der schwule katholische Blogger.[14]

Inzwischen versucht Milo einen Neustart als »Ex-Gay«. In einem Interview mit der äußerst rechten katholischen Nachrichtenplattform »LifeSiteNews« vom 9. März 2021 spricht er davon, dass er nun versuche, keusch zu leben (»sodomy free«), und seinen Partner zum Mitbewohner »degradiert« habe. Jetzt wolle er angesichts grassierender »gender madness« sein Leben dem Heiligen Josef weihen (»the male protector of the infant Jesus«), worin er eine Zurückweisung des »Terror of transsexuals« sieht, und dabei helfen, Konversionstherapien zu rehabilitieren (LifeSiteNews 2021: o.S.). Es gehört wohl nicht viel Fantasie dazu, sich vorzustellen, dass es auch bei dieser Wendung um inhaltsleere Provokation zur Rettung der Figur »Milo« geht. Immerhin hatte Yiannopoulos im Dezember 2018 über zwei Millionen Dollar Schulden, wie der *Guardian* berichtete (Wilson 2018).

---

14 Vgl. http://www.pi-news.net/wp-content/uploads/2019/05/medien10.jpg, Abruf am 24.04.2024.

Fazit: Populismus als unvollständiges und ambivalentes Projekt

In diesem Kapitel ging es darum, welches provokative Potenzial (männliche) Homosexualität für die rechtspopulistische Mobilisierung hat. Im Anschluss an den soziokulturell-stilistischen Ansatz in der Populismusforschung (insb. Ostiguy 2017; Ostiguy/Moffitt 2021) rückte ich damit die populistische Form in den Mittelpunkt, in deren Gestalt die äußerst rechten ideologischen Inhalte der AfD zum Ausdruck kommen. Nach diesem Ansatz ist das Zurschaustellen des soziokulturell als »niedrig« Bewerteten, das heißt der »schlechten Manieren« oder des »politisch Inkorrekten«, das zentrale Element des populistischen Stils. Dabei wird jedoch nicht die Provokation selbst bereits als populistisch verstanden, sondern die Art und Weise, in der sie dazu beiträgt, den Antagonismus zwischen dem »einfachen«, »wahren«, »authentischen« Volk und den »korrumpierten« herrschenden Eliten performativ zu konstruieren: Populistische Provokation soll einerseits Nähe zu den popularen Klassen signalisieren, andererseits die »anständigen« herrschenden Klassen schockieren.

Homosexualität erwies sich als mobilisierbar für die rechtspopulistische Provokation. Mein Interviewpartner Torben imaginierte das Zurschaustellen des »Homophoben« als inakzeptabel für den herrschenden Mainstream, insbesondere wenn Homosexuelle selbst in ihren Inszenierungen auf den Vorwurf der Homophobie Bezug nehmen, um rechte Inhalte zu transportieren. In dem von ihm angesprochenen Beispiel ging es darum, dass Alice Weidel und David Berger sich damit brüsteten, dass queere Aktivist_innen ihnen den Schmähpreis »Miss und Mister Homophobia« verliehen hatten (dies ist das einzige Beispiel, in dem neben schwulen Männern auch eine lesbische Frau eine Rolle spielte). Mithilfe des Begriffs »Schmuddelkinder« versuchte Torben, in seinem Narrativ eine Äquivalenzkette herzustellen: Was Rechtspopulist_innen und Homosexuelle gemeinsam hätten, seien ihre »niedrigen« Umgangsformen und ihr Status als moralischer Paria gegenüber dem konservativen, bürgerlichen Mainstream (zu dem auch bestimmte Homosexuelle gehören, nämlich die »borniertern«, institutionalisierten Teile der Bewegung). Deutlich wurde auch der Stellenwert von Figuren bei der Arbeit an Äquivalenzketten, die auf der Ebene des Imaginären stattfindet. Eine Verdichtung von Torbens Narrativ veranschaulichte den Gegensatz zwischen »biederem konservativen Familienvater« und »schwulem rechtspopulistischen Schmuddelkind«, durch den die rechte/schwule Provokation dazu beiträgt, den Antagonismus zwischen »Eliten« und »einfachen Leuten« zu konstruieren. Im weiteren Verlauf porträtierte ich Andreas, der genau jene Figur des schwulen rechtspopulistischen Schmuddelkinds zu verkörpern scheint, sie jedoch auch zu dekonstruieren hilft. Der Gegensatz, den Torben zwischen Konservativen und Rechtspopulist_innen ausmacht, begegnet uns bei Andreas in ähnlicher Form, nämlich zwischen »Liberalen« und »Rechten«. Erstaunlich ist insbesondere, dass Andreas diesen Gegensatz *innerhalb* der AfD verortet und ihn darüber hinaus mit einem Gegensatz zwischen »West« und »Ost« gleichsetzt. Das politische Imaginäre in Andreas' plastischer Erzählung ist durch eine scharfe Gegenüberstellung von bürgerlichen, westdeutschen Liberalen und bodenständigen, ostdeutschen Rechten gekennzeichnet. Anders als Außenstehende annehmen könnten, hielten sich die westdeutschen Liberalen zudem bei der Thematisierung von Homosexualität eher zurück, während die ostdeutschen Rechten das Thema gerne aufnähmen, und zwar nicht, weil sie homofreundlicher wären als Erstere, sondern weil sie das darin liegende strategische Potenzial erkennen. In Verbindung mit einer ethnografischen Vignette wurde deutlich, wie die Arbeit an solchen antagonistischen Äquivalenzketten in der Praxis funktioniert: Andreas schreibt sich als (gebildeter westdeutscher) Schwuler insbesondere dadurch in die Äquivalenzkette bodenständig-ostdeutsch-rechts ein, dass er sich stilistisch einer »bürgerlichen« Ästhetik verweigert und damit in einem »bodenständigen« Umfeld besser ankommt.

Zugleich konnte ich zeigen, dass Provokation als zentrales Element des populistischen Stils innerhalb der AfD umstritten ist. Die analysierten Praktiken meiner Forschungsteilnehmenden können nicht rundheraus als populistisch *oder* nicht-populistisch beschrieben werden; vielmehr bestätigte sich die These, dass es sich bei Populismus um ein graduelles Phänomen handelt (Diehl 2011): Die Provokation als rechts und schwul musste sehr bedacht eingesetzt werden und begegnete mir in meiner Feldforschung – trotz aller Rhetorik – eher in abgeschwächter Form. In Bezug auf die »Wahl zum schönsten Hetero-Mann in der AfD« bemerkte ich zwar unter anderem an meinen eigenen Reaktionen, dass die antagonisierende Provokation insofern tatsächlich funktioniert, als sie Gefühle von Scham und Peinlichkeit bei den Gegner_innen der AfD erzeugt. Andererseits zeigte diese Aktion der AHO aber auch, wie sehr sich die Schwulen in der AfD mit ihrer öffentlichen Provokation zurückhalten müssen. Auch Torben hält die Äquivalenzkette zwischen Schwulen und Rechten nur für sinnvoll, solange sie strategisch von Nutzen ist. Der Fall Milo Yiannopoulos schließlich knüpfte insofern daran an, als er einerseits zeigt, was passiert, wenn der Bogen überspannt wird: Wer zu stark provoziert, ist nicht mehr nützlich, sondern wird zur Gefahr und infolgedessen fallengelassen. Andererseits gab es in der AfD auch nach Milos »Fall« noch Auseinandersetzungen über ihn: Selbst seine als Provokation intendierte Verharmlosung pädosexueller Handlungen schadete ihm in manchen Teilen der AfD nicht; sie luden ihn trotz Widerstand aus dem Fraktionsvorstand ein und feierten ihn. Die Episode zeigt, wie stark Uneinigkeit und Unsicherheit und wie scharf die Auseinandersetzungen um das rechte Maß beim Thema Provokation in der AfD sind.

Populismus ist, zusammengefasst, als unvollständiges und ambivalentes Projekt zu beschreiben. Tatsächlich bleibt in der AfD umstritten, welche Gruppen in die rechtspopulistische Äquivalenzkette einbezogen werden sollen. Dieses Ergebnis passt zu den medial sehr präsenten Auseinandersetzungen über den Umgang mit den Rechtsextremen in der AfD: Soll man mit den »Schmuddelkindern« spielen – ja oder nein? Wie es scheint, übersteigt für viele in der AfD das Risiko den Nutzen, den die Provokation mit Homosexuellen beziehungsweise Schwulen potenziell hat. Das erkennen auch die Schwulen von der AHO, die innerhalb der AfD als besonders rechts und populistischen Praktiken zugetan gelten können.[15] Damit schließe ich das letzte Kapitel von Teil III mit einer für die AHO pessimistischen, für mich optimistischen Sicht: Neue Äquivalenzketten zu konstruieren, ist harte Arbeit. Ob es den schwulen Männern in der AfD wirklich gelingen wird, sich langfristig ins rechtspopulistische politische Imaginäre einzuschreiben, ist fraglich.

---

15 Vgl. im Gegensatz dazu jene schwulen AfDler, die einer Ethik der homonormativen Gleichheit anhängen (Kapitel 5).

Coda: Verbrüdert, verstrickt

> Das Gesicht des Feindes entsetzt mich,
> weil ich sehe, wie sehr es meinem eigenen ähnelt.
> – Stanisław Jerzy Lec (2020 [1982]): Sämtliche unfrisierte Gedanken, S. 16

Während der gesamten Interaktion mit Torben hatte ich den Eindruck, dass wir einander auf Augenhöhe begegneten: Beiden von uns war klar, wie wir politisch positioniert waren und welche Absichten wir in Bezug auf den jeweils anderen verfolgten. Wir hielten einander für nützlich, was unsere je eigenen Zwecke anging, und nahmen in Kauf, dass der jeweils andere eben auch von unseren Gesprächen profitieren würde. Daraus folgte jedoch nicht, dass wir einander misstrauten oder peinlich darauf achteten, nicht zu viel preiszugeben. Im Gegenteil: Zwischen uns schien es eher so etwas wie Anerkennung der Position des jeweils anderen zu geben; wir bildeten uns nicht ein, einander etwas vormachen zu können. Dabei spielte einerseits eine Rolle, dass wir uns habituell und vom akademischen Hintergrund her ähnelten. Andererseits – und dies ist die eigentliche Pointe der *Ethnografie der Feindschaft* – verband uns gerade die Tatsache, dass wir einander politisch als Feinde betrachteten – sie machte uns geradezu zu Brüdern.

Nachdem mein eigentliches Interview beendet war und ich Torben angeboten hatte, seinerseits noch Fragen an mich zu formulieren, bat er mich darum, ihm von den Erkenntnissen meiner Feldforschung zu berichten. Es entwickelte sich daraufhin eine Art Beratungsgespräch, in dem es Torben darum ging zu erfahren, ob tatsächlich »eine Umorientierung der homosexuellen Wählerschaft zu rechten Parteien« zu beobachten sei. Für mich war es schwierig, diese Situation zu navigieren: Während ich einerseits meinem Interviewpartner dankbar war und ihm entgegenkommen wollte, war ich andererseits keinesfalls bereit, ihn tatsächlich zu beraten. Ich scheine schließlich Ja und Nein zugleich gesagt zu haben: Einerseits gestand ich zu, es gebe »eine Klientel, die ist ansprechbar«. Andererseits äußerte ich Zweifel: »Für Rechte ist es immer ein Spiel mit dem Feuer sozusagen, weil man mit dem Besetzen von Homothemen auch viele Leute abschrecken kann.«

Erst daraufhin äußerte Torsten den Satz über »abgenutzte« Minderheiten, den ich im vorangegangenen Kapitel zitierte.[1]

So angenehm das Gespräch mit Torben für mich verlief – er war freundlich und ich hatte selten so reichhaltiges Interviewmaterial davontragen können –, so sehr erschrecke ich bei der Analyse des Materials über die Intensität der Verbrüderung, die ich mit Torben eingegangen war. Torben war nicht eitel genug, um sich einfach so ohne Gegenleistung »ethnografieren« zu lassen; und ich prahlte gerne mit meinen Erkenntnissen. Was Torben von mir wollte, war politische Beratung – und er bekam sie. Er hielt mir den ethnografischen Spiegel vor: Torben instrumentalisierte mich, so wie ich mein Feld instrumentalisierte. Anhand der Begegnung zwischen Torben und mir lässt sich paradigmatisch zeigen, dass die Ethnografie der äußersten Rechten von einem fundamentalen Widerspruch durchzogen wird, der sich vielleicht abmildern lässt, aber dennoch konstitutiv bleibt: Je besser sie gelingt, desto mehr verstrickt sie sich.

---

1 »Das ist auch nicht gewollt, glaube ich, in der AfD. Dass man sich so als Minderheiten-nah sieht. Genauso wie unsere Migranten: Wenn sie immer das Migrantenticket fahren, sind sie auch schnell abgenutzt, weil der AfDler das eigentlich nicht haben will.«

Fazit

Das populistische politische Imaginäre der äußersten Rechten

Anfang 2024 gingen Woche für Woche Hunderttausende Menschen in ganz Deutschland auf die Straßen, um gegen die extreme Rechte zu demonstrieren. Auslöser waren Recherchen der Plattform *Correctiv*, die ein geheimes Treffen in Potsdam publik gemacht hatte, bei dem es um Deportationspläne für Menschen mit Migrationsgeschichte gegangen war. Neben Vertreter_innen der AfD hatten an dem Treffen unter anderem CDU-Mitglieder und Mitglieder der Identitären Bewegung teilgenommen.[1] Zur gleichen Zeit wuchsen die politischen Sorgen über die im Herbst anstehenden Landtagswahlen in Brandenburg, Sachsen und Thüringen: In allen drei Ländern führte die AfD seit Monaten die Umfragen an.[2]

Die Kämpfe um Hegemonie setzen sich fort, ihr Ausgang ist offen. Klar ist allerdings, dass Geschlecht und Sexualität in diesen Auseinandersetzungen weiterhin eine zentrale Rolle spielen werden. Im Moment ist dies beispielsweise daran zu erkennen, wie die AfD gegen das von der regierenden »Ampel-Koalition« aus SPD, Grünen und FDP geplante und inzwischen verabschiedete Selbstbestimmungsgesetz mobilisiert, das es trans- und intergeschlechtlichen sowie nichtbinären Menschen erleichtert, ihren Personenstand und ihren Vornamen zu ändern. Die stellvertretende Vorsitzende der AfD-Bundestagsfraktion, Beatrix von Storch, erklärte dazu:

---

1 Vgl. https://correctiv.org/aktuelles/neue-rechte/2024/01/10/geheimplan-remigration-vertreibung-afd-rechtsextreme-november-treffen/, Abruf am 24.04.2024.
2 Vgl. https://www.deutschlandfunk.de/landtagswahlen-ostdeutschland-afd-100.html, Abruf am 24.04.2024.

»Die Minister Buschmann und Paus verwirklichen mit dem Selbstbestimmungsgesetz das erste gesellschaftsverändernde Ideologie-Projekt der Ampel. Um ideologisch-fanatisierte Splittergruppen zu befriedigen, verabschiedet sich die FDP von ihrem Anspruch, eine bürgerliche Partei zu sein. Dieses Gesetz, das biologische Realitäten der Ideologie einer kleinen, radikalen Minderheit opfert, ist ein Schlag ins Gesicht von Frauen, die sich mit Männern auseinandersetzen müssen, die sich selbst als Frauen definieren.«[3]

Ein Gesetz, das in seiner Definition von Geschlecht auf die selbst empfundene Geschlechtsidentität abstellt und nicht auf vermeintliche biologische Tatsachen, wird hier zu einem »gesellschaftsverändernde[n] Ideologie-Projekt«, durch das sich die FDP endgültig ins feindliche Lager integriert. Die AfD hingegen ist, so die Rhetorik, auf der Seite der Frauen, der Biologie, des gesunden Menschenverstands. An der Gretchenfrage Gender entscheidet sich heute mehr denn je, wer Feind und wer Freund ist.

Ausgehend von der Frage, wie sich eine populistische äußerst rechte Partei in Deutschland gegenwärtig zu Homosexualität und Homosexuellen positioniert, hat dieses Buch ein politisches Imaginäres rekonstruiert, das die Existenz von Feinden zur Voraussetzung des Politischen macht. Als engagierte Ethnografie nahm es dabei nicht die Perspektive eines (vermeintlich) neutralen Außenstehenden, sondern einen kritischen und selbstreflexiven Standpunkt ein. Im Sinne einer Anthropologie des Politischen versteht sich dieses Buch selbst als Teil der politischen Auseinandersetzungen der Gegenwart. Aus dieser Position heraus habe ich beobachtet und beschrieben, wie Antagonismen diskursiv und performativ hervorgebracht werden und wie die rechtspopulistischen Grenzen zwischen »uns« und »denen« neu gezogen werden. Ich habe Antworten auf die Frage gesucht, was es heißt, die Welt in Freund und Feind einzuteilen, und festgestellt, dass es sich dabei um ein verlockendes, machtvolles, phallogozentrisches Imaginäres handelt.

Über das politische Imaginäre der AfD als eine relationale Figuration nachzudenken, lässt sich als empirisch-kulturwissenschaftliche Intervention in die Populismusforschung verstehen. Eine figurationale Analyse betrachtet Relationen als komplexes »(Beziehungs-)Geflecht[...]« (Chakkalakal 2021: 135). Durch einen solchen analytischen Blick wird sichtbar, dass das (rechts-)populistische Imaginäre ein Gefüge unterschiedlicher Figuren ist, die in ein bestimmtes Verhältnis zueinander gebracht werden. So gesehen lässt sich die Rolle von Homosexuellen im Rechtspopulismus

---

3 Vgl. https://afdbundestag.de/beatrix-von-storch-selbstbestimmungsgesetz-der-ampel-ist-frauenfeindlich/, Abruf am 24.04.2024.

nicht ohne deren Beziehungen zu anderen Figuren verstehen. In diesem Buch habe ich ein imaginäres Beziehungsgeflecht herausgearbeitet, das Homosexuelle in ein Verhältnis nicht nur zur AfD selbst, sondern auch zu »Nazis«/»Rechtsextremen«, zu »dem Islam«/»Muslimen« sowie zu »den Linken« setzt. Gleichzeitig wird durch die Analyse eines konkreten populistischen Imaginären als Figuration deutlich, dass das Knüpfen von Äquivalenzketten nicht ohne Reibungen und Ambivalenzen auskommt. Wir haben es mit einer dynamischen Figuration zu tun, deren relative Statik davon abhängt, wie erfolgreich sie sich im Alltagsverstand der Akteur_innen verankern kann. Im Rahmen einer figurationalen Analyse wären jedoch auch andere Rekonstruktionen des Imaginären der AfD denkbar gewesen. Eine wissenschaftliche *Beschreibung* läuft immer Gefahr, *fest*zuschreiben. Die von mir beschriebene Figuration muss deswegen als eine situierte, zeitlich und geografisch gebundene Momentaufnahme verstanden werden, in deren prozesshafte Entstehung und Veränderung ich als Ethnograf eingebunden bin (Chakkalakal 2021: 142 ff.).

Ein Ziel des Buchs bestand darin, gängige Erklärungen zu hinterfragen, denen zufolge es »widersprüchlich« sei, wenn sich eine äußerst rechte Partei positiv auf Homosexuelle bezieht, und rechte Homosexuelle unter »Selbsthass« oder »falschem Bewusstsein« leiden würden. Ich habe dagegen eine Interpretation angeboten, nach der es keine intrinsische Verbindung zwischen den Anliegen von Homosexuellen und Linken oder Liberalen gibt. Die Frage ist vielmehr, ob es einem_r gegebenen politischen Akteur_in gelingt, ein vorgestelltes Kollektiv, eine politische Identität wie »Homosexuelle« in ein hegemoniales Projekt zu integrieren. Im gegenwärtig hegemonialen politischen Imaginären erscheinen Homosexuelle ebenso wie andere Gruppen, die von der geschlechtlichen und sexuellen Norm abweichen (»LGBTIQ«), auch deswegen als »natürliche« Verbündete von Linken und Liberalen, weil es diese politischen Kräfte waren, die in den vergangenen Jahrzehnten an Äquivalenzketten mit den LGBTIQ-Bewegungen gearbeitet und deren Anliegen in ihre jeweils eigenen Anliegen integriert haben. Der Signifikant LGBTIQ und seine Varianten sind selbst das Resultat einer artikulatorischen Praxis von links, die versucht, trotz der partikularen Unterschiede und Spaltungen zwischen Lesben, Schwulen, Bisexuellen, trans, inter, nichtbinären und queeren Personen eine Äquivalenz zwischen ihnen zu konstruieren, die in einem gemeinsamen Gegner besteht, der Heteronormativität und Zweigeschlechtlichkeit heißt. Die äußerste Rechte ist darum bestrebt, Heteronormativität und Zweigeschlechtlichkeit zu erhalten, und hat konsequenterweise in der Vergangenheit LGBTIQ konsistent als Teil einer feindlichen Äquivalenzkette konstruiert. In einigen Ländern Westeuropas und Nordamerikas hat sie nun begonnen, die Anliegen von Homosexuellen diskursiv als Teil ihrer eigenen Anliegen zu konstruieren – diese Beobachtung war der Ausgangspunkt dieses Buchs. Damit versucht die äußerste Rechte, Homosexuelle, insbesondere schwule Männer, aus der Äquivalenzkette LGBTIQ herauszulösen und in ihr eigenes hegemoniales Projekt zu integrieren, während vor allem trans, inter und nichtbinäre Personen Feindbilder bleiben. Insofern will dieses Buch nicht »entlarven«, wie »widersprüchlich« diese Politik ist. Sie zeigt vielmehr die Versuche auf, einen neuen Diskurs, einen neuen Alltagsverstand zu etablieren und zu plausibilisieren.

Dass dabei auch Widersprüche und Ambivalenzen entstehen, haben die einzelnen Kapitel folglich nicht in Bezug auf einen externen Maßstab, sondern vielmehr aus einer immanenten Perspektive gezeigt: Die AfD argumentiert, sie sei keine homophobe Partei, weil sie nicht rechtsextrem sei – doch zugleich identifizieren sich manche meiner Gesprächspartner, auf ironisch gebrochene Art und Weise, mit dem Rechtsextremismus und hängen einer faschistischen Ästhetik an (Kapitel 4). Den Moralcode der AfD zu unterstützen, bedeutet für sie, dass sie keine Kinder haben sollen – doch genau das wollen manche von ihnen (Kapitel 5). Homosexuelle sollen als Feinde »des Islam« zu Freunden der äußersten Rechten werden – doch die äußerste Rechte ist gespalten bei der Frage, ob »der Islam« überhaupt als Hauptfeind zu betrachten sei (Kapitel 6). Die AHO verweist darauf, dass es historisch eine rechte schwule Subjektposition bereits gegeben habe – doch wenn sie so argumentieren, begeben sich meine Forschungsteilnehmer schnell in eine Nähe zum Nationalsozialismus, die für sie problematisch werden könnte (Kapitel 7). Rechte Schwule sind angeblich gegen »Gender« – doch inhaltlich setzen sie sich damit nicht auseinander und auch in ihren Reihen werden starre Männlichkeitsvorstellungen teilweise unterlaufen (Kapitel 8). Mit dem rechten Schwulen lässt sich populistisch provozieren – doch genau damit können potenzielle Wähler_innen auch verschreckt werden (Kapitel 9). Dies sind nur einige Beispiele für Widersprüche, die sich aus der Analyse ergeben haben. Inwiefern sie der Etablierung einer Äquivalenzkette zwischen Homosexuellen und der AfD im Wege stehen, kann meine Arbeit indes nicht vorhersagen.

Ausblick

Gleichwohl lassen sich Vermutungen darüber anstellen, wohin sich das Feld entwickeln wird, auch um darüber nachzudenken, welchen Fragen sich zukünftige Forschungen widmen sollten. Die Ermöglichung geschlechtlicher Existenzweisen jenseits der Binarität von Mann und Frau wird meines Erachtens noch stärker als bisher im Zentrum der Politisierung von Geschlecht und Sexualität durch die äußerste Rechte stehen. Das zeigt sich zum Beispiel an der Debatte um das Selbstbestimmungsgesetz, das das Transsexuellengesetz von 1980 ablöst. Auch wenn Letzteres durch Entscheidungen des Bundesverfassungsgerichts bereits in Teilen außer Kraft gesetzt worden war, bedurfte es vor der Einführung des Selbstbestimmungsgesetzes für transgeschlechtliche Personen nach wie vor eines Gerichtsverfahrens einschließlich zweier Gutachten von Sachverständigen, um den Geschlechtseintrag im Personenstandsregister ändern zu lassen, während intergeschlechtliche Personen ein ärztliches Attest oder eine Versicherung an Eides statt abgeben mussten. Das Selbstbestimmungsgesetz tritt an die Stelle dieser Verfahren und ermöglicht es allen Menschen, ihren Geschlechtseintrag per Selbstauskunft beim Standesamt zu ändern – und zwar in einen der bereits vorher möglichen Einträge »divers«, »weiblich«, »männlich« beziehungsweise die Streichung des Eintrags.[4] Auf dieser rechtlichen Ebene wird Geschlecht also zunehmend von biologistischen Vorstellungen entkoppelt, während die individuelle Selbstbestimmung gestärkt wird. Es ist dieser Abschied von Determinismen jeder Art – biologischen wie kulturellen –, den die äußerste Rechte aufheben oder rückgängig machen will. Eine kritische, konjunkturanalytisch orientierte Geschlechterforschung sollte die Austragungsorte dieser Kämpfe im Blick behalten und weitere ethnografische Ansätze sind dabei unverzichtbar: sei es, wenn es um die Rechte für trans und inter Personen geht, um reproduktive Rechte, um die Gleichberechtigung alternativer Formen von Familie und des Zusammenlebens oder um die Möglichkeit, in Schulen und Hochschulen zu diesen Themen zu forschen, zu lehren und zu lernen.

Gleichermaßen von Bedeutung ist auch, wie sich verschiedene feministische Akteur_innen zu diesen Themen positionieren werden. In ihrer

---

4 Vgl. https://www.bmfsfj.de/bmfsfj/themen/gleichstellung/gleichgeschlechtliche-lebensweisen-geschlechtsidentitaet/fragen-und-antworten-zum-selbstbestimmungsgesetz-199332, Abruf am 24.04.2024.

kritischen Betrachtung jener »toxischen Verflechtung von feministischen und anti-sexistischen Positionen mit kulturessentialistischen Rassismen« (Hark/Villa 2017: 79), wie sie sich etwa in der Zeitschrift *Emma* und vor allem bei deren Herausgeberin Alice Schwarzer zeigen, konnten Hark und Villa noch vor wenigen Jahren feststellen, dass Schwarzer »für Kreuzzüge gegen die sogenannte ›Gender-Ideologie‹ [...] nicht bekannt« sei (ebd.: 89). In der Zwischenzeit wurde »den« Gender Studies in ebendieser Zeitschrift bescheinigt, »der akademische Sargnagel der Frauenemanzipation« (Vukadinović 2017: 69) zu sein; auch von einer »Transideologie« ist in der *Emma* inzwischen die Rede (Louis 2022: o.S.). Wohin entwickelt sich dieser Feminismus? Welche Rolle wird er im antigenderistischen Feld einnehmen? Wie konzeptualisieren wir angesichts dieser diskursiven Überlappungen Antifeminismus? Diese Fragen gilt es weiterhin aufmerksam zu verfolgen.

Darüber hinaus sollten gegenwärtig verstärkt die transnationalen Bezüge dieser politischen Formationen in den Blick genommen werden. Wie in vielen anderen qualitativen, ethnografischen Fallstudien über die äußerste Rechte ist auch in diesem Buch methodologischer Nationalismus ein Problem. Inwiefern die analysierten Phänomene auf die Spezifik des deutschen Kontexts zurückzuführen sind oder mit globalen Entwicklungen zusammenhängen, ist schwer zu sagen, und wird nur im Vergleich mit anderen Studien deutlich. Deswegen sind Untersuchungen gefragt, die bereits in ihrer Anlage möglichen transnationalen Verflechtungen Rechnung tragen.

Schlussbemerkung: Der Modus des Politischen und queere Oppositionalität

> An nichtnostalgischen, dem Ressentiment und der Feindschaft aktiv entsagenden Entwürfen von Gemeinschaftlichkeit arbeiten, ein Ethos des Zusammenlebens stiften, in dem Freiheit und Sorge nicht als Antipoden auftreten, sondern zusammen wirklich werden, und lernen, die Welt zu teilen. Das ist, was *jetzt* zu tun ist.
> – Sabine_ Hark (2021): Gemeinschaft der Ungewählten, S. 108 (Hervorh. i.O.)

> Es ist Krieg.
> – Simon Strick (2021): Rechte Gefühle, S. 49

Ethnografisch zu forschen bedeutet, sich die Hände schmutzig zu machen. Im Gegensatz zu distanzierteren Herangehensweisen ist es in der Ethnografie schwerer, eine unbeteiligte Haltung von außen einzunehmen oder sich moralisch über den Gegenstand zu erheben. Wenn ich Feindschaft als Modus des Politischen ethnografisch erforsche, dann stellt sich unweigerlich die Frage, wie ich mich selbst zur Frage der Feindschaft verhalte, wer *meine* Feinde sind – und damit, das habe ich dank meiner Erfahrungen in der AfD von Schmitt gelernt, wer ich bin. Genau darum muss es laut Strick auch gehen, wenn wir uns mit der äußersten Rechten auseinandersetzen: »Es gibt in diesem *Kulturkrieg von Rechts* keine neutrale Seite, denn es gibt keine objektive Sicht auf Kultur von außerhalb der Kultur« (Strick 2021: 49; Hervorh. i.O.). Angesichts der grausamen Realität rechter Gewalt seien der neutralisierende Gestus der Unbeteiligten und die moralisierende Überheblichkeit der Distanzierten gerade das Problem (ebd.: 51).

Heißt das aber, dass wir nicht anders können, als die rechte Anrufung anzunehmen und uns auf den Krieg einzulassen? »Wenn ich vom Feind Abschied nehme«, schreibt Derrida in seiner Lektüre Schmitts in *Politik der Freundschaft*, »bin ich nicht um diesen oder jenen Gegner oder Konkurrenten gebracht, nicht um eine bestimmte Oppositionskraft, die mich konstituiert, nein, ich verliere nicht mehr und nicht weniger als *die Welt*« (Derrida 2000: 237; Hervorh. P.W.). Auch Theoretiker_innen eines feministischen Bezugs zur Welt haben versucht, das Politische, wie Derrida, ausgehend von der *Freundschaft* zu denken. Der Kern des Politischen besteht für sie nicht aus Dissoziation, sondern, anknüpfend an Hannah Arendt, aus Assoziation. So kritisiert Christina Thürmer-Rohr die Figur des Bruders nicht bloß als die Grundlage des patriarchalen Ausschlusses »der Schwester«, sondern auch für ihre Logik der Verwandtschaft, der Artgleichheit, die all jene aus der »Brüderlichkeit« ausschließt, denen diese naturalisierte Zugehörigkeit verweigert wird. Im Gegensatz zur Brüderlichkeit sei Freundschaft aber immer eine Wahl, eine Entscheidung, argumentiert Thürmer-Rohr mit Arendt. Politische Gleichheit sei dieser Logik zufolge gerade nicht natürlich gegeben, sondern müsse politisch hergestellt werden (Thürmer-Rohr 2019a: 57 ff.). Sabine_ Hark spricht folgerichtig auch von der »Verweigerung von Gleichheit« (Hark 2021: 114), wo Bedingungen geschaffen werden, die Menschen zu Ungleichen machen. Sich *für* die Anerkennung der unhintergehbaren Pluralität der Menschen einzusetzen, wird so zum Ausgangspunkt eines Politischen im Modus der Freundschaft. Diese Pluralität schließt ganz bewusst auch jene ein, »die wir uns nicht ausgesucht haben« (Butler 2013: 179) – die »Ungewählten« (Hark 2021).

Doch wie stellt sich diese feministische Ethik des Weltbezugs den Umgang mit jenen vor, die am Politischen im Modus der Feindschaft festhalten, Antagonismen produzieren, Krieg führen? Tatsächlich beantworten die hier zitierten Autor_innen die Frage nach dem Feind nicht – sie halten sie vielmehr in der Schwebe. Thürmer-Rohr schreibt: »Das Ideal, eine Welt zu verteidigen, die allen gehört und die allen Menschen ihre Rechte zugesteht, kommt allerdings um die Anwesenheit von Feinden des Ideals nicht herum« (Thürmer-Rohr 2019b: 51). Und Hark fragt: »Müssen wir auch mit den Feinden koexistieren?«, um zu antworten: »Unbedingtes Ja!« (Hark 2021: 188). Grundsätzlich wird die Existenz von Feinden dadurch affirmiert, wobei mit Feinden »jene Stimmen« gemeint sind, »die den Anteil der je anderen am Menschsein bestreiten, diejenigen, die auf Sieg statt auf Dialog, auf Dezision statt Deliberation und die Erweiterung von Vorstellungsräumen aus sind« (ebd.). Auch Mouffe, auf deren Arbeit sich dieses Buch maßgeblich bezieht, bleibt ungenau im Hinblick darauf, wie das Politische mit jenen Feinden der Demokratie zu teilen sei:

»Die agonistische Konfrontation unterscheidet sich von der antagonistischen nicht dadurch, dass sie einen eventuellen Konsens ermöglicht, sondern dadurch, dass der Gegner nicht als Feind wahrgenommen wird, den es zu vernichten gilt, sondern als Kontrahent, dessen Existenz als legitim anerkannt wird. [...] Die Kategorie des *Feindes* verschwindet dadurch indes nicht, denn sie bleibt für all jene relevant, die nicht Teil der agonistischen Konfrontation sein können, weil sie den konflikthaften Konsens ablehnen, der das Fundament einer pluralistischen Demokratie darstellt.« (Mouffe 2018: 104; Hervorh. i.O.)

Der Feind scheint auch jene zu verfolgen, die das Politische anders denken wollen als ebendieser. Doch: »Die Frage, wie mit den Fremdenfeinden umzugehen ist – bekämpfen, verachten, boykottieren, argumentieren – kann heute niemand genau beantworten«, so Thürmer-Rohr (2019b: 52). Auch das vorliegende Buch kann auf diese Frage keine Antwort geben. Aber gerade weil es sich ethnografisch mit »dem Feind« auseinandergesetzt hat, ihm Aufmerksamkeit geschenkt hat, während es *zugleich* an die Tradition einer feministischen engagierten Ethnografie angeknüpft hat, möchte ich mit einem Gedanken zu dieser Dialektik enden.

Schmitt leitet seine Definition des Politischen nicht primär aus der Feindschaft ab, sondern aus der Logik des Gegensatzes von Freund und Feind – er plädiert für eine klare, eindeutige Identifizierung: Freund *oder* Feind. Von der Freundschaft her zu denken statt von der Feindschaft, ändert an dieser Opposition nichts – das zeigen die zitierten feministischen Bezugnahmen auf die »Feinde«. Wovor Schmitt dagegen graut, ist die Verwischung von Unterschieden, wie er sie etwa im Partisanenkrieg ausmacht. Derrida versucht, an diesen Gedanken anzuschließen, er sucht nach der »Möglichkeit einer Erfahrung der Freundschaft jenseits oder diesseits dieser oppositionellen oder ›polemologischen‹ Logik, also auch jenseits der *Reinheit* [des Gegensatzes; P.W.], die sie zu erfordern scheint« (Derrida 2000: 333; Hervorh. i.O.). Ich möchte vorschlagen, diese mögliche Verunreinigung der Gegensatzlogik dafür zu nutzen, den Bezug zur Welt und das Politische *queer* zu denken. Ziel wäre demnach ein queeres Politisches, das die Vorstellung zurückweist, wir müssten das Politische *entweder* als Assoziation *oder* als Dissoziation denken, oder in den Worten des Queertheoretikers Lee Edelman: »a queer oppositionality that would oppose itself to the structural determinants of politics as such, which is also to say, that would oppose itself to the logic of opposition« (Edelman 2004: 4). Ein solches queeres politisches Imaginäres würde Relationalität radikal vervielfältigen und die Welt nicht als Entweder-oder begreifen.

Edelman steht insofern in einer »antisozialen« Tradition der Queer Theory (Caserio u.a. 2006), als er die Negativität des Queeren betont: Queerness unterlaufe gesellschaftliche Ordnungen, anstatt sie zu reproduzieren, und ihr politisches Potenzial liege gerade darin, dass sie gewissermaßen der Stachel im Fleisch eines heteronormativen, auf Reproduktion gerichteten Zukunftsoptimismus sei. Edelman theoretisiert Queerness somit als Todestrieb des Sozialen. Eine solche Position scheint mir heute, wo die *Lebbarkeit* des Queeren zunehmend infrage steht, nicht verantwortbar. Stattdessen möchte ich an den Gedanken anschließen, dass sich eine queere Oppositionalität der »polemologischen« Logik der Opposition selbst verweigert, ohne deswegen relativistisch zu werden. Möglicherweise ist eine queere politische Sensibilität *genderfluid*; sie bezieht ihre Kraft ebenso aus der Figur des Bruders wie aus der der Schwester (und der Freund_in, Genoss_in, Gefährt_in ...); sie kennt nicht Freund *oder* Feind, Norm *oder* Abnorm, sondern verwischt solche klaren Grenzen, ohne deswegen »Identität« vollends zu verabschieden. Denn weniger als im *Anti*normativen und *Anti*identitären liegt das Queere heute vielleicht eher in einer »postnormativen« und »postidentitären« Logik, die sich Normen und Identitäten gegenüber kritisch positioniert, auch wenn sie versteht, dass das Leben in und mit Normativität und Identität gerade für queere Subjekte schlicht und ergreifend eine Frage des *Überlebens* sein kann. Insofern weist diese Queerness auch die rechtspopulistischen Unterscheidungen zurück, die die Welt in »Identitäre« und »Globalisten« teilt, in »konservative« Homosexuelle und »transgressive« Queers. In einem queeren politischen Imaginären, dessen Konturen ich hier lediglich andeuten konnte, ist dagegen Platz für ein breites Spektrum an Lebensentwürfen – und zugleich ist es dazu in der Lage, sich jenen entgegenzustellen, die Pluralität vernichten wollen.

Literatur

Abélès, Marc und Lynda Dematteo (2015): »Introduction«. In: *Etnografia e ricerca qualitativa* 8 (1), S. 5–15.
Abu-Lughod, Lila (1991): »Writing against Culture«. In: Fox, Richard G. (Hg.): *Recapturing Anthropology. Working in the Present*. Santa Fe: School of American Research, S. 137–162.
Adam, Jens und Asta Vonderau (Hg.) (2014a): *Formationen des Politischen. Anthropologie politischer Felder*. Bielefeld: transcript.
Adam, Jens und Asta Vonderau (2014b): »Formationen des Politischen. Überlegungen zu einer Anthropologie politischer Felder«. In: Dies. (Hg.): *Formationen des Politischen. Anthropologie politischer Felder*. Bielefeld: transcript, S. 7–32.
Ahmed, Sara (2012): *On Being Included. Racism and Diversity in Institutional Life*. Durham/London: Duke University Press.
– (2016): »Fascism as Love«. In: feministkilljoys (Blog) vom 09.11.2016, https://feministkilljoys.com/2016/11/09/fascism-as-love/, Abruf am 24.04.2024.
Akkerman, Tjitske (2015): »Gender and the radical right in Western Europe: a comparative analysis of policy agendas«. In: *Patterns of Prejudice* 49 (1–2), S. 37–60.
Altman, Dennis und Jonathan Symons (2016): *Queer Wars. The New Global Polarization over Gay Rights*. Cambridge/Malden: Polity.
Amann, Melanie; Baumgärtner, Maik; Feldenkirchen, Markus; Knobbe, Martin; Müller, Ann-Katrin; Neubacher, Alexander und Jörg Schindler (2015): »Aufstand der Ängstlichen«. In: *Der Spiegel* vom 11.12.2015, S. 19–26.
Aristoteles (2006): *Nikomachische Ethik*. Reinbek bei Hamburg: Rowohlt.
Assmann, Aleida (2020): *Das neue Unbehagen an der Erinnerungskultur. Eine Intervention*. München: C.H. Beck.
Assmann, Jan (1997): *Das kulturelle Gedächtnis. Schrift, Erinnerung und politische Identität in frühen Hochkulturen*. München: C.H. Beck.
Attia, Iman (2017): »Diskursverschränkungen des antimuslimischen Rassismus«. In: Fereidooni, Karim und Meral El (Hg.): *Rassismuskritik und Widerstandsformen*. Wiesbaden: Springer VS, S. 181–192.
Ayoub, Phillip M. und David Paternotte (2014): »Introduction«. In: Dies. (Hg.): *LGBT Activism and the Making of Europe. A Rainbow Europe?* Basingstoke/New York: Palgrave Macmillan, S. 1–25.

Baden, Sally und Anne Marie Goetz (1997): »Who Needs [Sex] When You Can Have [Gender]? Conflicting Discourses on Gender at Beijing«. In: *Feminist Review* 56 (1), S. 3–25.
Balthazar, Ana Carolina (2017): »Made in Britain: Brexit, teacups, and the materiality of the nation«. In: *American Ethnologist* 44 (2), S. 220–224.
– (2021): »Ethnography of the right as ethical practice«. In: *Social Anthropology* 29 (2), S. 337–338.
Bandle, Rico (2019): »›Kinder sollten wissen, wo sie herkommen‹«. In: *Die Weltwoche* vom 12.09.2019, https://weltwoche.ch/story/kinder-sollten-wissen-wo-sie-herkommen/, Abruf am 24.04.2024.
Banks, Marcus und Andre Gingrich (2006): »Introduction. Neo-nationalism in Europe and Beyond«. In: Gingrich, Andre und Marcus Banks (Hg.): *Neo-nationalism in Europe and Beyond. Perspectives from Social Anthropology.* New York: Berghahn, S. 1–26.
Bauer, Thomas (2018): *Die Vereindeutigung der Welt. Über den Verlust an Mehrdeutigkeit und Vielfalt.* Ditzingen: Reclam.
Bauman, Zygmunt (1988): *Freedom.* Milton Keynes: Open University Press.
Baun, Phillip Stenmann (2021): »Memory and far-right historiography: The case of the Christchurch shooter«. In: *Memory Studies* 15 (4), S. 650–665.
Beachy, Robert (2015): *Gay Berlin. Birthplace of a Modern Identity.* New York: Vintage Books.
Becker, Manuel (2013): *Geschichtspolitik in der »Berliner Republik«. Konzeptionen und Kontroversen.* Wiesbaden: Springer VS.
Benjamin, Walter (1991a): »Über den Begriff der Geschichte«. In: Ders.: *Abhandlungen. Gesammelte Schriften. Band I (2).* Frankfurt a.M.: Suhrkamp, S. 690–708.
– (1991b): »Das Kunstwerk im Zeitalter seiner technischen Reproduzierbarkeit«. In: Ders.: *Abhandlungen. Gesammelte Schriften. Band I (2).* Frankfurt a.M.: Suhrkamp, S. 431–508.
Berger, David (2017a): »Alice Weidel: ›Die AfD ist die einzige echte Schutzmacht für Schwule und Lesben in Deutschland‹«. In: *Philosophia Perennis* (Blog) vom 20.09.2017, https://philosophia-perennis.com/2017/09/20/alice-weidel-interview/, Abruf am 24.04.2024.
– (2017b): »Hass-Aktivismus: Homosexueller Islamkritiker soll zum ›Homophoben des Jahres 2017‹ erklärt werden«. In: *Philosophia Perennis* (Blog) vom 21.10.2017, https://philosophia-perennis.com/2017/10/21/hass-aktivismus/, Abruf am 24.04.2024.
Berker, Lars E. und Jan Pollex (2021): »*Friend or foe?*—comparing party reactions to Fridays for Future in a party system polarised between AfD and Green Party«. In: *Zeitschrift für Vergleichende Politikwissenschaft* 15 (2), S. 165–183.
Bersani, Leo (1987): »Is the Rectum a Grave?«. In: *October* 43, S. 197–222.
Binder, Beate (2009): *Streitfall Stadtmitte. Der Berliner Schloßplatz.* Köln u.a.: Böhlau.
– (2010): »Feminismus als Denk- und Handlungsraum. Eine Spurensuche«. In: Fenske, Michaela (Hg.): *Alltag als Politik – Politik im Alltag. Dimensionen des Politischen in Vergangenheit und Gegenwart. Ein Lesebuch für Carola Lipp.* Berlin: LIT, S. 25–43.
– (2014): »Troubling policies. Gender- und queertheoretische Interventionen in die Anthropology of Policy«. In: Adam, Jens und Asta Vonderau (Hg.): *Formationen des Politischen. Anthropologie politischer Felder*, Bielefeld: transcript, S. 363–386.

Binder, Beate; von Bose, Friedrich; Ebell, Katrin; Hess, Sabine und Anika Keinz (Hg.) (2013): *Eingreifen, Kritisieren, Verändern!? Interventionen ethnographisch und gendertheoretisch.* Münster: Westfälisches Dampfboot.

Binder, Beate und Sabine Hess (2013): »Eingreifen, kritisieren, verändern. Genealogien engagierter Forschung in Kulturanthropologie und Geschlechterforschung«. In: Binder, Beate; von Bose, Friedrich; Ebell, Katrin; Hess, Sabine und Anika Keinz (Hg.): *Eingreifen, Kritisieren, Verändern!? Interventionen ethnographisch und gendertheoretisch.* Münster: Westfälisches Dampfboot, S. 22–54.

Binder, Beate; Kaschuba, Wolfgang und Peter Niedermüller (Hg.) (2001): *Inszenierungen des Nationalen. Geschichte, Kultur und die Politik der Identitäten am Ende des 20. Jahrhunderts.* Köln u.a.: Böhlau.

Birsl, Ursula (Hg.) (2011): *Rechtsextremismus und Gender.* Opladen/Farmington Hills: Barbara Budrich.

Birsl, Ursula (2020): »Paradoxien und Aporien des Antifeminismus. Eine demokratietheoretische Einordnung«. In: Henninger, Annette und Ursula Birsl (Hg.): *Antifeminismen. »Krisen«-Diskurse mit gesellschaftsspaltendem Potential?* Bielefeld: transcript, S. 43–58.

Biruk, Cal (2020): »Normative anti-antinormativity?«. In: *HAU – Journal of Ethnographic Theory* 10 (2), S. 633–636.

Biskamp, Floris (2019): »Ökonomie ist kulturell, Kultur ist ökonomisch. Zu den Grenzen einer Politischen Ökonomie des Populismus«. In: *Prokla – Zeitschrift für kritische Sozialwissenschaft* 49 (3), S. 463–476.

- (2021): »Extrem populistisch? Über die Kategorisierung von Rechtsaußenparteien und die Einordnung der AfD«. In: Sehmer, Julian; Simon, Stephanie; Ten Elsen, Jennifer und Felix Thiele (Hg.): *recht extrem? Dynamiken in zivilgesellschaftlichen Räumen.* Wiesbaden: Springer VS, S. 21–37.

Bisno, Adam (2011): »Stefan George's Homoerotic Erlösungsreligion, 1891–1907«. In: Lane, Melissa S. und Martin A. Ruehl (Hg.): *A Poet's Reich: Politics and Culture in the George Circle.* Rochester: Camden House, S. 37–55.

Blech, Norbert (2018): »Ich habe nichts gegen Tunten, aber ...«. In: *queer.de* vom 20.08.2018, https://www.queer.de/detail.php?article_id=31770, Abruf am 24.04.2024.

Blee, Kathleen M. (2003): »Studying the Enemy«. In: Glassner, Barry und Rosanna Hertz (Hg.): *Our Studies, Ourselves. Sociologists' Lives and Work.* Oxford/New York: Oxford University Press, S. 13–23.

- (2007): »Ethnographies of the Far Right«. In: *Journal of Contemporary Ethnography* 36 (2), S. 119–128.
- (2018): *Understanding Racist Activism. Theory, Methods, and Research.* London/New York: Routledge.

Blüher, Hans (1914): *Die deutsche Wandervogelbewegung als erotisches Phänomen. Ein Beitrag zur Erkenntnis der sexuellen Inversion.* Berlin: Bernhard Weise Buchhandlung.

- (1919): *Die Rolle der Erotik in der männlichen Gesellschaft. Eine Theorie der menschlichen Staatsbildung nach Wesen und Wert. Band I: Der Typus Inversus.* Jena: Eugen Diederichs.

Bobbio, Norberto (1994): *Rechts und Links. Gründe und Bedeutungen einer politischen Unterscheidung.* Berlin: Klaus Wagenbach.

Boeselager, Matern (2016): »Jana Schneider, 22, lesbisch, Landesvorsitzende der AfD-Jugend – Wir haben sie gefragt: Warum?«. In: *Vice* vom 28.09.2016, https://www.vice.com/de/article/av8w5e/interview-jana-schneider-lesbische-landesvorsitzende-der-jungen-alternative, Abruf am 24.04.2024.

Botsch, Gideon (2014): »Von der Judenfeindschaft zum Antisemitismus. Ein historischer Überblick«. In: *Aus Politik und Zeitgeschichte* 64 (28–30), S. 10–17.

Bracke, Sarah (2012): »From ›saving women‹ to ›saving gays‹: Rescue narratives and their dis/continuities«. In: *European Journal of Women's Studies* 19 (2), S. 237–252.

Braun, Karl (2006): »Grenzziehungen im Imaginären – Konstitution von Kultur«. In: Hengartner, Thomas und Johannes Moser (Hg.): *Grenzen & Differenzen. Zur Macht sozialer und kultureller Grenzziehungen. 35. Kongress der Deutschen Gesellschaft für Volkskunde, Dresden 2005.* Leipzig: Leipziger Universitätsverlag, S. 19–39.

Breuer, Franz (2009): *Reflexive Grounded Theory. Eine Einführung für die Forschungspraxis.* Wiesbaden: VS Verlag für Sozialwissenschaften.

Brown, Wendy (2006): *Regulating Aversion. Tolerance in the Age of Identity and Empire.* Princeton/Oxford: Princeton University Press.

- (2018): »Neoliberalism's Frankenstein. Authoritarian Freedom in Twenty-First Century ›Democracies‹«. In: *Critical Times* 1 (1), S. 60–79.

Brubaker, Rogers (2017a): »Between nationalism and civilizationism. The European populist moment in comparative perspective«. In: *Ethnic and Racial Studies* 40 (8), S. 1191–1226.

- (2017b): »Why populism?«. In: *Theory and Society* 46 (5), S. 357–385.

Brückner, Wolfgang (Hg.) (1971): *Falkensteiner Protokolle.* Frankfurt a.M.: Institut für Volkskunde.

Bruns, Claudia (2008): *Politik des Eros. Der Männerbund in Wissenschaft, Politik und Jugendkultur (1880–1934).* Köln u.a.: Böhlau.

- (2011): »Kontroversen zwischen Freud, Blüher und Hirschfeld. Zur Pathologisierung und Rassisierung des effeminierten Homosexuellen«. In: Auga, Ulrike; Bruns, Claudia; Dornhof, Dorothea und Gabriele Jähnert (Hg.): *Dämonen, Vamps und Hysterikerinnen. Geschlechter- und Rassenfigurationen in Wissen, Medien und Alltag um 1900.* Bielefeld: transcript, S. 161–184.

- (2017): »›Ihr Männer, seid Männer!‹ – Maskulinistische Positionen in der deutschen Homosexuellenbewegung zu Beginn des 20. Jahrhunderts: Zwischen Revolution und Reaktion«. In: Pretzel, Andreas und Volker Weiß (Hg.): *Politiken in Bewegung. Die Emanzipation Homosexueller im 20. Jahrhundert.* Hamburg: Männerschwarm, S. 27–64.

Bundesamt für Migration und Flüchtlinge (2016): *Migrationsbericht 2015. Zentrale Ergebnisse.* Nürnberg: Bundesamt für Migration und Flüchtlinge.

Butler, Judith (1991): *Das Unbehagen der Geschlechter.* Frankfurt a.M.: Suhrkamp.

- (1992): »Contingent Foundations. Feminism and the Question of ›Postmodernism‹«. In: Butler, Judith und Joan W. Scott (Hg.): *Feminists Theorize the Political.* New York/London: Routledge, S. 3–21.

- (1997): *Körper von Gewicht. Die diskursiven Grenzen des Geschlechts.* Frankfurt a.M.: Suhrkamp.

- (2008): »Sexual politics, torture, and secular time«. In: *The British Journal of Sociology* 59 (1), S. 1–23.
- (2013): *Am Scheideweg. Judentum und die Kritik am Zionismus*. Frankfurt a.M./New York: Campus.

B.Z. (2018): »Anwalt eines AfD-Politikers: Homosexualität ist ›widernatürlich‹«. In: *B.Z.* vom 26.01.2018, https://www.bz-berlin.de/archiv-artikel/anwalt-des-afd-abgeordneten-nerstheimer-homosexualitaet-ist-widernatuerlich, Abruf am 24.04.2024.

Cammelli, Maddalena Gretel (2017): »Fascism as a style of life. Community life and violence in a neofascist movement in Italy«. In: *Focaal – Journal of Global and Historical Anthropology* 79, S. 89–101.

- (2021): »Taking the Risk – and its Afterlife. Collaboration, Seduction and Danger in Ethnography with Contemporary Neo-Fascist Movement«. In: *Condition humaine / Conditions politiques* o.D., https://revues.mshparisnord.fr/chcp/index.php?id=474, Abruf am 24.04.2024.

Candea, Matei (2011): »›Our Division of the Universe‹. Making a Space for the Non-Political in the Anthropology of Politics«. In: *Current Anthropology* 52 (3), S. 309–334.

Canovan, Margaret (1999): »Trust the People! Populism and the Two Faces of Democracy«. In: *Political Studies* 47 (1), S. 2–16.

Caserio, Robert L.; Edelman, Lee; Halberstam, Jack; Muñoz, José Esteban und Tim Dean (2006): »The Antisocial Thesis in Queer Theory«. In: *PMLA* 121 (3), S. 819–828.

Castro Varela, María do Mar; Dhawan, Nikita und Antke Engel (Hg.) (2011): *Hegemony and Heteronormativity. Revisiting »The Political« in Queer Politics*. Farnham/Burlington: Ashgate.

Çetin, Zülfukar; Voß, Heinz-Jürgen und Salih Alexander Wolter (2016): *Schwule Sichtbarkeit – schwule Identität. Kritische Perspektiven*. Gießen: Psychosozial-Verlag.

Chakkalakal, Silvy (2014): »Deutsch-indische Figurationen. Der bildhafte Stil der Ethnographie um 1800«. In: *Historische Anthropologie* 22 (2), S. 250–277.

- (2018): »Ethnographic Art Worlds. The Creative Figuration of Art and Anthropology«. In: *Amerikastudien/American Studies* 63 (4), S. 489–515.
- (2021): »Figuration als Poiesis. Macht, Differenz und Ungleichheit in der figurationalen Kulturanalyse«. In: Hinrichs, Peter; Röthl, Martina und Manfred Seifert (Hg.): *Theoretische Reflexionen. Perspektiven der Europäischen Ethnologie*. Berlin: Reimer, S. 135–151.

Coakley, John (2004): »Mobilizing the Past. Nationalist Images of History«. In: *Nationalism and Ethnic Politics* 10 (4), S. 531–560.

Cohen, Cathy J. (1997): »Punks, Bulldaggers, and Welfare Queens. The Radical Potential of Queer Politics?«. In: *GLQ: A Journal of Lesbian & Gay Studies* 3 (4), S. 437–465.

Corbin, Juliet und Anselm Strauss (2015): *Basics of Qualitative Research. Techniques and Procedures for Developing Grounded Theory*. Los Angeles u.a.: SAGE.

Crehan, Kate (2016): *Gramsci's Common Sense. Inequality and Its Narratives*. Durham/London: Duke University Press.

Das, Veena (2007): *Life and Words. Violence and the Descent into the Ordinary.* Berkeley u.a.: University of California Press.
- (2012): »Ordinary Ethics«. In: Fassin, Didier (Hg.): *A Companion to Moral Anthropology.* Chichester: Wiley-Blackwell, S. 133–149.
- (2015): »What does ordinary ethics look like?«. In: Lambek, Michael (Hg.): *The Ethical Condition. Essays on Action, Person, and Value.* Chicago/London: The University of Chicago Press, S. 53–126.

Datta, Neil (2019): *Die natürliche Ordnung wiederherstellen. Die Vision der religiösen Extremisten, europäische Gesellschaften gegen Menschenrechte in Bezug auf Sexualität und Reproduktion zu mobilisieren.* Frankfurt a.M.: pro familia Bundesverband.

Daub, Adrian (2020): »Homophobie ohne Homophobe. Gender und Sexualität im internationalen Rechtspopulismus«. In: Feddersen, Jan; Gammerl, Benno; Nicolaysen, Rainer und Benedikt Wolf (Hg.): *Jahrbuch Sexualitäten 2020.* Göttingen: Wallstein, S. 15–34.

de Lange, Sarah L. und Liza M. Mügge (2015): »Gender and right-wing populism in the Low Countries. Ideological variations across parties and time«. In: *Patterns of Prejudice* 49 (1–2), S. 61–80.

Decker, Frank (2018): »Was ist Rechtspopulismus?«. In: *Politische Vierteljahresschrift* 59 (2), S. 353–369.
- (2020): »Die Organisation der AfD«. In: *bpb.de* vom 02.12.2022, https://www.bpb.de/politik/grundfragen/parteien-in-deutschland/afd/273133/organisation, Abruf am 24.04.2024.

Decker, Frank und Marcel Lewandowsky (2012): »Die rechtspopulistische Parteienfamilie«. In: *Parteienfamilien. Identitätsbestimmend oder nur noch Etikett?* Opladen u.a.: Barbara Budrich, S. 270–283.

Degenhardt, Franz Josef (1969): *Spiel nicht mit den Schmuddelkindern. Balladen, Chansons, Grotesken, Lieder.* Reinbek bei Hamburg: Rowohlt.

Del Valle, Gaby (2016): »Bathing In Pig's Blood: Inside The Alt-Right's Pro-Trump Art Show«. In: *Gothamist* vom 12.10.2016, https://gothamist.com/arts-entertainment/bathing-in-pigs-blood-inside-the-alt-rights-pro-trump-art-show, Abruf am 24.04.2024.

Derrida, Jacques (2000): *Politik der Freundschaft.* Frankfurt a.M.: Suhrkamp.

Diehl, Paula (2011): »Die Komplexität des Populismus. Ein Plädoyer für ein mehrdimensionales und graduelles Konzept«. In: *Totalitarismus und Demokratie* 8 (2), S. 273–291.
- (2017): »The Body in Populism«. In: Heinisch, Reinhard C.; Holtz-Bacha, Christina und Oscar Mazzoleni (Hg.): *Political Populism. A Handbook.* Baden-Baden: Nomos, S. 361–372.
- (2019): »Das politische Imaginäre und die politische Repräsentation«. In: *Österreichische Zeitschrift für Soziologie* 44 (S2), S. 37–55.

Dietze, Gabriele (2016a): »Das ›Ereignis Köln‹«. In: *Femina Politica* 25 (1), S. 93–102.
- (2016b): »Ethnosexismus. Sex-Mob-Narrative um die Kölner Sylvesternacht«. In: *movements* 2 (1), S. 1–16.
- (2018): »Rechtspopulismus und Geschlecht. Paradox und Leitmotiv«. In: *Femina Politica* 27 (1), S. 34–46.

- (2019): *Sexueller Exzeptionalismus. Überlegenheitsnarrative in Migrationsabwehr und Rechtspopulismus.* Bielefeld: transcript.
- (2020): »Why Are Women Attracted to Right-Wing Populism? Sexual Exceptionalism, Emancipation Fatigue, and New Maternalism«. In: Dietze, Gabriele und Julia Roth (Hg.): *Right-Wing Populism and Gender. European Perspectives and Beyond.* Bielefeld: transcript, S. 147–165.

Dietze, Gabriele und Julia Roth (2020): »Right-Wing Populism and Gender. A Preliminary Cartography of an Emergent Field of Research«. In: Dietze, Gabriele und Julia Roth (Hg.): *Right-Wing Populism and Gender. European Perspectives and Beyond.* Bielefeld: transcript, S. 7–21.

Doll, Martin und Oliver Kohns (2014): »*Außer-sich-sein:* Die imaginäre Dimension der Politik. Einleitung«. In: Doll, Martin und Oliver Kohns (Hg.): *Die imaginäre Dimension der Politik.* München: Wilhelm Fink, S. 7–18.

Donovan, Jack (2016): *Der Weg der Männer.* Schnellroda: Antaios.
- (2017): *Nur Barbaren können sich verteidigen.* Schnellroda: Antaios.
- (2020): *Ein ganzer Mann.* Schnellroda: Antaios.

Dorn, Thea (2006): *Die neue F-Klasse. Wie die Zukunft von Frauen gemacht wird.* München: Piper.

Duggan, Lisa (2002): »The New Homonormativity. The Sexual Politics of Neoliberalism«. In: Castronovo, Russ und Dana D. Nelson (Hg.): *Materializing Democracy. Toward a Revitalized Cultural Politics* Durham: Duke University Press, S. 175–194.
- (2003): *The Twilight of Equality? Neoliberalism, Cultural Politics, and the Attack on Democracy.* Boston: Beacon Press.

Duina, Francesco und Dylan Carson (2020): »Not so right after all? Making sense of the progressive rhetoric of Europe's far-right parties«. In: *International Sociology* 35 (1), S. 3–21.

Dümling, Sebastian (2021): »Das Geschlecht der Geschichte – Historie als antifeministische Ressource der Neuen Rechten«. In: *Gender* Sonderheft 6, S. 59–75.

Dümling, Sebastian und Johannes Springer (Hg.) (2020): *Die »einfachen Leute« des Populismus – Erzählungen, Bilder, Motive.* Zürich: Chronos [= *Schweizerisches Archiv für Volkskunde* 116 (1)].

Dzenovska, Dace und Nicholas De Genova (2018): »Introduction. Desire for the political in the aftermath of the Cold War«. In: *Focaal – Journal of Global and Historical Anthropology* 80, S. 1–15.

Edelman, Lee (2004): *No Future. Queer Theory and the Death Drive.* Durham/London: Duke University Press.

Ege, Moritz (2013): »*Ein Proll mit Klasse«. Mode, Popkultur und soziale Ungleichheiten unter jungen Männern in Berlin.* Frankfurt a.M./New York: Campus.

Ege, Moritz und Jens Wietschorke (2014): »Figuren und Figurierungen in der empirischen Kulturanalyse. Methodologische Überlegungen am Beispiel der ›Wiener Typen‹ vom 18. bis zum 20. und des Berliner ›Prolls‹ im 21. Jahrhundert«. In: *LiTheS – Zeitschrift für Literatur- und Theatersoziologie* 7 (11), S. 16–35.

Eggers, Maureen Maisha; Kilomba, Grada; Piesche, Peggy und Susan Arndt (2006): »Konzeptionelle Überlegungen«. In: Dies. (Hg.): *Mythen, Masken und Subjekte. Kritische Weißseinsforschung in Deutschland*. Münster: Unrast, S. 11–13.

El-Tayeb, Fatima (2011): *European Others. Queering Ethnicity in Postnational Europe*. Minneapolis: University of Minnesota Press.

Eng, David L.; Halberstam, Jack und José Esteban Muñoz (2005): »Introduction. What's Queer About Queer Studies Now?«. In: *Social Text* 23 (3–4), S. 1–17.

Engel, Antke (2002): *Wider die Eindeutigkeit. Sexualität und Geschlecht im Fokus queerer Politik der Repräsentation*. Frankfurt a.M./New York: Campus.

Esseveld, Johanna und Ron Eyerman (1992): »Which side are you on? Reflections on methodological issues in the study of ›distasteful‹ social movements«. In: Diani, Mario und Ron Eyerman (Hg.): *Studying Collective Action*. London u.a.: SAGE, S. 217–237.

Evans, Gillian (2017): »Brexit Britain. Why we are all postindustrial now«. In: *American Ethnologist* 44 (2), S. 215–219.

Färber, Alexa; Trott, Ben; Schwell, Alexandra und Rainer Winter (2019): »Repliken«. In: *Zeitschrift für Kulturwissenschaften* 13 (2), S. 114–127.

Farris, Sara R. (2017): *In the Name of Women's Rights. The Rise of Femonationalism*. Durham: Duke University Press.

Fassin, Didier (Hg.) (2012a): *A Companion to Moral Anthropology*. Chichester: Wiley-Blackwell.

Fassin, Didier (2012b): »Introduction. Toward a Critical Moral Anthropology«. In: Ders. (Hg.): *A Companion to Moral Anthropology*. Chichester: Wiley-Blackwell, S. 2–17.

– (2012c): *Humanitarian Reason. A Moral History of the Present*. Berkeley u.a.: University of California Press.

– (2013): *Enforcing Order. An Ethnography of Urban Policing*. Cambridge/Malden: Polity.

Fassin, Éric (2010): »National Identities and Transnational Intimacies. Sexual Democracy and the Politics of Immigration in Europe«. In: *Public Culture* 22 (3), S. 507–529.

Faubion, James D. (2001): »Toward an Anthropology of Ethics. Foucault and the Pedagogies of Autopoiesis«. In: *Representations* 74 (1), S. 83–104.

– (2011): *An Anthropology of Ethics*. Cambridge/New York: Cambridge University Press.

Faust, Lene (2021): *Neofaschismus in Italien. Politik, Familie und Religion in Rom. Eine Ethnographie*. Bielefeld: transcript.

Fenske, Michaela (2010): »Einleitung«. In: Dies. (Hg.): *Alltag als Politik – Politik im Alltag. Dimensionen des Politischen in Vergangenheit und Gegenwart. Ein Lesebuch für Carola Lipp*. Berlin: LIT, S. 9–21.

Fodor, Eva (2022): *The Gender Regime of Anti-Liberal Hungary*. Cham: Springer International Publishing.

Foljanty, Lena und Ulrike Lembke (2014): »Die Konstruktion des Anderen in der ›Ehrenmord‹-Rechtsprechung«. In: *Kritische Justiz* 47 (3), S. 298–315.

Forschungsnetzwerk Frauen und Rechtsextremismus (2019): »Warum Liebe kein Zufall ist und Rechtsextremismusforschung einer professionellen Distanz zu ihrem Gegenstand bedarf«. http://frauen-und-rechtsextremismus.de/wp-content/uploads/2019/01/ethische-rechtsextremismusforschung-2019-02.pdf, Abruf am 24.04.2024.

Fortes, Meyer und Edward Evan Evans-Pritchard (Hg.) (1940): *African Political Systems*. London u.a.: Oxford University Press.
Foucault, Michel (1978): »Der ›Anti-Ödipus‹ – eine Einführung in eine neue Lebenskunst«. In: Ders.: *Dispositive der Macht. Über Sexualität, Wissen und Wahrheit*. Berlin: Merve, S. 225–230.
- (1983): *Der Wille zum Wissen. Sexualität und Wahrheit 1*. Frankfurt a.M.: Suhrkamp.
- (1989): *Der Gebrauch der Lüste. Sexualität und Wahrheit 2*. Frankfurt a.M.: Suhrkamp.
- (1994): »Zur Genealogie der Ethik: Ein Überblick über laufende Arbeiten«. In: Dreyfus, Hubert L. und Paul Rabinow (Hg.): *Michel Foucault. Jenseits von Strukturalismus und Hermeneutik*. Weinheim: Beltz Athenäum, S. 265–292.
- (2005a): »Technologien des Selbst«. In: Ders.: *Schriften in vier Bänden. Dits et Ecrits. Band IV. 1980–1988*. Frankfurt a.M.: Suhrkamp, S. 966–999.
- (2005b): »Die Ethik der Sorge um sich als Praxis der Freiheit«. In: Ders.: *Analytik der Macht*. Frankfurt a.M.: Suhrkamp, S. 274–300.
- (2006): *Die Geburt der Biopolitik. Geschichte der Gouvernementalität II. Vorlesung am Collège de France 1978–1979*. Frankfurt a.M.: Suhrkamp.
Fraser, Nancy (2017): »Für eine neue Linke oder: Das Ende des progressiven Neoliberalismus«. In: *Blätter für deutsche und internationale Politik* 62 (2), S. 71–76.
Freeden, Michael (1998): »Is Nationalism a Distinct Ideology?«. In: *Political Studies* 46 (4), S. 748–765.
Frevert, Ute (1991): *Ehrenmänner. Das Duell in der bürgerlichen Gesellschaft*. München: C.H. Beck.
Friedrich, Sebastian (2019): *Die AfD. Analysen – Hintergründe – Kontroversen*. Berlin: Bertz und Fischer.
Gaßner, Anna; Masch, Lena; Rosar, Ulrich und Sabrina Schöttle (2019): »Schöner wählen: Der Einfluss der physischen Attraktivität des politischen Personals bei der Bundestagswahl 2017«. In: Korte, Karl-Rudolf und Jan Schoofs (Hg.): *Die Bundestagswahl 2017. Analysen der Wahl-, Parteien-, Kommunikations- und Regierungsforschung*. Wiesbaden: Springer VS, S. 63–82.
Geden, Oliver (2004): »Männerparteien. Geschlechterpolitische Strategien im österreichischen und schweizerischen Rechtspopulismus«. In: *Aus Politik und Zeitgeschichte* 54 (46), S. 24–30.
Geertz, Clifford (1987): »Dichte Beschreibung. Bemerkungen zu einer deutenden Theorie von Kultur«. In: Ders.: *Dichte Beschreibung. Beiträge zum Verstehen kultureller Systeme*. Frankfurt a.M.: Suhrkamp, S. 7–43.
Giles, Geoffrey J. (2002): »Männerbund mit Homo-Panik: Die Angst der Nazis vor der Rolle der Erotik«. In: Jellonnek, Burkhard und Rüdiger Lautmann (Hg.): *Nationalsozialistischer Terror gegen Homosexuelle. Verdrängt und ungesühnt*. Paderborn u.a.: Schöningh, S. 105–118.
Gingrich, Andre (2006): »Neo-nationalism and the reconfiguration of Europe«. In: *Social Anthropology* 14 (2), S. 195–217.
Gingrich, Andre und Marcus Banks (Hg.) (2006): *Neo-Nationalism in Europe and Beyond. Perspectives from Social Anthropology*. New York: Berghahn.

Glass, Pepper G. (2016): »Using history to explain the present. The past as born and performed«. In: *Ethnography* 17 (1), S. 92–110.
Gluckman, Max (1963): *Order and Rebellion in Tribal Societies*. London: Cohen & West.
Graeber, David (2016): »Reflections on reflections«. In: *HAU – Journal of Ethnographic Theory* 6 (2), S. 5–9.
Graff, Agnieszka (2022): »Jewish Perversion as Strategy of Domination. The anti-Semitic Subtext of Anti-gender Discourse«. In: *Journal of Modern European History* 20 (3), S. 423–439.
Graff, Agnieszka; Kapur, Ratna und Suzanna Danuta Walters (2019): »Introduction. Gender and the Rise of the Global Right«. In: *Signs* 44 (3), S. 541–560.
Graff, Agnieszka und Elżbieta Korolczuk (2022a): *Anti-Gender Politics in the Populist Moment*. London/New York: Routledge.
- (2022b): »Kultureller Krieg und tatsächlicher Krieg. Russlands Feldzug gegen ›Gender‹ und den ›dekadenten Westen‹«. In: *Geschichte der Gegenwart* vom 11.09.2022, https://geschichtedergegenwart.ch/kultureller-krieg-und-tatsaechlicher-krieg-russlands-feldzug-gegen-gender-und-den-dekadenten-westen/, Abruf am 24.04.2024.
Gramsci, Antonio (1992): *Gefängnishefte. Band 4 (Hefte 6–7)*. Hamburg: Argument.
- (1994): *Gefängnishefte. Band 6 (Hefte 10–11)*. Hamburg: Argument.
- (1996): *Gefängnishefte. Band 7 (Hefte 12–15)*. Hamburg: Argument.
Grattan, Laura (2021): »Populism, Race, and Radical Imagination: #FeelingTheBern in the Age of #BlackLivesMatter«. In: Ostiguy, Pierre; Panizza, Francisco und Benjamin Moffitt (Hg.): *Populism in Global Perspective. A Performative and Discursive Approach*. New York: Routledge, S. 136–154.
Grzebalska, Weronika; Kováts, Eszter und Andrea Pető (2017): »Gender as symbolic glue: how ›gender‹ became an umbrella term for the rejection of the (neo)liberal order«. In: *Krytyka Polityczna* vom 13.01.2017, http://politicalcritique.org/long-read/2017/gender-as-symbolic-glue-how-gender-became-an-umbrella-term-for-the-rejection-of-the-neoliberal-order/, Abruf am 24.04.2024.
Günthner, Susanne (1996): »Zwischen Scherz und Schmerz – Frotzelaktivitäten in Alltagsinteraktionen«. In: Kotthoff, Helga (Hg.): *Scherzkommunikation. Beiträge aus der empirischen Gesprächsforschung*. Wiesbaden: Springer Fachmedien, S. 81–107.
Gusterson, Hugh (2017): »From Brexit to Trump: Anthropology and the rise of nationalist populism«. In: *American Ethnologist* 44 (2), S. 209–214.
Gutekunst, Miriam und Maria Schwertl (2018): »Politiken ethnographieren. Die ethnographische Regimeanalyse als situierter Forschungsmodus entlang von Aushandlungen, Kämpfen und Situationen«. In: Rolshoven, Johanna und Ingo Schneider (Hg.): *Dimensionen des Politischen. Ansprüche und Herausforderungen der Empirischen Kulturwissenschaft*. Berlin: Neofelis, S. 83–107.
Hájková, Anna (2018): »Queere Geschichte und der Holocaust«. In: *Aus Politik und Zeitgeschichte* 68 (38–39), S. 42–47.
Halberstam, Jack (2011): *The Queer Art of Failure*. Durham/London: Duke University Press.
Hall, Stuart (1991): »Europe's Other Self«. In: *Marxism Today* (August 1991), S. 18–19.

- (2012): »Der Westen und der Rest: Diskurs und Macht«. In: Ders.: *Rassismus und kulturelle Identität. Ausgewählte Schriften 2*. Hamburg: Argument, S. 137–179.

Hall, Stuart; Critcher, Chas; Jefferson, Tony; Clarke, John und Brian Roberts (1978): *Policing the Crisis. Mugging, the State, and Law and Order*. London: Palgrave Macmillan.

Hancock, Eleanor (1998): »›Only the Real, the True, the Masculine Held Its Value‹: Ernst Röhm, Masculinity, and Male Homosexuality«. In: *Journal of the History of Sexuality* 8 (4), S. 616–641.

Harding, Susan (1991): »Representing Fundamentalism: The Problem of the Repugnant Cultural Other«. In: *Social Research* 58 (2), S. 373–393.

Haritaworn, Jin; Kuntsman, Adi und Silvia Posocco (Hg.) (2014): *Queer Necropolitics*. Abingdon/New York: Routledge.

Hark, Sabine_ (2021): *Gemeinschaft der Ungewählten. Umrisse eines politischen Ethos der Kohabitation. Ein Essay*. Berlin: Suhrkamp.

Hark, Sabine_ und Aline Oloff (2018): »Normalisierung neoreaktionärer Politiken. Einleitung«. In: *Feministische Studien* 36 (2), S. 243–250.

Hark, Sabine_ und Paula-Irene Villa (Hg.) (2015a): *Anti-Genderismus. Sexualität und Geschlecht als Schauplätze aktueller politischer Auseinandersetzungen*. Bielefeld: transcript.

Hark, Sabine_ und Paula-Irene Villa (2015b): »›Anti-Genderismus‹ – Warum dieses Buch?«, In: Dies. (Hg.): *Anti-Genderismus. Sexualität und Geschlecht als Schauplätze aktueller politischer Auseinandersetzungen*. Bielefeld: transcript, S. 7–13.

- (2015c): »›Eine Frage an und für unsere Zeit‹. Verstörende Gender Studies und symptomatische Missverständnisse«. In: Dies. (Hg.): *Anti-Genderismus. Sexualität und Geschlecht als Schauplätze aktueller politischer Auseinandersetzungen*. Bielefeld: transcript, S. 15–39.

- (2017): *Unterscheiden und herrschen. Ein Essay zu den ambivalenten Verflechtungen von Rassismus, Sexismus und Feminismus in der Gegenwart*. Bielefeld: transcript.

Harteveld, Eelco; Van Der Brug, Wouter; Dahlberg, Stefan und Andrej Kokkonen (2015): »The gender gap in populist radical-right voting: examining the demand side in Western and Eastern Europe«. In: *Patterns of Prejudice* 49 (1–2), S. 103–134.

Hartmann, Thomas (o.J.): »Der Homosexuellenstreit unter den deutschen Neonazis«. http://www.joerg-hutter.de/schwule_nazis.htm, Abruf am 24.04.2024.

Hauer, Janine; Faust, Friederike und Beate Binder (2021): »Kooperieren – Kollaborieren – Kuratieren. Zu Formen des Zusammenarbeitens in der ethnografischen Forschung«. In: *Berliner Blätter* 83, S. 3–17.

Häusler, Alexander (2018): »Die AfD: Partei des völkisch-autoritären Populismus«. In: Ders. (Hg.): *Völkisch-autoritärer Populismus. Der Rechtsruck in Deutschland und die AfD*. Hamburg: VSA:, S. 9–19.

Hechler, Andreas und Olaf Stuve (Hg.) (2015): *Geschlechterreflektierte Pädagogik gegen Rechts*. Opladen u.a.: Barbara Budrich.

Heilmann, Andreas (2011): *Normalität auf Bewährung. Outings in der Politik und die Konstruktion homosexueller Männlichkeit*. Bielefeld: transcript.

Heinrich, Horst-Alfred (2008): »Erklärung von Geschichtspolitik mittels der Theorie sozialer Identität«. In: Ders. und Michael Kohlstruck (Hg.): *Geschichtspolitik und sozialwissenschaftliche Theorie*. Stuttgart: Franz Steiner, S. 17–35.

Heissenberger, Stefan (2018): *Schwuler* Fußball. Ethnografie einer Freizeitmannschaft*. Bielefeld: transcript.

Heitmeyer, Wilhelm (2018): *Autoritäre Versuchungen. Signaturen der Bedrohung 1*. Berlin: Suhrkamp.

Henninger, Annette (2020): »Antifeminismen. ›Krisen‹-Diskurse mit gesellschaftsspaltendem Potenzial?«. In: Henninger, Annette und Ursula Birsl (Hg.): *Antifeminismen. »Krisen«-Diskurse mit gesellschaftsspaltendem Potential?* Bielefeld: transcript, S. 9–41.

Henninger, Annette; Bergold-Caldwell, Denise; Grenz, Sabine; Grubner, Barbara; Krüger-Kirn, Helga; Maurer, Susanne und Marion Näser-Lather (2021): »Mobilisierungen gegen Feminismus und ›Gender‹. Erscheinungsformen, Erklärungsansätze und Gegenstrategien«. In: *Gender* Sonderheft 6, S. 9–24.

Henninger, Annette und Ursula Birsl (Hg.) (2020): *Antifeminismen. »Krisen«-Diskurse mit gesellschaftsspaltendem Potential?* Bielefeld: transcript.

Henßler, Vera (2016): »›Wer sich auf die Bewegung einlässt, gewinnt ein Schicksal‹«. In: *apabiz.de* vom 18.07.2016, https://www.apabiz.de/2016/wer-sich-auf-die-bewegung-einlaesst-gewinnt-ein-schicksal, Abruf am 24.04.2024.

Hergemöller, Bernd-Ulrich (2010): »Ludwig II. von Bayern«. In: Ders. (Hg.): *Mann für Mann. Biographisches Lexikon. Zur Geschichte von Freundesliebe und mannmännlicher Sexualität im deutschen Sprachraum*. Münster: LIT, S. 766–768.

Hewitt, Andrew (1999): »Die Philosophie des Maskulinismus«. In: *Zeitschrift für Germanistik* 9 (1), S. 36–56.

Heywood, Paolo (2018): *After Difference. Queer Activism in Italy and Anthropological Theory*. New York/Oxford: Berghahn.

Hinrichs, Jürgen (2017): »Keiner stoppte Adnan S.«. In: *Weser-Kurier* vom 20.02.2017, https://www.weser-kurier.de/bremen/keiner-stoppte-adnan-s-doc7e3wkgfik7bx8huk7xa, Abruf am 24.04.2024.

Hochschild, Arlie Russell (2017): *Fremd in ihrem Land. Eine Reise ins Herz der amerikanischen Rechten*. Frankfurt a.M./New York: Campus.

Höcke, Björn und Sebastian Hennig (2018): *Nie zweimal in denselben Fluss. Björn Höcke im Gespräch mit Sebastian Hennig*. Lüdinghausen/Berlin: Manuscriptum.

Hoffmann, Moritz (2019): »Zwischen Kyffhäuser und Vogelschiss. Rechtspopulisten forcieren ein vergessenes Bild von angewandter Geschichte«. In: *Indes – Zeitschrift für Politik und Gesellschaft* 8 (3), S. 139–146.

Höhne, Benjamin (2023): »Die Männerpartei: distinktiver Organisationstypus nur für Rechtsaußenparteien?« In: *Zeitschrift für Vergleichende Politikwissenschaft* 17, S. 107–132.

Holmes, Douglas R. (2016): »Fascism 2«. In: *Anthropology Today* 32 (2), S. 1–3.

– (2019): »Fascism at eye level«. In: *Focaal – Journal of Global and Historical Anthropology* 84, S. 62–90.

Holmes, Stephen (1995): *Die Anatomie des Antiliberalismus*. Hamburg: Rotbuch.

Hsu, Hua (2016): »The Sad Attempt to Make Trumpism Cool«. In: *The New Yorker* vom 12.10.2016, https://www.newyorker.com/culture/cultural-comment/the-sad-attempt-to-make-trumpism-cool, Abruf am 24.04.2024.

Huet, Natalie (2019): »Nationalism in the EU has a new name: ›Identity and Democracy‹«. In: *Euronews* vom 13.06.2019, https://www.euronews.com/2019/06/13/nationalism-in-the-eu-has-a-new-name-identity-and-democracy, Abruf am 24.04.2024.

Hunklinger, Michael und Edma Ajanović (2022): »Voting Right? Analyzing Electoral Homonationalism of LGBTIQ* Voters in Austria and Germany«. In: *Social Politics* 29 (1), S. 24–49.

Jansen, Stef (2015): *Yearnings in the Meantime. »Normal Lives« and the State in a Sarajevo Apartment Complex*. New York/Oxford: Berghahn.

– (2016): »For a Relational, Historical Ethnography of Hope: Indeterminacy and Determination in the Bosnian and Herzegovinian Meantime«. In: *History and Anthropology* 27 (4), S. 447–464.

Jeggle, Utz (1978): »Alltag«. In: Bausinger, Hermann; Jeggle, Utz; Korff, Gottfried und Martin Scharfe (Hg.): *Grundzüge der Volkskunde*. Darmstadt: Wissenschaftliche Buchgesellschaft, S. 81–126.

Jellonnek, Burkhard (1990): *Homosexuelle unter dem Hakenkreuz. Die Verfolgung von Homosexuellen im Dritten Reich*. Paderborn: Schöningh.

Jörke, Dirk und Veith Selk (2020): *Theorien des Populismus zur Einführung*. Hamburg: Junius.

Jullien, François (2017): *Es gibt keine kulturelle Identität. Wir verteidigen die Ressourcen einer Kultur*. Berlin: Suhrkamp.

Kalb, Don (2009): »Conversations with a Polish populist: Tracing hidden histories of globalization, class, and dispossession in postsocialism (and beyond)«. In: *American Ethnologist* 36 (2), S. 207–223.

Kalb, Don und Gábor Halmai (Hg.) (2011): *Headlines of Nation, Subtexts of Class: Working-Class Populism and the Return of the Repressed in Neoliberal Europe*. New York/Oxford: Berghahn Books.

Kämper, Gabriele (2004): »Von der *Selbstbewussten Nation* zum nationalen Selbstbewusstsein. Die Neue intellektuelle Rechte bewegt sich auf rhetorischen Pfaden in die Mitte der Gesellschaft«. In: *WerkstattGeschichte* 37, S. 64–79.

Karbach, Walter (2017): *Hanns Maria Lux und die Nazis. Eine Erkundung*. Trier: Josef Karbach Nachf.

Kaschuba, Wolfgang (2001): »Geschichtspolitik und Identitätspolitik. Nationale und ethnische Diskurse im Vergleich«. In: Binder, Beate; Kaschuba, Wolfgang und Peter Niedermüller (Hg.): *Inszenierungen des Nationalen. Geschichte, Kultur und die Politik der Identitäten am Ende des 20. Jahrhunderts*. Köln u.a.: Böhlau, S. 19–42.

– (2012): *Einführung in die Europäische Ethnologie*. München: C.H. Beck.

Keane, Webb (2016): *Ethical Life. Its Natural and Social Histories*. Princeton/Oxford: Princeton University Press.

Keilson-Lauritz, Marita (2005a): »Tanten, Kerle und Skandale. Die Geburt des ›modernen Homosexuellen‹ aus den Flügelkämpfen der Emanzipation«. In: zur Nieden, Susanne

(Hg.): *Homosexualität und Staatsräson. Männlichkeit, Homophobie und Politik in Deutschland 1900–1945*. Frankfurt a.M./New York: Campus, S. 81–99.
- (2005b): »Stefan George's Concept of Love and the Gay Emancipation Movement«. In: Rieckmann, Jens (Hg.): *A Companion to the Works of Stefan George*. Rochester/Woodbridge: Camden House, S. 207–229.

Kemper, Andreas (2011): *(R)echte Kerle. Zur Kumpanei der MännerRECHTSbewegung*. Münster: Unrast.
- (Hg.) (2012): *Die Maskulisten. Organisierter Antifeminismus im deutschsprachigen Raum*. Münster: Unrast.
- (2014): *Keimzelle der Nation – Teil 2. Wie sich in Europa Parteien und Bewegungen für konservative Familienwerte, gegen Toleranz und Vielfalt und gegen eine progressive Geschlechterpolitik radikalisieren*. Berlin: Friedrich-Ebert-Stiftung.
- (2015): »Christlicher Fundamentalismus und neoliberal-nationalkonservative Ideologie am Beispiel der ›Alternative für Deutschland‹«. In: Billmann, Lucie (Hg.): *Unheilige Allianz: Das Geflecht von christlichen Fundamentalisten und politisch Rechten am Beispiel des Widerstands gegen den Bildungsplan in Baden-Württemberg*. Berlin: Rosa-Luxemburg-Stiftung, S. 21–29.

Kervégan, Jean-François (2019): *Was tun mit Carl Schmitt?* Tübingen: Mohr Siebeck.

Kiesel, Robert und Ingo Salmen (2020): »2016 für die AfD direkt gewählt. Berliner Abgeordneter Kay Nerstheimer tritt der NPD bei«. In: *Tagesspiegel Online* vom 11.11.2020, https://www.tagesspiegel.de/berlin/berliner-abgeordneter-kay-nerstheimer-tritt-der-npd-bei-4208797.html, Abruf am 24.04.2024.

Kim, Seongcheol (2017): »The populism of the Alternative for Germany (AfD): an extended Essex School perspective«. In: *Palgrave Communications* 3 (5), S. 1–11.

Klages, Robert (2015): »Anfrage von Corinna Herold. AfD will Homosexuelle in Thüringen zählen lassen«. In: *Tagesspiegel Online* vom 12.10.2015, https://www.tagesspiegel.de/gesellschaft/queerspiegel/afd-will-homosexuelle-in-thuringen-zahlen-lassen-3665350.html, Abruf am 24.04.2024.

Klein, Dennis (2014): »Arbeitskreis ›Homosexuelle in der AfD‹ gegründet«. In: *queer.de* vom 05.05.2014, https://www.queer.de/detail.php?article_id=21507, Abruf am 24.04.2024.

Knecht, Michi (1996): »Ethnologische Forschung in öffentlich umstrittenen Bereichen: Das Beispiel Abtreibungsdebatte und Lebensschutzbewegung in Deutschland«. In: Kokot, Waltraud und Dorle Dracklé (Hg.): *Ethnologie Europas. Grenzen, Konflikte, Identitäten*. Berlin: Dietrich Reimer, S. 225–240.

Kohlstruck, Michael (2004): »Erinnerungspolitik: Kollektive Identität, Neue Ordnung, Diskurshegemonie«. In: Schwelling, Birgit (Hg.): *Politikwissenschaft als Kulturwissenschaft. Theorien, Methoden, Problemstellungen*. Wiesbaden: VS Verlag für Sozialwissenschaften, S. 173–193.

Kończal, Kornelia und A. Dirk Moses (2022): »Patriotic Histories in Global Perspective«. In: *Journal of Genocide Research* 24 (2), S. 153–157.

Kopke, Christoph und Alexander Lorenz (2017): »Zwischen konservativem Nationalpopulismus und fundamentaloppositioneller Bewegung. Das aktuelle Profil der AfD in

Brandenburg«. In: Grigat, Stephan (Hg.): *AfD & FPÖ. Antisemitismus, völkischer Nationalismus und Geschlechterbilder.* Baden-Baden: Nomos, S. 79–100.

Koschorke, Albrecht; Frank, Thomas; Mazza, Ethel Matala de und Susanne Lüdemann (2007): *Der fiktive Staat. Konstruktionen des politischen Körpers in der Geschichte Europas.* Frankfurt a.M.: Fischer.

Kositza, Ellen (2017): »Das Verschweigen hat System‹. Kositza im COMPACT-Gespräch«. In: *Sezession* vom 09.01.2017, https://sezession.de/56951/das-verschweigen-hat-system-kositza-im-compact-gesprach, Abruf am 24.04.2024.

Kotthoff, Helga (1996): »Vorwort«. In: Dies. (Hg.): *Scherzkommunikation. Beiträge aus der empirischen Gesprächsforschung.* Wiesbaden: Springer Fachmedien, S. 7–19.

Köttig, Michaela; Bitzan, Renate und Andrea Pető (Hg.) (2017): *Gender and Far Right Politics in Europe.* Cham: Palgrave Macmillan.

Kováts, Eszter (2017): »Das Schlachtfeld Gender in Europa. Die Krise der neoliberalen Demokratie«. In: *Ariadne* 71, S. 62–60.

- (2018): »Questioning Consensuses: Right-Wing Populism, Anti-Populism, and the Threat of ›Gender Ideology‹«. In: *Sociological Research Online* 23 (2), S. 528–538.
- (2021): »Anti-gender politics in East-Central Europe: Right-wing defiance to West-Eurocentrism«. In: *Gender* 13 (1), S. 76–90.

Krause, Tilman (2015a): »Die Deutschen haben das Schwulsein erfunden«. In: *Welt* vom 21.06.2015, https://www.welt.de/kultur/article142836781/Die-Deutschen-haben-das-Schwulsein-erfunden.html, Abruf am 24.04.2024.

- (2015b): »Ich will keine Kopie des verlogenen Hetero-Kitschs«. In: *Welt* vom 28.05.2015, https://www.welt.de/kultur/article141569954/Ich-will-keine-Kopie-des-verlogenen-Hetero-Kitschs.html, Abruf am 24.04.2024.
- (2017): »Mit Haut und Haaren dem Schmerz ausgeliefert«. In: *Welt* vom 11.09.2017, https://www.welt.de/kultur/literarischewelt/article168520831/Mit-Haut-und-Haaren-dem-Schmerz-ausgeliefert.html, Abruf am 24.04.2024.

Kubik, Jan und Michael Bernhard (2014): »A Theory of the Politics of Memory«. In: Bernhard, Michael und Jan Kubik (Hg.): *Twenty Years After Communism: The Politics of Memory and Commemoration.* Oxford/New York: Oxford University Press, S. 7–34.

Kuby, Gabriele (2013): *Die globale sexuelle Revolution. Zerstörung der Freiheit im Namen der Freiheit.* Kißlegg: fe-Medienverlag.

Kuhar, Roman und David Paternotte (2017): *Anti-Gender Campaigns in Europe: Mobilizing against Equality.* London/New York: Rowman & Littlefield.

Kühnen, Michael (1986): *Nationalsozialismus und Homosexualität.* Courbevoie: Eigendruck.

Lacan, Jacques (1991): »Das Spiegelstadium als Bildner der Ichfunktion, wie sie uns in der psychoanalytischen Erfahrung erscheint (Bericht für den 16. Internationalen Kongreß für Psychoanalyse in Zürich am 17. Juli 1949)«. In: Ders.: *Schriften I.* Weinheim/Berlin: Quadriga, S. 61–70.

Laclau, Ernesto (2002): »Was haben leere Signifikanten mit Politik zu tun?«. In: Ders.: *Emanzipation und Differenz.* Wien/Berlin: Turia + Kant, S. 65–78.

- (2005a): *On Populist Reason.* London/New York: Verso.

- (2005b): »Populism: What's in a Name?«. In: Panizza, Francisco (Hg.): *Populism and the Mirror of Democracy*. London/New York: Verso, S. 32–49.
- (2017): »Warum Populismus«. In: Marchart, Oliver (Hg.): *Ordnungen des Politischen. Einsätze und Wirkungen der Hegemonietheorie Ernesto Laclaus*. Wiesbaden: Springer VS, S. 233–240.

Laclau, Ernesto und Chantal Mouffe (2000): *Hegemonie und radikale Demokratie. Zur Dekonstruktion des Marxismus*. Wien: Passagen.

Laidlaw, James (2002): »For an Anthropology of Ethics and Freedom«. In: *Journal of the Royal Anthropological Institute* 8 (2), S. 311–332.
- (2014): *The Subject of Virtue. An Anthropology of Ethics and Freedom*. Cambridge/New York: Cambridge University Press.
- (2018): »Fault Lines in the Anthropology of Ethics«. In: Mattingly, Cheryl; Dyring, Rasmus; Louw, Maria und Thomas Schwarz Wentzer (Hg.): *Moral Engines. Exploring the Ethical Drives in Human Life*. New York/Oxford: Berghahn, S. 174–193.

Lambek, Michael (Hg.) (2010a): *Ordinary Ethics. Anthropology, Language, and Action*. New York: Fordham University Press.

Lambek, Michael (2010b): »Introduction«. In: Ders. (Hg.): *Ordinary Ethics. Anthropology, Language, and Action*. New York: Fordham University Press, S. 1–36.
- (2010c): »Toward an Ethics of the Act«. In: Ders. (Hg.): *Ordinary Ethics. Anthropology, Language, and Action*. New York: Fordham University Press, S. 39–63.
- (2018): »On the Immanence of Ethics«. In: Mattingly, Cheryl; Dyring, Rasmus; Louw, Maria und Thomas Schwarz Wentzer (Hg.): *Moral Engines. Exploring the Ethical Drives in Human Life*. New York/Oxford: Berghahn, S. 137–154.

Lang, Juliane (2017): »Feindbild Feminismus. Familien- und Geschlechterpolitik in der AfD«. In: Grigat, Stephan (Hg.): *AfD & FPÖ. Antisemitismus, völkischer Nationalismus und Geschlechterbilder*. Baden-Baden: Nomos, S. 61–78.

Lang, Juliane und Ulrich Peters (Hg.) (2018a): *Antifeminismus in Bewegung. Aktuelle Debatten um Geschlecht und sexuelle Vielfalt*. Hamburg: Marta Press.

Lang, Juliane und Ulrich Peters (2018b): »Antifeminismus in Deutschland. Einführung und Einordnung des Phänomens«. In: Dies. (Hg.): *Antifeminismus in Bewegung. Aktuelle Debatten um Geschlecht und sexuelle Vielfalt*. Hamburg: Marta Press, S. 13–35.

Langebach, Martin und Michael Sturm (2015): »Erinnerungsorte der extremen Rechten. Zur Einleitung«. In: Dies. (Hg.): *Erinnerungsorte der extremen Rechten*. Wiesbaden: Springer VS, S. 7–16.

Lautmann, Rüdiger (2002): »Geschichte und Politik: Paradigmen der nationalsozialistischen Homosexuellenverfolgung«. In: Jellonnek, Burkhard und Rüdiger Lautmann (Hg.): *Nationalsozialistischer Terror gegen Homosexuelle. Verdrängt und ungesühnt*. Paderborn u.a.: Schöningh, S. 41–54.

Leach, Edmund (1970): *Political Systems of Highland Burma. A Study of Kachin Social Structure*. London: The Athlone Press.

Lec, Stanisław Jerzy (2020): *Sämtliche unfrisierte Gedanken. Dazu Prosa und Gedichte*. München: Carl Hanser.

Lemmey, Huw und Ben Miller (2023): *Bad Gays. A Homosexual History*. London: Verso.

Lemnitzer, Lothar und Heike Zinsmeister (2010): *Korpuslinguistik. Eine Einführung.* Tübingen: Narr Francke Attempto.

Leser, Julia und Florian Spissinger (2020): »The Functionality of Affects: Conceptualising Far-Right Populist Politics beyond Negative Emotions«. In: *Global Discourse* 10 (2), S. 325–342.

Lichtmesz, Martin (2010): »Vom schwulen Eros«. In: *Sezession* vom 01.06.2010, https://sezession.de/20460/vom-schwulen-eros, Abruf am 24.04.2024.

- (2018): »KiKA und Kandel«. In: *Sezession* vom 12.01.2018, https://sezession.de/58090/kika-und-kandel, Abruf am 24.04.2024.

Lichtmesz, Martin und Caroline Sommerfeld (2017): *Mit Linken leben.* Steigra: Antaios.

Liebelt, Claudia (2021): »Die AfD und ihr Normalitätsbegriff: Deutschland brutal«. In: *taz.de* vom 30.05.2021, https://taz.de/!5771233/, Abruf am 24.04.2024.

LifeSiteNews (2021): »Activist Milo Yiannopoulos is now ›Ex-Gay,‹ consecrating his life to St. Joseph«. In: *LifeSiteNews* vom 09.03.2021, https://www.lifesitenews.com/news/activist-milo-yiannopoulos-is-now-ex-gay-consecrating-his-life-to-st-joseph/, Abruf am 24.04.2024.

Lindner, Rolf (2003): »Vom Wesen der Kulturanalyse«. In: *Zeitschrift für Volkskunde* 99, S. 177–188.

Loiperdinger, Martin (1987): *Der Parteitagsfilm »Triumph des Willens« von Leni Riefenstahl. Rituale der Mobilmachung.* Opladen: Leske + Budrich.

Louis, Chantal (2022): »Viele Geschlechter? Das ist Unfug!«. In: *Emma* vom 22.08.2022, https://www.emma.de/artikel/viele-geschlechter-das-ist-unfug-339689, Abruf am 24.04.2024.

Low, Setha M. und Sally Engle Merry (2010): »Engaged Anthropology: Diversity and Dilemmas. An Introduction to Supplement 2«. In: *Current Anthropology* 51 (S2), S. S203–S226.

Lüdemann, Susanne (2004): *Metaphern der Gesellschaft: Studien zum soziologischen und politischen Imaginären.* München: Wilhelm Fink.

Ludwig, Gundula (2011): *Geschlecht regieren. Zum Verhältnis von Staat, Subjekt und heteronormativer Hegemonie.* Frankfurt a.M./New York: Campus.

Macdonald, Sharon (2009): *Difficult Heritage. Negotiating the Nazi Past in Nuremberg and Beyond.* London/New York: Routledge.

- (2012): »Presencing Europe's Past«. In: Kockel, Ullrich; Nic Craith, Máiréad und Jonas Frykman (Hg.): *A Companion to the Anthropology of Europe.* Chichester/Malden: Wiley-Blackwell, S. 233–252.

Mahmood, Saba (2012): *Politics of Piety. The Islamic Revival and the Feminist Subject.* Princeton/Oxford: Princeton University Press.

Maihofer, Andrea (1995): *Geschlecht als Existenzweise. Macht, Moral, Recht und Geschlechterdifferenz.* Frankfurt a.M.: Ulrike Helmer.

Mann, Klaus (1990 [1934]): »Homosexualität und Fascismus«. In: Mann, Klaus und Kurt Tucholsky: *Homosexualität und Faschismus.* Kiel: Frühlings Erwachen, S. 5–13.

Mannschaft (2021): »Vize-Chef der Rechtsextremen in Belgien: Ich bin schwul«. In: *Mannschaft.com* vom 18.12.2021, https://mannschaft.com/vize-chef-der-rechtsextremen-vlaams-belang-ich-bin-schwul/, Abruf am 24.04.2024.

Marchart, Oliver (2010): *Die politische Differenz. Zum Denken des Politischen bei Nancy, Lefort, Badiou, Laclau und Agamben.* Berlin: Suhrkamp.

Marcus, George E. (1995): »Ethnography in/of the World System: The Emergence of Multi-Sited Ethnography«. In: *Annual Review of Anthropology* 24, S. 95–117.

Marhoefer, Laurie (2015): *Sex and the Weimar Republic: German Homosexual Emancipation and the Rise of the Nazis.* Toronto u.a.: University of Toronto Press.

- (2016): »Lesbianism, Transvestitism, and the Nazi State: A Microhistory of a Gestapo Investigation, 1939–1943«. In: *The American Historical Review* 121 (4), S. 1167–1195.
- (2018): »Queer Fascism and the End of Gay History«. In: *Notches* (Blog) vom 19.06.2018, https://notchesblog.com/2018/06/19/queer-fascism-and-the-end-of-gay-history, Abruf am 24.04.2024.

Mattingly, Cheryl und Jason Throop (2018): »The Anthropology of Ethics and Morality«. In: *Annual Review of Anthropology* 47, S. 475–492.

Mayer, Stefanie; Šori, Iztok und Birgit Sauer (2016): »Gendering ›the people‹: heteronormativity and ›ethno-masochism‹ in populist imaginary«. In: Ranieri, Maria (Hg.): *Populism, Media and Education. Challenging Discrimination in Contemporary Digital Societies.* London/New York: Routledge, S. 84–104.

Mbembe, Achille (2017): *Politik der Feindschaft.* Berlin: Suhrkamp.

Mepschen, Paul (2016): »Everyday autochthony. Difference, discontent and the politics of home in Amsterdam«. Unveröffentlichte Dissertation, Universiteit van Amsterdam.

Mepschen, Paul; Duyvendak, Jan Willem und Evelien H. Tonkens (2010): »Sexual Politics, Orientalism and Multicultural Citizenship in the Netherlands«. In: *Sociology* 44 (5), S. 962–979.

Meret, Susi (2015): »Charismatic female leadership and gender: Pia Kjærsgaard and the Danish People's Party«. In: *Patterns of Prejudice* 49 (1–2), S. 81–102.

Merkur.de (2022): »Jörg Meuthen: Ehefrau, Kinder und Privates – Wer ist der AfD-Kandidat?«. In: *Merkur.de* vom 29.01.2022, https://www.merkur.de/politik/joerg-meuthen-afd-ehefrau-kinder-und-privates-zum-spitzenkandidaten-zr-11946084.html, Abruf am 24.04.2024.

Meuser, Michael (2004): »Gender Mainstreaming: Festschreibung oder Auflösung der Geschlechterdifferenz? Zum Verhältnis von Geschlechterforschung und Geschlechterpolitik«. In: Meuser, Michael und Claudia Neusüß (Hg.): *Gender Mainstreaming. Konzepte, Handlungsfelder, Instrumente.* Bonn: Bundeszentrale für politische Bildung, S. 322–336.

- (2008): »Ernste Spiele. Zur Konstruktion von Männlichkeit im Wettbewerb der Männer«. In: Luedtke, Jens und Nina Baur (Hg.): *Die soziale Konstruktion von Männlichkeit. Hegemoniale und marginalisierte Männlichkeiten in Deutschland.* Opladen/Farmington Hills: Barbara Budrich, S. 33–44.

Ministerium des Innern des Landes Nordrhein-Westfalen (2019): *Verfassungsschutzbericht des Landes Nordrhein-Westfalen über das Jahr 2018.* Düsseldorf: Ministerium des Innern des Landes Nordrhein-Westfalen.

Minkenberg, Michael (2018): »Was ist Rechtspopulismus?«. In: *Politische Vierteljahresschrift* 59 (2), S. 337–352.

Moeller, Robert G. (2001): *War Stories. The Search for a Usable Past in the Federal Republic of Germany*. Berkeley u.a.: University of California Press.

Moffitt, Benjamin (2016): *The Global Rise of Populism. Performance, Political Style, and Representation*. Stanford: Stanford University Press.

Mohr, Sebastian (2016): »Just an Anthropologist? An Interview with Esther Newton«. In: *Fieldsights* vom 07.12.2016, https://culanth.org/fieldsights/series/just-an-anthropologist-an-interview-with-esther-newton, Abruf am 24.04.2024.

Moreau, Julie (2018): »Trump in Transnational Perspective: Insights from Global LGBT Politics«, In: *Politics & Gender* 14 (4), S. 619–648.

Möser, Cornelia (2020): »Sexual Politics as a Tool to ›Un-Demonize‹ Right-Wing Discourses in France«. In: Dietze, Gabriele und Julia Roth (Hg.): *Right-Wing Populism and Gender. European Perspectives and Beyond*. Bielefeld: transcript, S. 117–133.

Mösken, Anne Lena (2016): »Jana Schneider: Jung, lesbisch, AfD-Politikerin – wie passt das zusammen?«. In: *Berliner Zeitung* vom 20.11.2016, https://www.berliner-zeitung.de/politik-gesellschaft/jana-schneider-jung-lesbisch-afd-politikerin-wie-passt-das-zusammen-li.38501, Abruf am 24.04.2024.

Mouffe, Chantal (2007): *Über das Politische. Wider die kosmopolitische Illusion*. Frankfurt a.M.: Suhrkamp.
- (2014): *Agonistik. Die Welt politisch denken*. Berlin: Suhrkamp.
- (2015): *Das demokratische Paradox*. Wien: Turia + Kant.
- (2016): »The populist moment«. In: *openDemocracy* vom 21.11.2016, https://www.opendemocracy.net/en/democraciaabierta/populist-moment/, Abruf am 24.04.2024.
- (2018): *Für einen linken Populismus*. Berlin: Suhrkamp.

Mudde, Cas (2004): »The Populist Zeitgeist«. In: *Government and Opposition* 39 (4), S. 542–563.
- (2007): *Populist Radical Right Parties in Europe*. Cambridge u.a.: Cambridge University Press.
- (2020): *Rechtsaußen. Extreme und radikale Rechte in der heutigen Politik weltweit*. Bonn: Dietz.

Mudde, Cas und Cristóbal Rovira Kaltwasser (2015): »Vox populi or vox masculini? Populism and gender in Northern Europe and South America«. In: *Patterns of Prejudice* 49 (1–2), S. 16–36.

Müller, Jan-Werner (2016): *Was ist Populismus? Ein Essay*. Berlin: Suhrkamp.

Müller, Mario Alexander (2017): *Kontrakultur*. Schnellroda: Antaios.

Münkler, Herfried (1982): »Krieg und Frieden bei Clausewitz, Engels und Carl Schmitt: Dialektik des Militarismus oder Hegung des Krieges«. In: *Leviathan* 10 (1), S. 16–40.

Nader, Laura (1972): »Up the Anthropologist – Perspectives Gained from Studying Up«. In: Hymes, Dell (Hg.): *Reinventing Anthropology*. New York: Pantheon Books, S. 284–311.

Näser-Lather, Marion (2020): »Wissenschaftler_innen vs. Gender Studies. Argumentationen, Wirkungen und Kontexte einer ›wissenschafts‹-politischen Debatte«. In: Henninger, Annette und Ursula Birsl (Hg.): *Antifeminismen. »Krisen«-Diskurse mit gesellschaftsspaltendem Potential?* Bielefeld: transcript, S. 105–148.

Nash, Catherine Jean und Kath Browne (2020): *Heteroactivism. Resisting Lesbian, Gay, Bisexual and Trans Rights and Equalities.* London: Zed Books.

Nelson, Maggie (2017): *Die Argonauten.* Berlin: Hanser Berlin.

Neuwirth, Karin (2014): »Die Väterrechtsbewegung in Österreich – zeitgemäßes Familienleben und pseudoegalitäre Machtdemonstrationen«. In: *L'Homme* 25 (2), S. 129–137.

Nooke, Günter (2006): »Ein Denkmal für die Freiheit? Formen der Auseinandersetzung mit der DDR«. In: März, Peter und Hans-Joachim Veen (Hg.): *Woran erinnern? Der Kommunismus in der deutschen Erinnerungskultur.* Köln u.a.: Böhlau, S. 111–122.

Oberwittler, Dietrich und Julia Kasselt (2011): *Ehrenmorde in Deutschland 1996–2005. Eine Untersuchung auf der Basis von Prozessakten.* Köln: Luchterhand.

Oelmann, Ute (2011): »The George Circle: From *Künstlergesellschaft* to *Lebensgemeinschaft*«. In: Lane, Melissa S. und Martin A. Ruehl (Hg.): *A Poet's Reich: Politics and Culture in the George Circle.* Rochester: Camden House, S. 25–36.

O'Hara, Mary Emily (2017): »Yiannopoulos Quits Breitbart, Apologizes for Uproar Over Year-Old Comments«. In: *NBC News* vom 21.02.2017, https://www.nbcnews.com/news/us-news/yiannopoulos-quits-breitbart-apologizes-uproar-over-year-old-comments-n723861, Abruf am 24.04.2024.

Oosterhuis, Harry (1997): »Medicine, Male Bonding and Homosexuality in Nazi Germany«. In: *Journal of Contemporary History* 32 (2), S. 187–205.

Opratko, Benjamin (2019): *Im Namen der Emanzipation. Antimuslimischer Rassismus in Österreich.* Bielefeld: transcript.

Ostiguy, Pierre (2017): »Populism: A Socio-Cultural Approach«. In: Rovira Kaltwasser, Cristóbal; Taggart, Paul; Ochoa Espejo, Paulina und Pierre Ostiguy (Hg.): *The Oxford Handbook of Populism.* Oxford/New York: Oxford University Press, S. 73–97.

Ostiguy, Pierre und Benjamin Moffitt (2021): »Who Would Identify With An ›Empty Signifier‹? The Relational, Performative Approach to Populism«. In: Ostiguy, Pierre, Francisco Panizza und Benjamin Moffitt (Hg.): *Populism in Global Perspective. A Performative and Discursive Approach.* New York/London: Routledge, S. 47–72.

Ostiguy, Pierre, Francisco Panizza und Benjamin Moffitt (Hg.) (2021): *Populism in Global Perspective. A Performative and Discursive Approach.* New York/London: Routledge.

Oudenampsen, Merijn (2021): *The Rise of the Dutch New Right. An Intellectual History of the Rightwards Shift in Dutch Politics.* London/New York: Routledge.

Palmié, Stephan und Charles Stewart (2016): »Introduction. For an anthropology of history«. In: *HAU – Journal of Ethnographic Theory* 6 (1), S. 207–236.

Panizza, Francisco (2005): »Introduction. Populism and the Mirror of Democracy«. In: Ders. (Hg.): *Populism and the Mirror of Democracy.* London/New York: Verso, S. 1–31.

Panizza, Francisco und Yannis Stavrakakis (2021): »Populism, Hegemony, and the Political Construction of ›The People‹. A Discursive Approach«. In: Ostiguy, Pierre; Panizza, Francisco und Benjamin Moffitt (Hg.): *Populism in Global Perspective. A Performative and Discursive Approach.* New York/London: Routledge, S. 21–46.

Pape, Wilhelm (1914): *Handwörterbuch der griechischen Sprache. Griechisch-deutsches Handwörterbuch. Bd. 2: Λ–Ω.* Braunschweig: Vieweg & Sohn.

Pasieka, Agnieszka (2017): »Taking Far-Right Claims Seriously and Literally: Anthropology and the Study of Right-Wing Radicalism«. In: *Slavic Review* 76 (S1), S. S19-S29.
- (2019): »Anthropology of the far right. What if we like the ›unlikeable‹ others?«. In: *Anthropology Today* 35 (1), S. 3–6.

Paternotte, David und Roman Kuhar (2017): »›Gender ideology‹ in movement: Introduction«. In: Kuhar, Roman und David Paternotte (Hg.): *Anti-Gender Campaigns in Europe: Mobilizing against Equality*. London/New York: Rowman & Littlefield, S. 1–22.

Peck, Jamie und Nik Theodore (2019): »Still Neoliberalism?«. In: *South Atlantic Quarterly* 118 (2), S. 245–265.

Pilkington, Hilary (2016): *Loud and proud. Passion and politics in the English Defence League*. Manchester: Manchester University Press.

Pinheiro-Machado, Rosana und Lucia Scalco (2021): »Humanising fascists? Nuance as an anthropological responsibility«. In: *Social Anthropology* 29 (2), S. 329–336.

Poorthuis, Frank und Hans Wansink (2002): »Pim Fortuyn op herhaling: ›De islam is een achterlijke cultuur‹«. In: *de Volkskrant* vom 05.05.2012, https://www.volkskrant.nl/nieuws-achtergrond/pim-fortuyn-op-herhaling-de-islam-is-een-achterlijke-cultuur~bee400ca/, Abruf am 24.04.2024.

Postero, Nancy und Eli Elinoff (2019): »Introduction: A return to politics«. In: *Anthropological Theory* 19 (1), S. 3–28.

PP-Redaktion (2019): »David Berger verlässt Kuratorium der AfD-nahen ›Desiderius-Erasmus-Stiftung‹«. In: *Philosophia Perennis* (Blog) vom 29.06.2019, https://philosophia-perennis.com/2019/06/29/david-berger-verlaesst-kuratorium-der-afd-nahen-desiderius-erasmus-stiftung/, Abruf am 24.04.2024.

Pretzel, Andreas (2014): »Schwule Nazis. Narrative und Desiderate«. In: Schwartz, Michael (Hg.): *Homosexuelle im Nationalsozialismus*. München: De Gruyter Oldenbourg, S. 69–76.

Priester, Karin (2012): *Rechter und linker Populismus. Annäherung an ein Chamäleon*. Frankfurt a.M./New York: Campus.

Puar, Jasbir K. (2007): *Terrorist Assemblages. Homonationalism in Queer Times*. Durham/London: Duke University Press.
- (2013): »Rethinking Homonationalism«. In: *International Journal of Middle East Studies* 45, S. 336–339.
- (2017): *Terrorist Assemblages. Homonationalism in Queer Times*. Durham/London: Duke University Press.

queer.de (2016): »AfD-Abgeordneter bezeichnete Homosexuelle als ›genetisch degeneriert‹«. In: *queer.de* vom 20.09.2016, https://www.queer.de/detail.php?article_id=27087, Abruf am 24.04.2024.
- (2017): »Alice Weidel und David Berger zu Miss und Mister Homophobia gewählt«. In: *queer.de* vom 31.10.2017, https://www.queer.de/detail.php?article_id=29998, Abruf am 24.04.2024.
- (2022): »Bundestag verweigert AfD-Hetzerinnen Einzug in die Hirschfeld-Stiftung«. In: *queer.de* vom 02.06.2022, https://www.queer.de/detail.php?article_id=42202, Abruf am 24.04.2024.

Rao, Rahul (2015): »Global homocapitalism«. In: *Radical Philosophy* 194, S. 38–49.

Reckwitz, Andreas (2004): »Die Kontingenzperspektive der ›Kultur‹. Kulturbegriffe, Kulturtheorien und das kulturwissenschaftliche Forschungsprogramm«. In: Jaeger, Friedrich und Jörn Rüsen (Hg.): *Handbuch der Kulturwissenschaften. Band 3: Themen und Tendenzen.* Stuttgart/Weimar: J.B. Metzler, S. 1–20.

Rolshoven, Johanna (2018): »Dimensionen des Politischen. Eine Rückholaktion«. In: Dies. und Ingo Schneider (Hg.): *Dimensionen des Politischen. Ansprüche und Herausforderungen der Empirischen Kulturwissenschaft.* Berlin: Neofelis, S. 14–34.

Rolshoven, Johanna und Ingo Schneider (Hg.) (2018a): *Dimensionen des Politischen. Ansprüche und Herausforderungen der Empirischen Kulturwissenschaft.* Berlin: Neofelis.

- (2018b): »Editorial«. In: Dies. (Hg.): *Dimensionen des Politischen. Ansprüche und Herausforderungen der Empirischen Kulturwissenschaft,* Berlin: Neofelis, S. 9–11.

Rommelspacher, Birgit (1995): *Dominanzkultur. Texte zu Fremdheit und Macht.* Berlin: Orlanda Frauenverlag.

- (2011): »Frauen und Männer im Rechtsextremismus – Motive, Konzepte und Rollenverständnisse«. In: Birsl, Ursula (Hg.): *Rechtsextremismus und Gender.* Opladen/Farmington Hills: Barbara Budrich, S. 43–68.

Roth, Jonathan (2019a): »Die dunkle Seite der Macht. Themenpolitik zu politischen Themen«. In: Heimerdinger, Timo und Marion Näser-Lather (Hg.): *Wie kann man nur dazu forschen? Themenpolitik in der Europäischen Ethnologie.* Wien: Verein für Volkskunde e.V., S. 219–241.

- (2019b): *An der Basis der Politik. Ethnographische Erkundungen in einem lokalen Parteibezirk.* Münster: Waxmann.

Sabrow, Martin (2018): »Die Krise der Erinnerungskultur«. In: *Merkur* 72 (12), S. 92–98.

Salzborn, Samuel (2018): »Was ist Rechtspopulismus? Einleitung der Redaktion zum PVS-Forum«. In: *Politische Vierteljahresschrift* 59 (2), S. 319–321.

Sarwoko, Jasmin (2016): »Rechtspopulistischer Nachwuchs: Lesbisch, jung, AfD«. In: *taz.de* vom 02.08.2016, https://taz.de/!5323056/, Abruf am 24.04.2024.

Sauer, Birgit (2017): »Gesellschaftstheoretische Überlegungen zum europäischen Rechtspopulismus. Zum Erklärungspotenzial der Kategorie Geschlecht«. In: *Politische Vierteljahresschrift* 58 (1), S. 3–22.

- (2018): »Radikaler Rechtspopulismus als männliche Identitätspolitik«. In: Becker, Karina; Dörre, Klaus und Peter Reif-Spirek (Hg.): *Arbeiterbewegung von rechts? Ungleichheit – Verteilungskämpfe – populistische Revolte.* Frankfurt a.M./New York: Campus, S. 313–323.

- (2019): »Anti-feministische Mobilisierung in Europa. Kampf um eine neue politische Hegemonie?«. In: *Zeitschrift für Vergleichende Politikwissenschaft* 13 (3), S. 339–352.

Scharfe, Martin (1991): »Die Volkskunde und ihre narzißtische Utopie«. In *Kuckuck* 6 (2), S. 33–36.

Schedler, Jan (2019): »Rechtsextremismus, Rechtsradikalismus, Extreme Rechte, Rechtspopulismus, Neue Rechte? Eine notwendige Klärung für die politische Bildung«. In: Schedler, Jan; Achour, Sabine; Elverich, Gabi und Annemarie Jordan (Hg.): *Rechtsextremismus in Schule, Unterricht und Lehrkräftebildung.* Wiesbaden: Springer VS, S. 19–39.

Scheele, Sebastian (2016): »Von Antifeminismus zu ›Anti-Genderismus‹? Eine diskursive Verschiebung und ihre Hintergründe«. http://www.gwi-boell.de/sites/default/files/uploads/2016/08/scheele_diskursive_verschiebung_antifeminismus.pdf, Abruf am 24.04.2024.

Scheuß, Christian (2004): »Tilman Krause«. In: *queer.de* vom 25.10.2004, https://www.queer.de/detail.php?article_id=1871, Abruf am 24.04.2024.

Schmid, Harald (2008): »Konstruktion, Bedeutung, Macht. Zum kulturwissenschaftlichen Profil einer Analyse von Geschichtspolitik«. In: Heinrich, Horst-Alfred und Michael Kohlstruck (Hg.): *Geschichtspolitik und sozialwissenschaftliche Theorie*. Stuttgart: Franz Steiner, S. 75–98.

Schmincke, Imke (2018): »Frauenfeindlich, sexistisch, antifeministisch? Begriffe und Phänomene bis zum aktuellen Antigenderismus«. In: *Aus Politik und Zeitgeschichte* 68 (17), S. 28–33.

Schmitt, Carl (2015a [1932]): *Der Begriff des Politischen. Text von 1932 mit einem Vorwort und drei Corollarien*. Berlin: Duncker & Humblot.

– (2015b [1950]): *Ex Captivitate Salus. Erfahrungen der Zeit 1945/47*. Berlin: Duncker & Humblot.

– (2017a [1923]): *Die geistesgeschichtliche Lage des heutigen Parlamentarismus*. Berlin: Duncker & Humblot.

– (2017b [1963]): *Theorie des Partisanen. Zwischenbemerkung zum Begriff des Politischen*. Berlin: Duncker & Humblot.

Schoppmann, Claudia (2002): »Zeit der Maskierung. Zur Situation lesbischer Frauen im Nationalsozialismus«. In: Jellonnek, Burkhard und Rüdiger Lautmann (Hg.): *Nationalsozialistischer Terror gegen Homosexuelle. Verdrängt und ungesühnt*. Paderborn u.a.: Schöningh, S. 71–81.

Schroeder, Wolfgang; Weßels, Bernhard und Alexander Berzel (2018): »Die AfD in den Landtagen: Bipolarität als Struktur und Strategie – zwischen Parlaments- und ›Bewegungs‹-Orientierung«. In: *Zeitschrift für Parlamentsfragen* 49 (1), S. 91–110.

Schuchmann, Inga und Leonie Steinl (2021): »Femizide – Zur strafrechtlichen Bewertung von trennungsbedingten Tötungsdelikten an Intimpartnerinnen«. In: *Kritische Justiz* 54 (3), S. 312–327.

Schüler-Springorum, Stefanie (2018): »Gender and the Politics of Anti-Semitism«. In: *American Historical Review* 123 (4), S. 1210–1222.

Schwilk, Heimo und Ulrich Schacht (Hg.) (1996): *Die selbstbewusste Nation. ›Anschwellender Bocksgesang‹ und weitere Beiträge zu einer deutschen Debatte*. Berlin/Frankfurt a.M.: Ullstein.

Sehgal, Meera (2007): »Manufacturing a Feminized Siege Mentality: Hindu Nationalist Paramilitary Camps for Women in India«. In: *Journal of Contemporary Ethnography* 36 (2), S. 165–183.

– (2009): »The Veiled Feminist Ethnographer: Fieldwork among Women of India's Hindu Right«. In: Huggins, Martha K. und Marie-Louise Glebbeek (Hg.): *Women Fielding Danger. Negotiating Ethnographic Identities in Field Research*. Lanham/Plymouth: Rowman & Littlefield, S. 325–352.

Shore, Cris und Susan Wright (Hg.) (1997): *Anthropology of Policy. Critical Perspectives on Governance and Power*. London/New York: Routledge.

Shore, Cris und Susan Wright (2011): »Conceptualising Policy: Technologies of Governance and the Politics of Visibility«. In: Dies. Und Davide Però (Hg.): *Policy Worlds. Anthropology and the Analysis of Contemporary Power*. New York/Oxford: Berghahn, S. 1–25.

Shore, Cris; Wright, Susan und Davide Però (Hg.) (2011): *Policy Worlds. Anthropology and the Analysis of Contemporary Power*. New York/Oxford: Berghahn.

Shoshan, Nitzan (2015): »Más allá de la empatía: La escritura etnográfica de lo desagradable«. In: *Nueva Antropología* 83, S. 147–162.

- (2016): *The Management of Hate. Nation, Affect, and the Governance of Right-Wing Extremism in Germany*. Princeton/Oxford: Princeton University Press.

Siebeck, Cornelia (2017): »Dies- und jenseits des Erinnerungskonsenses. Kritik der postnationalsozialistischen Selbstvergewisserung«. In: *Aus Politik und Zeitgeschichte* 67 (42–43), S. 23–28.

Sontag, Susan (2003 [1974]): »Faszinierender Faschismus«. In: Dies.: *Im Zeichen des Saturn. Essays*. München/Wien: Carl Hanser.

Spade, Dean (2015): *Normal Life. Administrative Violence, Critical Trans Politics, and the Limits of Law*. Durham/London: Duke University Press.

Spierings, Niels (2021): »Homonationalism and Voting for the Populist Radical Right: Addressing Unanswered Questions by Zooming in on the Dutch Case«. In: *International Journal of Public Opinion Research* 33 (1), S. 171–182.

Spierings, Niels und Andrej Zaslove (2015a): »Gendering the vote for populist radical-right parties«. In: *Patterns of Prejudice* 49 (1–2), S. 135–162.

- (2015b): »Conclusion: dividing the populist radical right between ›liberal nativism‹ and traditional conceptions of gender«. In: *Patterns of Prejudice* 49 (1–2), S. 163–173.

Spierings, Niels; Zaslove, Andrej; Mügge, Liza M. und Sarah L. de Lange (2015): »Gender and populist radical-right politics: an introduction«. In: *Patterns of Prejudice* 49 (1–2), S. 3–15.

Spivak, Gayatri Chakravorty (1988): »Can the Subaltern Speak?«. In: Nelson, Cary und Lawrence Grossberg (Hg.): *Marxism and the Interpretation of Culture*. Basingstoke/London: Macmillan Education, S. 271–313.

Steakley, James D. (2002): »Selbstkritische Gedanken zur Mythologisierung der Homosexuellenverfolgung im Dritten Reich«. In: Jellonnek, Burkhard und Rüdiger Lautmann (Hg.): *Nationalsozialistischer Terror gegen Homosexuelle. Verdrängt und ungesühnt*. Paderborn u.a.: Schöningh, S. 55–68.

Stewart, Charles (2016): »Historicity and Anthropology«. In: *Annual Review of Anthropology* 45 (1), S. 79–94.

Stoldt, Till-Reimer (2017): »Wie schwulenfeindlich sind muslimische Migranten?«. In: *Welt* vom 21.02.2017, https://www.welt.de/politik/deutschland/plus162251786/Wieschwulenfeindlich-sind-muslimische-Migranten.html, Abruf am 24.04.2024.

Strathern, Marilyn (2020): *Relations. An Anthropological Account*. Durham/London: Duke University Press.

Strick, Simon (2021): *Rechte Gefühle. Affekte und Strategien des digitalen Faschismus.* Bielefeld: transcript.
Strube, Sonja A.; Perintfalvi, Rita; Hemet, Raphaela; Metze, Miriam und Cicek Sahbaz (Hg.) (2021): *Anti-Genderismus in Europa: Allianzen von Rechtspopulismus und religiösem Fundamentalismus. Mobilisierung – Vernetzung – Transformation.* Bielefeld: transcript.
Sutter, Ove (2016): »Alltagsverstand. Zu einem hegemonietheoretischen Verständnis alltäglicher Sichtweisen und Deutungen«. In: *Österreichische Zeitschrift für Volkskunde* LXX/119 (1+2), S. 41–70.
Szombati, Kristóf (2018): *The Revolt of the Provinces. Anti-Gypsyism and Right-Wing Politics in Hungary.* New York/Oxford: Berghahn Books.
taz.de (2018): »Keine Zauberei«. In: *taz.de* vom 13.05.2018, https://taz.de/!5502024/, Abruf am 24.04.2024.
Teitelbaum, Benjamin R. (2019): »Collaborating with the Radical Right: Scholar-Informant Solidarity and the Case for an Immoral Anthropology«. In: *Current Anthropology* 60 (3), S. 414–435.
The Hollywood Reporter (2011): »Ziggy Creator Tom Wilson Sr. Dies at Age 80«. In: *The Hollywood Reporter* vom 19.09.2011, https://www.hollywoodreporter.com/business/business-news/ziggy-creator-tom-wilson-sr-237376/, Abruf am 24.04.2024.
Theweleit, Klaus (2019 [1977/78]): *Männerphantasien.* Berlin: Matthes & Seitz.
Thürmer-Rohr, Christina (2019a): »Anfreundung mit der Welt. Zum politischen Denken von Hannah Arendt«. In: Dies.: *Fremdheiten und Freundschaften: Essays.* Bielefeld: transcript, S. 53–68.
– (2019b): »Fremde, Andere, Feinde. Zur Idee des Kosmopolitismus«. In: Dies.: *Fremdheiten und Freundschaften: Essays.* Bielefeld: transcript, S. 43–52.
Trautmann, Felix (2017): »Das politische Imaginäre. Zur Einleitung«. In: Ders. (Hg.): *Das politische Imaginäre. Freiheit und Gesetz V.* Berlin: August, S. 9–27.
– (2019): »Das Imaginäre«. In: Comtesse, Dagmar; Flügel-Martinsen, Oliver; Martinsen, Franziska und Martin Nonhoff (Hg.): *Radikale Demokratietheorie. Ein Handbuch.* Berlin: Suhrkamp, S. 553–562.
Troebst, Stefan (2014): »Geschichtspolitik«. In: *Docupedia-Zeitgeschichte* vom 04.08.2014, https://docupedia.de/zg/Geschichtspolitik, Abruf am 24.04.2024.
Tsianos, Vassilis und Sabine Hess (2010): »Ethnographische Grenzregimeanalyse«. In: Hess, Sabine und Bernd Kasparek (Hg.): *Grenzregime. Diskurse, Praktiken, Institutionen in Europa.* Berlin/Hamburg: Assoziation A, S. 243–264.
van der Veer, Peter (2006): »Pim Fortuyn, Theo van Gogh, and the Politics of Tolerance in the Netherlands«. In: *Public Culture* 18 (1), S. 111–124.
van Klinken, Adriaan (2019): *Kenyan, Christian, Queer. Religion, LGBT Activism, and Arts of Resistance in Africa.* University Park: The Pennsylvania State University Press.
Vincent, Joan (2002): »Introduction«. In: Dies. (Hg.): *The Anthropology of Politics. A Reader in Ethnography, Theory, and Critique.* Malden u.a.: Blackwell, S. 1–13.
Virchow, Fabian (2007): »Performance, Emotion, and Ideology: On the Creation of ›Collectives of Emotion‹ and Worldview in the Contemporary German Far Right«. In: *Journal of Contemporary Ethnography* 36 (2), S. 147–164.

Viveiros de Castro, Eduardo (2013): »The relative native«. In: *HAU – Journal of Ethnographic Theory* 3 (3), S. 473–502.

Volk, Sabine (2022): »Patriotic History in Postcolonial Germany, Thirty Years After ›Reunification‹«. In: *Journal of Genocide Research* 24 (2), S. 276–287.

Volkov, Shulamit (1978): »Antisemitism as a Cultural Code: Reflections on the History and Historiography of Antisemitism in Imperial Germany«. In: *The Leo Baeck Institute Year Book* 23 (1), S. 25–46.

von Oswald, Margareta und Jonas Tinius (2020): »Introduction: Across Anthropology«. In: Dies. (Hg.): *Across Anthropology: Troubling Colonial Legacies, Museums, and the Curatorial*. Leuven: Leuven University Press, S. 17–42.

Vukadinović, Vojin Saša (2017): »Gender Studies: Die Sargnägel des Feminismus«. In: *Emma* (Juni/Juli 2017), S. 66–69.

Wackerfuss, Andrew (2015): *Stormtrooper Families. Homosexuality and Community in the Early Nazi Movement*. New York/York: Harrington Park Press.

Warneken, Bernd Jürgen (2019): »Rechts liegen lassen? Über das europäisch-ethnologische Desinteresse an der Lebenssituation nichtmigrantischer Unter- und Mittelschichten«. In: Heimerdinger, Timo und Marion Näser-Lather (Hg.): *Wie kann man nur dazu forschen? Themenpolitik in der Europäischen Ethnologie*. Wien: Verein für Volkskunde e.V., S. 117–130.

Weiland, Severin (2019): »Rechtspopulisten laden rechtspopulistischen Blogger aus«. In: *Der Spiegel* vom 10.05.2019, https://www.spiegel.de/politik/deutschland/afd-und-rechter-blogger-fraktion-hat-milo-yiannopoulos-ausgeladen-a-1266814.html, Abruf am 24.04.2024.

Weiß, Volker (2017): *Die autoritäre Revolte. Die Neue Rechte und der Untergang des Abendlandes*. Stuttgart: Klett-Cotta.

Weißmann, Karlheinz (2009): »Der konservative Katechismus«. In: *Sezession* 29, S. 34–36.

Wellgraf, Stefan (2012): *Hauptschüler. Zur gesellschaftlichen Produktion von Verachtung*. Bielefeld: transcript.

– (2017): »Die Macht der Ambivalenz. Humoristische Aushandlungen von Zugehörigkeiten in der Hauptschule«. In: Leontiy, Halyna (Hg.): *(Un)Komische Wirklichkeiten. Komik und Satire in (Post-)Migrations- und Kulturkontexten*. Wiesbaden: Springer VS, S. 187–202.

Weyland, Kurt (2001): »Clarifying a Contested Concept: Populism in the Study of Latin American Politics«. In: *Comparative Politics* 34 (1), S. 1–22.

– (2017): »Populism: A Political-Strategic Approach«. In: Rovira Kaltwasser, Cristóbal; Taggart, Paul; Ochoa Espejo, Paulina und Pierre Ostiguy (Hg.): *The Oxford Handbook of Populism*. Oxford: Oxford University Press, S. 48–72.

Wiederwald, Rupert (2018): »›Vogelschiss in der Geschichte‹«. In: *Deutsche Welle* vom 02.06.2018, https://www.dw.com/de/gauland-bezeichnet-ns-zeit-als-vogelschiss-in-der-geschichte/a-44054219, Abruf am 24.04.2024.

Wiegman, Robyn und Elizabeth A. Wilson (2015): »Introduction: Antinormativity's Queer Conventions«. In: *differences* 26 (1), S. 1–25.

Wielowiejski, Patrick (2018a): »Homosexuelle gegen Gender Mainstreaming. Antifeministische und antimuslimische Homofreundlichkeit in der *Alternative für Deutschland*«. In: Lang, Juliane und Ulrich Peters (Hg.): *Antifeminismus in Bewegung. Aktuelle Debatten um Geschlecht und sexuelle Vielfalt*. Hamburg: Marta Press, S. 139–157.
- (2018b): »Identitäre Schwule und bedrohliche Queers. Zum Verhältnis von Homonationalismus und Anti-/G/enderismus im Nationalkonservatismus«. In: *Feministische Studien* 36 (2), S. 347–356.
- (2020): »Identitarian Gays and Threatening Queers, Or: How the Far Right Constructs New Chains of Equivalence«. In: Dietze, Gabriele und Julia Roth (Hg.): *Right-Wing Populism and Gender. European Perspectives and Beyond*. Bielefeld: transcript, S. 135–146.
- (2021): »Rezension: L. Faust: Neofaschismus in Italien«. In: *HSozKult* vom 08.09.2021, https://www.hsozkult.de/review/id/reb-95502?title=l-faust-neofaschismus-in-italien, Abruf am 24.04.2024.
- (2024): »Anti-Muslim Articulations: Ethnosexist Common Sense and Gay Politics in the *Alternative für Deutschland*«. In: Beck, Dorothee; Habed, Adriano und Annette Henninger (Hg.): *Blurring Boundaries – »Anti-Gender« Ideology Meets Feminist and LGBTIQ+ Discourses*. Opladen u.a.: Barbara Budrich, S. 91–106.

Wielowiejski, Patrick und Lena Rahn (2015): »Sexualisierte Gewalt und Neonazismus am Beispiel der Kampagne ›Todesstrafe gegen Kinderschänder‹«. In: Hechler, Andreas und Olaf Stuve (Hg.): *Geschlechterreflektierte Pädagogik gegen Rechts*. Opladen u.a.: Barbara Budrich, S. 193–216.

Wiener, Markus (2019): »Berliner AfD-Konferenz zu Freien Medien schlägt hohe Wellen«. In: *PI-News* vom 12.05.2019, http://www.pi-news.net/2019/05/berliner-afd-konferenz-zu-freien-medien-schlaegt-hohe-wellen/, Abruf am 24.04.2024.

Wietschorke, Jens (2012): »Beziehungswissenschaft. Ein Versuch zur volkskundlich-kulturwissenschaftlichen Epistemologie«. In: *Österreichische Zeitschrift für Volkskunde* LXVI/115 (3+4), S. 325–359.
- (2013): »Die kulturelle Oberfläche und die Tiefen des Sozialen? Ein Sondierungsversuch«. In: *Österreichische Zeitschrift für Volkskunde* LXVII/116 (1+2), S. 21–35.
- (2020): »Kulturelle Spaltung als Narrativ. Zur Politik und Poetik des Cultural Cleavage«. In: *Schweizerisches Archiv für Volkskunde* 116 (1), S. 21–35.

Wilde, Gabriele und Birgit Meyer (2018): »Angriff auf die Demokratie. Die Macht des Autoritären und die Gefährdung demokratischer Geschlechterverhältnisse. Eine Einleitung«. In: *Femina Politica* 27 (1), S. 9–21.

Wilson, Jason (2018): »Milo Yiannopoulos ›more than $ 2m in debt‹, Australian promoters' documents show«. In: *The Guardian* vom 03.12.2018, http://www.theguardian.com/australia-news/2018/dec/03/milo-yiannopoulos-more-than-2m-in-debt-australian-promoters-documents-show, Abruf am 24.04.2024.

Winter, Sebastian (2018): »›Sie wollen Vater sein und Mann bleiben‹. Sozialpsychologische Überlegungen zu aktuellen Vaterideologien zwischen Liberalisierung und Rechtspopulismus«. In: *Freie Assoziation* 21 (1), S. 30–51.

Wischnewski, Alex (2018): »Femi(ni)zide in Deutschland – ein Perspektivwechsel«. In: *Femina Politica* 27 (2), S. 126–134.

Witzel, Andreas (2000): »Das problemzentrierte Interview«. In: *Forum: Qualitative Sozialforschung* 1 (1), Art. 22. https://www.qualitative-research.net/index.php/fqs/article/view/1132/2519, Abruf am 24.04.2024.

Wodak, Ruth (2020): *Politik mit der Angst. Die schamlose Normalisierung rechtspopulistischer und rechtsextremer Diskurse.* Wien/Hamburg: Edition Konturen.

Wolfrum, Edgar (1999): *Geschichtspolitik in der Bundesrepublik Deutschland. Der Weg zur bundesrepublikanischen Erinnerung 1948–1990.* Darmstadt: Wissenschaftliche Buchgesellschaft.

- (2015): »Geschichtspolitik«. In: Nohlen, Dieter und Florian Grotz (Hg.): *Kleines Lexikon der Politik.* München: C.H. Beck, S. 216–219.

Worth, Owen (2021): »Reasserting hegemonic masculinity: women's leadership within the far right«. In: *International Affairs* 97 (2), S. 503–521.

Wydra, Harald und Bjørn Thomassen (2020): »Introduction. The Promise of Political Anthropology«. In: Dies. (Hg.): *Handbook of Political Anthropology.* Cheltenham/Northampton: Edward Elgar, S. 1–17.

Yiannopoulos, Milo (2016): »I'm Gay And I've Been Banned From San Francisco!«. In: *Breitbart News* vom 18.03.2016, https://www.breitbart.com/local/2016/03/18/ive-been-banned-from-san-francisco/, Abruf am 24.04.2024.

Yılmaz-Günay, Koray (Hg.) (2014): *Karriere eines konstruierten Gegensatzes: zehn Jahre »Muslime versus Schwule«. Sexualpolitiken seit dem 11. September 2001.* Münster: edition assemblage.

Zastrow, Volker (2006): »Politische Geschlechtsumwandlung«. In: *FAZ.net* vom 20.06.2006, https://www.faz.net/aktuell/politik/gender-mainstreaming-politische-geschlechtsumwandlung-1327841.html, Abruf am 24.04.2024.

Zinn, Alexander (2018): *»Aus dem Volkskörper entfernt«? Homosexuelle Männer im Nationalsozialismus.* Frankfurt a.M./New York: Campus.

Abbildungen

Abb. 1 Widmung im Buch *Es gibt keine kulturelle Identität* von François Jullien 80
Abb. 2 Die Ethik der homonormativen Gleichheit und die Ethik der heteronormativen Differenz im Vergleich 202
Abb. 3 Gregor und Jens halten während einer Mahnwache ein Plakat hoch. 219
Abb. 4 Transparent und »Altar« bei der Mahnwache der Mütter gegen Gewalt 222
Abb. 5 AHO-Aufsteller zum Gedenken an das Attentat von Orlando 241
Abb. 6 Figuren und Relationen im gegenwärtigen politischen Imaginären der AfD . 250
Abb. 7 Figuren und Relationen im politischen Imaginären der AfD, wie die AHO sie anstrebt 253
Abb. 8 Krone, Zepter und Schärpe 343
Abb. 9 An einem unauffälligen Ort positionieren die AHO-Mitglieder ihre Aufsteller für ein Foto zum Orlando-Gedenken. 347

Anhang: Liste der erhobenen Daten

Interviews

Interviews werden mit der Abkürzung IN und ihrer jeweiligen Nummer zitiert:

Nr.	Interviewte Person	Datum
IN 1	Andreas	15.06.2015
IN 2	SVP-Politiker	29.08.2016
IN 3	FrP-Politiker	18.11.2016
IN 4	FrP-Politiker	08.12.2016
IN 5	Andreas	27.01.2017
IN 6	Rüdiger	03.03.2017
IN 7	AfD-Landtagsabgeordneter	07.03.2017
IN 8	AfD-Landtagsabgeordneter und sein Mitarbeiter	13.03.2017
IN 9	Hendrik	14.04.2017
IN 10	Jens und der Direktkandidat der AfD zur Bundestagswahl 2017 aus Jens' Wahlkreis	20.09.2017
IN 11	Jens (allein)	20.09.2017
IN 12	Ronny	07.11.2017
IN 13	AfD-Bundestagsabgeordnete und ihr Mitarbeiter	08.11.2017
IN 14	Andreas	08.03.2018
IN 15	Torsten Ilg	05.04.2018
IN 16	Kommunalpolitikerin der AfD und ihre Frau	06.04.2018
IN 17	Journalist bei einer äußerst rechts orientierten Zeitung	30.07.2018
IN 18	Fabian	12.10.2018
IN 19	Michael	07.12.2018
IN 20	Joachim	11.12.2018
IN 21	Torben	18.03.2019
IN 22	Johannes	23.09.2020

Wahlprogramme der AfD

Verwendet wird die von staatlichen Stellen üblicherweise verwendete Abkürzung für das jeweilige Bundesland, gefolgt von der Jahreszahl der jeweiligen Wahl.

BB 14	Brandenburg 2014
BE 16	Berlin 2016
BT 17	Bundestag 2017
BW 16	Baden-Württemberg 2016
BY 18	Bayern 2018
EU 14	Europäisches Parlament 2014
EU 19	Europäisches Parlament 2019
HB 15	Bremen 2015
HE 18	Hessen 2018
HH 15	Hamburg 2015
MV 16	Mecklenburg-Vorpommern 2016
NI 17	Niedersachsen 2017
NW 17	Nordrhein-Westfalen 2017
RP 16	Rheinland-Pfalz 2016
SH 17	Schleswig-Holstein 2017
SL 17	Saarland 2017
SN 14	Sachsen 2014
ST 16	Sachsen-Anhalt 2016
TH 14	Thüringen 2014

Parlamentsdokumentation

Zitiert wird im Fließtext mit der Abkürzung des Bundeslandes bzw. des Bundestags wie oben, gefolgt von der Nummer der zitierten Drucksache bzw. des Plenarprotokolls und ggf. der Seitenzahl, z.B. ST 7/381 für die Drucksache 7/381 aus dem Landtag von Sachsen-Anhalt (Antrag der Fraktion der AfD vom 22.09.2016) oder ST 7/10: 74 für das Plenarprotokoll 7/10 aus dem Landtag von Sachsen-Anhalt (zehnte Sitzung in der siebten Wahlperiode), Seite 74.